エスエス 2025 vol.82（アンケートのためのリスト番号）

1	表紙・ピンナップ：香琳
2	_grumpypotato　描き下ろし
3	はたほまめ　描き下ろし
4	HamanoShun　描き下ろし
5	右膝認　描き下ろし
6	あはちゃ　描き下ろし
7	巴ゆも　描き下ろし
8	健屋花那×香琳　対談
9	SS 表紙イラストメイキング：香琳「コピック」
10	和風ビジュアル資料
11	SS メイキング：なかだ絵眞「CLIP STUDIO PAINT」
12	SS メイキング：相楽ちと「ステッドラー ピグメントブラッシュペン」
12	「夏目レモンの色んな画材をつかってみよう！」顔彩耽美
13	SS メイキング：壱太助丸「アムステルダム アクリリックカラー＆アクリルガッシュ
14	SS メイキング：真田しろ「アイシースクリーンデジタル」
15	CLIP STUDIO PAINT初心者講座　葉月透・ミナミミオ
16	DTM講座-音楽制作をはじめよう！
17	SS学園 ひらき、IZUMO、投稿コーナー
18	イラスト連載：友風子「夢で見た景色」
19	イラスト連載：七神マナ「あなたの可哀想なおんなの子」
20	あおれもん　描き下ろし
21	カラーイラスト投稿コーナー　Sky S
22	イラスト投稿コーナー　クンストカマーSS（白黒も含む）
23	モノクロイラスト投稿コーナー　Sea SからS Sayまで
24	うちのこ倶楽部
25	「男子部」　ナビゲーター「のりあき」
26	「女子部」　ナビゲーター「白恋ももこ」
27	SS恋愛部

編集後記

the editor's notes

今号で、「初音ミク×スモールエス」のコンテストが発表されて、2026年1月の表紙は、そのグランプリ受賞作品になるということをお伝えしました。意外な試みと思われた人も多いと思います。これはもともと、中国のSCLAという会社の社長さんが、SSの誌面に感激してくれたことからはじまったお話です。SCLAさんは中国で最初にジブリを本格的に紹介したり、「それいけ！アンパンマン」「新世紀エヴァンゲリオン」「名探偵コナン」などの版権代理をしている会社です。そんなSCLAさんが、SSを応援したいと言ってくださり、まだSSを知らない人にも「絵を描く人をサポートする雑誌」があると伝わるように、初音ミクとコラボするのはいかがですか？　とお声かけしてくれました。SCLAさんは、初音ミクの中国での版権代理もしていますので、クリプトンさんにも相談してくれたのです。クリエイターに寄り添い、ともに歩んで多くの作品を生み出してきた初音ミクは創作の象徴的な存在です。SSも創作する人を応援してきた雑誌なので、実は近いところがあると言えます。最初にSCLAの社長である孫さんは、こう話されました。「SSのように、これから絵を描いて活動したい人を応援する媒体は他にはない。中国を含めて世界中でイラストは愛されているから、それはとても大事なこと。でもそういう仕事は利益追求ではないから、事業は儲からないでしょう？　すごく良いことをしているのに経営は苦しいと思う。だからサポートしたい」。実際に、イラスト投稿雑誌はかつて日本でたくさんありましたが、現在は「スモールエス」だけです。他の国にもないので、世界で最後のイラスト投稿雑誌になりました。流行のアニメやゲームが掲載されている媒体ではないですし、確かにたくさん売れる本ではありません。イラストを見るという点だけでいえば、ネットに移り変わったとも言えます。でも雑誌かネットかは関係なく、SSという場に集まってくださった皆さんが主役なのがSSです。絵を描いて楽しみ、時には悩んだり、落ち込むこともあるけれど、また絵に励まされることもある。そうして絵と付き合っていく皆さんと共にいるためにSSがあることは間違いないです。そんなSSを応援してくれる会社があることもありがたいのですが、その根幹にあるのは、絵を描く皆さんへの応援です。これからも一緒に頑張っていけたら嬉しいです（ノ）

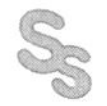 2025vol.82

★SSのXや記事の中では、通常ペンネームで感想を掲載させて頂きます。
コメントの掲載がNG、またはペンネーム不可で匿名希望の場合は□にチェック！

□匿名希望　□掲載NG

■投稿ページ「Sky S」「Sea S」のイラストで気に入った絵を作家名で教えてください（それぞれ3人まで）

Sky S（　　　　）
Sea S（　　　　）

■今号の登場作家、投稿作品への感想をお書き下さい。

■絵の描き方や好きなものを聞いて、新コーナーで紹介したいので、以下にお答えください。

使ったことのある画材やソフト（　　　　）
今後使ってみたい画材やソフト（　　　　）
使用画材へのコメント（　　　　）
好きなアニメ、漫画（　　　　）
好きな絵描きさん（　　　　）
好きなボカロPや歌い手（　　　　）
好きなVTuber、YouTuber（　　　　）
好きな芸人さん（　　　　）
ジャンル問わず好きなもの（　　　　）
好きなものへのコメント（　　　　）

■「SS」の表紙を描いて欲しい作家は？（イラストレーター、ネットやボカロ系絵師などで）

■SS（スモールエス）の表紙には、どういう人に登場して欲しいですか？（2つまで）

□人気イラストレーター　□アニメやゲームのキャラ　□人気漫画家　□コンテストをしてその優勝者
□VTuber　□今後ブレイクしそうな作家　□SSの熱心な投稿者さん　□メイキングを見たい作家

■絵に魅力を感じるときの決め手を教えてください（3つまで）

□努力が見える　□好きな題材　□上手くて巧み　□デフォルメが良い　□癒される
□可愛い　□格好いい　□美麗さ　□色気がある　□色づかい　□世界観、物語性

フリースペース（絵や文章など、Sea S投稿用にもどうぞ！）

投稿コーナー名　　ペンネーム

I0823137

イラスト投稿ガイド

184ページとあわせてよく読んでね!

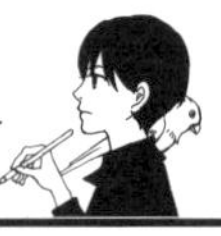

● イラスト送付先住所（渋谷です！）

〒150-0041 東京都渋谷区神南1丁目13-3 アーク神南ビル2F
スモールエス編集部「（応募コーナー名を書いてください）」

投稿イラストの裏面に必要事項を記入する

※読み間違いを防ぐために、丁寧に書いて下さい！

★住所、氏名などの必要事項は、必ず全てのイラストの裏に記入して下さい。封筒や別紙に記入するのは不可です！

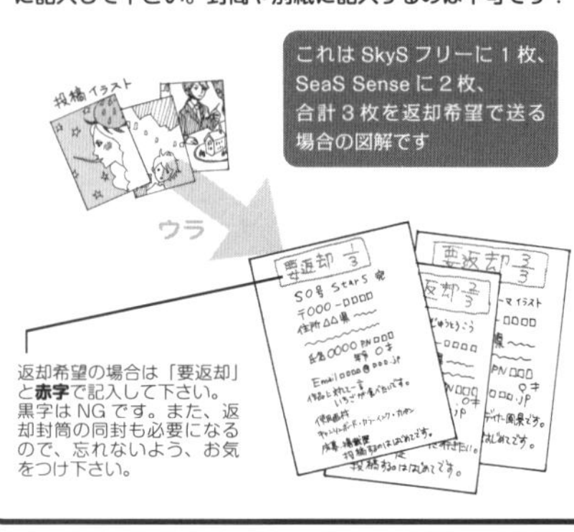

返却希望の場合は「要返却」と**赤字**で記入して下さい。黒字は NG です。また、返却封筒の同封も必要になるので、忘れないよう、お気をつけ下さい。

返却用封筒の用意

イラストを返却する時に、これに入れてお返ししますので、返却を希望する場合に必ず必要となります。返却用封筒が無いとイラストの返却が出来ませんので注意して下さい！

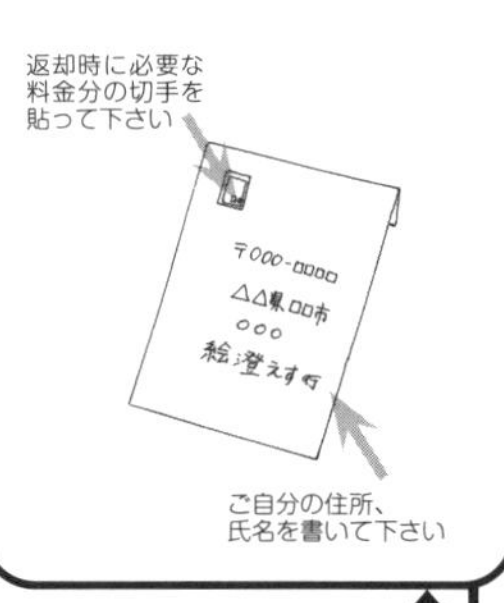

イラストの返却を希望する場合

イラストの返却が不要の場合

宛名（編集部の住所、コーナー名）、差出人を書いた封筒に入れ、切手を貼る

リターンアドレスが書かれているか、切手の料金が足りているか確認！郵便料金は下の料金表を参考にして下さい。

★重さは自宅のキッチンスケールで量れます。はかりが無い場合など、必要な料金が分からない時は郵便局の窓口で出しましょう。

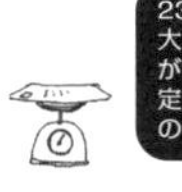

23.5cm×12cm よりも大きなもの、または厚みが 1cm よりもあるものは定形外郵便の料金となるので要注意!!

郵便料金表

	定型内	定形外	角形2号厚み3cm以上の定形外
25gまで	110円	140円	260円
50gまで	110円	140円	260円
100gまで		180円	290円
150gまで		270円	390円
250gまで		320円	450円

※A4、B5、A5サイズ等は定形外郵便となるため郵送には最低140円かかります。

投稿やハガキに記載された情報は、投稿作掲載、原稿依頼、プレゼント発送という誌面での企画にしか使用いたしません。

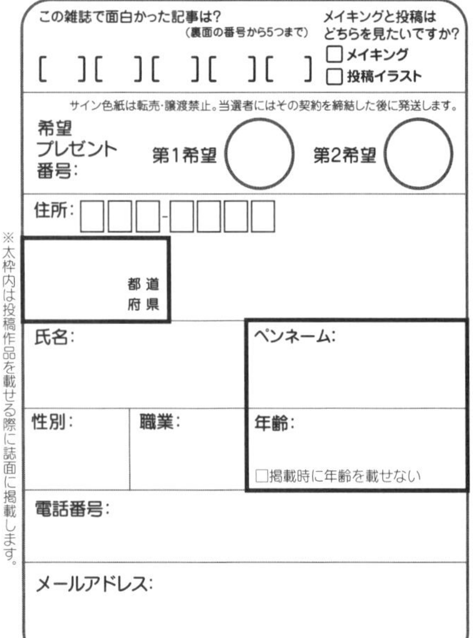

この雑誌で面白かった記事は?（裏面の番号から5つまで）

[ ][ ][ ][ ][ ]

メイキングと投稿はどちらを見たいですか?
□メイキング
□投稿イラスト

サイン色紙は転売・譲渡禁止。当選者にはその契約を締結した後に発送します。

希望プレゼント番号: 第1希望 ○ 第2希望 ○

住所: □□□-□□□□

都道府県

氏名:

ペンネーム:

性別:

職業:

年齢:

□掲載時に年齢を載せない

電話番号:

メールアドレス:

※太枠内は投稿作品を載せる際に誌面に掲載します。

プレゼントの応募締切りは2025年8月21日(木)消印有効です

料金受取人払郵便

渋谷局承認

9391

差出有効期限
令和9年3月
14日まで

切手は不要なので送ってね!

POST CARD

150-8790

202

東京都渋谷区神南1-13-3
アーク神南ビル2F
株式会社パイ インターナショナル
「SS スモールエス」編集部
vol.82
アンケート 係

SS第82号 プレゼントコーナー!

プレゼントの応募締めきりは
2025年8月21日(木)当日消印有効です

❶

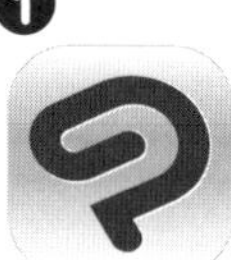

CLIP STUDIO PAINT PRO
1デバイス2年版アクティベーションコード
1名様
提供：株式会社セルシス
（Win/mac/iPad/iPhone/Android/Chromebookのいずれか1台で利用可能

❷

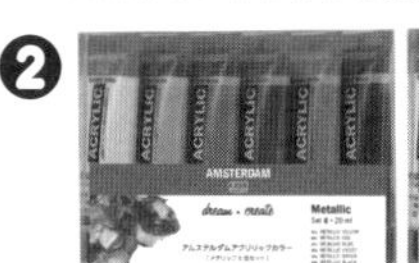
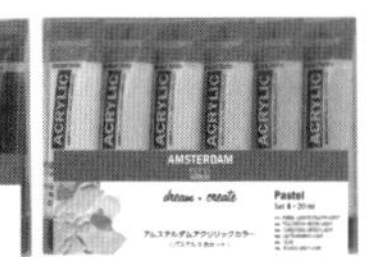

アムステルダムアクリリックカラー 20ml
メタリック6色セット ＋
アムステルダムアクリリックカラー 20ml
パステル6色セット
（合計12色セット）
3名様
提供：株式会社ターレンスジャパン

❸

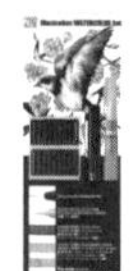

ZIG ILLUSTRATION WATERCOLOR SET/ 顔彩セット
数量：5名様
提供：株式会社呉竹

❹

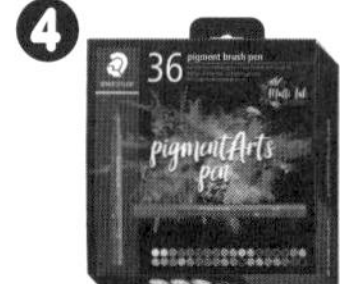

ステッドラー
ピグメント ブラッシュペン
36色セット
1名様
提供：ステッドラー日本株式会社

❺

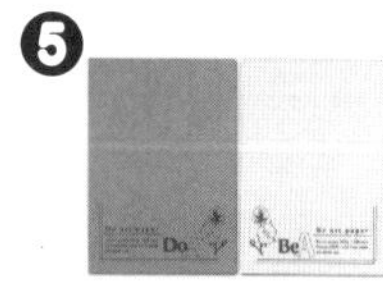

ドゥーアートペーパー
ビィーアートペーパー
パッド2冊セット
5名様
提供：株式会社ミューズ

メイキング登場作家プレゼント

希望される方は具体的に⑥-●とAからはじまるアルファベットも一緒にご記入ください。

⑥-A：香琳サイン色紙　1名様
⑥-B：なかだ絵眞サイン色紙　1名様
⑥-C：相楽ちとサイン色紙　1名様
⑥-D：夏目レモンサイン色紙　1名様
⑥-E：壱太助丸サイン色紙　1名様
⑥-F：真田しろサイン色紙　1名様

「SS」投稿の応募要項

注意！
イラストの裏面に必要な応募事項（住所や氏名など）の記載がない場合、イラストを載せられないことがあります。

カラーイラスト投稿コーナー

※サイズ:ハガキ～Ａ４サイズまでなら大きさは自由。

Sky S （テーマ投稿が「Kunstkammer SS（クンストカマーSS）」にリニューアル！）

●Sky Sは自由に描いたカラーイラストと、新コーナーである「Kunstkammer SS」の、２コーナーを大募集！

1、「Sky S　フリー」自由に描いてもらったカラーイラスト。（※間違えて旧コーナーのテーマ投稿に送られた作品はフリーに掲載します）

2、「Kunstkammer SS」
～美術蒐集室の新企画～
背景無しで、キャラの立ち絵を全身で描く！　SS編集部が作品を額縁に入れてデザインします。
次回テーマは「天使・悪魔（どちらか1体）」。50文字以内のキャラ説明（キャラ名あれば、それを含めて50文字）を、絵の裏の応募要項に明記。原則は1人のキャラで！ 企業権利ものは題材にしないこと。
※背景は色も無しです。データに詳しい人は「背景透過のpsd形式」で投稿ください。

●「SS学園」　あなたの描いたSS学園の生徒を募集！ 絵の中に必ずキャラ名と説明を明記。詳しくはSS学園ページを見てね！

カラーイラストのサイズは
ハガキから A4 まで
※これより小さいと絵が小さくしか掲載できません。

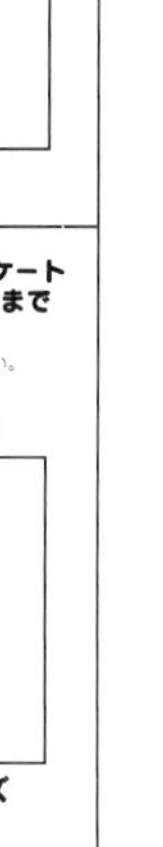

モノクロイラスト投稿コーナー

※サイズ:ハガキ～Ａ４サイズまでなら大きさは自由／★封筒の表にコーナー名を明記

Sea S （次号より、テーマ投稿が変わります！　「Kunstkammer SS（クンストカマーSS）B&W（ブラック&ホワイト）」にリニューアル！

●Sea Sは9個のコーナーで、イラストや文章、漫画を大募集！
巻末ハガキは、切手を貼らずに無料で出せるので、そちらでの投稿も大歓迎！

1、「Sea S Sense」自分のセンスで自由に描いてもらった白黒イラスト。

2、「Kunstkammer SS（B&W）」　カラーと同じく、テーマを決めた絵を、美麗な額縁に入れて見せる「美術蒐集室」の白黒版。
次号のテーマは「天使・悪魔（どちらか一体。背景無しでキャラの全身を！）（キャラ名を含む説明文を50文字で応募要項に明記）

3、「S Stage」自由に描いた１ページ漫画劇場。１枚で１ページマンガを描いてください。

4、「S Something」近況や好きなものを題材にした４コマ漫画。エッセイ漫画のように自分の体験したことを描く漫画です！

5、「S Story」絵と文で綴る作品。１枚のなかに絵と詩やモノローグ、セリフを配してください。

6、「S Say」フリートーク文字投稿。近況や好きなものを語ったり、絵についてのお悩みなども待っています。

7、「女子部」「男子部」女子＆男子の「ココが好き！」「グッとくる」というポイントを描いて送ってね。毎回違うナビゲーターが登場します！

8、「うちのこ倶楽部」自分のオリジナルキャラクター、「うちの子」を絵と文で描こう！詳細はうちのこの最初のページ！

9、「SS恋愛部」皆さんの恋愛体験談、お悩み、気になる話題を送ってください。イラスト付きも歓迎です！
※SS恋愛部では、投稿者の方にメールやリモートでお話を聞きたいので、メールなどの連絡方法をお書きください。

※「S Say」「SS学園」「うちのこ倶楽部」の文字は小さいと読めないので、ご注意を！

モノクロイラストのサイズはアンケート
ハガキのフリースペースから A4 まで
※サイズの小さいイラストは、小さくしか掲載できませんのでご了承下さい。

横幅 210 ミリ
横幅 58 ミリ
縦幅 85 ミリ
縦幅 297 ミリ
アンケートハガキのフリースペースのサイズ
A4 サイズ

「S Stage」 1ページマンガの原稿例

「S Stage」もハガキ～ A4 サイズまでの大きさで応募下さい。1ページ漫画を１枚の中でコマ割りして描いていただければオッケー。

「S Something」 4コママンガの原稿例

「S Something」もハガキ～ A4 サイズまでの大きさで応募下さい。サイズは自由ですが、コマを４つに割った漫画でお願いします。一枚の紙に２本描いてくださっても大丈夫です。

「S Story」 絵と文の原稿例

「S Story」もハガキ～ A4 サイズまでの大きさで応募下さい。形式は自由です。左図のように上に絵、下に文字というもののほか、全面に絵を描いて、その背景として文字を並べてもらっても良いです。

★応募要項

以下の要項を作品の裏面に記入し、各コーナー宛にお送りください（複数作品応募される場合も必ず全部の絵に書いて下さい）

1、SS何号の、どのコーナー宛のイラストなのか明記

2、郵便番号、住所、氏名、ペンネーム、年齢（非公開希望の方は「非公開」と明記。年齢は郵送時のもの。掲載時の年齢を気にする必要は無し）
電話番号またはメールアドレス（原稿依頼のための連絡先。連絡がつかない時はお手紙で連絡させていただきます）

3、作品に関して一言（クンストカマーの場合は、キャラ設定文と、絵についてのコメントは、区別してお書きください）

4、使用画材（Ssayのコーナーで集計を取るので、お書き下さいませ。アナログ投稿は、用紙の種類、メーカーも書いてくれると嬉しいです）

5、SNSの活動歴（XやPixivのアカウント。例【@esuesu】）、「ＳＳ」への掲載歴（初投稿の人は特に明記してください）。

※ネットの投稿サイト（Pixiv等）や自分のHPなど、過去どこかに発表したことのあるイラストも、SSに投稿可能です。

★注意事項

1、作品の天地左右がわかりにくいイラストは裏に明記すること。

2、返却希望の人は投稿時と同額の切手を貼った自分の住所氏名を書いた封筒を同封し、作品の裏に赤で「要返却」と書くこと。

3、投稿イラストには、全部で何枚あるか全てコーナーを通して全部のイラストの裏面に番記する。※封筒は１つにまとめて入れて大丈夫です。
（例えばSkySに１枚、SeaSに２枚の計３枚を投稿した場合、原稿の裏に１／３、２／３、３／３と書いて下さい。1枚の場合は、1／1）

4、イラストのサイズは、ハガキ～Ａ４サイズまでなら自由。規定より大きいと印刷所で扱えず、破損する恐れもあるのでお止めください。

5、郵送時に雨に濡れる恐れがあるので、気になる人はビニールなどに入れて投稿ください。封筒サイズが窮屈だったり、テープが絵についていると開封時に破損するので注意！

※返却を希望される方は、必ず「要返却」と書いて返却用封筒を同封してください。
不足していると、返却に時間がかかる場合があります。どうぞよろしくお願いします。

**この号に掲載されている
イラストの返却時期について**

SS82号に掲載された作品、投稿したイラストの返却時期は、SS84号の発売日（2026年1月21日）前後となります。返却を希望されている方は、お待ち下さい。よろしくお願い致します。

電子版も発売開始！

SSの72号の内容から、電子書籍の発売がスタート！
投稿されたイラストは電子版にも掲載されます！　両方同じ内容です！
よろしくお願いします！

〒150-0041　東京都渋谷区神南1丁目13-3　アーク神南ビル2F
SS編集部「（宛名に、投稿するコーナー名を書いてください）』係

※「SS」のお姉さん雑誌「季刊エス」の投稿コーナー「Star S」や「Space S」への投稿と同じ封筒でも受け付けます。
その場合は、両方の投稿が入っている事がわかるように封筒に明記してください。（例:Star S＆SkySフリーあて）
また、「SS」投稿用の絵の裏に「SS」係宛と書いてください。複数枚での投稿の方は、その中からどれかを「SS」宛にしてくだされればオッケー。

●ネットワーク投稿も受け付けます。
季刊エスのサイト【http://s-ss-s.com/】に設置しているメールフォームから送ってください。
サイトにネットワークで投稿する際の注意事項も掲載しています。クンストカマーのキャラ設定はメッセージ欄に記入。
※解像度はサイズ原寸で300dpiが理想です。それより低い解像度の場合は、掲載サイズが小さくなる恐れがあります。ご了承ください。

SS83号に投稿するイラストの返却時期は、SS85号が発売される前後（2026年4月）になります。

● 締切:2025年8月21日（木）※当日消印有効（ネットワーク投稿は当日送信有効）
● 発表:「SS」第83号 発売日 2025年10月22日予定

投稿フォームはこちら

**「初音ミク×スモールエス」ピアプロ公式コラボ
【イラスト】・【オンガク】コンテストにご応募ください！**

☆「スモールエス」初の特別企画！　応募作品が表紙になるイラストコンテストです！　1等の20万円をはじめ、10等までは賞金も授与されます。さらに上位作品はグッズになって販売もされる予定！　皆さんの描いた初音ミクをお送りください！

締切　2025年9月22日（月）
テーマは「クリエイターを応援する作品」
初音ミクを通して、歌うこと、楽器を演奏すること、絵を描くことなど、創作する楽しさや面白さを描いてください
※応募の詳細は、スモールエスの投稿フォームをご覧ください→

スモールエス編集部の単行本のお知らせ

草森秀一アニメーション美術画集が発売中

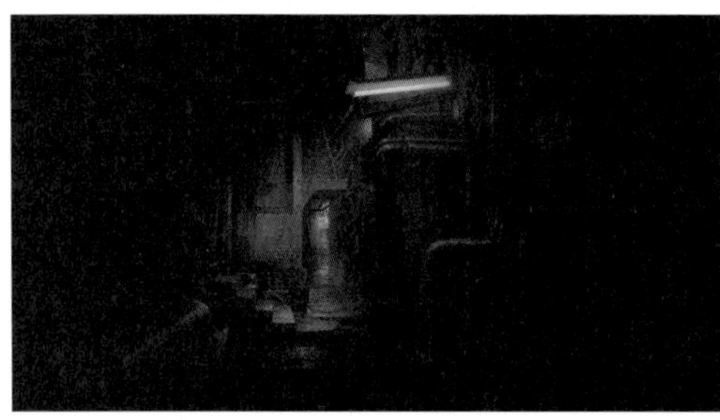

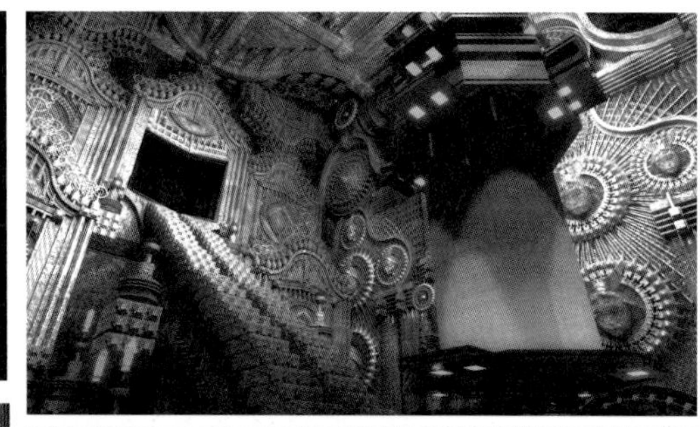

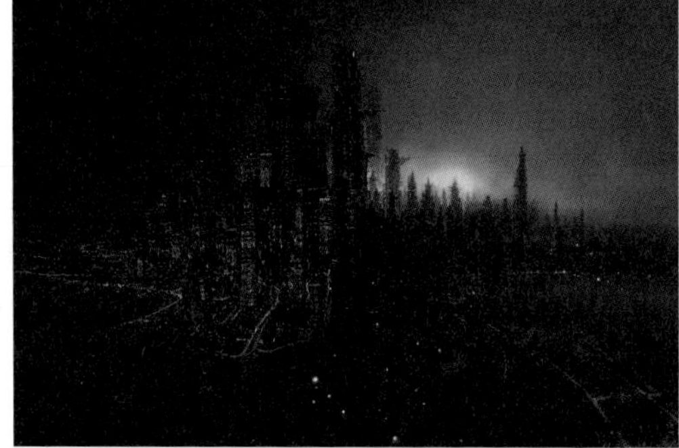

上：収録作品『PSYCHO-PASS サイコパス』より　©サイコパス製作委員会

左上：収録作品『イノセンス』より　©2004 士郎正宗/講談社・IG, ITNDDTD

表紙：
収録作品『メトロポリス』より　©手塚プロダクション／METROPOLIS製作委員会

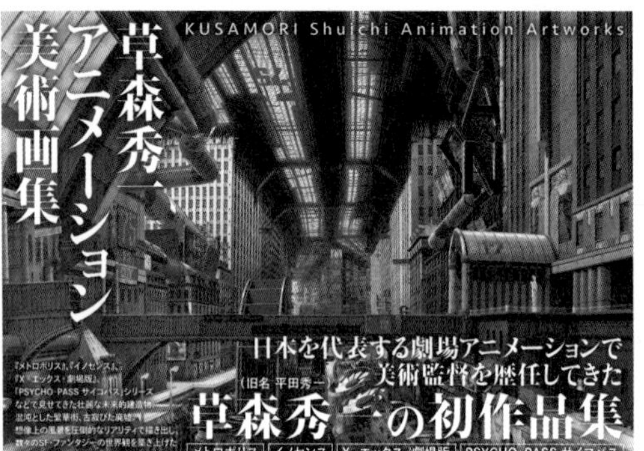

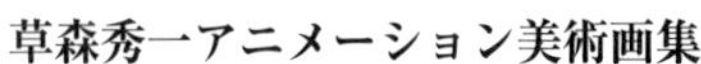

草森秀一アニメーション美術画集

●定価：5,500円（税抜）
●発行：パイ インターナショナル

数々のアニメーションで美術監督を歴任してきた草森秀一（旧名：平田秀一）の初の作品集が発売された。一九八〇年代初頭より背景美術を手がけて、テレビシリーズの『機動警察パトレイバー』（ヘッドギア原作、吉永尚之監督）第二話「香貫花が来た」で初の美術監督（クレジットは「美術」）を務め、一九九二年には『風の大陸 The Weathering Continent』（竹河聖原作、真下耕一監督）で劇場映画の美術監督（クレジットは「美術」）を担当した。その後は『メトロポリス』（手塚治虫原作、大友克洋脚本、りんたろう監督）、『イノセンス』（士郎正宗原作、押井守監督）、『X-エックス-劇場版』（CLAMP原作、りんたろう監督）や、「PSYCHO-PASS サイコパス」シリーズなどで美術監督として活躍し、目を見張る背景美術を描いてきた。それらは、現実の街並みや自然を写し取るものではなく、SFやファンタジーの世界観を築くために想像上の風景として描き出されたもの。

草森秀一の美術の真骨頂は、架空の世界を圧倒的なリアリティをもって伝えることだ。長いキャリアの間で、絵具で描いた迫真の美術原画と、3Dをつかった精緻なデジタル描写の両方で高い表現性を見せてきた。本書では、上記にあげた作品のほかに、『Infini-T Force（インフィニティ フォース）』（鈴木清崇監督）、『ディバインゲート』（阿部記之監督）、『機動警察パトレイバー the Movie』（ヘッドギア原作、押井守監督）、『GHOST IN THE SHELL / 攻殻機動隊』（士郎正宗原作、押井守監督）など、多岐にわたる作品の美術に加え、森見登美彦の『有頂天家族』や、乙一の『銃とチョコレート』の小説装画、そしてオリジナル描き下ろしも収録している。草森秀一のこれまでの四〇年間のアニメーション美術を網羅的に通観する画集をぜひ手にとって欲しい。

ワコム協賛　季刊エス・スモールエス編集部 イラストコンテストのおしらせ
絵：第18回グランプリ・エウルフ

応募締切 9月5日

作品募集中

第19回 ペンタブレットdeアート投稿コンテスト

応募は季刊エスのWEBサイトから！

使用画材の条件あり　ネットワーク投稿のみ受付　豪華賞品がもらえる　雑誌掲載あり

ワコム協賛　季刊エス・スモールエス編集部 イラストコンテスト

第19回「ペンタブレットdeアート投稿コンテスト」

グランプリだけでなく銀賞・銅賞受賞者へも最新の液晶ペンタブレットをプレゼント！
さらに、メイキングの依頼やインタビューなど作家活動もバックアップ！

ペンタブレットメーカー（株）ワコムの協賛で行われる年に１度のイラストコンテスト。昨年は933点の力作が届きました。そのコンテストを今年も開催！　2025年9月5日まで作品を募っています。19回目も応募条件は「作品の工程の中でワコム製ペンタブレットを使用していること」「A4サイズで送ること」のみ。応募作品は「ひとり２点」まで、「自身のオリジナル作品（※AI使用作品不可）」でジャンルや技法は問わず、日本在住であれば参加可能です。他コンテストに未応募であれば、個人のHPやSNS等で発表済みの作品でもOK。一次審査を通過した約500作品は「作品展WEB会場」で閲覧&一般投票も開催予定。また、コンテストの入選作品は雑誌「季刊エス」に掲載されますし、優秀賞受賞者には、各賞品の他にメイキングの依頼や公開講座へご登場いただくなど、季刊エス・スモールエス編集部とワコムで作家活動をバックアップしていきます。

コンテストの詳細・応募フォームはコチラ　季刊エスWEBサイト イラスト投稿ページ▶

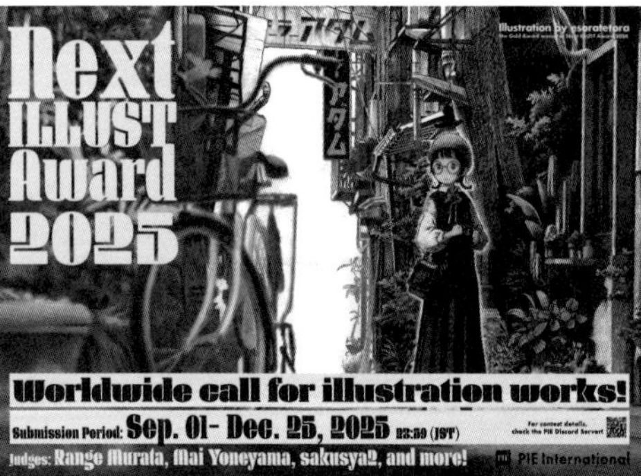

全世界から作品受付　画材の制限なし　ネットワーク投稿のみ受付
作家の作品選考　雑誌掲載あり　受賞作品の展示

Next ILLUST Award 2024の結果発表はWEBでも公開中！

全世界イラストコンテスト「Next ILLUST Award 2025」開催決定！

世界各地から1000作品以上のイラスト応募が集まった全世界イラストコンテスト「Next ILLUST Award」を今年も開催いたします！　2回目の開催となる今回も豪華審査員を迎えて実施。応募方法などの詳細は後日SNS等で告知いたします。

審査員：村田蓮爾／米山舞／さくしゃ2／他（敬称略）

応募スタート 2025 9/1 Mon → 応募締切 2025 12/25 Thu

SS恋愛部

～絵を描くみんなの恋愛を考えてみる～

恋愛や性についての話題は、身の周りの友人とは話しにくいもの。でも他の人はどうなのか気になりませんか？　だから「SS」誌上で自分の考えや体験を話し合ってみましょう。初恋の話題、告白の仕方、実際の恋愛体験談、好きな人の間に起きたトラブル、同性を好きな気持ち、恋愛には興味がない、自分は男でも女でもない。幅広い話題もしていきたいです。「SS恋愛部」にご相談をお寄せください～！

「SS恋愛部」は皆さんの恋愛体験談や感じたことを話し合うページ。ナビゲーターのピノです！「SS恋愛部」は、雑誌の誌面ですから、直接、身の周りの人になにか言われることもない。SNSのように悪口や茶化すコメントがくる心配もない。自由に、気軽に感じていることをオープンにできる場です。今回も皆さんのオハガキを紹介します！

東京都・ひろくまひろみ

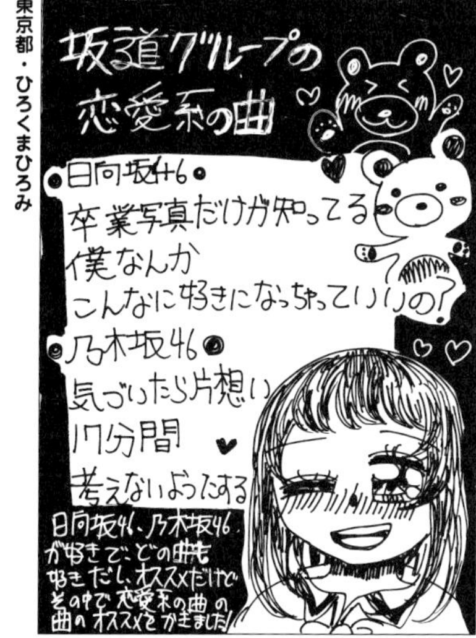

ピノ　坂道グループの楽曲が好きなひろくまひろみさん。その中で恋愛系の曲をあげてくれました。SS編集部にも、坂道グループのファンがいて、ライブやミーグリに行っているスタッフがいます！　ひろくまひろみさんがあげてくれた日向坂46の恋愛ソングは一途な思いが描かれていて、少し切なさもあって沁みる曲ですよね～。「卒業写真だけが知ってる」は、ラストの語りも印象的です…。そして、乃木坂46の楽曲は繊細で、恋する人が見つめる視線を丁寧に描いていて素敵ですよね…。ひろくまひろみさんが好きな恋愛系の曲をお聞きできてよかったです～。皆さんも感動した曲があればぜひ教えてくださいませ～。

大阪府・You&You・11歳

うちの家にユウと言う名前のネコちゃんがいます。男の子なのですが、いつも一緒に寝ています。その時間が幸せで幸せで、もしこの子が擬人化したネコちゃんだったらと思ってしまう事があります。朝、目が覚めると、人間の姿をした耳の生えた男の子だったとしたら……???。おはよう!!!　学校だよ!!!　とか言ってくれるだろうなと……妄想が止まらなくなってしまいます。それくらい好き♥

ピノ　You&Youさん、おうちのネコちゃんと一緒に寝ているのですね～。幸せそうですね。そして擬人化したらいいなぁと思ったりしているのですね～。猫耳のイラストも描いてくれていますから、こういう感じの子がイメージされるのですね。そばにいてくれて、「おはよう！」と言ってくれるネコちゃん…。とても夢があります！　大人の女の人も、ネコちゃんやワンちゃんと暮らして、それで穏やかで癒される日々を過ごしている人も多いと聞きます。動物とよりそう生活も幸せですよね～。You&Youさんも、好きで幸せになれる存在に出会えて、とても素晴らしいことだと思います～！

匿名希望

SS81号では恋愛部へのコメントを有難うございました。(『好き』という思いを大事にしていて素敵)と言うお言葉に感動しました。有難うございました。好きでいて良いんだって力がわいてきました。2才下と言う事もあって一歩前へ進めないままです…(泣)。せめて逆なら良かったのにって思います。
相手が恋人がいるのでさみしい思いです。でも改めて好きって気持ちなんだなと感じます。コメントありがとうございました。頑張ります！
(82)号も本誌、楽しみにしていますね。では又。

ピノ　職場にいる好きな人には、恋人がいて…という投稿をしてくれている匿名希望さんです。二歳下ということもあって、一歩前に進めないとのことですが、学生時代と違って、会社生活では二、三歳の年齢は気にならないと、男性からもお話を聞いたことがあるので、そこは心配ないと思います！　そして、前に人から聞いたお話では、自分の好きな人に恋人がいても、将来どうなるかわからないので、長い目で見守っていれば、自分にチャンスが来るかも…と思って、あきらめずにいたそうです。そうしたら、お相手がフリーになって、仲良くなれたそうです…。長い時間を考えたら、確かにそういうこともあるんだなぁと思いました…。匿名希望さんも頑張ってください～。

真希

SS恋愛部　お久しぶりです！

シンプルにずっと思っていた、疑問なのですが…
男女の友情は、やはり成立させることは、難しいのでしょうか…？
考えが甘いと思われますが、自分は、成立できる、させたい…と思っている派です。
でも、男女である限り、やはり現実は難しいのでしょうか…？
結局のところ、実体験ですと、告白ENDでその人との関係は終わってしまいます。
自分は、良い友達だと思っていたのに、少しショックに近い感覚です。

おまけ↓
以前、掲載して頂いた、「性別の治療」に関することなのですが、やっと、一歩を進むことができそうです。（SS73～75、77号のSS恋愛部参照）
ついに、胸オペの予約を取ることができました…（泣）
自分の掲載内容に対して温かいお言葉や、励ましの言葉、勇気を頂けるようなお返事のおかげでもあります。本当にありがとうございます。
今号が発売される頃には、手術も終わり、安定してくる頃かと思います。
無事に終わることを祈って……

真希

ピノ　男女の友情ですか～。男性は仲がよくなると、友達だった女性に対して恋愛感情を抱くケースが多いそうです。女性は男友達に対して恋愛感情がないまま付き合える人が多いですよね。「男女の友情は成立するか？」で大事なのは、告白など恋愛イベントが起こってしまっても、その後も友達のままいられるか？　というところですよね。ここに関しては、どちらが好きな側だったとしても、女性側がこれまで通り自然に接してあげれば良いかもしれません。最近聞いた話では、女性が恋したけれど、上手くいかなかったそう。でもその後も女性側が気にせずに普通に接してたら、今では笑い話になって関係が壊れないまま、仲良く過ごしているみたいです。深刻に考えずに、友達の楽しさを続けていければ良いのかもしれないですね。そして性別の治療のお話もありがとうございます。こちらは気になる読者さんもいると思うので、動きがありましたら、お知らせいただけたら嬉しいです～。

●私には、一年以上付き合っている人がいます。出かけたりすることはありますが、相手は手をつなぐとか、もちろんキスとかそういうのをまったくしてきません。私もそういうことがしたいわけではないので、自分からしようとは思わないのですが、まったく来ないし、そういうムードになることもないので、正直モヤモヤする感じはあります。皆さんは手をつないだり、くっついたりしたいと思いますか。どうしたらそういうムードになるのか、わかりません…。

鹿児島県　かみかみ・20歳

ピノ　男性が奥手というか、女の子にどう接すれば良いかわからなくて、好きではあるけど、体を触ったら嫌われるかもしれないと思って、避ける傾向にあるみたいですよね。でも女の子の側は、くっついて安心したり、手を繋いでドキドキしたり、そういう接触を求めている場合もある…。かみかみさんに興味があるのならば、アスレチックやお化け屋敷、スケートリンクなど、手を引かれたりする場面がある遊びをするのはどうでしょう？　あるいは、ネイルし合う、手相を見るなど、手に触れることを二人でするのも良いかもしれません。そんな風に自然な接触を重ねて相手の感触を探れたら、良いムードになっていくかもしれませんね。無理のないように、でも恋人同士なら気をつかわずにアタックしていくのも良いと思います…！　ではでは、皆さん今後とも、恋愛にまつわるお話をお寄せくださいませ。次回もよろしくお願いします～。

ＳＳ恋愛部　投稿募集

皆さんが恋愛や性について感じていること、恋愛体験談をオハガキでお寄せください。人にはなかなか話せないし、聞けないこと。ここで皆さんが話してくれたら、知らなかったこと、聞けなかったことにふれることができます。特別なことでなくて大丈夫。自分では何でもないと思うことでも、他の人にとっては新鮮です。ＳＳ編集部も相談のお答えをしますし、ゲストも迎えながら、皆さんのお話を一緒に考えていきましょう！　ぜひ協力してください～！

(例：以下のような実体験や具体例を交えつつ語ったりしていきましょう)
- ●恋愛をする機会がないので、皆がどうしているのか知りたい。
- ●告白した、告白された。そのときどうしたか、という体験談。
- ●いま恋愛が楽しい！　素敵な体験をした、という自分の恋愛報告。
- ●いま交際中の相手がいるけれど、うまくいかないから相談したい。
- ●自分は女性ではなく、無性／男性であると感じる。同じ人はいますか？
- ●同性を好きな気持ちがある。思いを伝えるべきか悩んでいる。
- ●性欲はあるが、自分が性体験をする想像がつかない。どうしたらいいか。
- ●皆が恋愛前提なのが困る。自分は一人で生きたい。同じ人はいますか？

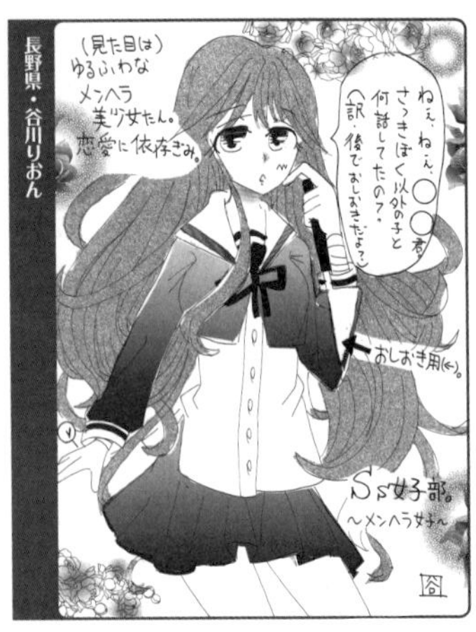

長野県・谷川りおん

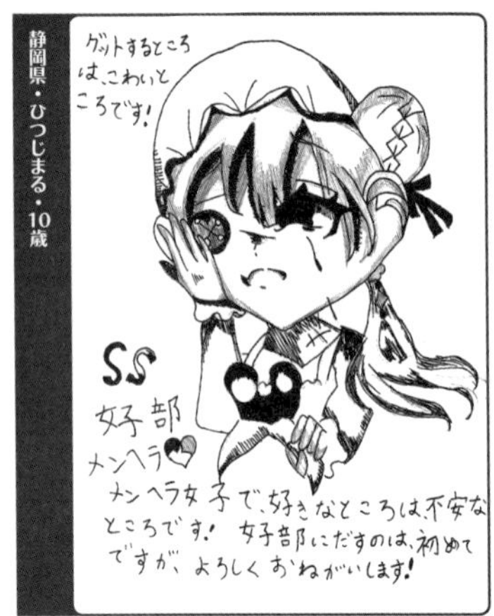

静岡県・ひつじまる・10歳

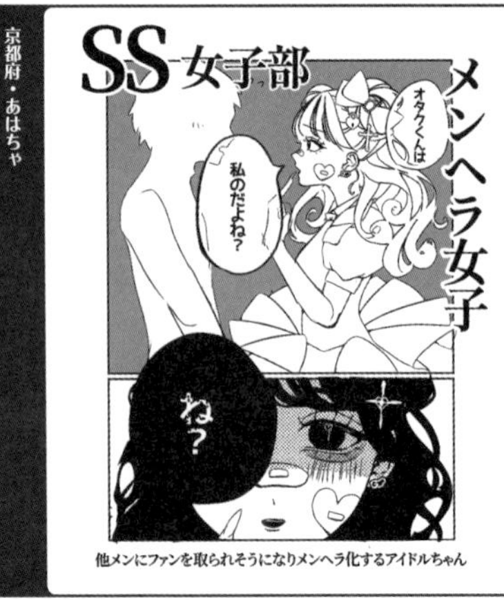

京都府・あはちゃ

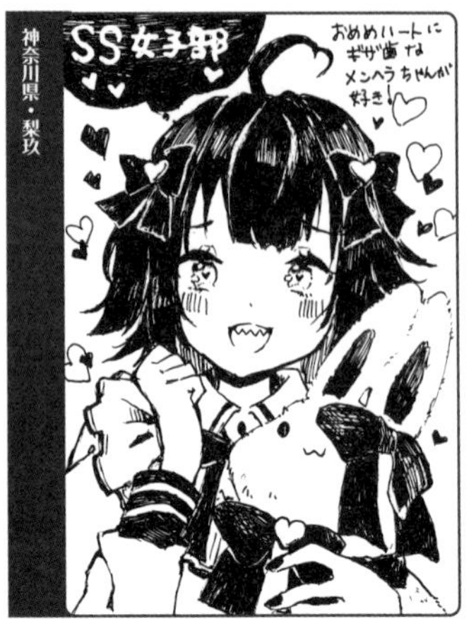

神奈川県・梨玖

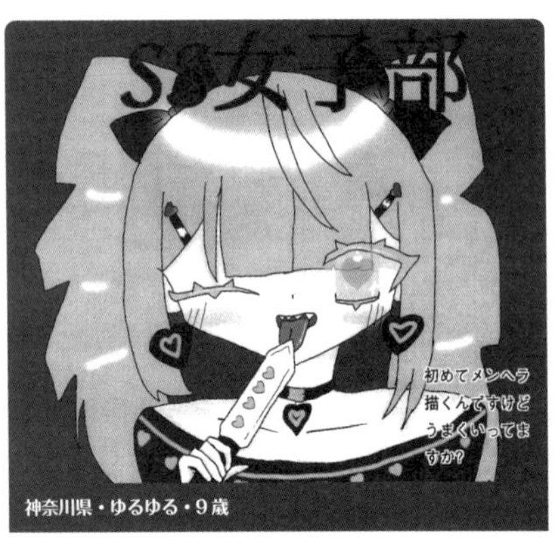

神奈川県・ゆるゆる・9歳

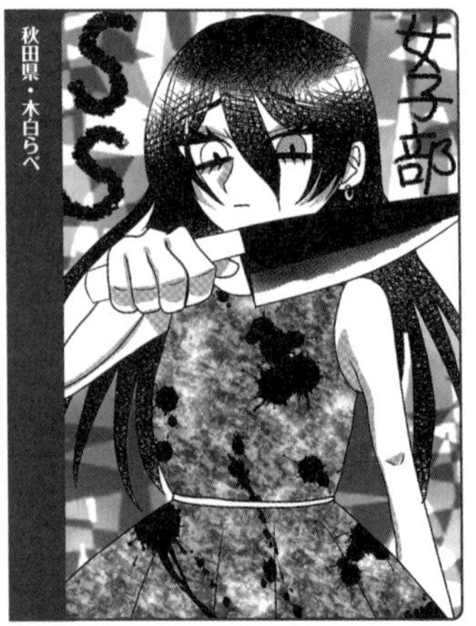

秋田県・木白らべ

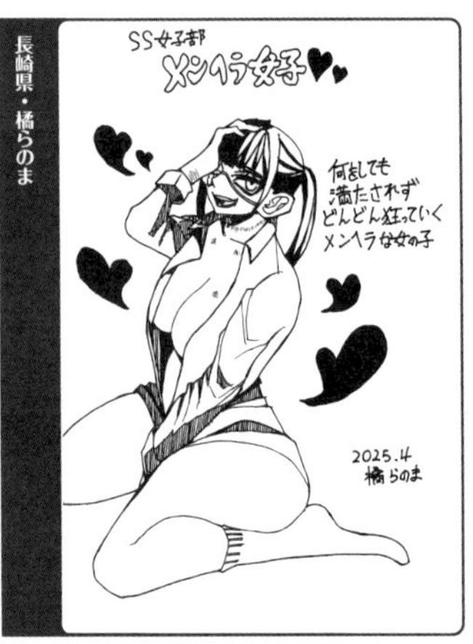

長崎県・橘らのま

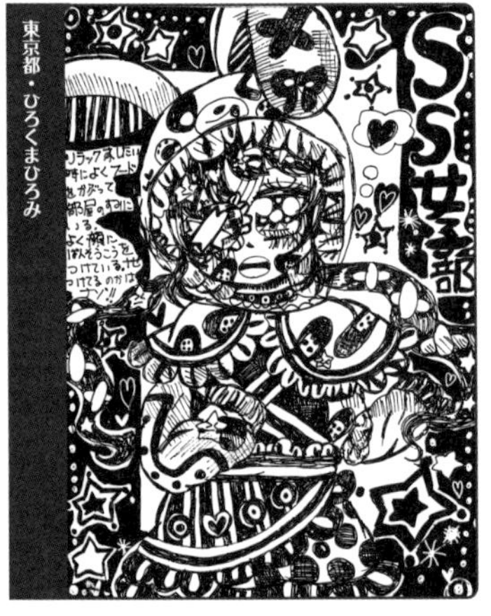

東京都・ひろくまひろみ

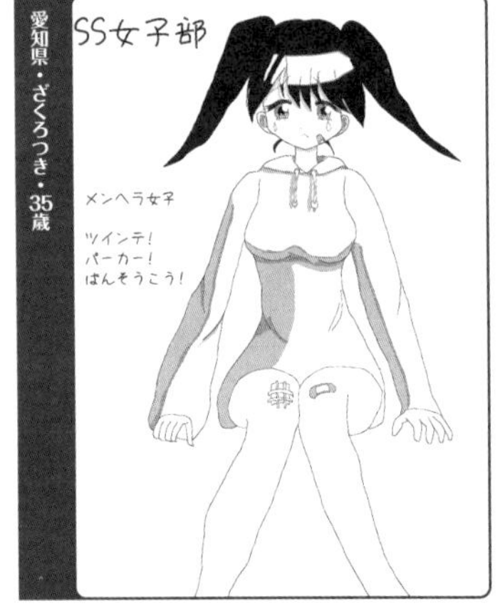

愛知県・ざくろつき・35歳

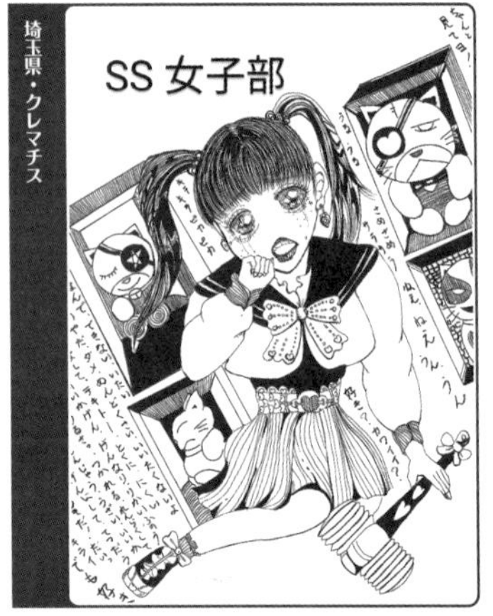

埼玉県・クレマチス

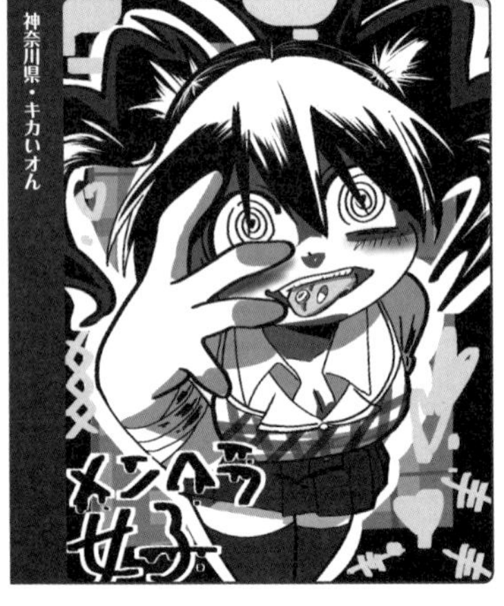

神奈川県・キカいおん

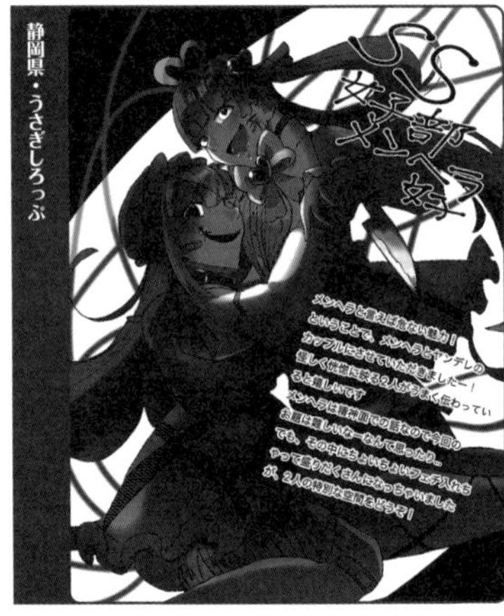

静岡県・うさぎしろっぷ

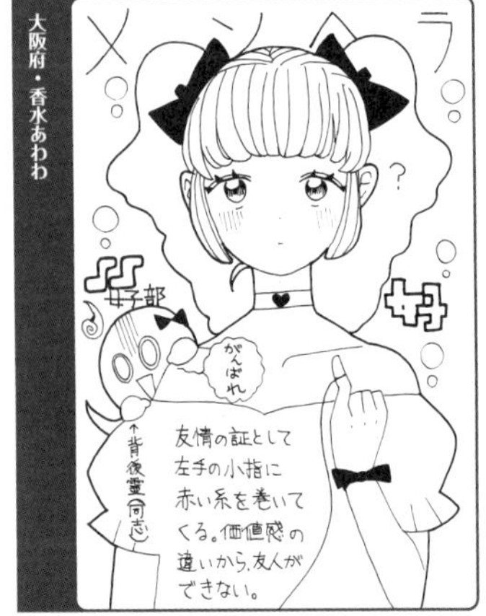

大阪府・香水あわわ

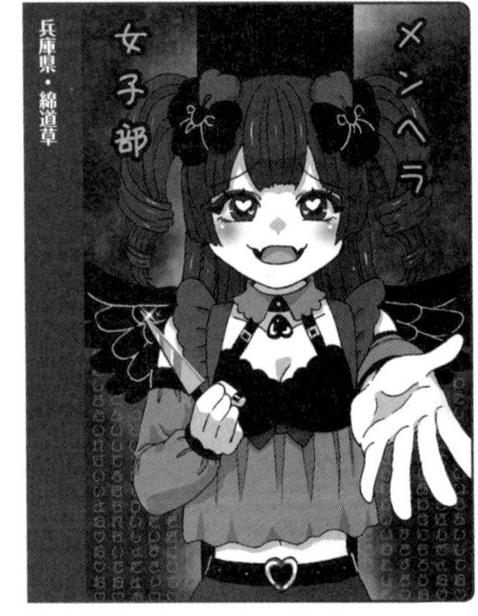

兵庫県・綿道草

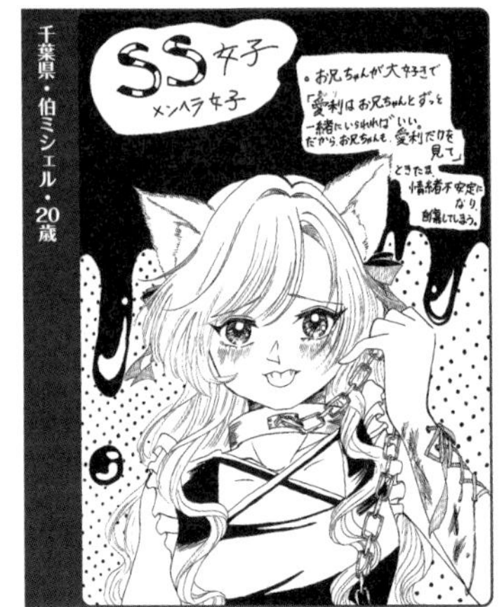

千葉県・伯ミシェル・20歳

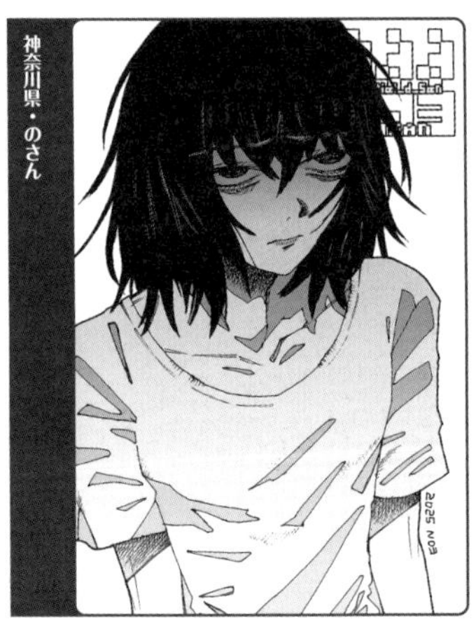

神奈川県・のさん

東京都・かりがり
背後の影が彼女の抱えるものの大きさを物語っているように感じます。彼女に明るい未来はあるのかな。こちらを見つめる三白眼、良い（ももこ）

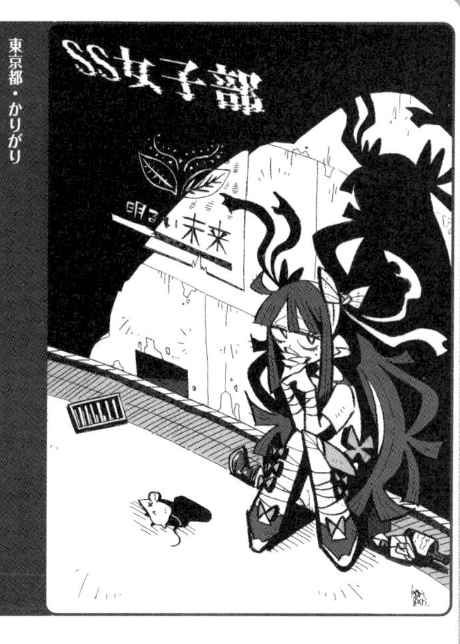

群馬県・スノー・11歳
たくさんのハートマークが彼女の愛の重さを表しているようだ…♡　首の痕が想像力を掻き立てられます！　自分でやったのか、それとも…？（ももこ）

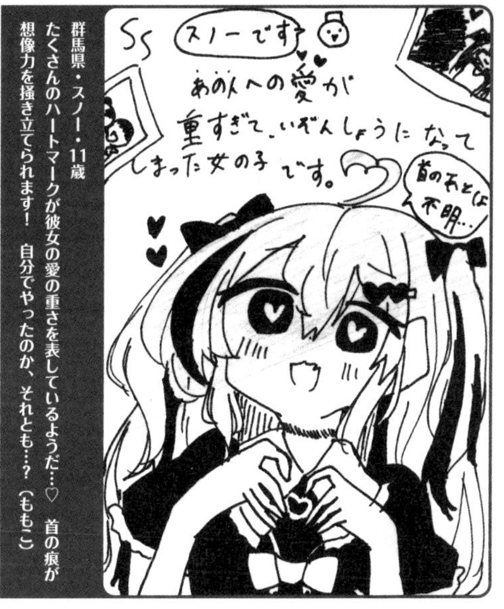

高知県・柴イヌ
セーラー服×うさぎ×メンヘラは相性抜群ですね◎　ゆめかわいい系の雰囲気で好きすぎる！　推しの言動一つ一つで情緒不安定になってそう（ももこ）

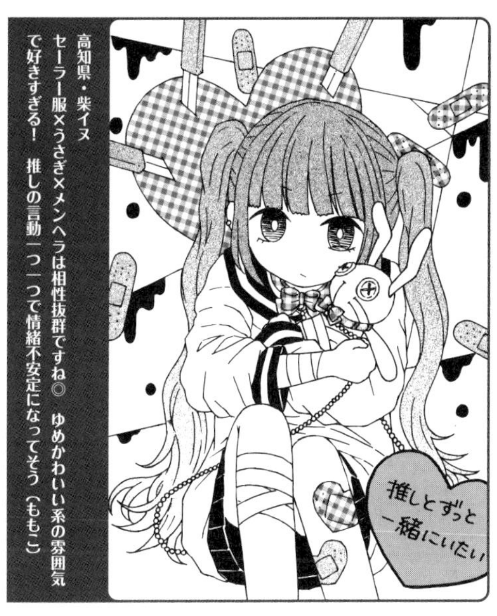

大阪府・ラブバード
うお〜●体処理シチュだ（歓喜）着飾った姿とやっていることのアンバランスさが超萌えます。血塗れた刃物を握りしめて震える手が悲しい（ももこ）

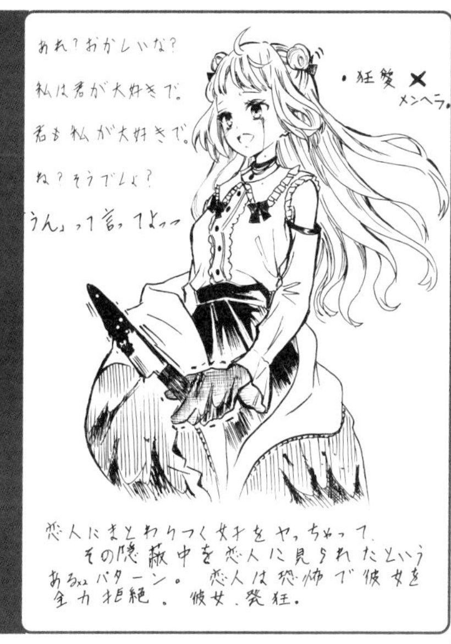

秋田県・桜モチ・16歳
正気を失った表情に強い執着心と独占欲を感じます♡　こういう清楚系や優等生っぽい子が激重ヒロインだったりするの、イイよね……（ももこ）

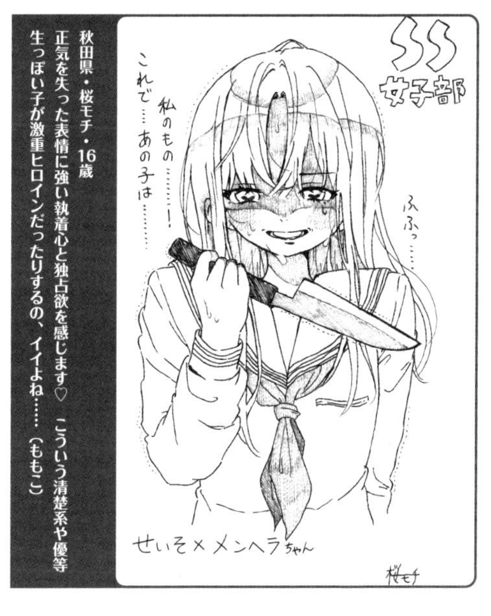

愛媛県・なこ。
彼氏が好きすぎて盲目的になる子、私も大好き〜♡　相手のことをずっと考えてるから睡眠不足っぽい…？　奇抜なファッションもカワイイ（ももこ）

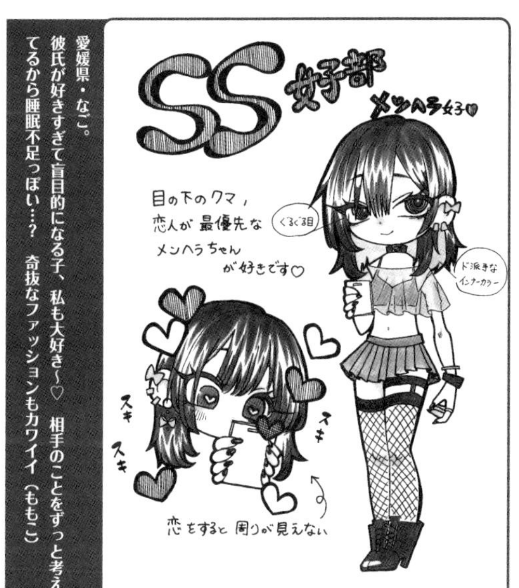

大阪府・和桜恋・13歳
鬼LINEに病み垢…令和メンヘラを体現したような作品だ…！　愛してほしいだけなのになんでこうなるんだろーね。ごめん寝てたは10割嘘だろ（ももこ）

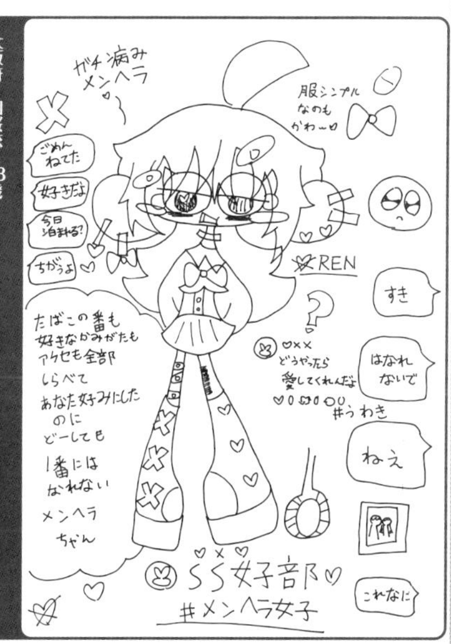

茨城県・あおいみう
涙目でおねだりする姿があざとかわいい！　胸元の絆創膏も気になります。この小動物のような愛らしい見た目でメンヘラ…胸が熱くなるな（ももこ）

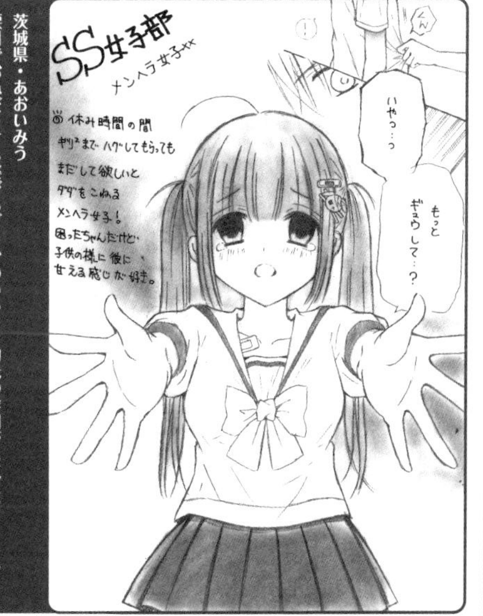

大分県・蟹羽
歪んだ笑顔がたまりません！　ぼさぼさな黒髪も萌え♡　私は君のこと好きだから死ぬな…生きて…でも不憫可愛いからオドオドし続けろよな…（ももこ）

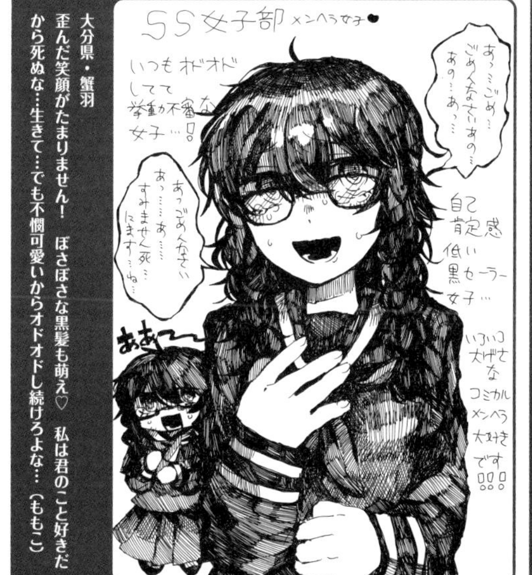

SS女子部

～女子の魅力をマニアックに特集～

女子部のテーマ大募集!!
巻末にあるアンケートハガキの「フリースペース」に「女子部リクエスト宛て」と書き、あなたが描いて欲しいテーマと熱い想いを記入してください!! 皆さんのご応募お待ちしています。

「SS 女子部」では、「女子のこんなトコがたまらない！」という思いを皆で発表していけたらと思います。
そこで、毎回異なるテーマを設けてイラストを募集しています。
第 52 回目は、ナビゲーターの白恋ももこさんと一緒にお送りする「メンヘラ女子特集」です！

第52回「メンヘラ女子」特集 白恋ももこさんのコメントと一緒にお送りします！

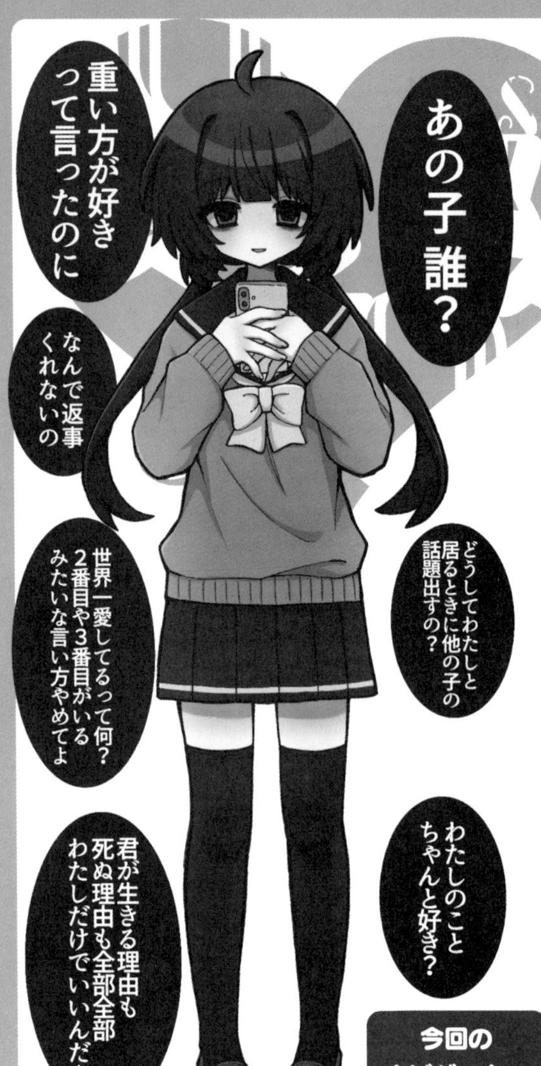

今回のナビゲーター 白恋ももこ

次回は「かわいいおくち女子」を募集！

猫ちゃんのように「うにゃ」っとした口元ののんびりマイペース女子、ピンクのうるツヤリップでファンを魅了する国民的スーパーアイドル、矯正器具がちら見えする笑顔が控えめな女の子、舌ピアスをチロっとのぞかせるロックバンドのボーカル女子、犬のように甘えん坊で、とびきり笑顔な八重歯見えガールなど…、皆さんのあらゆる「かわいいおくち女子」に対するツボをお寄せください～！
また、次号のナビゲーターはりすりすさんです！

白恋ももこさんコメント

「彼氏くんの元カノも女友達も推しもみんな消えちゃえばいいのに」と思っている嫉妬深いメンヘラ彼女を描きました！ 常に彼の SNS を監視しているのでストレス溜めがちでヒスりがち。普通に重すぎてフラれます。めんどくさいはかわいい。

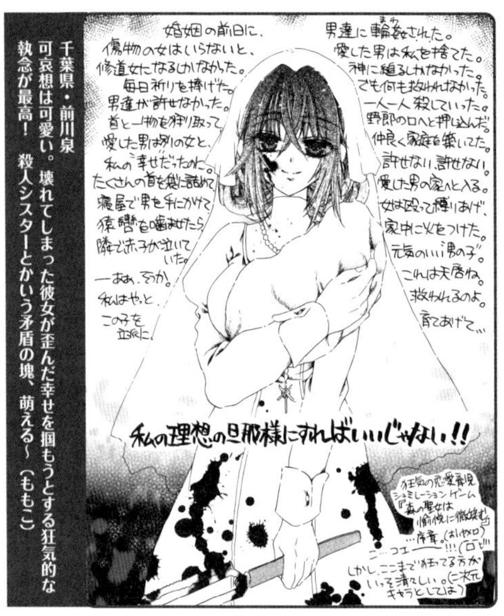

千葉県・前川泉
可哀想は可愛い。壊れてしまった彼女が歪んだ幸せを掴もうとする狂気的な執念が最高！ 殺人シスターとかいう矛盾の塊、萌える～（ももこ）

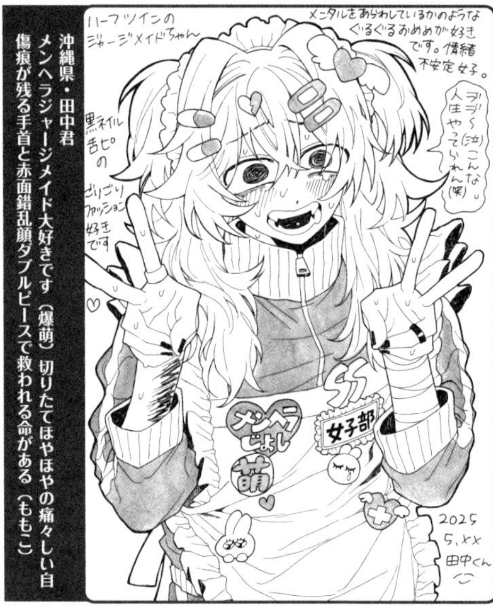

沖縄県・田中君
メンヘラジャージメイド大好きです（爆萌） 切りたてほやほやの痛々しい自傷痕が残る手首と赤面錯乱顔ダブルピースで救われる命がある（ももこ）

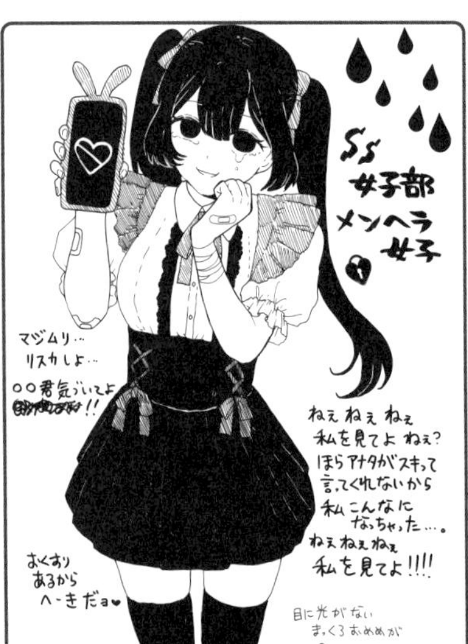

群馬県・RB
可愛らしさと病み要素が見事に融合している～！これぞ地雷系メンヘラ女子！ ですね！ ブラックホールみたいなまっくろおめめ LOVE…♡（ももこ）

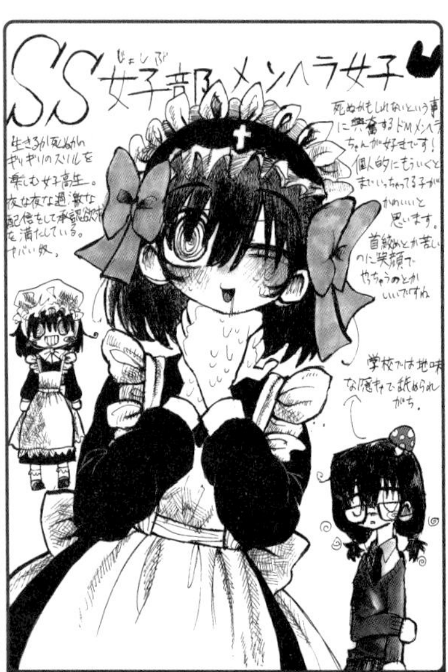

岡山県・のりあき・17 歳
自傷配信は変態すぎる！ 目がイってますね…同級生の地味子があんなことやこんなことをしていたらと思うと私も興奮してきた（二人目の変態）（ももこ）

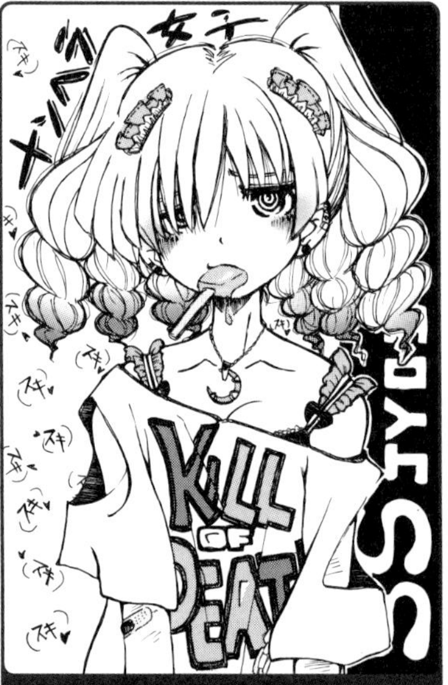

愛知県・いいづきにか
アンニュイな雰囲気が超可愛いです♡ ぐるぐるのおめめ、溢れるスキの気持ち、細い腕に絆創膏では隠しきれない傷痕…最高～～～!!（ももこ）

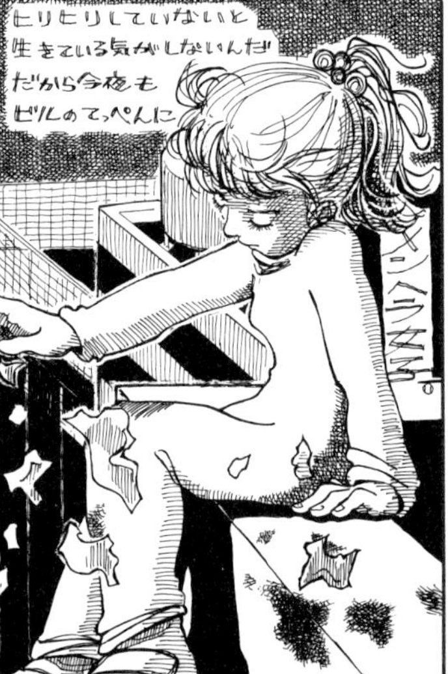

福島県・Azzurro.
自分の存在を確かめるために刺激を求め続ける姿が悲哀に満ちていてメンヘラというテーマにぴったり。伏し目がちで表情が読めないのも良い…！（ももこ）

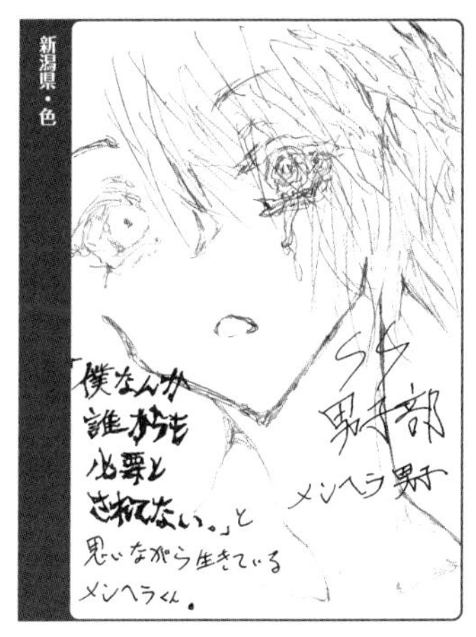

新潟県・色

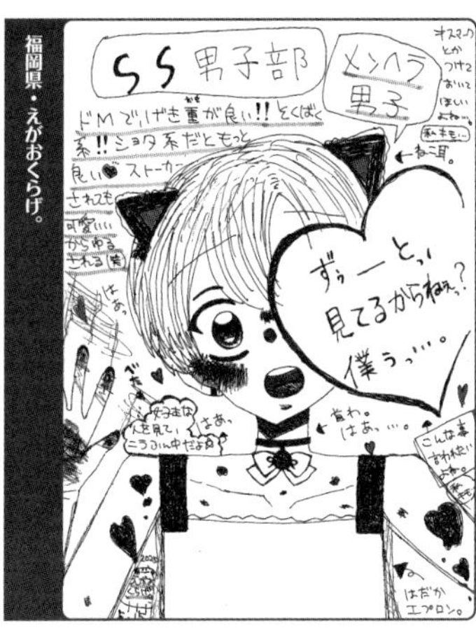

福岡県・えがおくらげ。

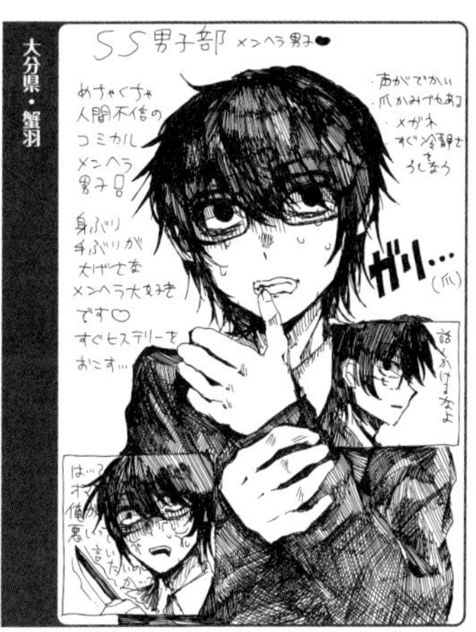

大分県・蟹羽

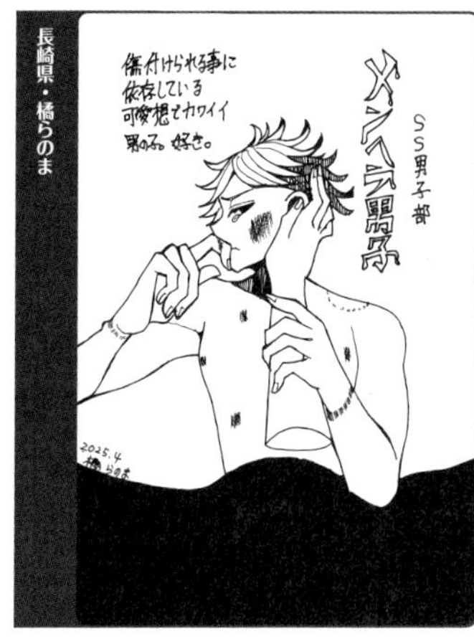

長崎県・橘らのま

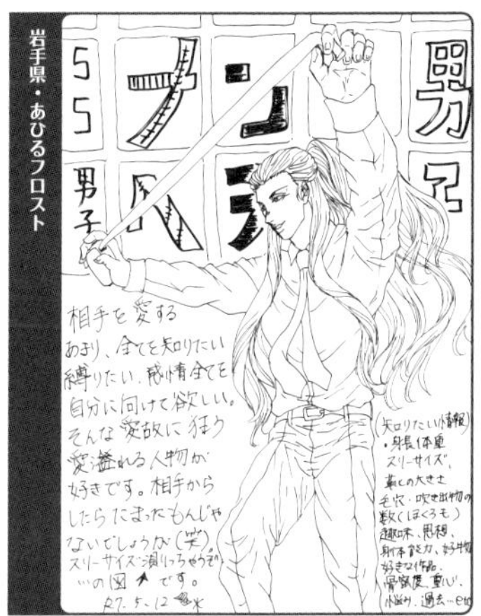

岩手県・あひるフロスト

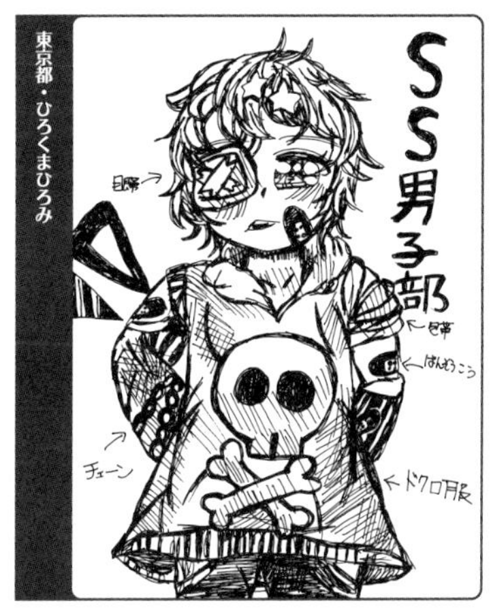

東京都・ひろくまひろみ

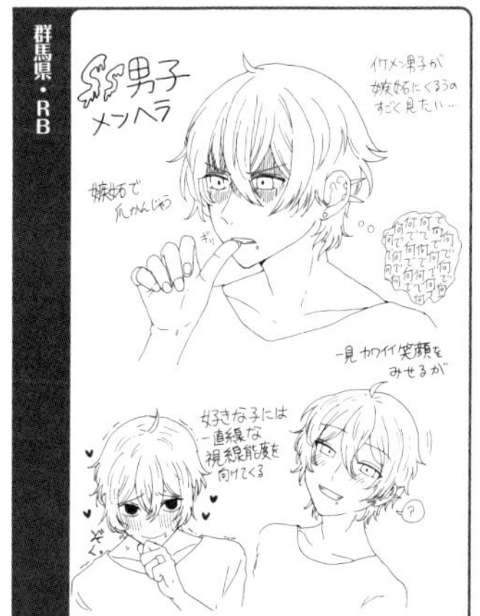

群馬県・RB

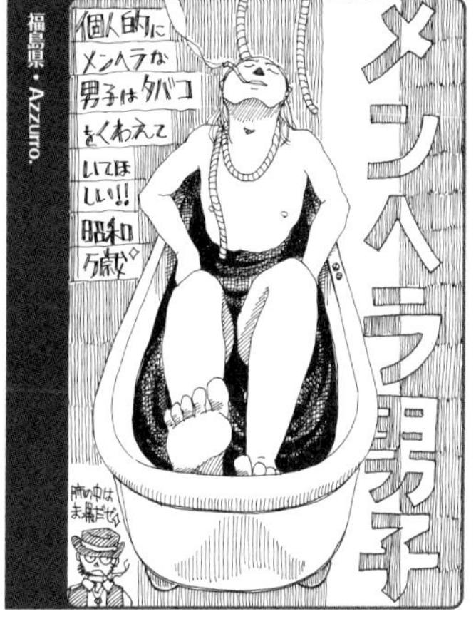

福島県・Azzuro.

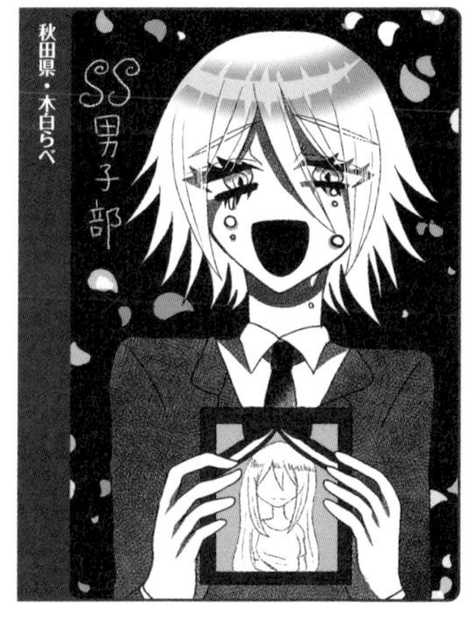

秋田県・木白らべ

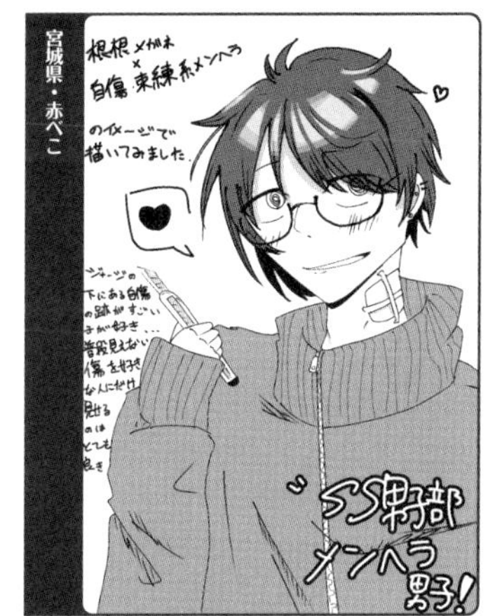

宮城県・赤べこ

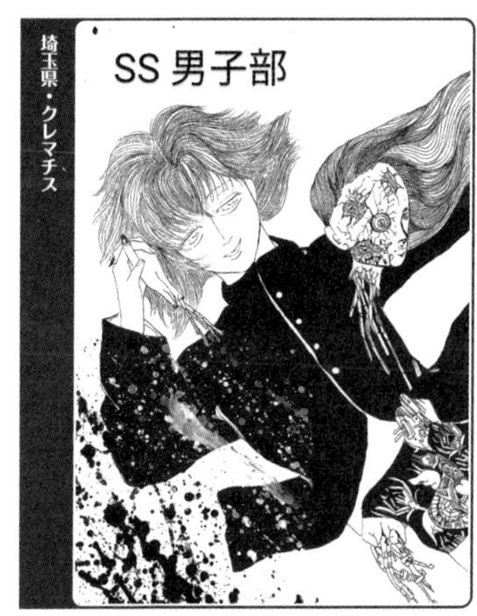

埼玉県・クレマチス

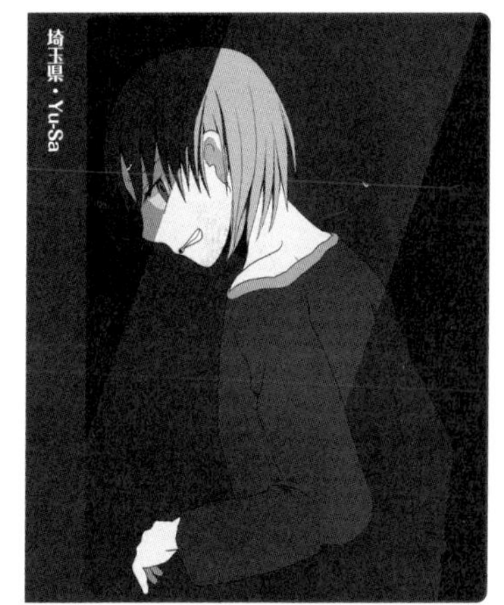
埼玉県・Yu-Sa

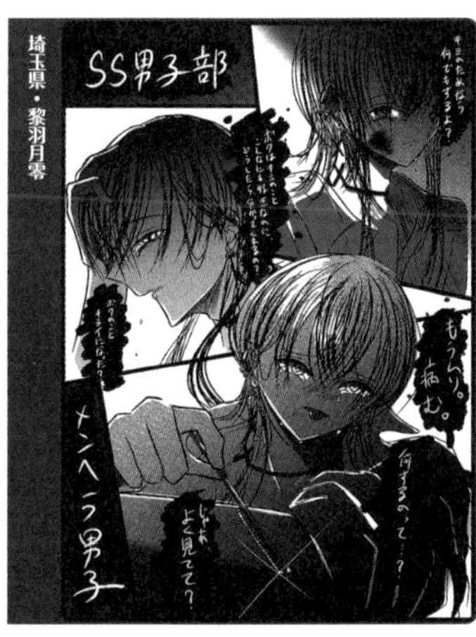

埼玉県・黎羽月零

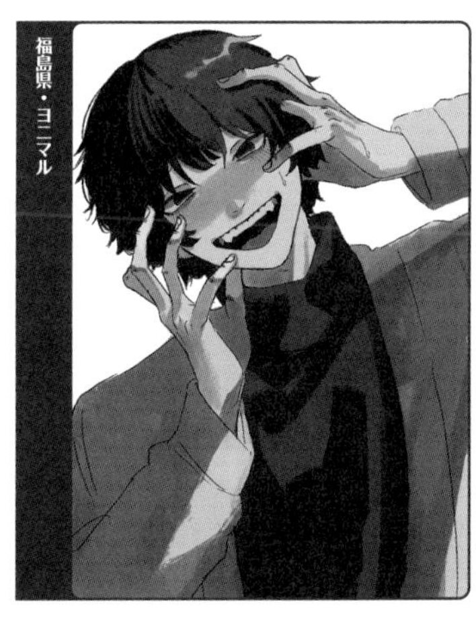
福島県・ヨミマル

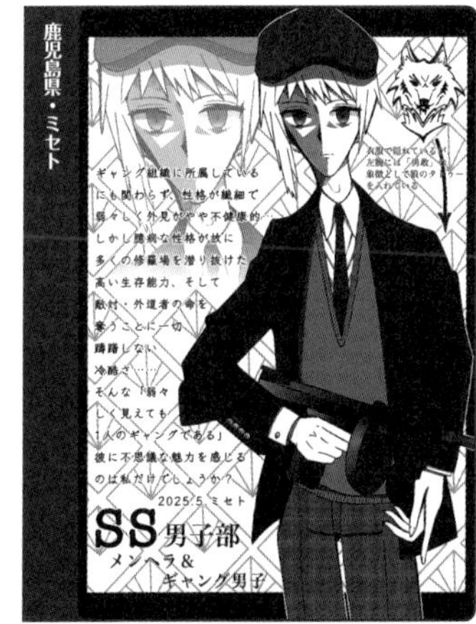

鹿児島県・ミセト

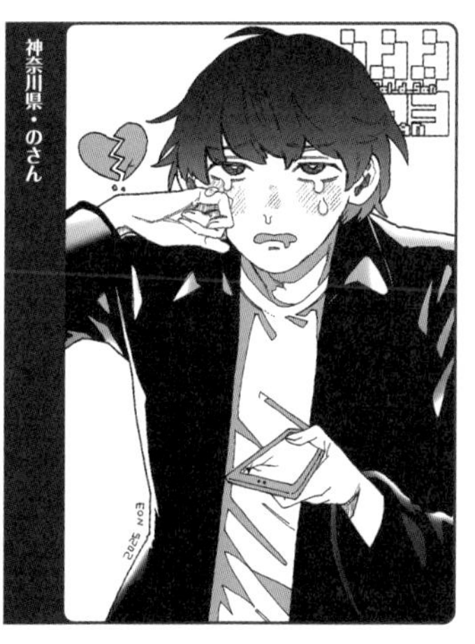
神奈川県・のさん

福岡県・七瀬なごり
泣かないで…。なんて健気な子なの…相手の方に抱きしめてもらっているところが想像できます…ハオ…。幸せになれよ～!!（のりあき）

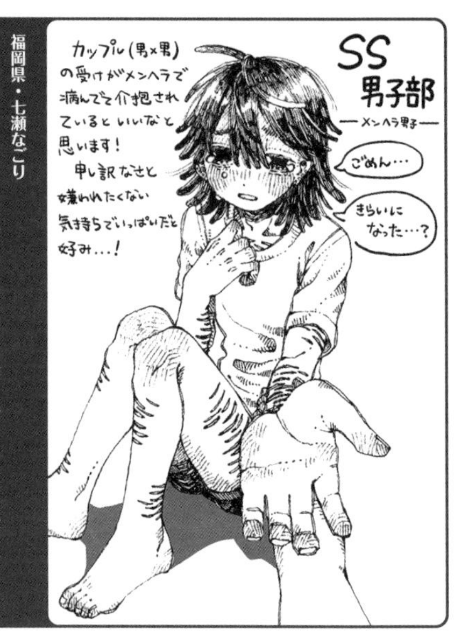

兵庫県・綿道草
ネガティブ系メンヘラ愛してます…。涙目かわいそ可愛い…キュートアグレッション…ナース服っぽいお洋服も可愛すぎます！（のりあき）

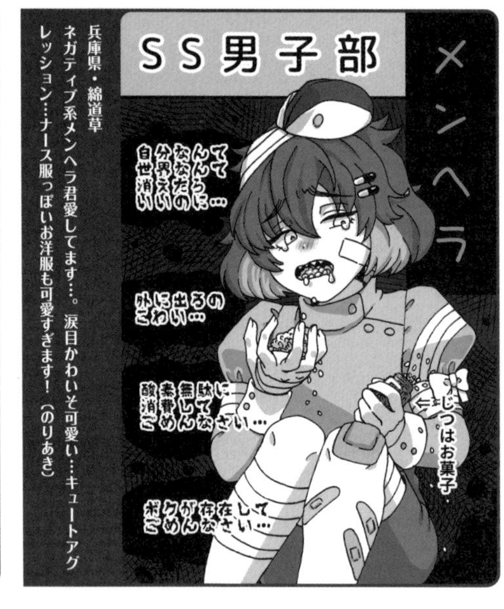

京都府・あはちゃ
ウヒョ～～!! なんだこのかわいい生き物は！ そしてなんて不憫なんだ…かわいい…よしよし…生きろ！ 明日は明るいぞ！ 陰キャ君！（のりあき）

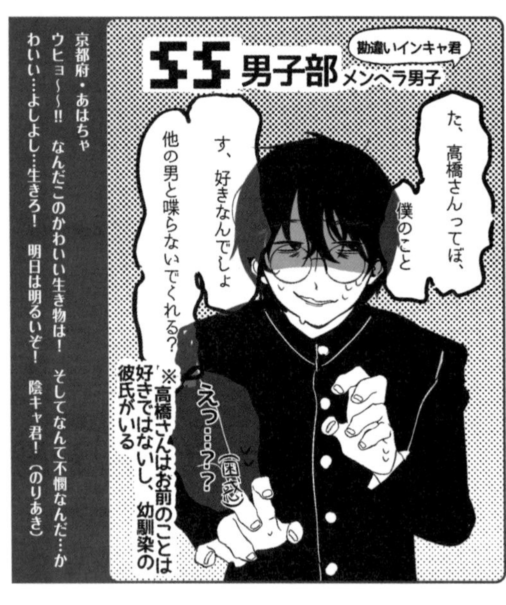

大阪府・ラブバード
お兄ちゃん妹ちゃんの部屋に盗聴器付けてそう（幻覚）あと見間違いじゃなければお揃いのネックレス付けてませんか…？（遺言）（のりあき）

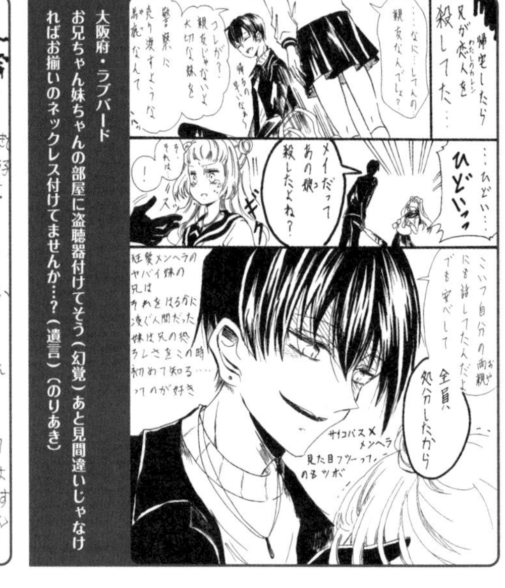

兵庫県・yakumo
血まみれのおてて…なんてスケベなんですの…♡ メイド服のデザインもスーパー可愛い…！ ご主人に調教されてドMに目覚めてほしい（のりあき）

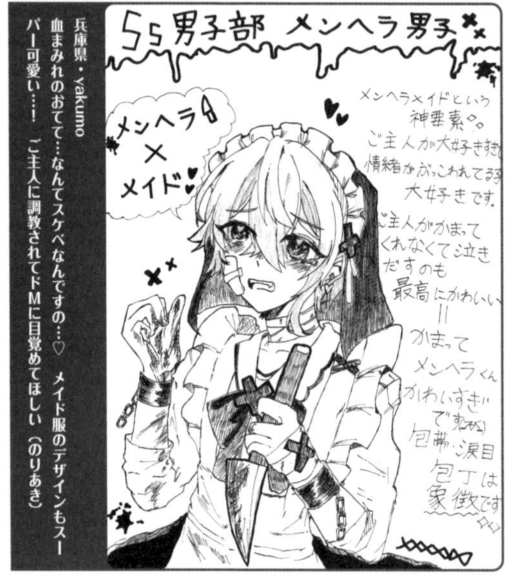

沖縄県・田中若
待ってました!! DVメンヘラクズ男!!♡ ずっぶずぶの共依存に持ち込んでほしい…お揃いのピアス開けさせるところまで見えました！（のりあき）

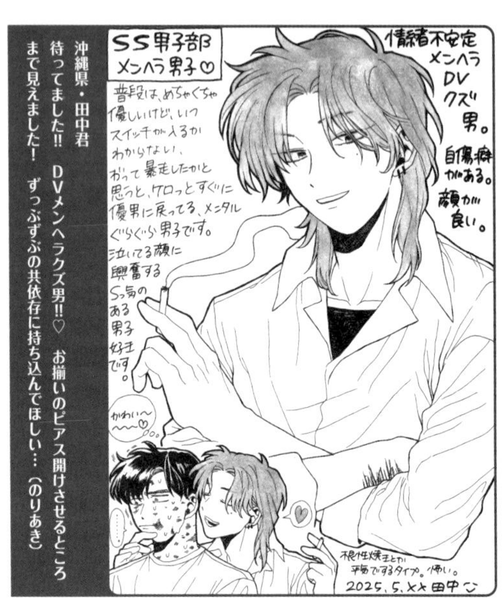

高知県・柴イヌ
爪噛み噛みかわちいね～♡ そしてハーフアップと眼帯にピアスバチバチはずるいです!! 爪噛みながらう～う～言ってそう（かわいい）（のりあき）

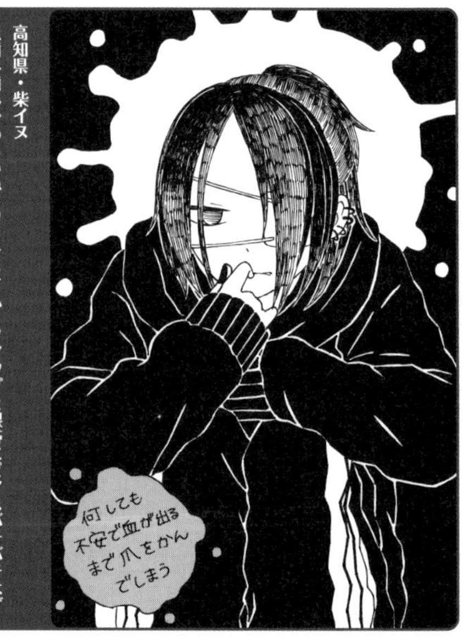

宮城県・Nio
あッ（死）ピアスばちこら空いてるの色気半端ないです…。サドっぽいのもたまらん…喫煙者であれ～～！ 一生添い遂げようね～♡（のりあき）

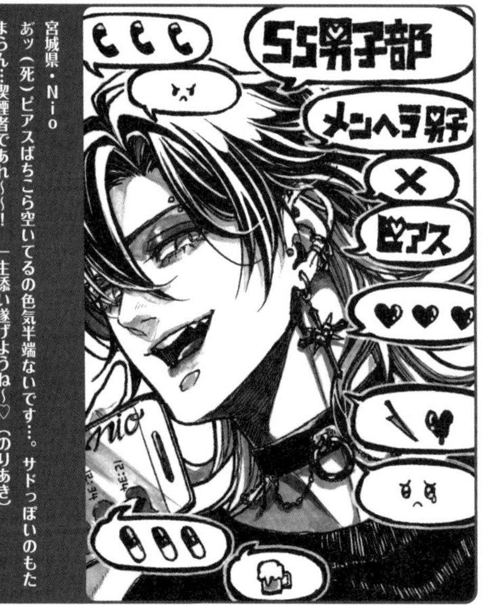

愛媛県・なご。
全ての要素が可愛くてぶっ飛びました。惚れられたら面倒くさそう…。サイコっぽいのもラブ♥ 可愛い泣き顔もっと見せてくれ～！（のりあき）

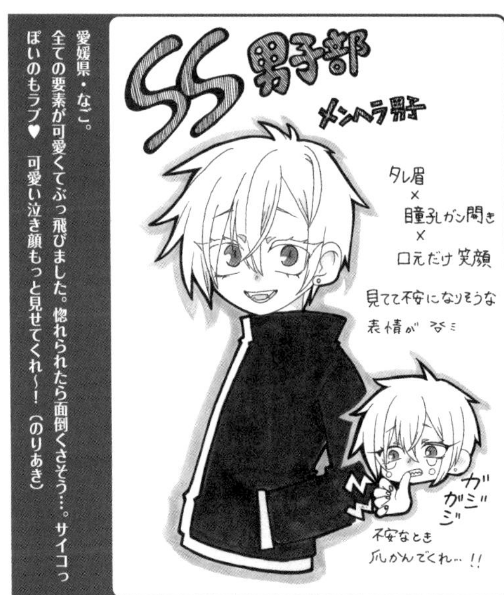

SS男子部

～男子の魅力をマニアックに特集～

男子部のテーマ大募集 !!

巻末にあるアンケートハガキの「フリースペース」に「男子部リクエスト宛て」と書き、あなたが描いて欲しいテーマと熱い想いを記入してください !! 皆さんのご応募お待ちしています。

「SS 男子部」では、「男子のこんなトコがたまらない！」という思いを皆で発表していけたらと思います。
そこで、毎回異なるテーマを設けてイラストを募集しています。
第 52 回目は、ナビゲーターののりあきさんと一緒にお送りする「メンヘラ男子」特集です！

第 52 回「メンヘラ男子」特集 のりあきさんのコメントと一緒にお送りします！

のりあきさんコメント

付き合っている恋人から日常的に手をあげられているドMマゾわんこ君を描きました！ どんなに暴力を受けていてもそれも愛なんだと受け入れちゃうようなどうしようもない子大好きです！ 清い関係だとなおヨシ！

次回は「かわいいおくち男子」を募集

ぷるぷるなアヒル唇を尖らせたお茶目なあざとかわいい男の子、鋭く伸びた犬歯の隙間からスプリットタンをチラつかせるミステリアスな八重歯男子などなど、おくちまわりに関する皆さんのあらゆるツボをお寄せください～！
次回のナビゲーターは、和桜恋（わざくられん）さんです！

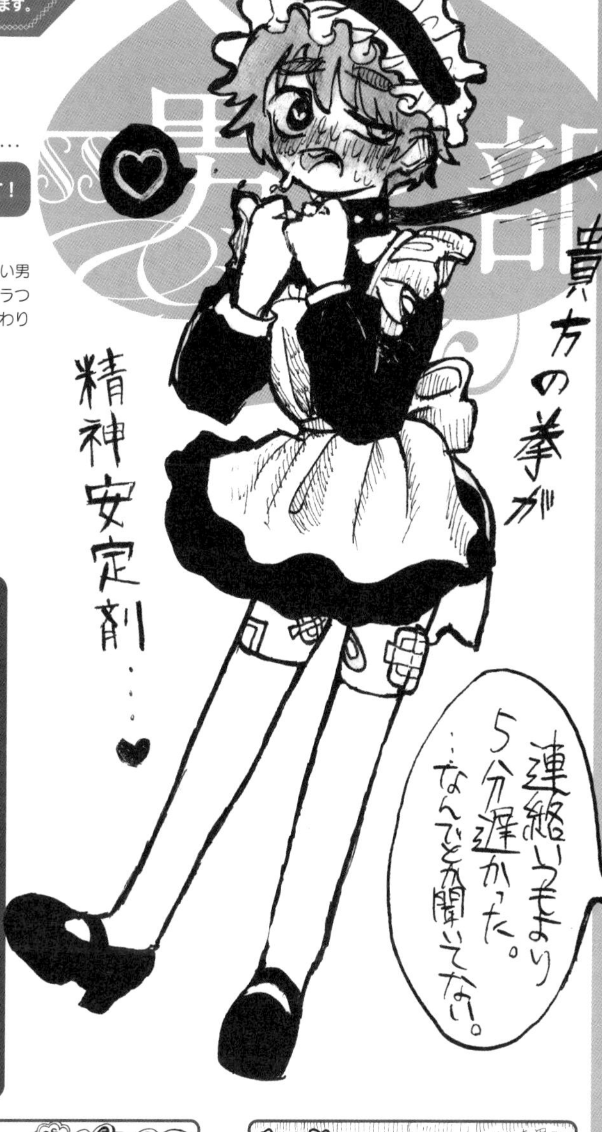

今回のナビゲーター：のりあき

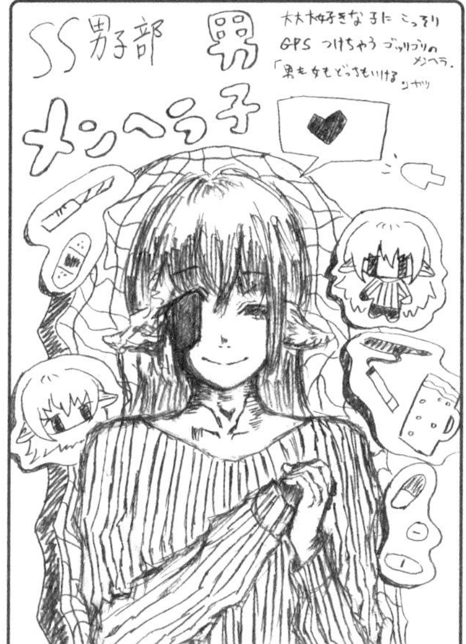

長崎県・め
真っ黒おめめ…可愛いすぎるよ君…GPS つけちゃうとかなんて良い男…服の下はリスカの跡でいっぱいだったりしたらいいな…！（のりあき）

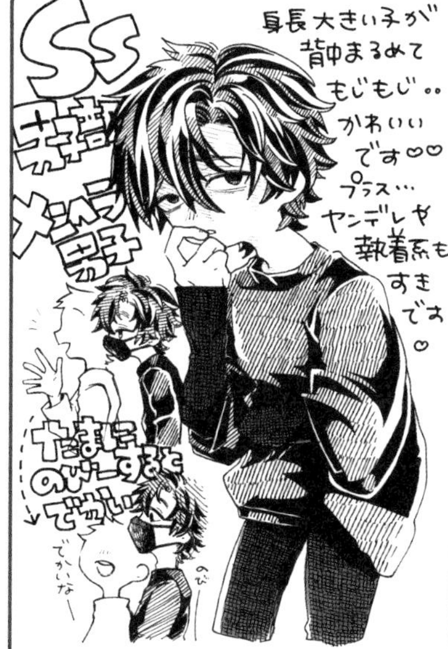

福岡県・無月
でかいのにもじもじしちゃって…愛おしいですわ～！ のび～してるときの表情が好き～!! 困り眉もウルトラ可愛いです～～!! kiss…♡（のりあき）

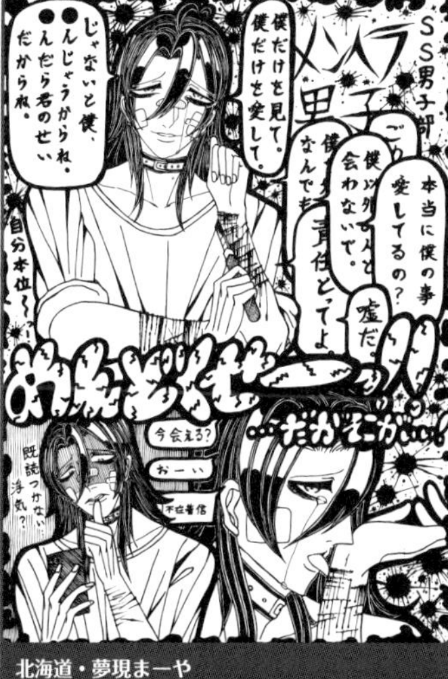

北海道・夢現まーや
可愛すぎて頭抱える…めんどくさいは可愛い。クマ濃いのスケベだ…タレ目タレ眉メロすぎだよ…ぴょこアホ毛食べたい…（のりあき）

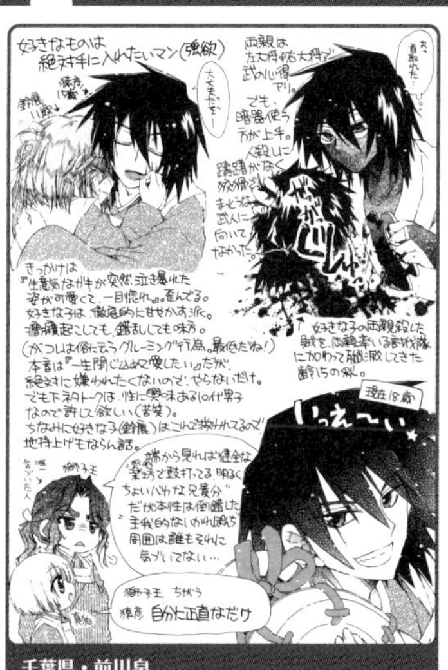
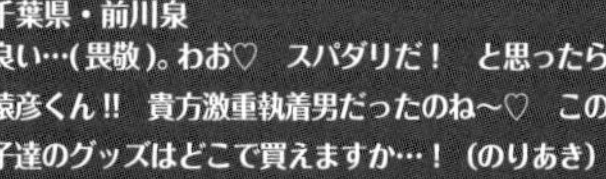

千葉県・前川泉
良い…（畏敬）。わお♡ スパダリだ！ と思ったら猿彦くん!! 貴方激重執着男だったのね～♡ この子達のグッズはどこで買えますか～！（のりあき）

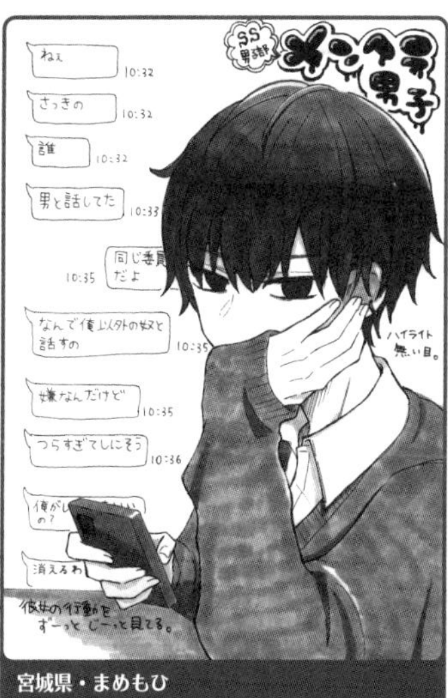

宮城県・まめもひ
そんな素敵な目で見つめられたらドキドキしちゃう…。気付いたら後ろに立ってそうでかわいい…ヤンデレ混じってそうなのも愛…（のりあき）

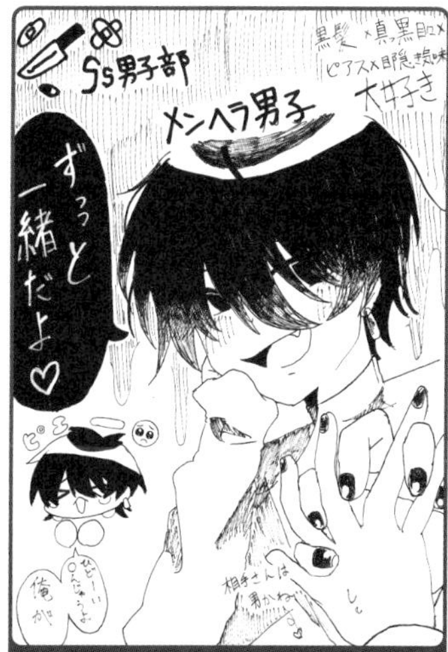

兵庫県・シャケ
キマシタワー！ ドストライク。ずっと一緒だよ…圧を感じるのかわいい…♡ お揃いのネイルからして独占欲強そうで…良い…（のりあき）

静岡県・鴉堂
亜門の真っ黒瞳♡ 光の笑顔も素敵すぎてこのまま飾りたい…ッ!

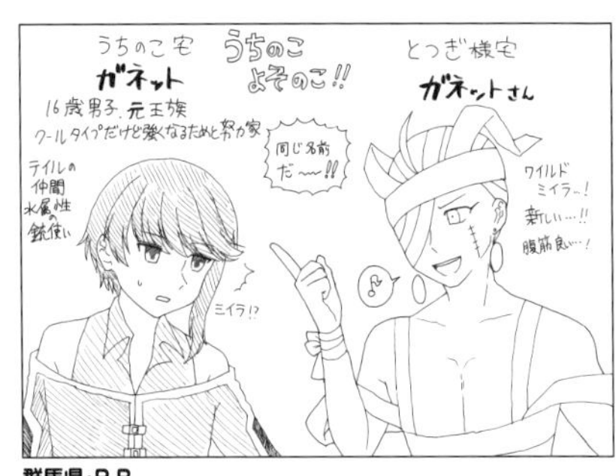

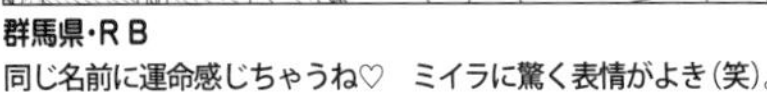
群馬県・RB
同じ名前に運命感じちゃうね♡ ミイラに驚く表情がよき(笑)。

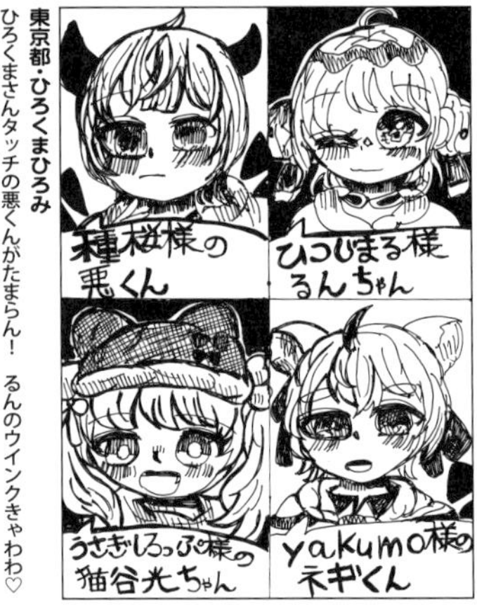

東京都・ひろくまひろみ
ひろくまさんタッチの悪くんがたまらん! るんのウインクきゃわわ♡

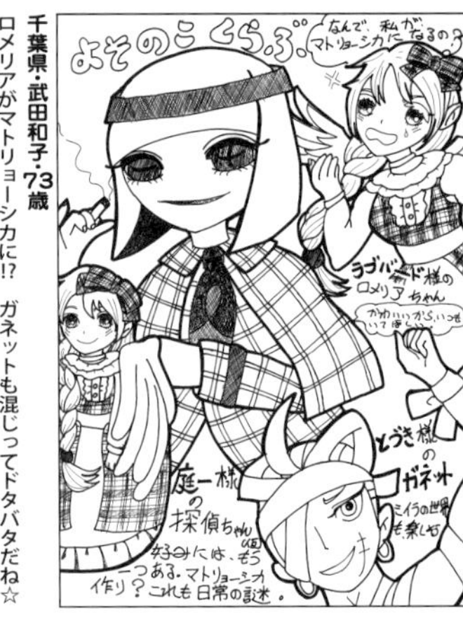

千葉県・武田和子・73歳
ロメリアがマトリョーシカに!? ガネットも混じってドタバタだね☆

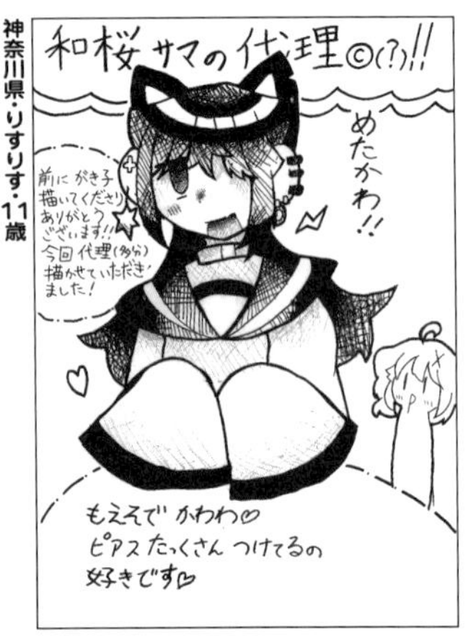

神奈川県・りすりす・11歳
和桜恋さんの代理っこ♡ 萌え袖とパチパチピアスに猫口がめたかわ〜♡

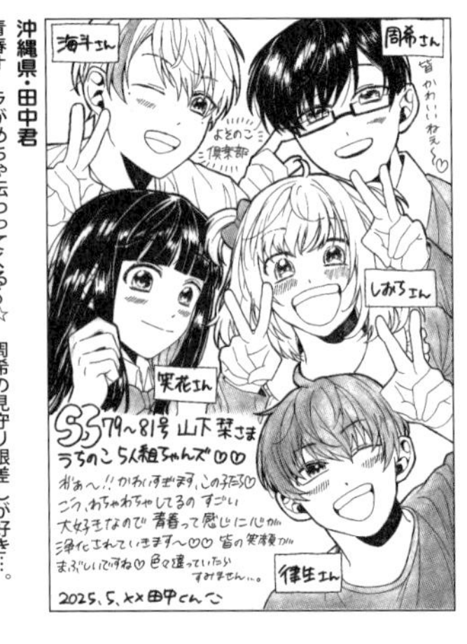
沖縄県・田中君
青春オーラがめちゃ伝わってくる〜☆ 周希の見守り眼差しが好き…。

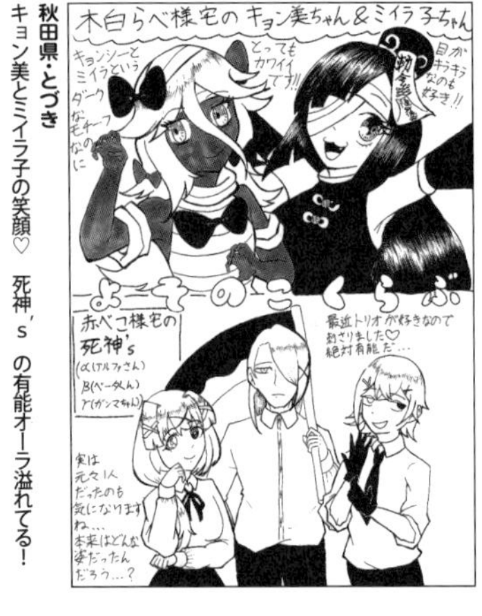

秋田県・とづき
キョン美とミイラ子の笑顔♡ 死神'sの有能オーラ溢れてる!

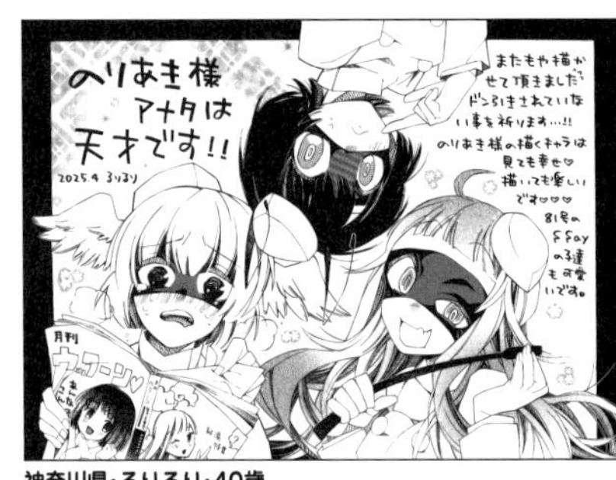

神奈川県・るりるり・40歳
のりあきさんちの子へ超ホットなファンコール☆ サンタマリアの表情が好きッ!

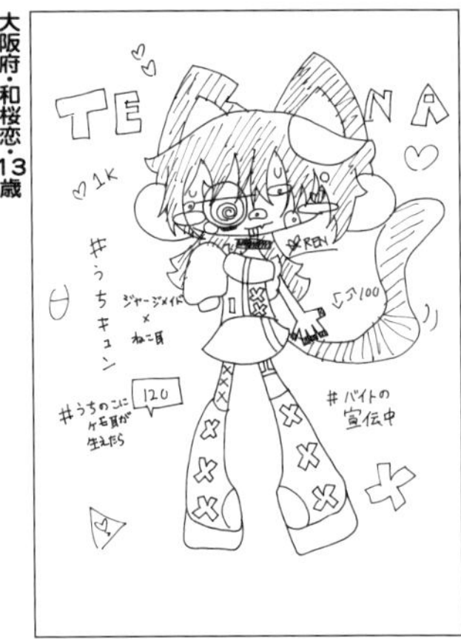
大阪府・和桜恋・13歳
ねこ耳でバイトの宣伝☆ ぺろ舌の尻尾振りポーズがたまらんぞ!!

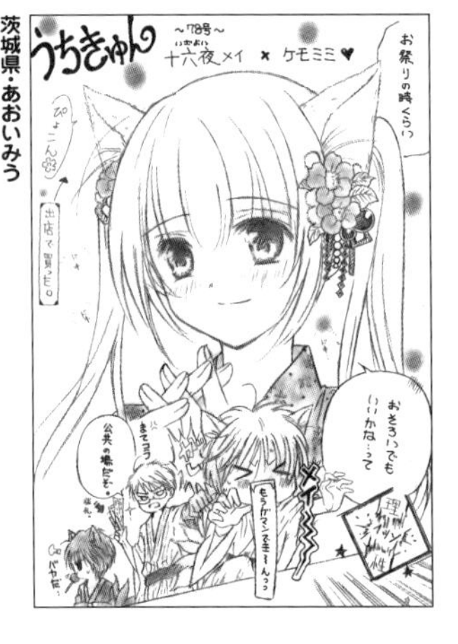

茨城県・あおいみう
メイが可愛すぎて理性切れるッ!! ケモミミ合わせの飾りも素敵〜!

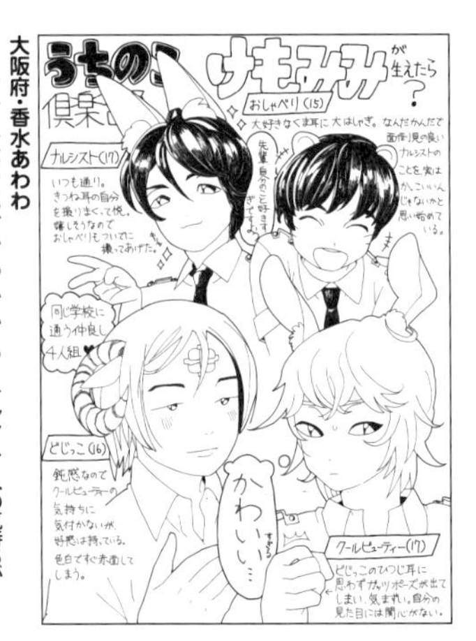
大阪府・香水あわわ
おしゃべりが大はしゃぎ・わ・い・い〜♡ ナルシストへの気持ちが…!

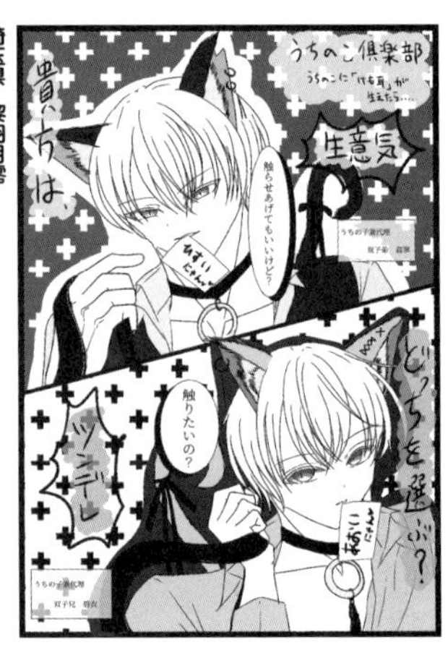

埼玉県・黎羽月零
生意気ツンデレも選べないです撫でさせてくださいッッーーー!!

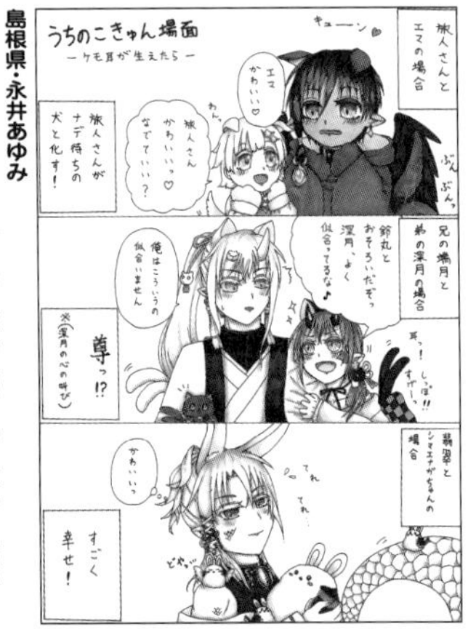

島根県・永井あゆみ
永井さんちの子があたたか…(号泣)。翡翠のてれてれを守りたいッ!

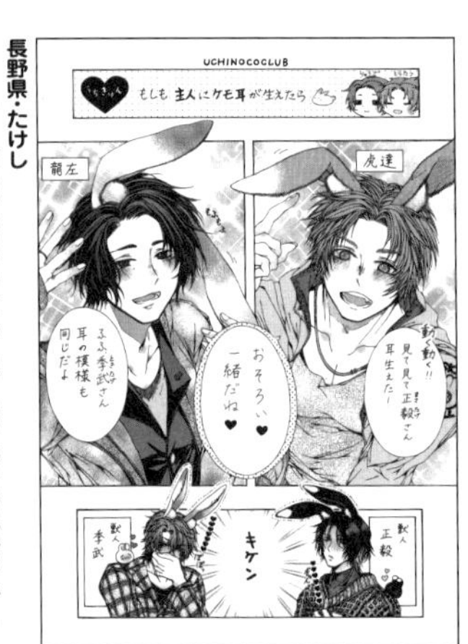

長野県・たけし
おそろいうさ耳に喜ぶなんてッエッチ♡ 続きはどこで見れますか…?

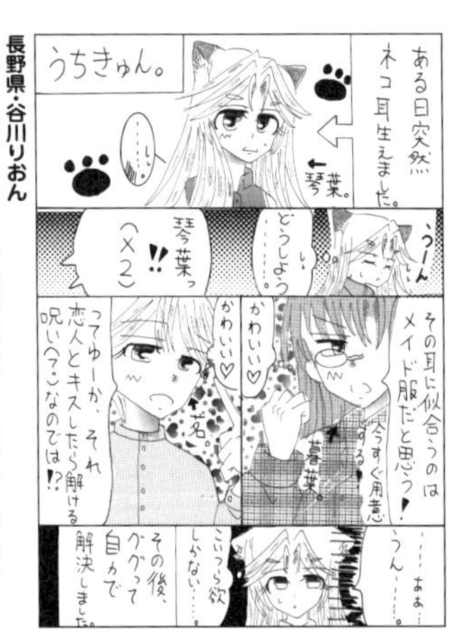

長野県・谷川りおん
愛溢れる欲望アドバイス(笑)。琴葉の若干引き気味な垂れ耳も好き♡

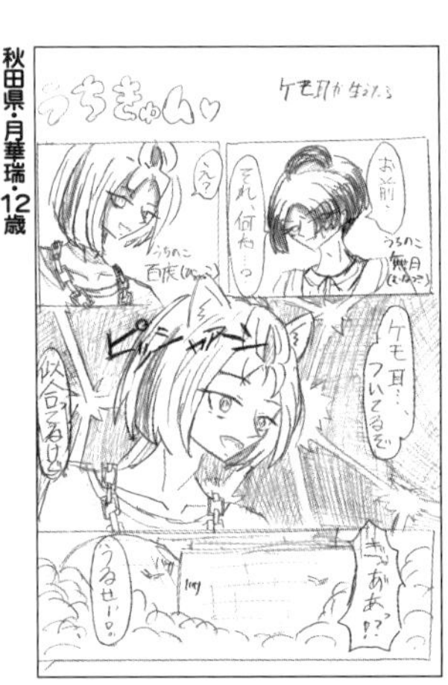

秋田県・月華瑞・12歳
無月の一言からの白虎(笑)。ケモミミがピーンとしているのきゃわ!

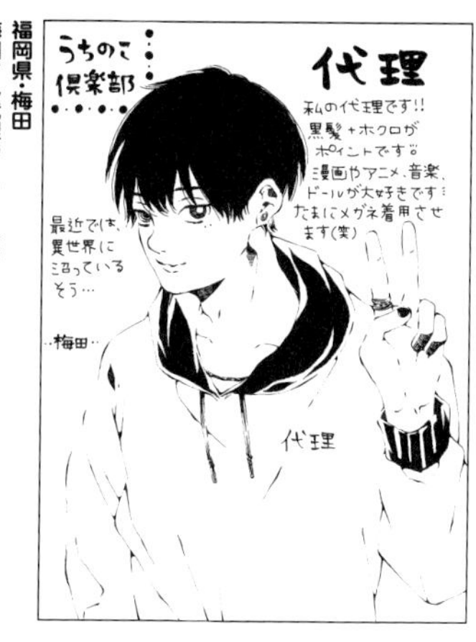

福岡県・梅田
梅田さん代理っこ♡ 黒髪ホクロがセクシー！ メガネ姿希望。

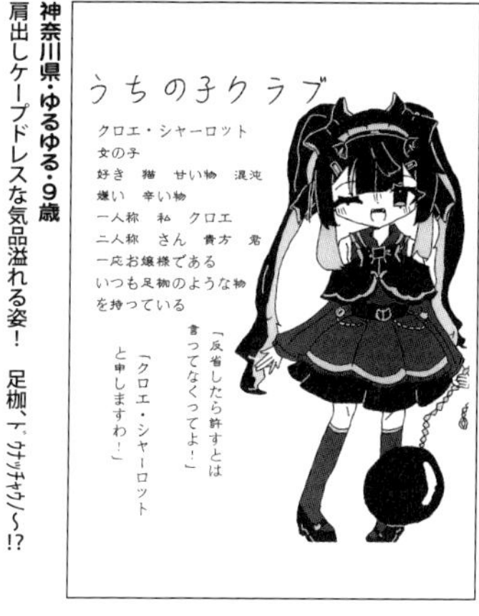

神奈川県・ゆるゆる・9歳
肩出しケープドレスな気品溢れる姿！ 足枷「ガチャガチャ」〜!?

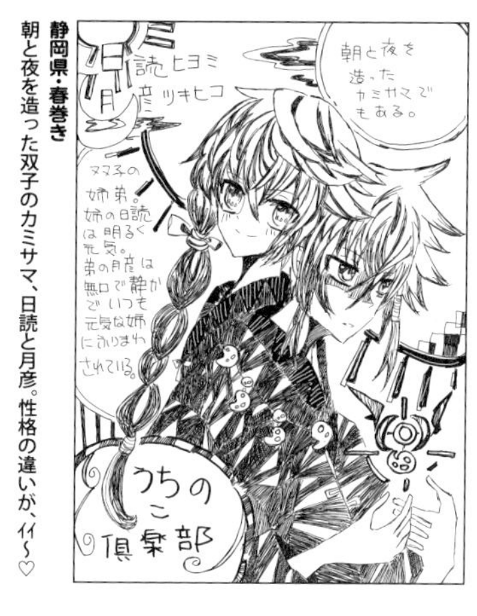

静岡県・春香き
朝と夜を造った双子のカミサマ、日読と月彦。性格の違いが、イイ〜♡

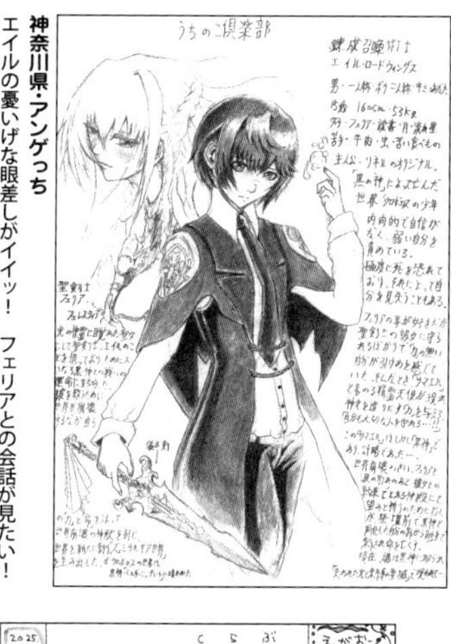

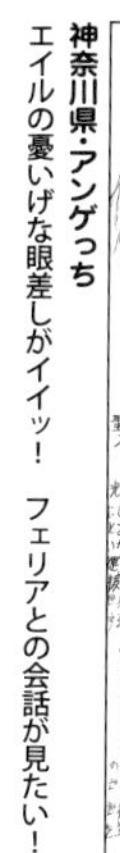
神奈川県・アンゲっち
エイルの憂いげな眼差しがイイッ！ フェリアとの会話が見たい！

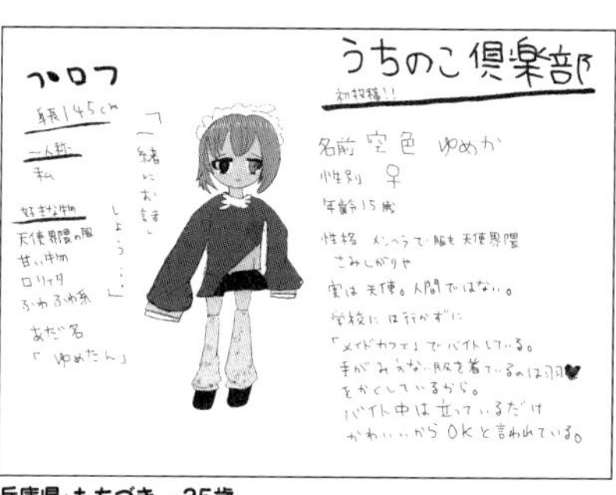

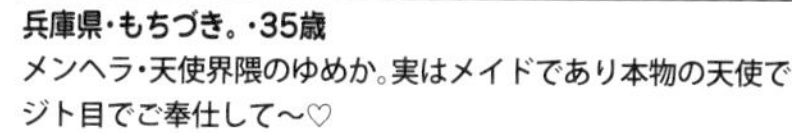
兵庫県・もちづき。・35歳
メンヘラ・天使界隈のゆめか。実はメイドであり本物の天使で!? ジト目でご奉仕して〜♡

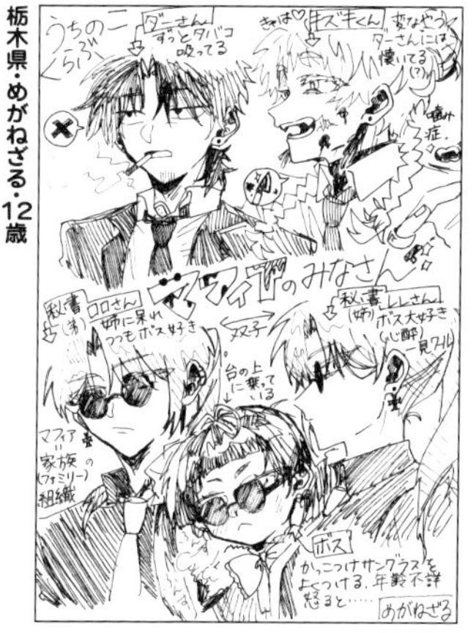

栃木県・めがねざる・12歳
マフィアのみなさん〜ッ！ ピアスやサングラスって癖すぎる〜！

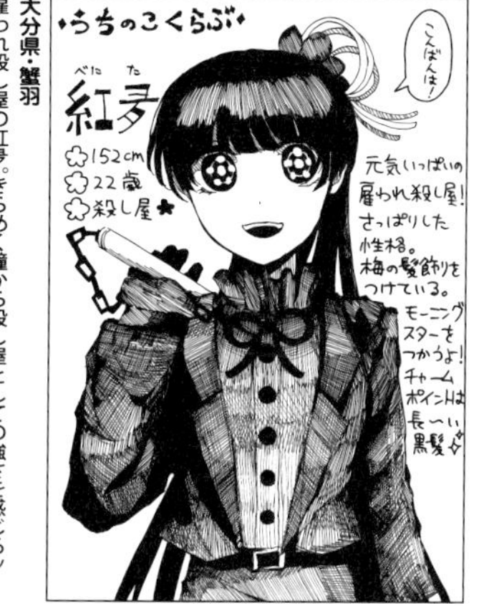

大分県・蟹羽
雇われ殺し屋の紅夛。きらめく瞳から殺し屋としての強さを感じるッ！

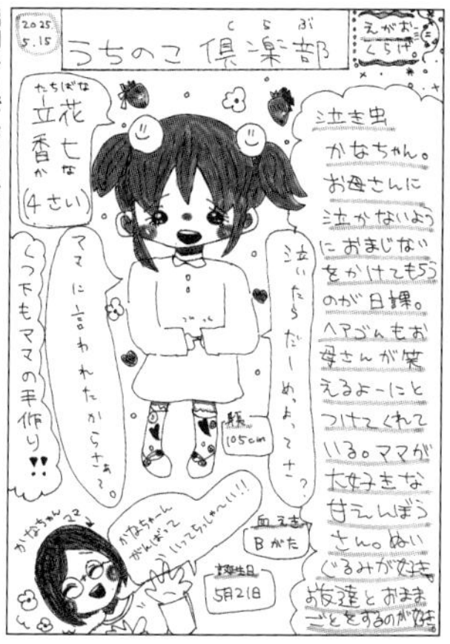

福岡県・えがおくらげ。
泣き虫フェイスな香七。お母さんがつけてくれたヘアゴムが似合ってる♡

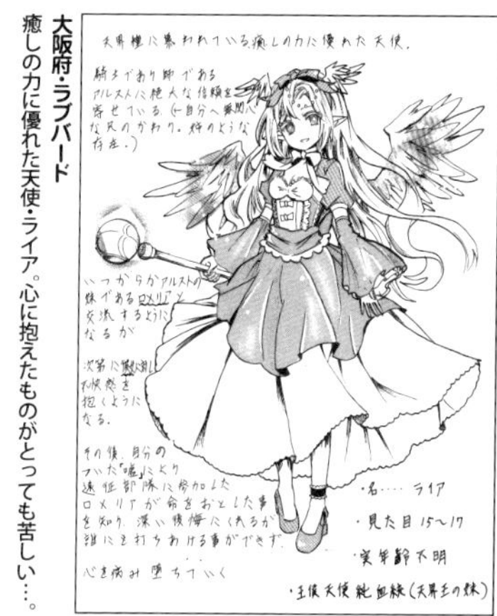

大阪府・ラブバード
癒しの力に優れた天使・ライア。心に抱えたものがとっても苦しい…。

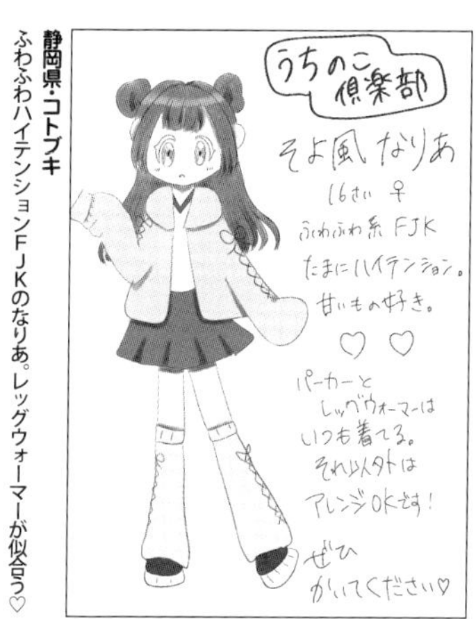

静岡県・コトブキ
ふわふわハイテンションFJKのなりあ。レッグウォーマーが似合う♡

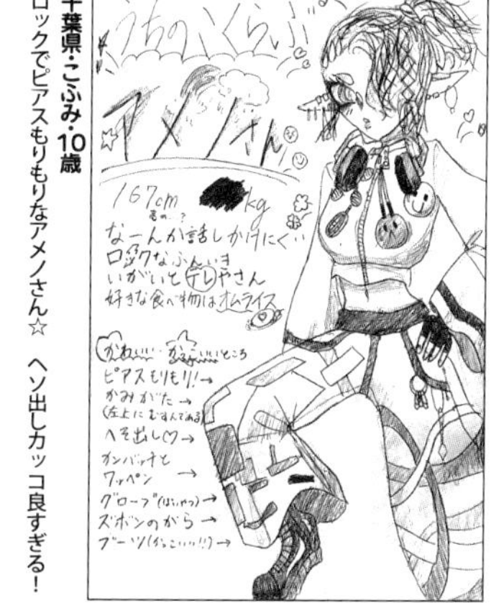

千葉県・こふみ・10歳
ロックでピアスもりもりなアメノさん☆ ヘソ出しカッコ良すぎる！

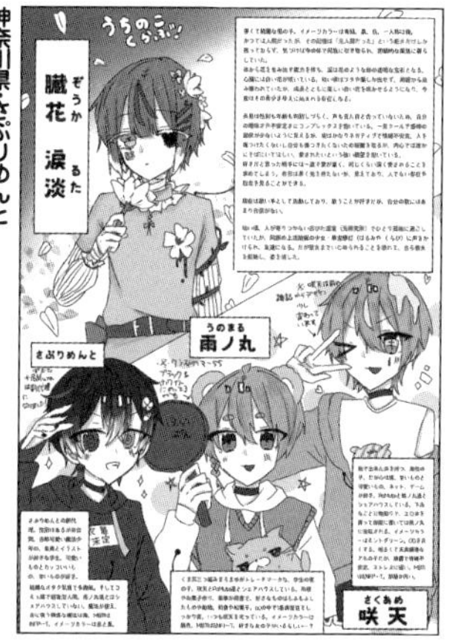

神奈川県・さぶりめんと
体から花を生み出す能力を持つ、涙淡。憂いげな表情にドキドキ…♡

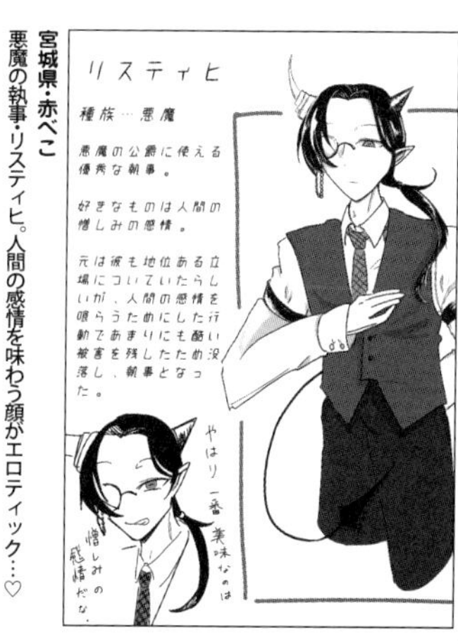

宮城県・赤べこ
悪魔の執事・リスティヒ。人間の感情を味わう顔がエロティック…♡

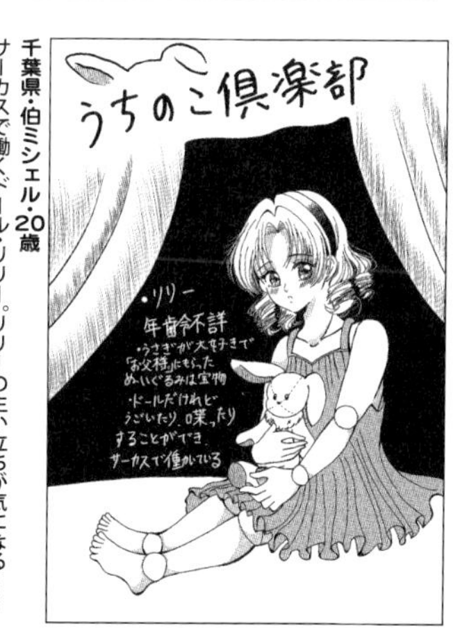

千葉県・伯ミシェル・20歳
サーカスで働くドール・リリー。リリーの生い立ちが気になる…！

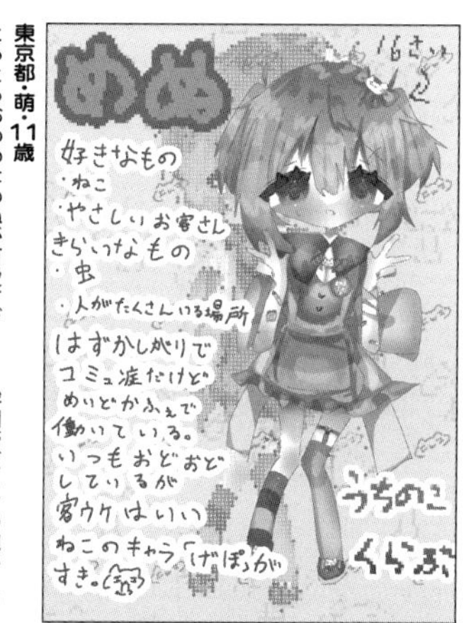

東京都・萌・11歳
とろとろおめめなめぬが可愛すぎ〜!! 絆創膏だらけの腕が…♡

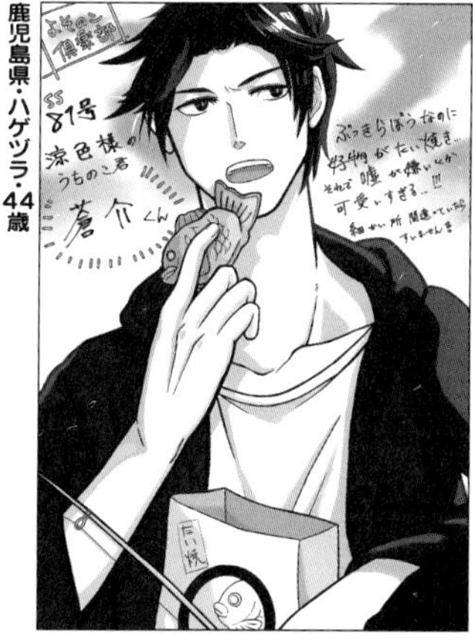

鹿児島県・ハゲツラ・44歳
たい焼きを頬張る蒼介のぶっきらぼう感♡ 鎖骨や甲の骨感もたまらんッ。

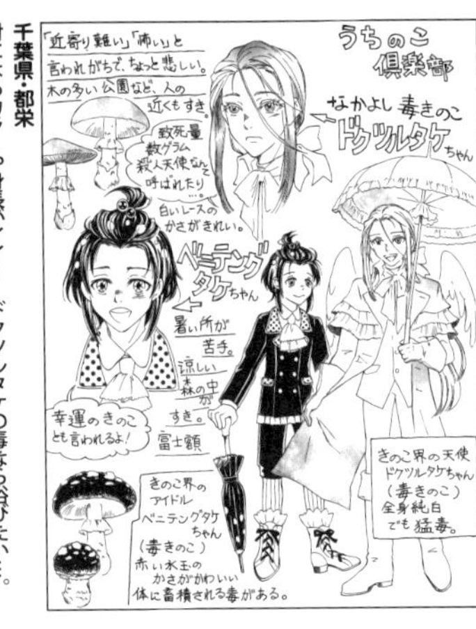

千葉県・都栄
対になるカラーや身長がイイ！　ドクツルタケの毒なら浴びたい…。

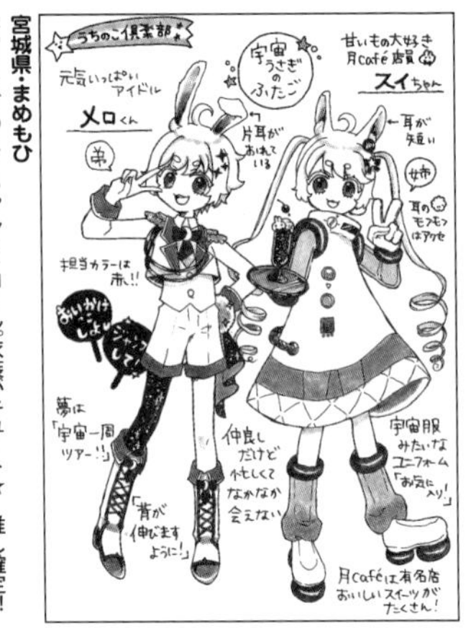

宮城県・まめもひ
宇宙うさぎのスイちゃん&メロくん。衣装がキュート★　推し確定!!

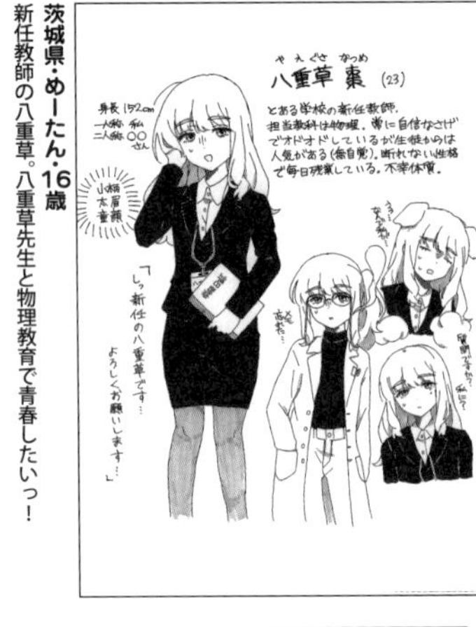

茨城県・めーたん・16歳
新任教師の八重草先生と物理教育で青春したいっ！

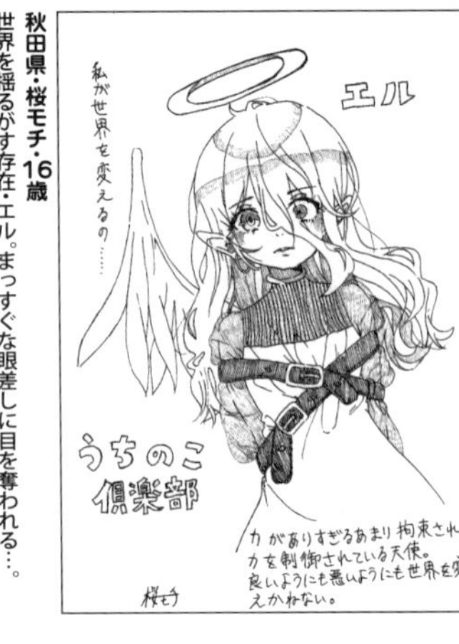

秋田県・桜モチ・16歳
世界を揺るがす存在エル。まっすぐな眼差しに目を奪われる…。

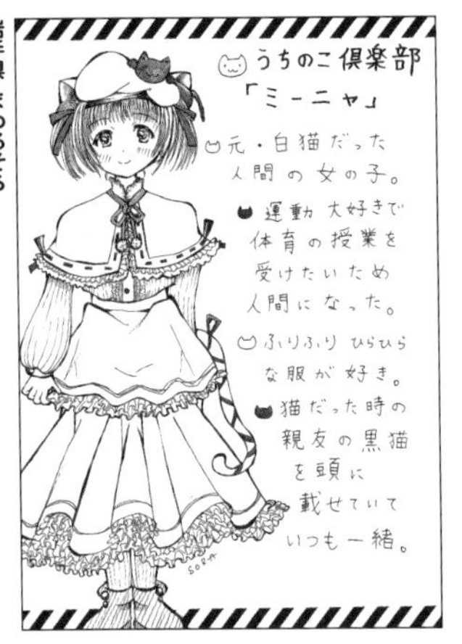

岩手県・まわるそら
元・白猫だったミーニャ。フリルいっぱいのお洋服が素敵すぎるっ♡

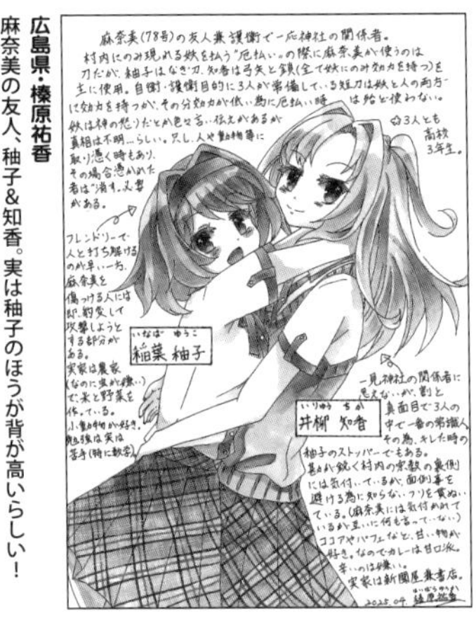

広島県・榛原祐香
麻奈美の友人、柚子&知香。実は柚子のほうが背が高いらしい！

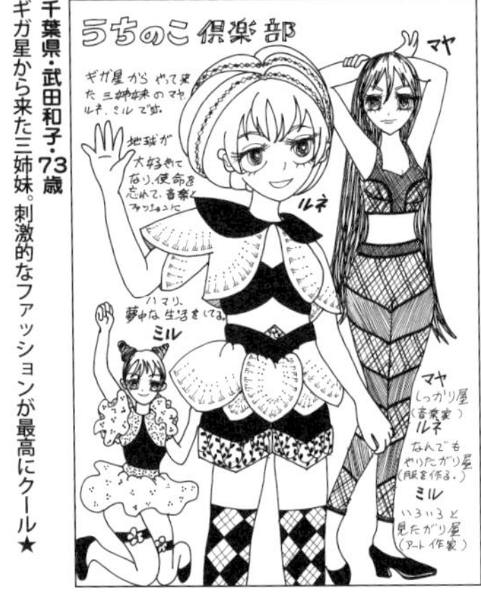

千葉県・武田和子・73歳
ギガ星から来た三姉妹。刺激的なファッションが最高にクール★

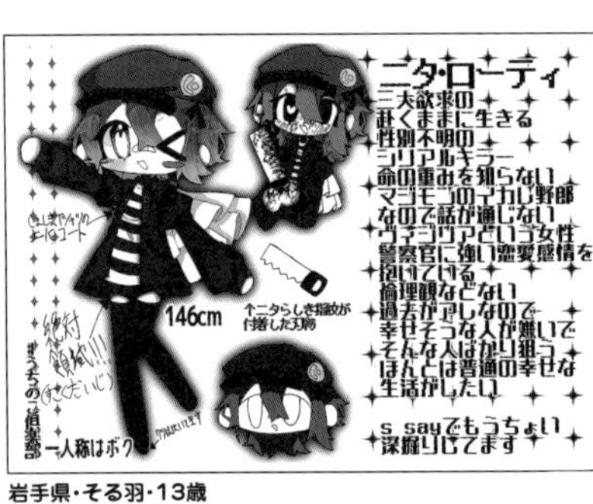

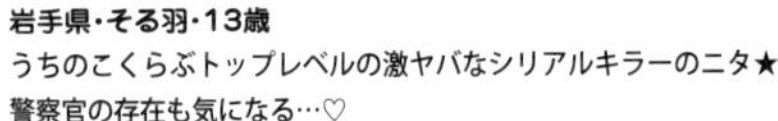

岩手県・そる羽・13歳
うちのこくらぶトップレベルの激ヤバなシリアルキラーのニタ★
警察官の存在も気になる…♡

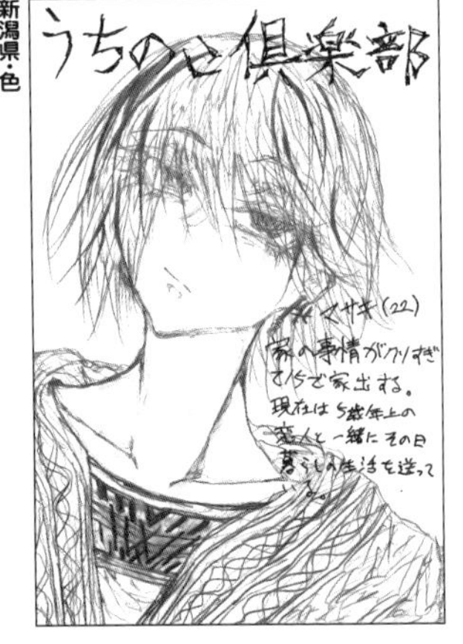

新潟県・色
15歳で家出をしたマサキ。恋人との生活を覗いてみたいな〜。

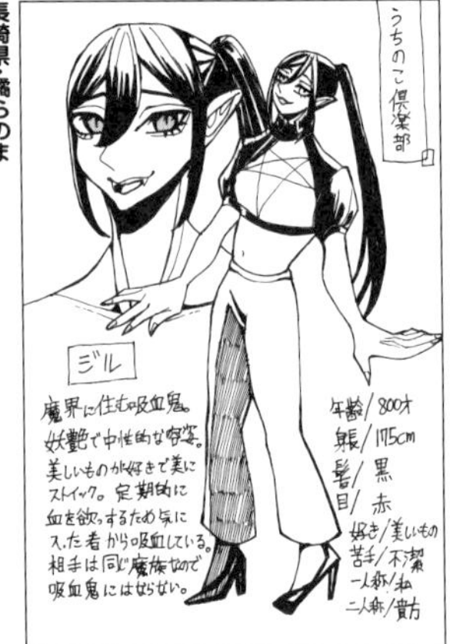

長崎県・橘らのま
妖艶な吸血鬼・ジル。ポニーテール&牙が、怪しげで麗しい…。

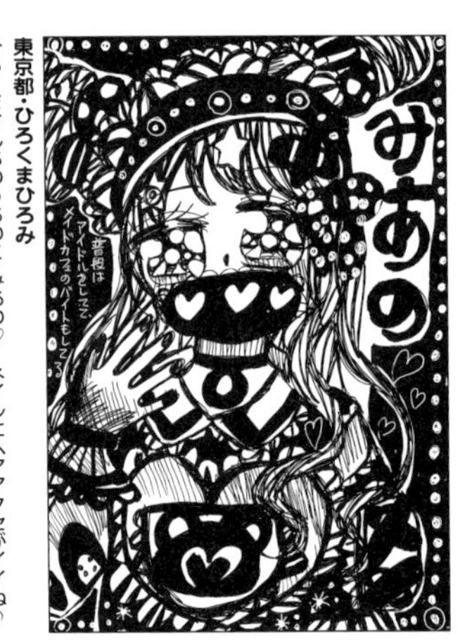

東京都・ひろくまひろみ
ひろくまさんちのうちのこみあの♡　ネイルにヘアアクセがイイね♪

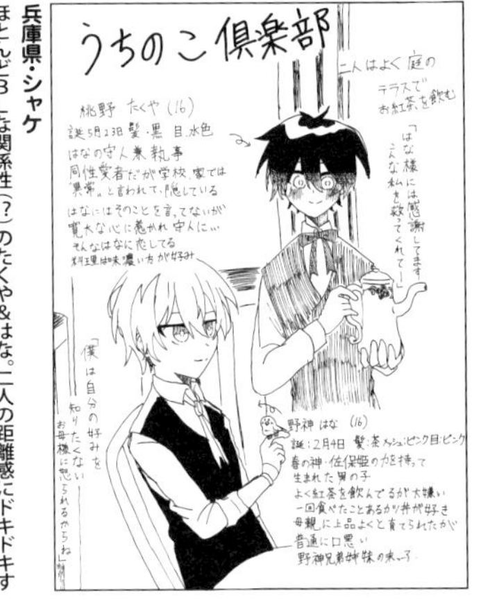

兵庫県・シャケ
ほとんどBLな関係性(!?)のたくや&はな。二人の距離感にドキドキするっ!!

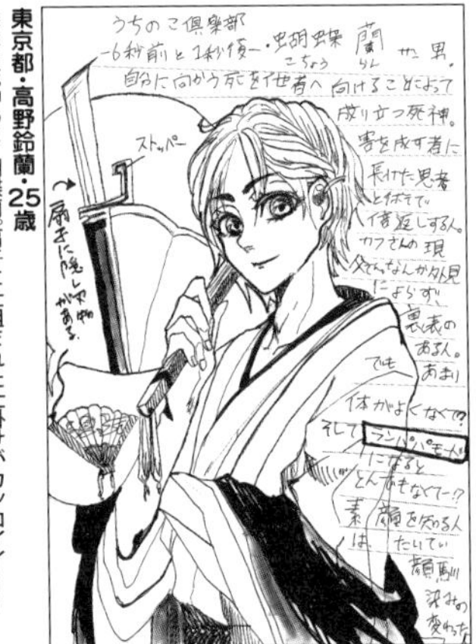

東京都・高野鈴蘭・25歳
美麗な死神の男・蝴蝶蘭。扇子に仕組まれた仕掛けがカッコイイ…！

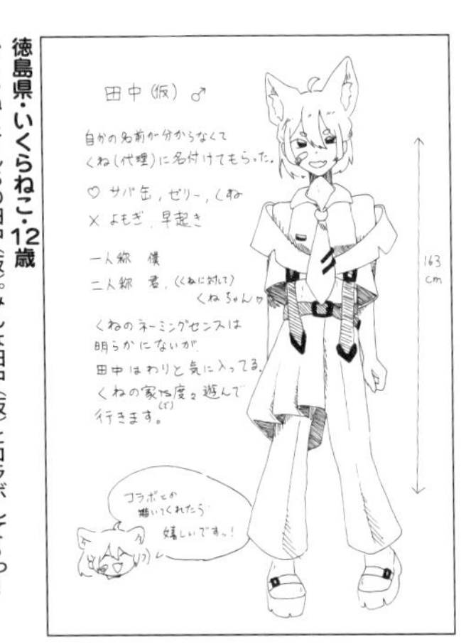

徳島県・いくらねこ・12歳
いくらねこさんちの田中(仮)。みんな田中(仮)とコラボして〜っ！

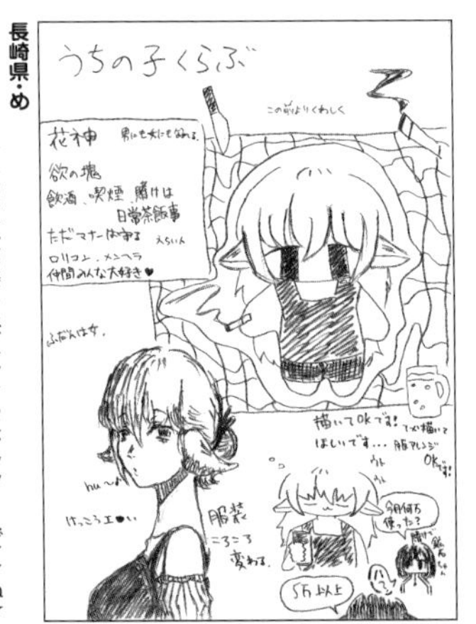

長崎県・め
性別を変えられる花神。普段の姿もちびキャラもエッッッ!!　でイイね★

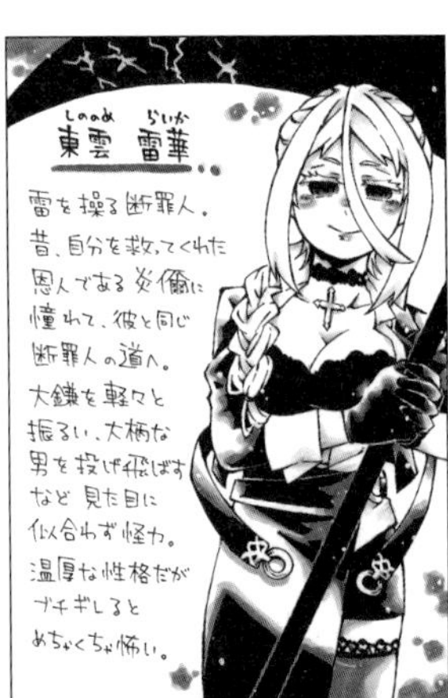

新潟県・真継
雷を操る断罪人・雷華。セクシーだけどカッコイイお姉様大好き〜

うちのこ倶楽部 くらぶ

「うちのこ倶楽部」&
新コーナー「うちのこ生誕祭」の作品を募集中！

自分のオリジナルキャラクター、つまり「うちのこ」を発表して交流する投稿コーナーです！　皆さんの「うちのこ」のキャラクターイラストを描いて、その紹介文章も同じ画面のなかに描いて下さい。そして、さらに交流ができたら楽しいのではないかと思い、その「うちのこ」は基本的に「ＳＳ」を見ている他の投稿者さん、読者さんに描いてもらってＯＫとします。このコーナーは、自分の「うちのこ」を描いて送るだけでなく、誌面に掲載された他の絵描きさんの「うちのこ」を描くことでも楽しめます。自分の「うちのこ」と、他の投稿者さんの「うちのこ」を共演させて描くのもＯＫ！　皆さんのオリキャラを紹介しあって、描きあって遊びましょう！　掲載イラストにはSS編集部でコメントを入れさせていただきます〜！　また、新コーナー『うちのこ生誕祭』(通称:『うちたん』)では、毎号3ヶ月ごとに誕生日をお祝いします！　うちのこやよそのこが誕生日をむかえてどんなリアクションや表情をするのかを募集します〜！

☆新企画☆
「うちのこ生誕祭！」

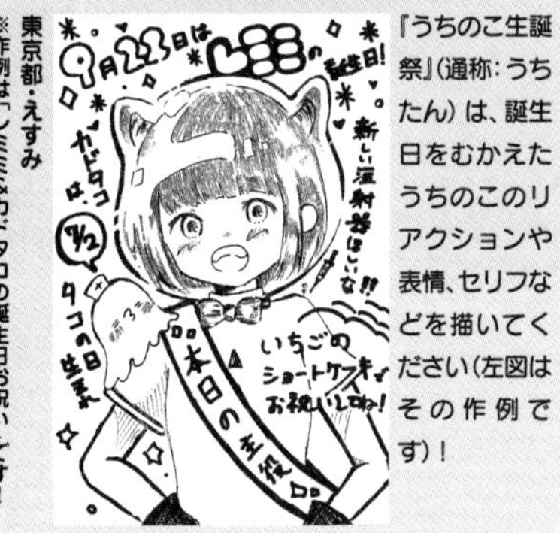

東京都・えすみ
※作例は「レミミ&カドタコの誕生日お祝い」です！

『うちのこ生誕祭』(通称：うちたん)は、誕生日をむかえたうちのこのリアクションや表情、セリフなどを描いてください(左図はその作例です)！

次号で募集するお誕生月は…「10月、11月、12月」生まれの子♡　3ヶ月ごとに誕生日をお祝いしていくよ！　うちのこ&よそのこのお誕生日をみんなでお祝いしよう〜♪♪♪

「うちのこ倶楽部」
応募ガイド

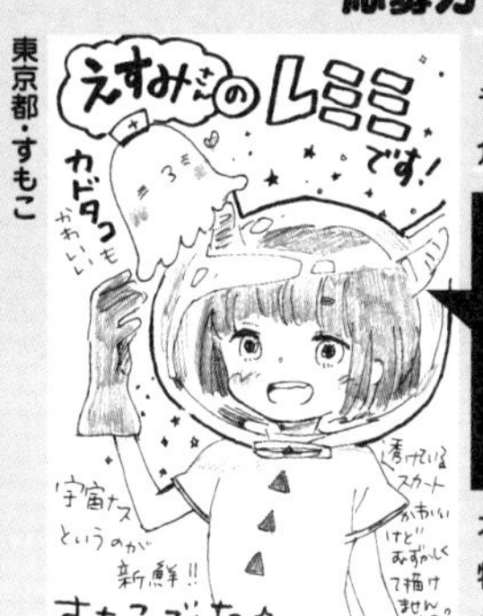

東京都・すもこ

１枚の紙に自分のオリジナルキャラクターの絵、その名前、キャラ紹介文を描いてください。

他の投稿者さんのオリキャラを描く場合は、その人のペンネームとキャラ名もわかるように描いてあげて下さい。(左図はその作例です)

オリキャラは人間以外でもOK。動物や架空の生き物、ミニキャラも自由に描いて下さい。

※人物紹介の文体は自由。セリフを言わせても良いです。※複数のキャラを描いても良いですが、それぞれの名前がわかるようにして下さい。
※自分のうちのこが掲載されていても、他人のうちのこを描いた作品なら、複数掲載されます。

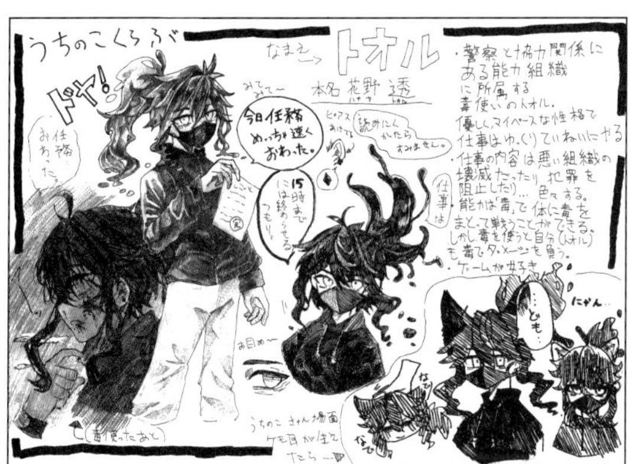

神奈川県・おくら・13歳
毒使いのトオル。闇を感じさせる瞳にときめくね…♡　ケモ耳姿も可愛い！

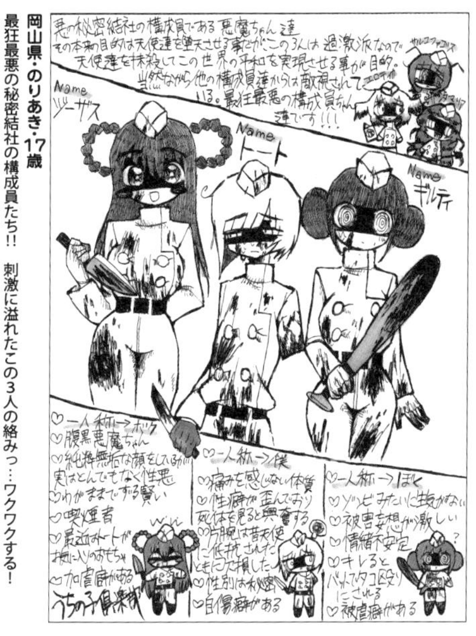
岡山県・のりあき・17歳
最狂最悪の秘密結社の構成員たち!!　刺激に溢れたこの3人の絡みっ…ワクワクする！

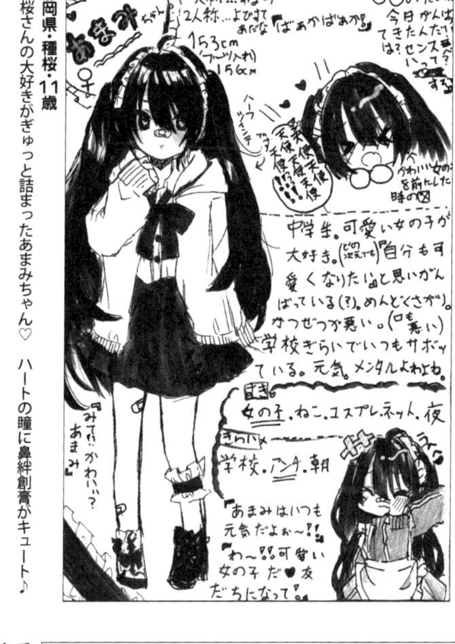
静岡県・種桜・11歳
種桜さんの大好きがぎゅっと詰まったあまみちゃん♡　ハートの瞳に鼻絆創膏がキュート♪

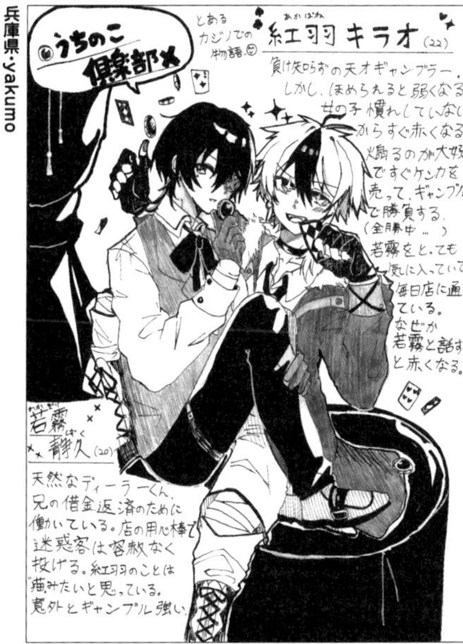

兵庫県・yakumo
友達以上恋人未満(!?)な紅羽と若霧。紅羽のカリスマ性と女の子慣れしていないギャップがイイッ!!

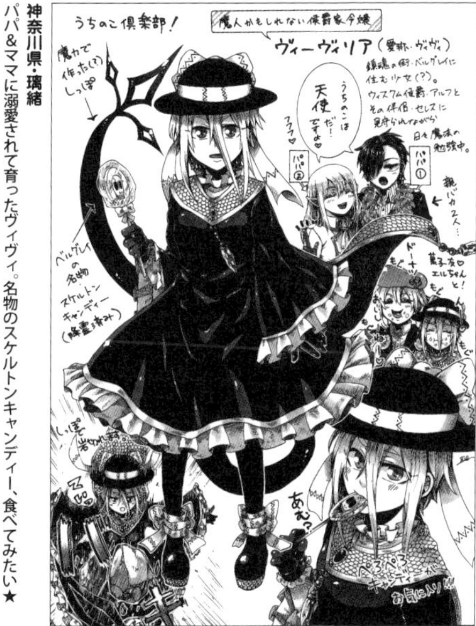

神奈川県・璃緒
パパ&ママに溺愛されて育ったヴィヴィ。名物のスケルトンキャンディー、食べてみたい★

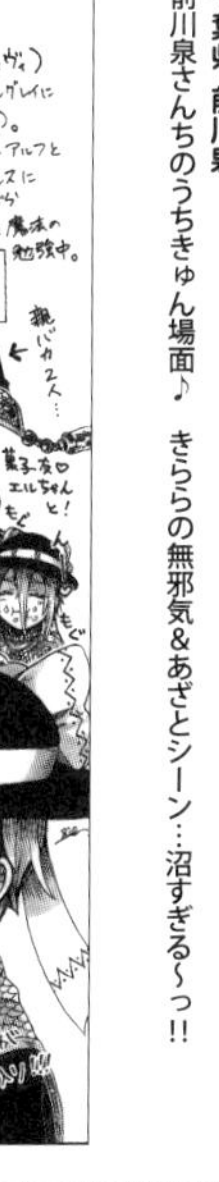
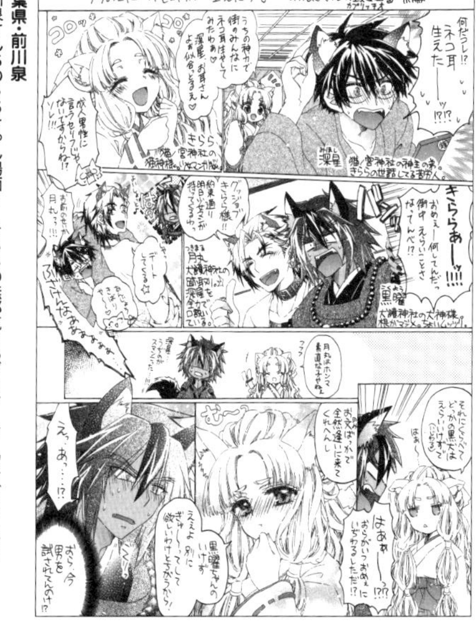
千葉県・前川泉
前川泉さんちのうちきゅん場面♪　きららの無邪気&あざとシーン…沼すぎる〜っ!!

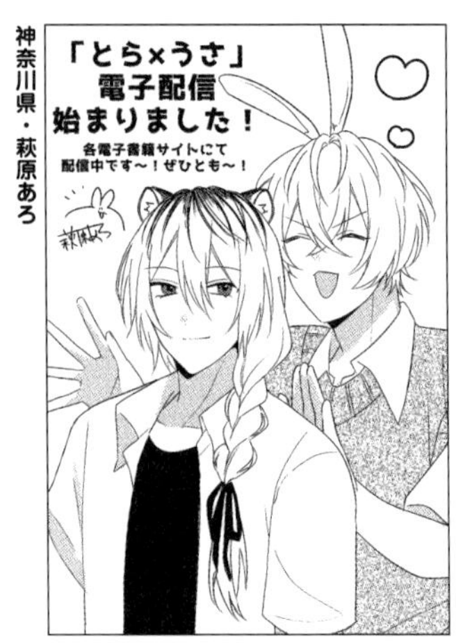

神奈川県・萩原あろ

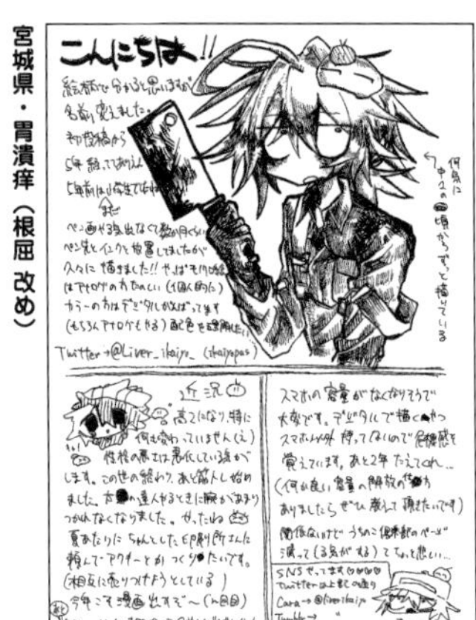

宮城県・胃潰痒（根屈 改め）

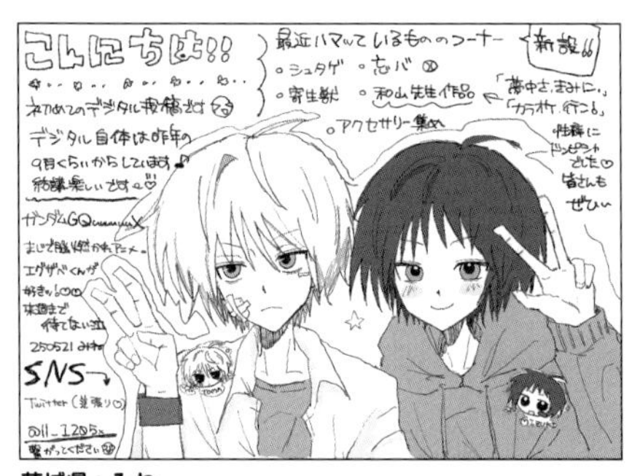

茨城県・みね

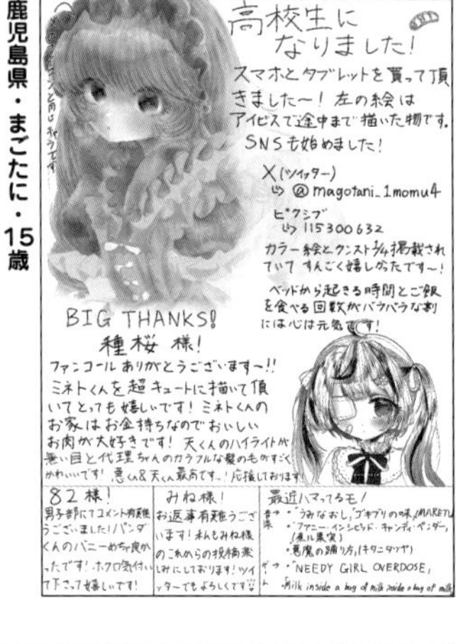

鹿児島県・まごたに・15歳

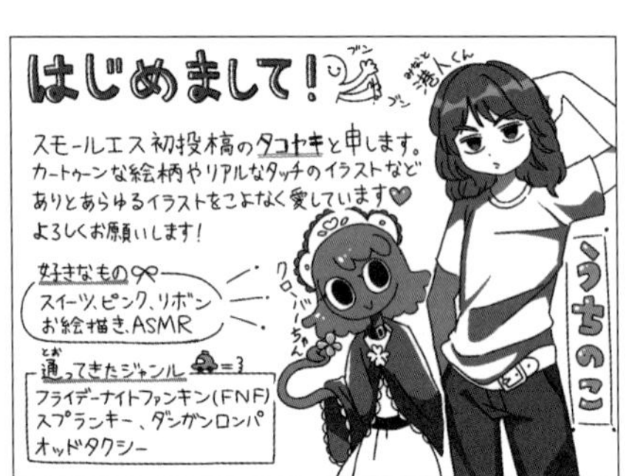

秋田県・タコヤキ・14歳

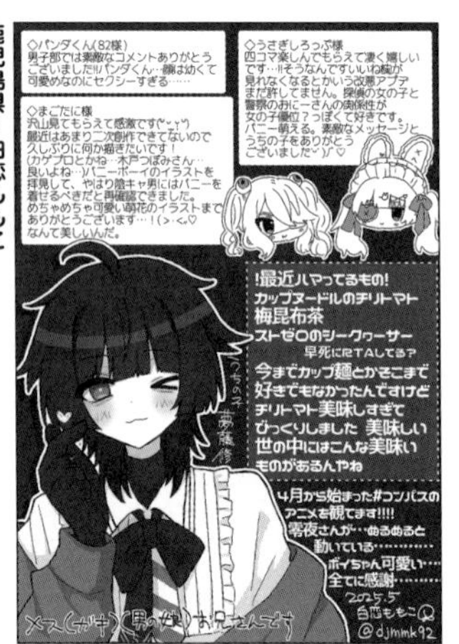

鹿児島県・白恋ももこ

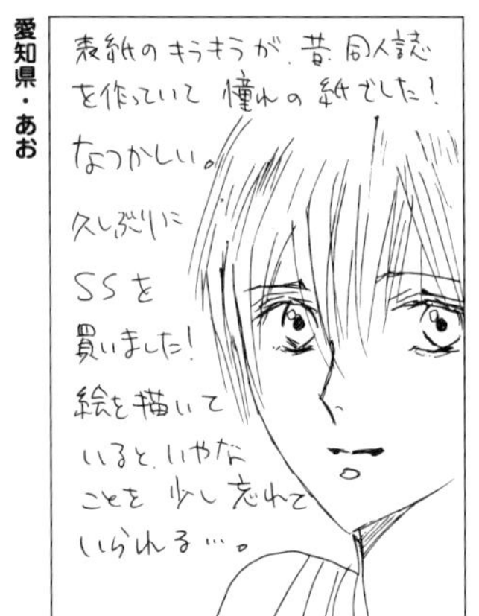

愛知県・あお

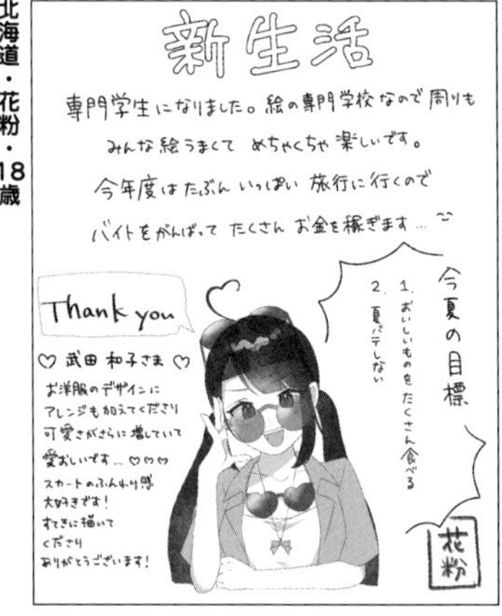

北海道・花粉・18歳

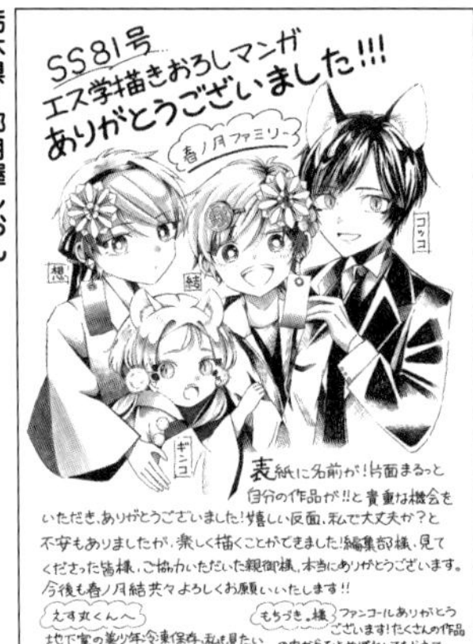

栃木県・那月屋しおん

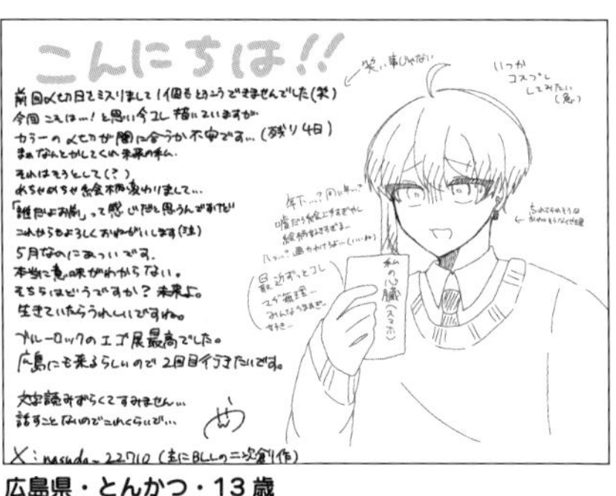

広島県・とんかつ・13歳

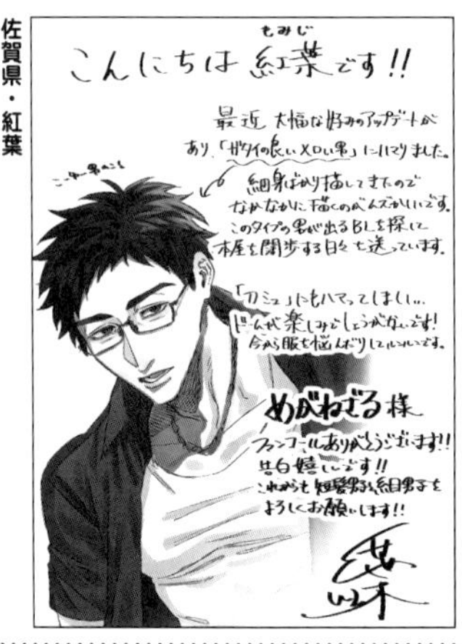

佐賀県・紅葉

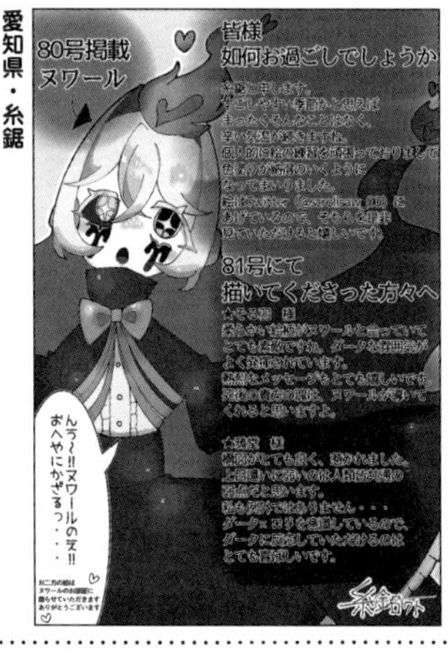

愛知県・糸鋸

が、角度を調節できるスタンドを使ってあまり首に負担がかからないようにしています。長時間描いているとやっぱり首が本当に辛いので…！ 最初は手の角度に違和感があったのですが、徐々に慣れていきました。

漫画家さんたちも、机に平らに紙を置くのではなく、こちらに向くように傾けながら描いている人が多いようです。パソコンやタブレットは設置する器具がよくありますが、アナログはあまりないので、自己流で工夫している人が多いですね。画板を用意して、下に雑誌を積んで自分に丁度良い見え方で描いている作家さんはたくさんいます。何冊かをまとめてガムテープで固定して土台を作ったり、いろいろ試してみてくださいませ〜。

鹿児島県・まごたに・15歳

デジタルで絵を描き始めたんですが、データの保存形式が多くて、少し混乱しています…。学校のプリントをネットワーク上で提出する時はPDF形式を求められて、Illustratorで絵をCMYKに変換する時はJPEGかフォトショップ（PSD）形式でしか保存できなくて「PNGじゃだめなのか…？」とよく分かんなくなっています。それぞれの保存形式に向いた使用用途を教えて頂けないでしょうか…？

SVG
JPEG
PDF
PNG
PSD
GIF
HEIF

作品の保存形式についてのご質問です。たくさんありますものね〜。私は正直、PNGとJPEGの違いはよくわかりません…。

そうですね。これは用途によって変わったりしますもんね。たぶんPNGについては、背景が透過されるから、キャラクターの立ち絵などをウェブ上で表示する際に使っているのではないでしょうか？ 問題はカラーモードなのですが、「ウェブはRGB」「印刷はCMYK」という色の表現方法で出来ています。PNGはCMYKに対応していないので、そのカラーモードにすることはできないんです。なので、RGB表示であるウェブで作品を見せる場合はPNGでいいのですが、「グッズにしたい」「本にしたい」と思った場合は、CMYKに変換する必要も出てきます。だからグッズ制作などではPSDがよく使われます。CMYKに対応しているし、背景透過もできて、劣化もしないからです。JPEGもCMYKにできるのですが、圧縮されるので多少は劣化してしまいます。それが心配なので、グッズ制作などではPSDがよく使われると思います。JPEGはSNSの投稿など、軽くて扱いやすい際に使う人が多いですね〜。用途に応じて使い分ける感じですね…。参考にしていただけると嬉しいです。

他にもいろんな話題をオハガキでお寄せくださいませ。絵についての質問や気になる話題、今号のハガキへの御返事もお待ちしております〜。

新潟県・色

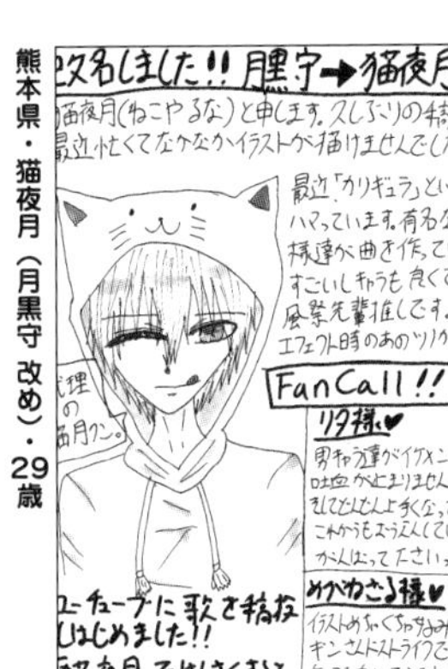

熊本県・猫夜月（月黒守 改め）・29歳

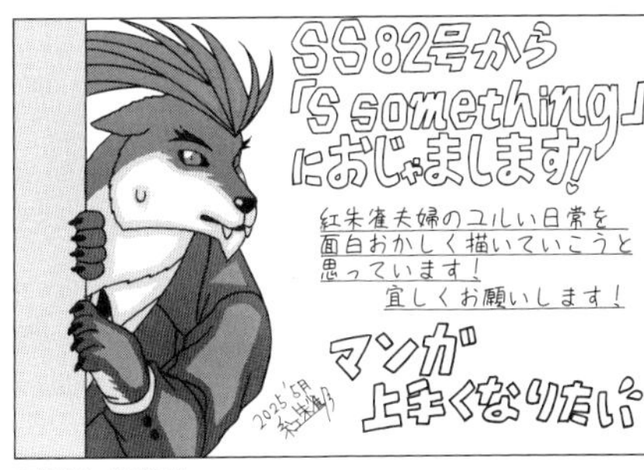

長野県・紅朱雀

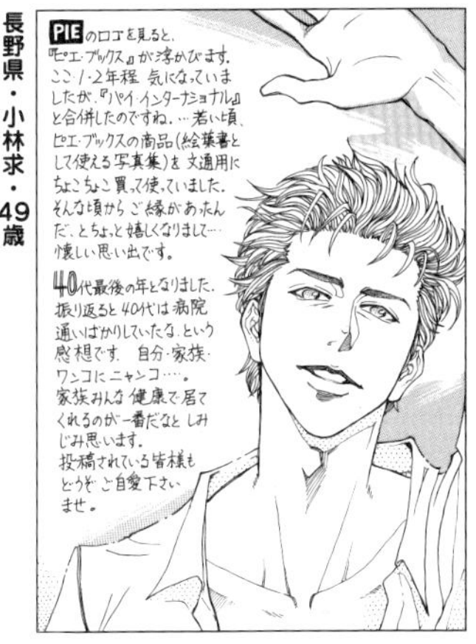

長野県・小林求・49歳

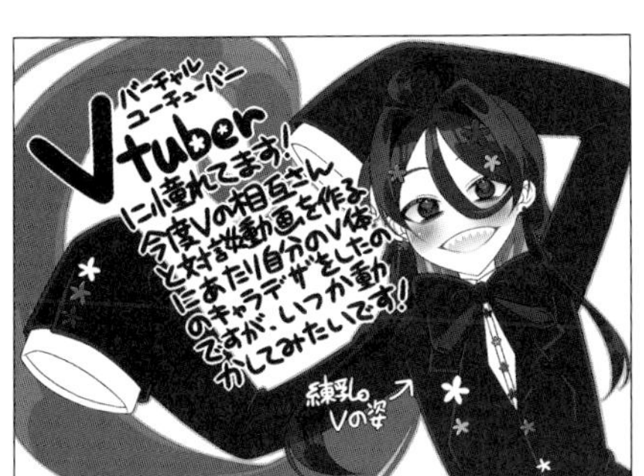

茨城県・練乳。

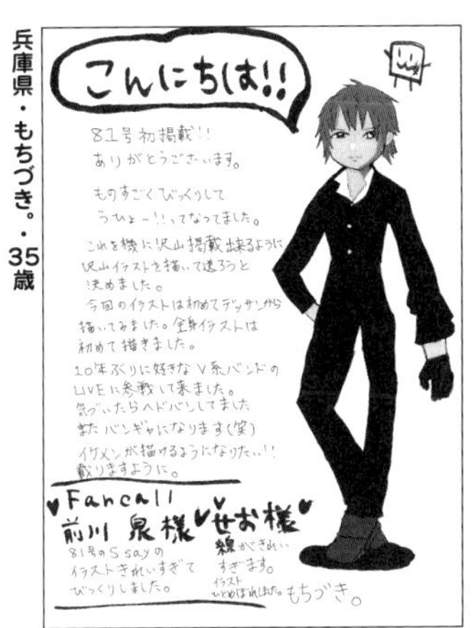

兵庫県・もちづき・35歳

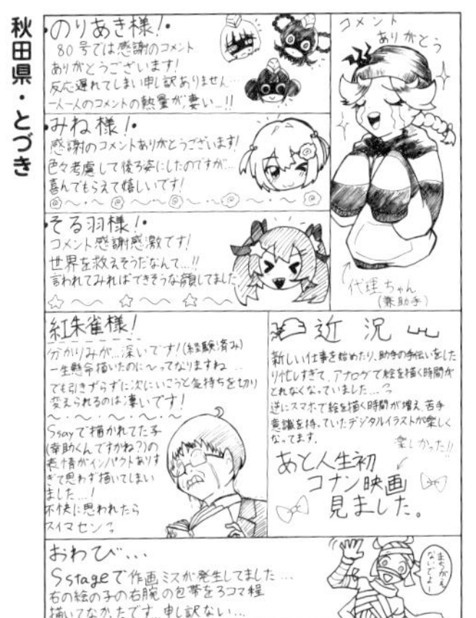

秋田県・とづき

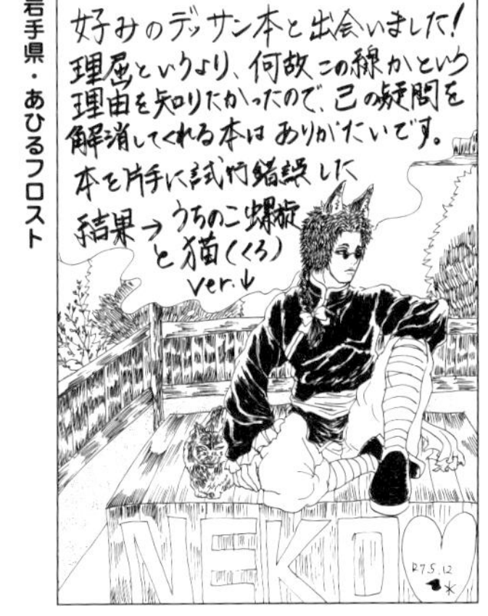

岩手県・あひるフロスト

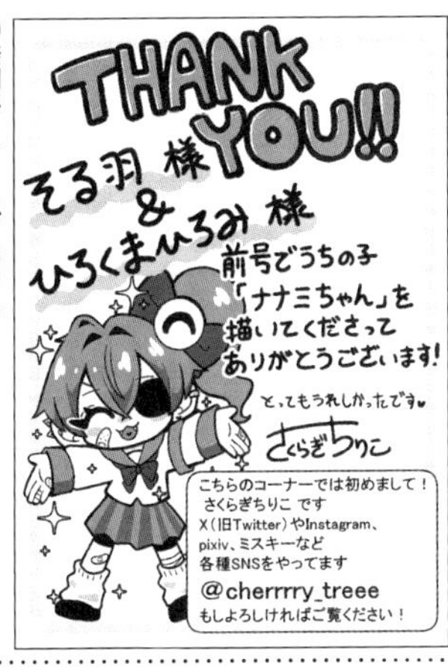

神奈川県・さくらぎ ちりこ

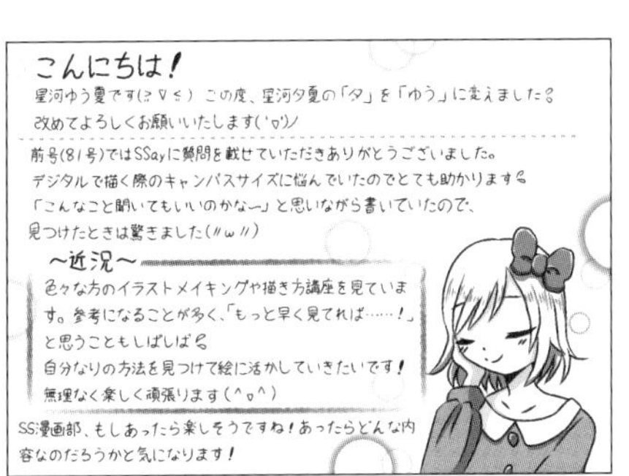

兵庫県・星河ゆう夏（星河夕夏 改め）

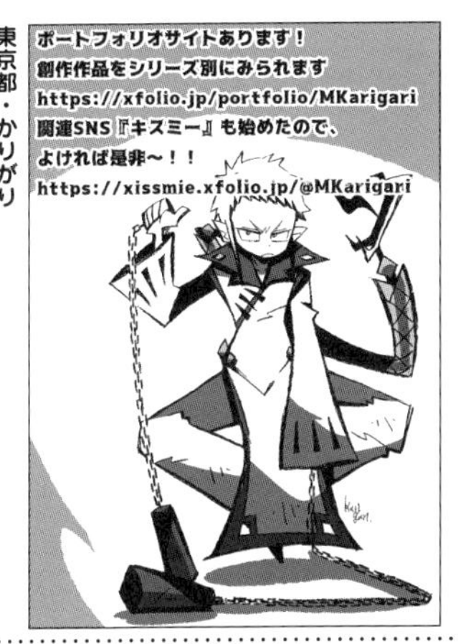

東京都・かりがり

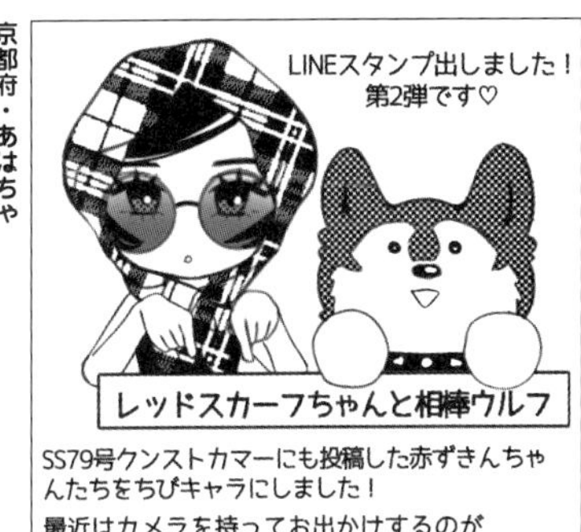

京都府・あはちゃ

コピックマルチライナーのインクの出方についての相談です。**インクの出が悪いと感じたそうですが、りーりんさんと香琳さんはどう思いますか？**

りーりん　0.03ミリなど細いミリペンは特にインクがかすれてしまいやすいですよね。ペンの角度によってもインクが出やすい面、出づらい面とあったりするので、描きながらペン自体の持つ向きを変えてみるのもいいかもしれません。あとは、ある程度ゆっくりめにペンを動かすとインクが出やすい気がします！　人によって描きやすい描き方があると思うので、合うようであれば少し力を入れてゆっくり線を引いたり、重ねるような描き方もやってみてはいかがでしょうか。

香琳　0.03ミリだと、かなりペン先が細いから、そもそも詰まりやすいかもしれませんね。私は、それもあって普段はコピックマルチライナーの0.05ミリを使っています。それでもインクの出が悪くなったら、細かい線を重ねて描く、みたいな使い方をしています。いま、調べてみたところ、ティッシュに水をつけてペン先をこするといいみたいですよ。紙の凹凸でペン先がダメになっている場合はもう仕方ないので、短い線を描く用にするのはどうでしょうか？

ありがとうございます。お話を聞いていると、細いペンはブラシ部分が小さいから、インクが出づらいのは仕方ないみたいですね。ペン先を工夫して使うのが良さそうです。また、0.05ミリは出やすいようなので、うまく使い分けられると良いですね。

皆様は普段、絵をどんな角度で描いていますか？
〈今迄〉 首きつい 0°
〈今〉 やり辛い… そこいらの立ててるヤツ 60°?
台を買えばいいのでしょうか。何を買おうか迷っていまして

岩手県・あひるフロスト

絵を描く時の姿勢についてお聞きしたいそうです。首は痛くなりますよね…。**これは漫画家さんやイラストレーターさんの間でも話題になったりしています。夏目レモンさんとなかだ絵眞さんに聞いてみましょう。**

夏目レモン　私はタブレットと同じメーカーの台座を使っておりまして、大体三〇度くらいの角度で普段は描いています。角度が低いと首が痛くなり、高すぎると肩が痛くなるので、台座を買って自由に調整するのもアリだと思います。

なかだ絵眞　私は液晶タブレットで描いているのです

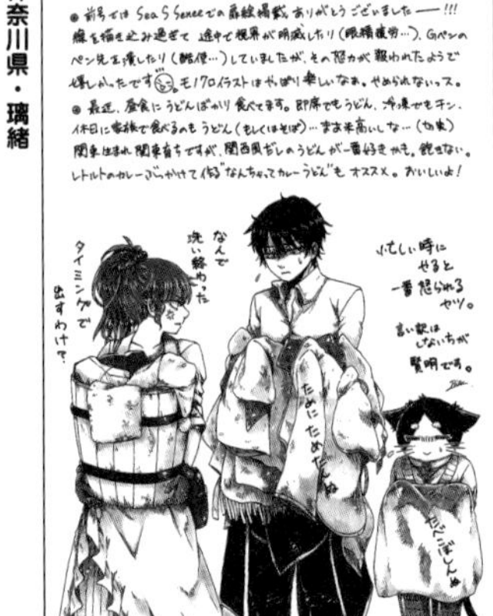

神奈川県・璃緒

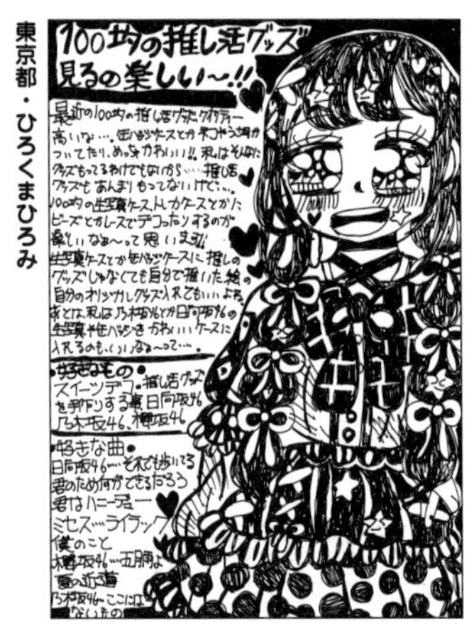

東京都・ひろくまひろみ

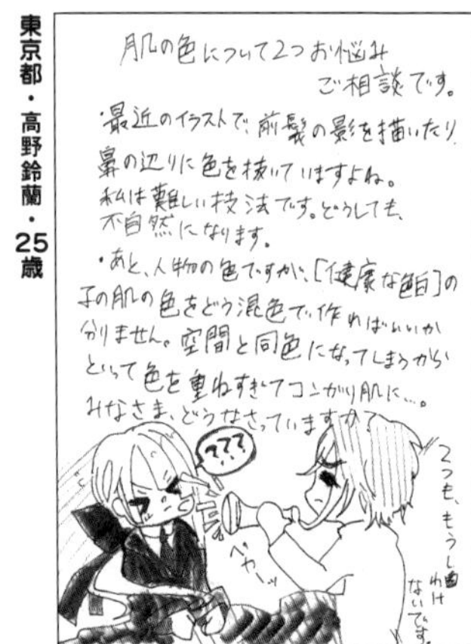

東京都・高野鈴蘭・25歳

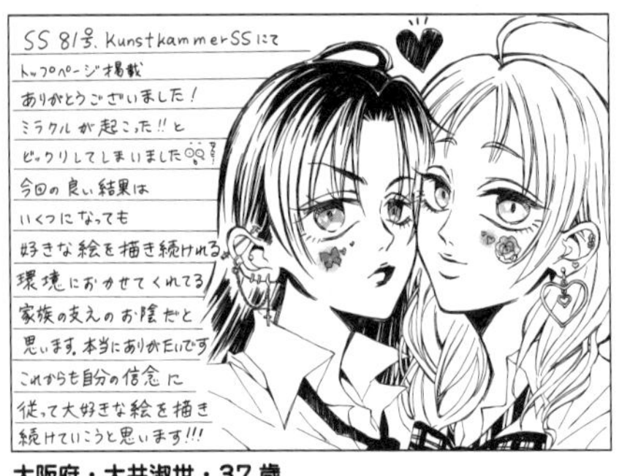

大阪府・大井淑世・37歳

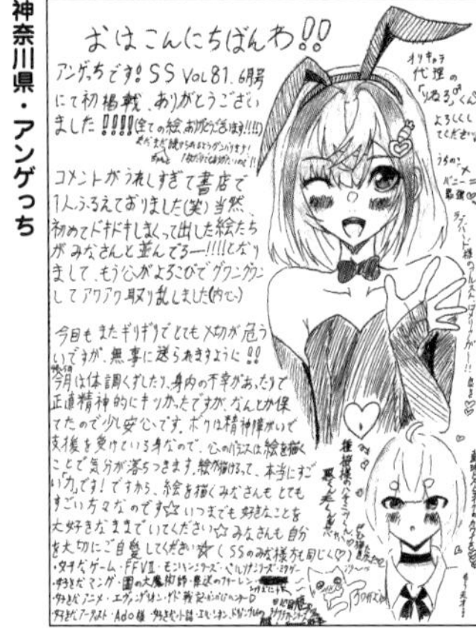

神奈川県・アンゲっち

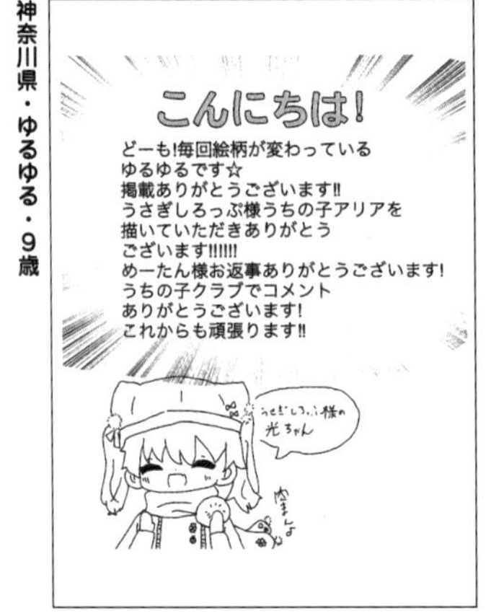

神奈川県・ゆるゆる・9歳

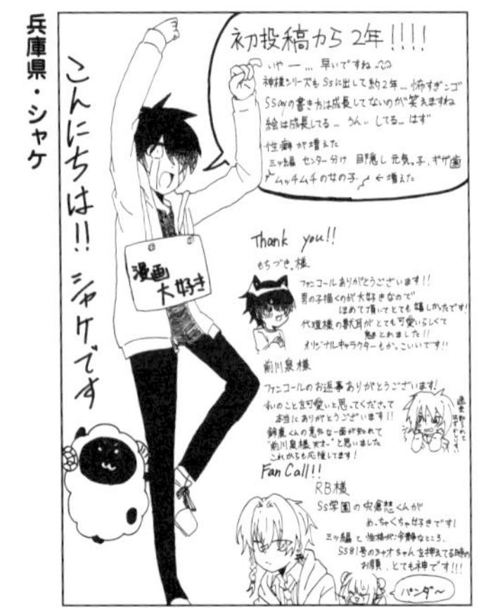

兵庫県・シャケ

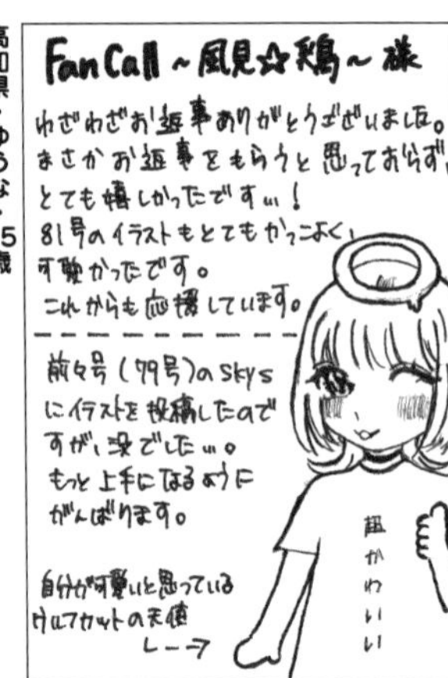

高知県・ゆうな・15歳

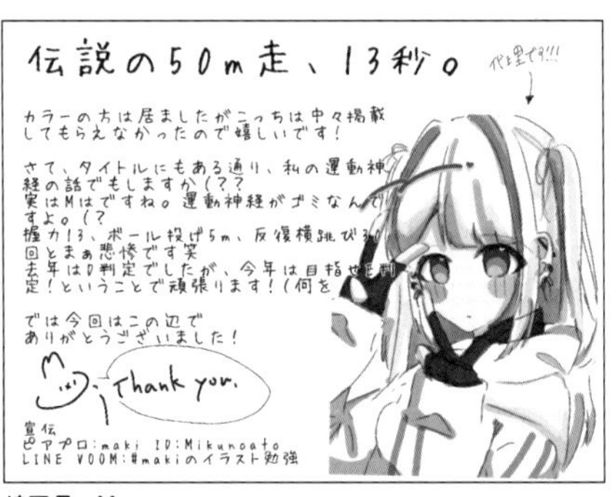

埼玉県・M

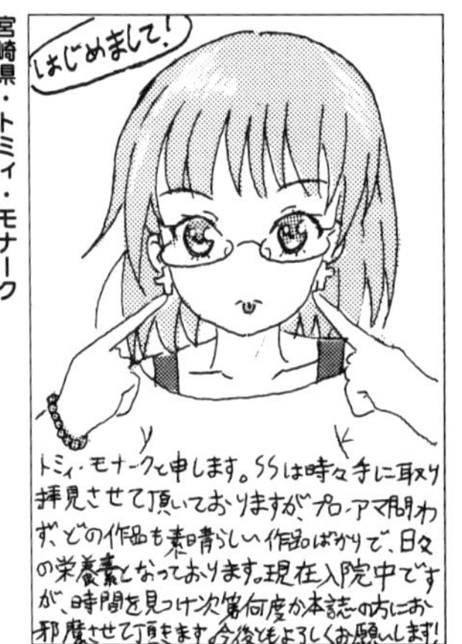

宮崎県・トミィ・モナーク

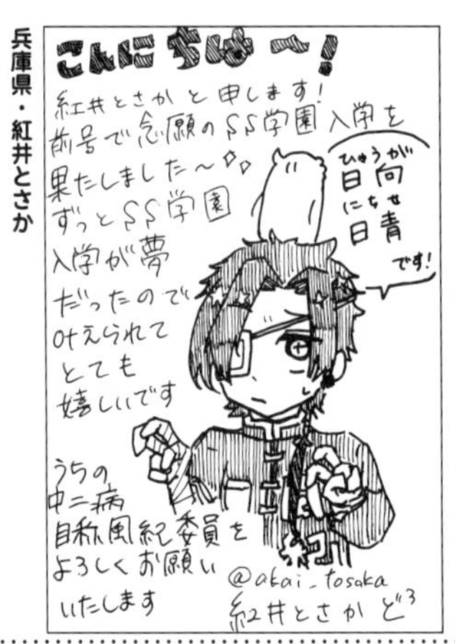

兵庫県・紅井とさか

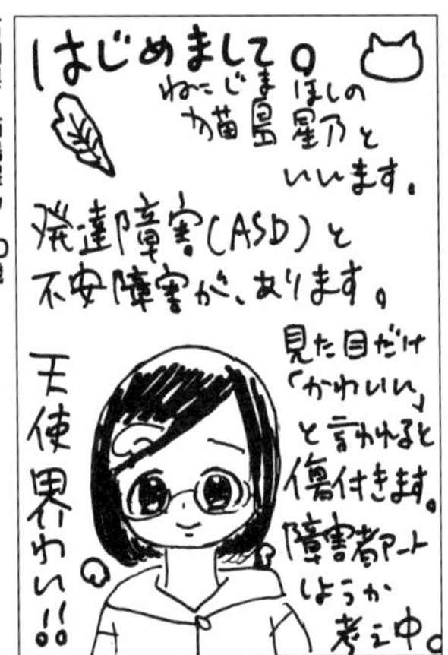

石川県・猫島星乃・30歳

ちゃいます。

ありがとうございます～。やはりそれぞれの好きなポイントがありますね～。皆さんも好きなモチーフについてオハガキで教えてください～。

アナログ絵で、
皆さんがどうやって
影を付けているのか
気になります。
（モノクロイラストの時）
私は鉛筆
（HB・B・2B）
です。

岩手県・まわるそら

アナログの絵でカゲをどう付けているのか知りたいというオハガキです。

こちらは、ひらきさんと壱太助丸さんに聞いてみましょう！

ひらき　私の場合はつけペンとインク、トーンなどを使ってモノクロイラストを描いていまして、カゲはあまり細かくつけないことにしています。それでもカゲをつけるところにはベタや線を入れたり、トーンを貼ったりして、主線や全体に馴染むように気にしながら描いています。アナログが好きなので、まだしばらくは試行錯誤しながら、この描き方でいくと思います。しっくりきているかと言われると、毎回それを探している感じではあります…。

壱太助丸　グレーに塗れるうす墨の筆ペンが便利ですよ！　鉛筆の上からも使えますし、色が濃いときは筆ペンの先を水につけて色を少し薄めながら塗ることもできます。「顔料インク」「耐水性」と書いてある種類を選ぶと、色が溶けにくくのでカゲの調整がしやすいと思います。

ひらきさんはトーンを貼られることがありますよね。くっきりした線に合いますよね。そして壱太助丸さんは筆ペンのうす墨を使っているのですね。やわらかい効果も出るし良いですよね。自分の線と合うカゲがあると思うので、いくつか試してみると良いかもしれませんね。

コピックマルチライナー（0.03）で、ペン入れしていると、途中でインクの出が悪くなるのに、悩んでマス
紙を回してペン入れしたり、ペン先部分を下にして、ペン立てで、保管したりは、してるんですが…。インクの出が悪いと曲線のペン入れが、大変です。（なので、最近は雲形定規を使ってます。）
リーリン様のような線画に憧れます…♡♡♡

神奈川県・るりるり・40歳

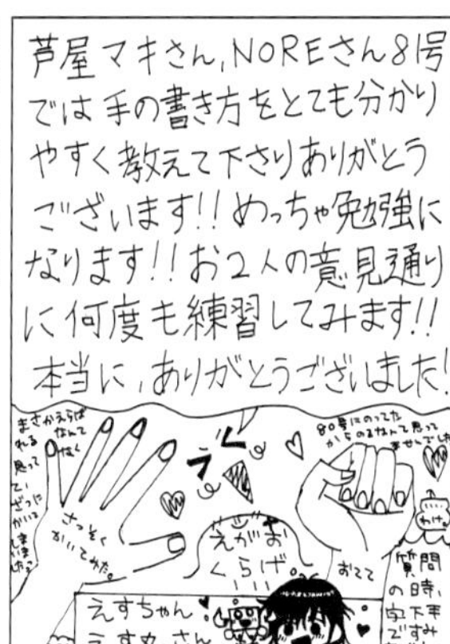

福岡県・えがおくらげ。

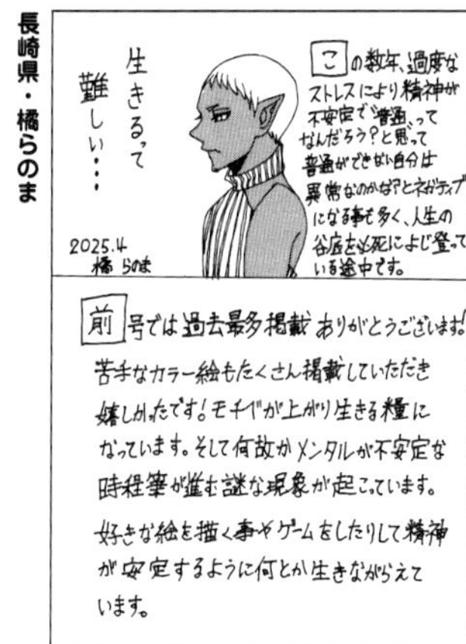

長崎県・橘らのま

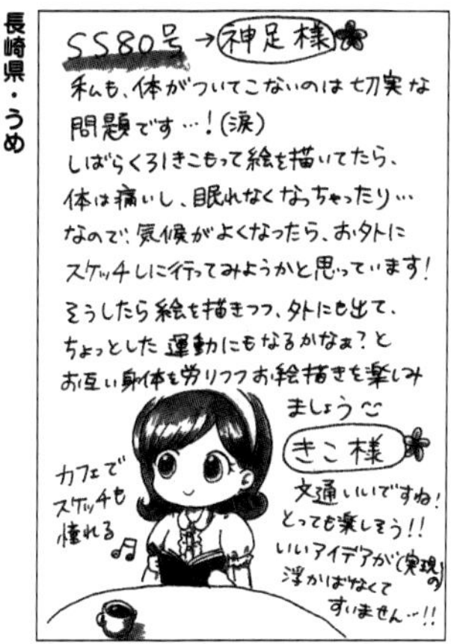

長崎県・うめ

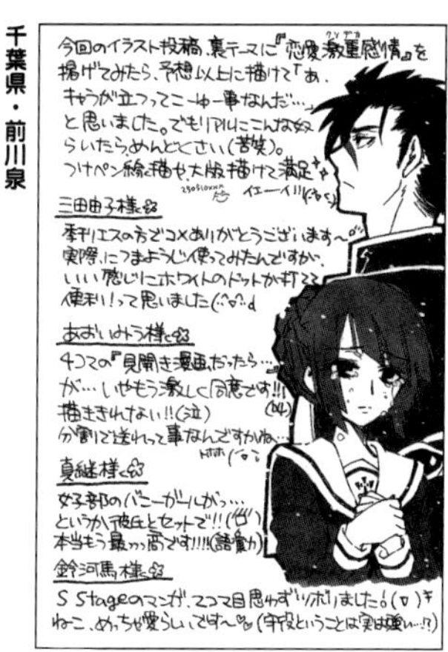
千葉県・前川泉

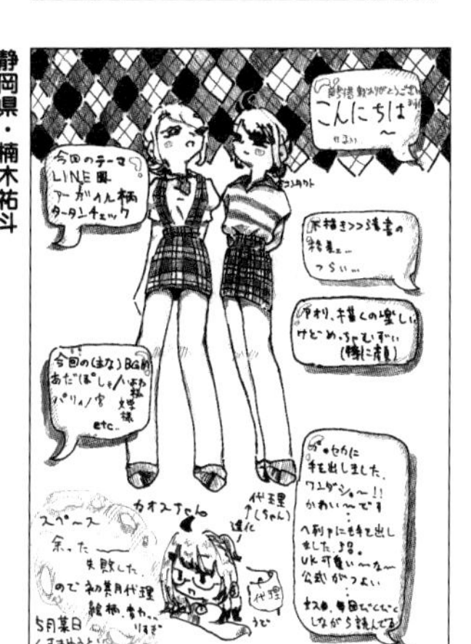
静岡県・楠木祐斗

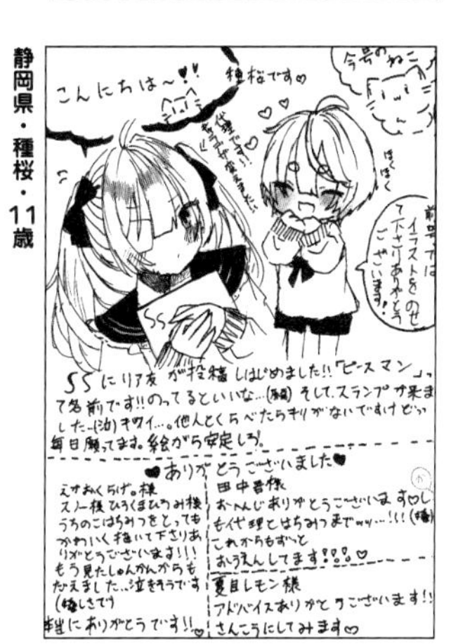
静岡県・種桜・11歳

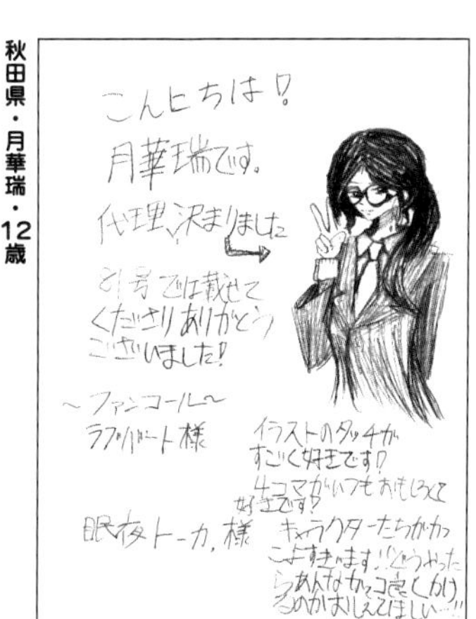
秋田県・月華瑞・12歳

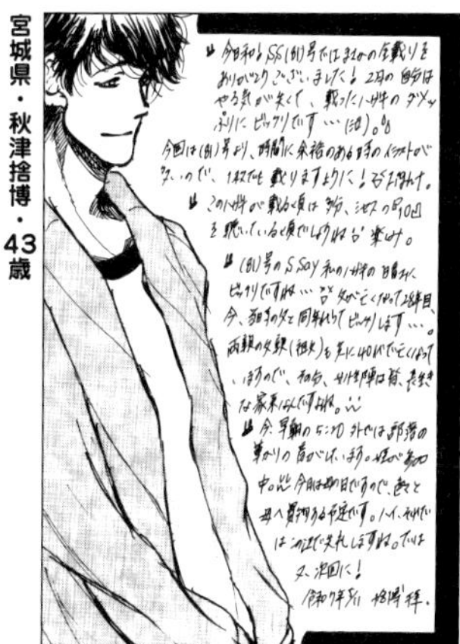
宮城県・秋津捨博・43歳

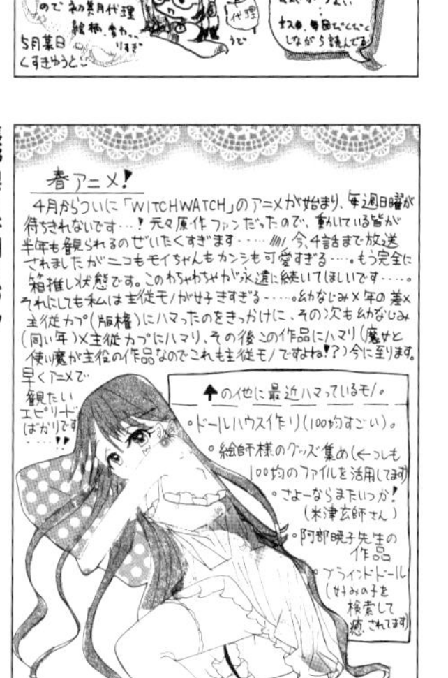
長野県・谷川りおん

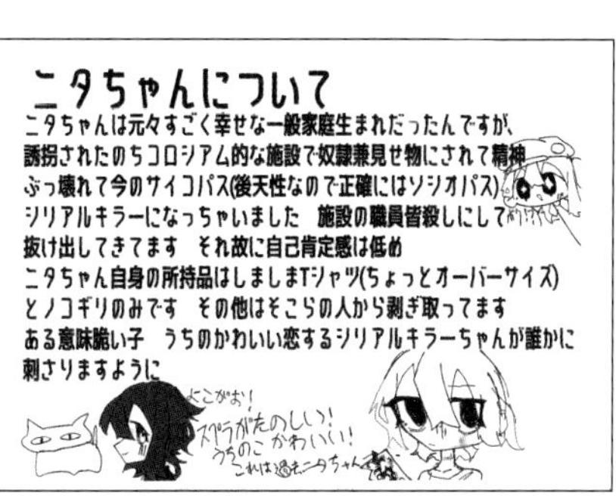

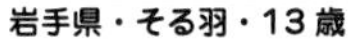
岩手県・そる羽・13歳

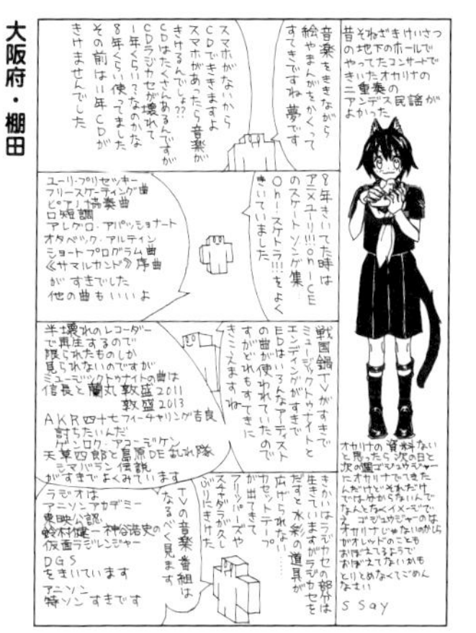
大阪府・棚田

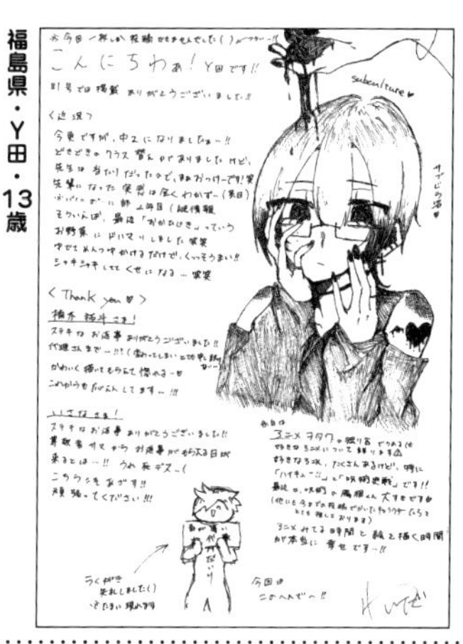
福島県・Y田・13歳

で売っている高級コピー用紙というものでした。近年コピックを描かれる人は、水彩のようににじませたりする人が多く、その塗り方に向いているということで、マルマンのスケッチブックは確かに人気ですね。文房具屋さんにもよく売っている黒とオレンジの表紙のものです。ぜひ試してみてください〜。

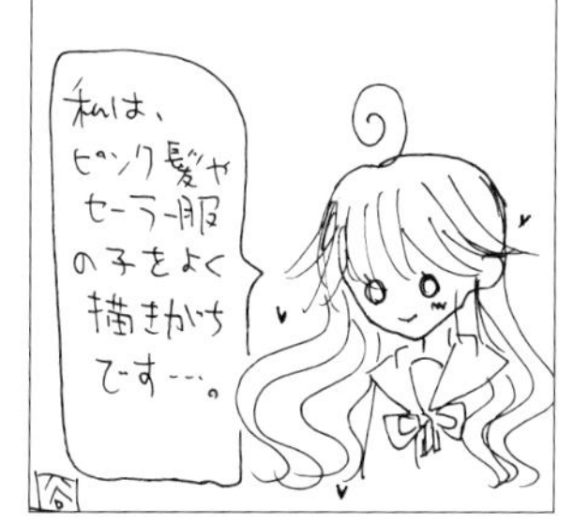

長野県・谷川りおん

皆さんが好きでよく描いているモチーフを聞きたいということです。**これは気になりますよね〜。僕は少年が好きだから、少年を描く人が増えてくれると良いな〜と思います。こちらは、なかだ絵眞さん、壱太助丸さん、夏目レモンさん、香琳さん、相楽ちとさんたちに聞いてみましょう！**

なかだ絵眞　私は三つ編みの銀髪女の子です。三つ編みは画面に華が出るのでついつい描いてしまいます。あとは羽があったり角があったりの「人」でないキャラが好きです。二次元で暗いファンタジーを感じたいからかもしれませんね。

壱太助丸　「かぶりもの」が好きで、よく描きます！　くまやウサギ、猫などのもふもふした毛の質感を描くのが楽しいです。頭部が大きくなるシルエットのバランスも好きなので、気に入っていて二〇年以上描いています。あとは、アイテムもよく浮遊させていますね。画面に立体感を出せたり、リズムが生まれたりする効果があるな、と思います。

夏目レモン　つり目の黒髪ぱっつんロングが一番好きなので描くことが多いです。それから、華やかさや動きを入れることもできるので、蝶々もよく画面に入れています。

香琳　和物、縁起物、童話モチーフも好きですし、フリルがあしらわれたアイテムなども好きです。キャラクターで言えば、最近はグラマラスボディーを描くのが楽しいです。肉感を描きたい！　靴下と太ももの感じとかいいですね！

相楽ちと　私はふわふわの髪の子ですね。オン眉でふわっとした前髪の子が好きです。甘めな子です。前髪で顔が隠れすぎると隙が出にくいので、オン眉にしてあげることで、抜け感や甘さが出てバランスがよく見えると思っています。可愛いのでよく描い

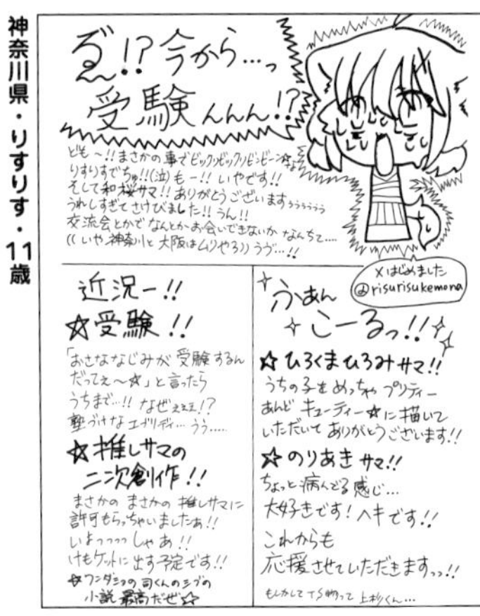

神奈川県・りすりす・11歳

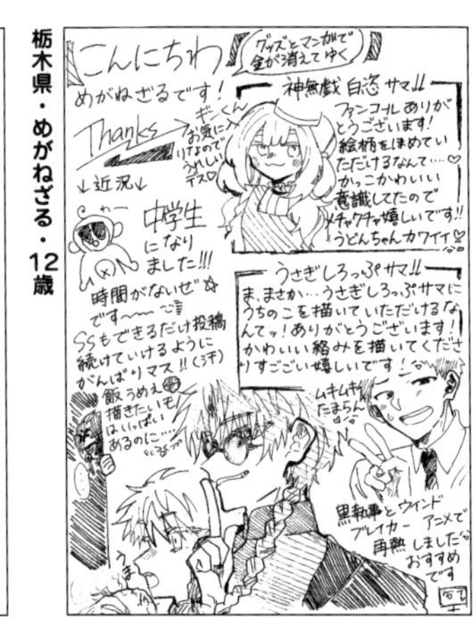

栃木県・めがねざる・12歳

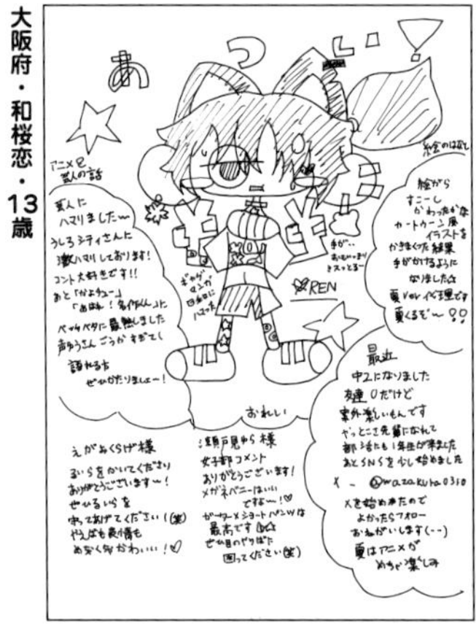

大阪府・和桜恋・13歳

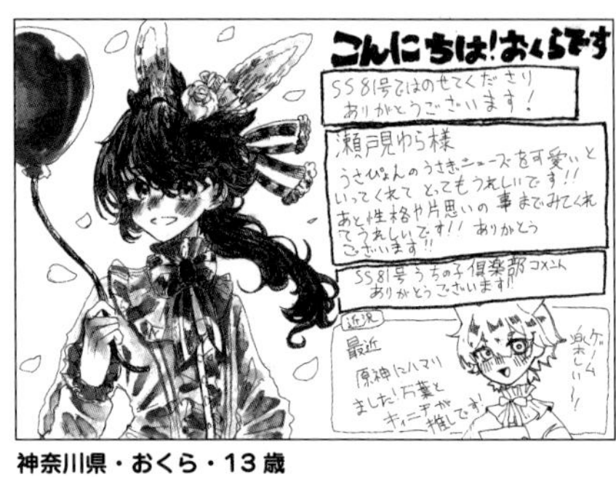

神奈川県・おくら・13歳

大阪府・ラブバード

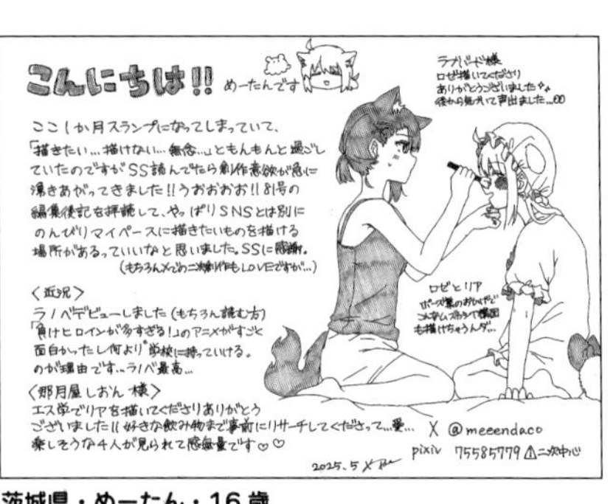

茨城県・めーたん・16歳

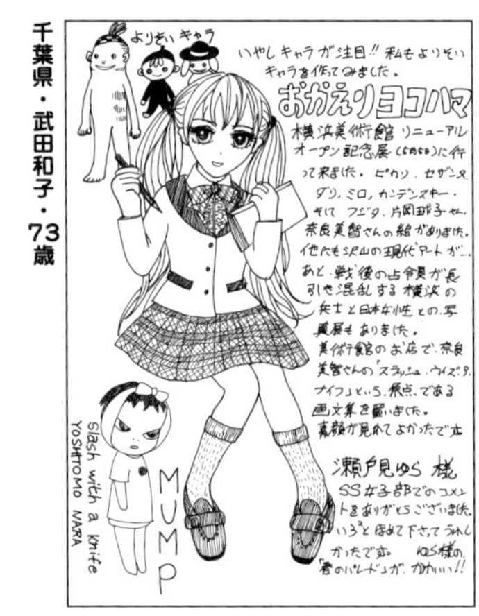

千葉県・武田和子・73歳

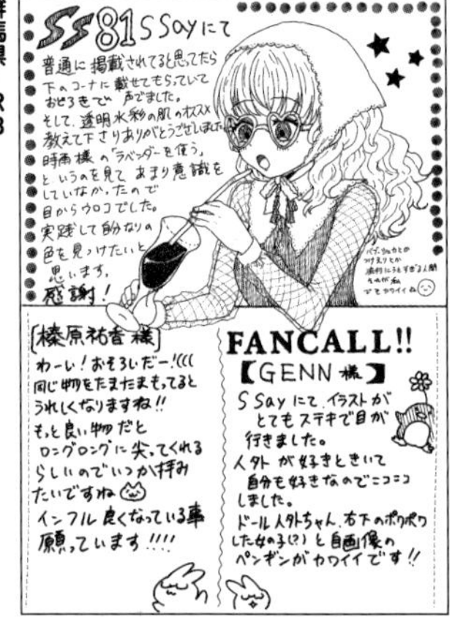

群馬県・RB

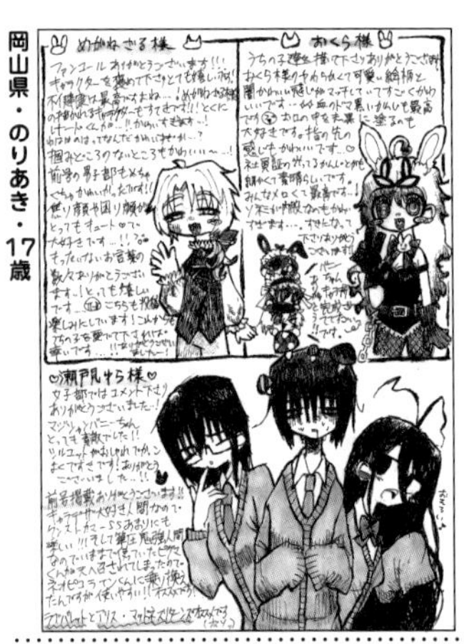

岡山県・のりあき・17歳

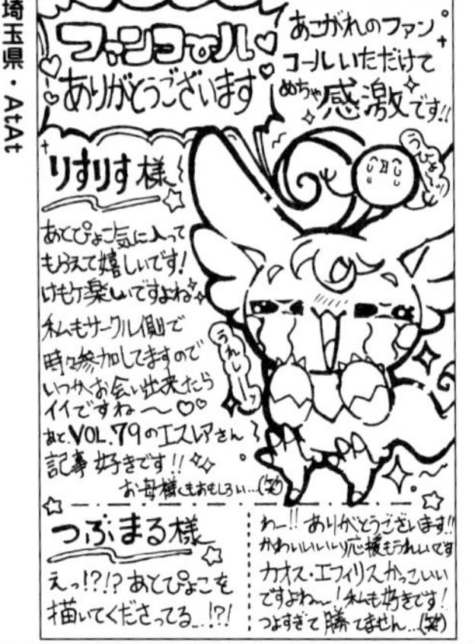

埼玉県・AtAt

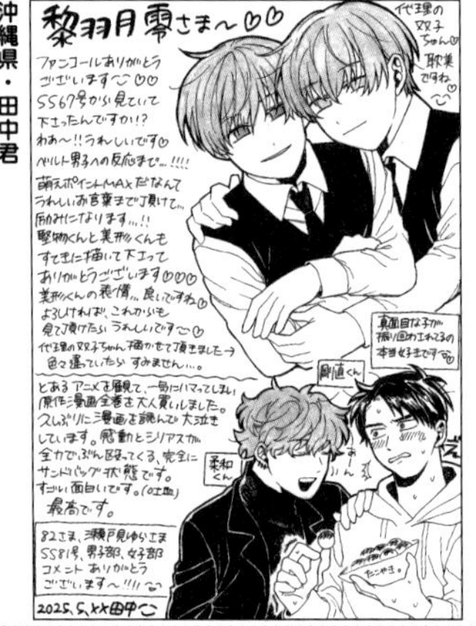

沖縄県・田中君

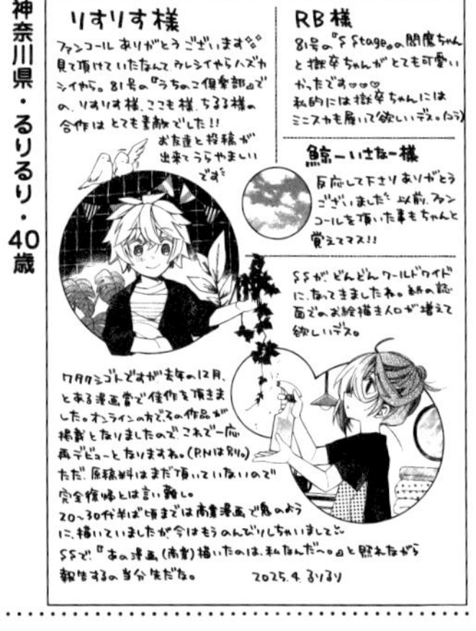

神奈川県・るりるり・40歳

皆さん、こんにちは〜。SSナビゲーターの絵澄えすです。

えす丸です。みなさんのお便りを紹介する「Ssay」のコーナーです。テクニックに関する質問から、近況報告、進路や絵柄についてのお悩みなど、文字投稿もぜひお送りくださいませ。

そうですね。気になることはメイキングでも取り入れて行きたいと思っています！ それでは今回も早速オハガキをご紹介しましょう〜。

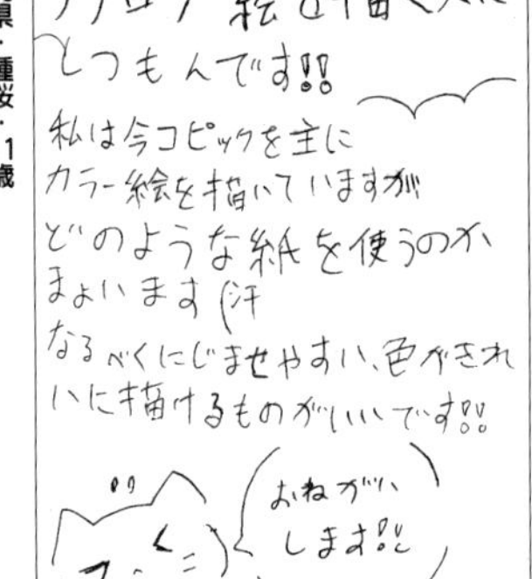

静岡県・種桜・11歳

コピックで塗る時に、どんな紙がオススメなのかというオハガキです。

水彩は昔から「水彩紙」がありますけど、コピックの場合、最初は固定した用紙がなかったですよね。相楽ちとさんと香琳さんに聞いてみましょう。

相楽ちと　私はコピックペーパーセレクションの画学紙をよく使っています。ほわっと色がにじんでくれるのでオススメです。お値段がするから、手に取りやすいのはマルマンのスケッチブックかもしれません。お手頃で枚数もあり、ふわっとして色が広がりやすいです。マルマンについては、裏面のほうがオススメです。表面よりも凸凹が控えめで、にじみやすく使いやすいです。

香琳　発色を重視するなら、コピックペーパーセレクションの特選上質紙が一番鮮やかに発色すると思います。ただ、特選上質紙はスベスベした紙なので、もし水彩くらいのにじみをイメージしているとしたら、そこまでのにじみは出せないと思います。総合的にオススメなのはマルマンのスケッチブックですね。画用紙のような質感なので、にじませやすいです。そして安価ですし、画材店だけでなくスーパーマーケットなど、どこでも手に入れやすいところもポイントですね。わりと薄めの紙なので、トレス台が使いやすいというメリットもあります。

お二人ともありがとうございます！ コピックペーパーセレクションは、コピックの着彩に適した用紙として、同じ会社から発売されているものなので、使いやすいとは思います。また、コピー用紙にも描けることから、漫画家の小畑健さんは『DEATH NOTE』の表紙のようなカラーも、コピー用紙に描いていました。ホームセンターなど

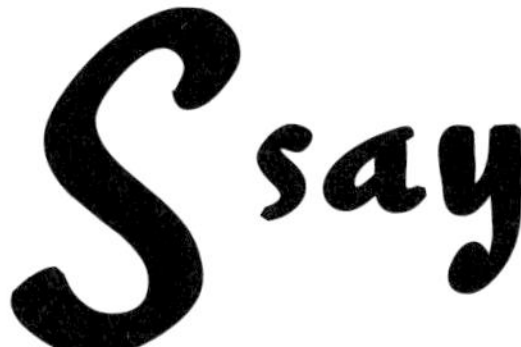

フリートーク的な文字投稿コーナー。
近況や、みんなへの報告など
いろんな話題を紹介するよ！

新潟県・ちぃちゃん・12歳

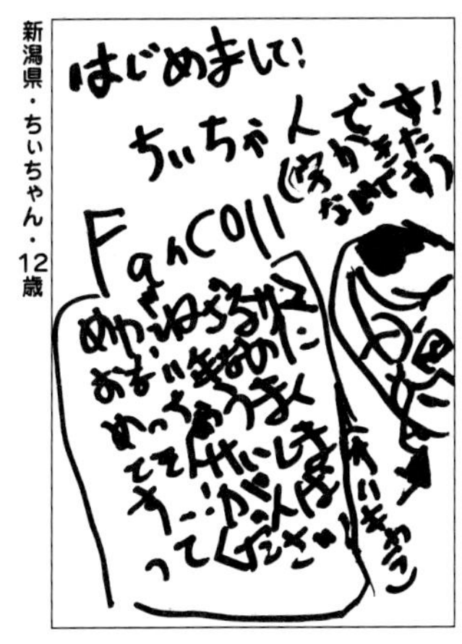

大阪府・ラピス

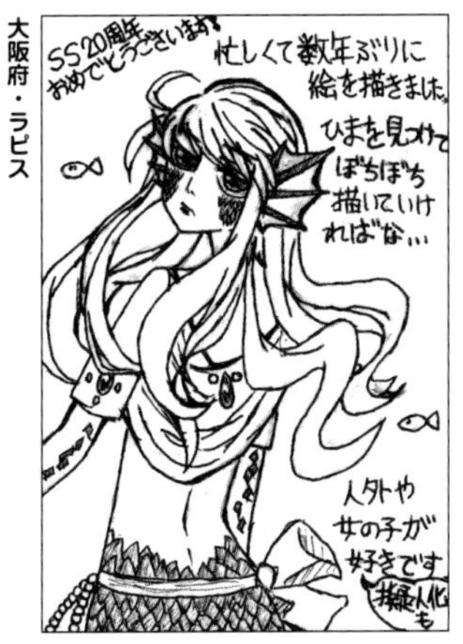

静岡県・白露憂

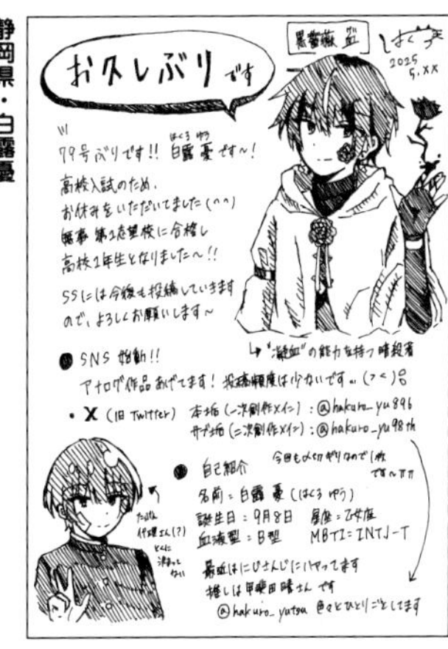

兵庫県・羊兎苺和

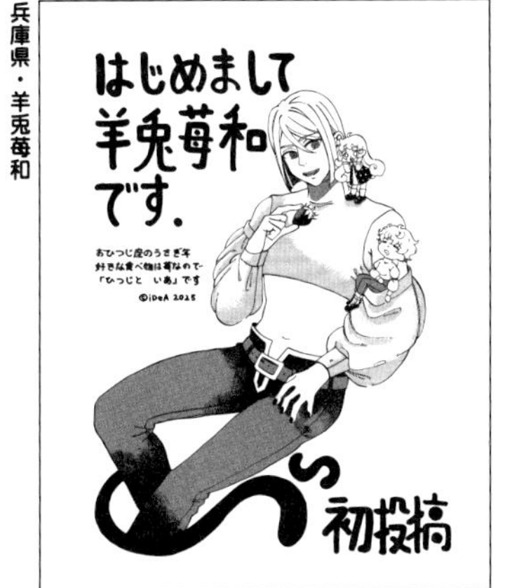

東京都・璃黎綴・14歳

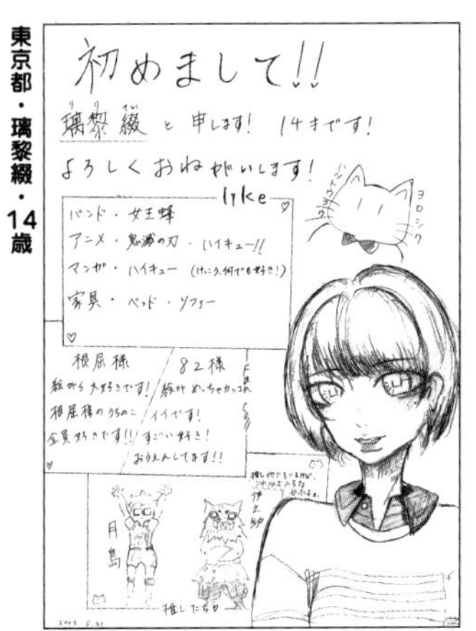

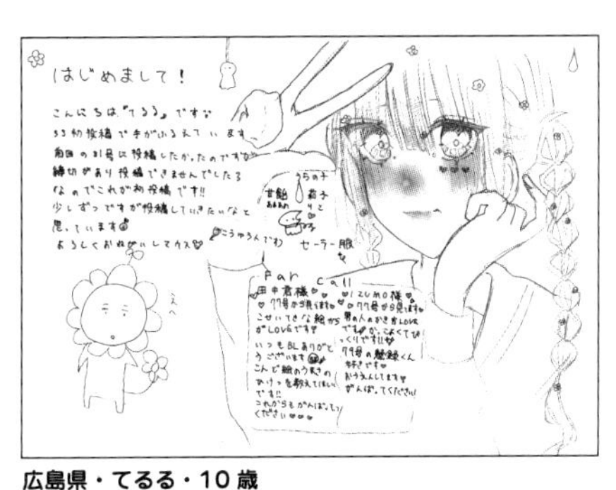

広島県・てるる・10歳

島根県・永井あゆみ

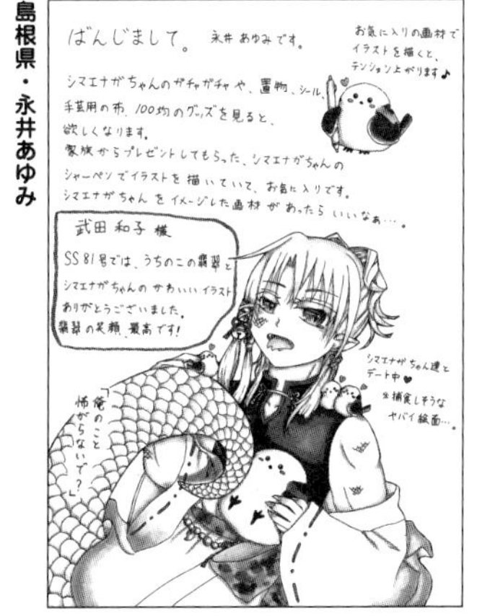

愛媛県・しおの

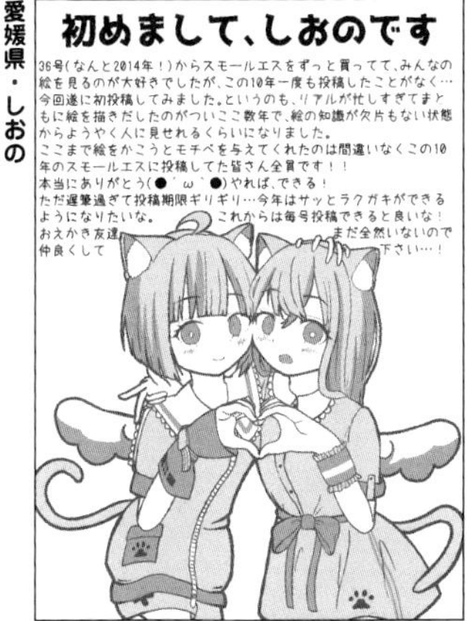

神奈川県・さぷりめんと

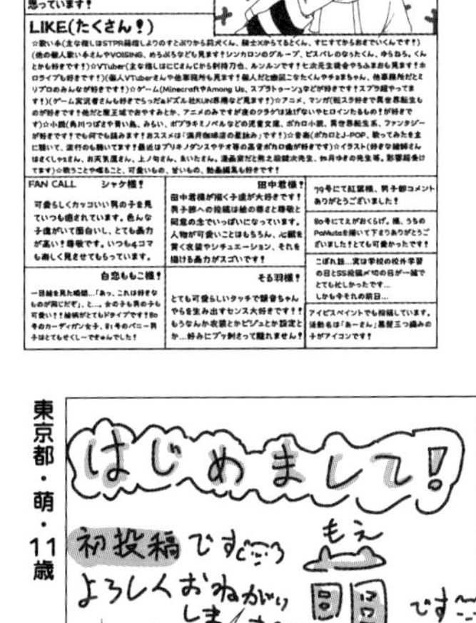

静岡県・コトブキ

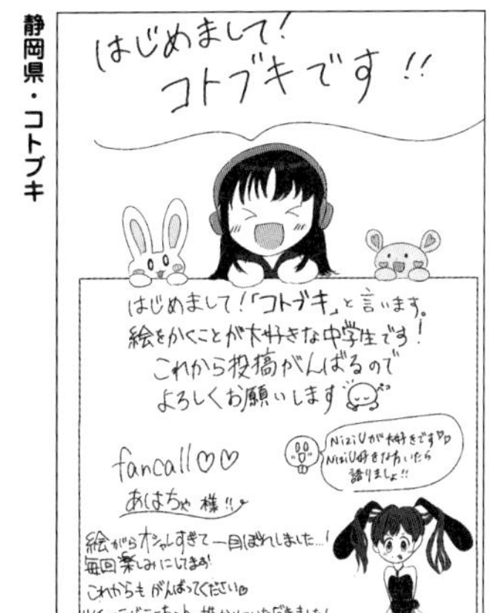

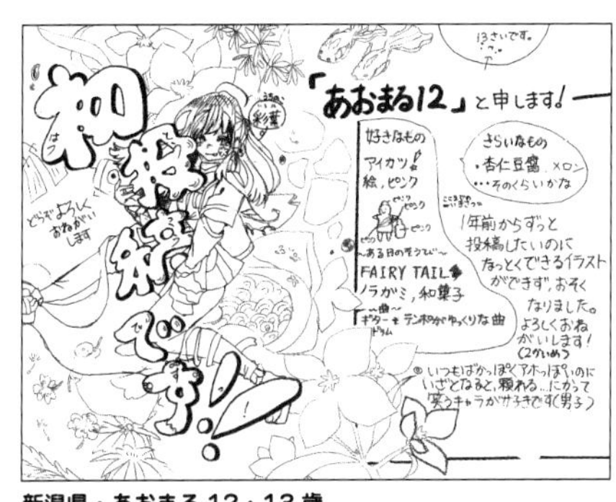

新潟県・あおまる12・13歳

福岡県・鈴音・15歳

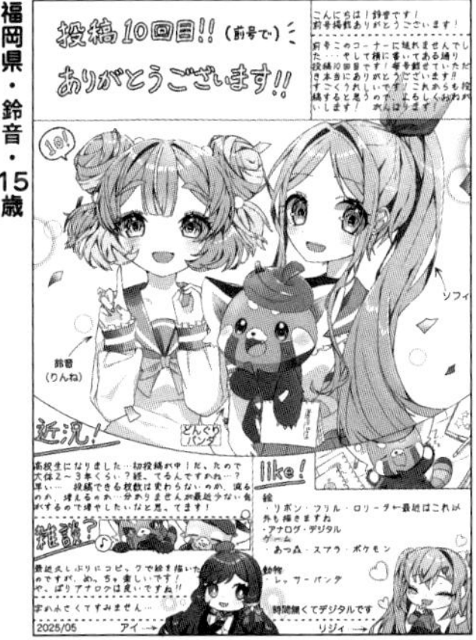

東京都・萌・11歳

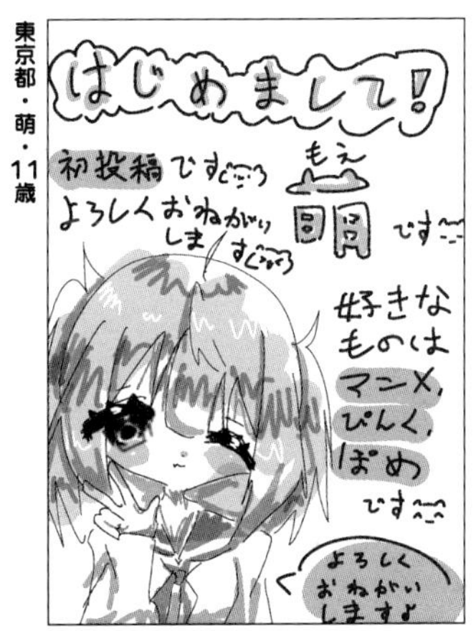

東京都・ゆきまる・25歳

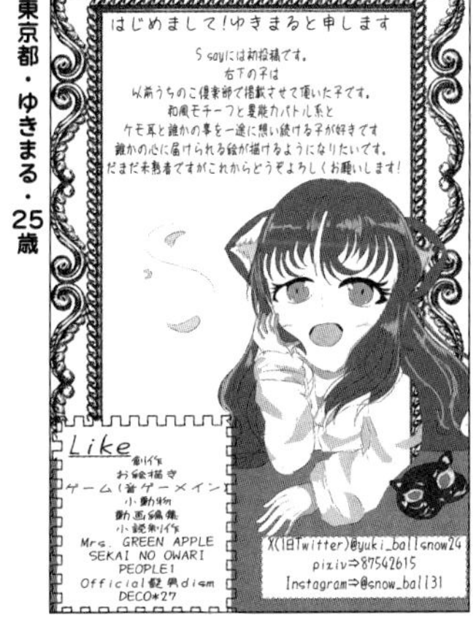

群馬県・ユキガト

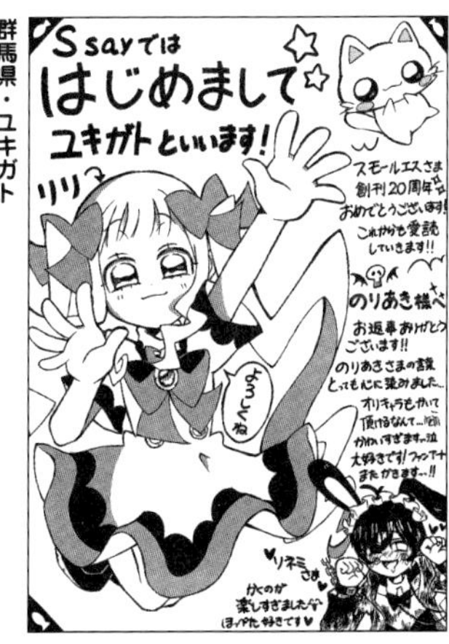

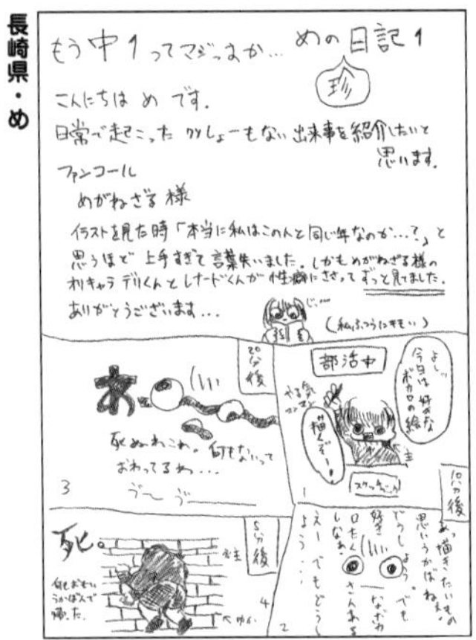

長崎県・め

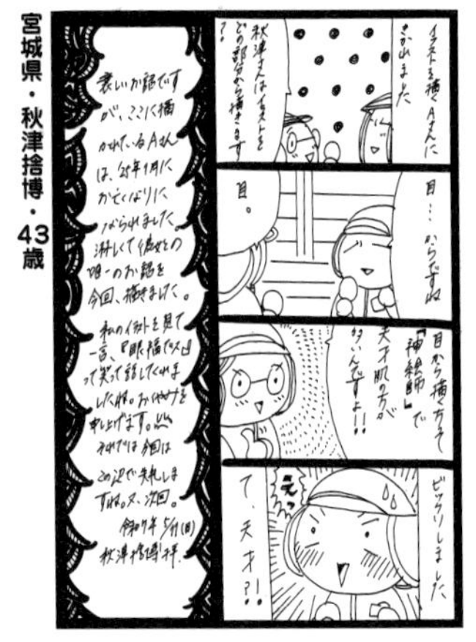

宮城県・秋津捨博・43歳

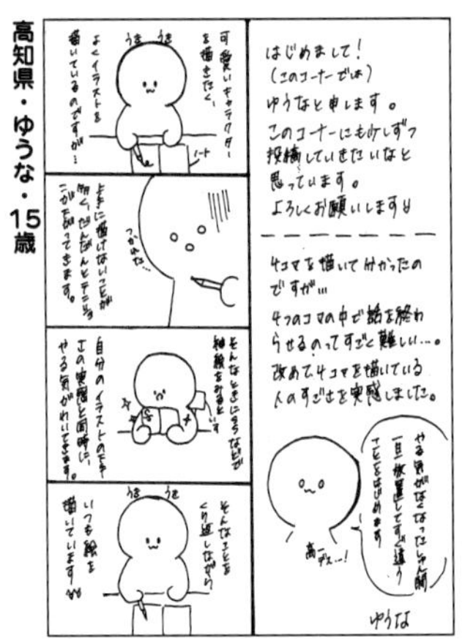

高知県・ゆうな・15歳

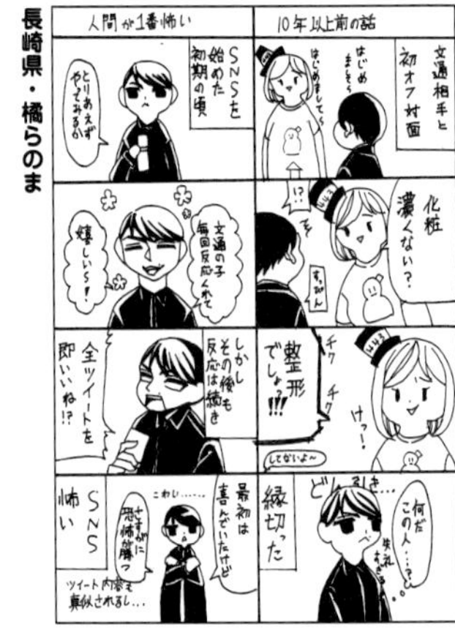

長崎県・橘らのま

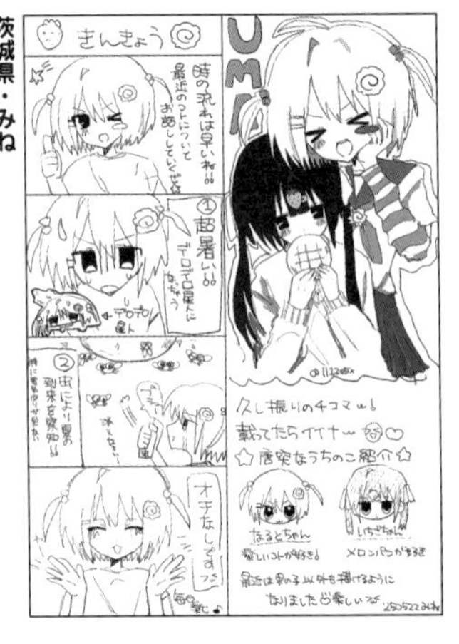

茨城県・みね

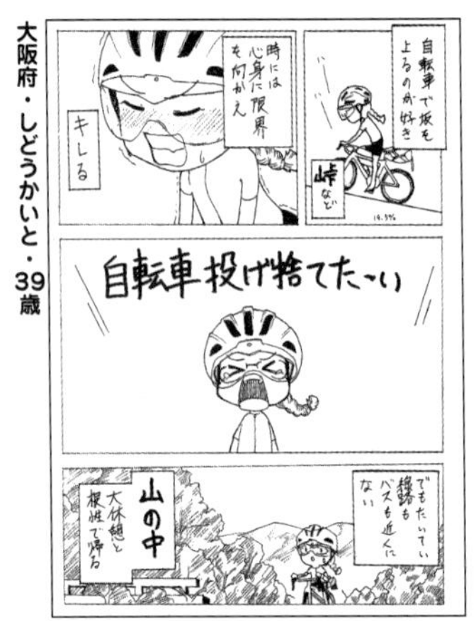

大阪府・しどうかいと・39歳

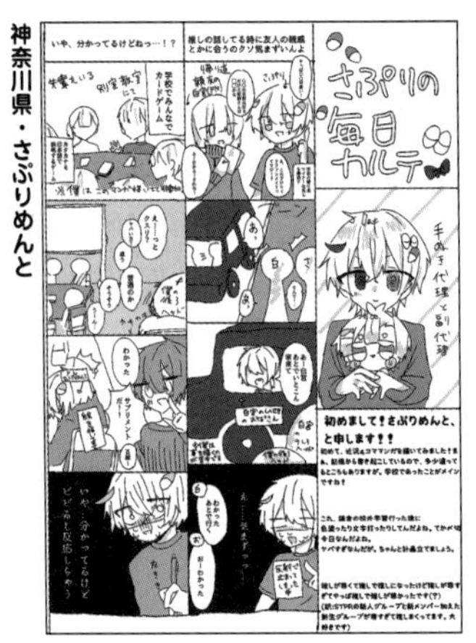

神奈川県・さぷりめんと

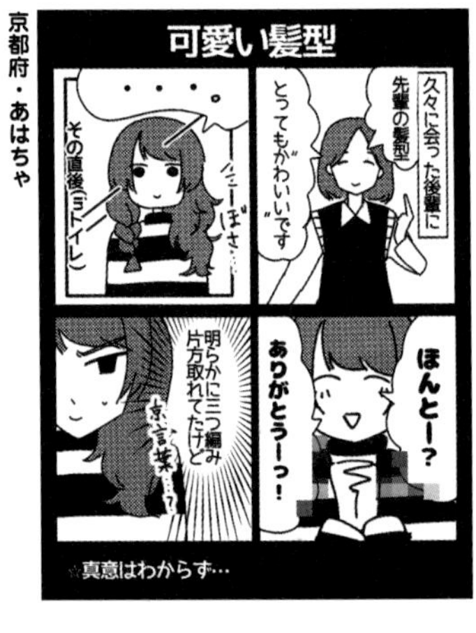

京都府・あはちゃ

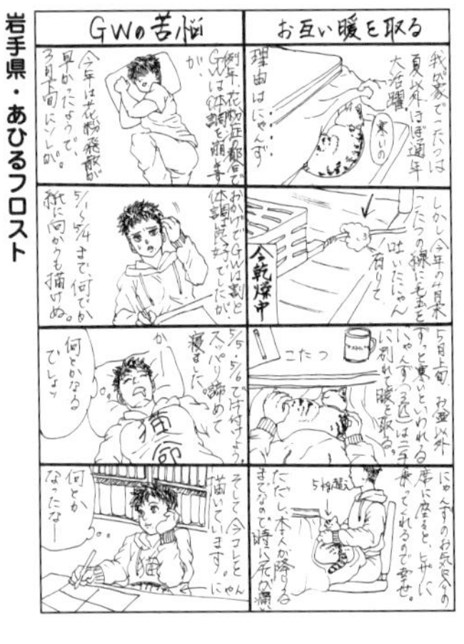

岩手県・あひるフロスト

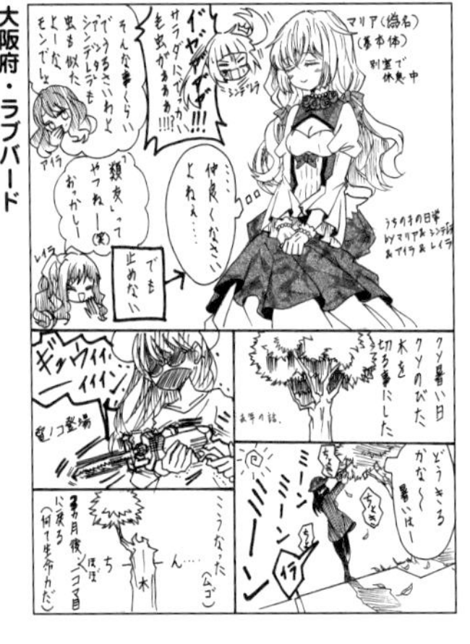

大阪府・ラブバード

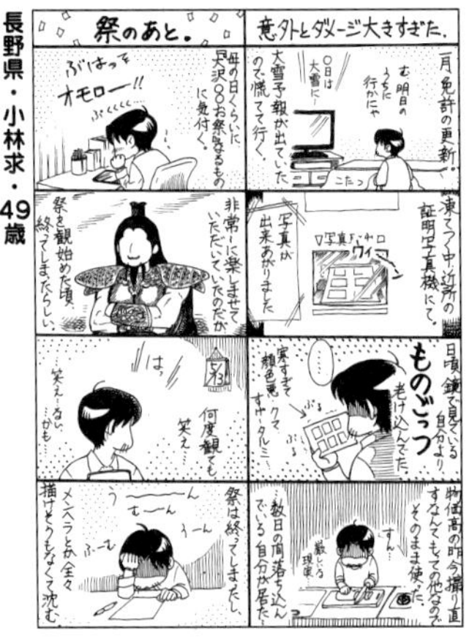

長野県・小林求・49歳

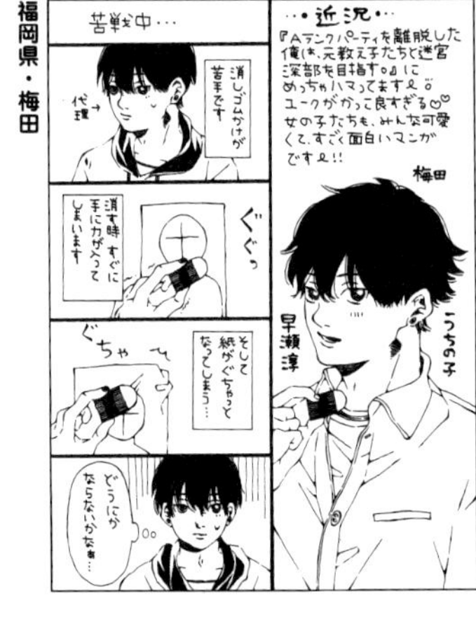

福岡県・梅田

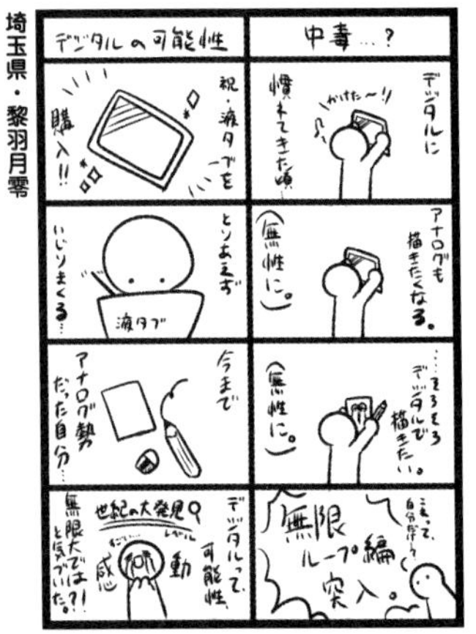

埼玉県・黎羽月雫

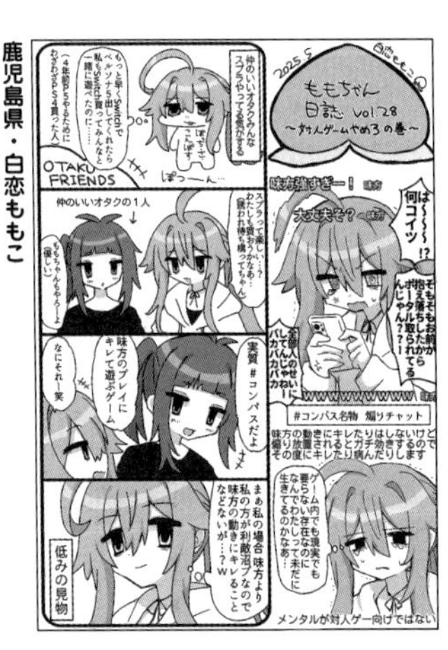

鹿児島県・白恋ももこ

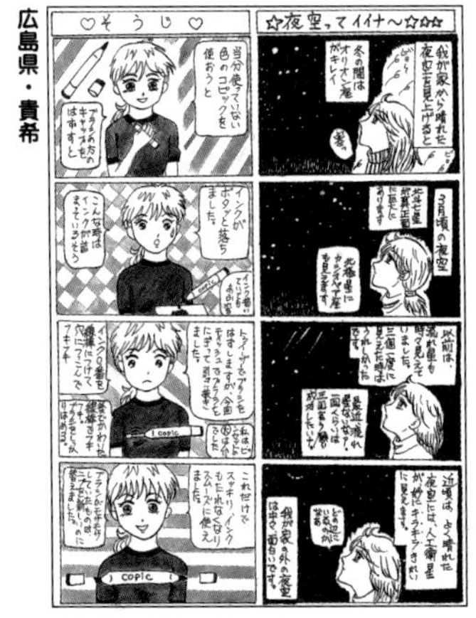

広島県・貴希

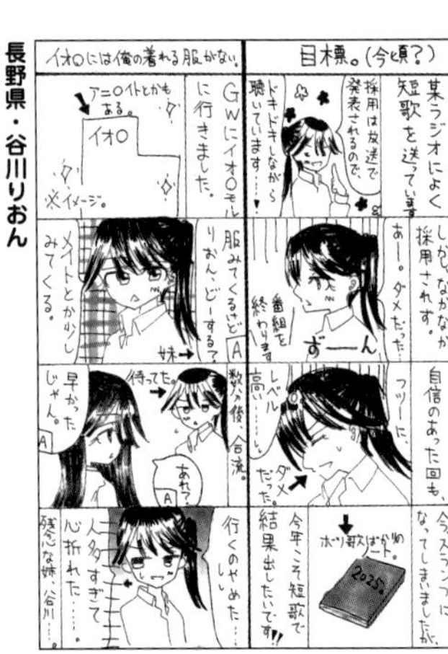

長野県・谷川りおん

Something

みんなの近況などを描いた四コマ漫画を紹介！

毎号、楽しい四コマをありがとうございます。みなさんの近況などを知ることができてとてもうれしいコーナーです！

千葉県・前川泉

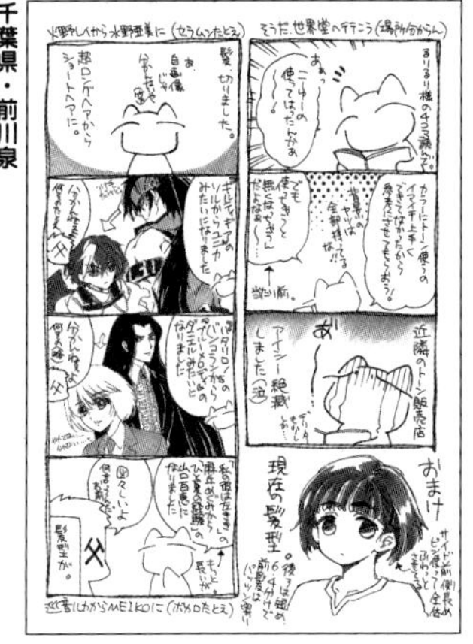

新潟県・真継

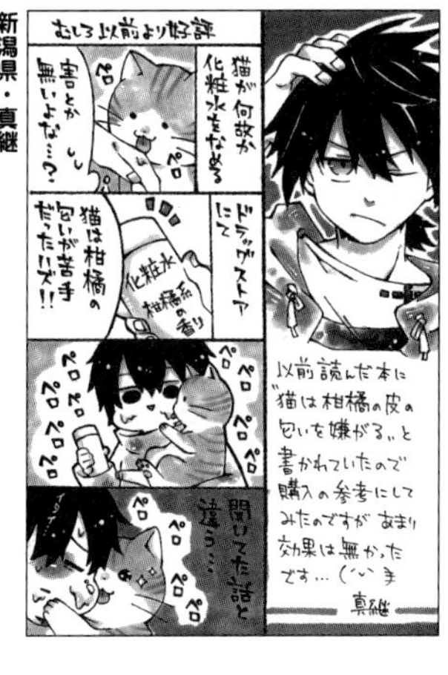

静岡県・種桜・11歳

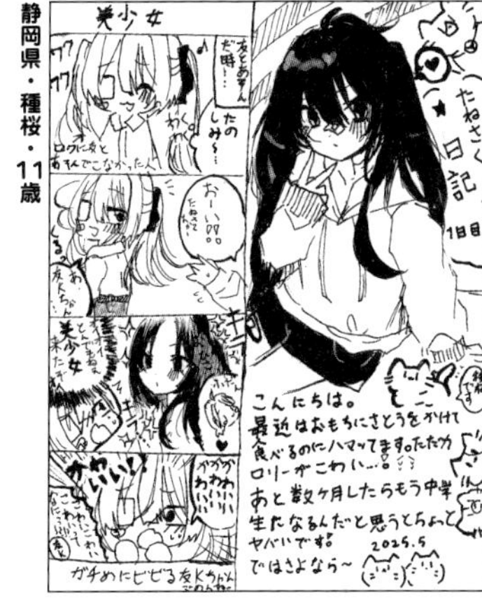

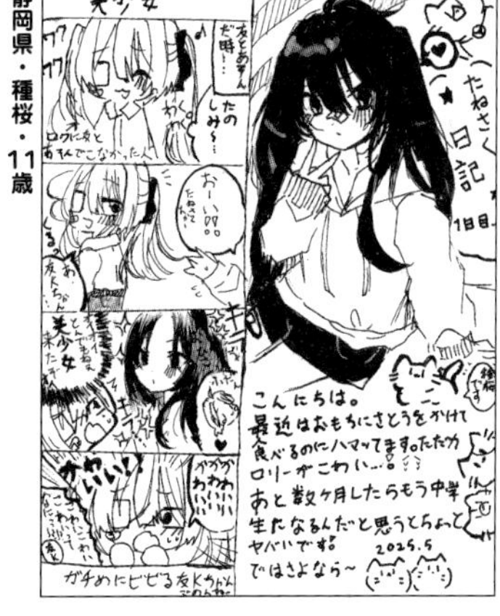

福岡県・えがおくらげ。

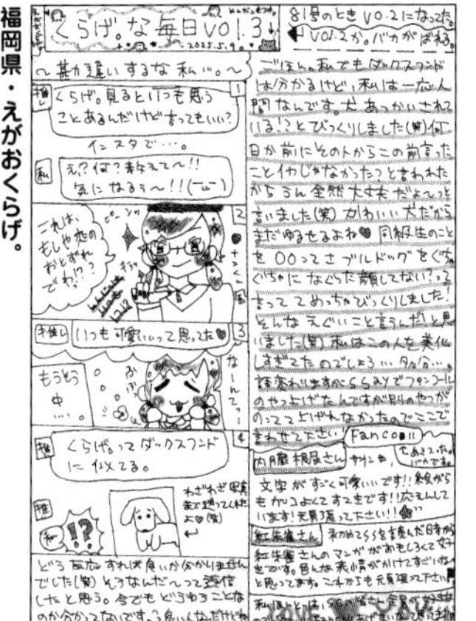

岡山県・のりあき・17歳

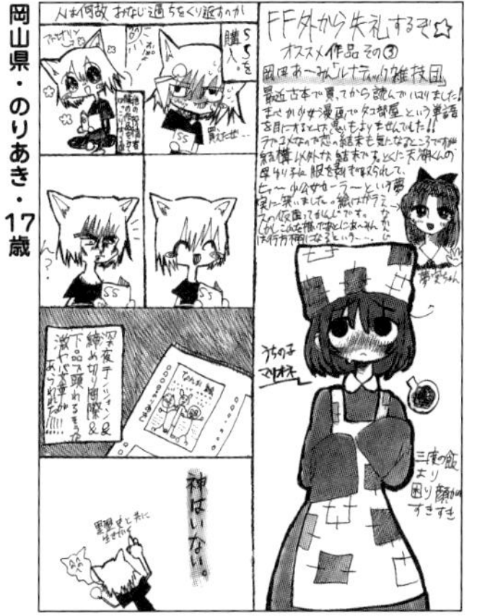

兵庫県・もちづき・35歳

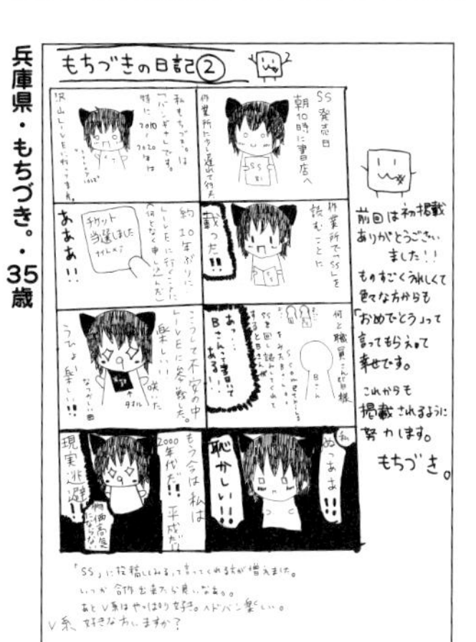

神奈川県・りすりす・11歳

東京都・ひろくまひろみ

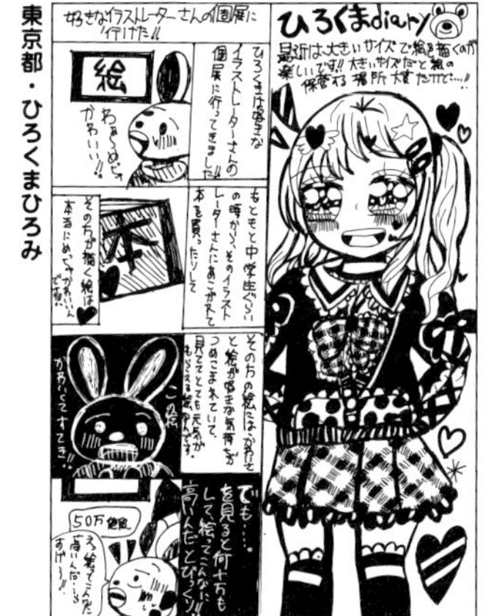

兵庫県・シャケ

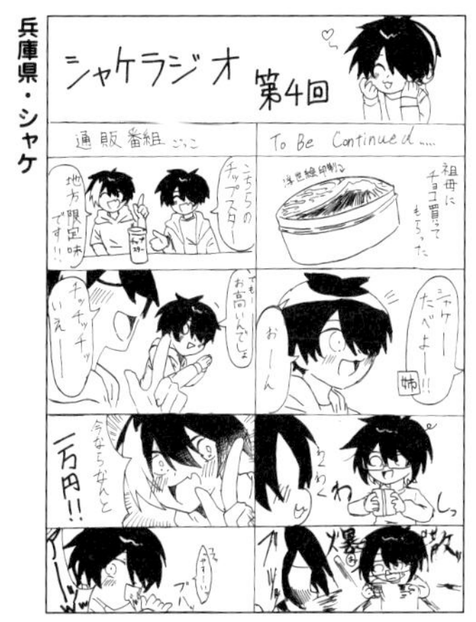

群馬県・RB

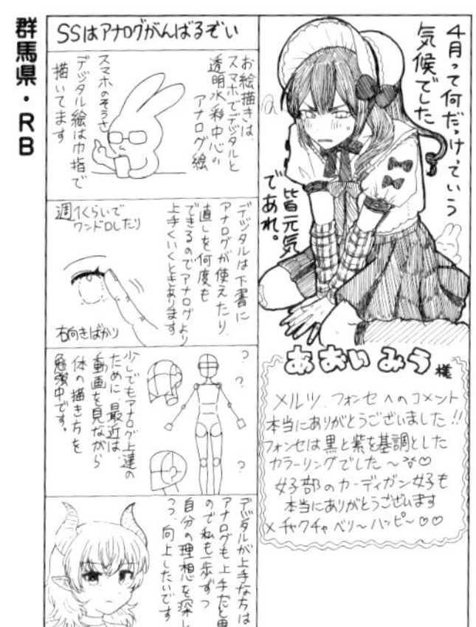

広島県・榛原祐香

東京都・高野鈴蘭・25歳

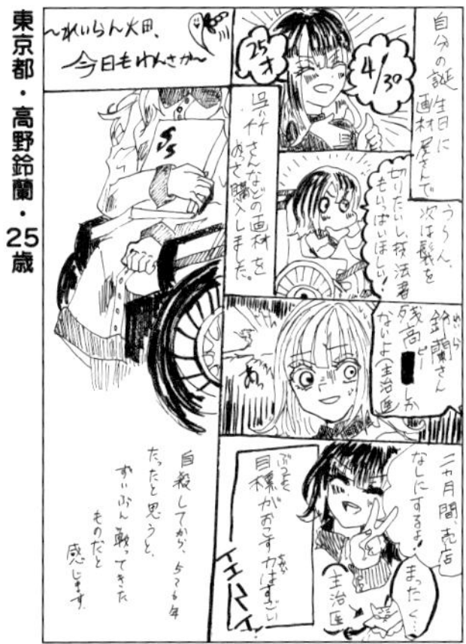

長野県・紅朱雀

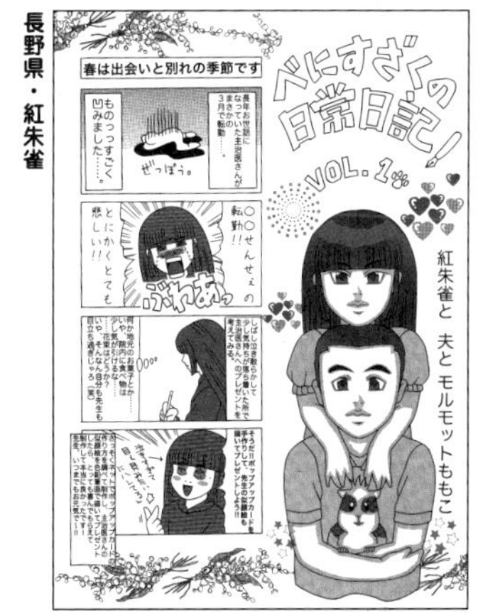

大阪府・棚田

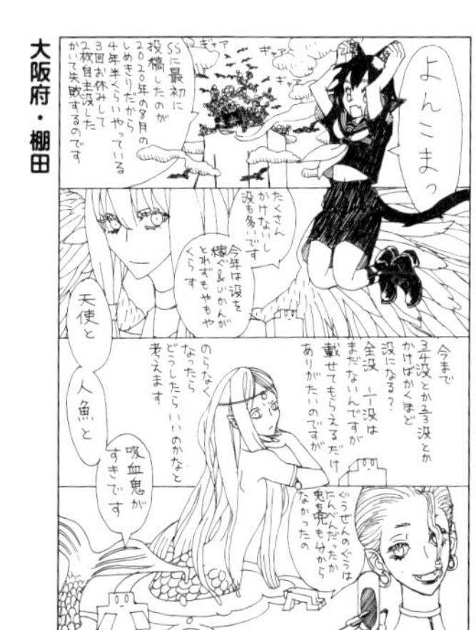

徳島県・いくらねこ・12歳

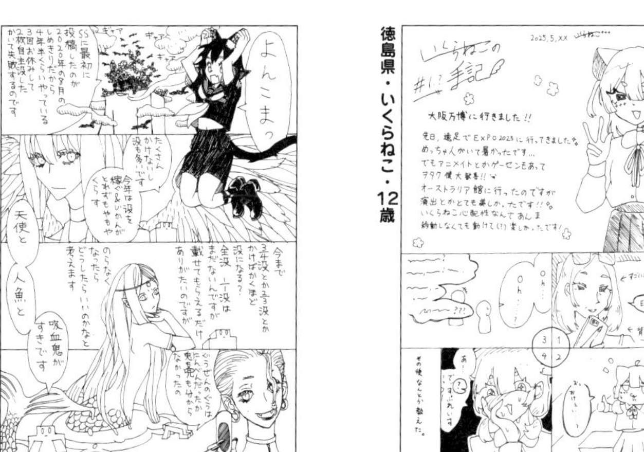

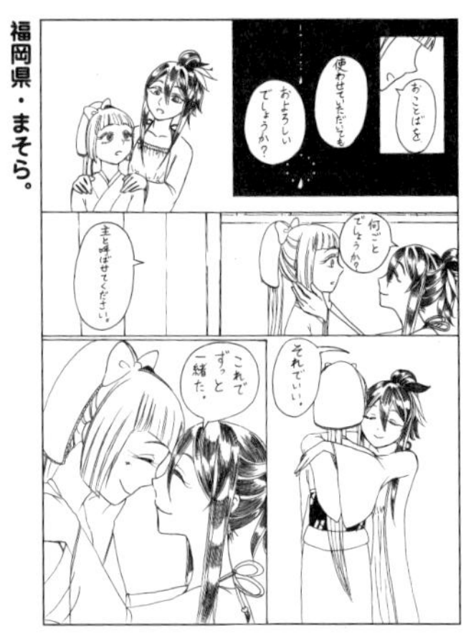

福岡県・まそら。

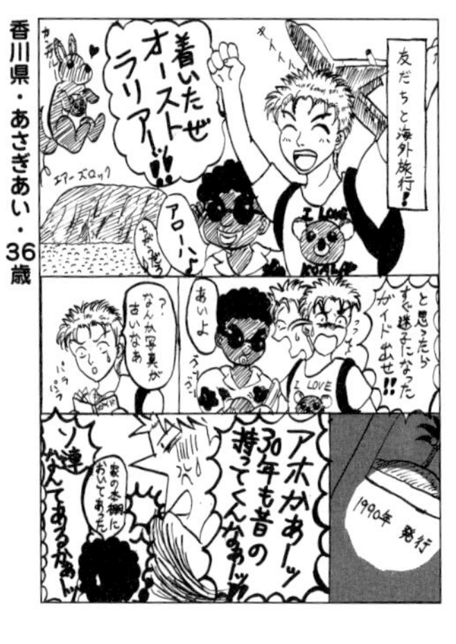

香川県・あさぎあい・36歳

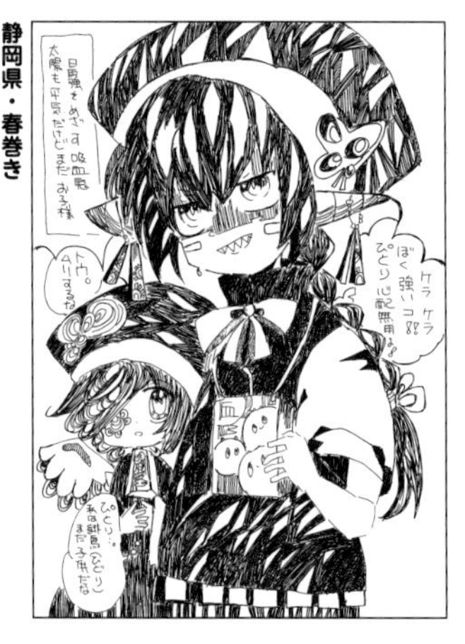

静岡県・春巻き

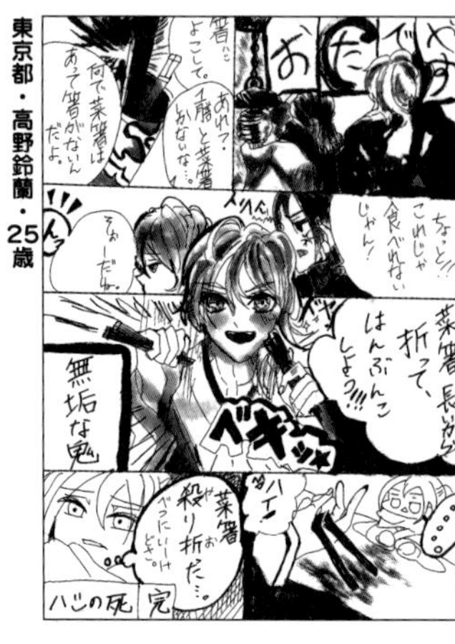

東京都・高野鈴蘭・25歳

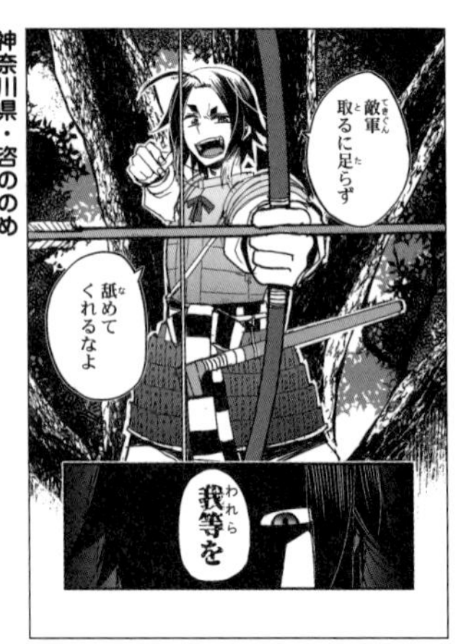

神奈川県・沓ののめ

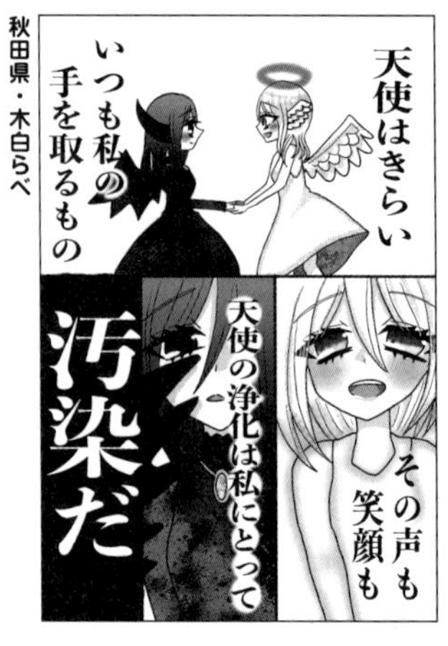

秋田県・木白らべ

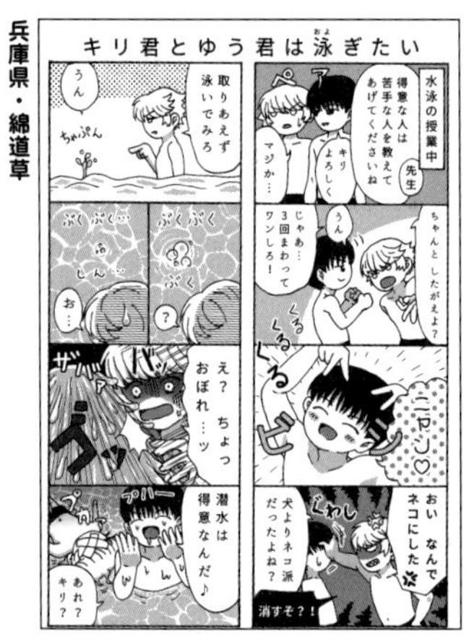

兵庫県・綿道草

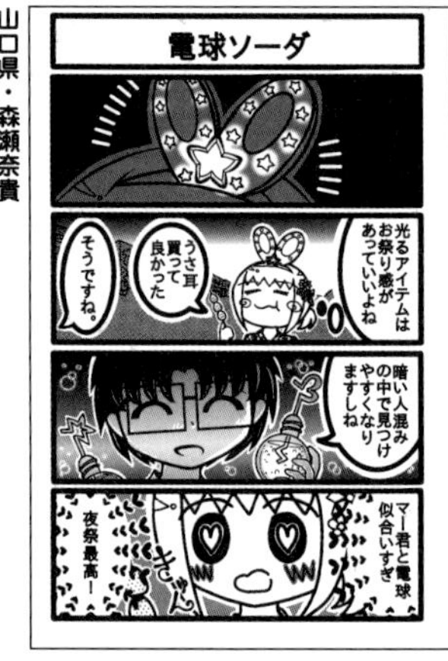

山口県・森瀬奈貴

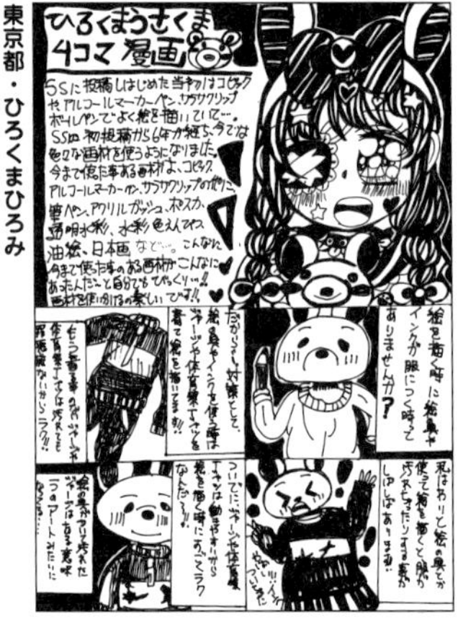

東京都・ひろくまひろみ

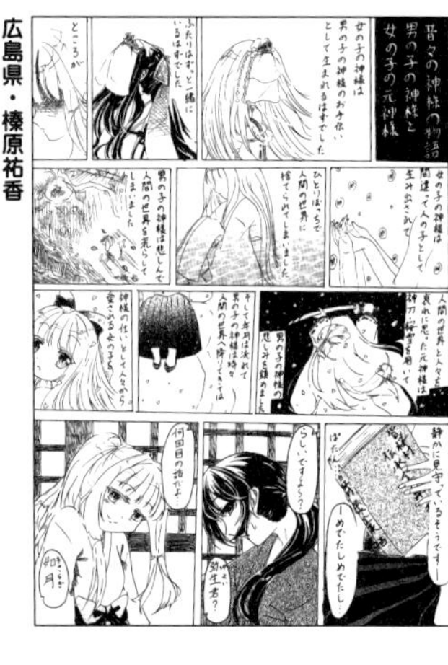

広島県・榛原祐香

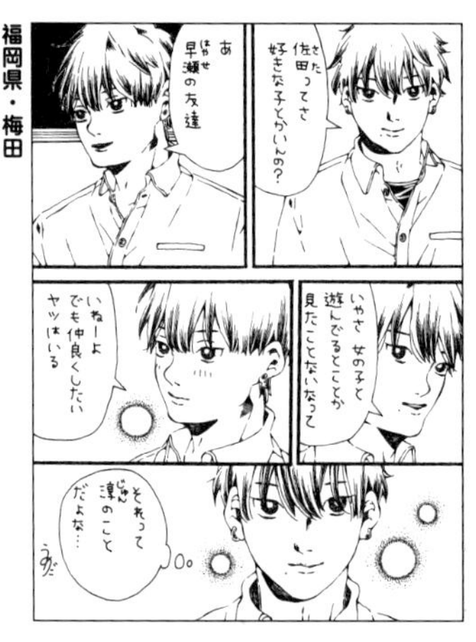

福岡県・梅田

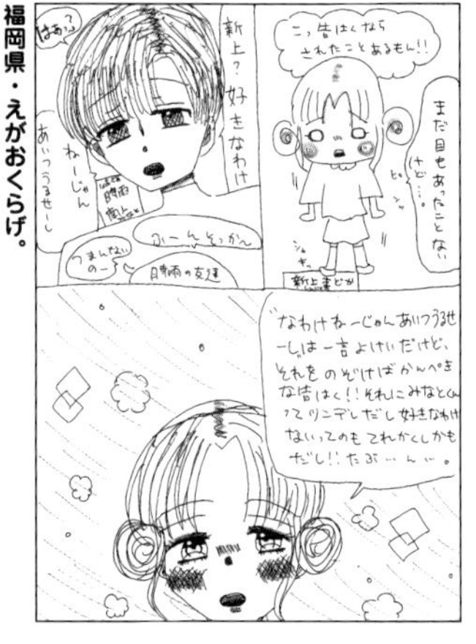

福岡県・えがおくらげ。

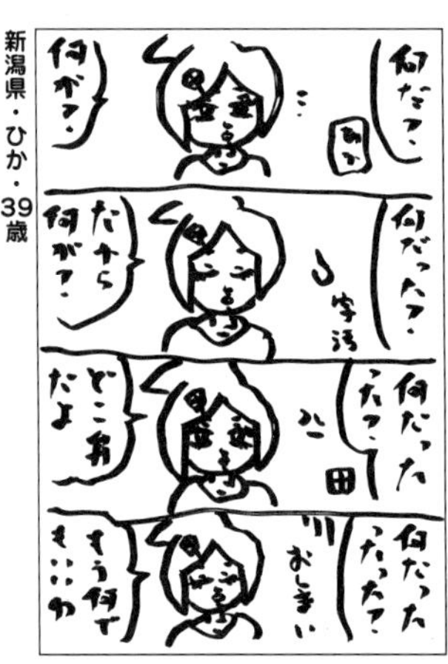

新潟県・ひか・39歳

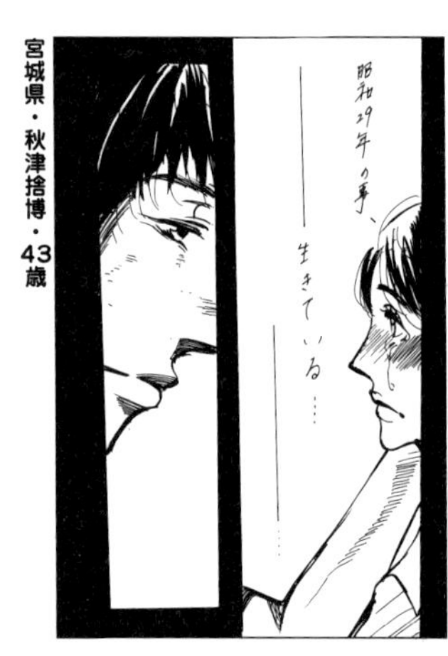

宮城県・秋津捨博・43歳

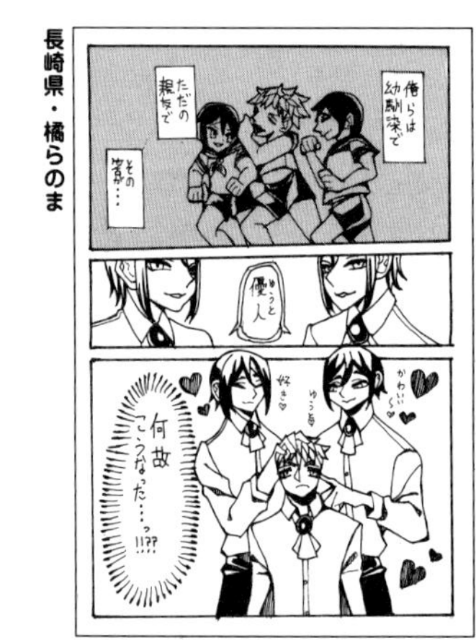

長崎県・橘らのま

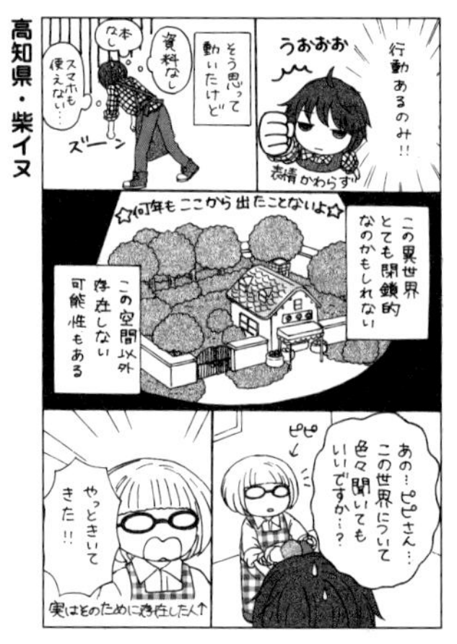

高知県・柴イヌ

広島県・貴希

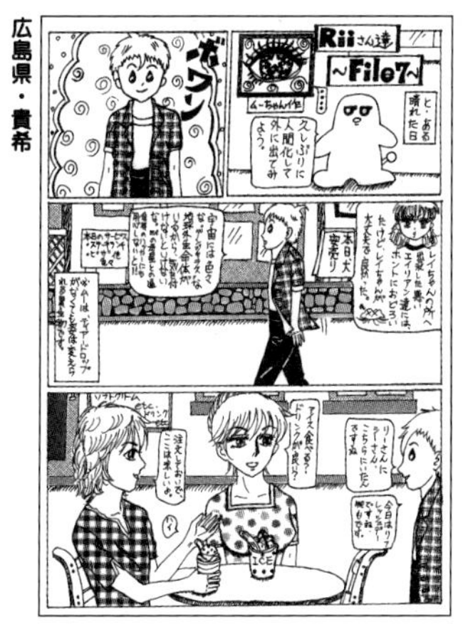

茨城県・あおいみう

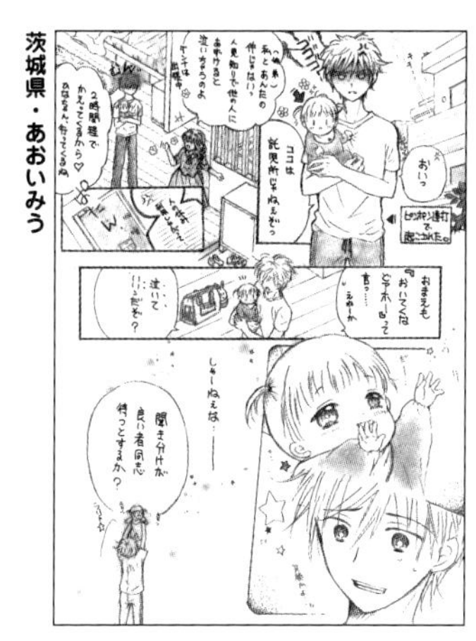

山形県・ゆあうお・19歳

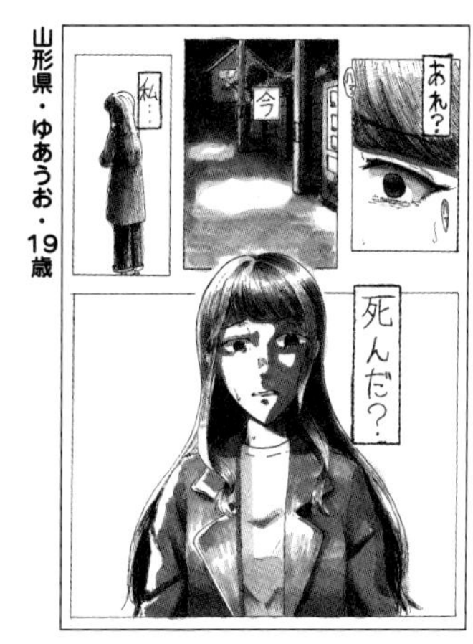

福島県・Azzurro.

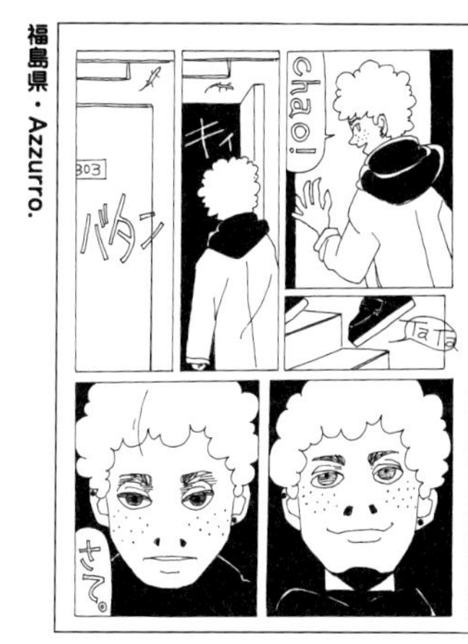

岩手県・あひるフロスト

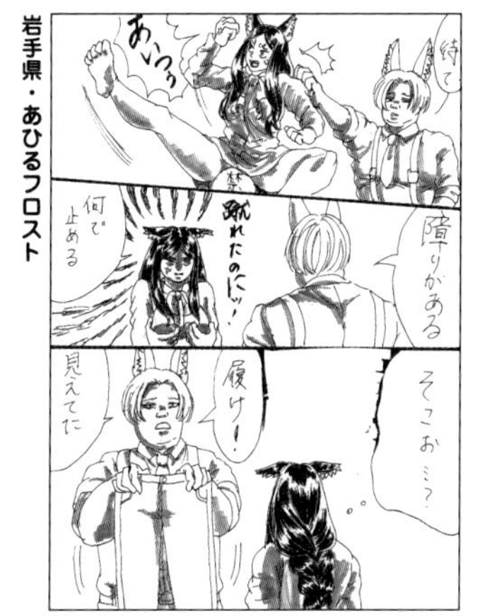

長野県・谷川りおん

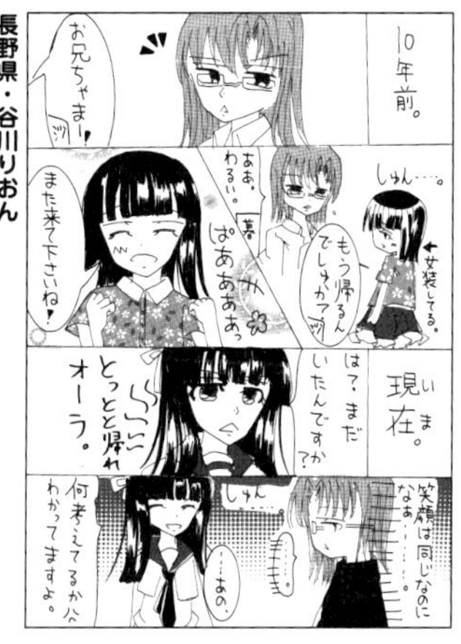

福岡県・マイマイン・39歳

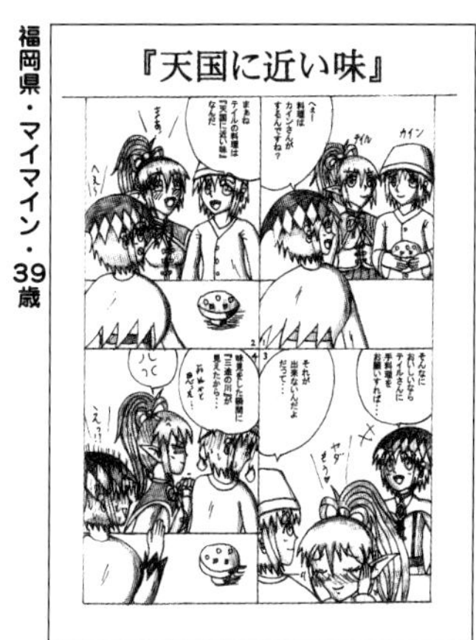

埼玉県・風見☆鶏・68歳

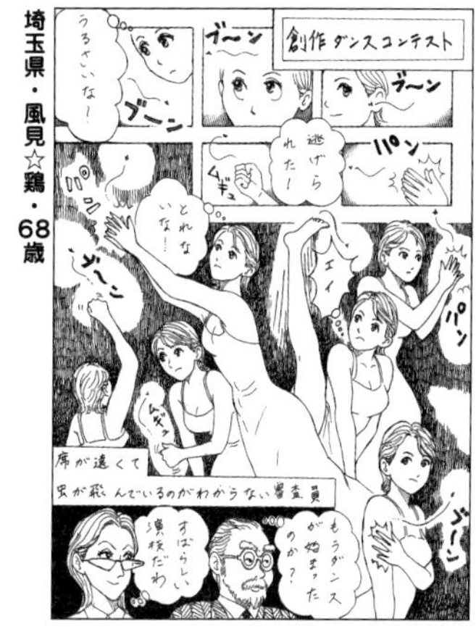

兵庫県・シャケ

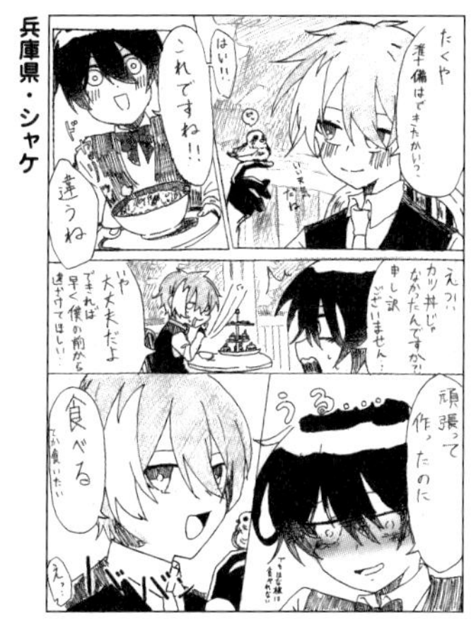

秋田県・とづき

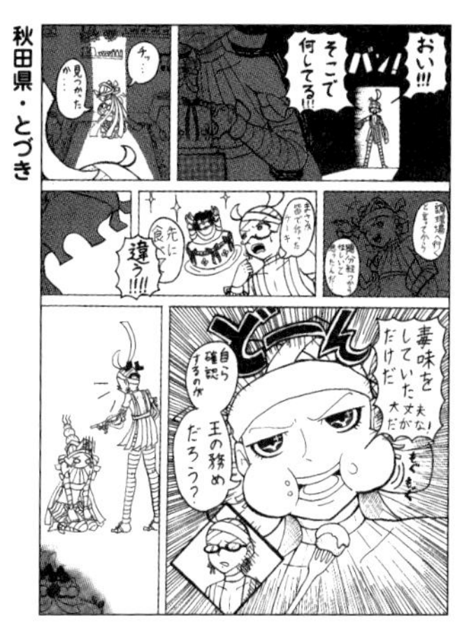

島根県・永井あゆみ

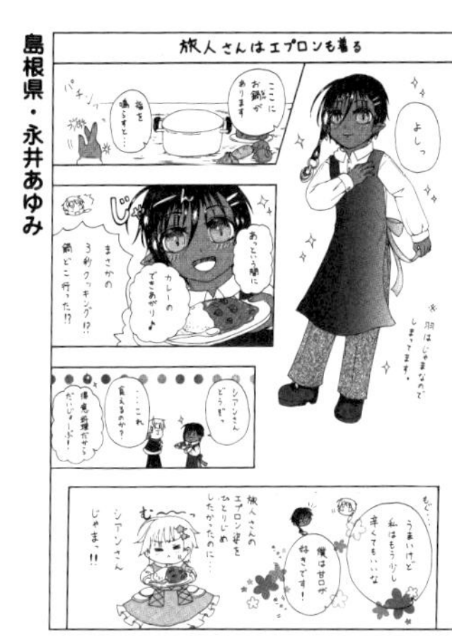

東京都・三田由子

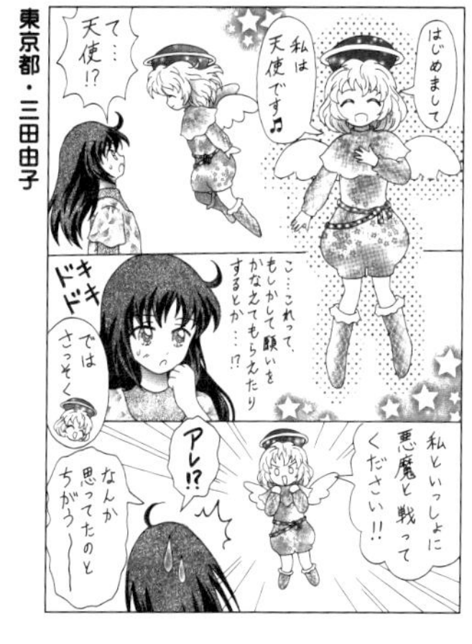

大阪府・時田夏名

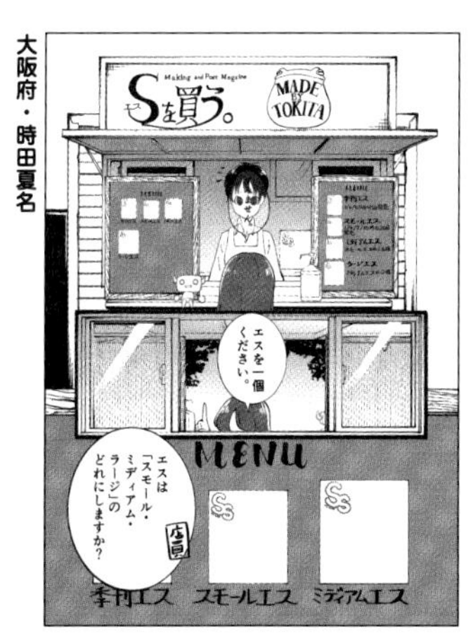

兵庫県・紫山四子

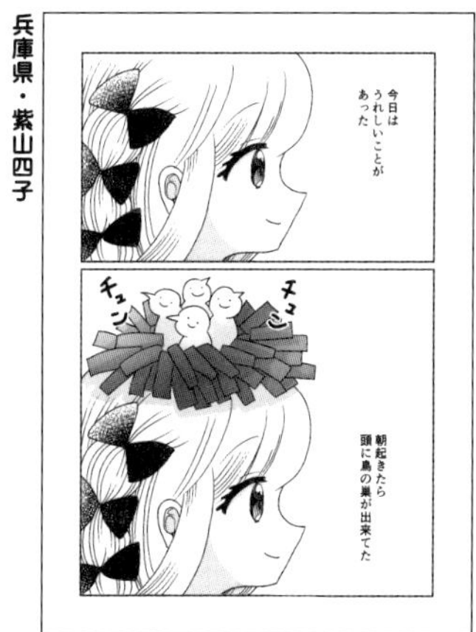

東京都・りわ

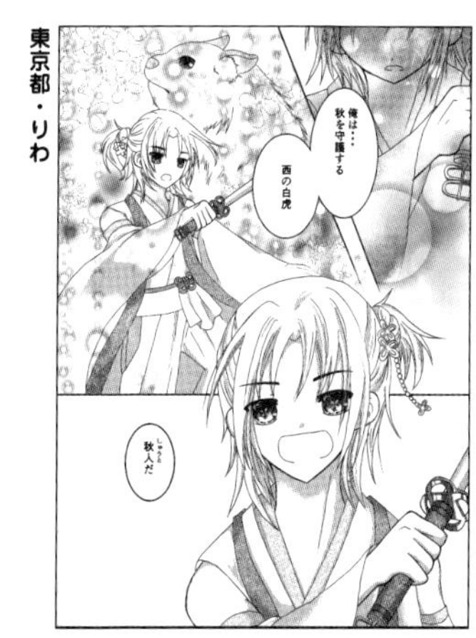

鳥取県・rosyemu

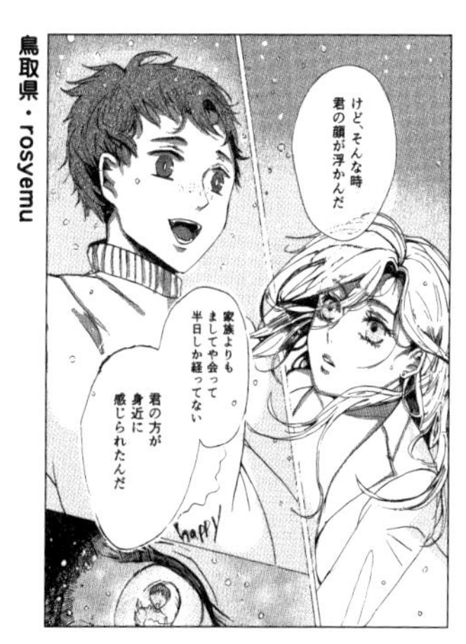

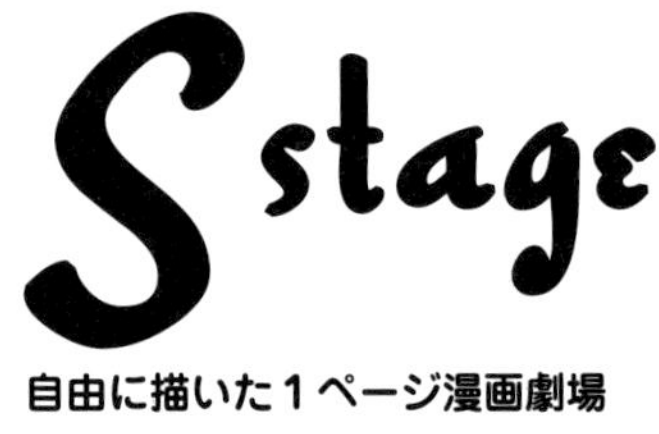

自由に描いた１ページ漫画劇場

神奈川県・璃緒

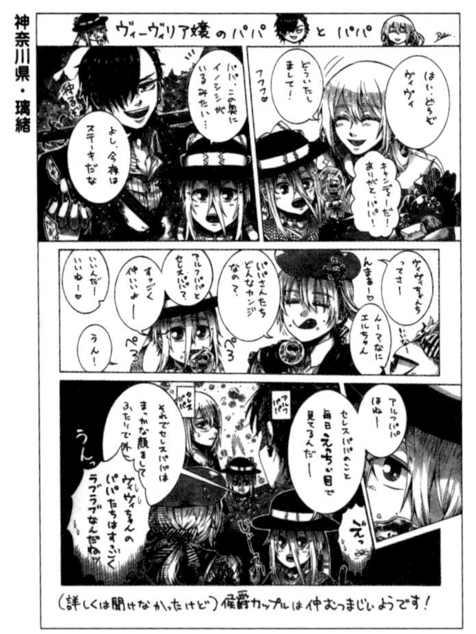

千葉県・前川泉

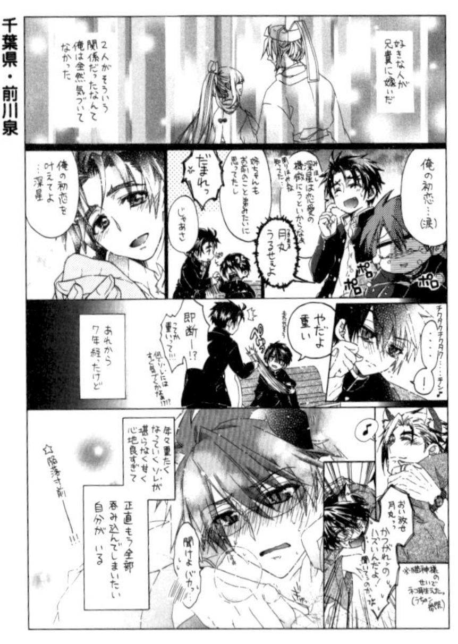

栃木県・めがねざる・12歳

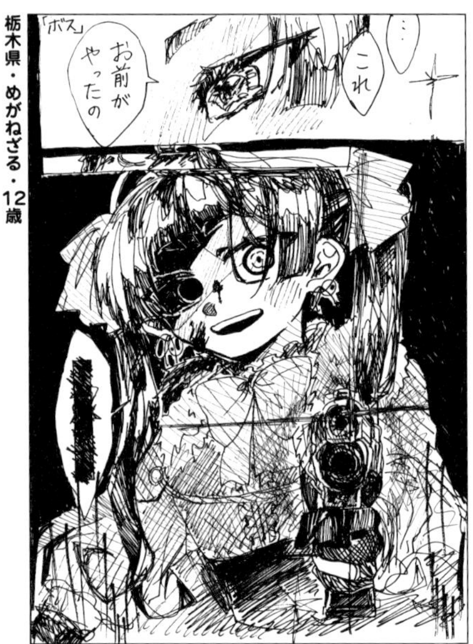

沖縄県・すきっぱねずみ

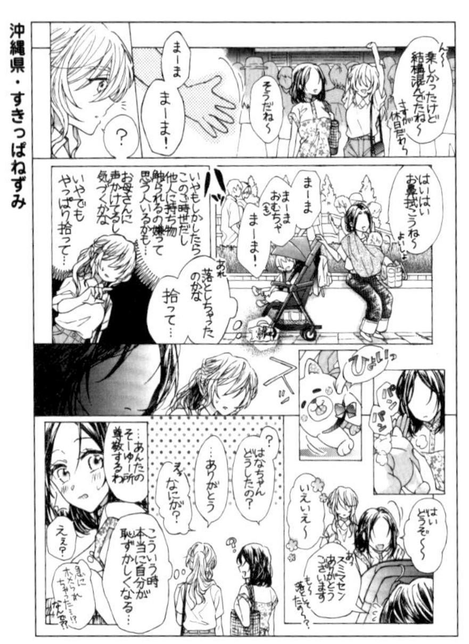

大阪府・ラブバード

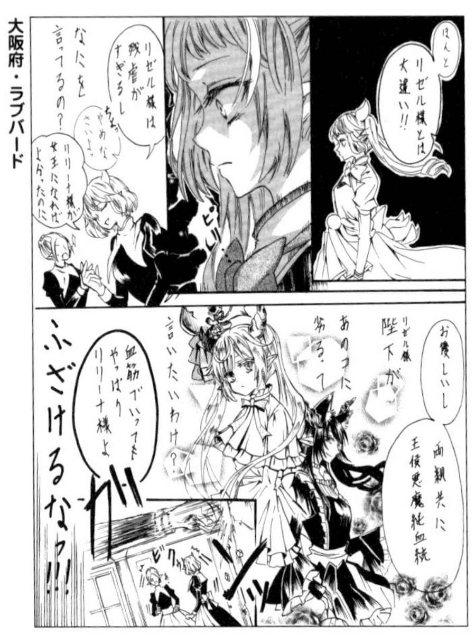

沖縄県・田中君

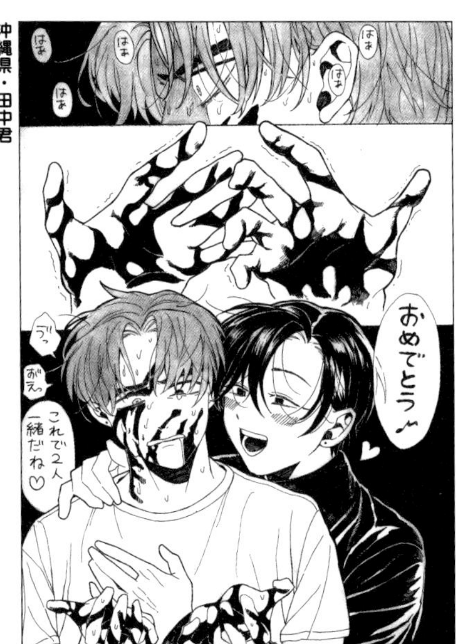

岡山県・のりあき・17歳

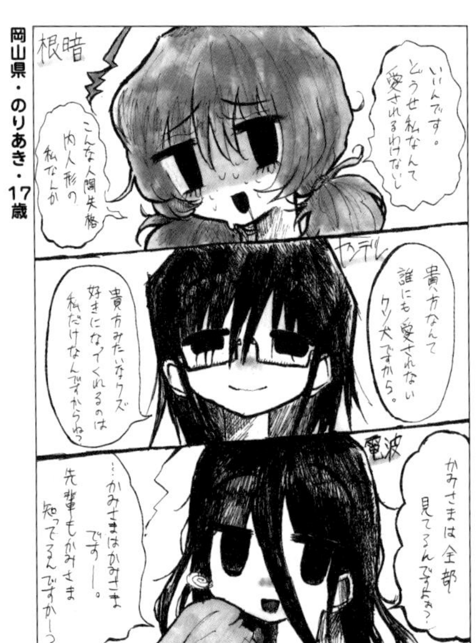

長野県・小林求・49歳

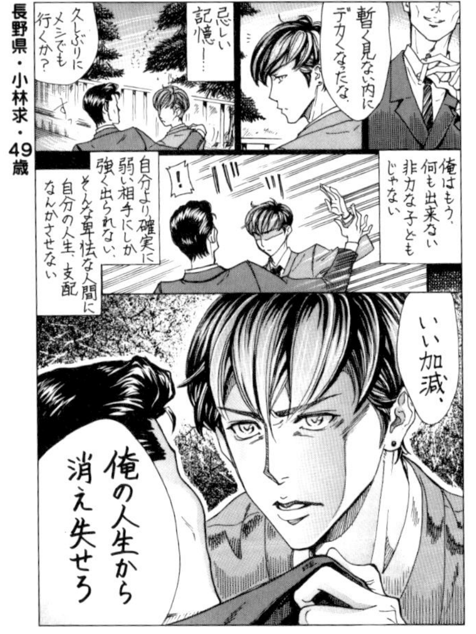

秋田県・木白らべ

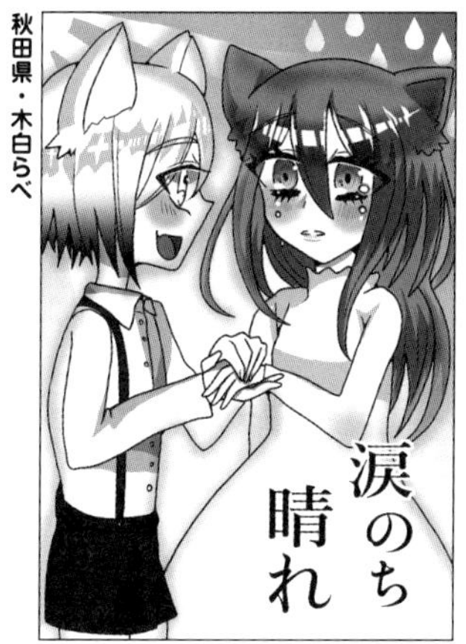

千葉県・伯ミシェル・20歳

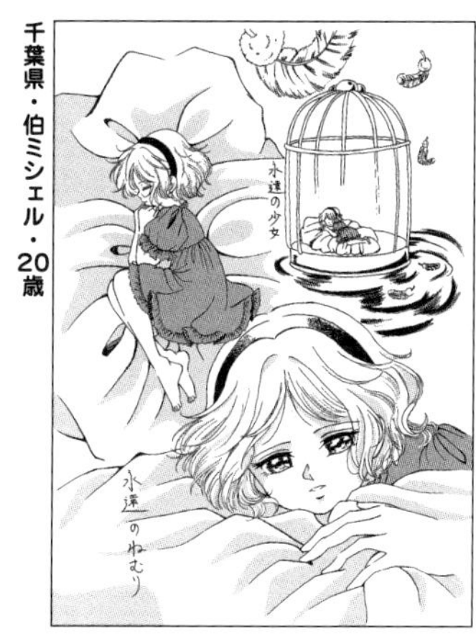

宮城県・赤べこ

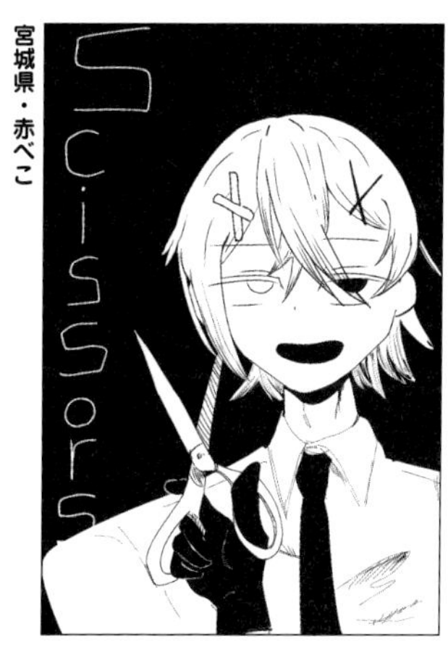

鹿児島県・ミセト

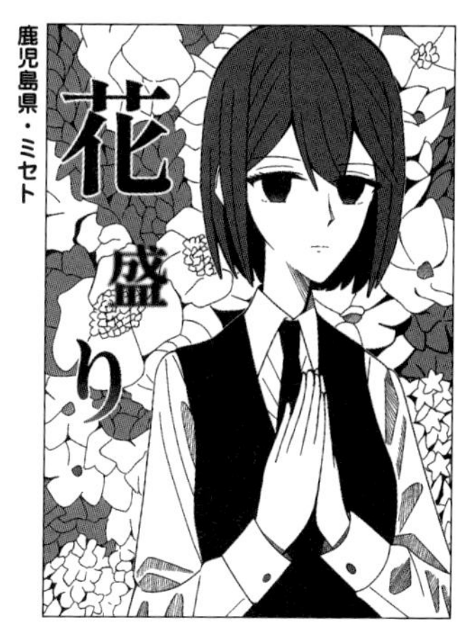

大阪府・和桜恋・13歳

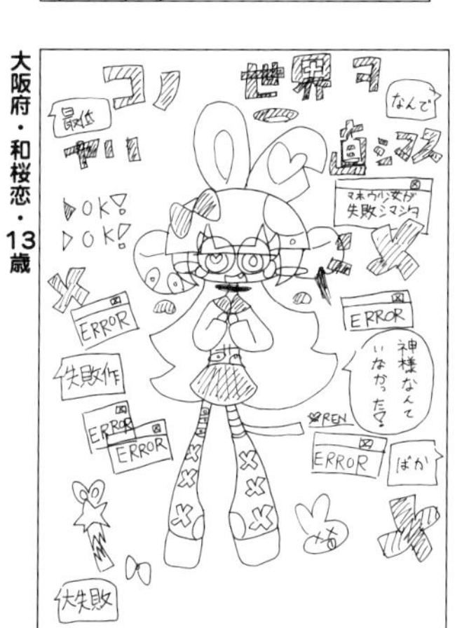

東京都・高野鈴蘭・25歳

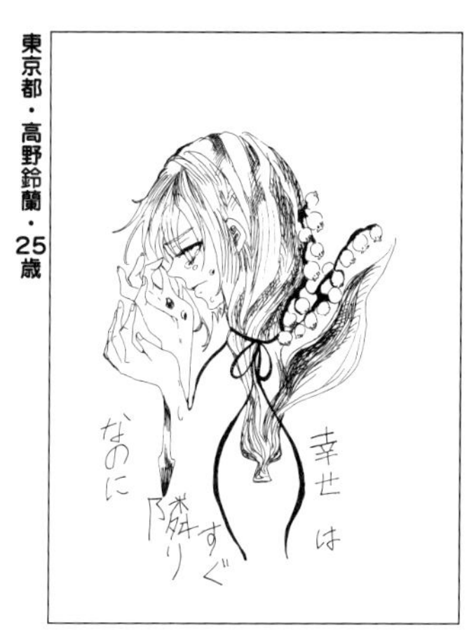

東京都・ひろくまひろみ

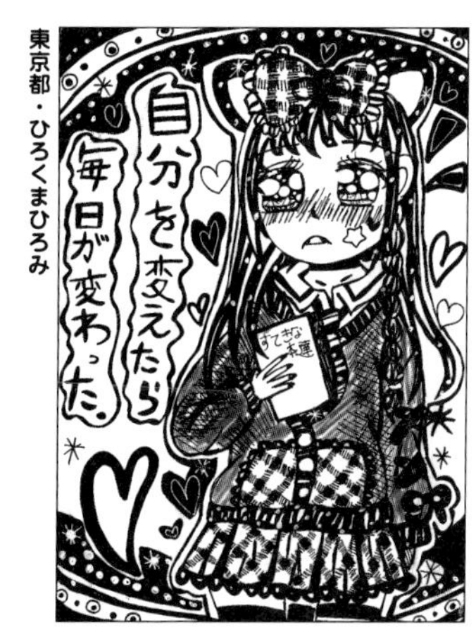

秋田県・とづき

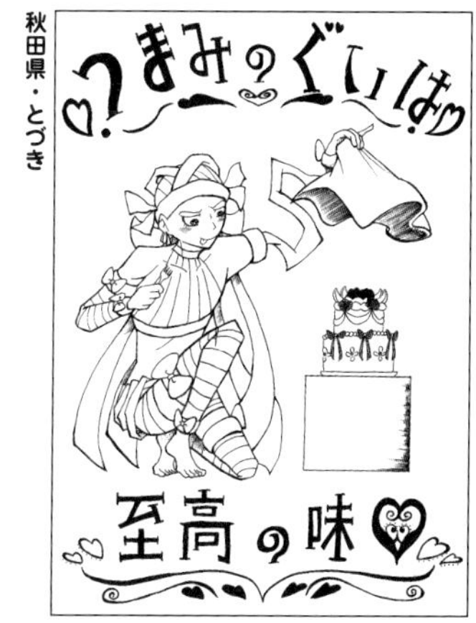

福岡県・えがおくらげ。

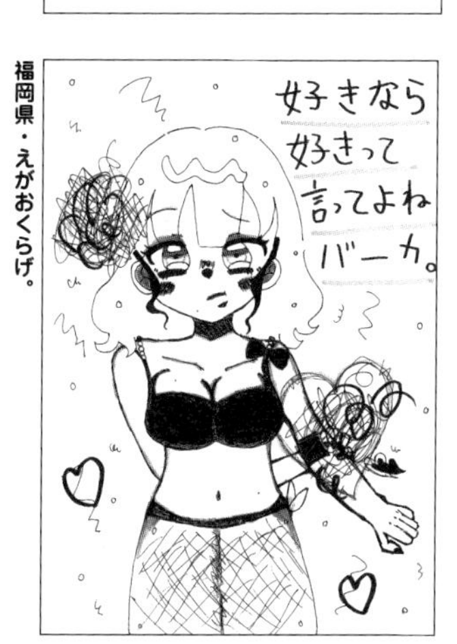

長野県・小林求・49歳

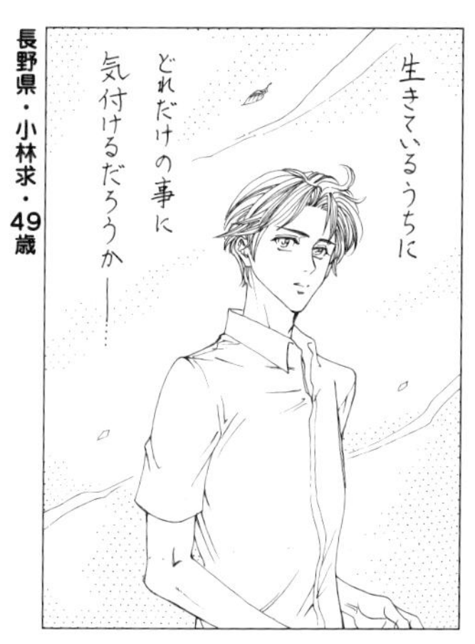
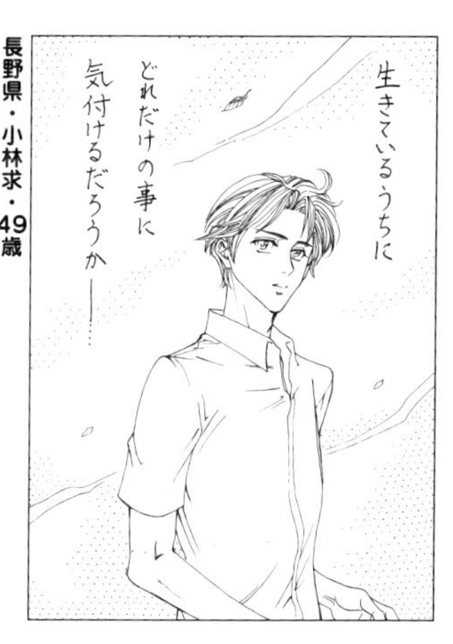

神奈川県・ゆるゆる・9歳

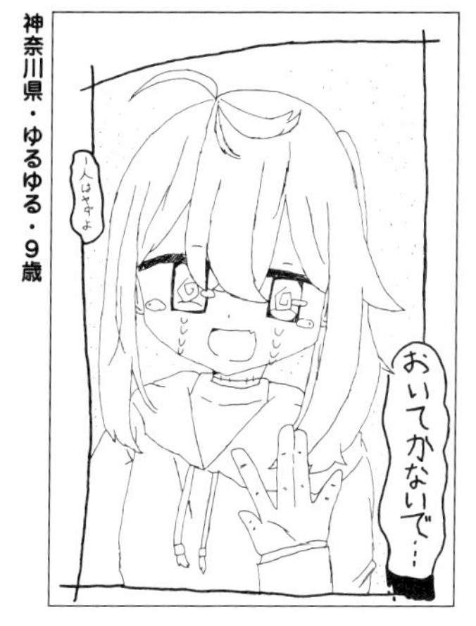

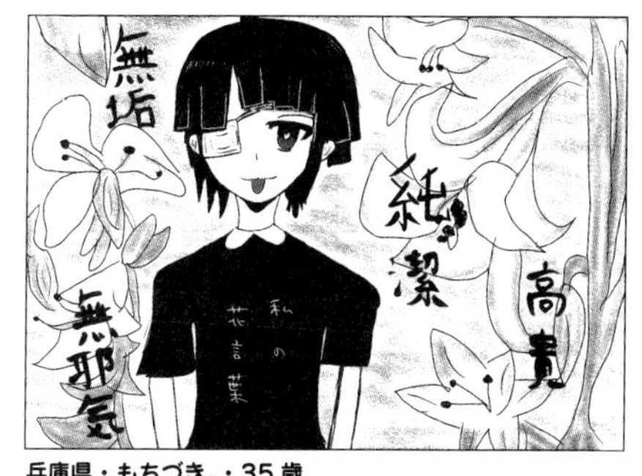

兵庫県・もちづき。・35歳

埼玉県・黎羽月零

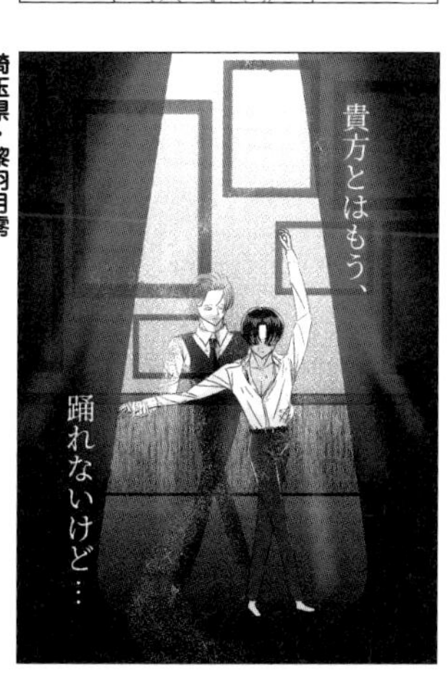

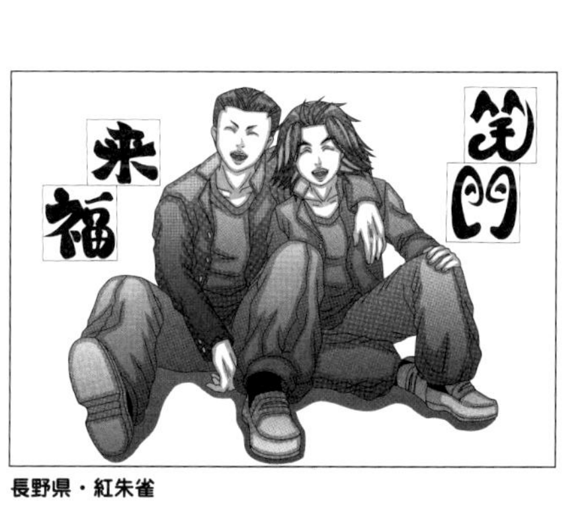

長野県・紅朱雀

広島県・榛原祐香

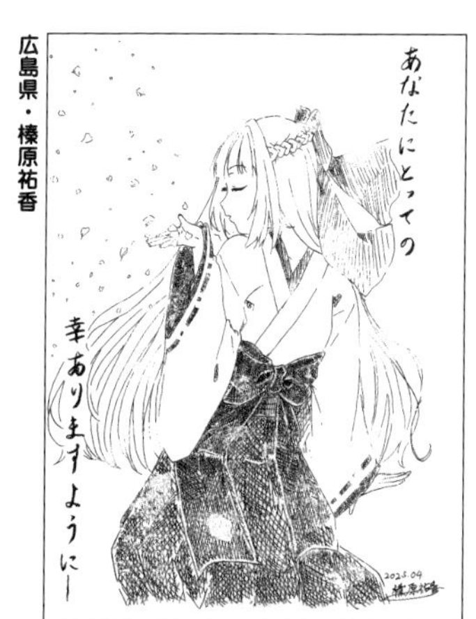

秋田県・月華瑞・12歳

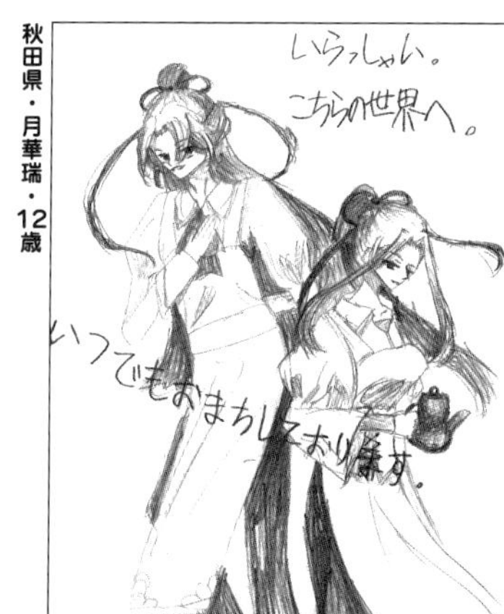

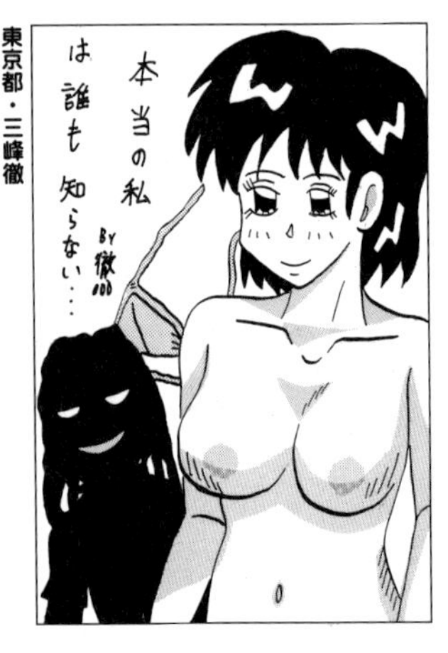

東京都・三峰徹

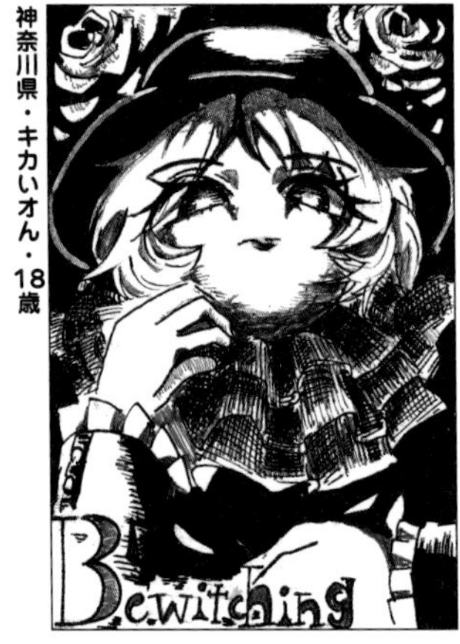

神奈川県・キカいオん・18歳

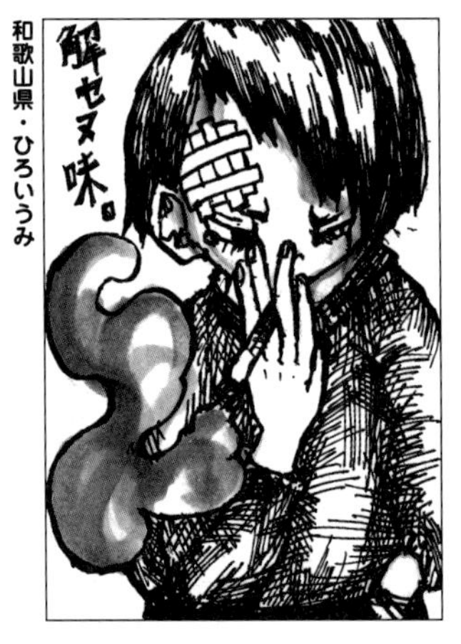

和歌山県・ひろいうみ

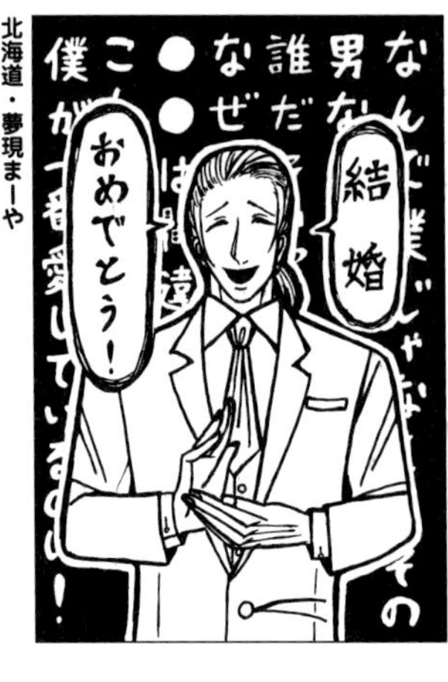

北海道・夢現まーや

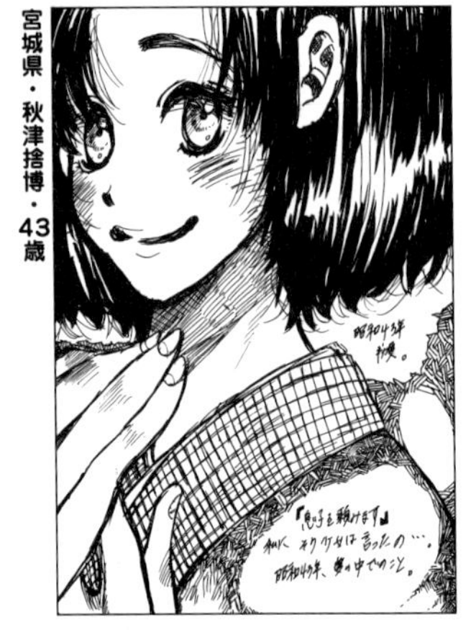
宮城県・秋津捨博・43歳

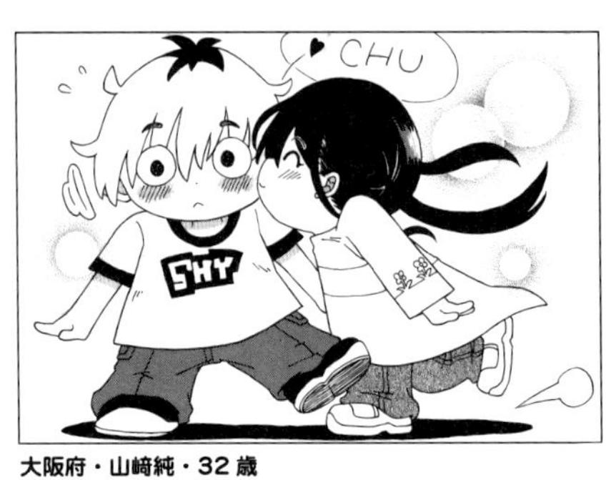

大阪府・山崎純・32歳

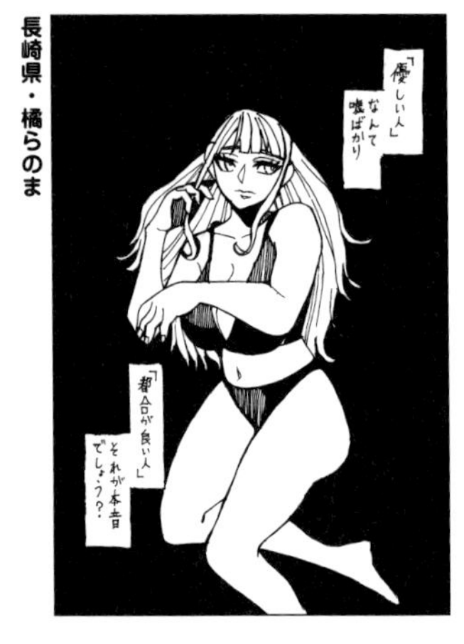

長崎県・橘らのま

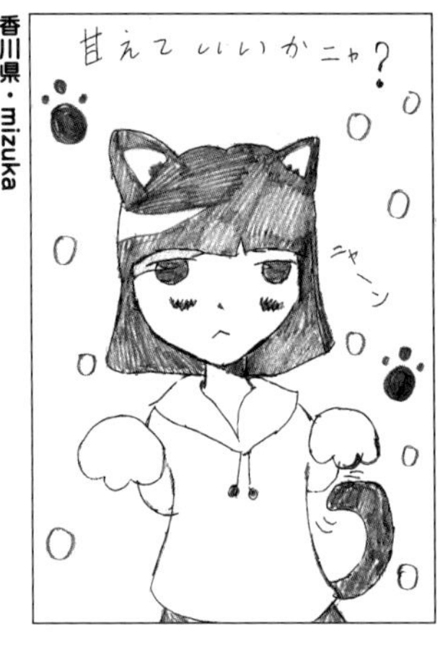

香川県・mizuka

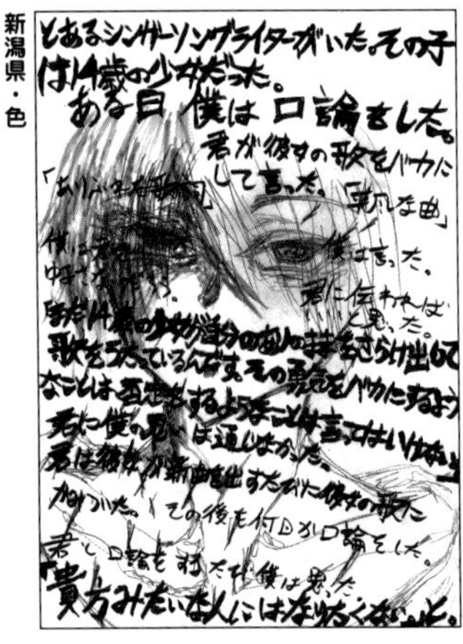

新潟県・色

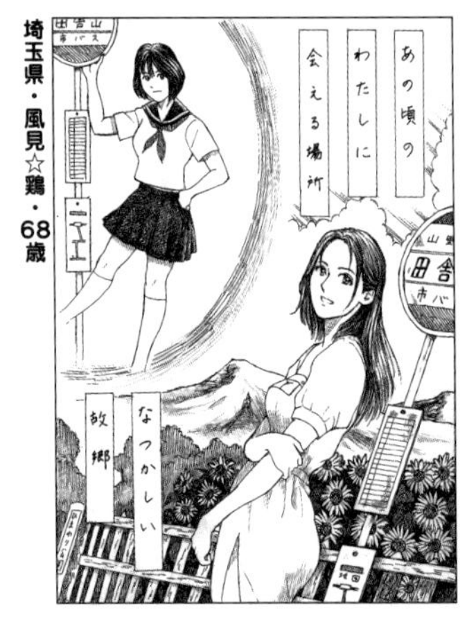

埼玉県・風見☆鶏・68歳

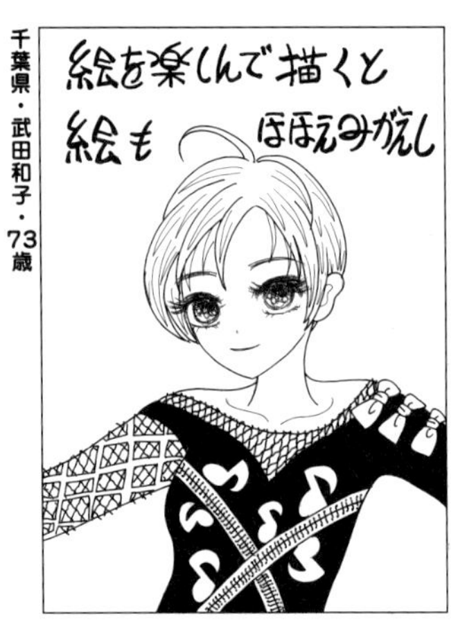

千葉県・武田和子・73歳

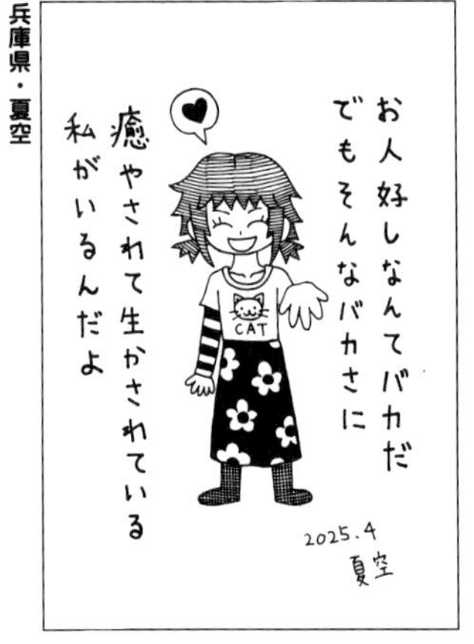

兵庫県・夏空

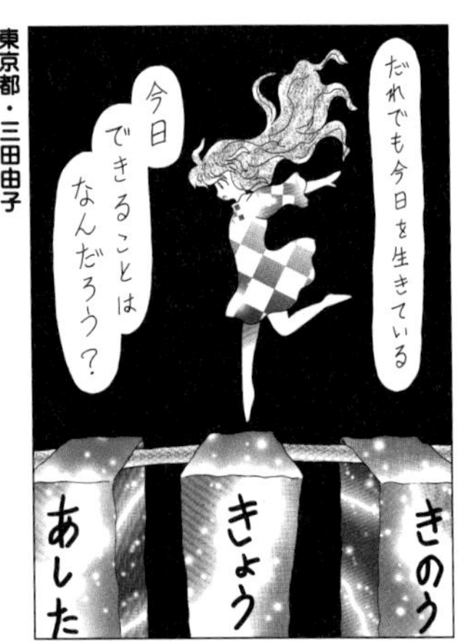

東京都・三田由子

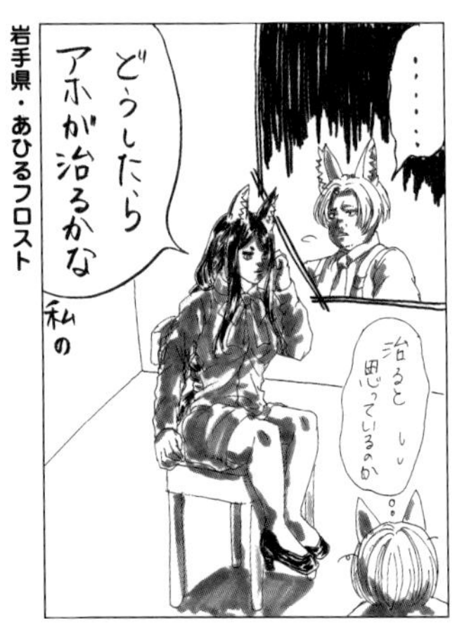

岩手県・あひるフロスト

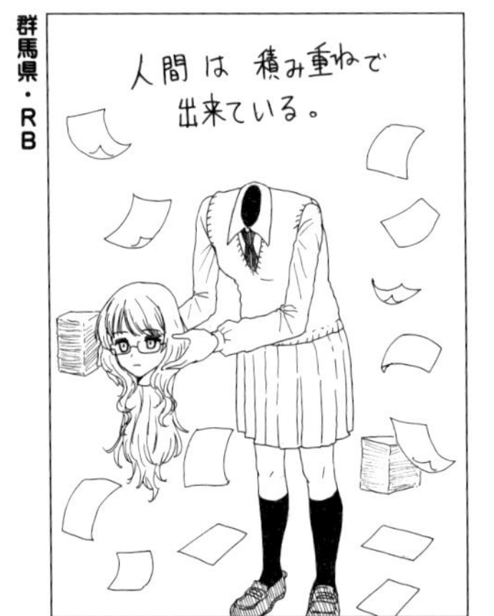

群馬県・RB

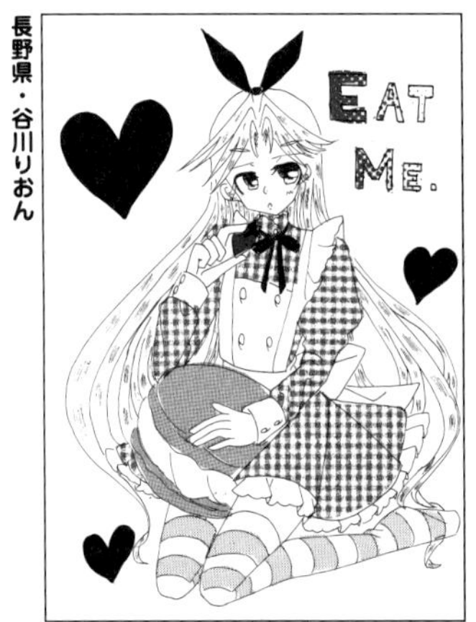

長野県・谷川りおん

S story

絵と文字
～セリフや詩やモノローグetc.
で綴る絵物語のコーナー

福島県・Azzurro.

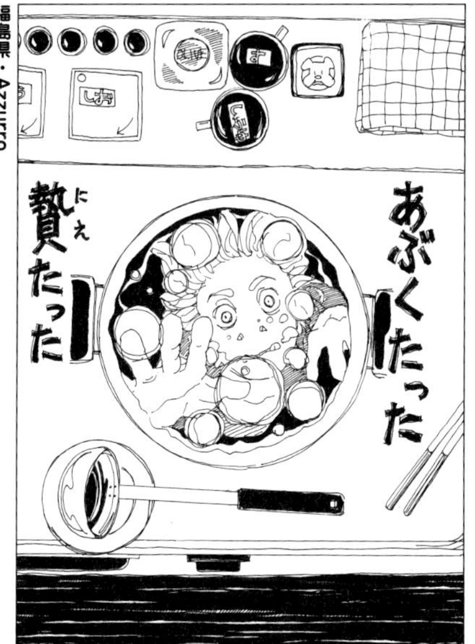

新潟県・真継

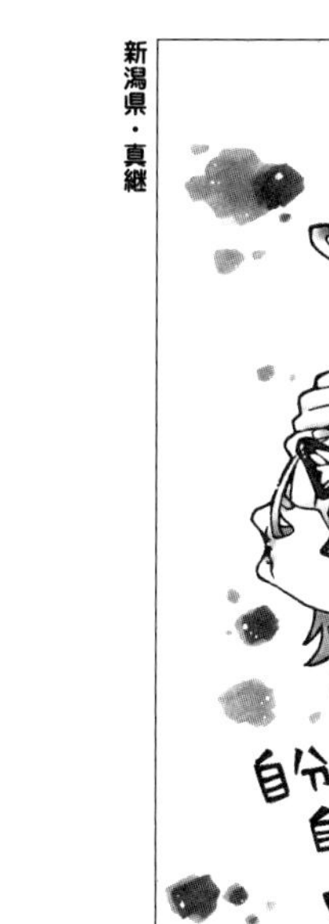
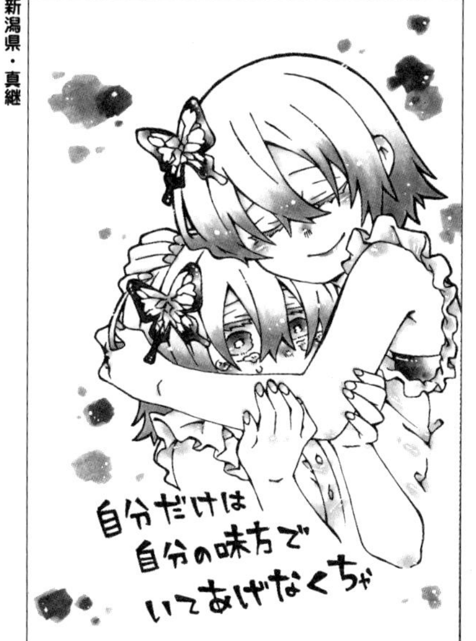

沖縄県・田中君

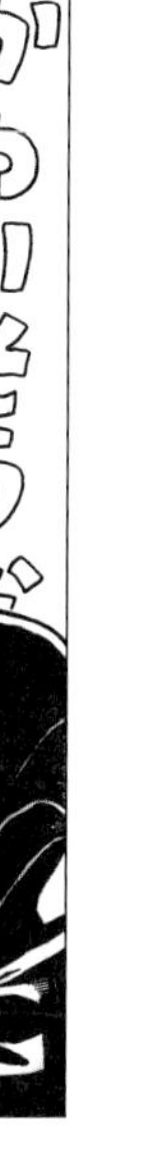

大阪府・ラブバード

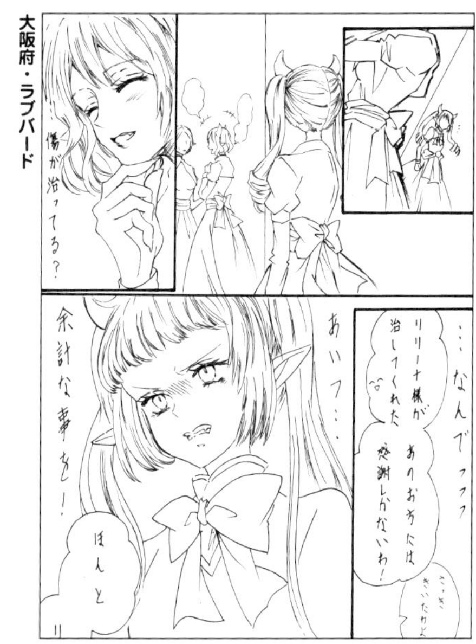

岡山県・のりあき・17歳

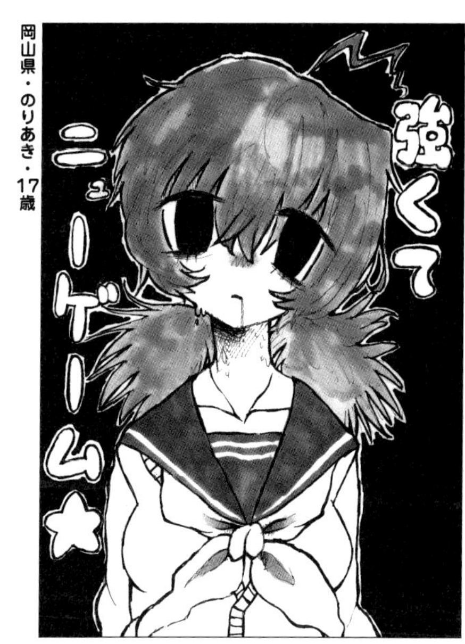

茨城県・あおいみう

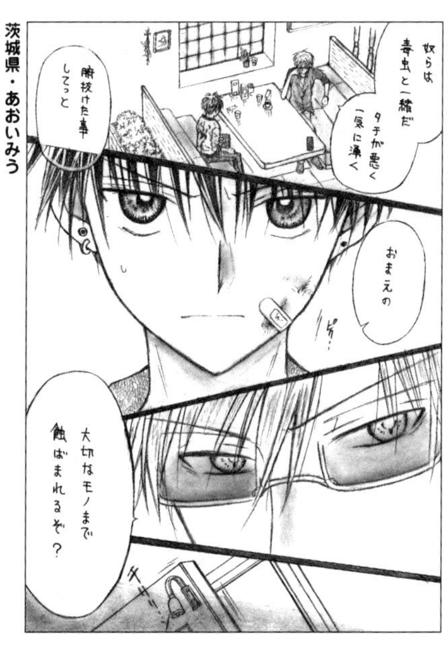

福岡県・梅田

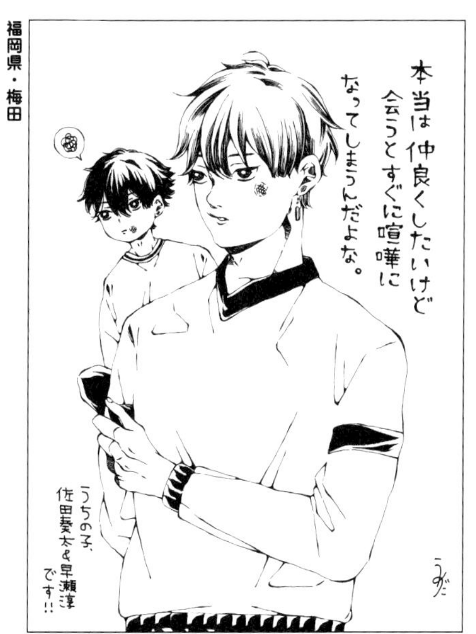

島根県・永井あゆみ

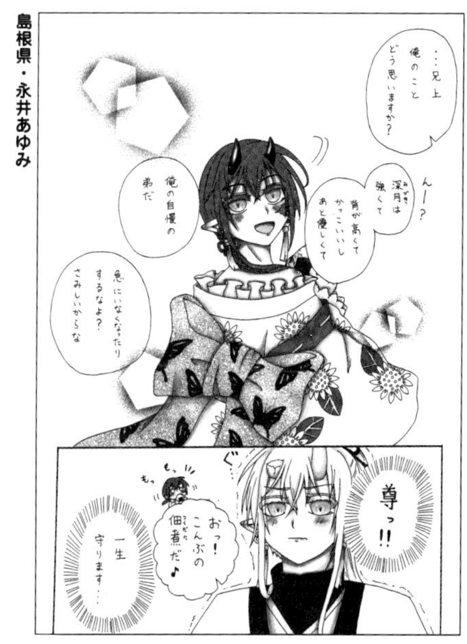

虎とハーフな、ゲーム大好きっ子！
バラクラバがチャームポイント
福島県・ぷぷあ

鹿の巫女さん(?)
正座はちょっと苦手。ツノがあるから男の子かも…？
京都府・笹蒲ぽこ

可愛い狼の女の子。元気いっぱいで皆のムードメーカー。
いつも皆に子供扱いされてしまう。
千葉県・伯ミシェル・20歳

童話の世界に住むうさぎのプラリちゃん　どこかで靴をなくしてしまいますが、シンセツナヒトに拾ってもらいます。
鹿児島県・まごたに・15歳

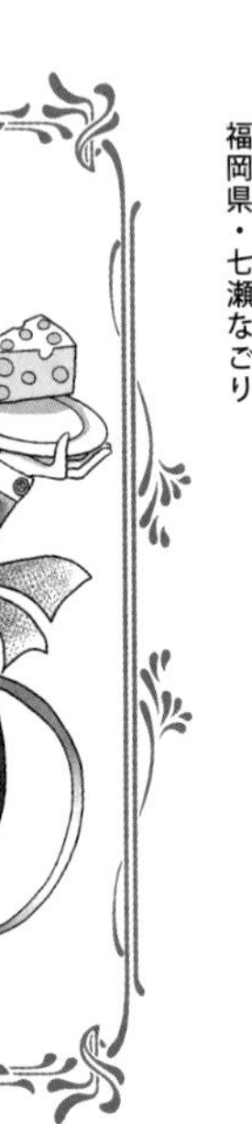

うちの子の猫耳兄弟、彩人と彩香を描きました。
彩人は静かな子ですが彩香は対照的ににこにこ元気な子です。
福岡県・七瀬なごり

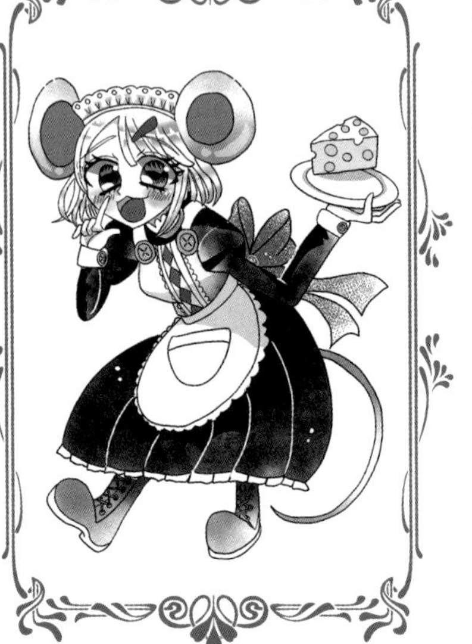

ねずみのメイドさん。チーズに目がない。
秋田県・木白らべ

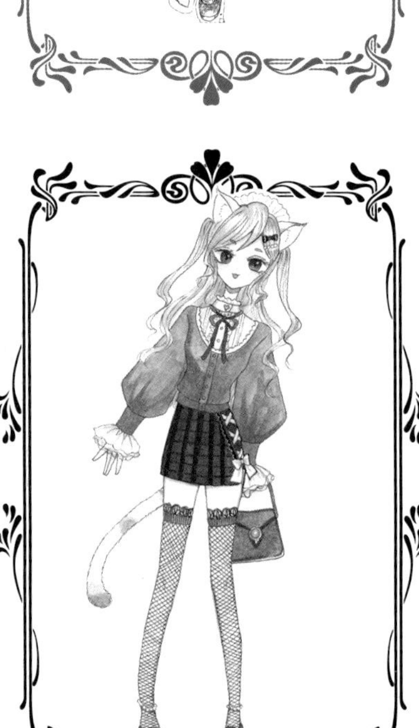

三毛猫のきこちゃん。
かわいいものが好きで、自分好みに作ったものを身に着けている。
岩手県・花灯こはく

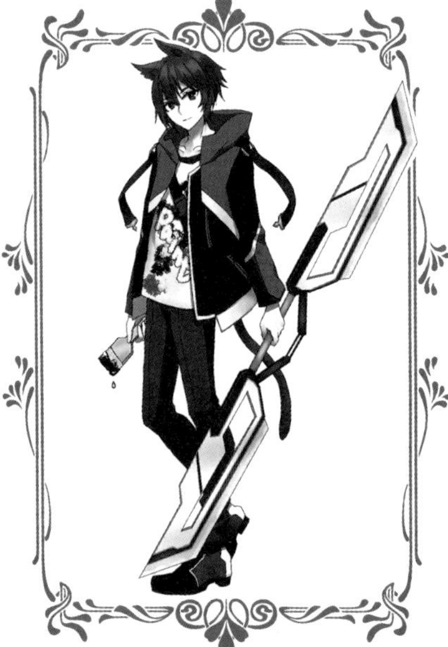

絵を描くことが好きな猫の青年。
描画を邪魔すると全力で斬りかかってくる。
神奈川県・石垣

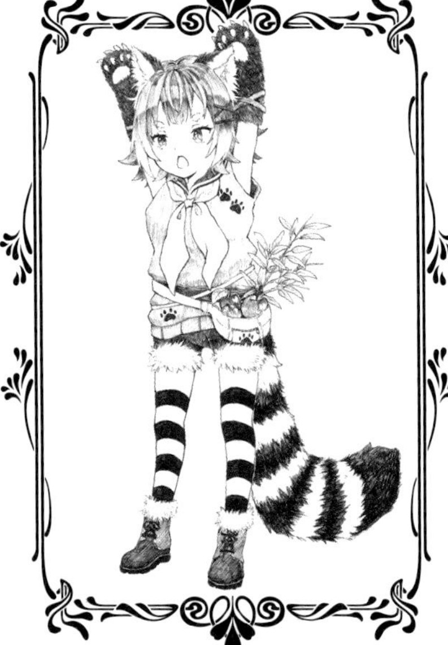

レッサーパンダの女の子。大好物のリンゴと笹は譲れなくて
触ろうとすると威嚇ポーズをする
神奈川県・梨玖

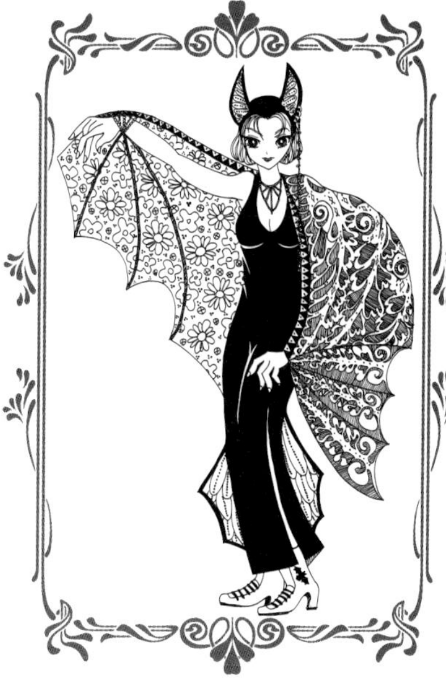

コウモリをデザインに取り入れたシックな大人ドレスの女性です。
千葉県・武田和子・73歳

とても真面目で働き者なネズミの女の子。メイドとして働いてるお屋敷にはそっくりな子がたくさん居るらしい。
静岡県・Aide

名前：ミスター　バイソン。仲間を大事にする一族。守勢に長けている。鋼鉄並みの筋肉にするスキル持ち。
大阪府・しどうかいと・39歳

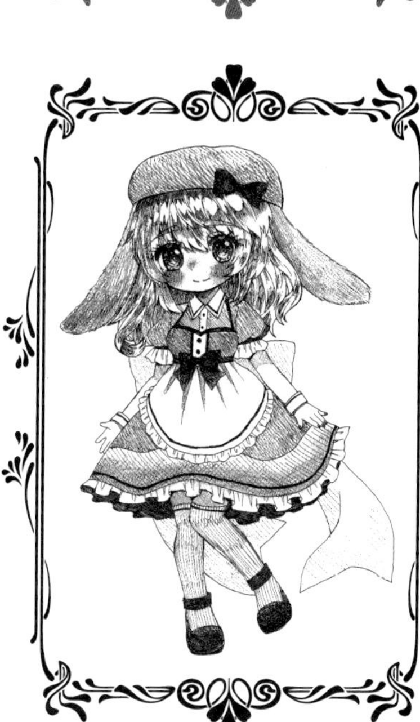

ロップイヤーの女の子です。小動物らしい可愛さを意識して描きました。
長野県・めいりん

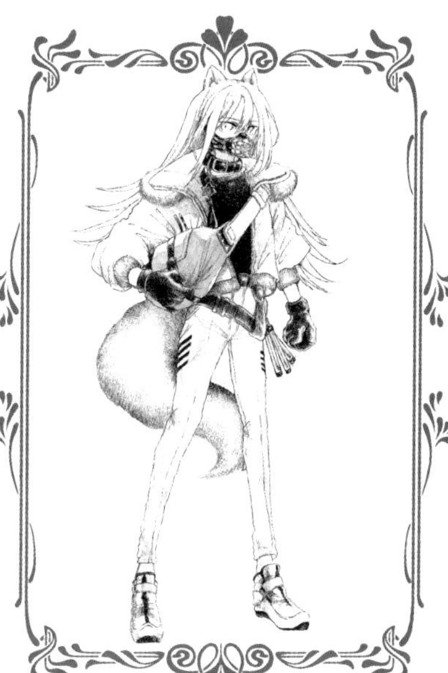

幼い頃、軍用犬の適性があったものの逃げてきた青年。変身術が得意。人間の姿の得意武器は拳。
山梨県・sau

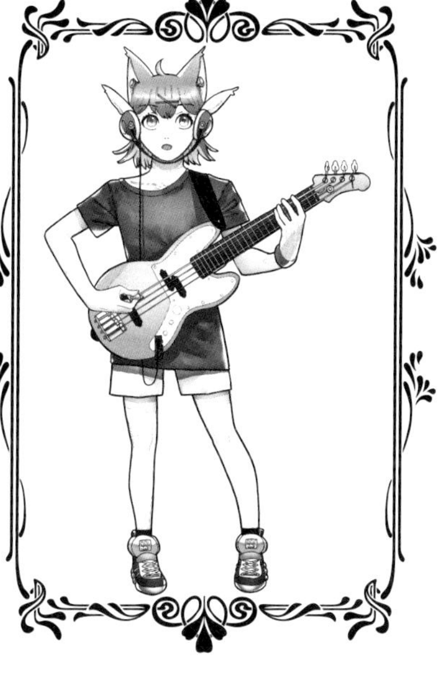

耳が4つあるので耳栓と防音イヤーマフをしてベースの練習に励むベーシスト。中性的な外見が人気の模様。
神奈川県・のさん

肉屋で働くキツネくん。元ターゲットなので店長に怯えて生活する日々。
埼玉県・82

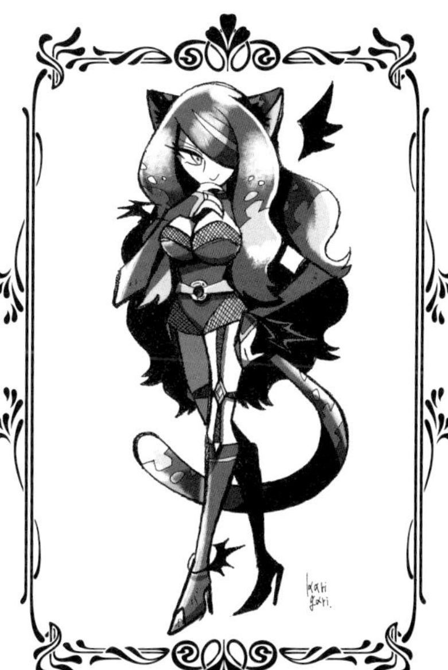

ヒョウの耳としっぽを持った、悪魔ショーガールのお姉さん。
東京都・かりがり

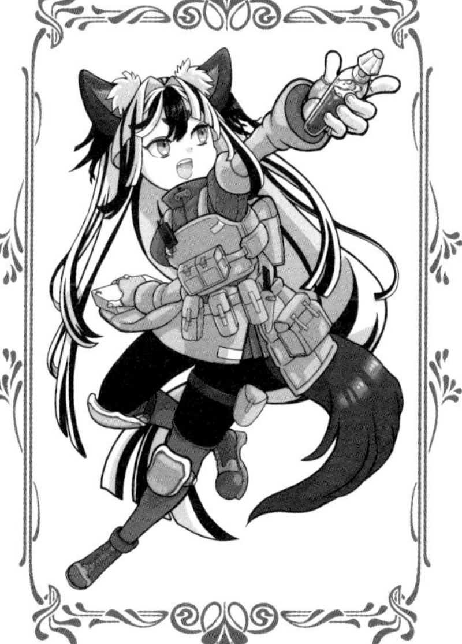

衛生兵として戦う狼の女の子
争いは悲しいが日々仲間の為に戦場を駆けまわっている
鹿児島県・ハゲツラ・44歳

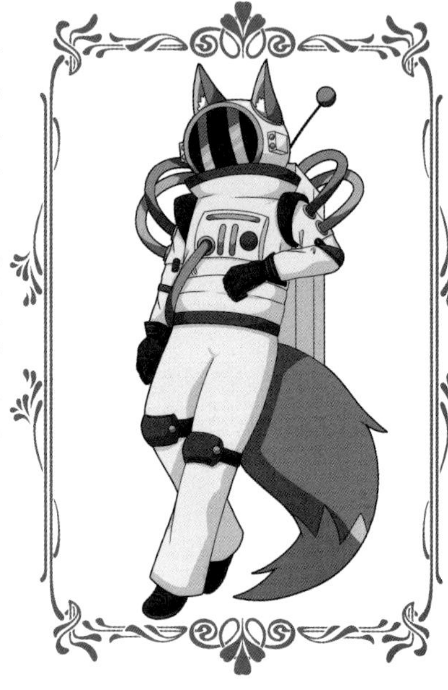

お稲荷に夢見ている狐の青年、ヴォルネ。いつかお稲荷を食べるという願望を胸に今日も宇宙を旅してる。

福島県・109vir

ダックスフンドの男の子。犬達が通う学校の癒し担当。これでも運動神経バツグン。

秋田県・とづき

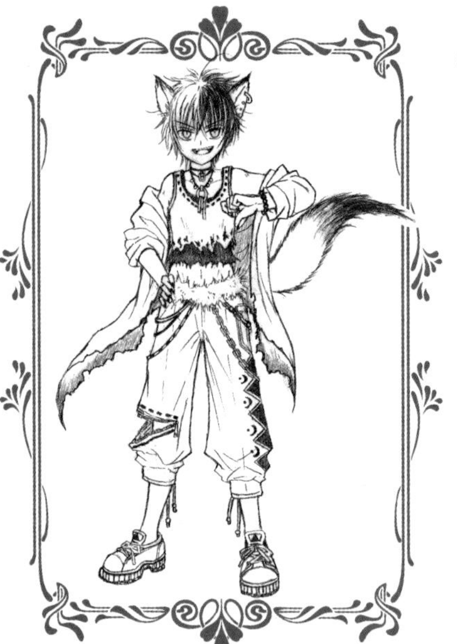

2つの毛色を持つ狼族のクロス。異端とされ、幼少期はイジメられたりもしたが今は力で認めさせてる。

茨城県・あおいみぅ

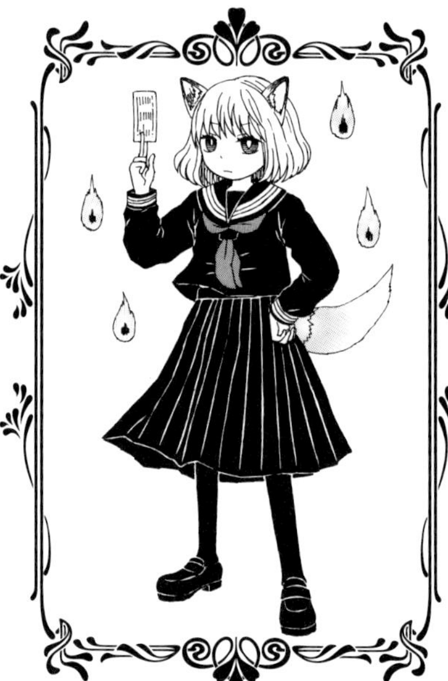

半妖の女の子です。現世にいる妖怪などの相談をうけたりしています。縁結び縁切りもできます。

高知県・柴イヌ

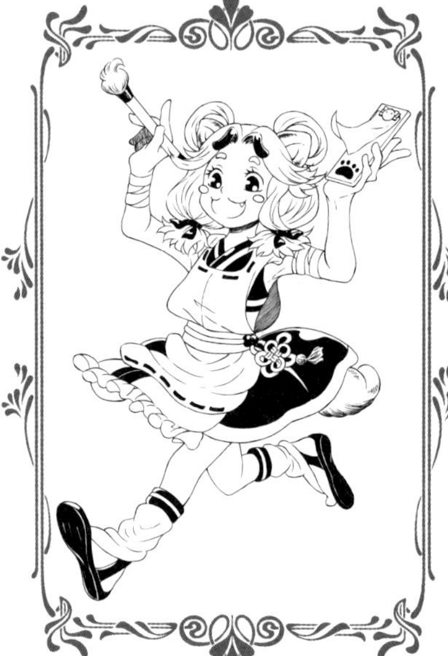

妖怪喫茶で働く元気な犬っこ娘。色んな仕事をお手伝いするが、コーヒー豆はおぼえられない。

秋田県・鈴河馬

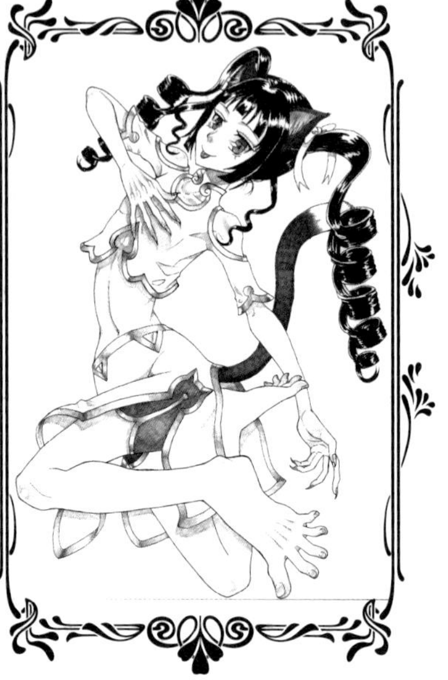

ダンサーに飼われている黒猫ちゃん(ひじき)。一緒に踊りたいと願ったら人に変身出来た。(魔力持ってた)

兵庫県・タロ・34歳

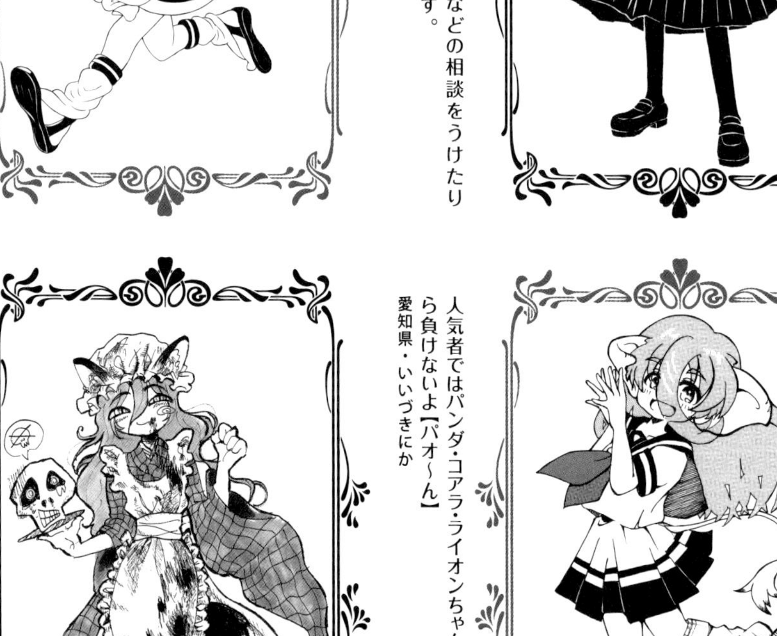

人気者ではパンダ・コアラ・ライオンちゃんには負けるけど愛嬌なら負けないよ【パオ〜ん】

愛知県・いいづきにか

アニマル喫茶で働く狐の獣人フーヤオ君。肉食なのでうっかりお客さんを食べてしまうこともあるよ!

岡山県・のりあき・17歳

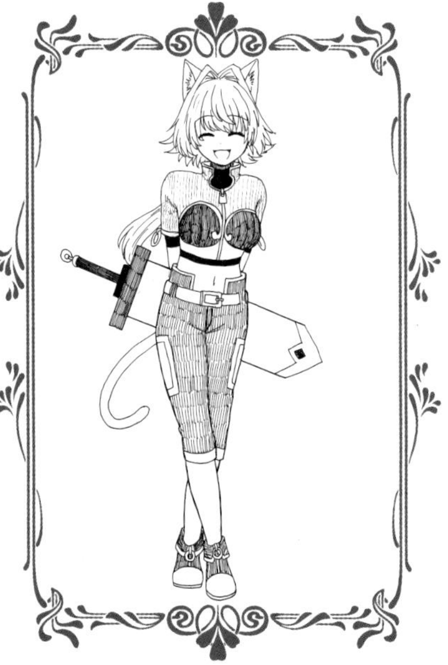

人間とネコ獣人とのハーフ娘、明るく元気!

群馬県・RB

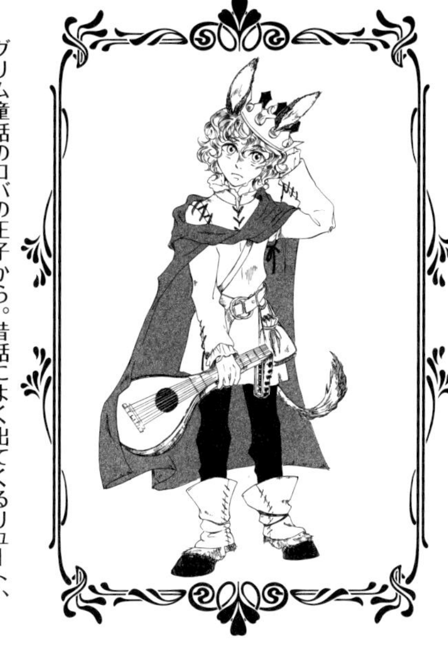

グリム童話のロバの王子から。昔話によく出てくるリュート、どんな音がするんだろう…?
千葉県・都栄

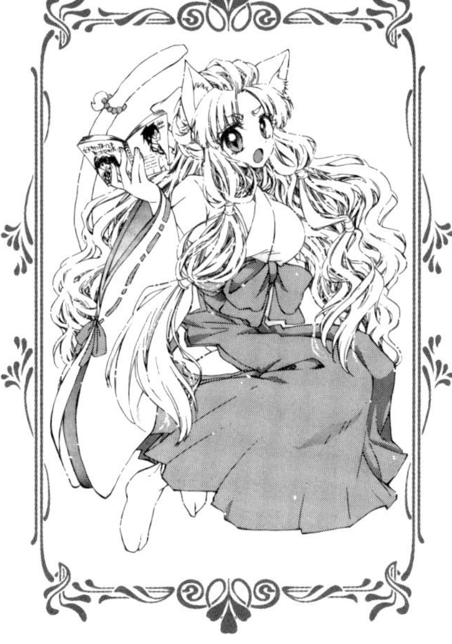
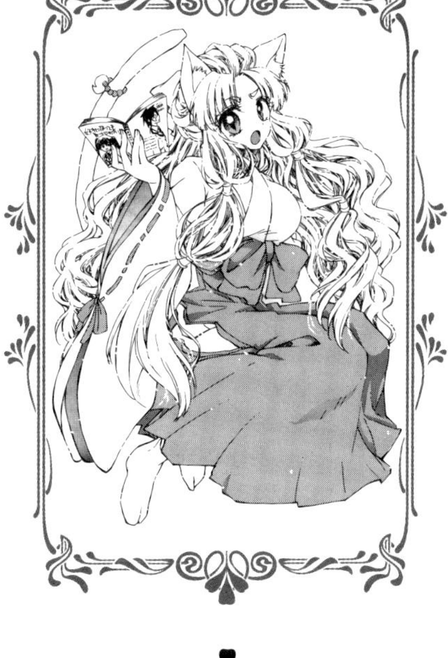

猫ノ宮神社の猫神様。京風言葉で話す。少女マンガ大好きな乙女だが、長生きなので耳年増な所も(笑)。
千葉県・前川泉

黒猫の化身 名前はルル。海外で黒猫は不吉な存在と言われ、日本で生きる事を決めた。見た目とは違って気にする性格。
福岡県・まがり竹

羊の女の子を描きました。自分の刈った毛で服を編み、友人にプレゼントします
広島県・はせただし

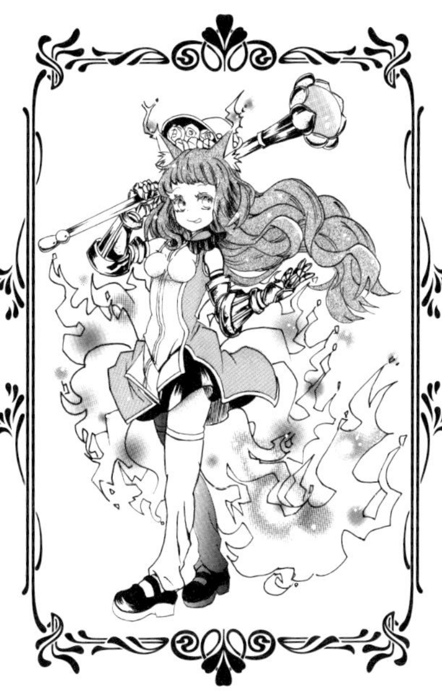

天獣の天狐。聖なる炎の10本の尾を持つ。中心の尾は非常に長く、意志を持ち、邪悪な者を焼き払う。
大阪府・ラブバード

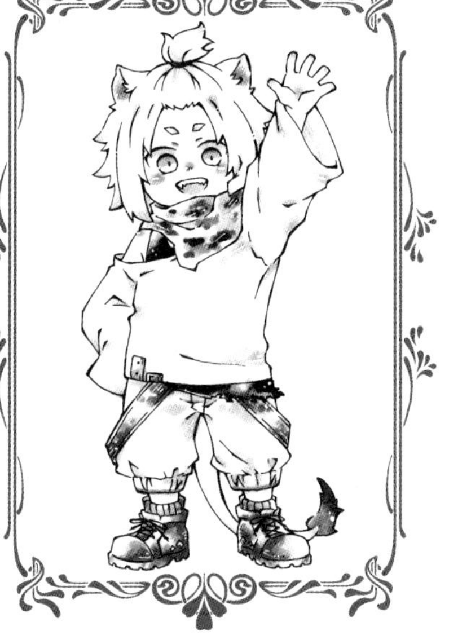

ライオンの男の子。好奇心旺盛で元気いっぱい。父からもらったスカーフが宝物。
新潟県・真継

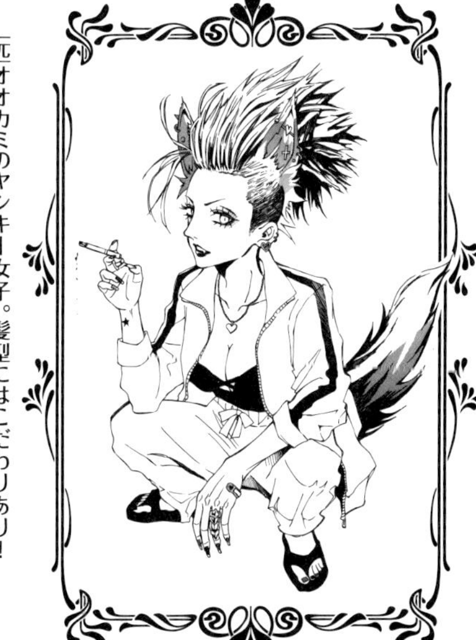

一匹オオカミのヤンキー女子。髪型にはこだわりあり!
大阪府・大井淑世・37歳

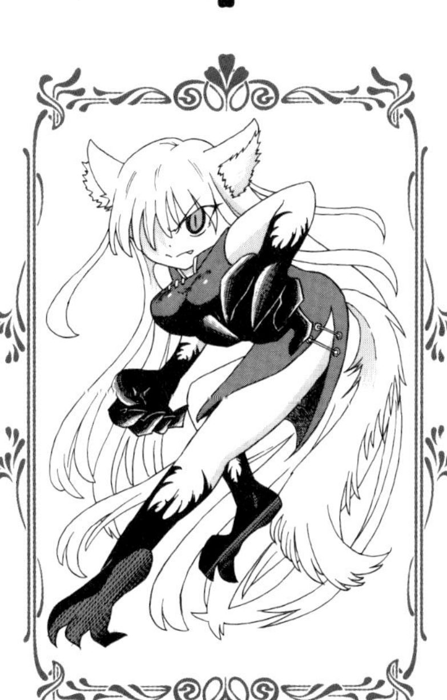

戦闘獣人族。残忍で非常に戦闘能力が高い。戦闘時、四足歩行になる。
大阪府・山崎純・32歳

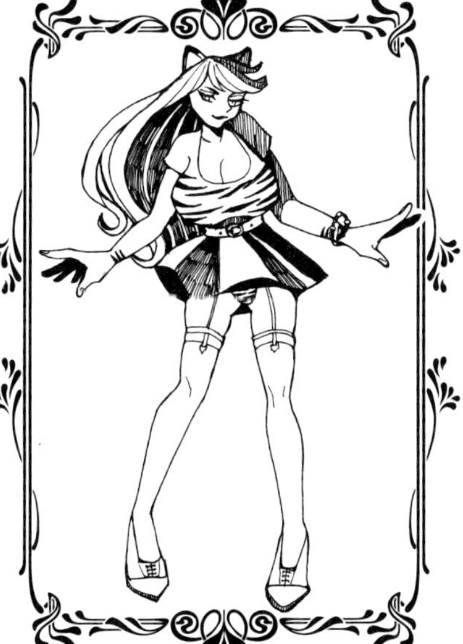

虎の女の子。活発で運動が好き。
長崎県・橘らのま

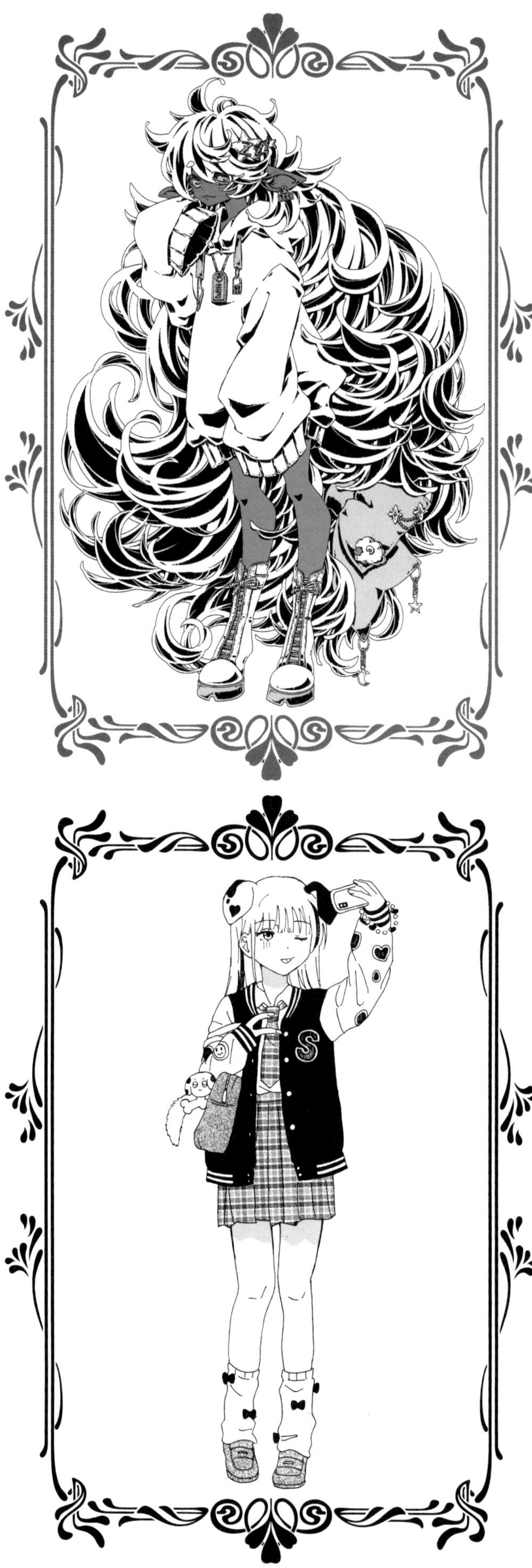

いつか美味しく食べられてしまうサフォーク品種の子羊です。
愛媛県・匣

おしゃまな黒猫少女。じつは生魚と狩りが大好きな野生派。
石川県・庭一

ダルメシアンの女の子です。かわいさを武器にするちょっと腹黒な一面もあります。
茨城県・めーたん・16歳

『魔獣の血を引く者』緋色狼と人間の間に生まれたハーフ。三本の尻尾は魔力が高い証。炎の属性魔法が得意。
神奈川県・璃緒

KUNSTKAMMER SS
クンストカマー

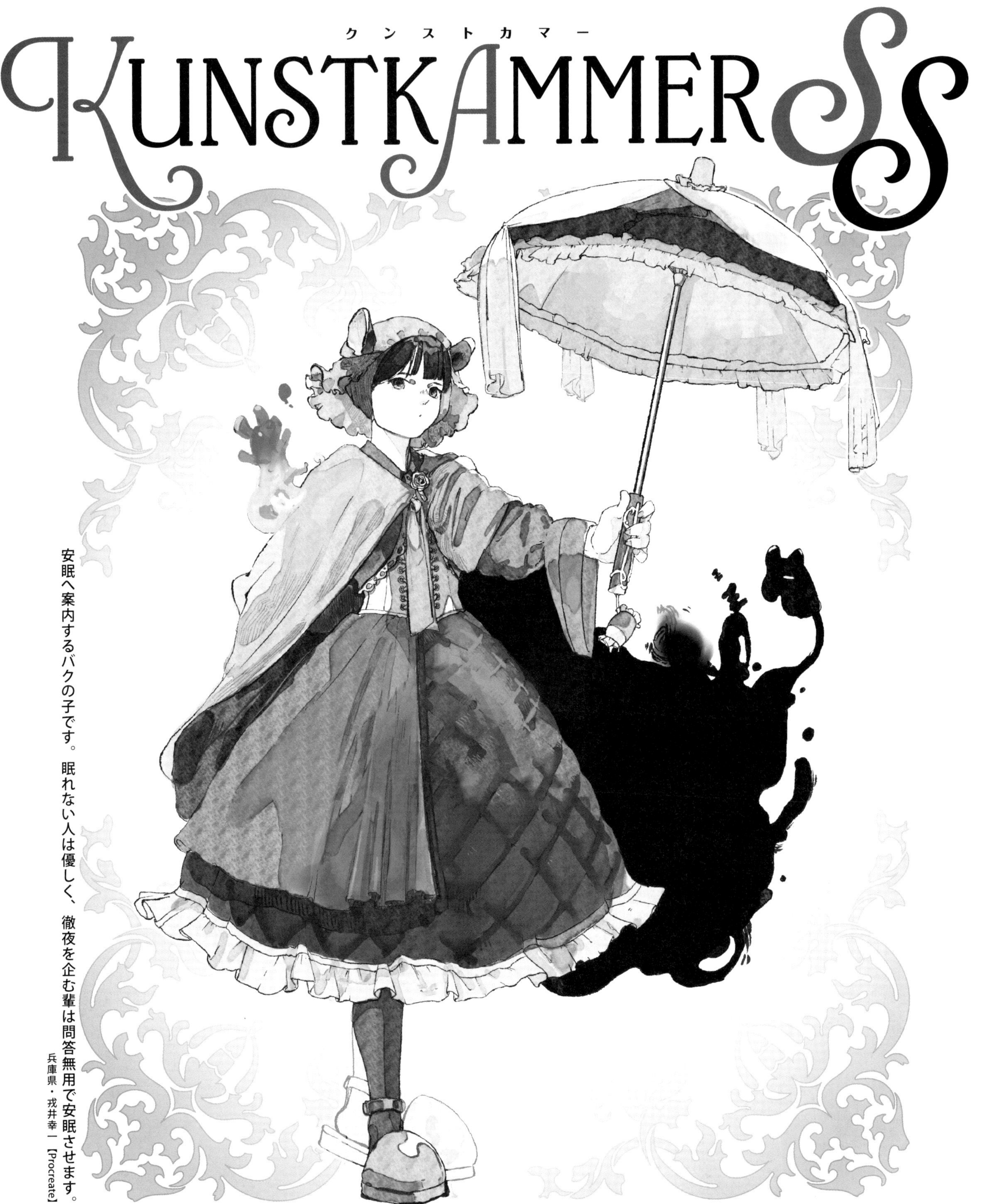

安眠へ案内するバクの子です。眠れない人は優しく、徹夜を企む輩は問答無用で安眠させます。
兵庫県・戎井幸一【Procreate】

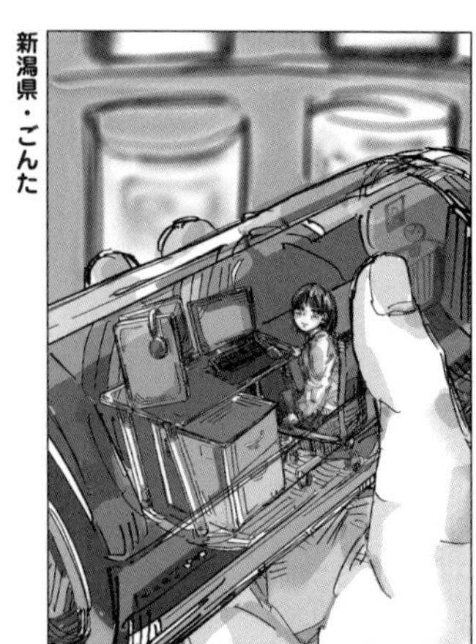
新潟県・ごんた

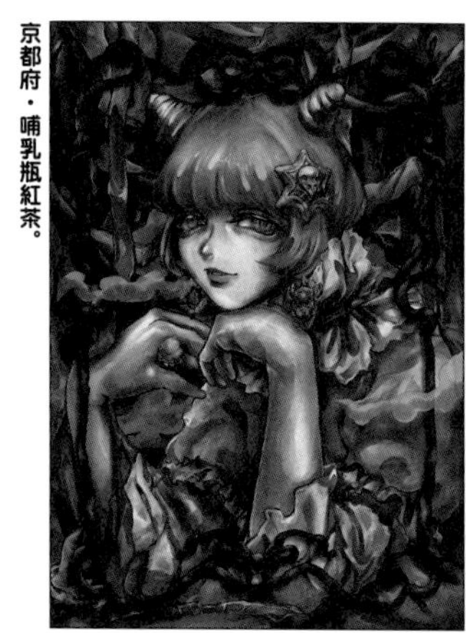
京都府・哺乳瓶紅茶。

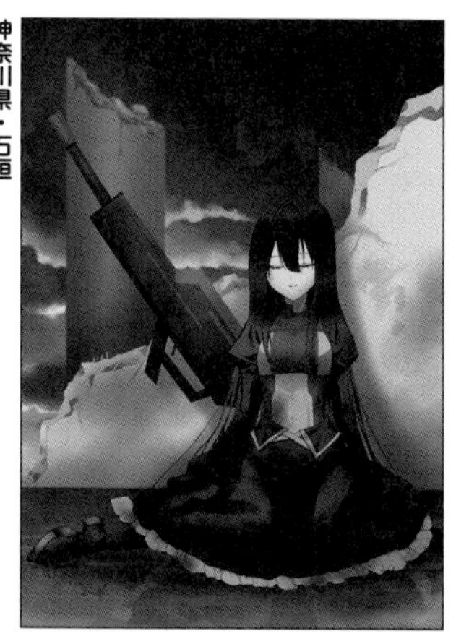
神奈川県・石垣

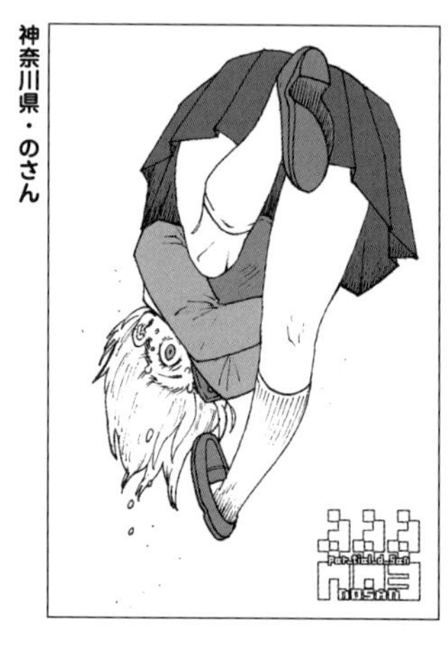
神奈川県・のさん

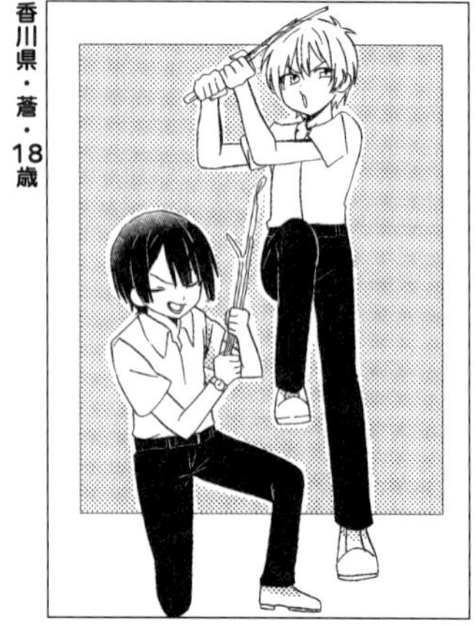
香川県・蒼・18歳

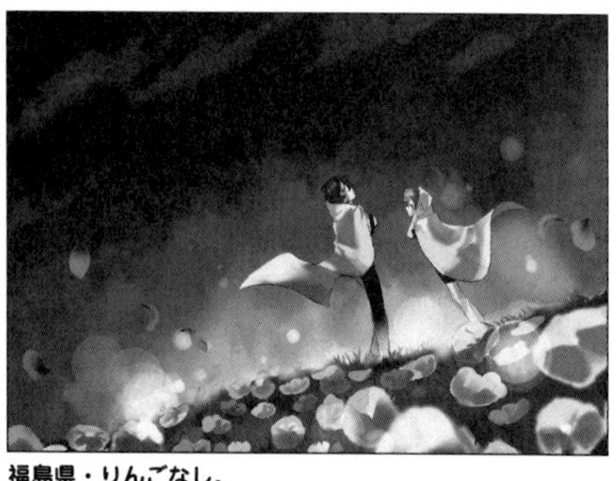
福島県・りんごなし。

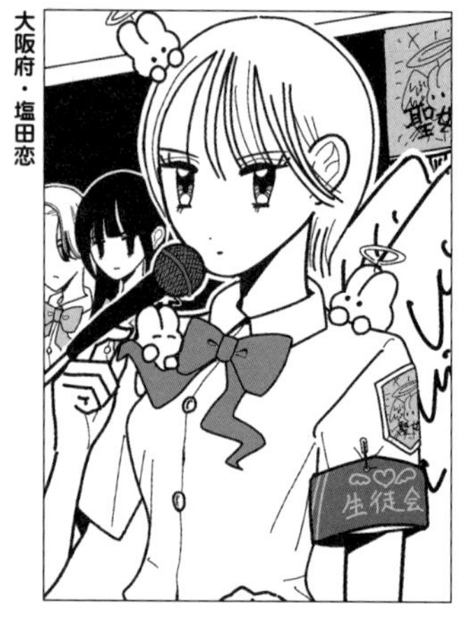

大阪府・塩田恋

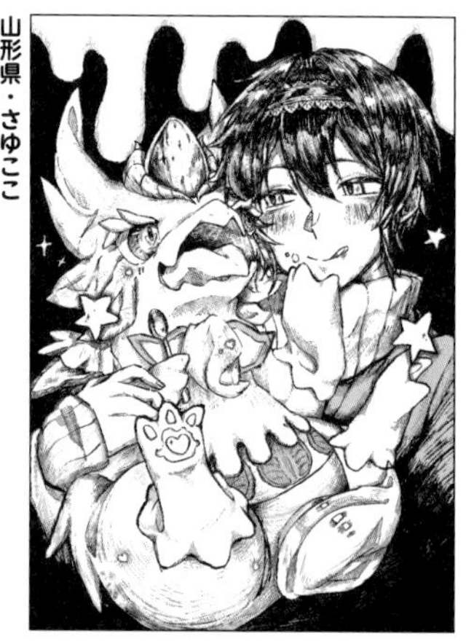
山形県・さゆこ

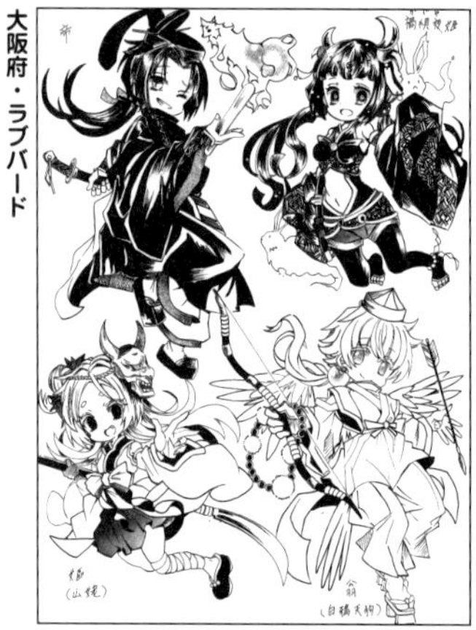
大阪府・ラブバード

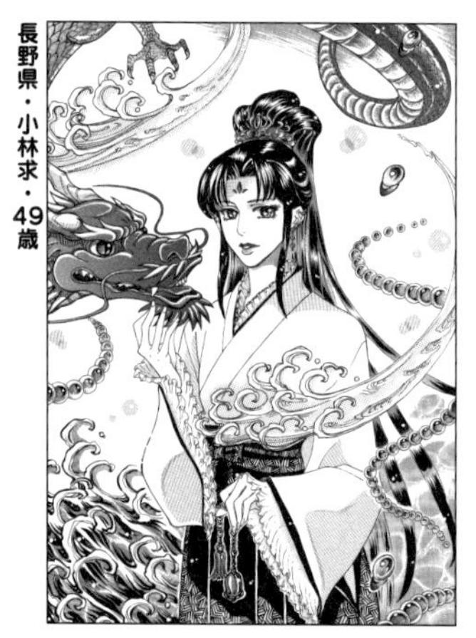
長野県・小林求・49歳

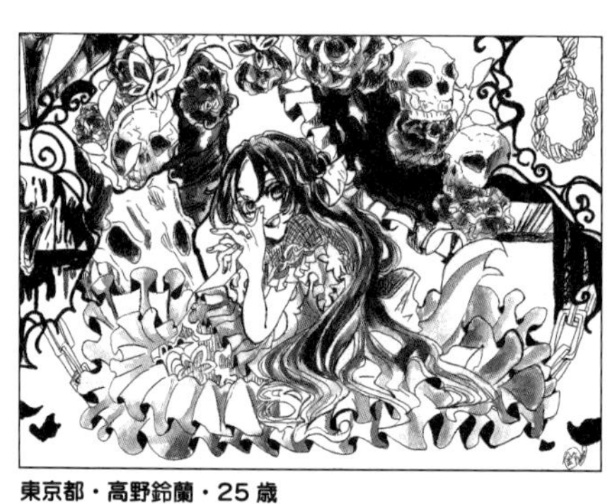
東京都・高野鈴蘭・25歳

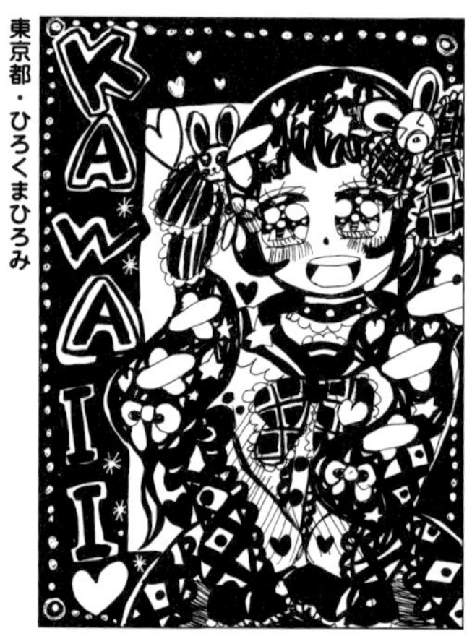

東京都・ひろくまひろみ

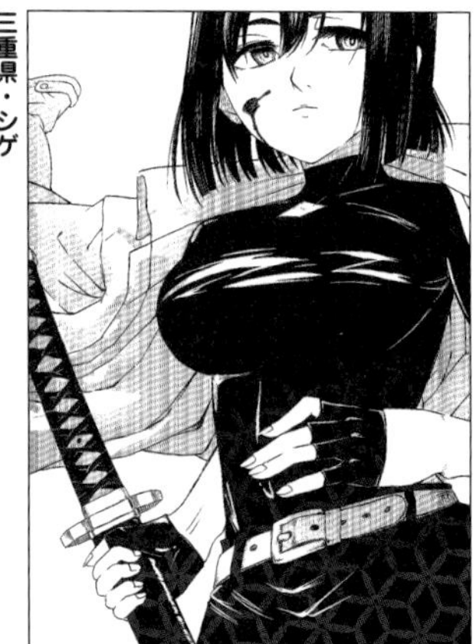
三重県・シゲ

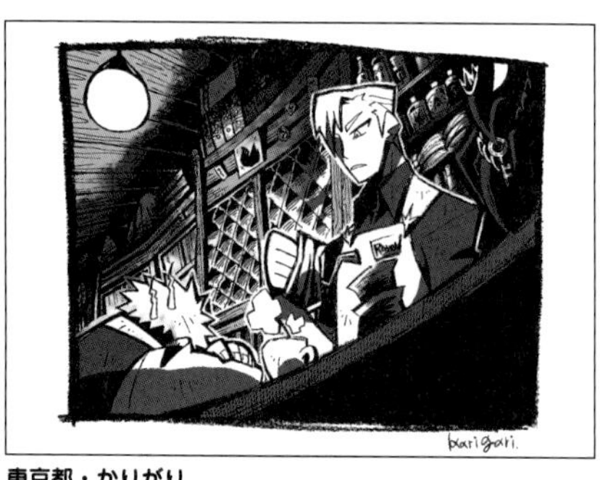

東京都・かりがり

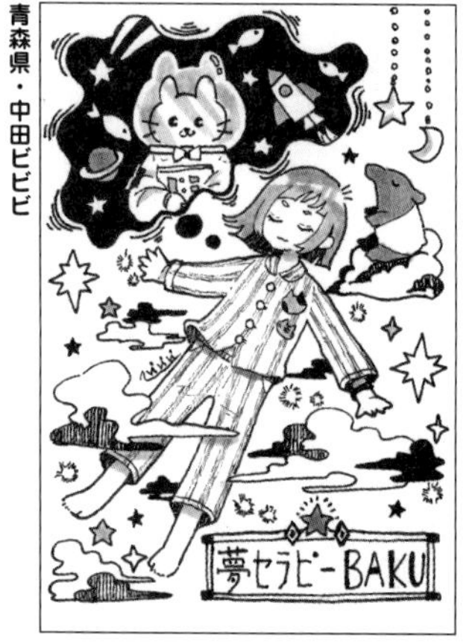

青森県・中田ビビビ

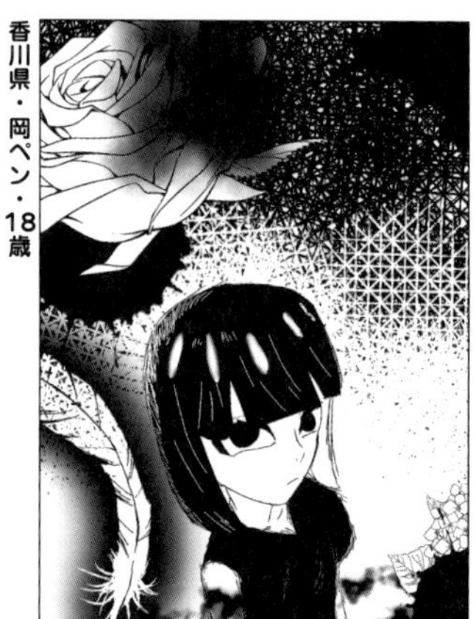
香川県・岡ペン・18歳

滋賀県・紫蘭メイ

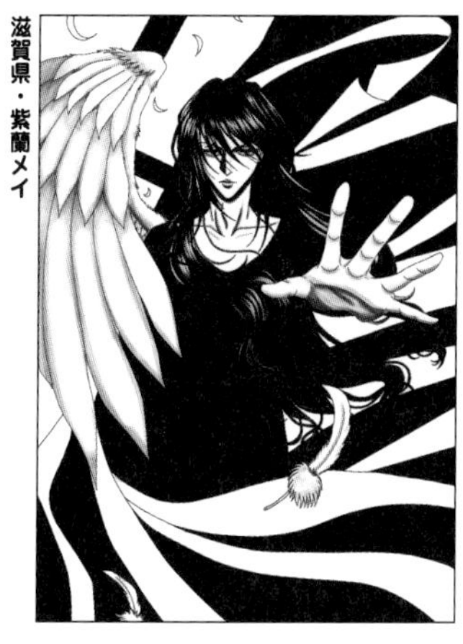

千葉県・林檎椿

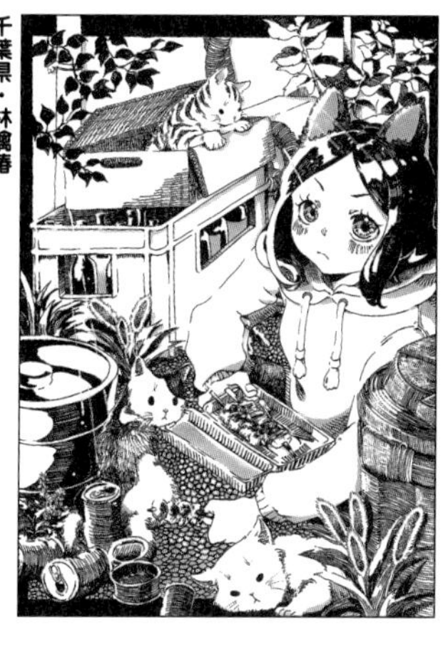

福岡県・Touka・27歳

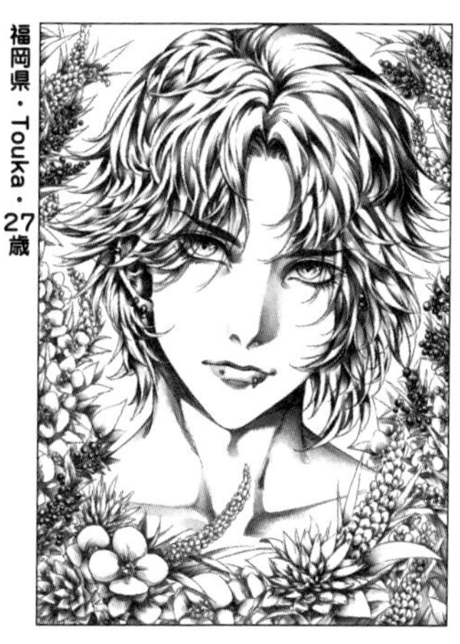

東京都・すずきやいち

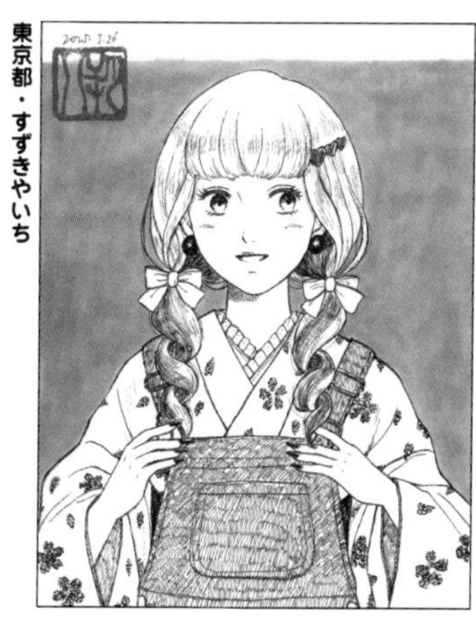

東京都・さけ

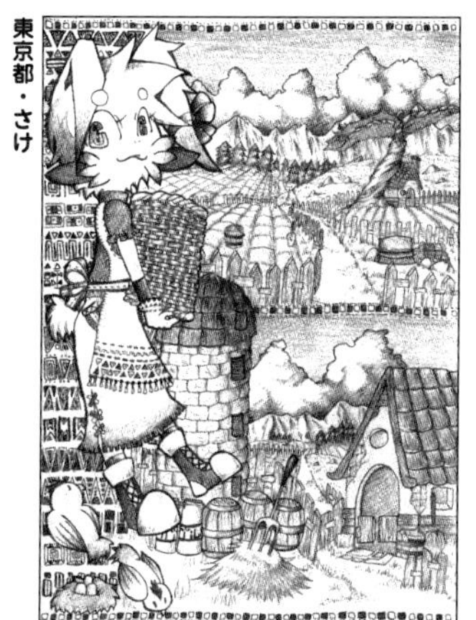

北海道・夢現まーや

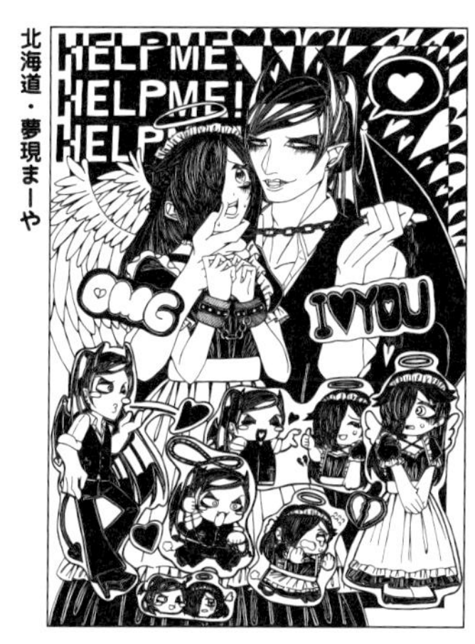

神奈川県・りすりす・11歳

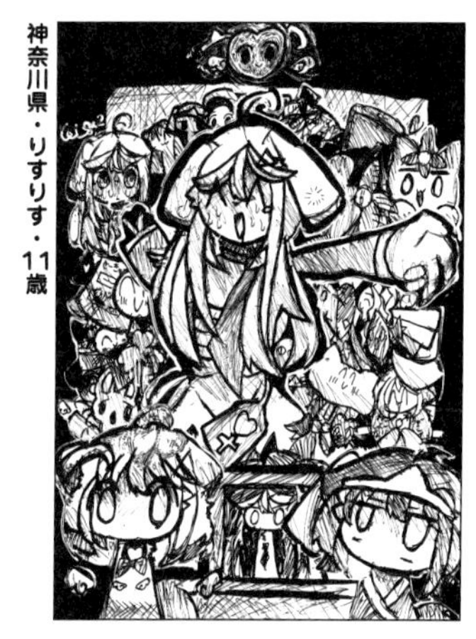

群馬県・RB

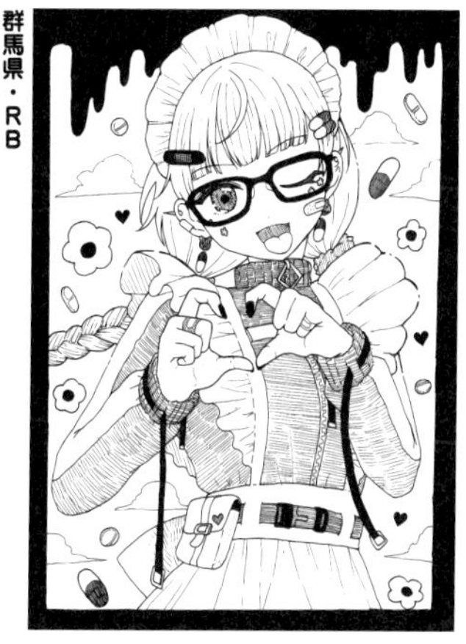

山梨県・しおりんご・12歳

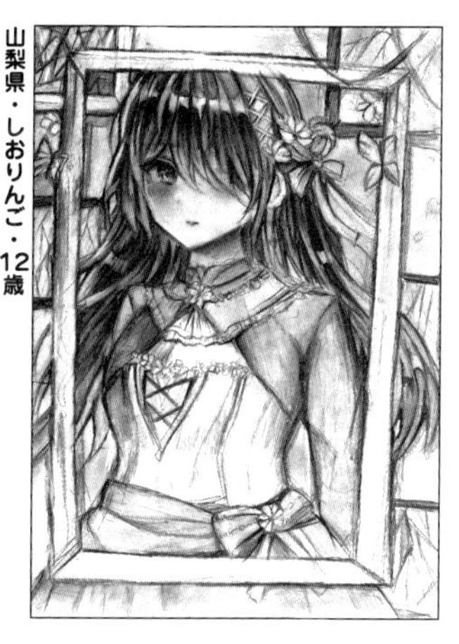

大阪府・大井淑世・37歳

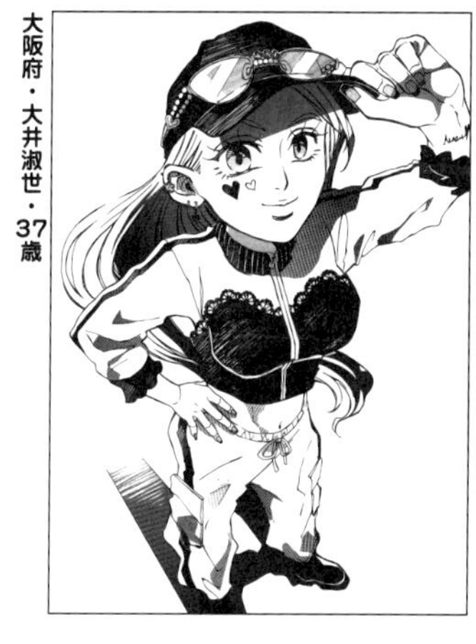

神奈川県・青雀

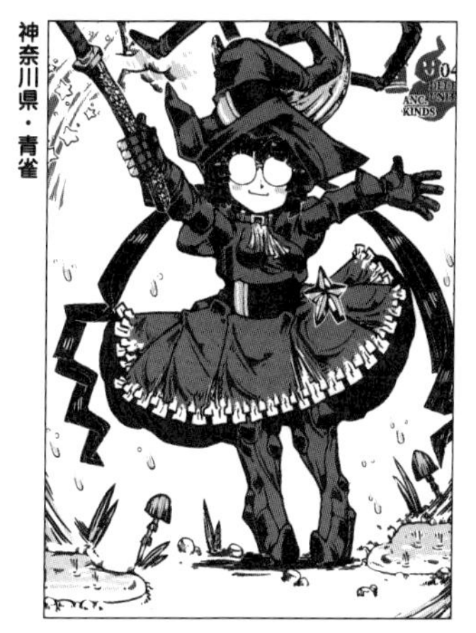

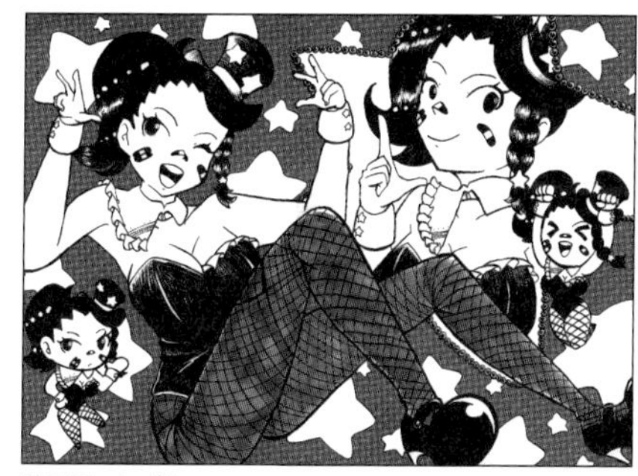

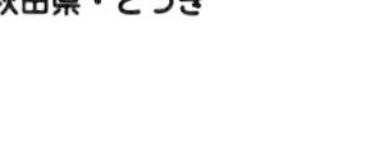

秋田県・とづき

福岡県・七瀬なごり

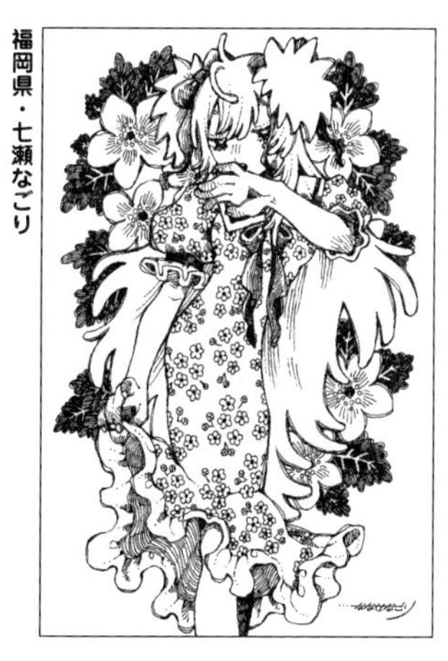

埼玉県・クレマチス

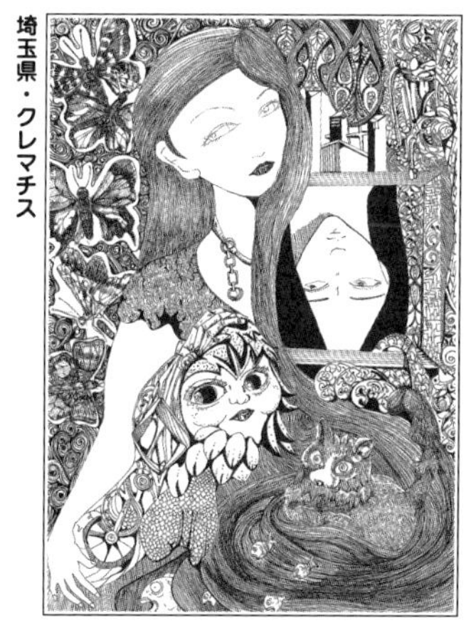

神奈川県・咨ののめ

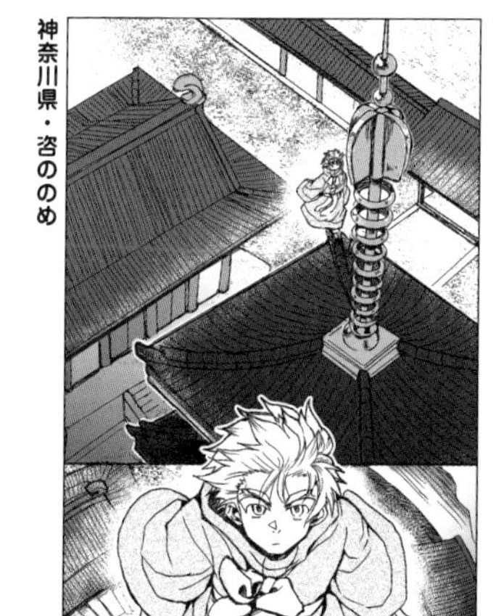

埼玉県・セコイ也

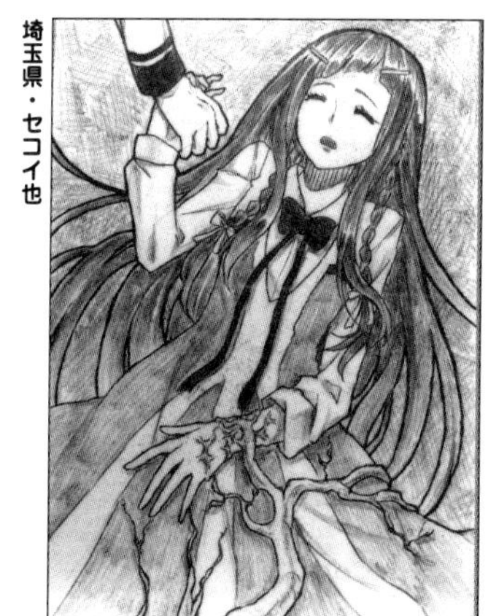

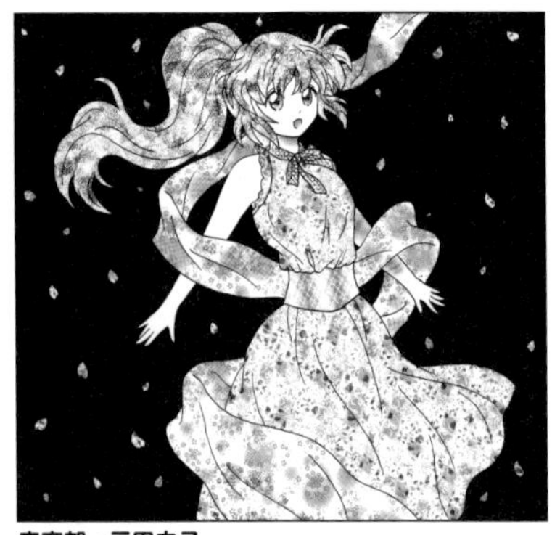

東京都・三田由子

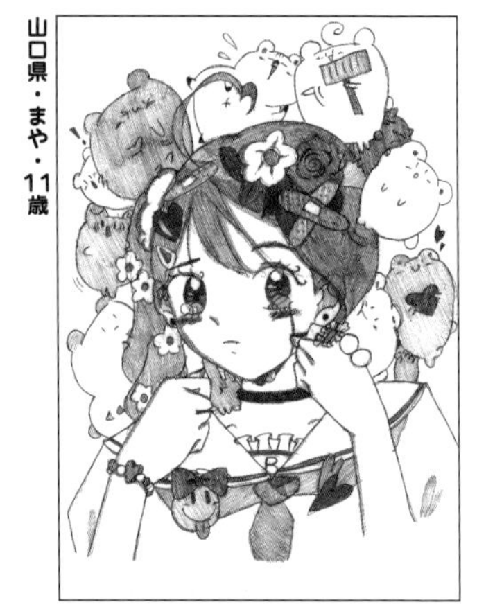

山口県・まや・11歳

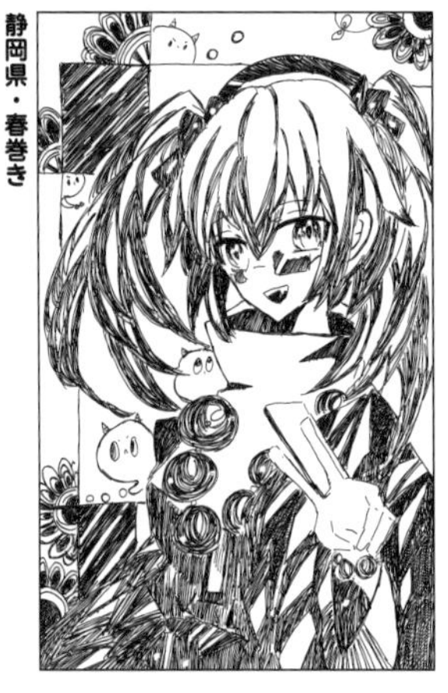

静岡県・春巻き

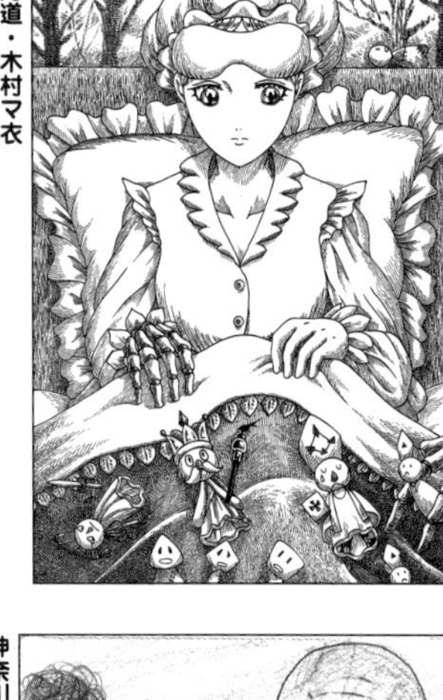

北海道・木村マ衣

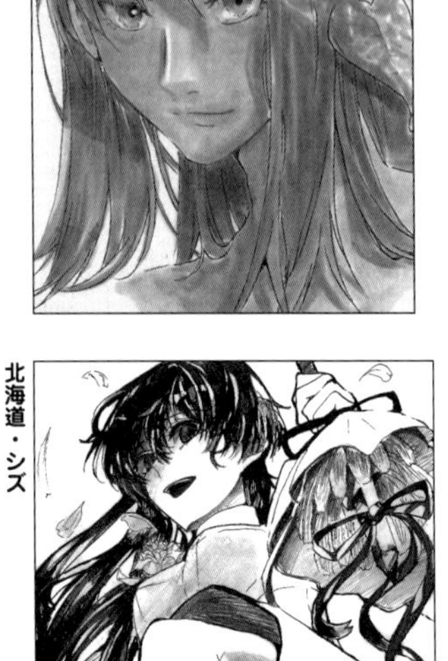

埼玉県・荒屋敷迅

アメリカ・Lewis Cox III

広島県・夜万尋

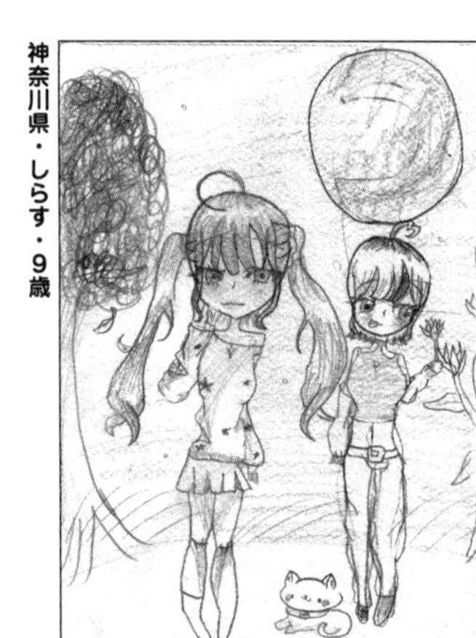

神奈川県・しらす・9歳

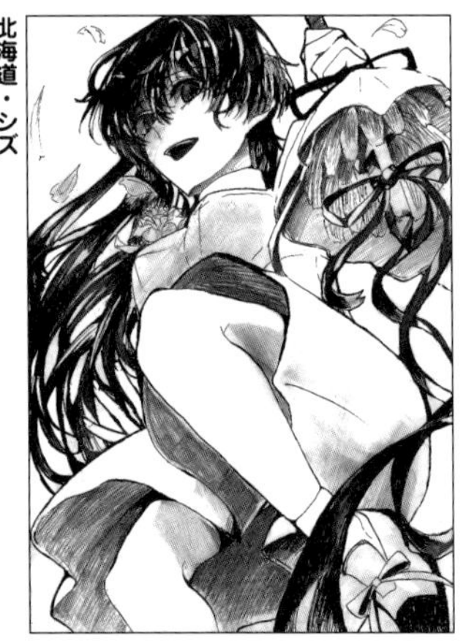

北海道・シズ

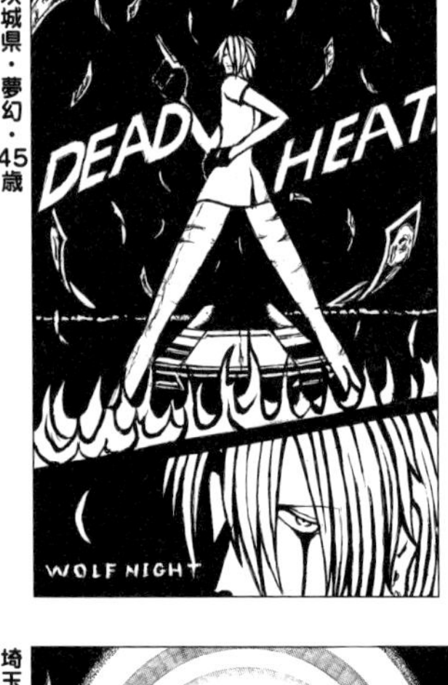

茨城県・夢幻・45歳

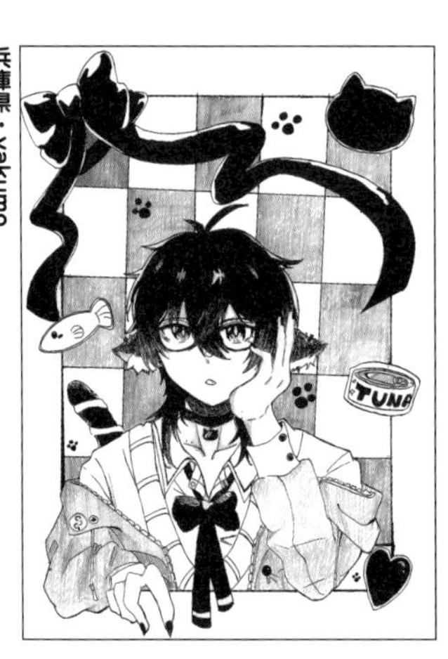

兵庫県・yakumo

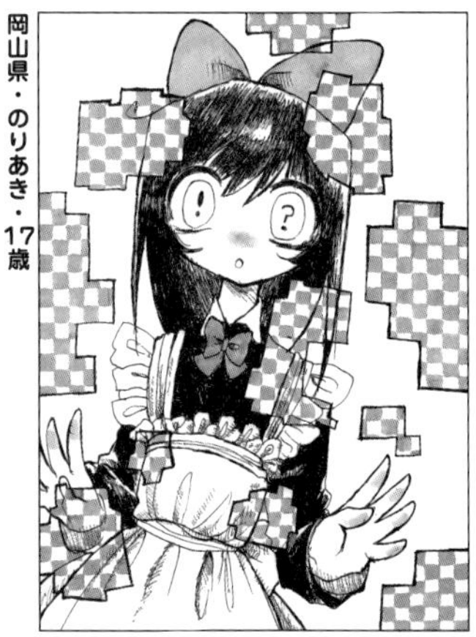

岡山県・のりあき・17歳

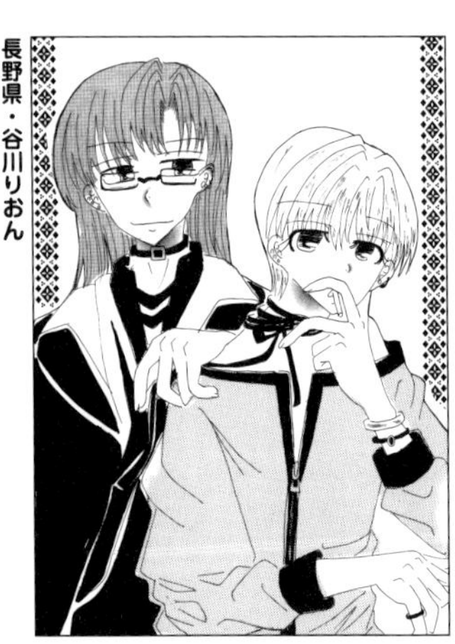

長野県・谷川りおん

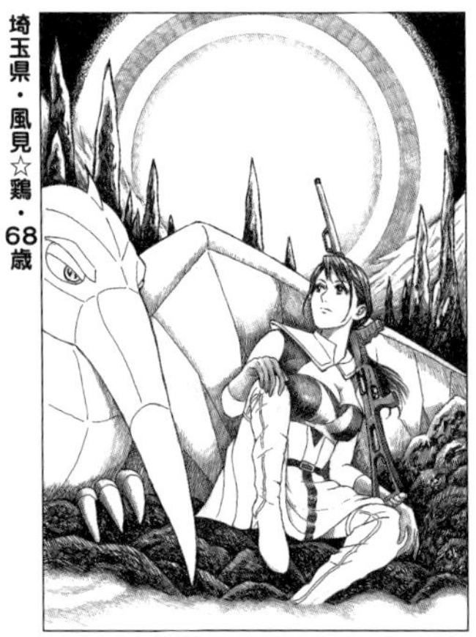
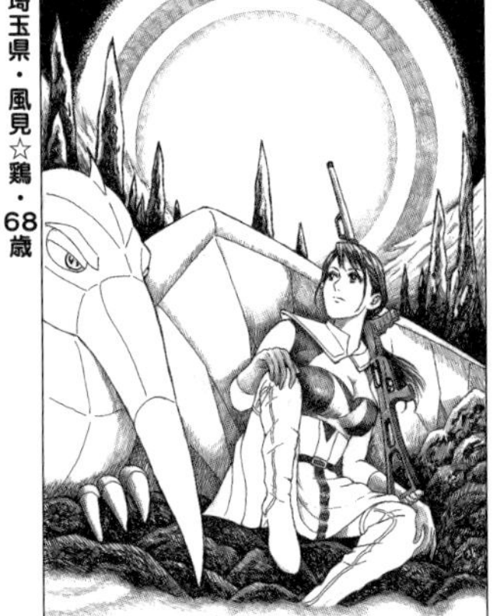

埼玉県・風見☆鶏・68歳

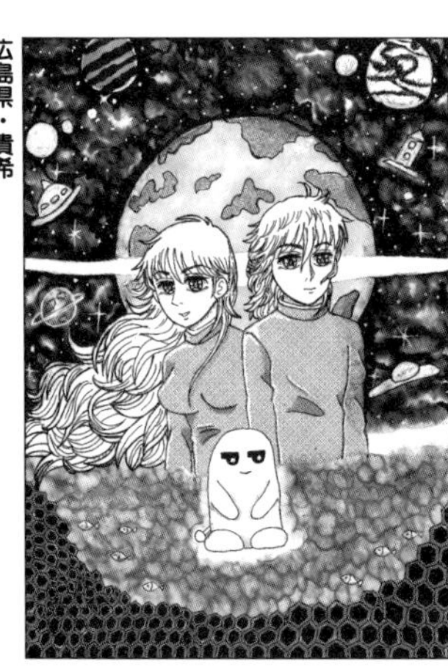

広島県・貴希

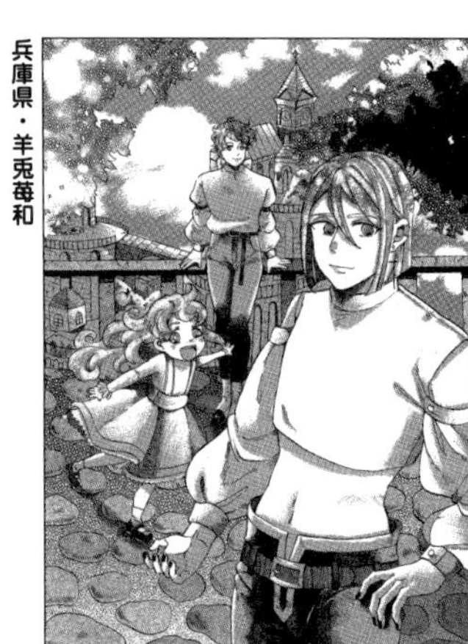

兵庫県・羊兎苺和

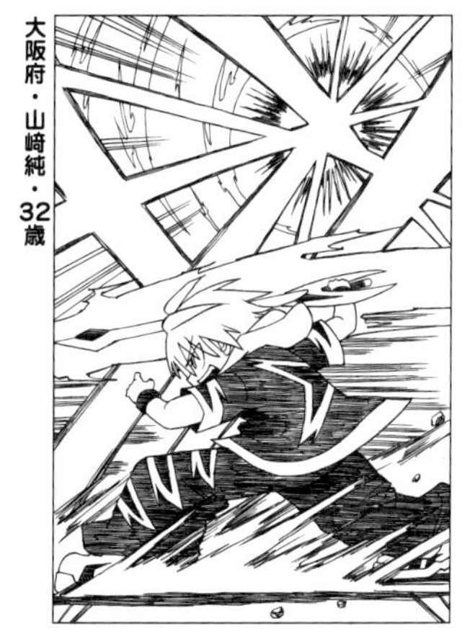
大阪府・山﨑純・32歳

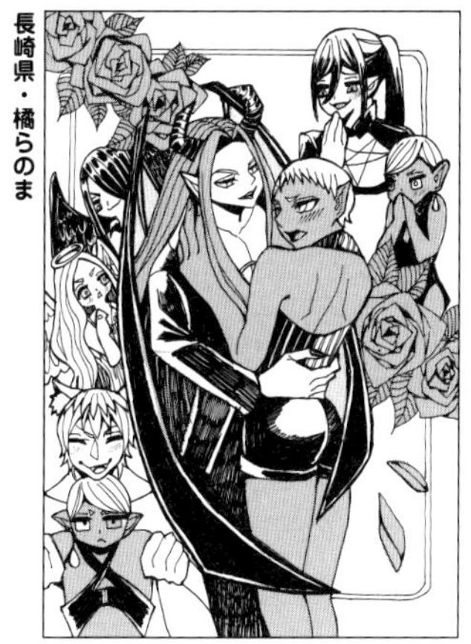
長崎県・橋らのま

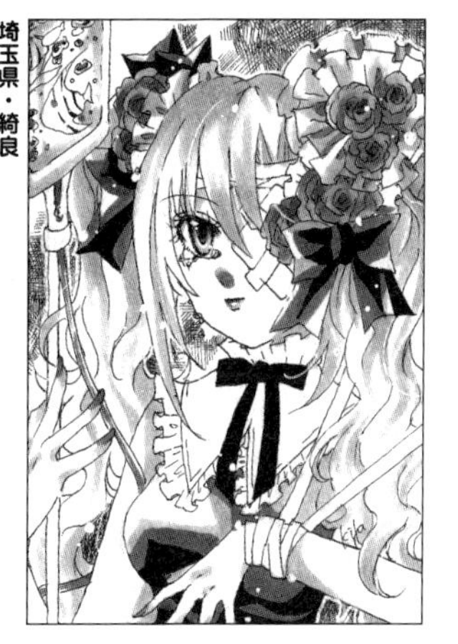
埼玉県・綺良

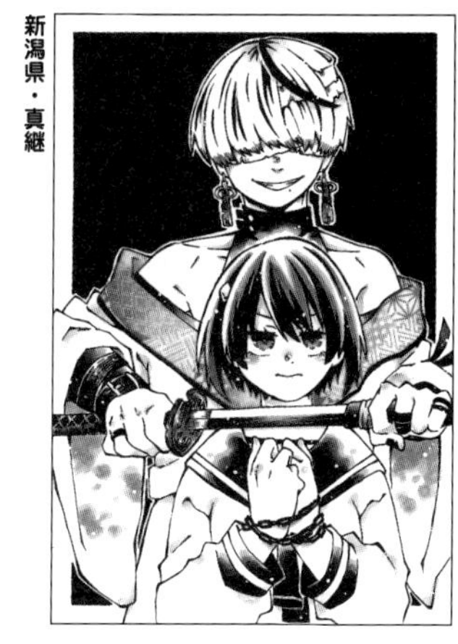
新潟県・真継

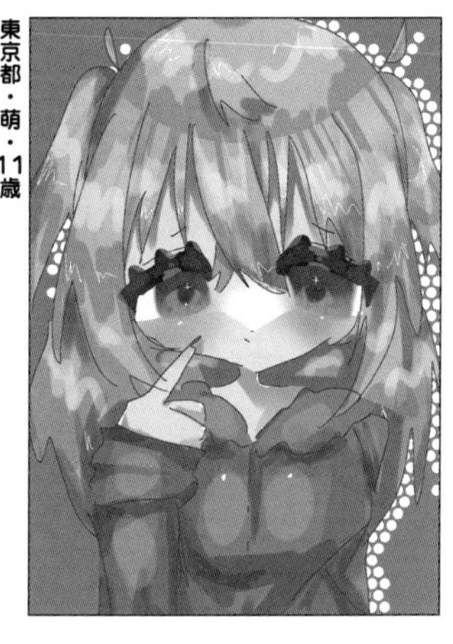
東京都・萌・11歳

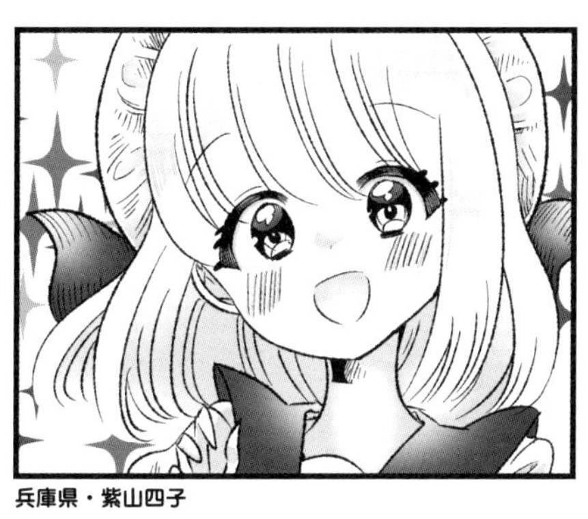
兵庫県・紫山四子

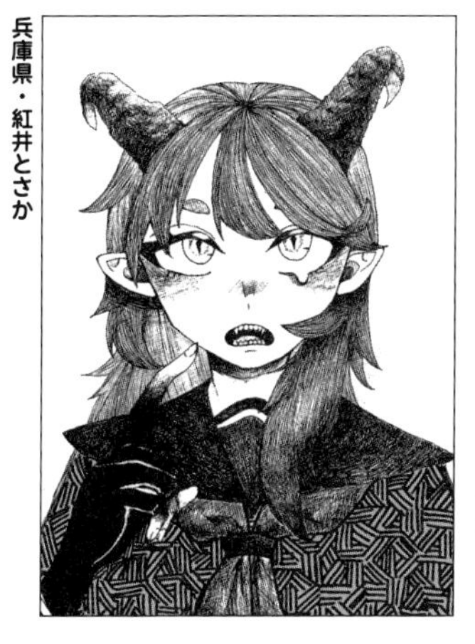
兵庫県・紅井とさか

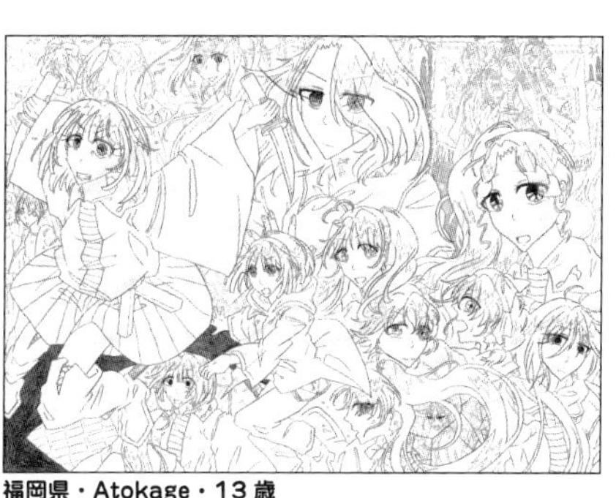
福岡県・Atokage・13歳

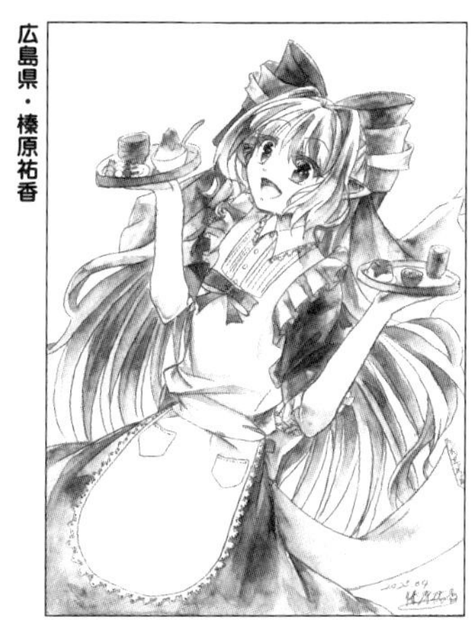
広島県・榛原祐香

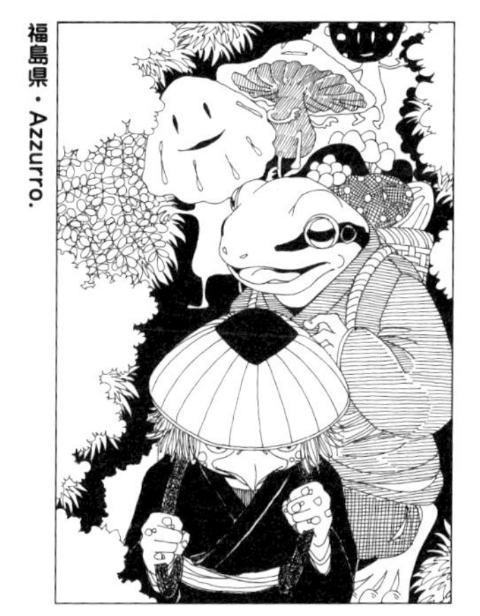
福島県・Azzurro.

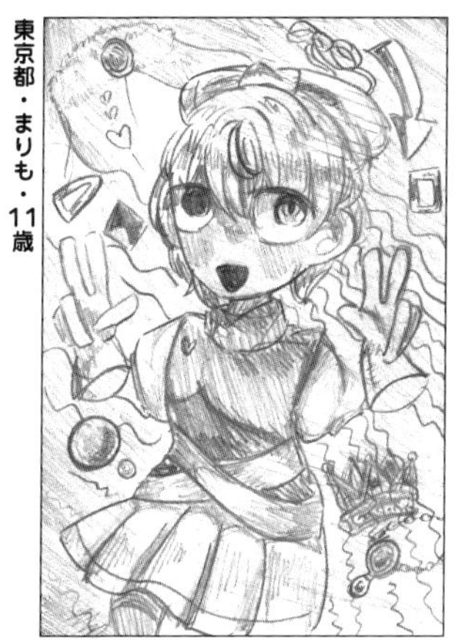
東京都・まりも・11歳

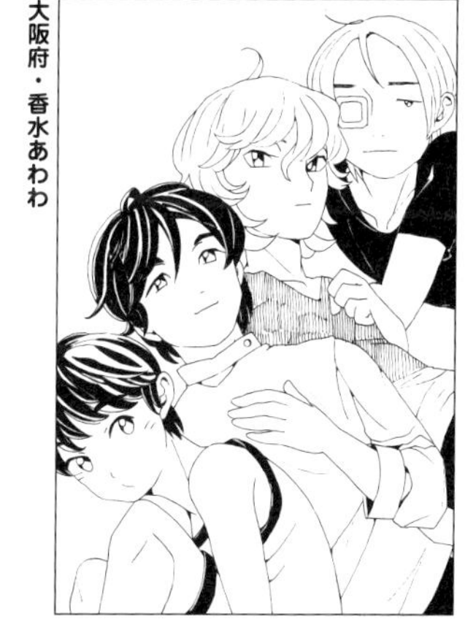
大阪府・香水あわわ

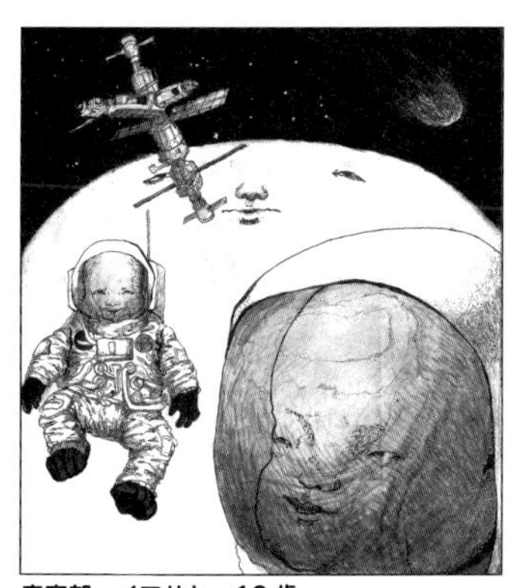
東京都・イマサト・19歳

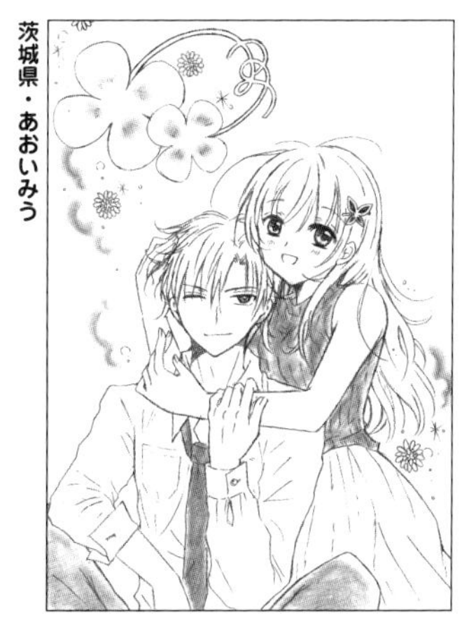
茨城県・あおいみう

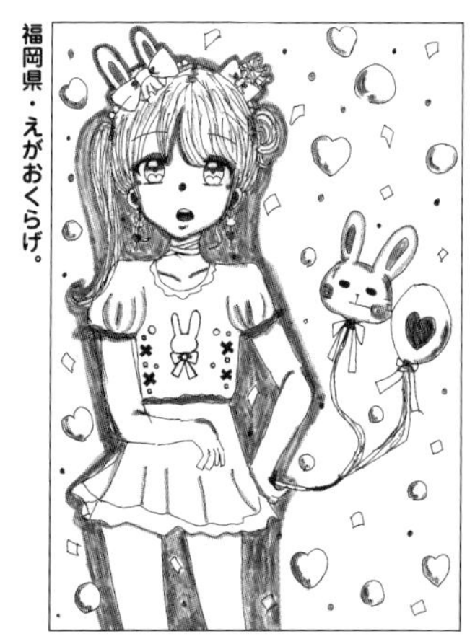
福岡県・えがおくらげ。

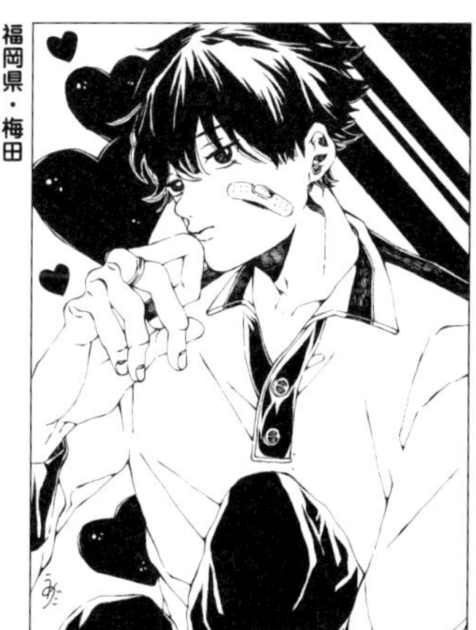
福岡県・梅田

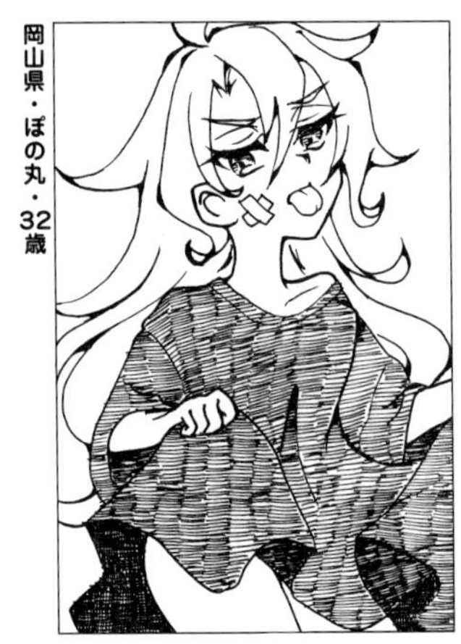

岡山県・ぼの丸・32歳

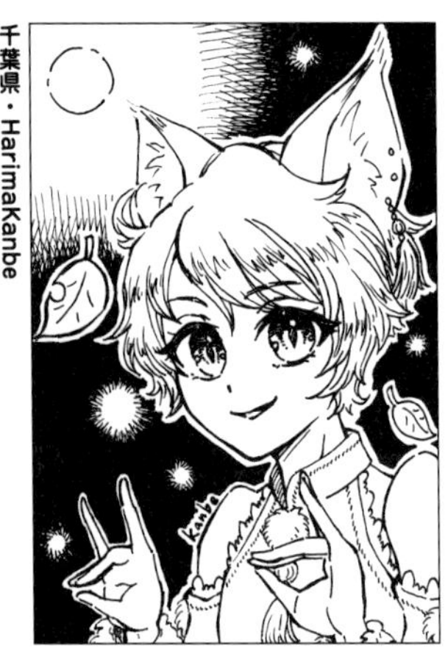

千葉県・HarimaKanbe

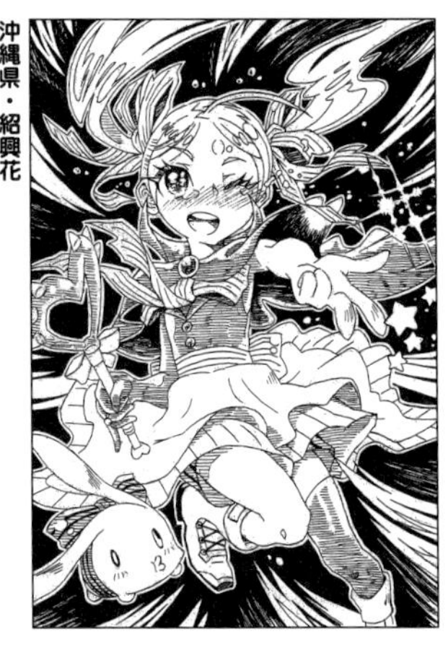

沖縄県・紹興花

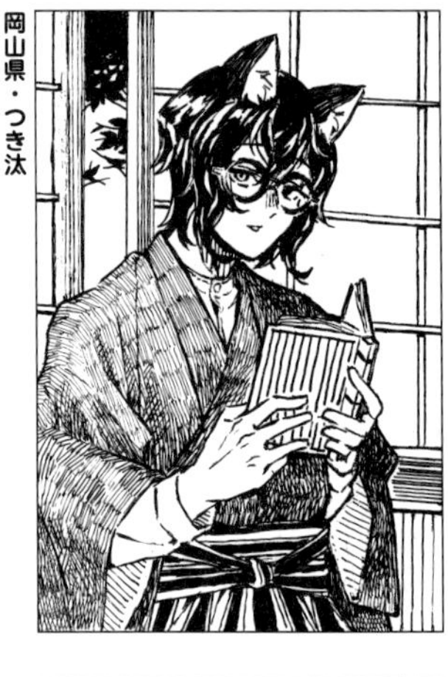

岡山県・つき汰

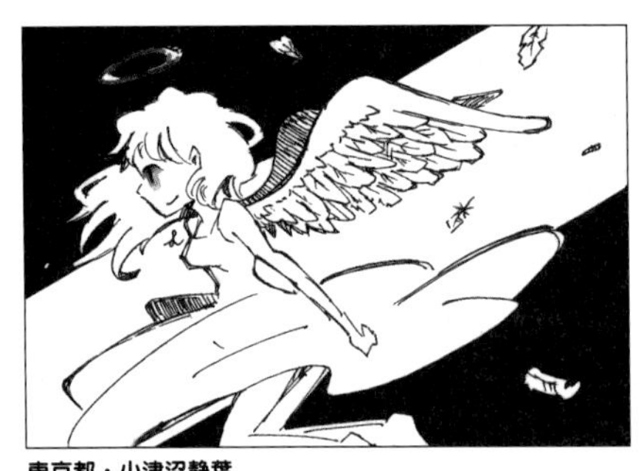

東京都・小津沼静葉

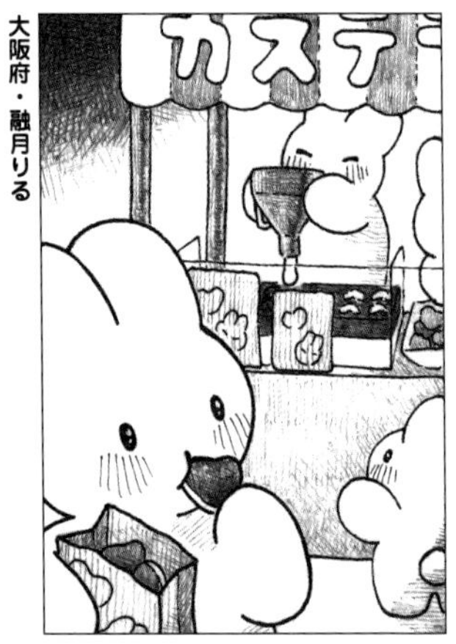

大阪府・融月りる

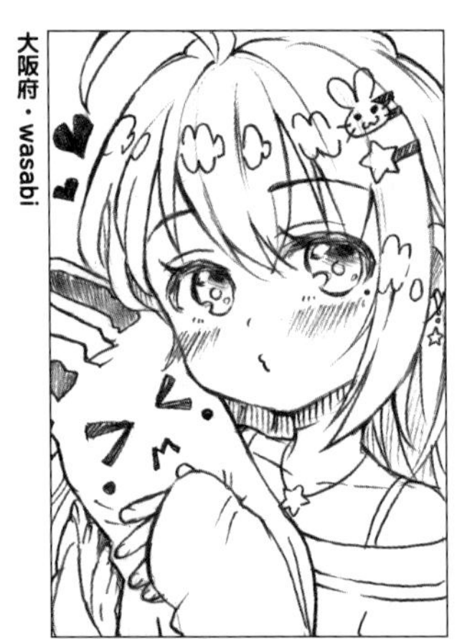

大阪府・wasabi

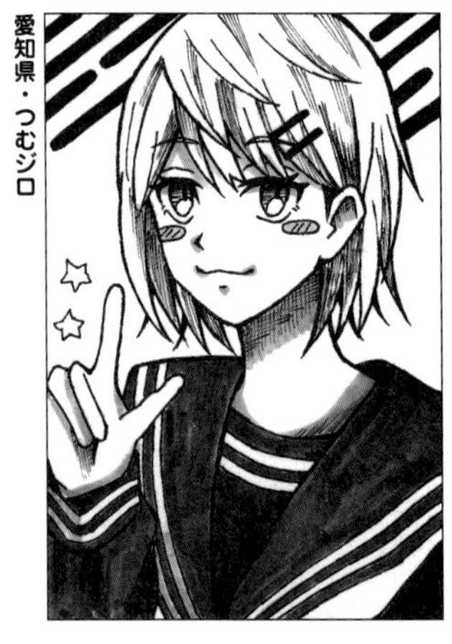

愛知県・つむジロ

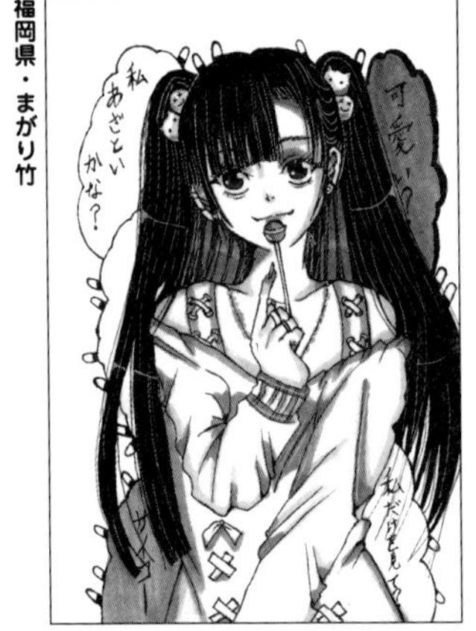

福岡県・まがり竹

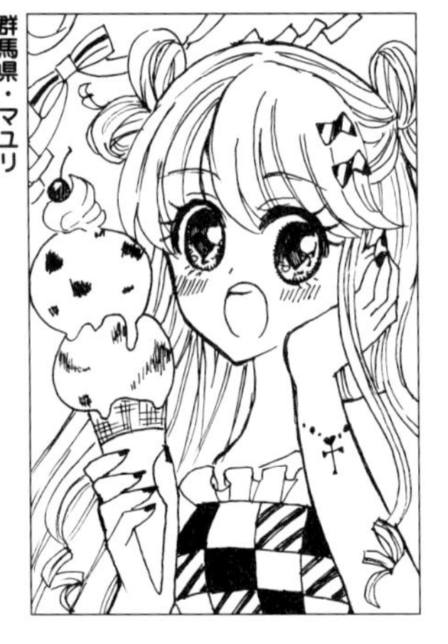

群馬県・マユリ

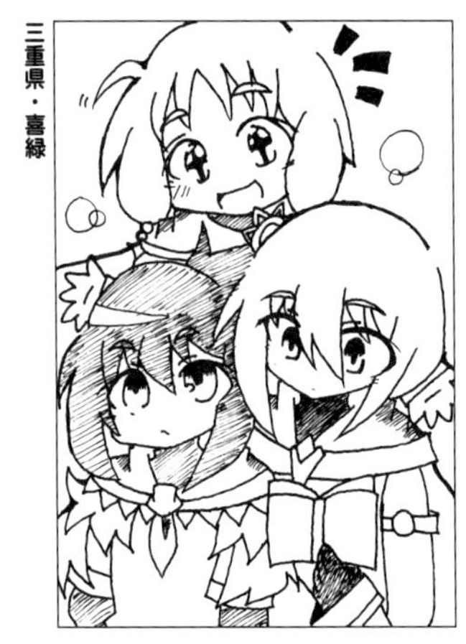

三重県・喜緑

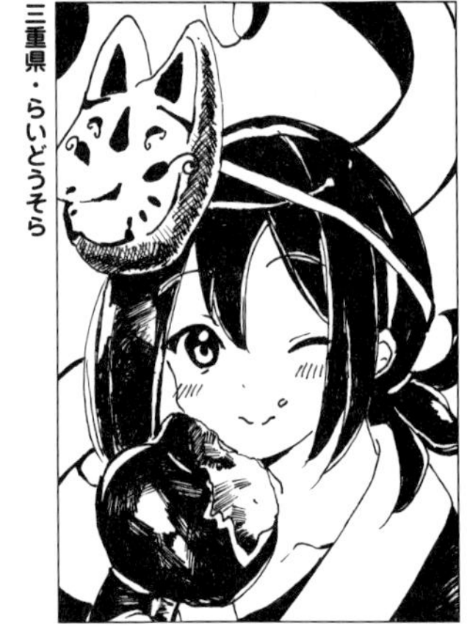

三重県・らいどうそら

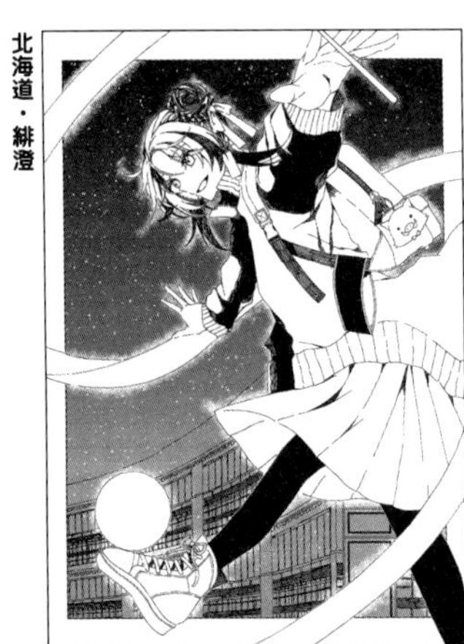

北海道・緋澄

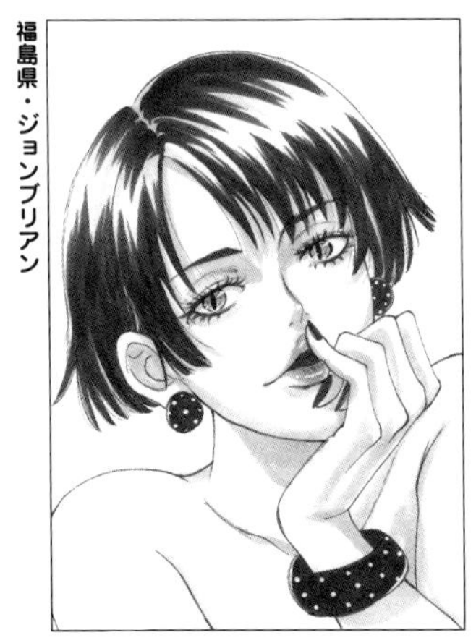

福島県・ジョンブリアン

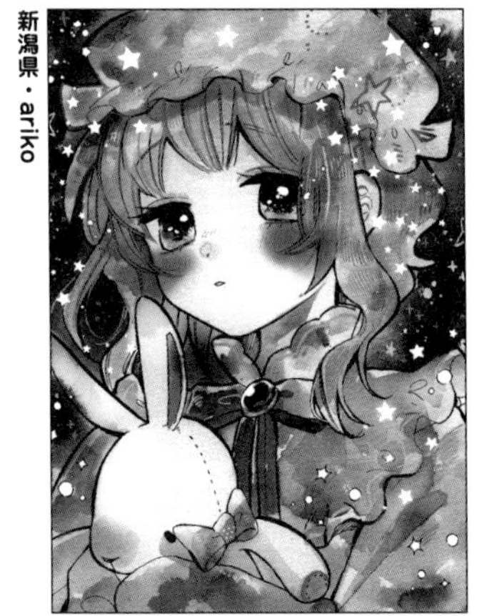

新潟県・ariko

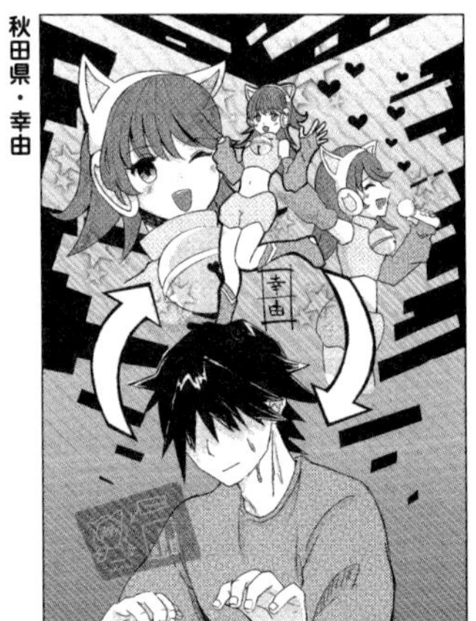

秋田県・幸由

静岡県・種桜・11歳

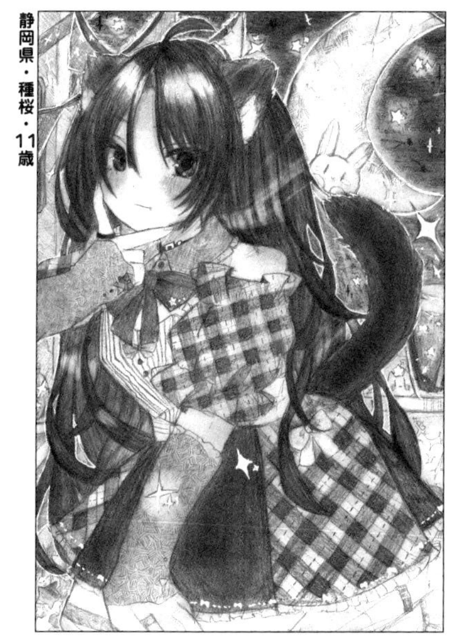

佐賀県・紅葉

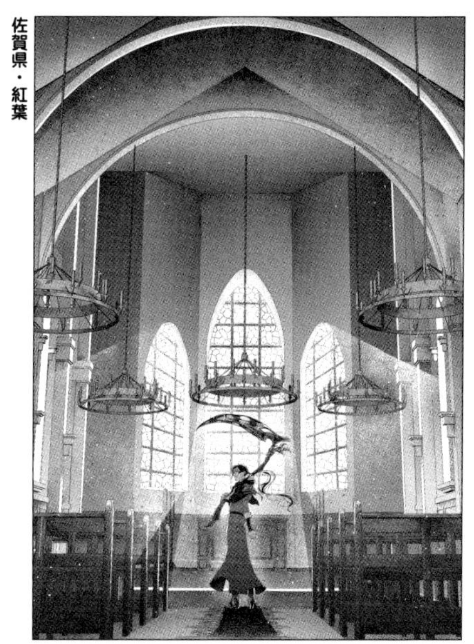

高知県・柴イヌ

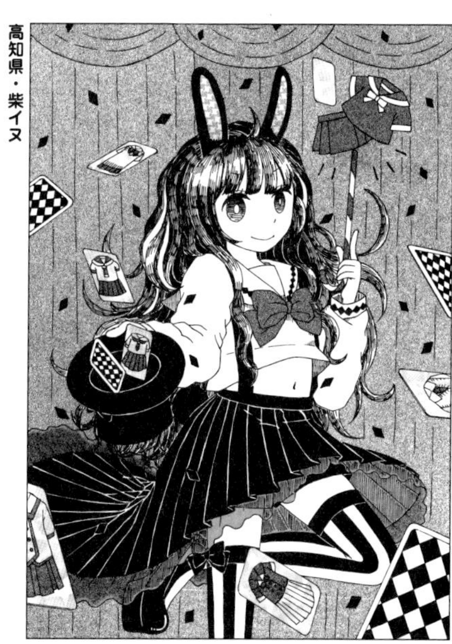

秋田県・星崎おぼん

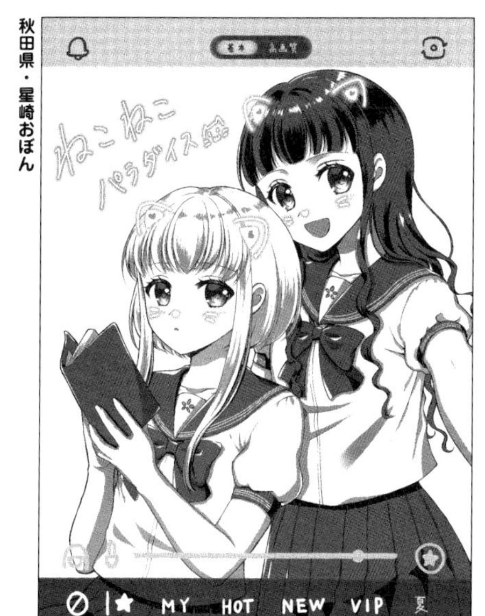

石川県・庭一

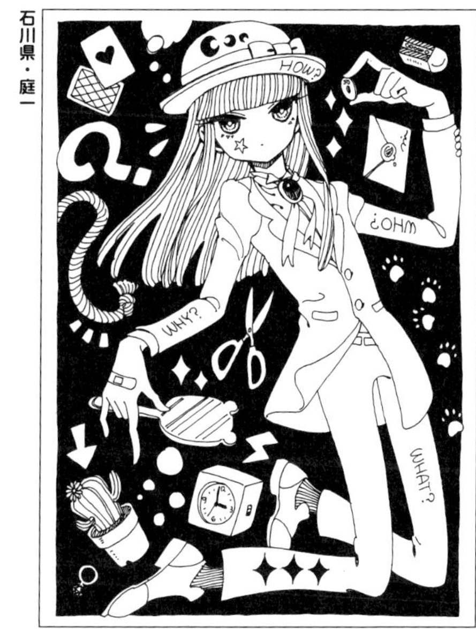

京都府・笹蒲ぼこ

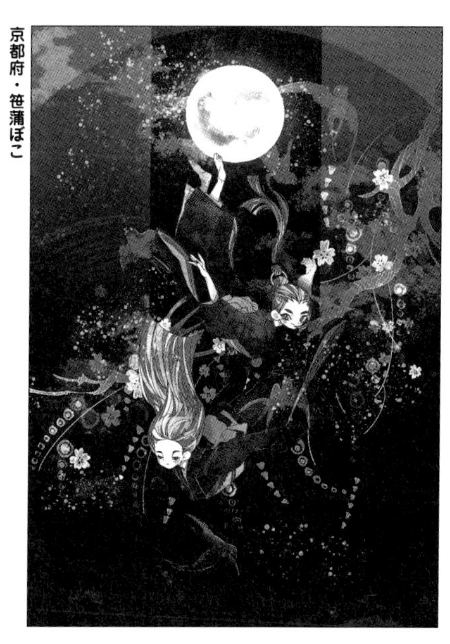

鹿児島県・ハゲヅラ・44歳

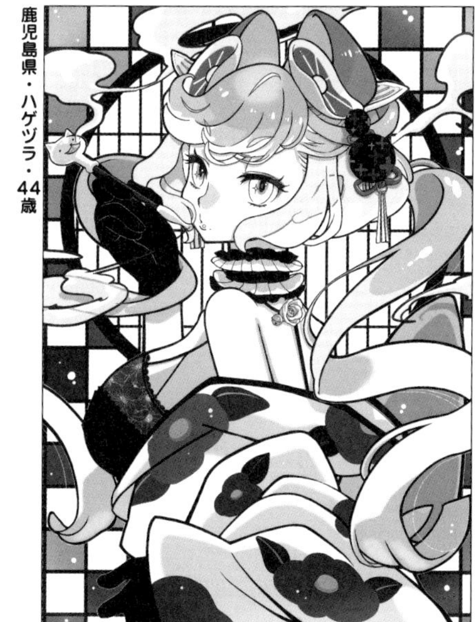

福岡県・鈴音・15歳

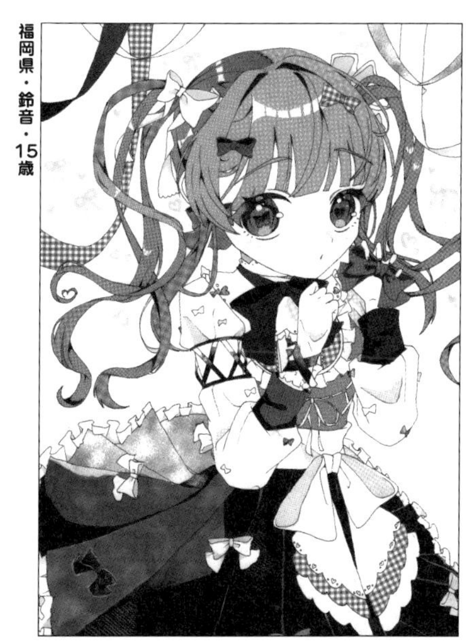

神奈川県・削木・33歳

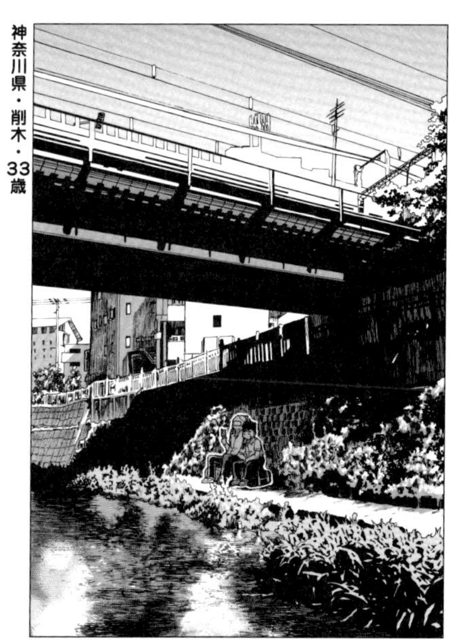

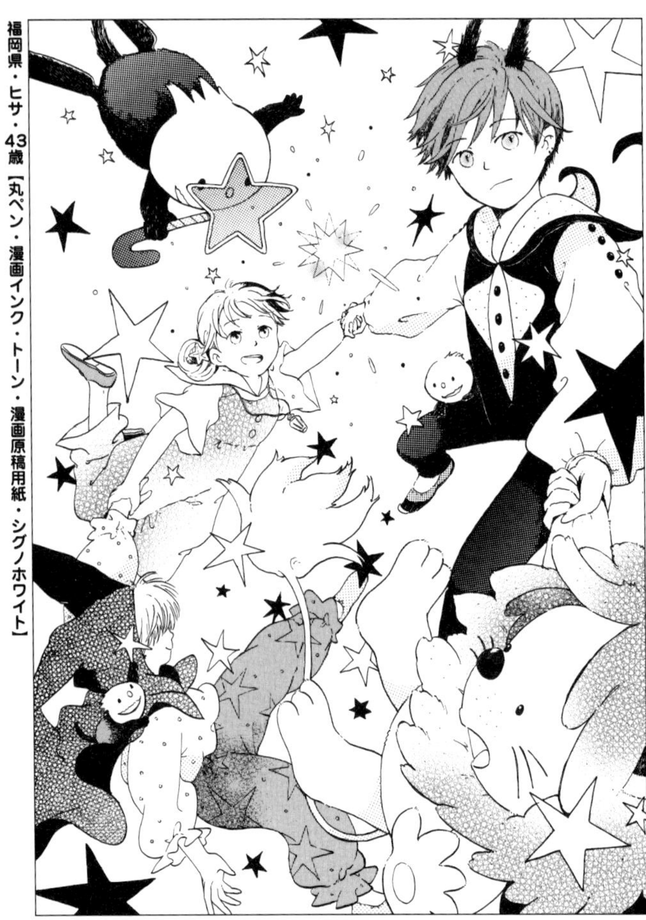

福岡県・ヒサ・43歳【丸ペン・漫画インク・トーン・漫画原稿用紙・シグノホワイト】

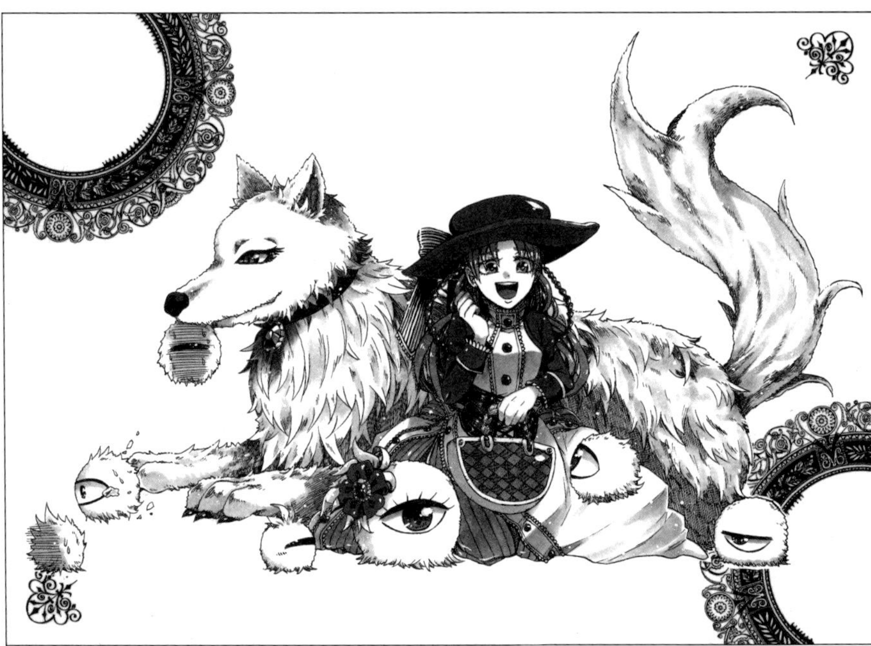

神奈川県・璃緒【アイシー漫画原稿用紙・Gペン・パイロットインキ・コピックマルチライナー・セブラマッキー・セブラマッキーケア・コピックスケッチ・ミスノンホワイト・スクリーントーン】

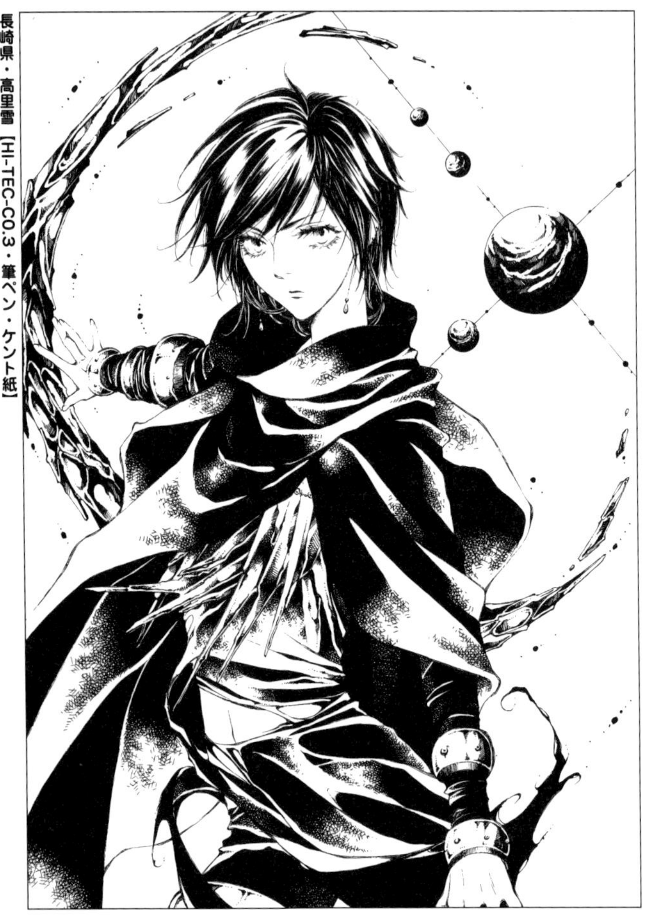

長崎県・高里雪【HI-TEC-C0.3・筆ペン・ケント紙】

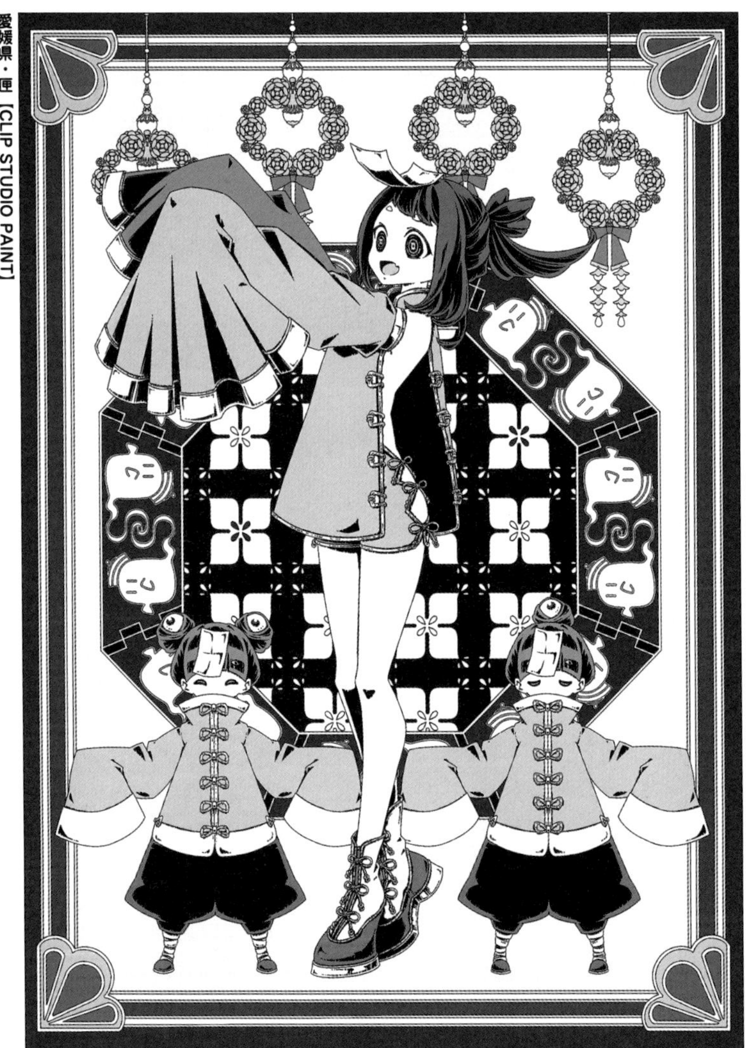

愛媛県・匣【CLIP STUDIO PAINT】

sea S
monochrome illust collection

今号も素敵なモノクロイラストを投稿ありがとうございます！
これからもたくさんの投稿をお待ちしております!!

大阪府・みまち【開明墨汁・白墨液・丸ペン・アイシー漫画原稿用紙・CLIP STUDIO PAINT EX】

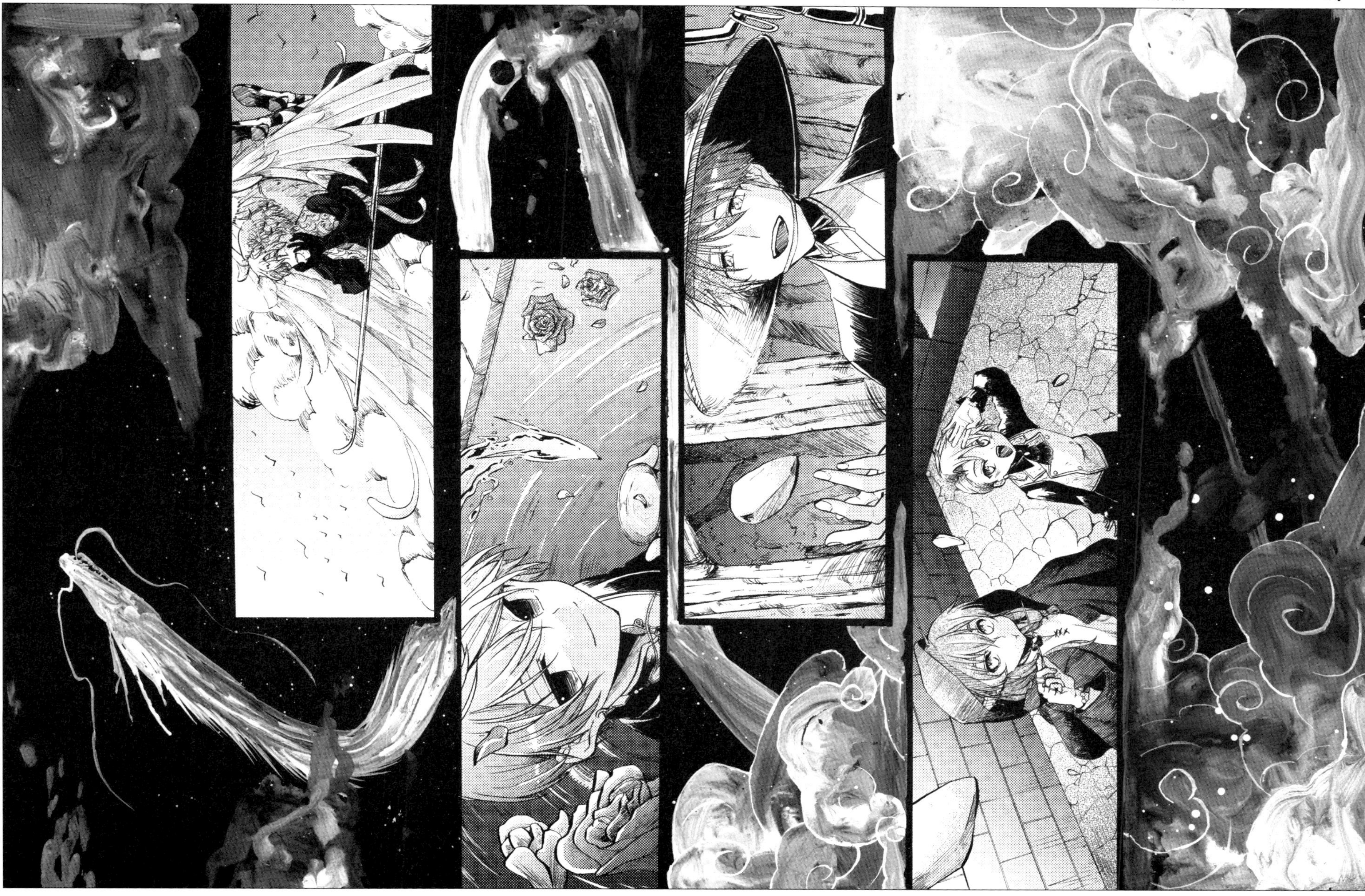

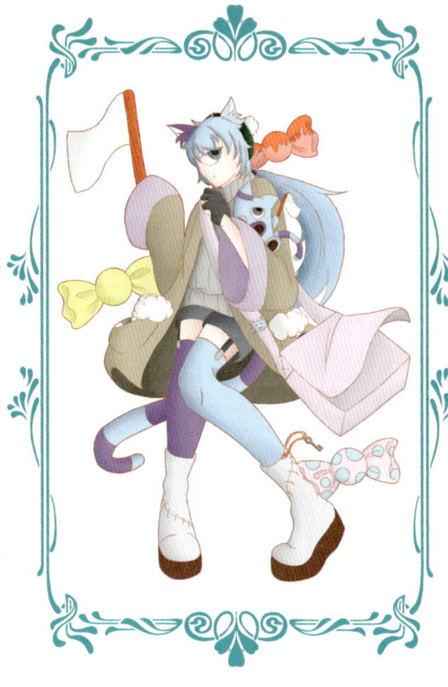

猫耳単眼の無口な修復者。旗で会話し、飴を無限に出す愛らしさも併せ持つ。
福島県・魅那兎

ネザーランドドワーフのノノちゃん。植物が好きな女の子
神奈川県・梨玖

桜のエトワール
出逢えた人には幸運が訪れるウサギの踊り子。ウワサによると彼女の踊りは春を連れてくるらしい。
千葉県・ななせ ちぃな

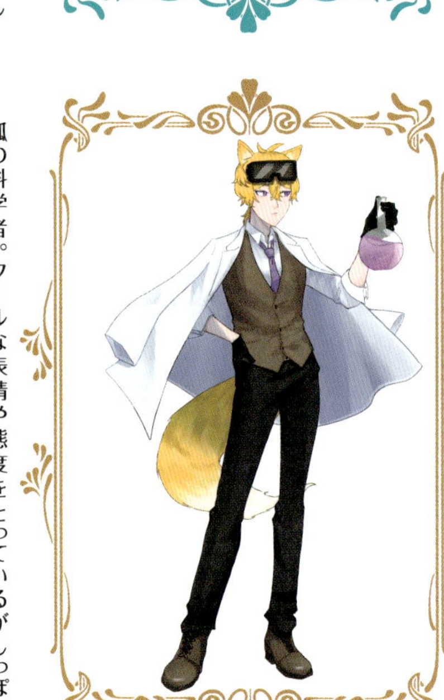

狐の科学者。クールな表情や態度をとっているがしっぽは正直なので、感情が丸分かりなのが悩み。
福島県・木野雷哉

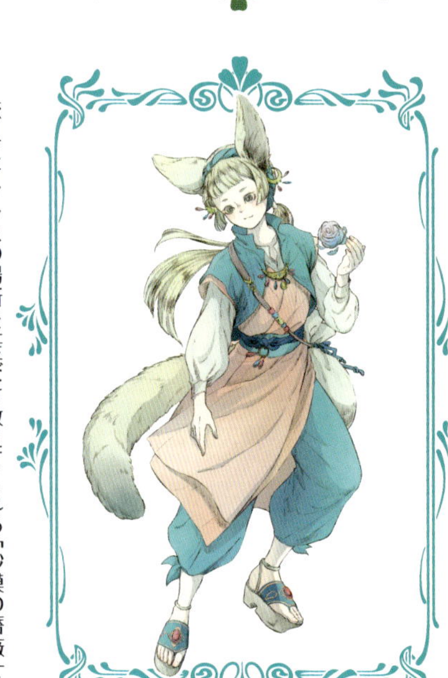

旅人にオアシスの場所を一度だけ教えてくれる「砂漠の薔薇」を売るフェネックの商人。
長野県・夜衣子

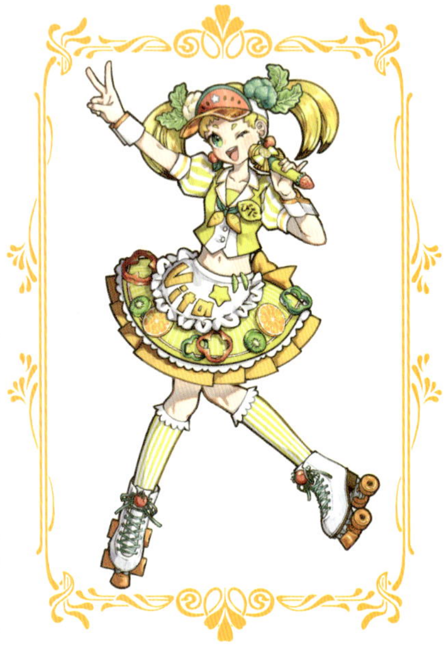

五大栄養素がテーマのアイドルグループのビタミン担当びたちゃんです。みんなに元気を届けるため活動中！
新潟県・4田・18歳

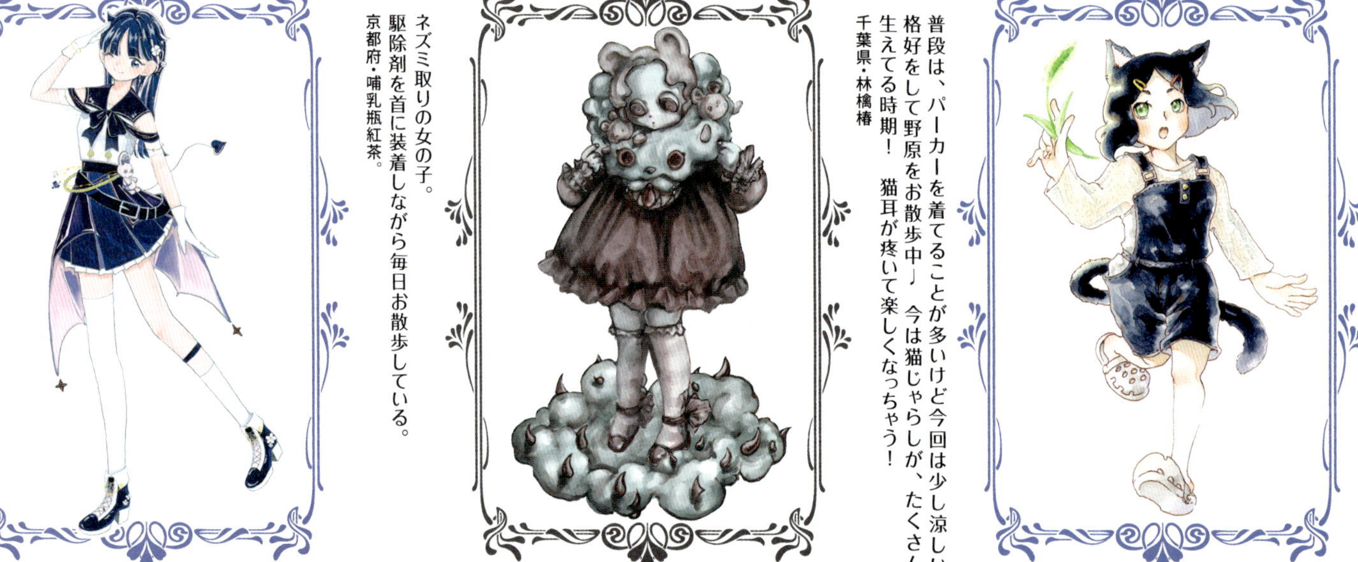

普段は、パーカーを着てることが多いけど今回は少し涼しい格好をして野原をお散歩中♪ 今は猫じゃらしが、たくさん生えてる時期！ 猫耳が疼いて楽しくなっちゃう！
千葉県・林檎椿

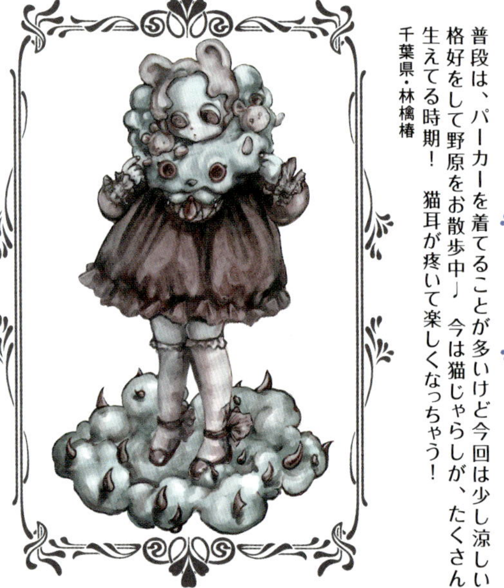

ネズミ取りの女の子。駆除剤を首に装着しながら毎日お散歩している。
京都府・哺乳瓶紅茶

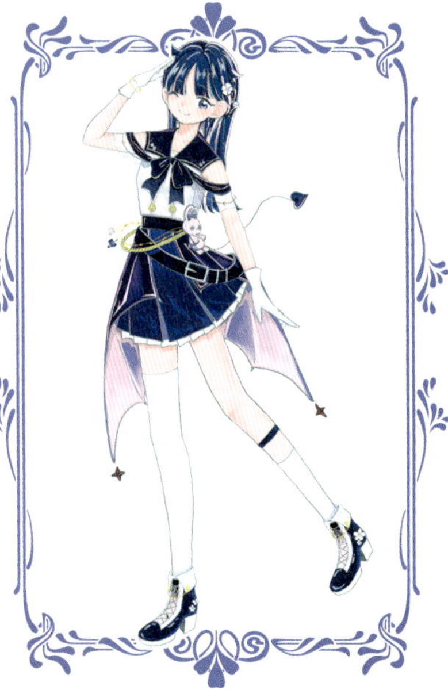

本人は清楚系アイドルとして活動。メンバーや一部のファンからは腹黒系だと思われている。
新潟県・5eky

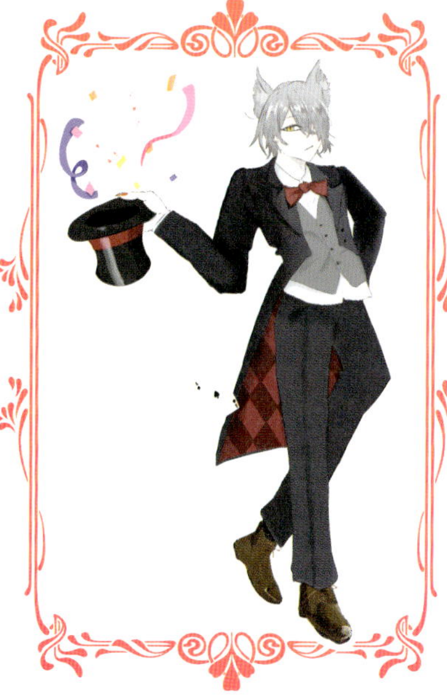

狐耳のマジシャン。
「種も仕掛けもありません」というと毎回怪しまれる。
宮城県・赤べこ

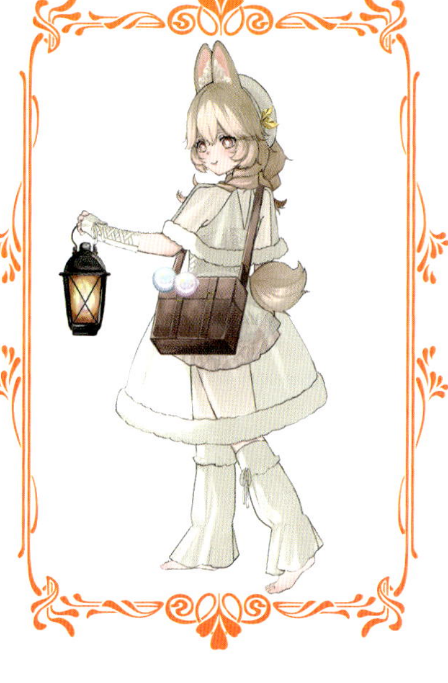

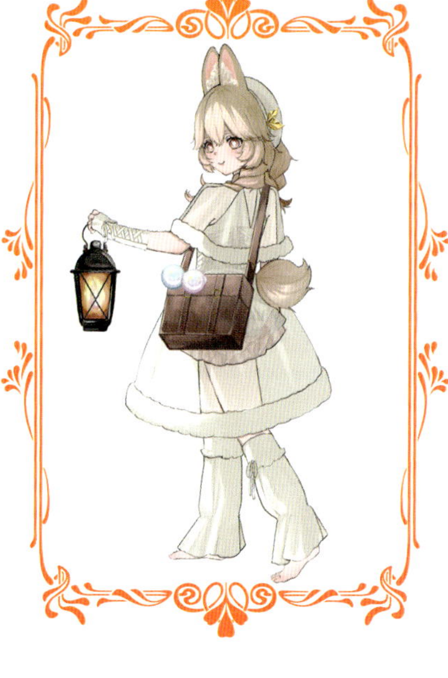

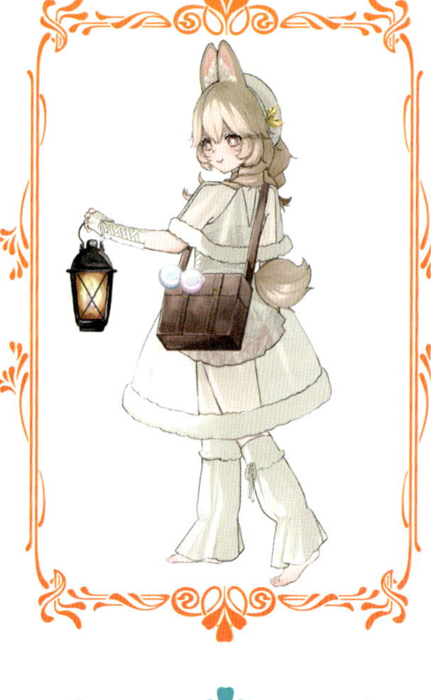

モナ：町外れにある森の案内人。ウサギの獣人で森に来る旅人たちをもてなすのが大好き。料理上手。
福島県・鏑木

駋々
パンダの女の子
お手製の笹の横笛で音楽を嗜んでいるがお腹が空くとうっかり
食べちゃう食いしん坊
東京都・苗崎非鳥

風船を貰えて嬉しいたぬきの子です
北海道・新村えあり

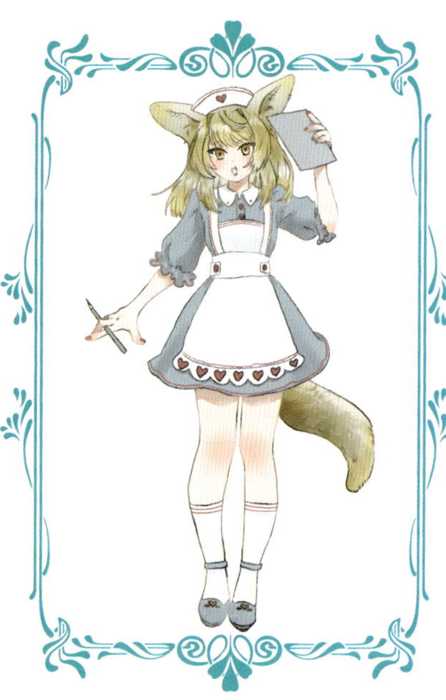

フェネックの獣人の女の子。田舎の個人医院で受付をしています。看板娘で、患者さんをいつも笑顔で迎えてくれます！
滋賀県・藤乃はな

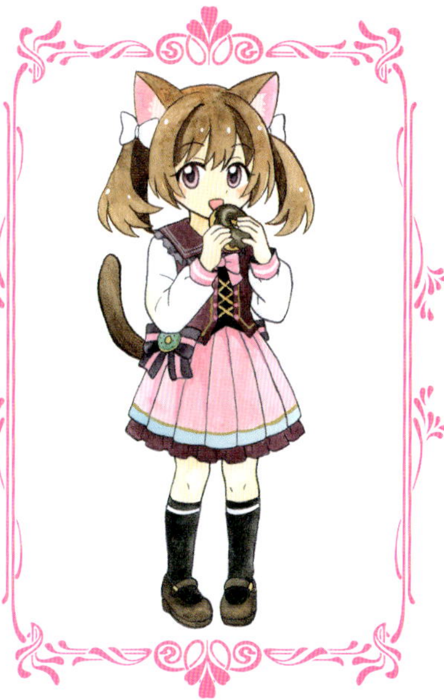

ほんわかマイペースな猫耳の女の子。ドーナツがお気に入り。
京都府・梅山えみ

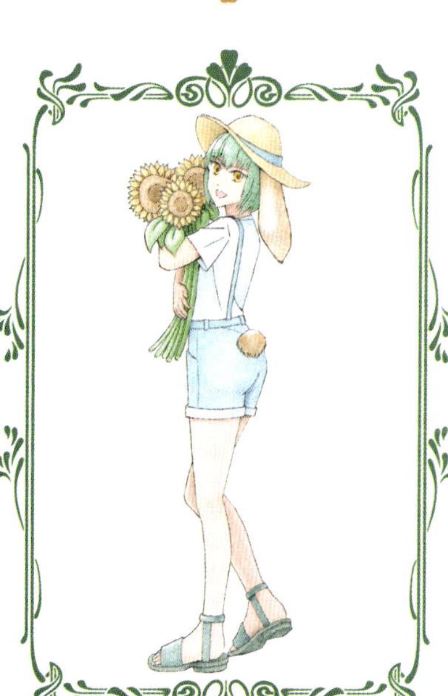

ひまわり農園を経営している、たれ耳兎の女性。
草原を駆け回るのが大好きな、活発な性格。
神奈川県・長井彩子

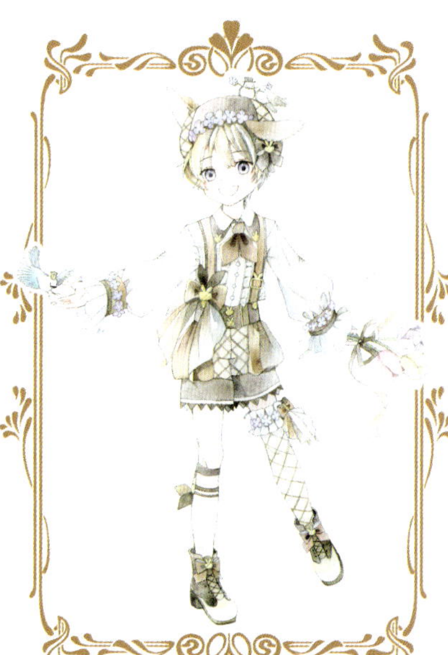

動物や植物に愛される茶うさぎの少年ショコラ。
すみれ色の瞳がきれい。
栃木県・那月屋しおん

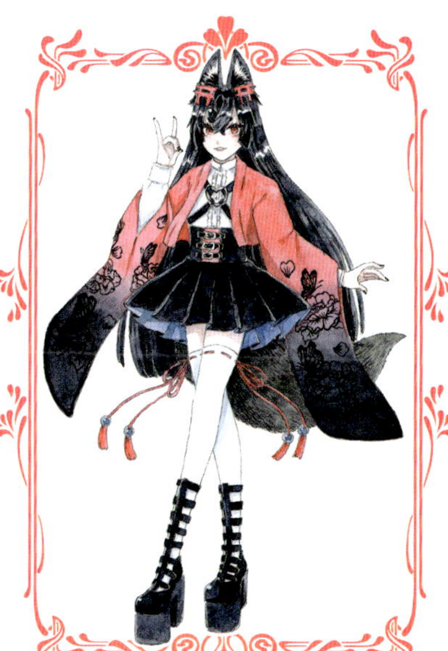

黒狐の女の子。フワフワで艶のある毛並みが自慢。
群馬県・八咫麿

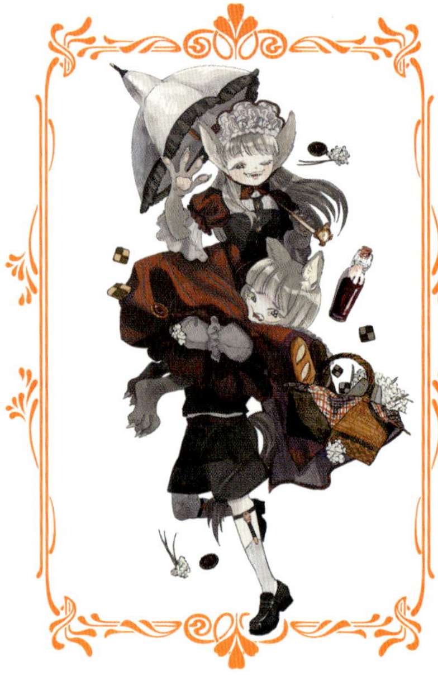

赤ずきんと狼がハッピーエンドを迎えたら？森の奥のお家で暮らす双子の姉弟。

京都府・笹蒲ぼこ

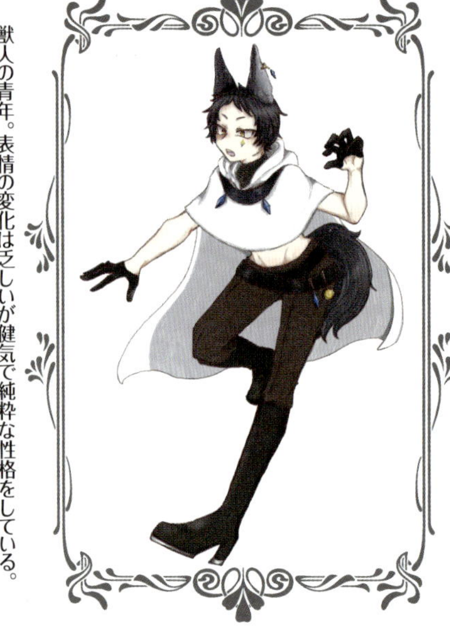

獣人の青年。表情の変化は乏しいが健気で純粋な性格をしている。

愛知県・秋歌

裕福な家庭で生まれ育った天真爛漫な三毛猫の女の子。よく家を抜け出して使用人を困らせている。

愛知県・水無月

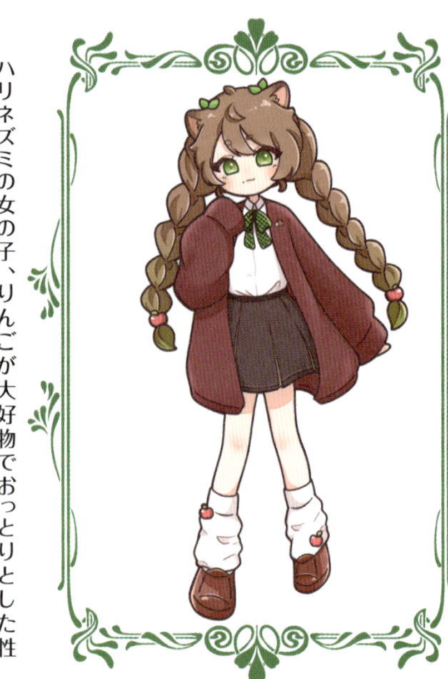

ハリネズミの女の子、りんごが大好物でおっとりとした性格。少し人見知りだけど愛されキャラ。

新潟県・紫月うる

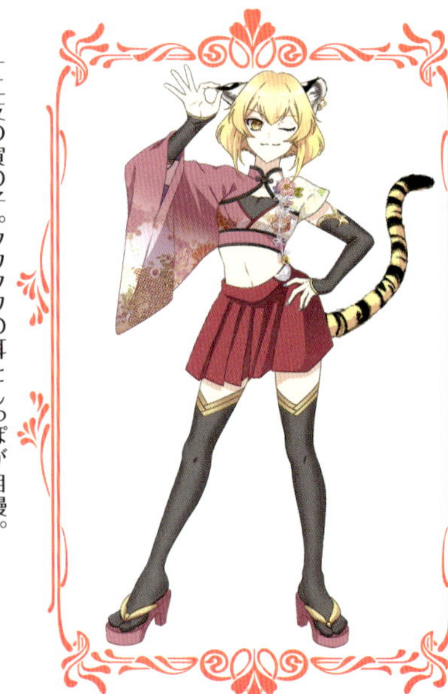

十二支の寅の子。フワフワの耳としっぽが自慢。

北海道・神足・41歳

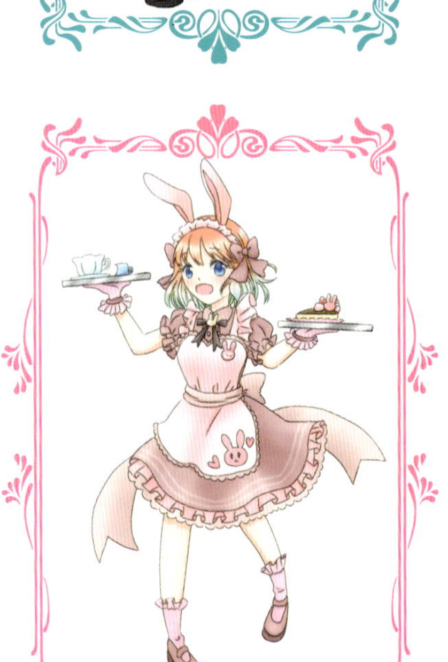

森の中にあるカフェのウェイトレスさん。大きな耳がチャームポイント。日々、新メニューを考えている。

兵庫県・星河ゆう夏（星河夕夏 改め）

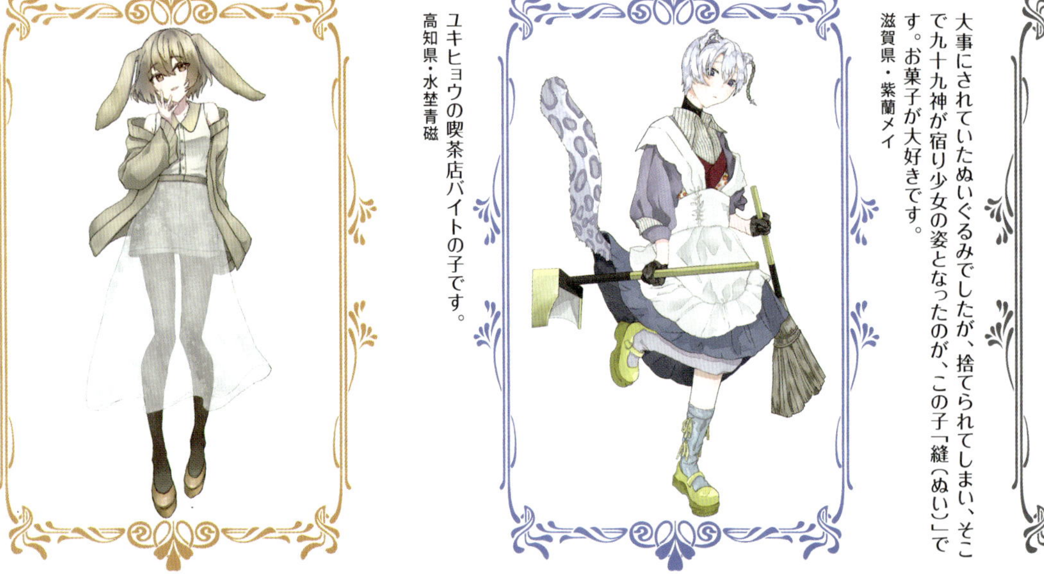

大事にされていたぬいぐるみでしたが、捨てられてしまい、そこで九十九神が宿り少女の姿となったのが、この子「縫（ぬい）」です。お菓子が大好きです。

滋賀県・紫蘭メイ

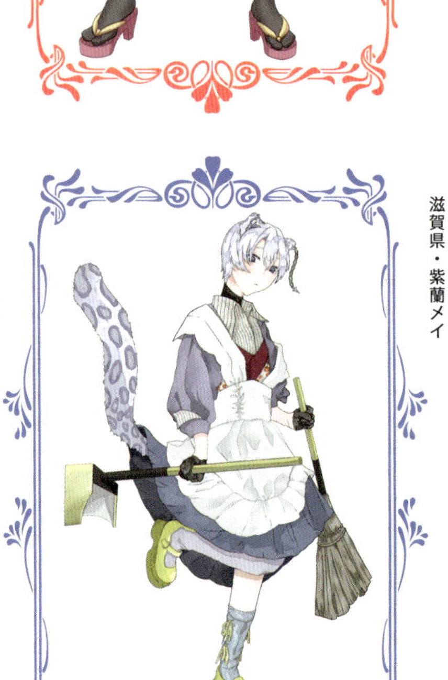

ユキヒョウの喫茶店バイトの子です。

高知県・水埜青磁

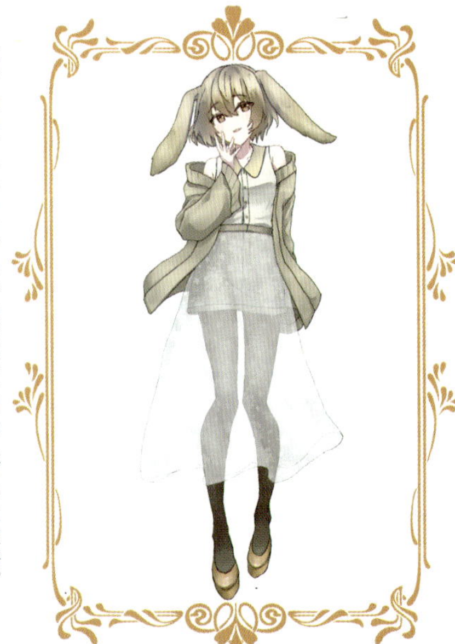

耳が垂れているうさぎの少女。おっとりのんびりな性格。

神奈川県・石垣

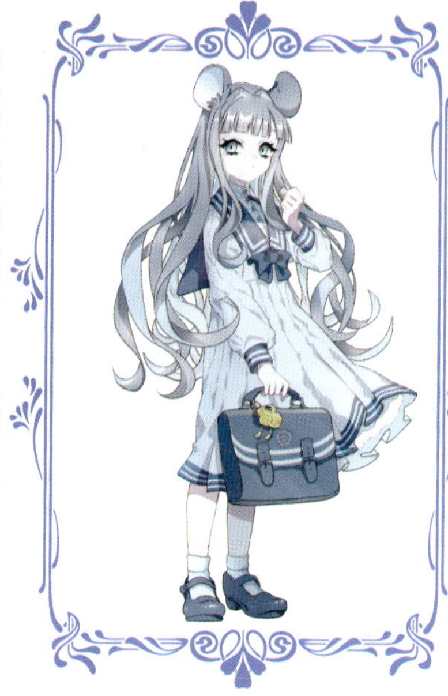

花ヶ崎詩子。お淑やかな見た目とは裏腹に立ちはだかるものは拳で黙らせる武闘派お嬢様。7人兄弟の末っ子。
長野県・ましき

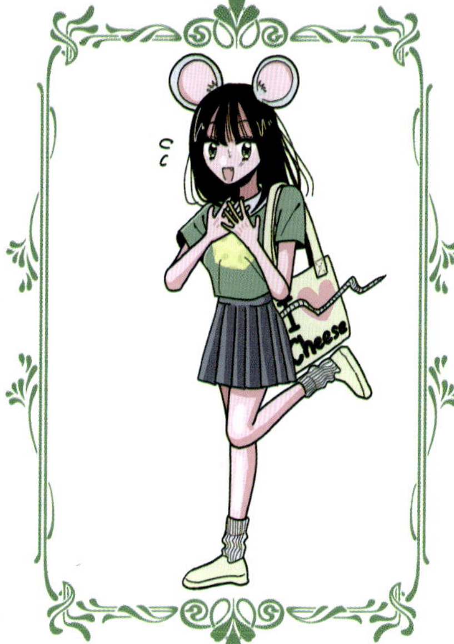

ドジっ子ネズミ。運が悪い。4月にＪＫデビューしたが、ネコだらけのクラスに入れられてしまった。無念。
大阪府・塩田恋

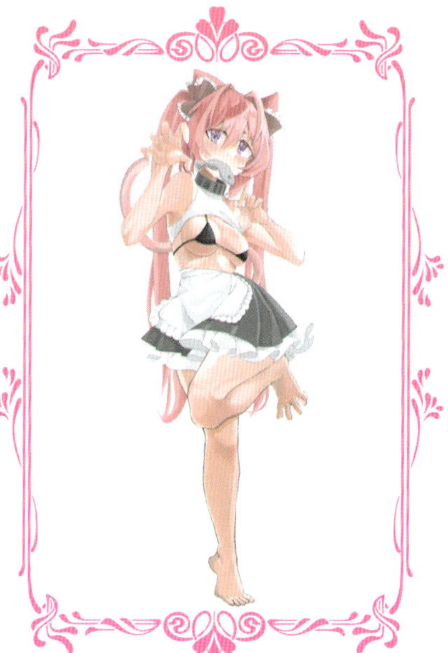

普段はご主人様のためにメイドとして頑張ってます！感情豊かなしっぽのせいでスカートの中が見えそうになってしまうのが悩みの種。
神奈川県・玄石

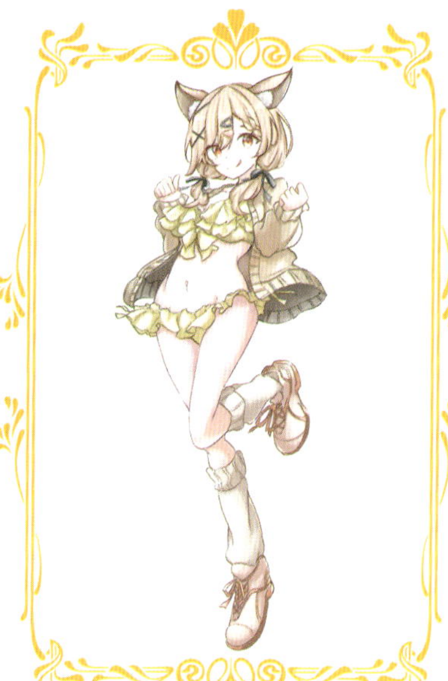

ギャルのｊｋに憧れる狐神様。ただし、変な所を取り入れがち。
山梨県・モンテ・クリスト

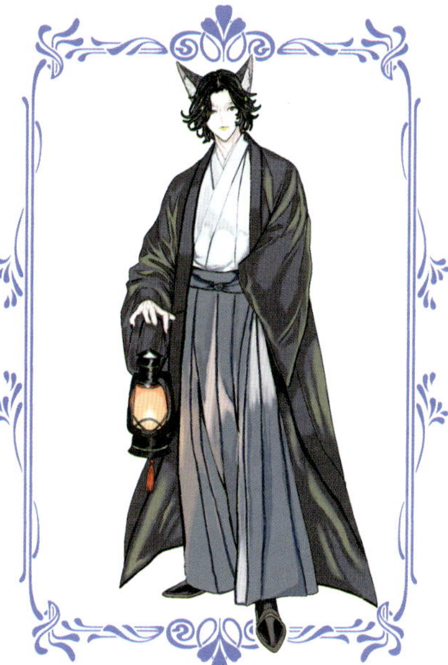

黒狐の彼は真っ暗な畦道夜道を照らす番をしている黒狐で、夜道の警護をしてくれる存在です。
茨城県・岡田高塔古言

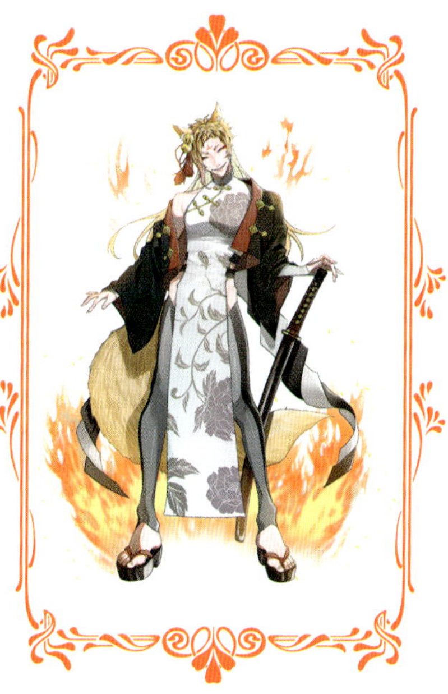

炎と刀を扱うお狐様。基本穏やかだが信者を攻撃してきた者には容赦がない。
佐賀県・紅葉

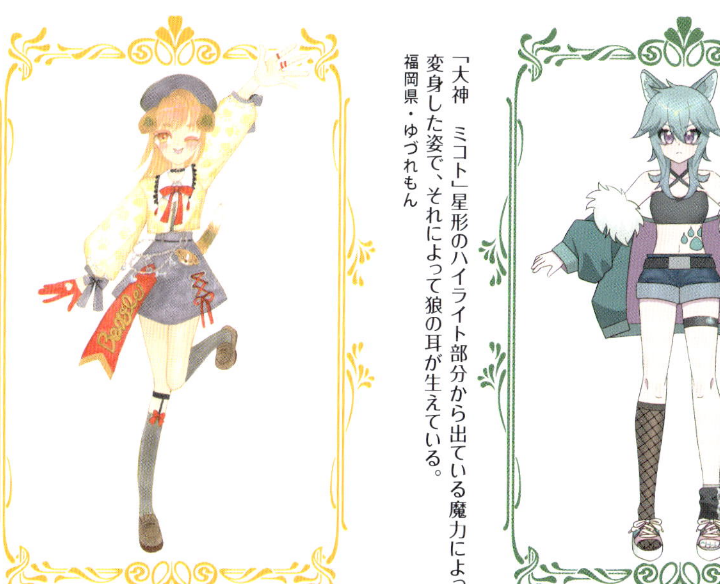

「大神　ミコト」星形のハイライト部分から出ている魔力によって変身した姿で、それによって狼の耳が生えている。
福岡県・ゆづれもん

優等生タイプの犬耳っ子。好奇心旺盛でたまにやらかす。
岩手県・花灯こはく

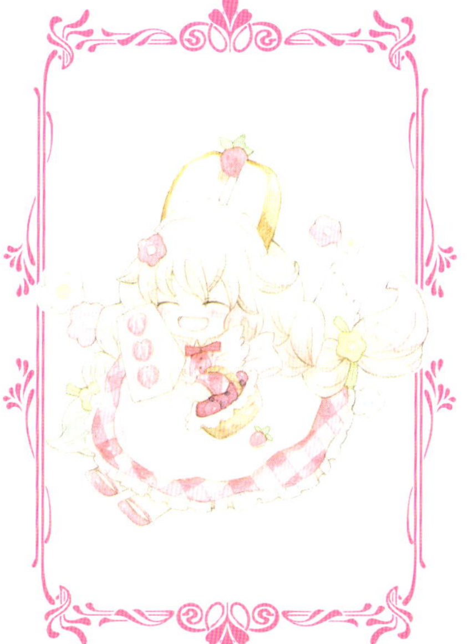

【ラパン】食パンうさみみの女の子。今日はいちごサンドにする苺を摘みにきたよ。
兵庫県・桜羽こすも

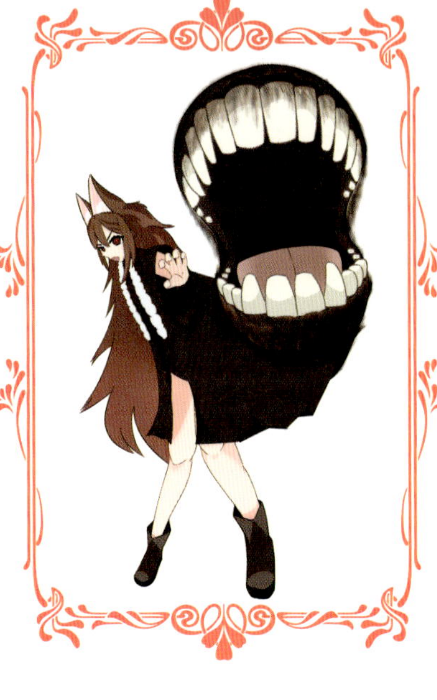

メグナ・ローア・ローナガウル　不死とも称される圧倒的な再生力を持つ存在「屍狼」の族長。屍尾の口は屍肉を喰うことも、生きた肉を植え付け傷を〝直す〟ことも出来る。

福島県・yumemisor@

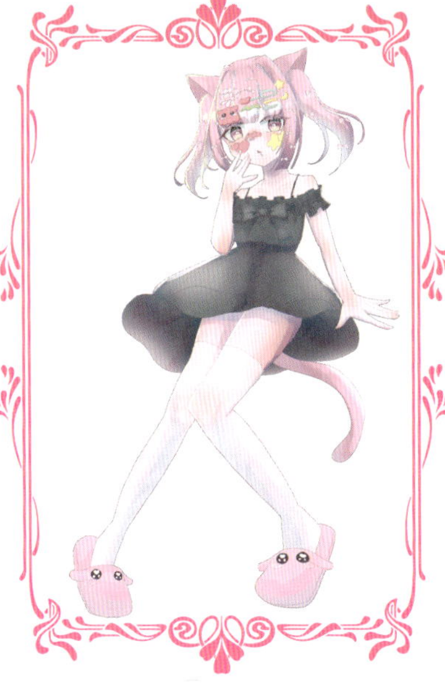

猫耳の女の子、デコラ髪に対して黒のワンピがシンプル可愛い

岡山県・ちょす

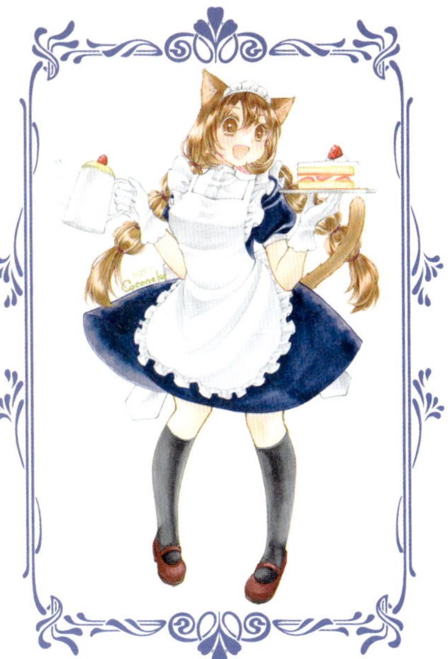

猫の亜人のウェイトレスさん

神奈川県・ここねこ

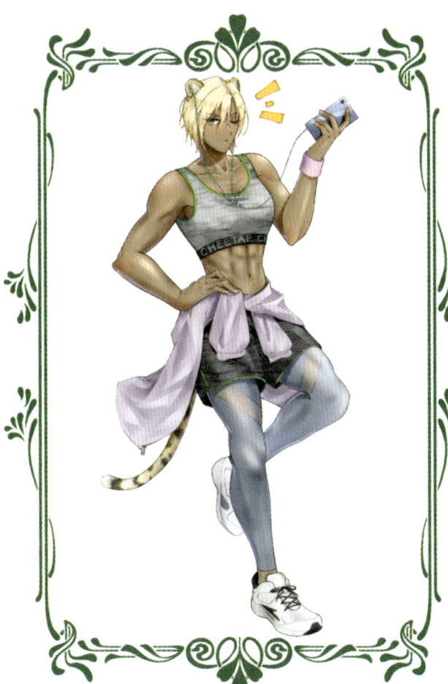

チーターの獣人お姉さんです〜！　毎朝音楽を聴きながらランニングするのが日課。

大阪府・にゃみねこ・19歳

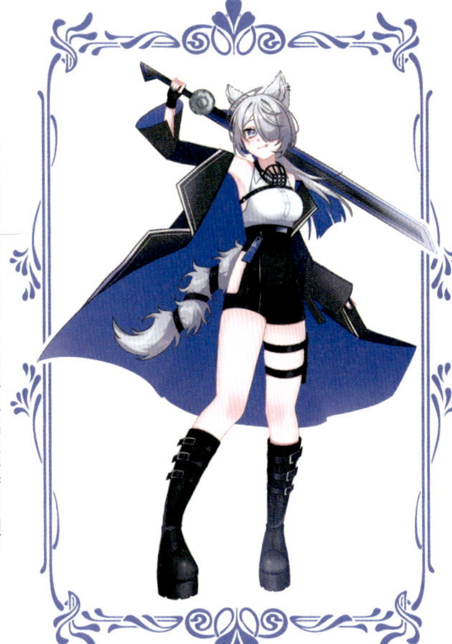

xxx年、混沌としたネオン街で治安維持を担う銀狼のお姉さん。何でもこなすが料理だけは壊滅的に下手。

岡山県・ななみっつ

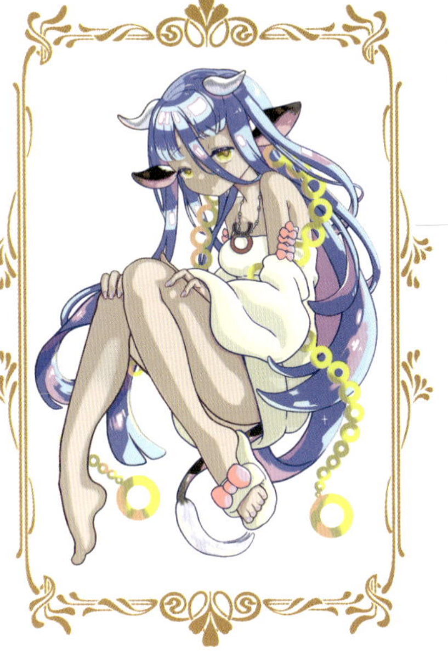

牛の星座を司る女の子　基本的には眠いがびっくりするほどの怪力だったりする

鹿児島県・ハゲツラ・44歳

ケモ耳の男の子です！

福島県・タコライス・20歳

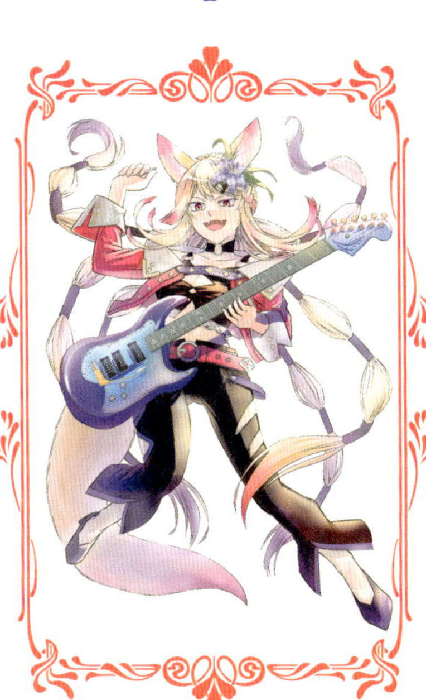

ケモ耳バンドのお稲荷様。耳が本物だということはまだバレていない。ハンバーガーが好き。玉ねぎは嫌い。

三重県・シゲ

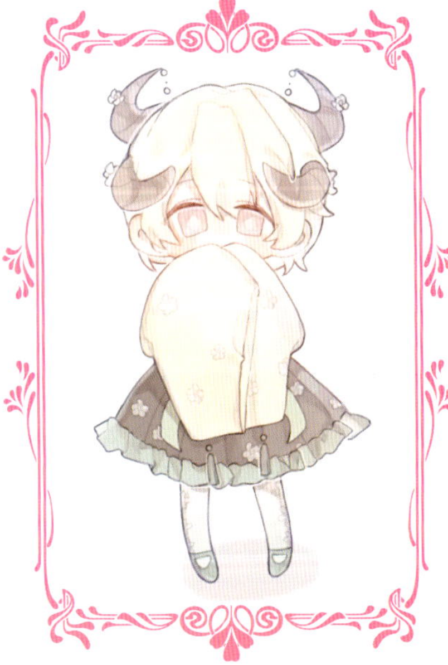

恥ずかしがり屋の小さな女の子。

岡山県・チイセイ

穏やかでおっとりした性格の鹿の獣人。森の精霊と共に静かに三百年を生きる。
福島県・Bora

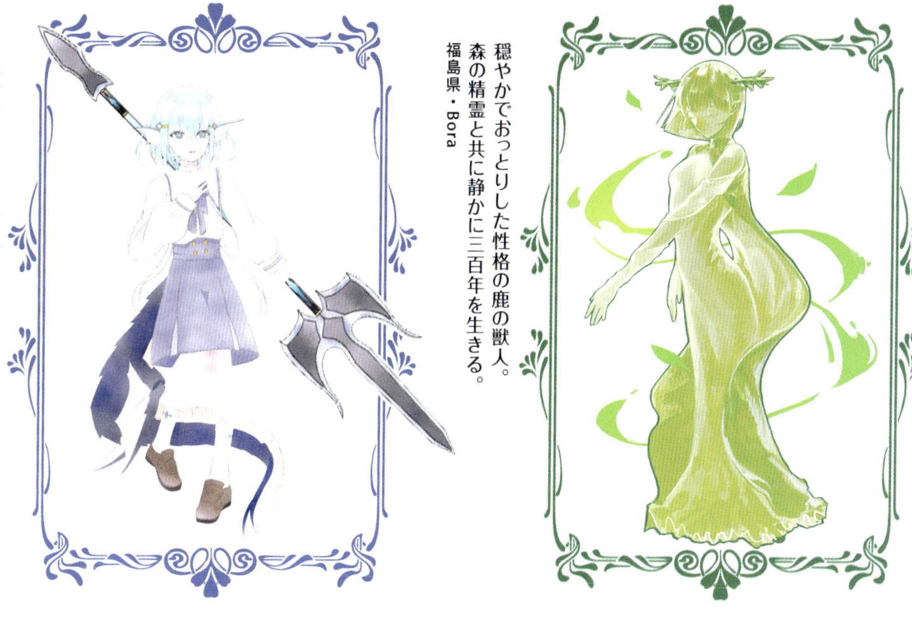

ケモ耳キャラとのことですがヒレ耳です ケモ耳は無限の可能性があると信じてます
福島県・氷華・19歳

元野良の公爵家メイド♂。顔の傷は野良時代に弟を庇ってできた傷。
大阪府・オチヤカイ

不思議の国の裏舞台の世界に迷い込んだ女の子を導く案内人で甘いものが大好きな黒うさぎの女の子です。
福島県・Choco

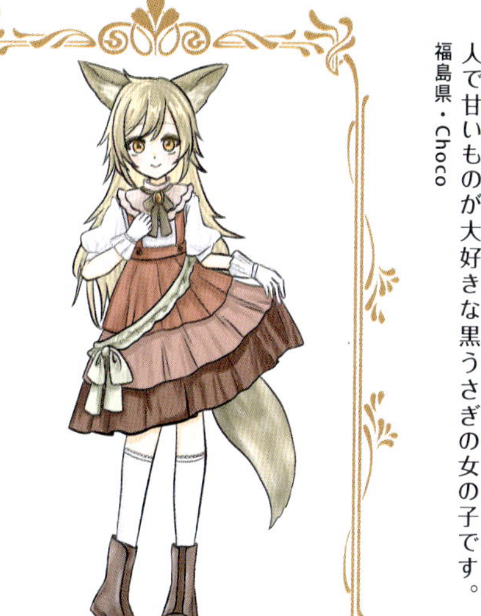

お洋服が大好きな狐の女の子。おかあさんから作ってもらったふりふりのワンピースが最近のお気に入り。
福岡県・yumgi・19歳

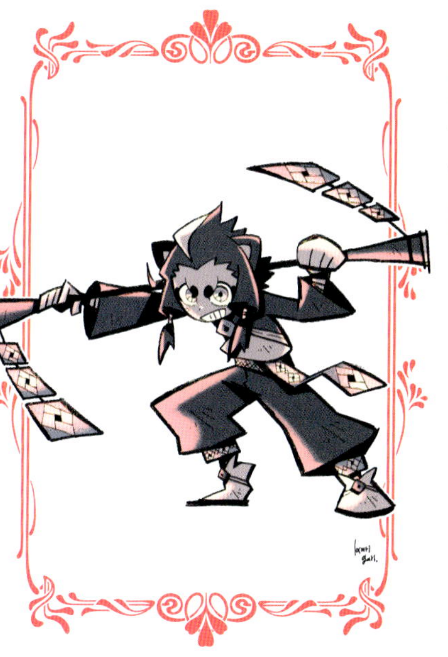

名前:シュロ。マングース族の少年。棒術を得意とし、親友のリンドウとともに旅をしている。
東京都・かりがり

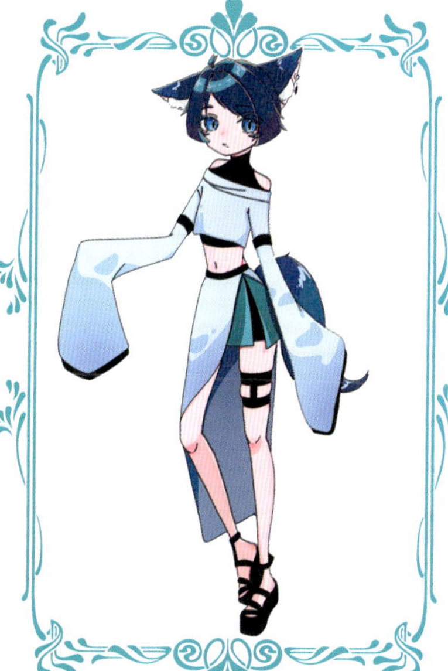

名前はカチュ、性別不明の15歳で好物は氷菓。頭を撫でられるのが好きで撫でると耳がぴくぴく動く。
福島県・NAVY

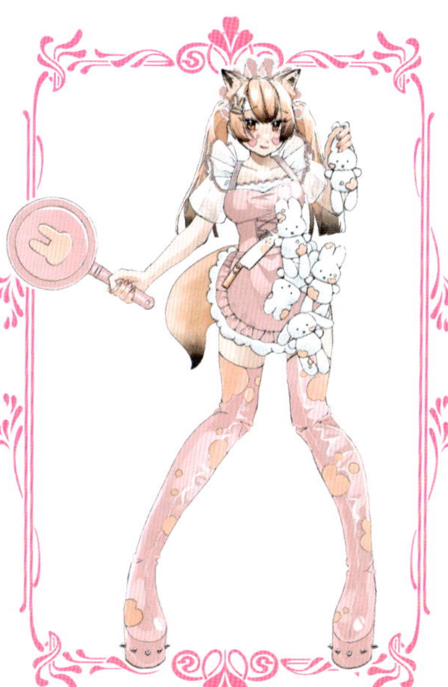

お料理上手なきつねメイドちゃん! 狩った獲物をぬいぐるみにしてコレクションするという変わった趣味も…。
京都府・あはちゃ

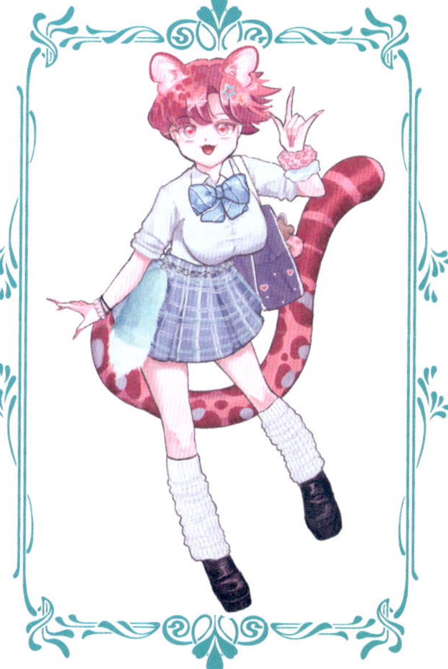

ジャガーの高校三年生。お花のような模様の尻尾がお気に入り。
千葉県・くろむ

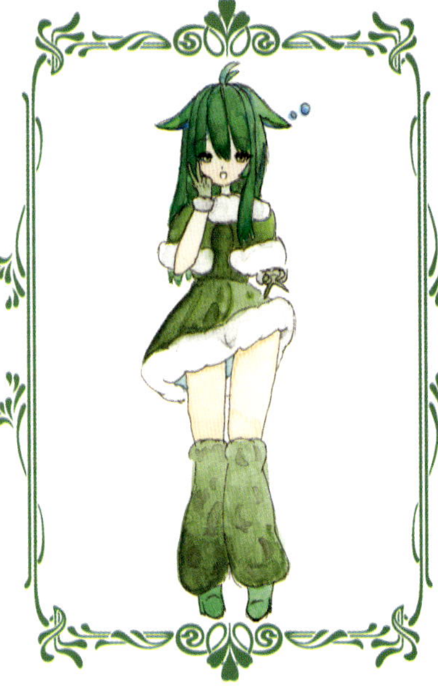

前世が羊の女の子シープ・グリーン。
着ている服はすべて羊毛で作られている。
東京都・Kaho・10歳

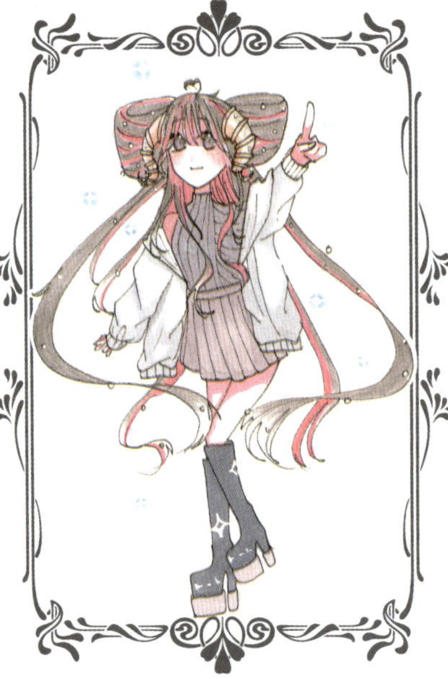

ひつじのアイドルでモデルもやっているがくせっ毛をきにしている。
服がシンプルである意味有名。
広島県・てるる・10歳

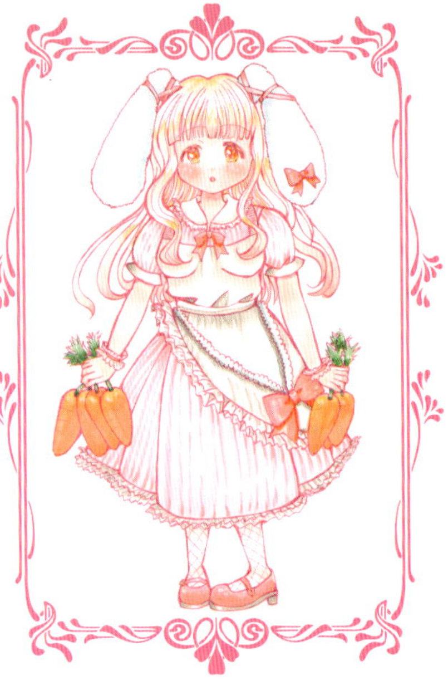

にんじん大好きロップイヤーのうさ耳ちゃん。
まさか、にんじん泥棒…!?
岩手県・まわるそら

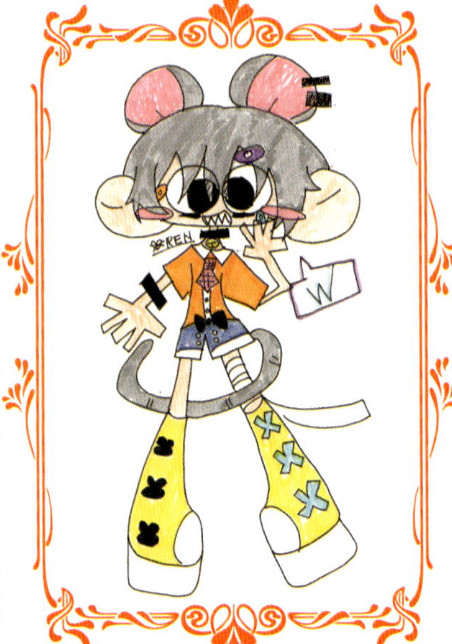

路地裏に現れ誰とも構わずチーズをねだるネズミの子。
一回王様相手にねだったことがある。年齢は14歳。
大阪府・和桜恋・13歳

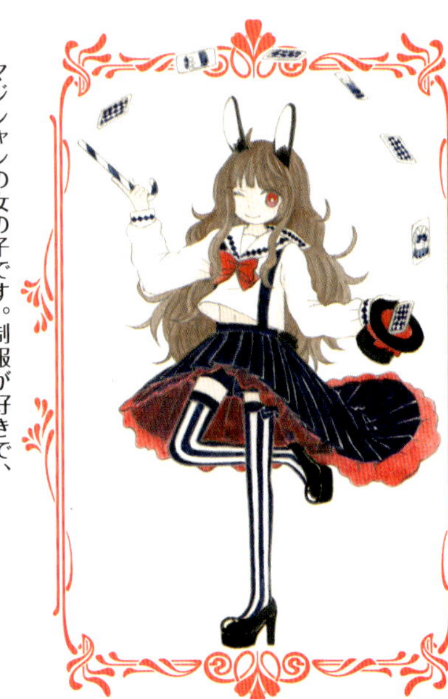

マジシャンの女の子です。制服が好きで、
マジックのイリュージョンで使ってます。耳が本物なのは秘密。
高知県・柴イヌ

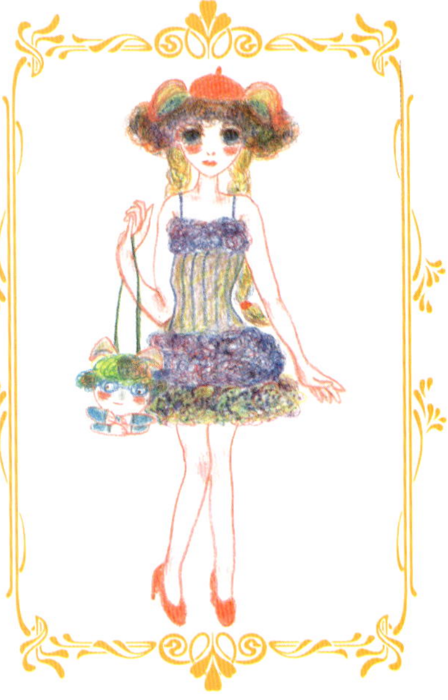

羊が好きなカラフルお姉さん　今日もこだわりバックを持って
お出かけです。クレヨンで描きました。
千葉県・武田和子・73歳

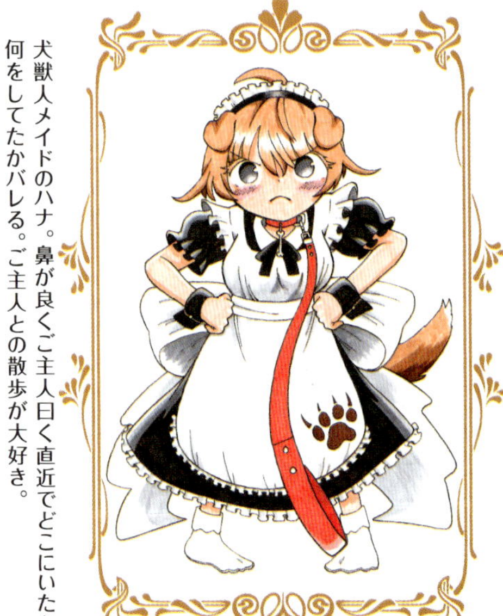

犬獣人メイドのハナ。鼻が良くご主人曰く直近でどこにいたか
何をしてたかバレる。ご主人との散歩が大好き。
大阪府・山崎純・32歳

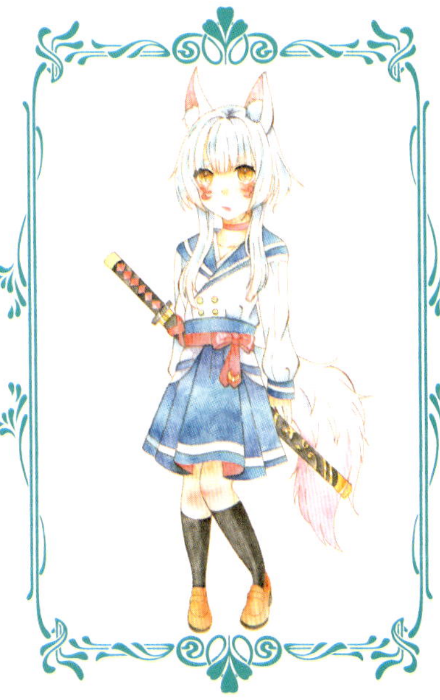

白きつねの銀花。おとなしい性格ですが、戦いにはとても強い!
新潟県・チョコラ

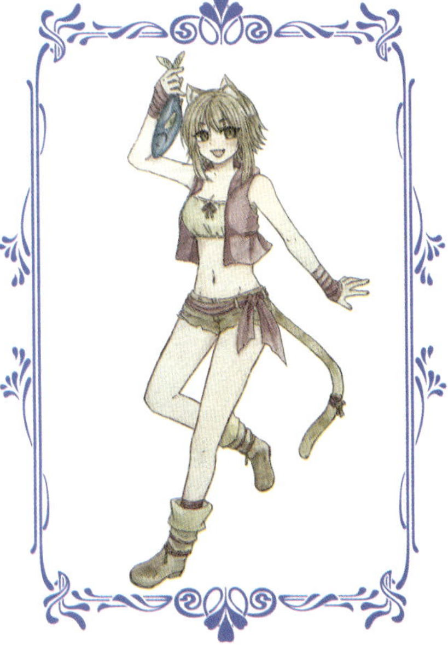

ちょっぴり手癖の悪い猫の獣人の女の子。
本人も気付かないうちにお魚を手に持っている事が多い。
静岡県・Aide

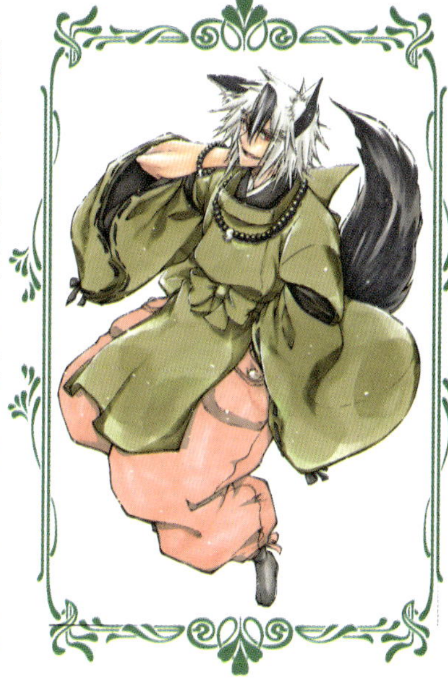

犬護神社の犬神様。東北なまりで話す。根はマジメ、ちょっぴりムッツリなイケメン純情系。
千葉県・前川泉

アヤフヤでフワフワなキメラガール。ずっと昔から自分探しをしているらしい。
神奈川県・鶴見海斗

一途なウサギちゃんは今日も檻の中から彼を想っている♡
北海道・夢現まーや

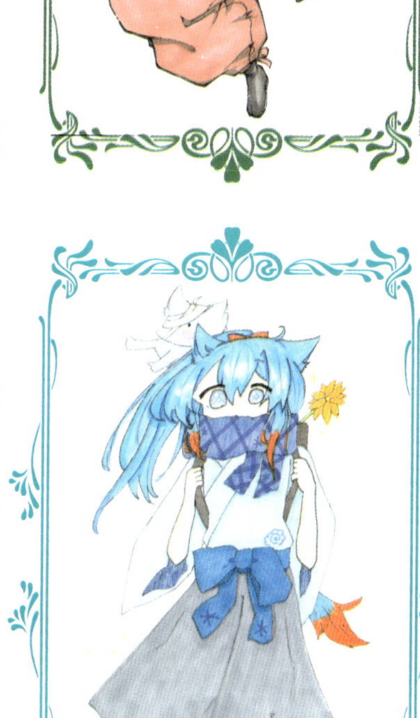

雪男と九尾の狐のハーフの男の子、雪（2000さい）両親を探しながら、旅芸人をしている。「いつか見つけてくれるよね…？」
群馬県・スノー・11歳

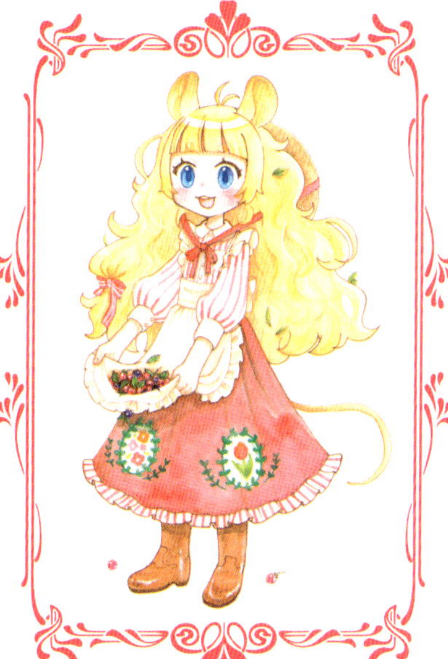

チーズ色の髪に空色の瞳。自然が大好きでいつもお屋敷を抜け出して森を散策している。
宮城県・まめもひ

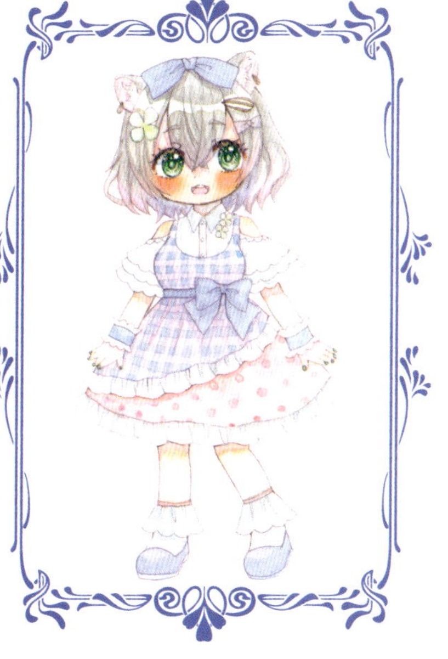

以前飼っていたハムスターをモデルにしたキャラクターを描きました。パステルカラーでまとめました。
長野県・めいりん

自分の羊毛でぬくまって話の途中で眠っちゃうコ。本人に悪気はないので起きるといつも半ベソで謝ってくる。
沖縄県・すきっぱねずみ

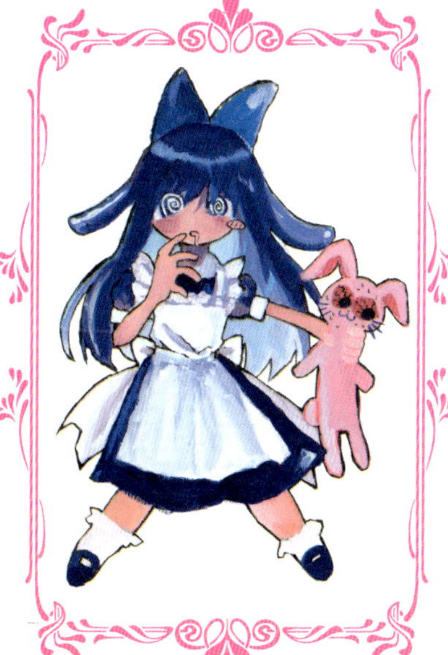

うさぎの獣人ラピスちゃん。不思議の国で働いている。迷いこんだ獲物が主食。共食いだろうが特に気にしない。
岡山県・のりあき・17歳

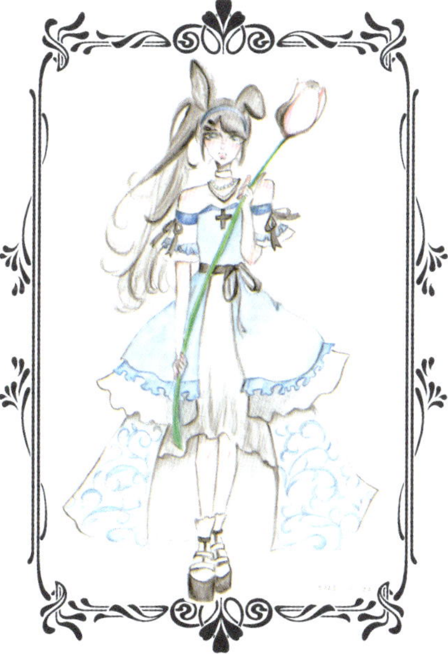

天然なうさぎちゃん。ひっこみ思案です、寝ることが大好き。
東京都・璃黎綴・14歳

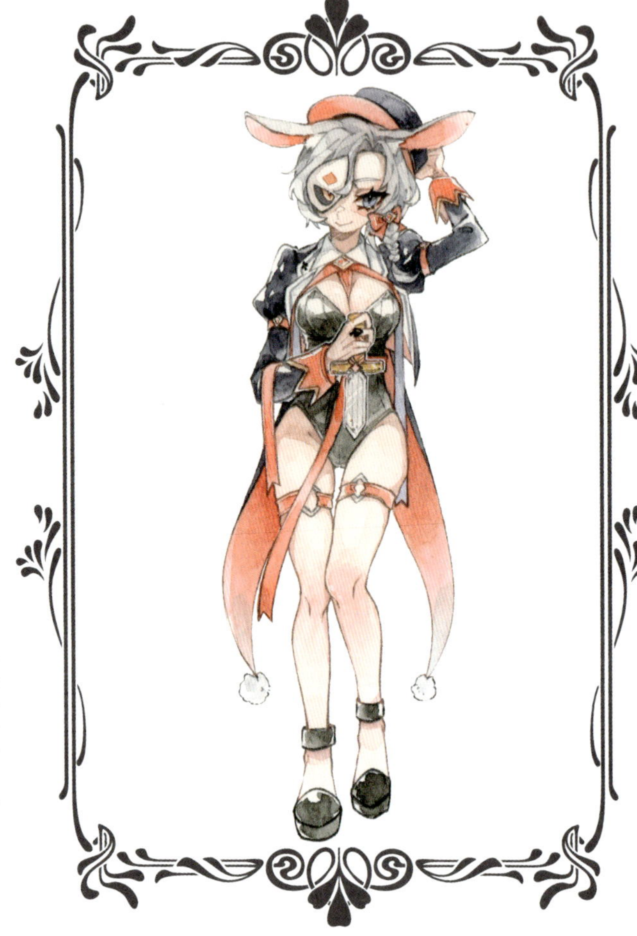

ウサギのフゥル。魔法のショーの団長をしており、神出鬼没でいつも大抵様子がおかしい。

北海道・伸紅

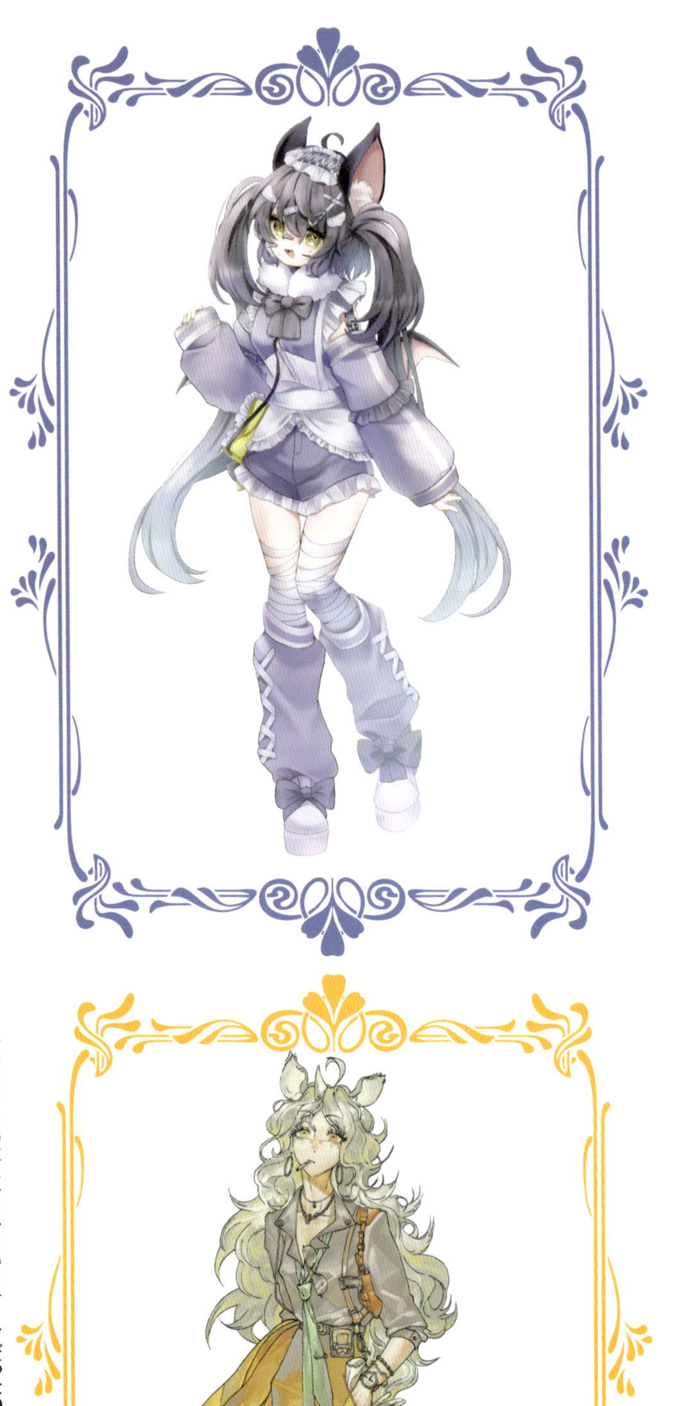

天使界隈のお洋服に憧れたコウモリの女の子。コウモリでも天使になりたい！

新潟県・抹茶の助

うさぎのラビちゃん。身長が２ｍ程ある大きなお姉さん。

静岡県・鴉堂

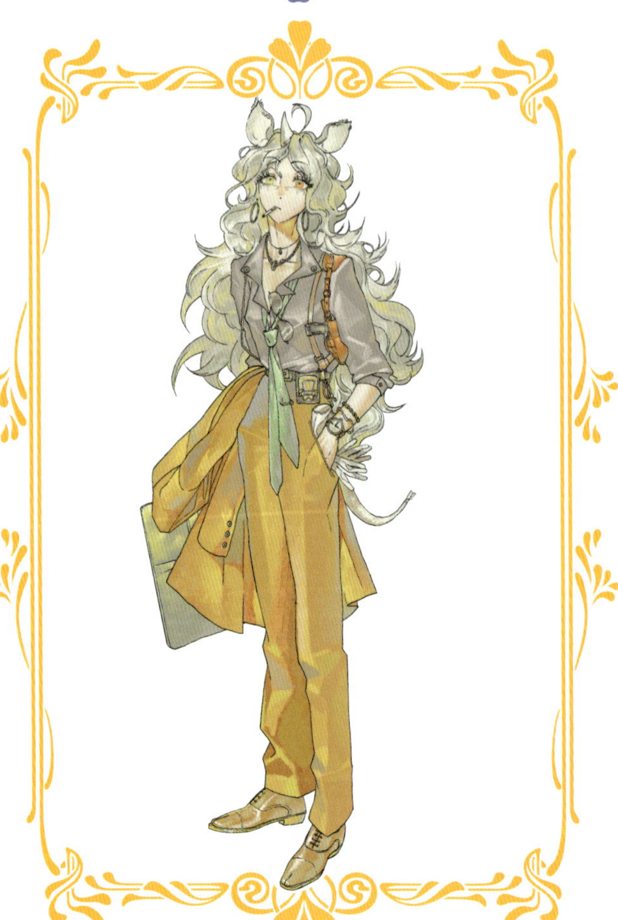

今回はけもの耳キャラ、というテーマだったので、シロサイの女の子を描きました！　どんなケモノにしようか、図鑑を見ていて耳の形が可愛いサイを発見し、シロサイに決めました。最近刑事ドラマにハマっているので、刑事にしたいと思い、シロサイ×刑事でキャラクターデザインしました。

大阪府・ゆめ・16歳

悪い事をする動物達を取り締まっている兎です！
優しい子ですが、決まり事に厳しいです！
大阪府・potato

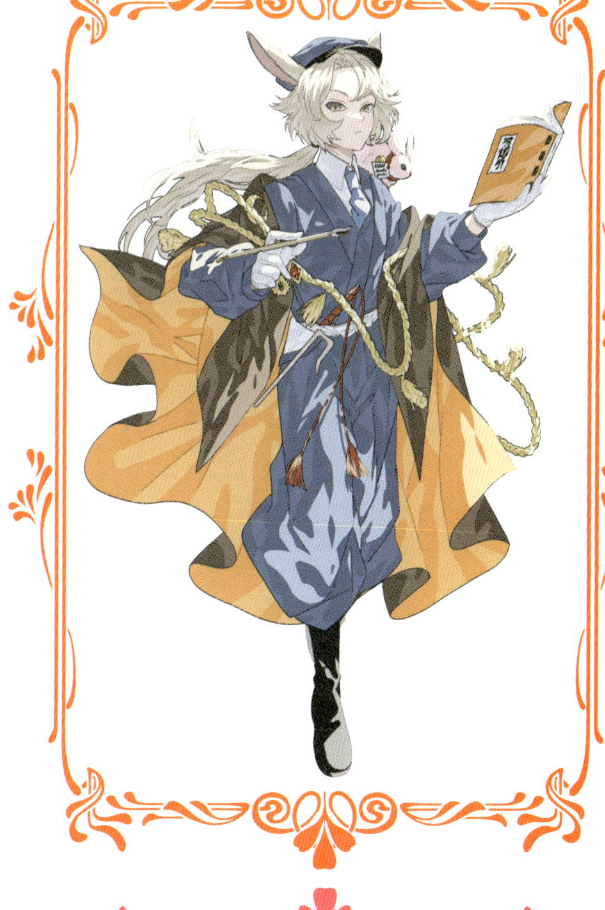

とある田舎に住む花屋の看板犬、乙ノ瀬小夏。ひまわり畑で走り回るのが大好き。
愛媛県・しおの

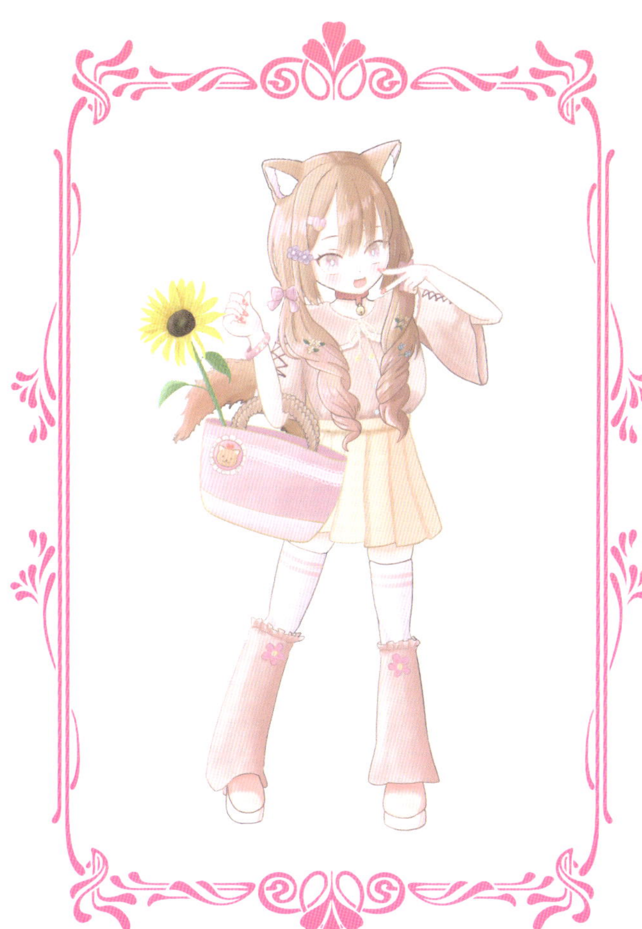

サイベリアンの猫耳メイドさんです。足首のリボンは首輪代わりで、
裏に雇い主の名前が書かれています。
神奈川県・おーぶりー

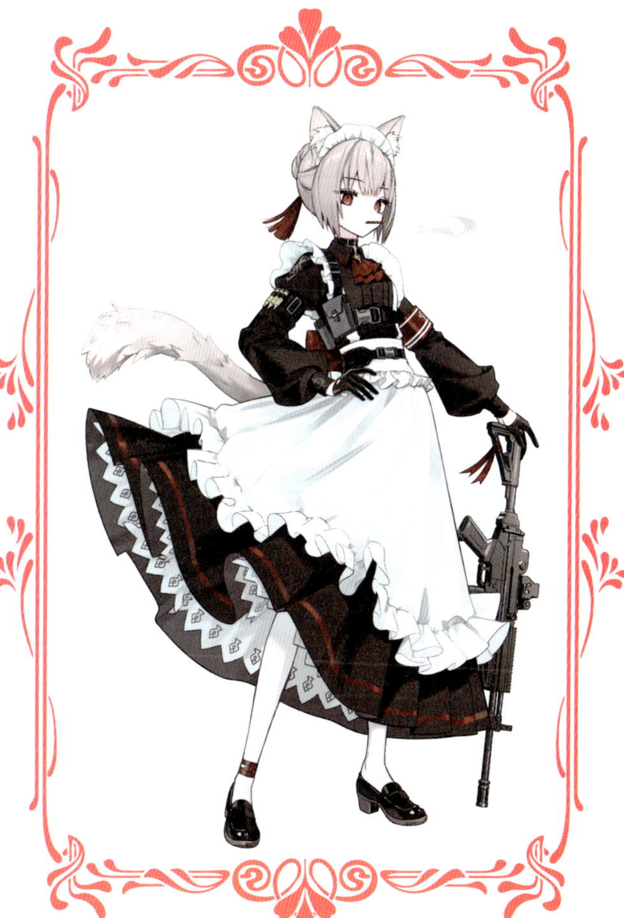

他人の顔色を窺ってばかりのコウモリ女子。最近気が付くと見覚えのない場所にいる。
静岡県・波野ウヲ

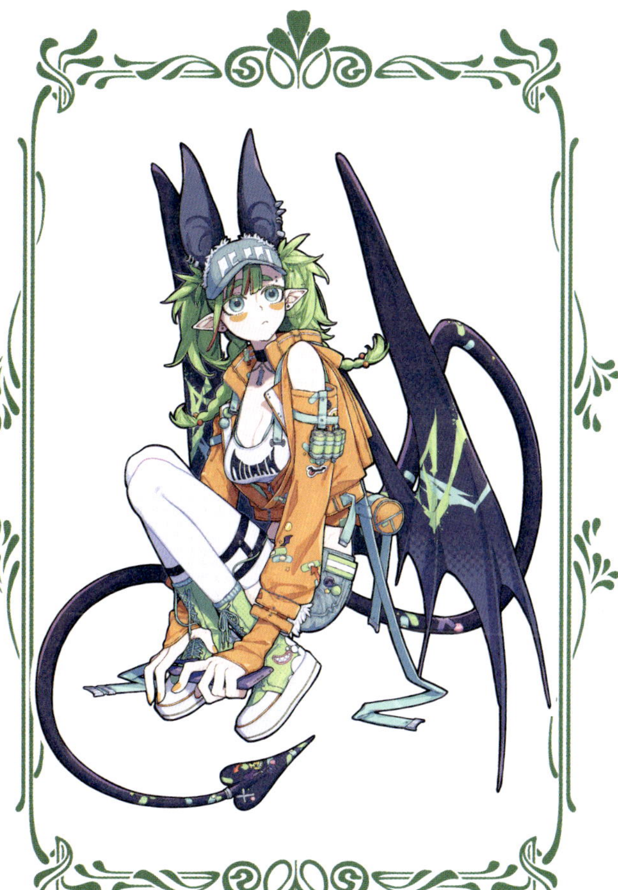

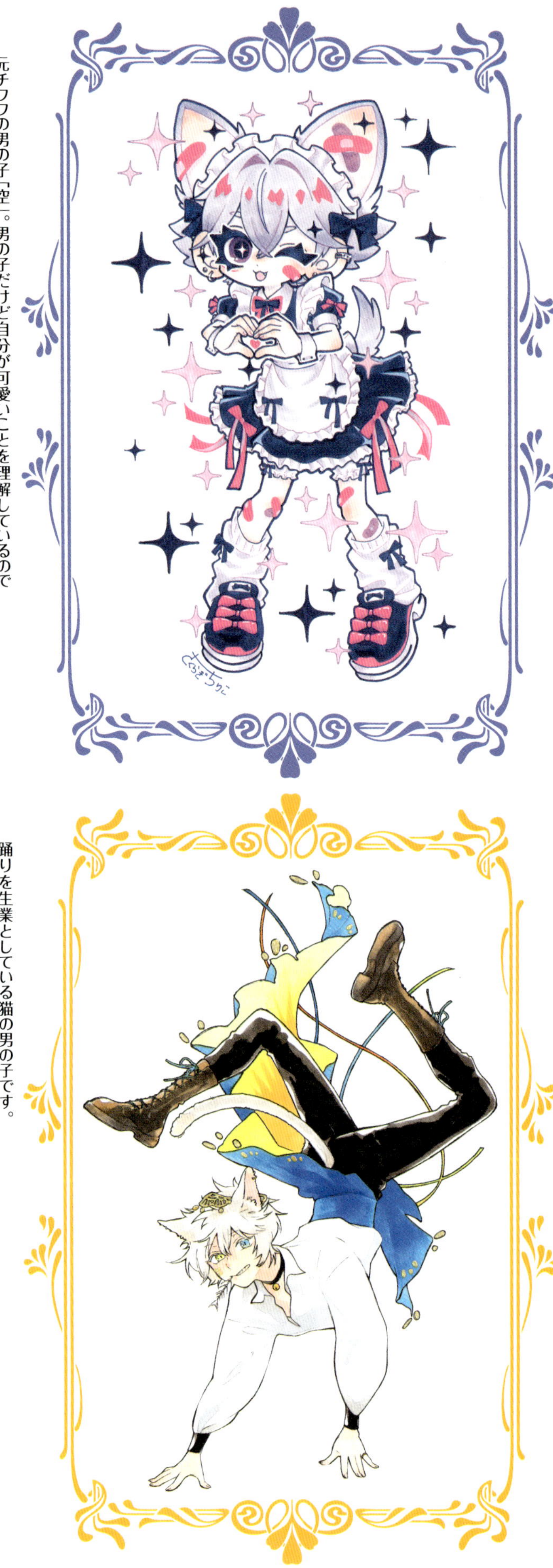

元チワワの男の子「空」。男の子だけど自分が可愛いことを理解しているので
頼めば可愛い服を着てくれる。
神奈川県・さくらぎちりこ

獣人の少ない国に生まれた調香師の青年。
町外れの森に住んでいてハーブを育てている。
大阪府・ハルサメマナナ

踊りを生業としている猫の男の子です。
福岡県・多雨

猫カフェの猫店員ましろちゃん。
ちょっとおっちょこちょいな性格でオッドアイがチャームポイント。
埼玉県・木野白

KUNSTKAMMER SS

クンストカマー

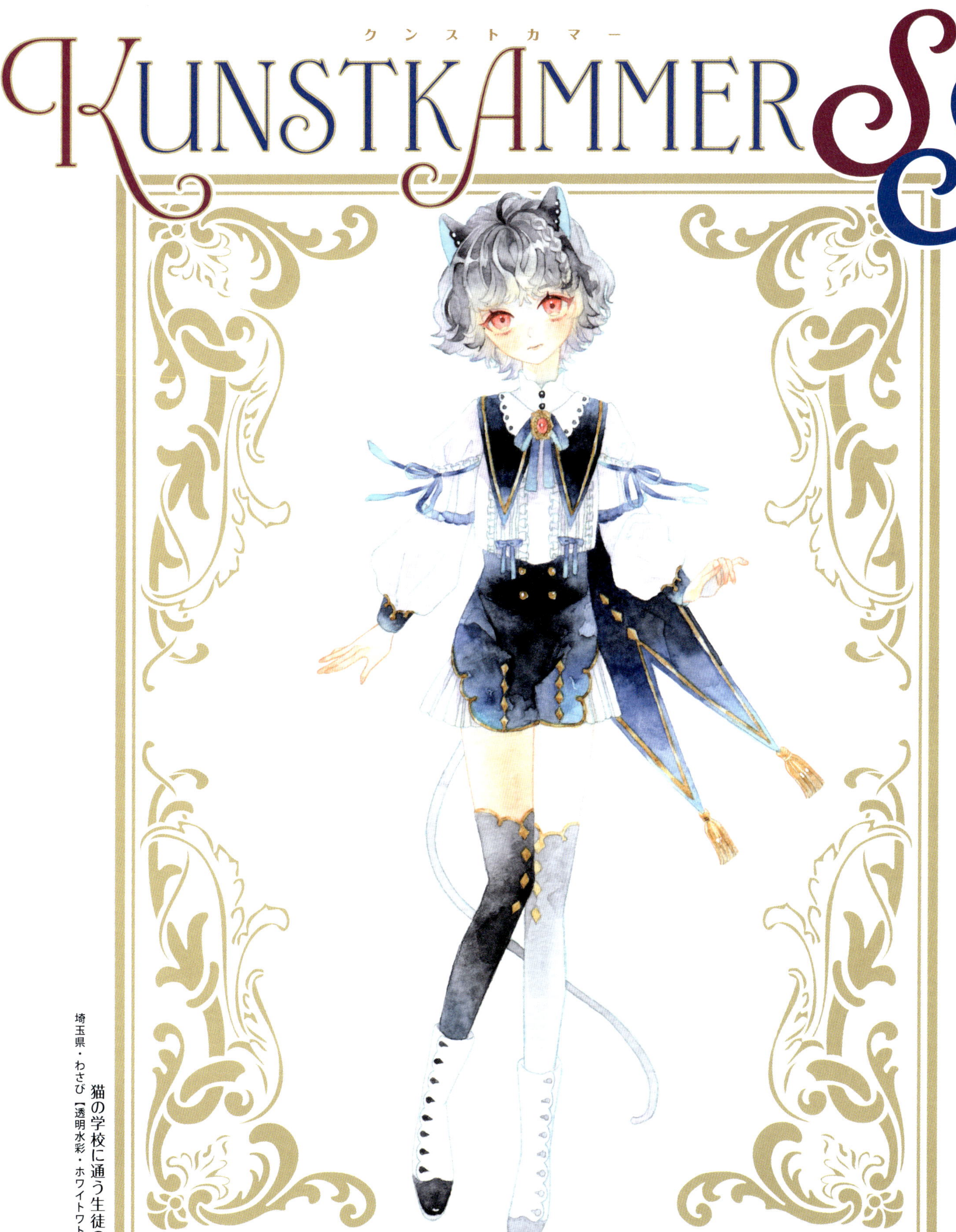

猫の学校に通う生徒の一人

埼玉県・わさび【透明水彩・ホワイトワトソン】

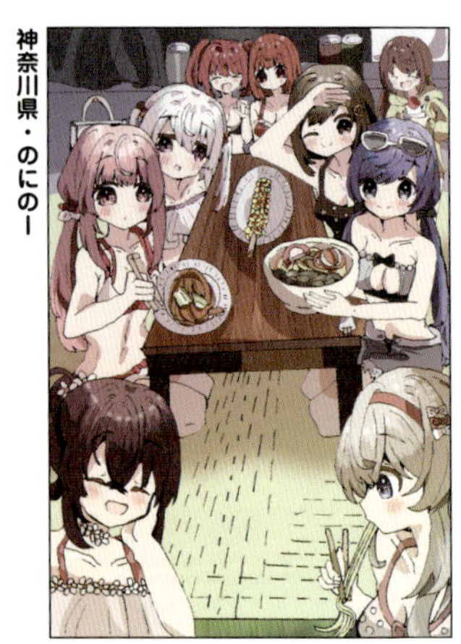
神奈川県・のにのー

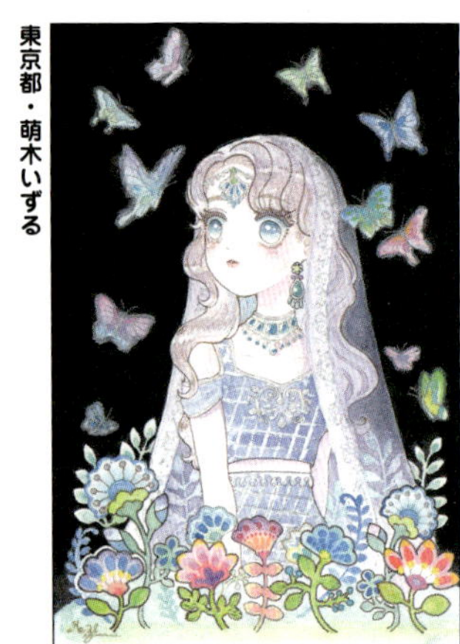
東京都・萌木いずる

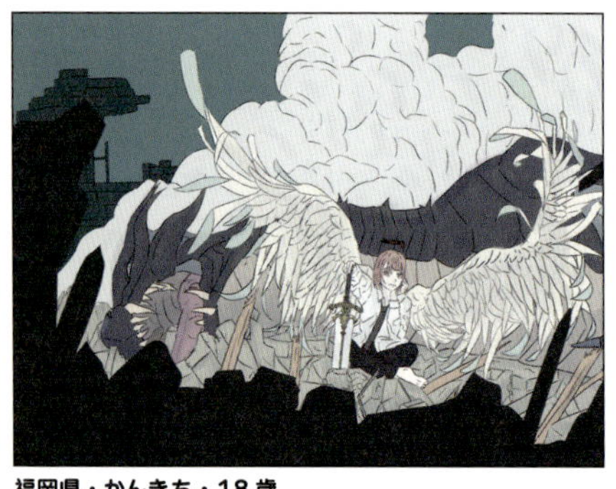
福岡県・かんきち・18歳

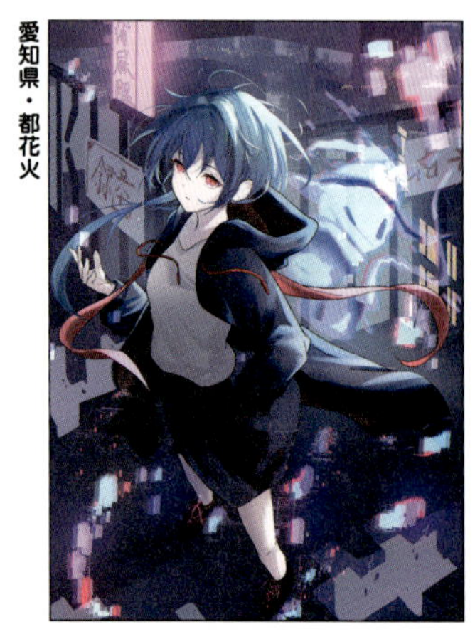
愛知県・都花火

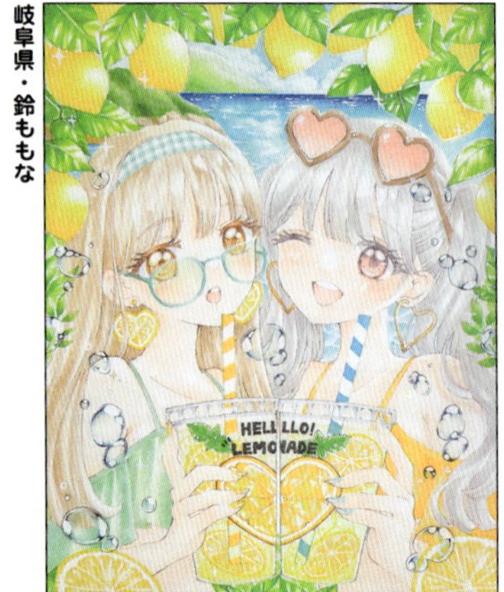

岐阜県・鈴ももな

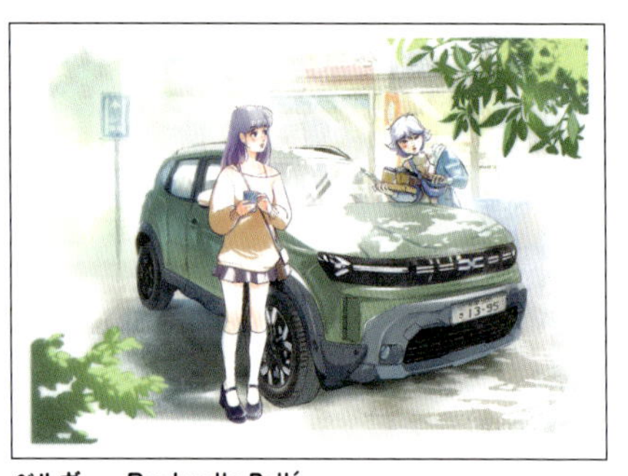
ベルギー・Raphaelle Pellé

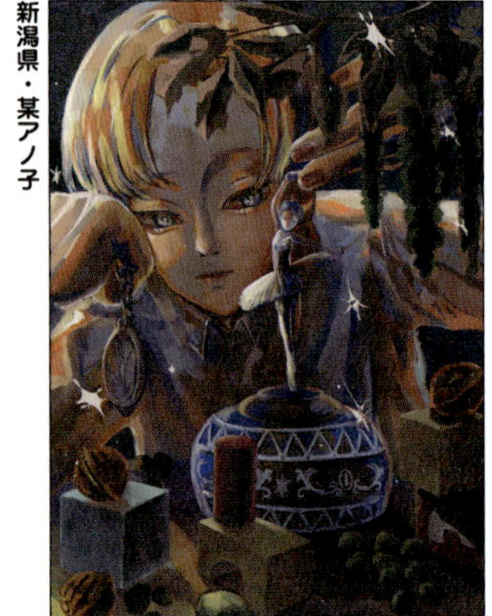
新潟県・某アノ子

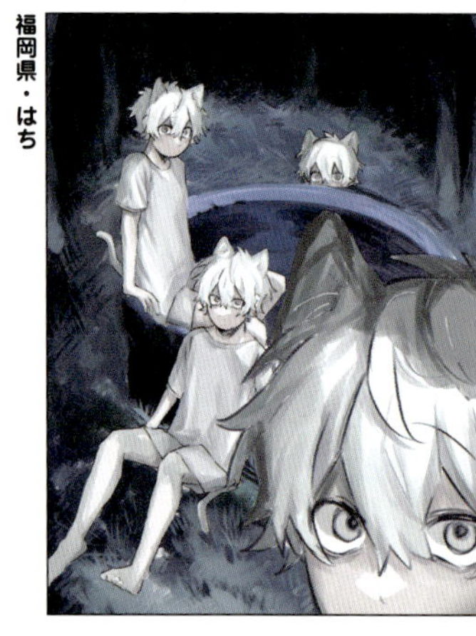
福岡県・はち

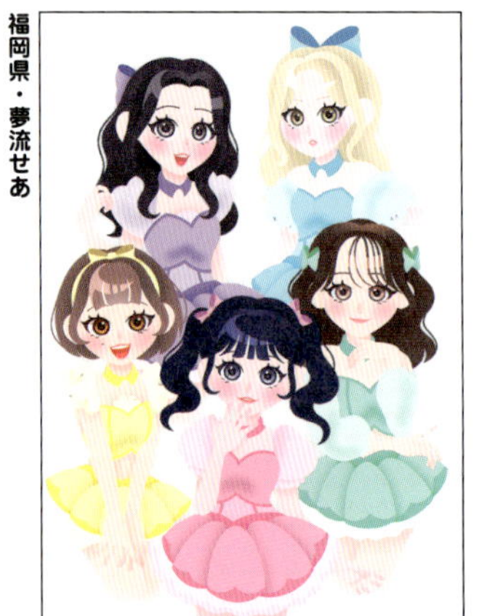
福岡県・夢流せあ

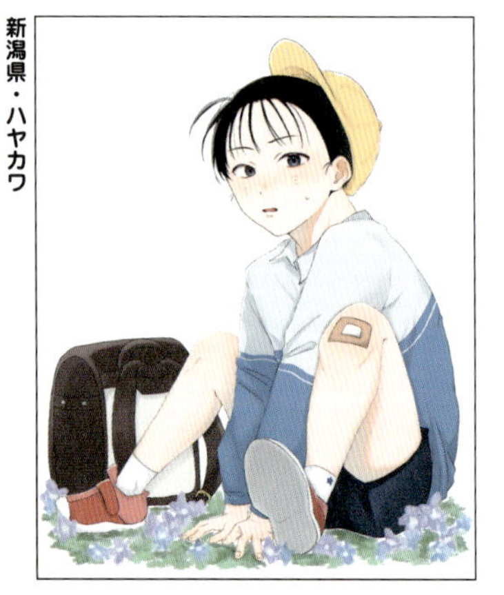
新潟県・ハヤカワ

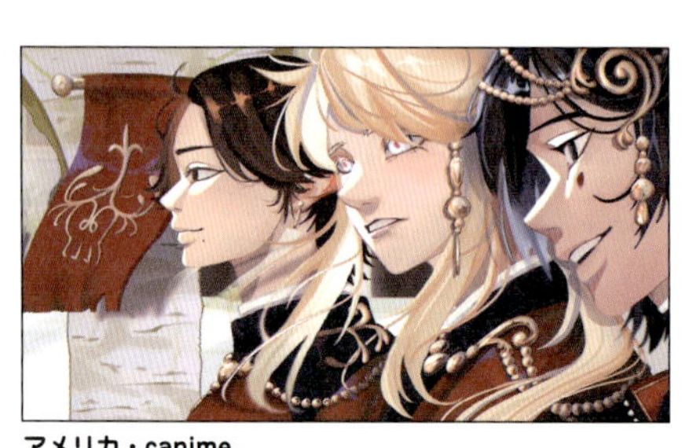
アメリカ・canime

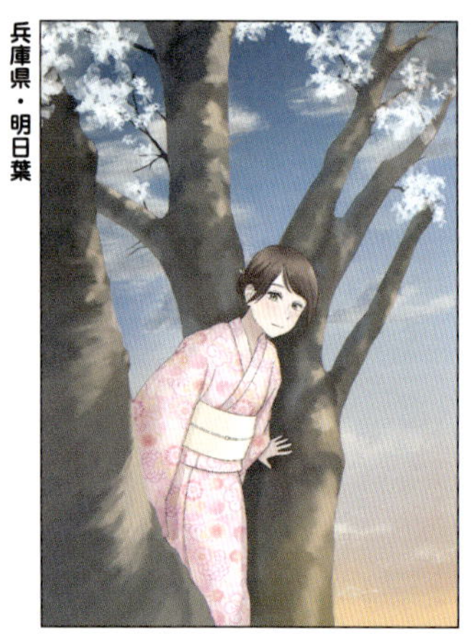
兵庫県・明日葉

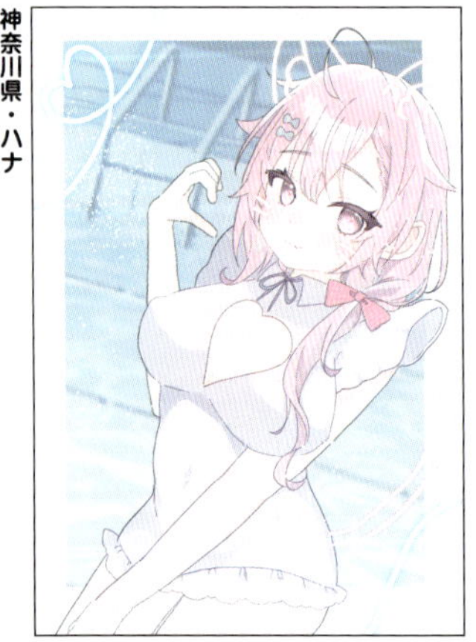
神奈川県・ハナ

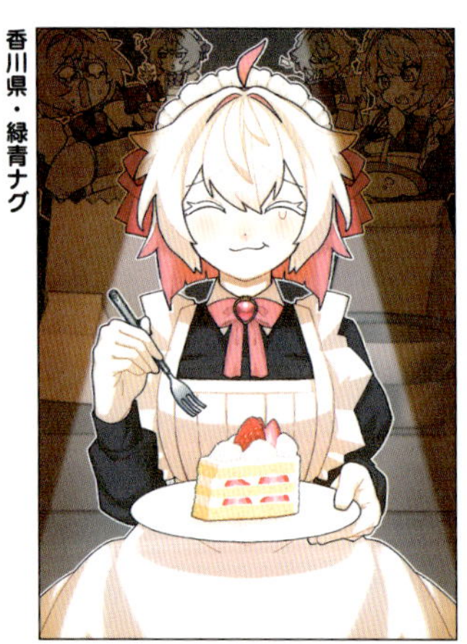
香川県・緑青ナグ

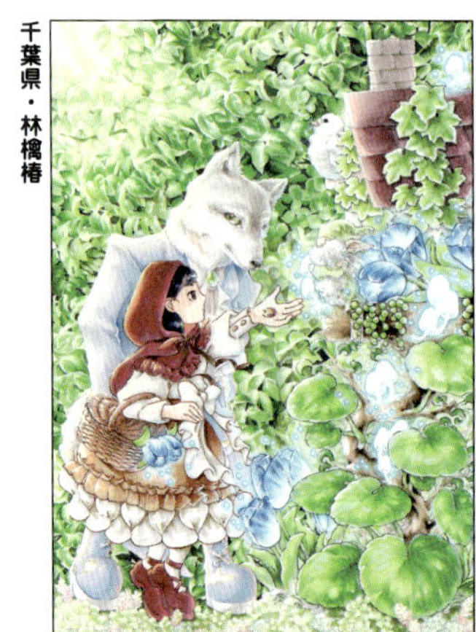
千葉県・林檎椿

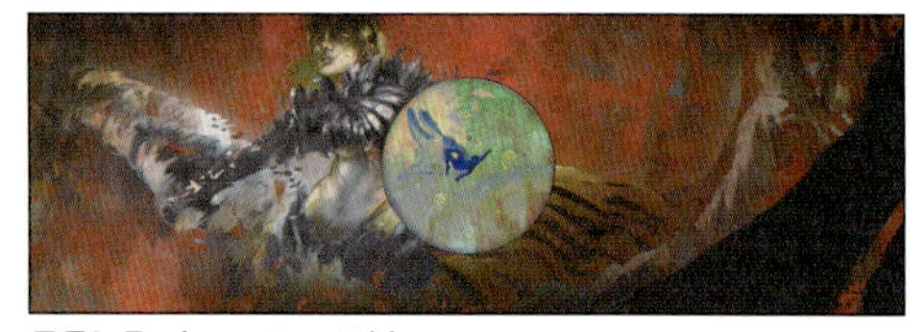
フランス・bonnet matthieu

岡山県・三色団子のグリーン

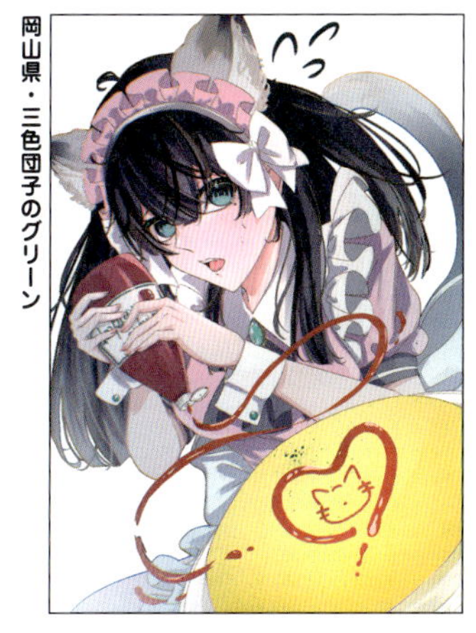

京都府・とおみつあまり

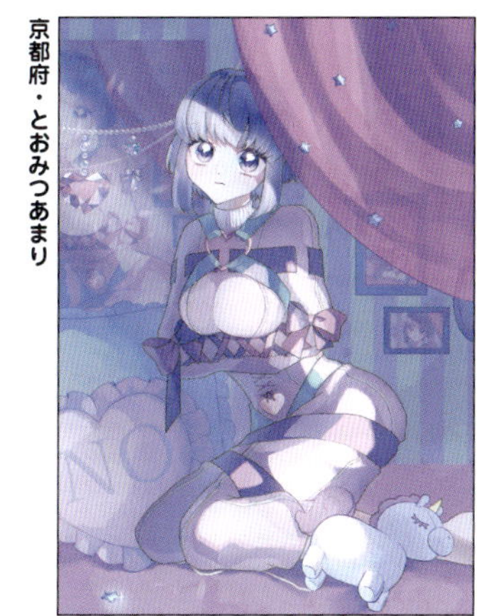

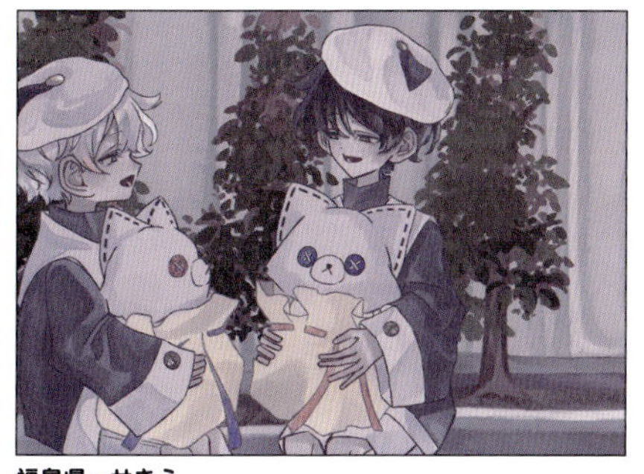

福島県・せきう

埼玉県・桜禾

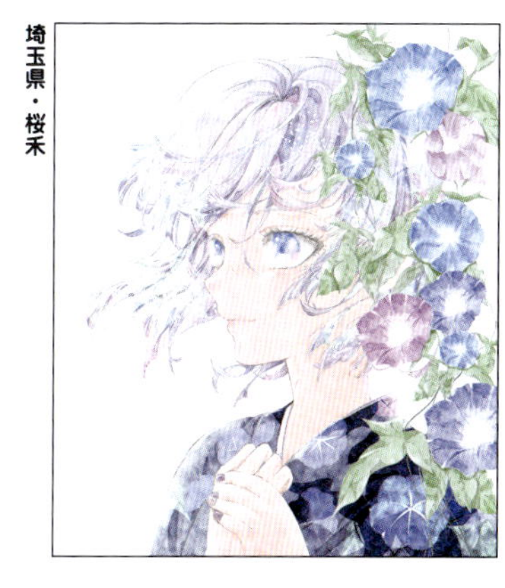

福岡県・にゃこんぶ

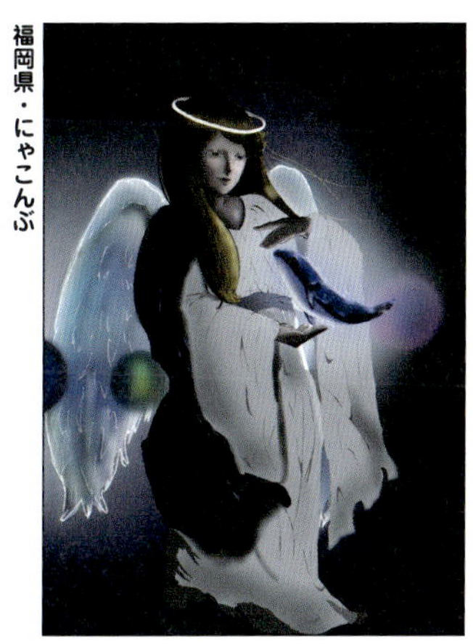

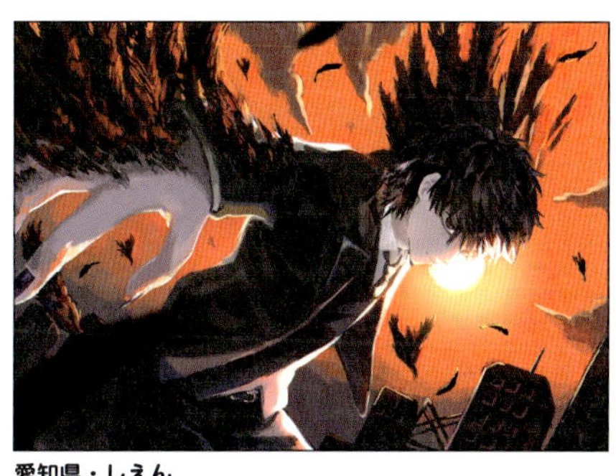

愛知県・しえん

北海道・神足・41歳

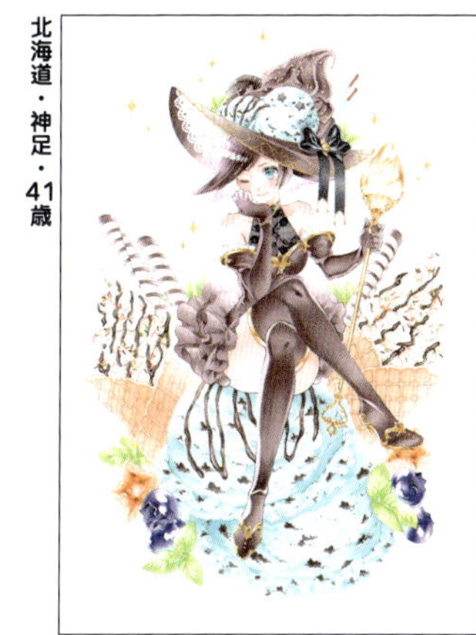

福岡県・小紫

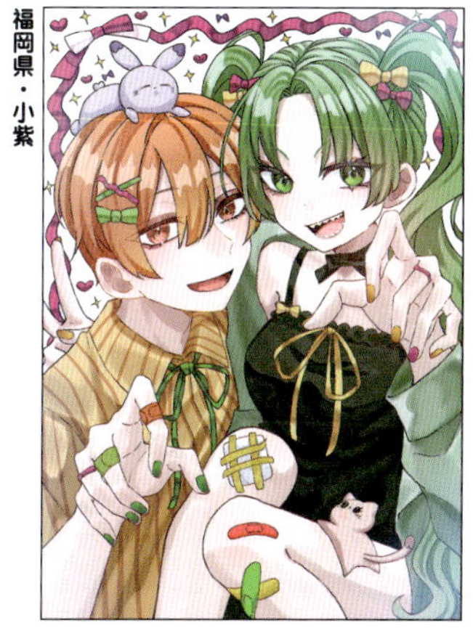

福岡県・水瀬雪

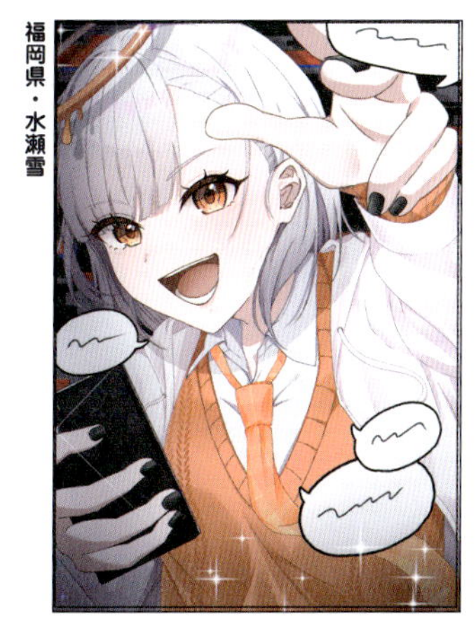

福岡県・ねこまみれ

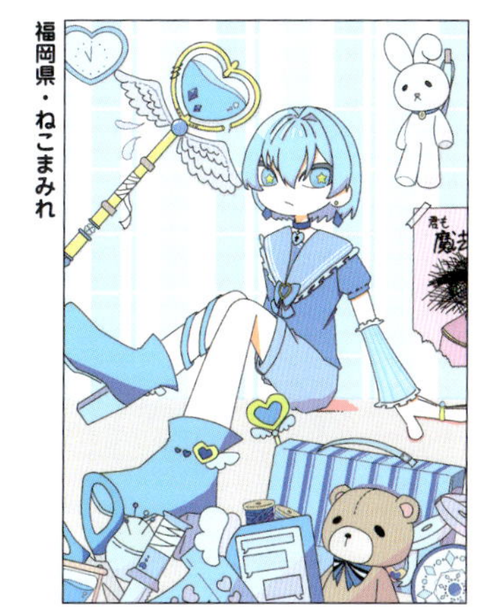

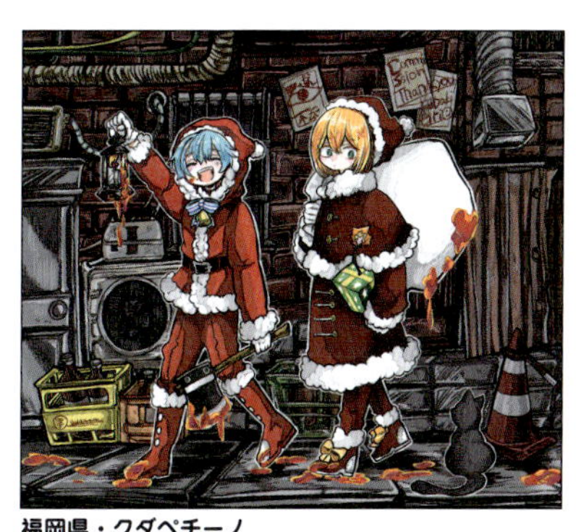

福岡県・クダベチーノ

大阪府・尽

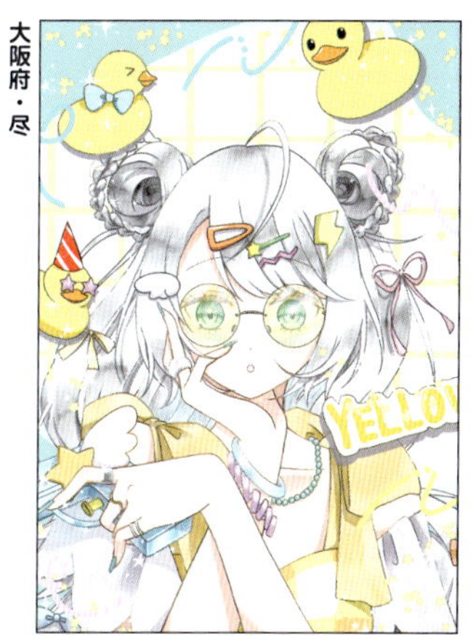

福島県・兎丸うなぎ

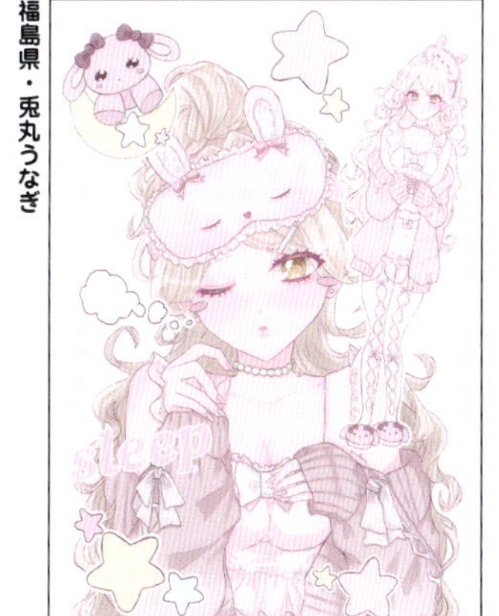

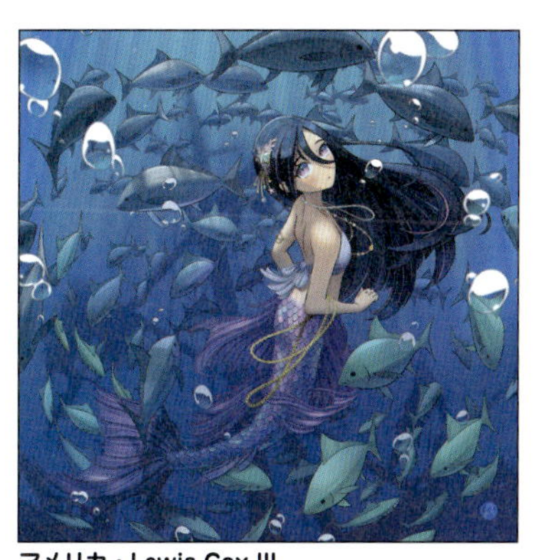

アメリカ・Lewis Cox III

京都府・星乃春花

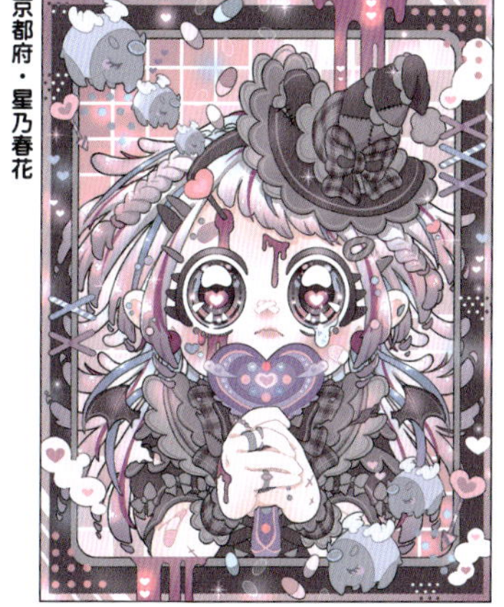

神奈川県・のさん

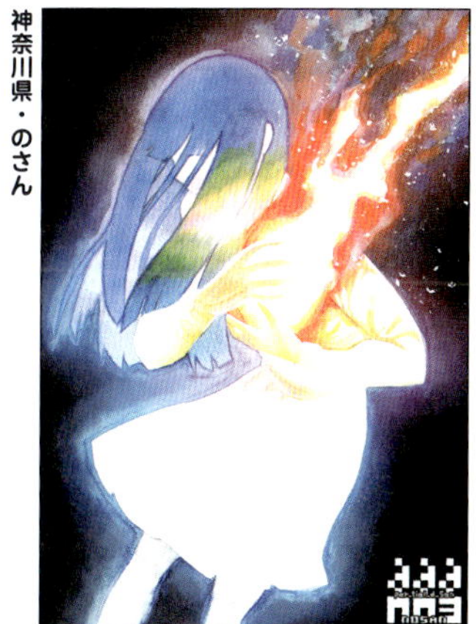

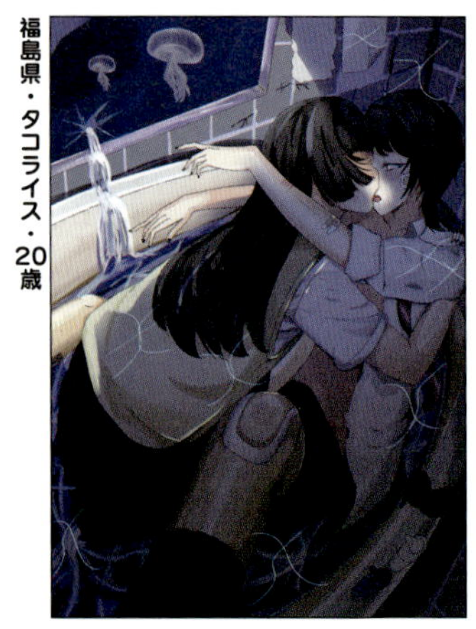
福島県・タコライス・20歳

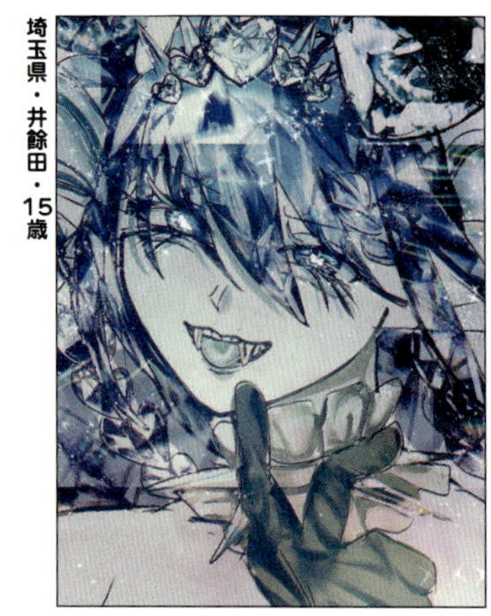
埼玉県・井餘田・15歳

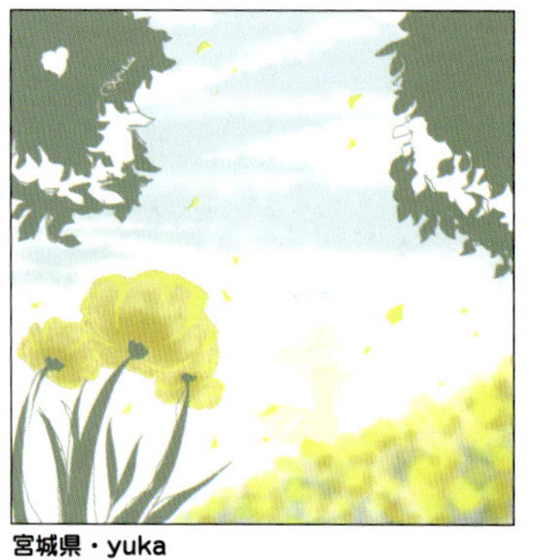
宮城県・yuka

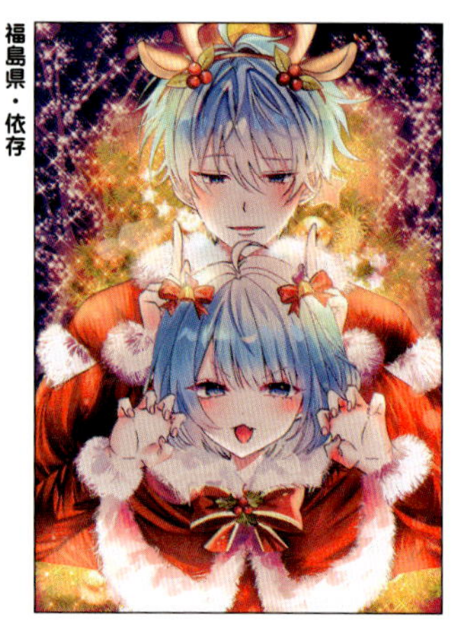
福島県・依存

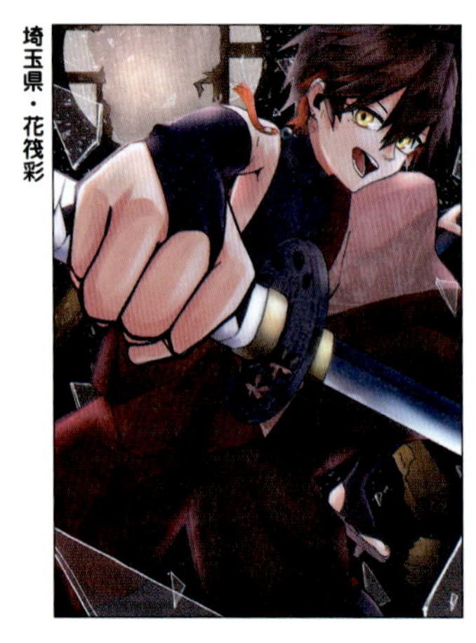
埼玉県・花筏彩

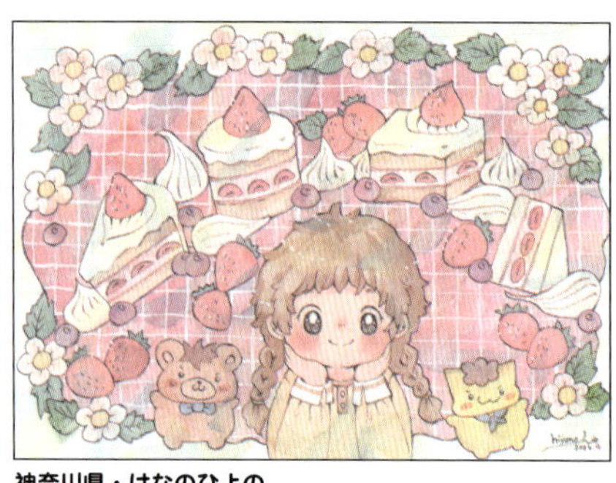
神奈川県・はなのひよの

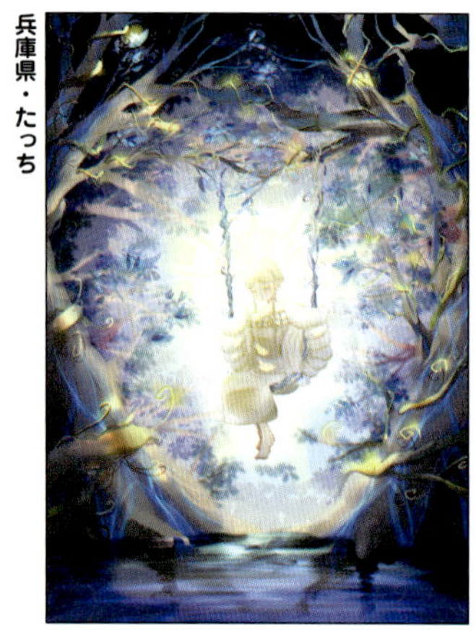
兵庫県・たっち

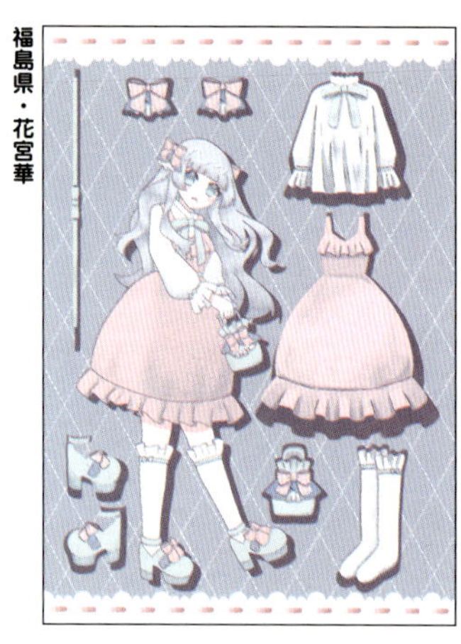
福島県・花宮華

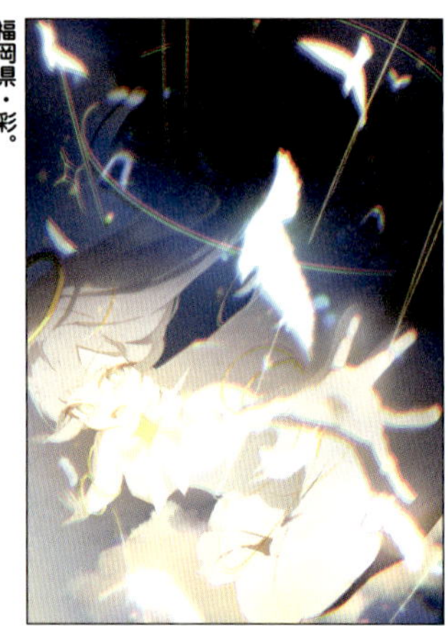
福岡県・彩。

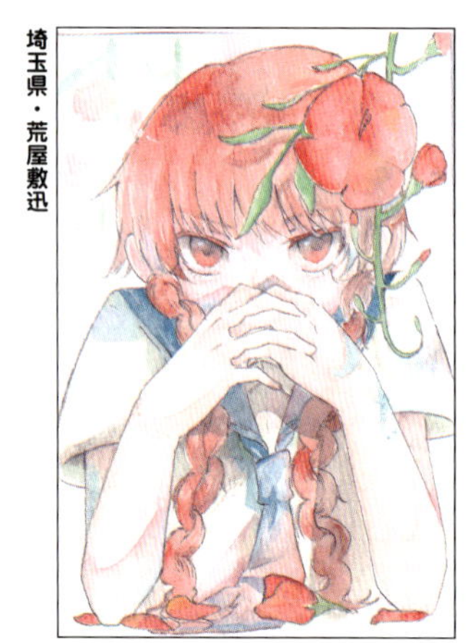
埼玉県・荒屋敷迅

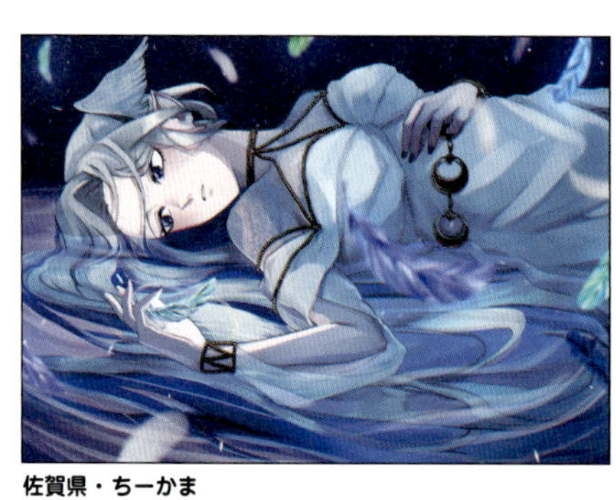
佐賀県・ちーかま

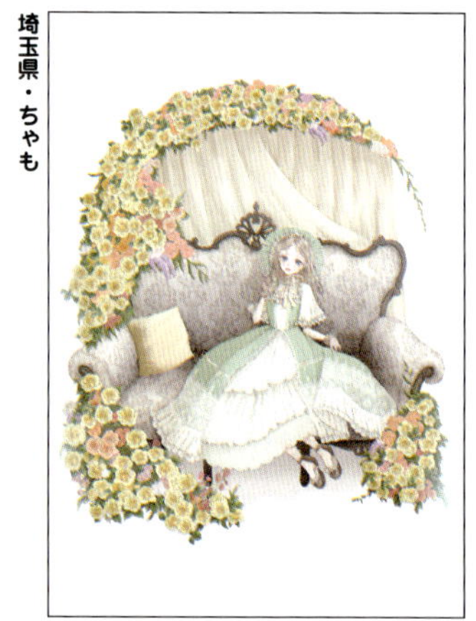
埼玉県・ちゃも

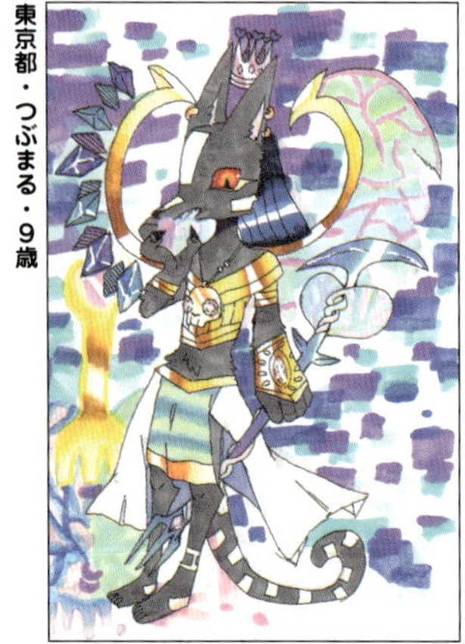
東京都・つぶまる・9歳

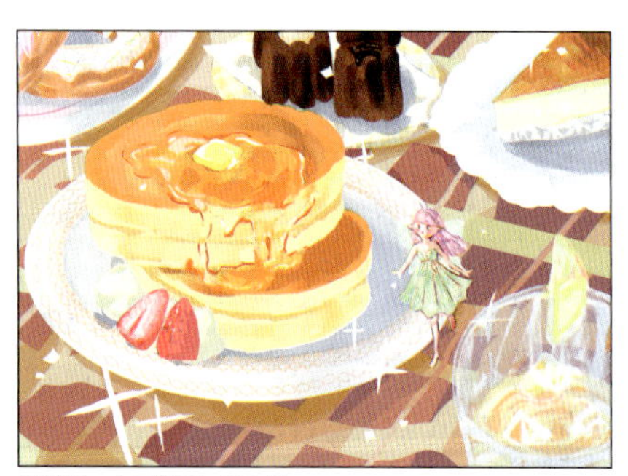
新潟県・セス伯爵・20歳

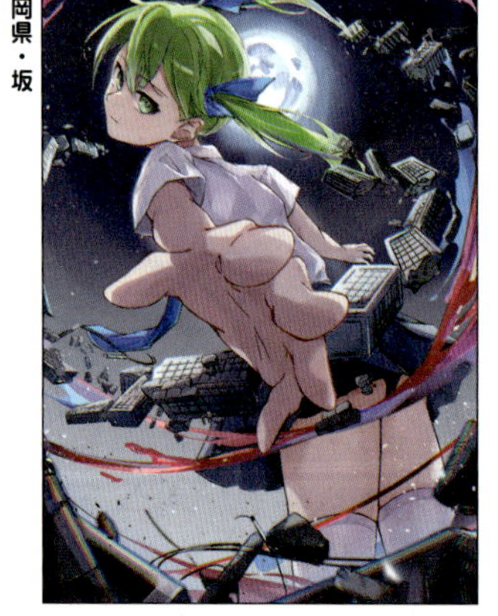
福岡県・坂

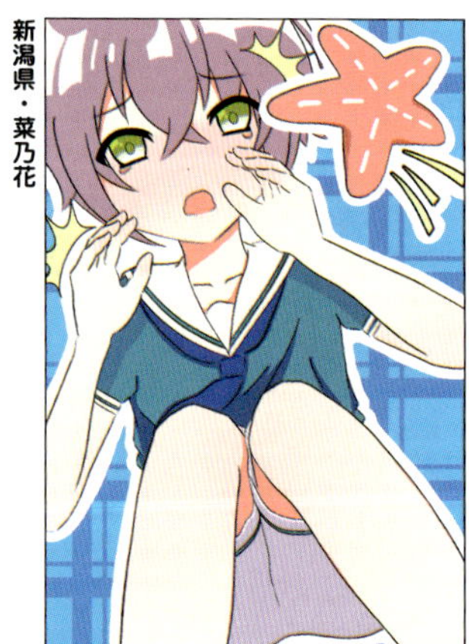
新潟県・菜乃花

福岡県・こヤギ

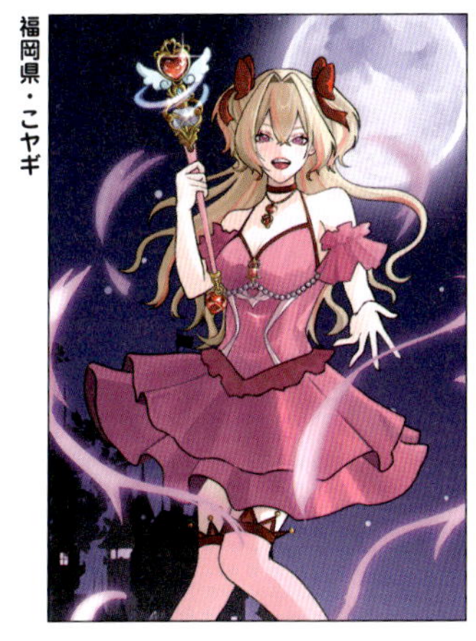

茨城県・おまめ・13歳

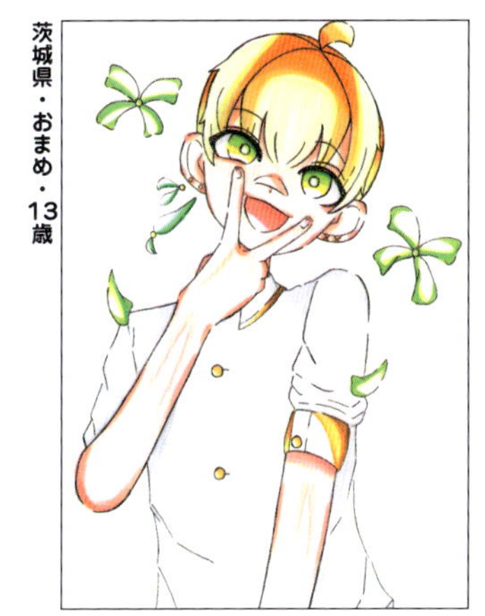

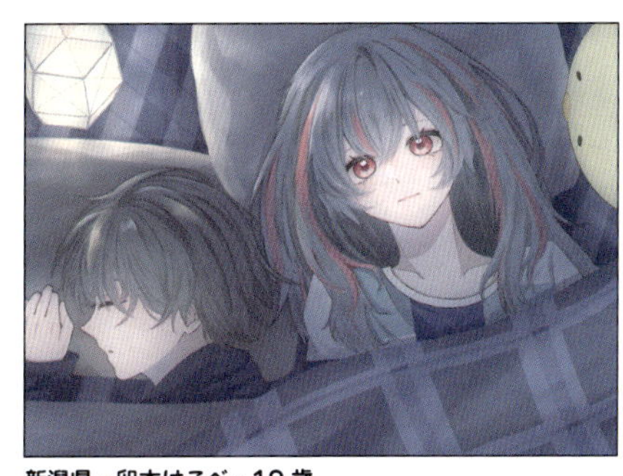

新潟県・卯木はこべ・19歳

新潟県・モリ子・18歳

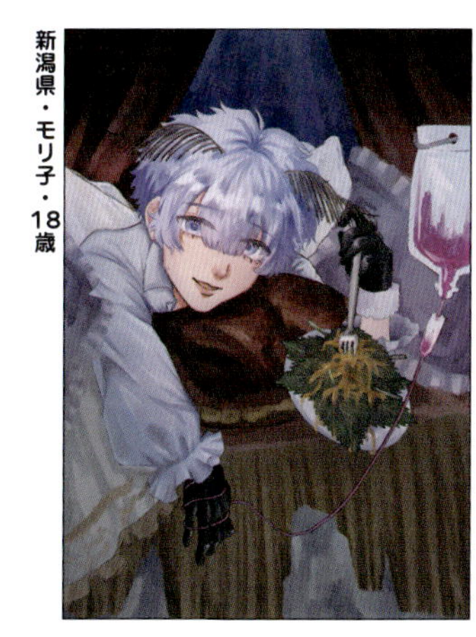

福岡県・ゆちぴよ

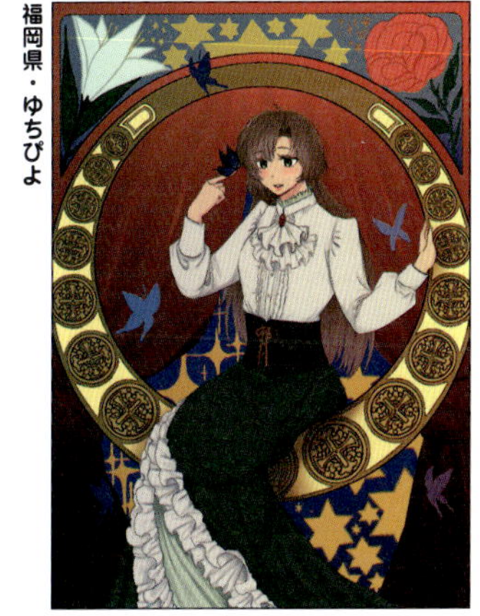

大阪府・しどうかいと・39歳

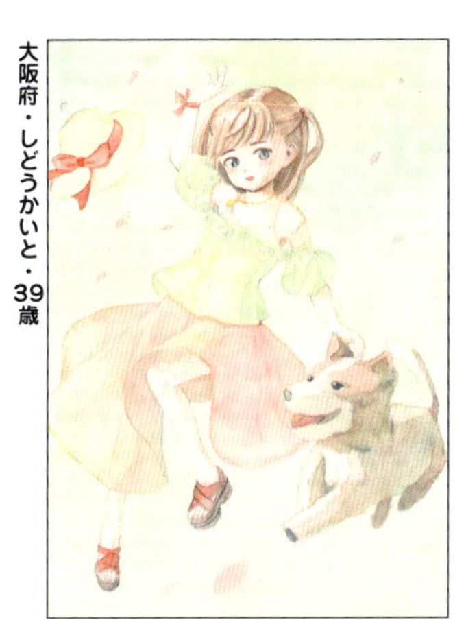

東京都・ひろくまひろみ

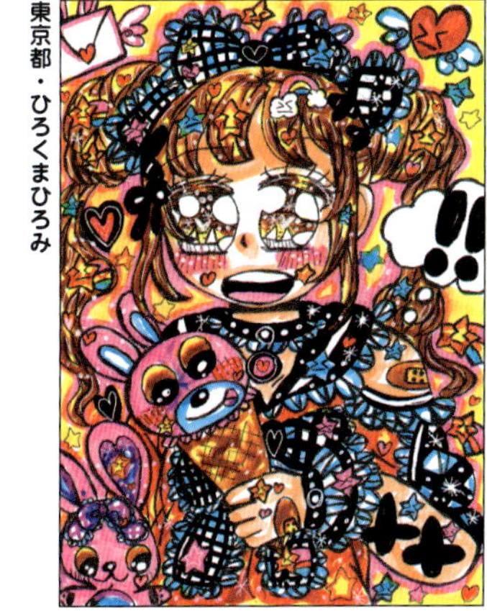

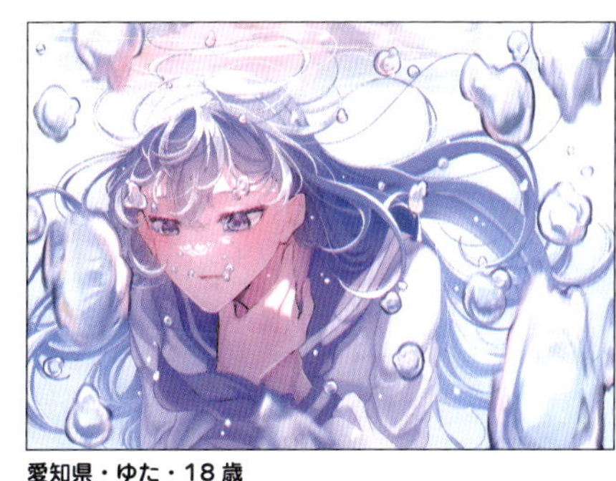

愛知県・ゆた・18歳

福島県・ヨニマル

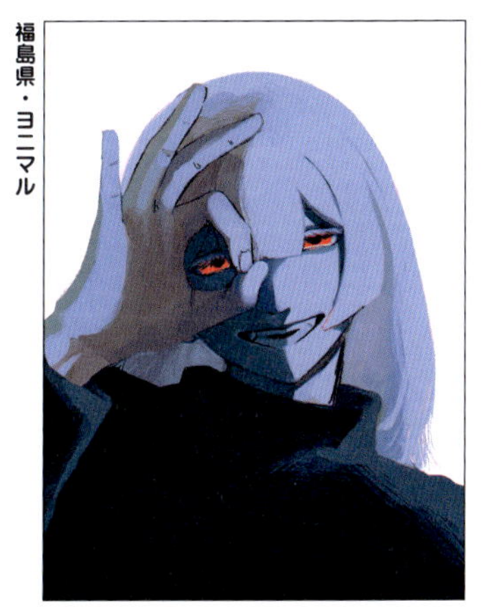

滋賀県・よいち

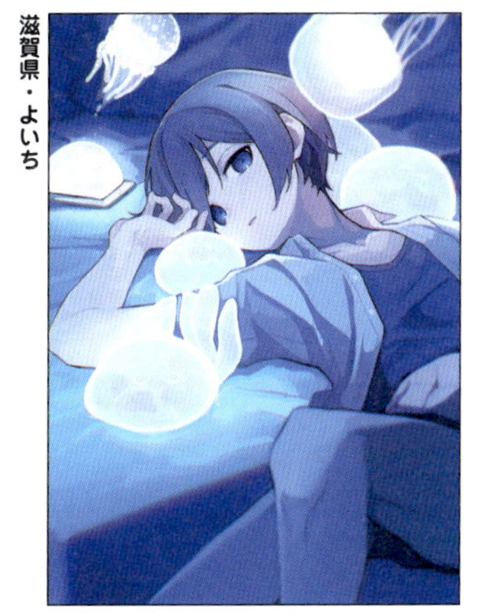

佐賀県・スミー・18歳

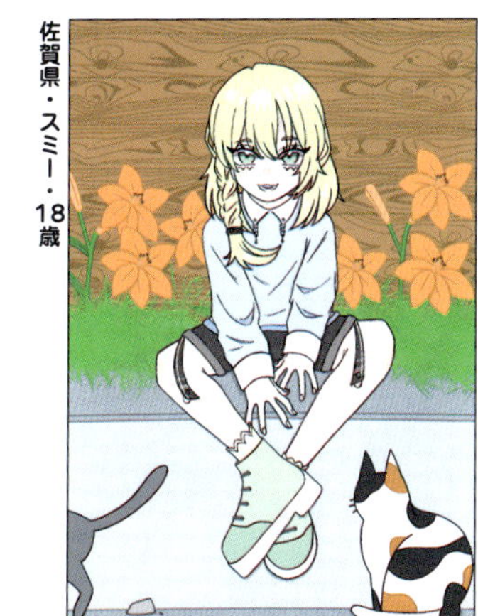

岐阜県・右京

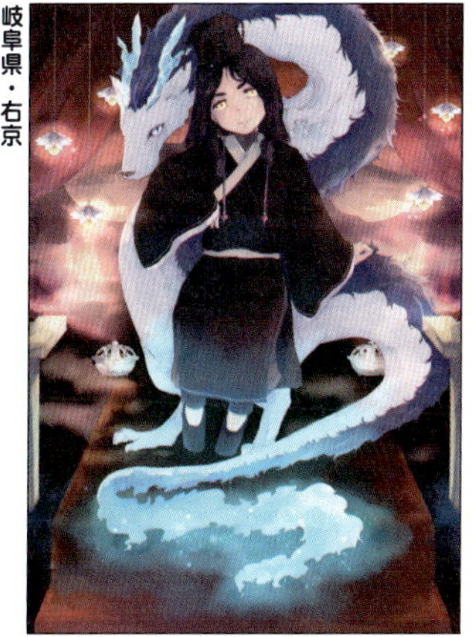

埼玉県・セコイ也

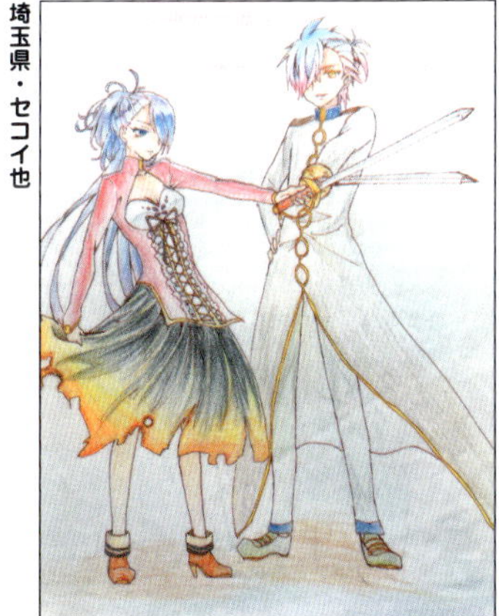

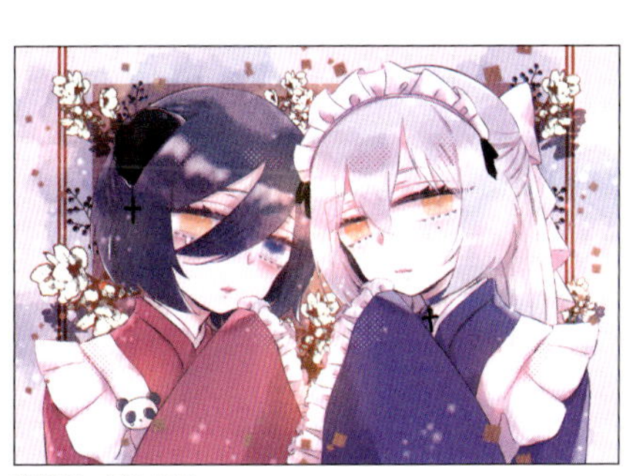

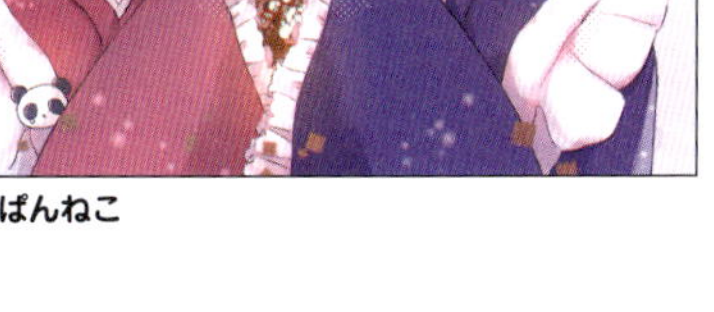

高知県・ぱんねこ

栃木県・りんご野あだ

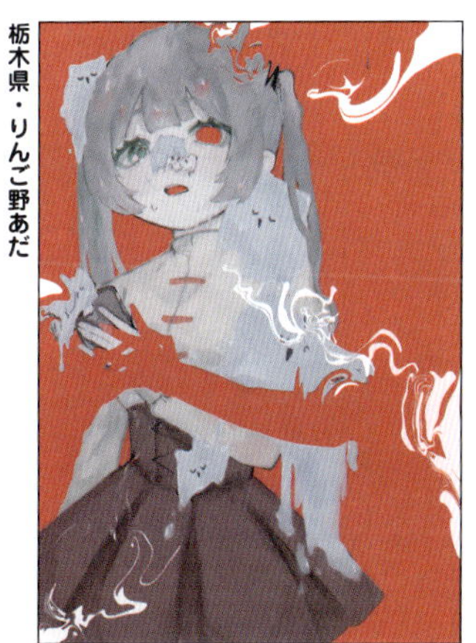

福岡県・ラテ子・18歳

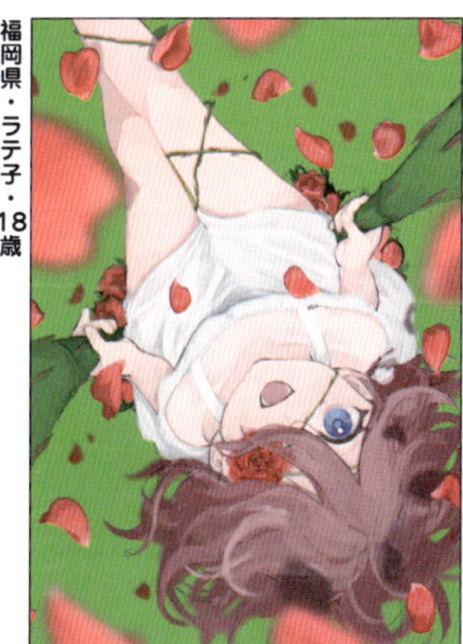

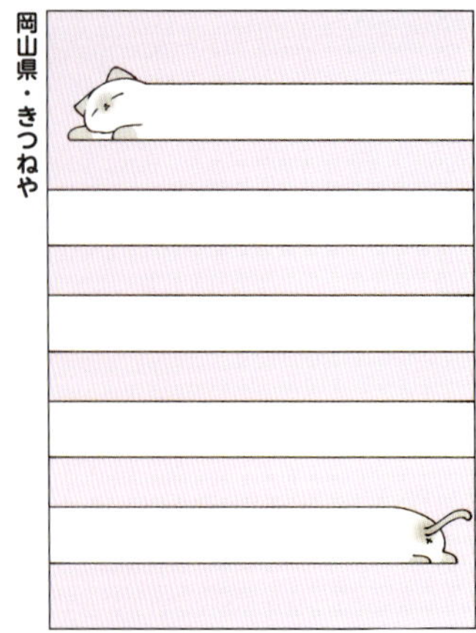
岡山県・きつねや

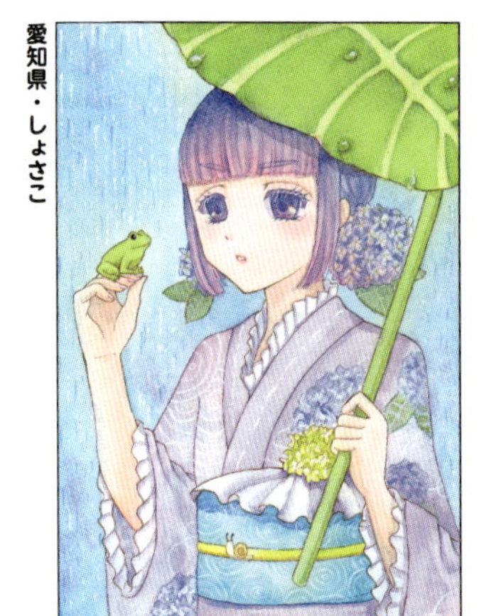
愛知県・しょさこ

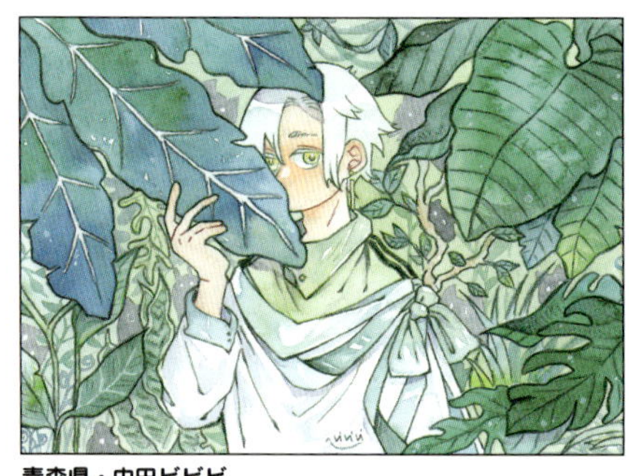
青森県・中田ビビビ

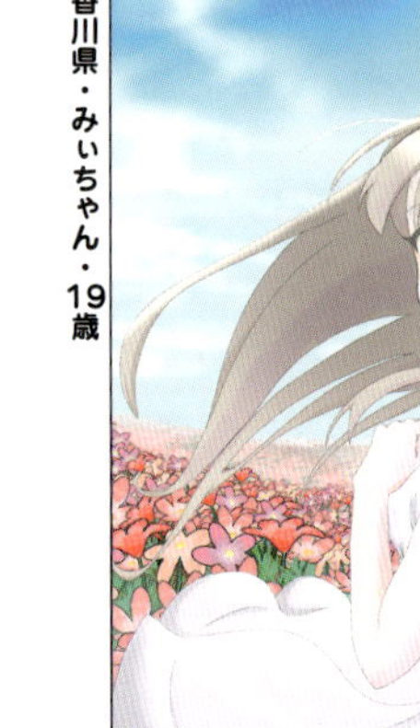
香川県・みぃちゃん・19歳

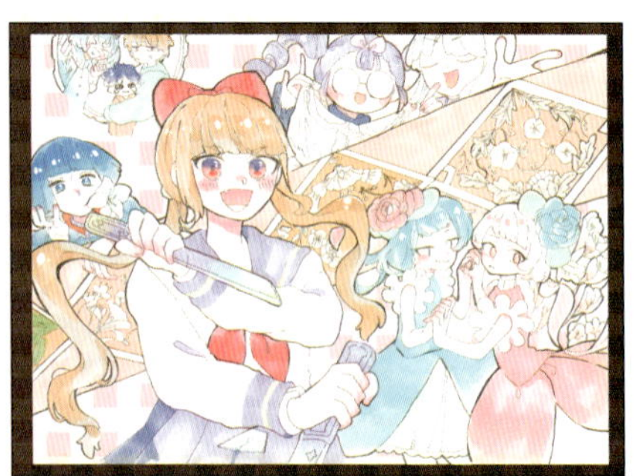
愛知県・瀬々

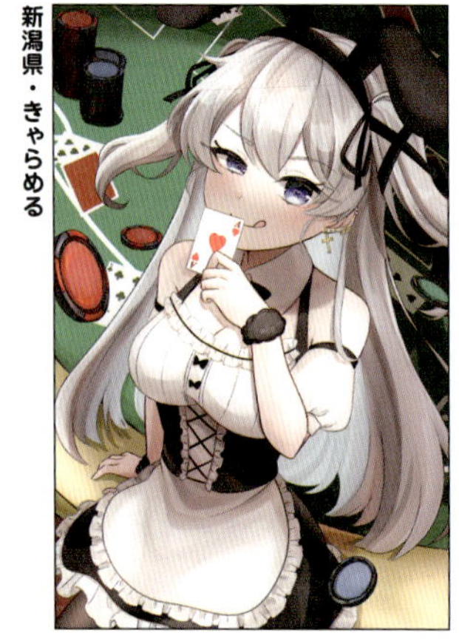
新潟県・きゃらめる

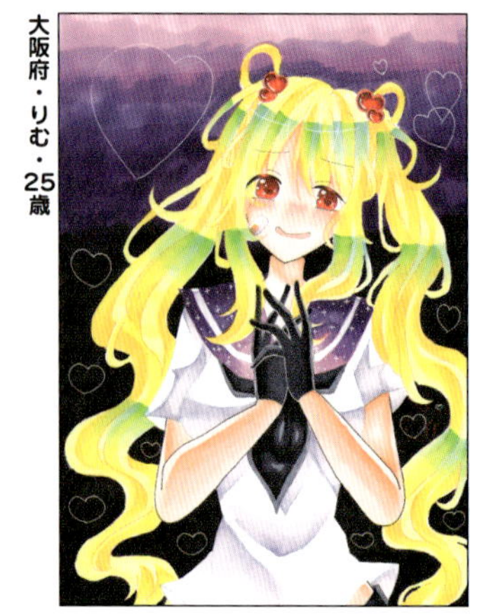
大阪府・りむ・25歳

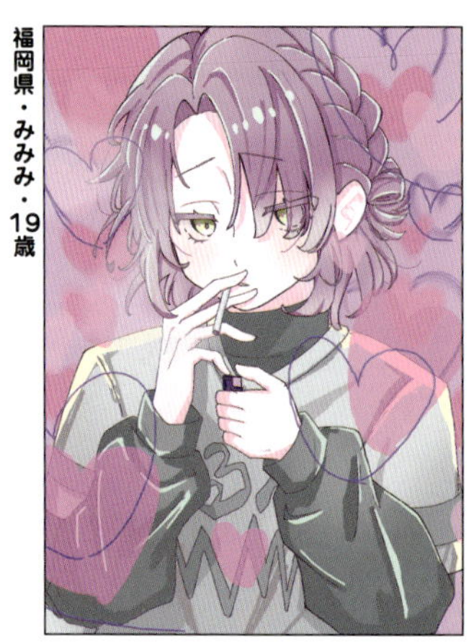
福岡県・みみみ・19歳

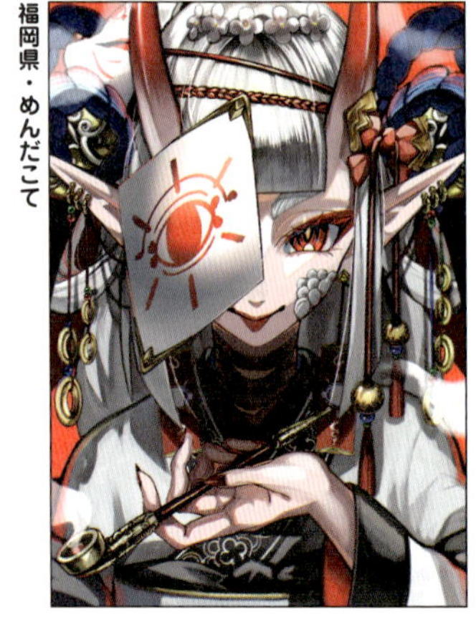
福岡県・めんだこて

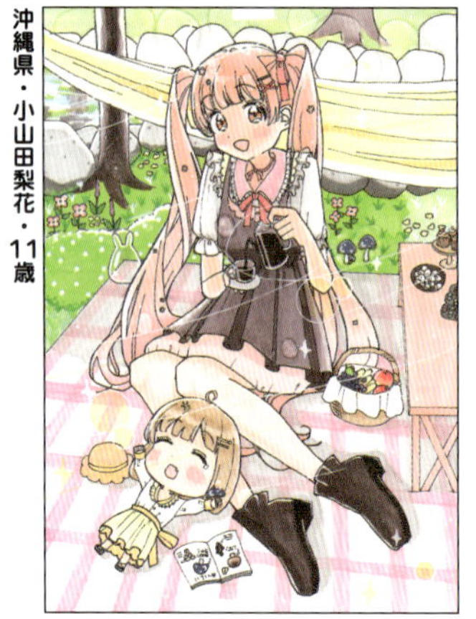
沖縄県・小山田梨花・11歳

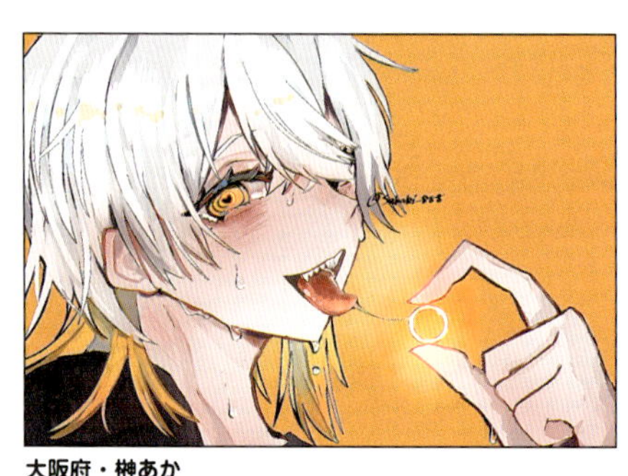
大阪府・榊あか

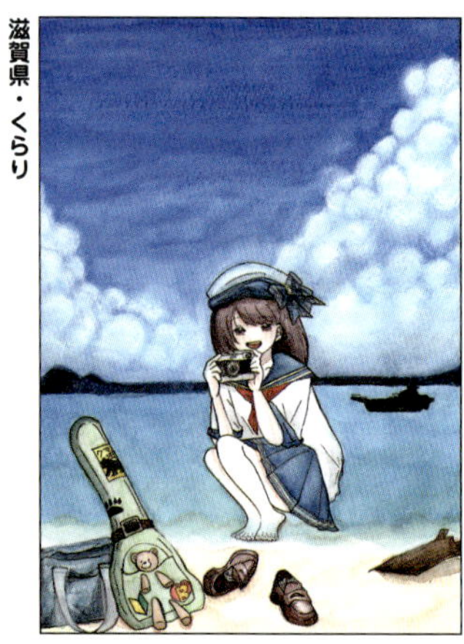
滋賀県・くらり

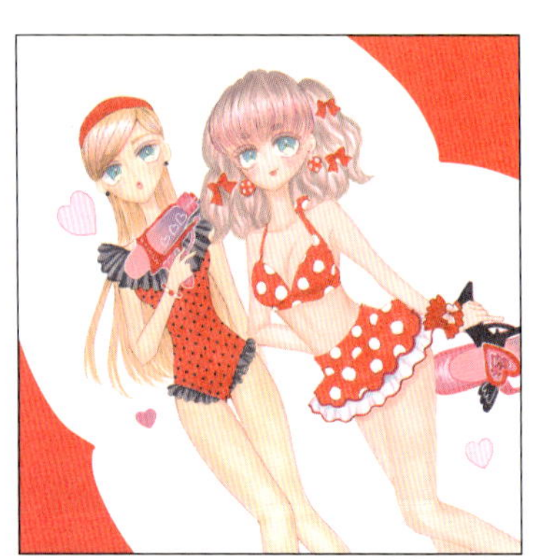
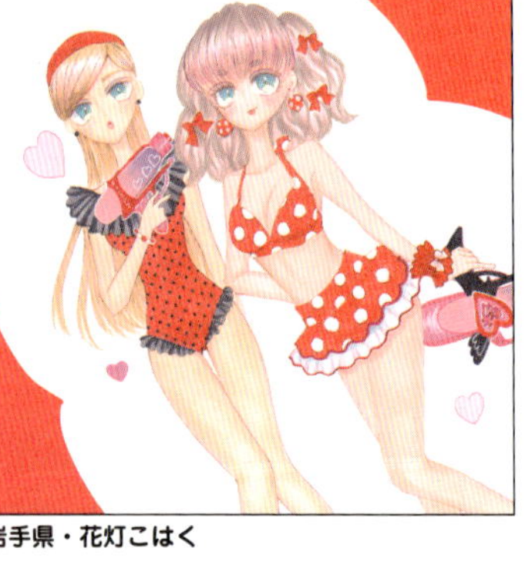
岩手県・花灯こはく

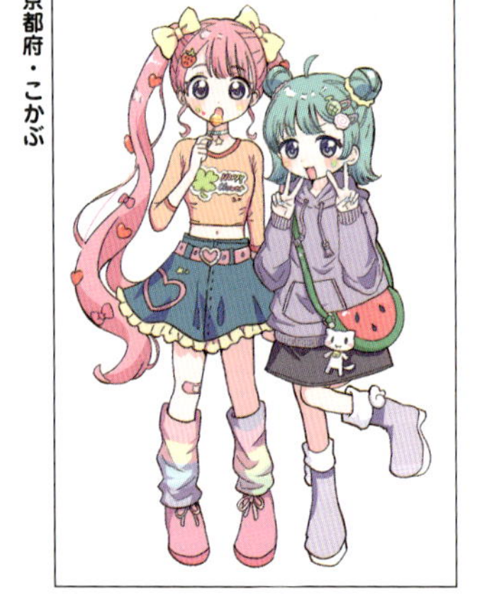
京都府・こかぶ

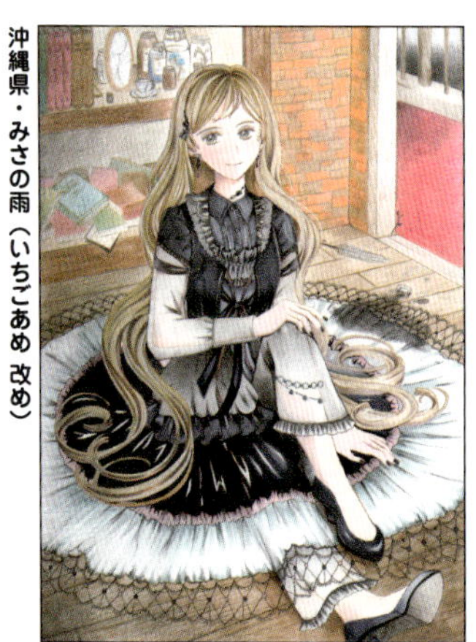
沖縄県・みさの雨（いちごあめ 改め）

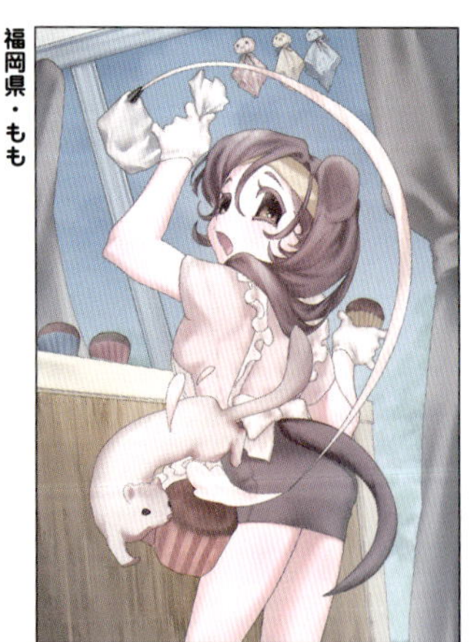
福岡県・もも

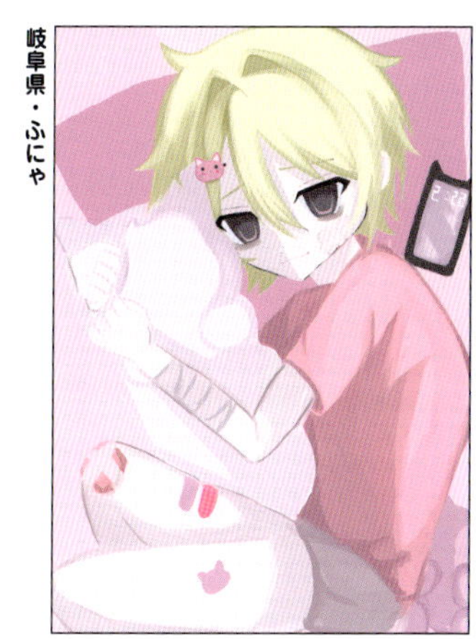
岐阜県・ふにゃ

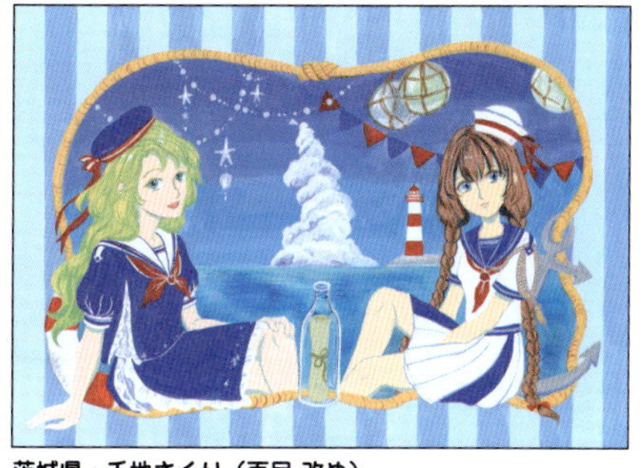
茨城県・千地さくり（百足 改め）

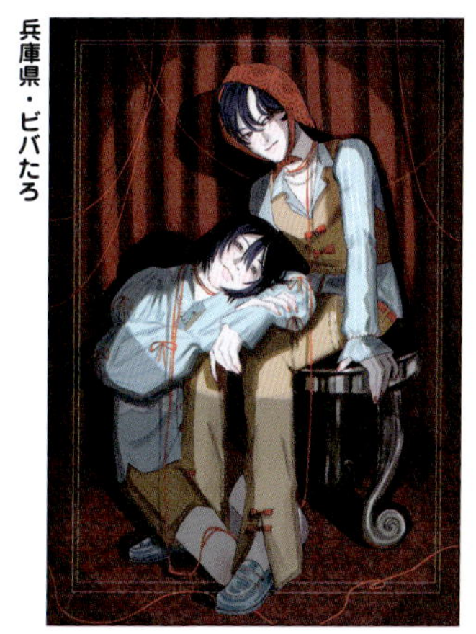
兵庫県・ビバたろ

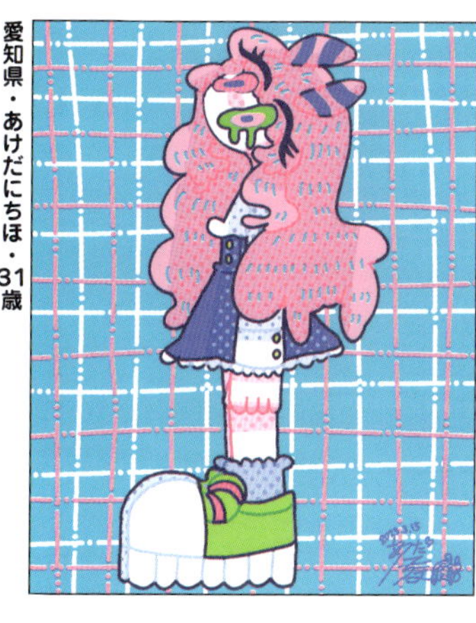
愛知県・あけだにちほ・31歳

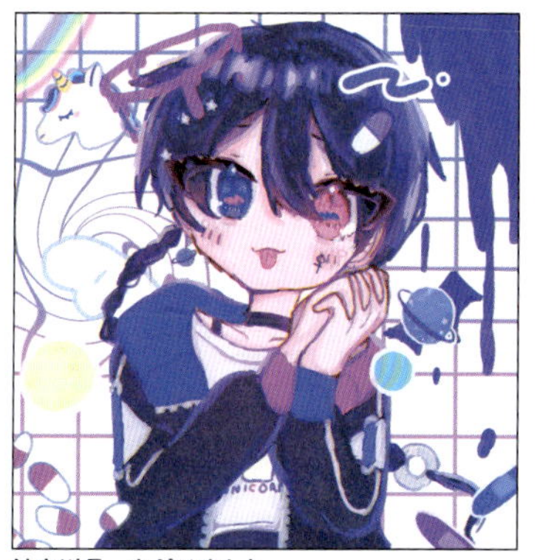
神奈川県・さぶりめんと

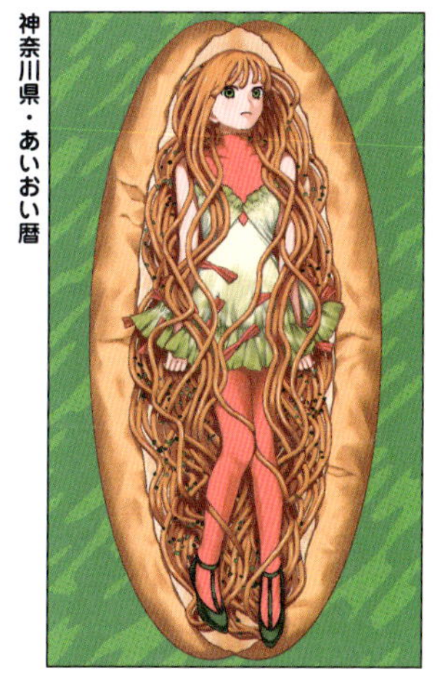
神奈川県・あいおい暦

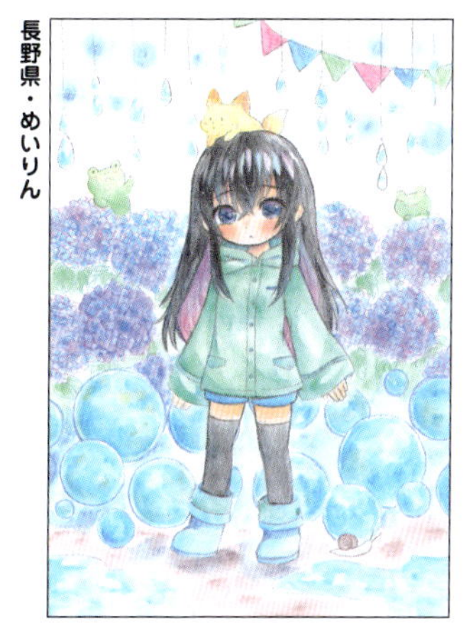
長野県・めいりん

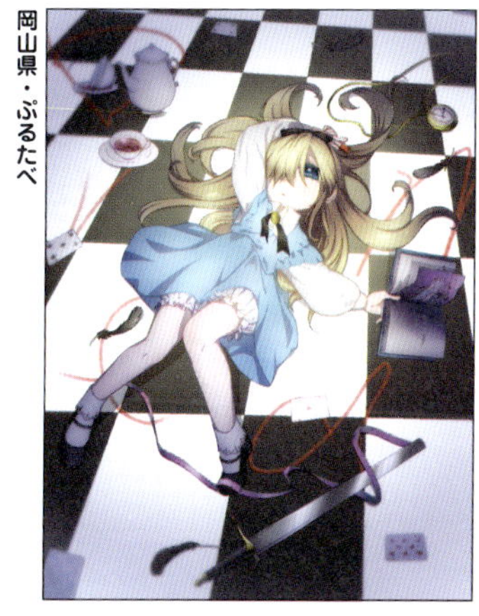
岡山県・ぷるたべ

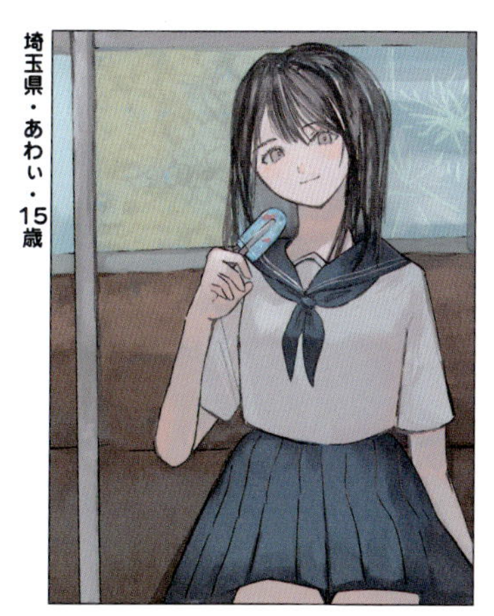
埼玉県・あわぃ・15歳

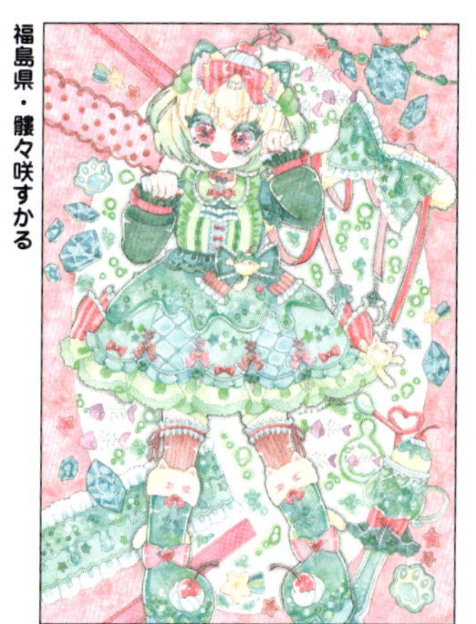
福島県・朧々咲すかる

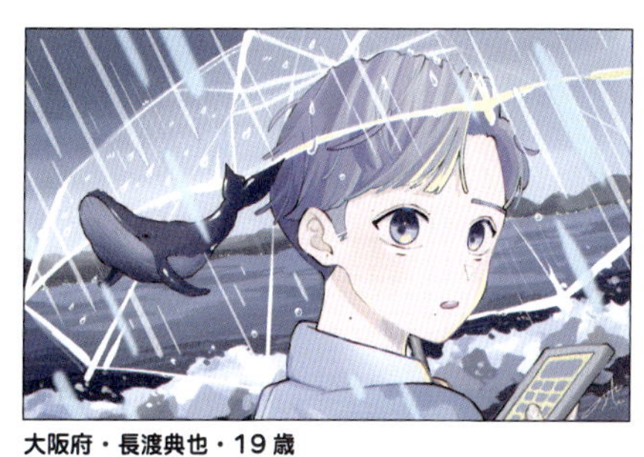
大阪府・長渡典也・19歳

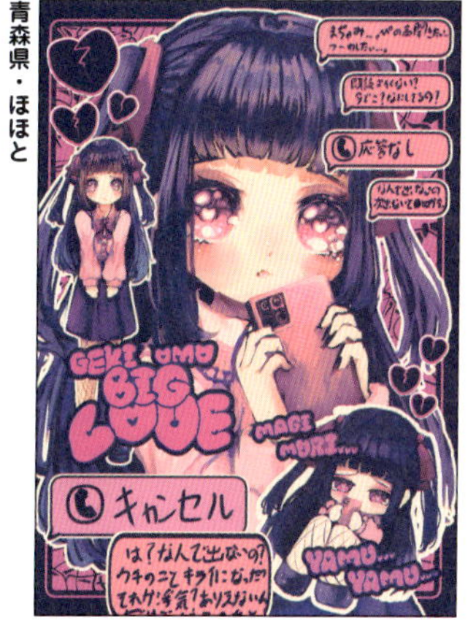

青森県・ほほと

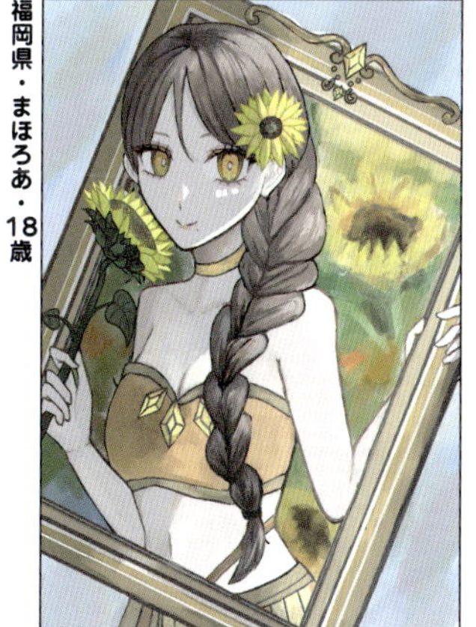
福岡県・まほろあ・18歳

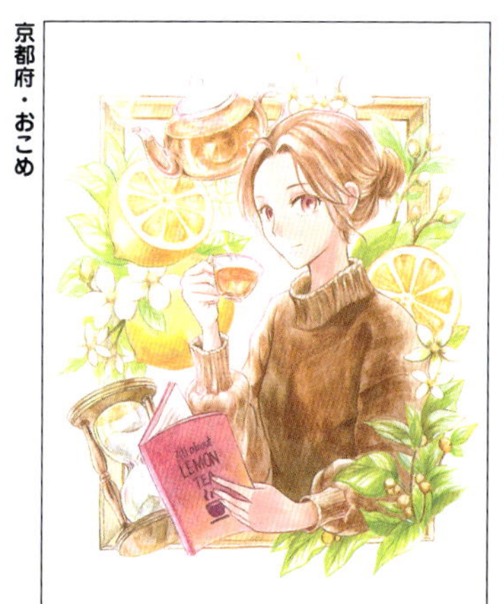
京都府・おこめ

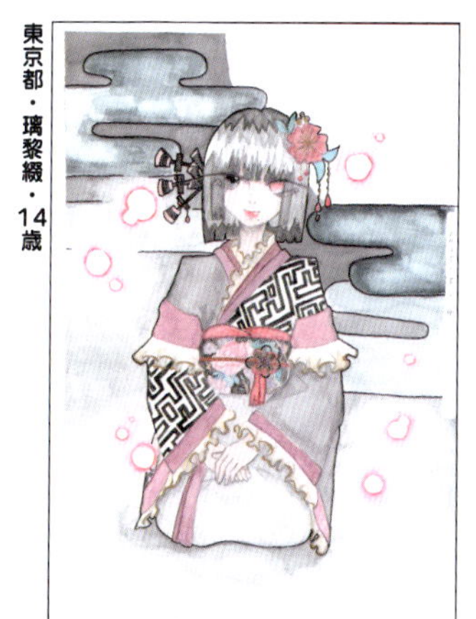
東京都・璃黎綴・14歳

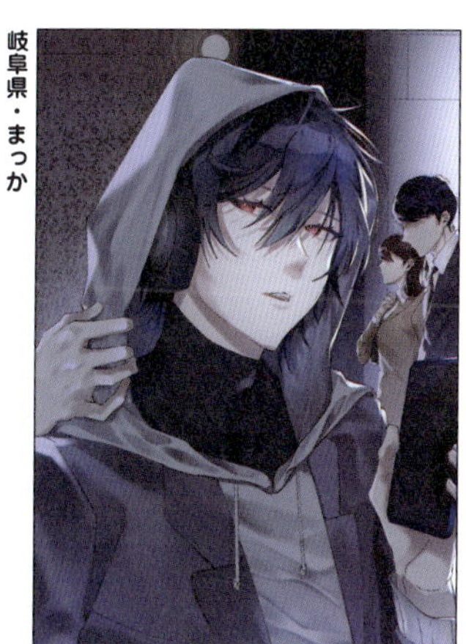
岐阜県・まっか

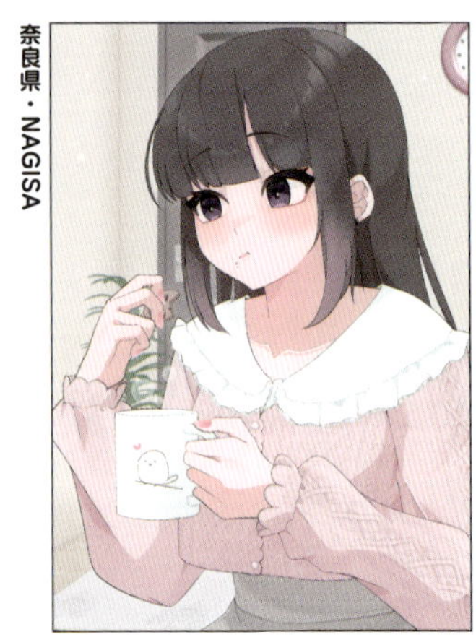
奈良県・NAGISA

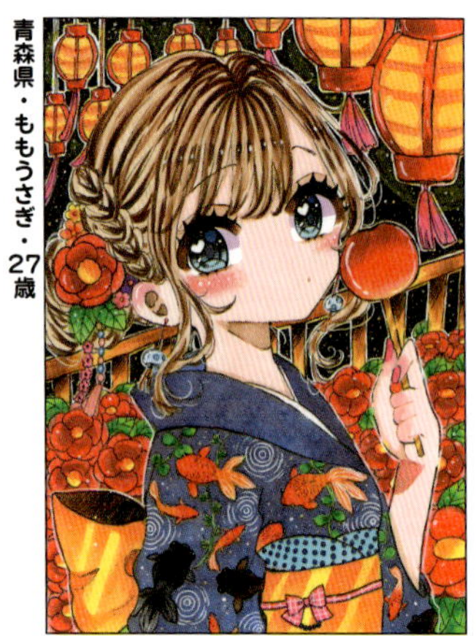
青森県・ももうさぎ・27歳

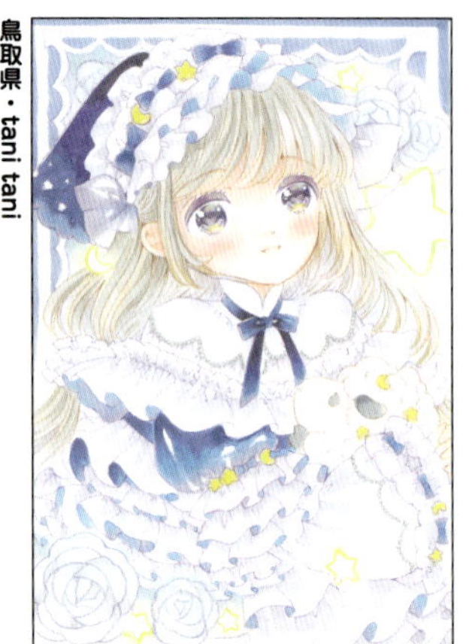
鳥取県・tani tani

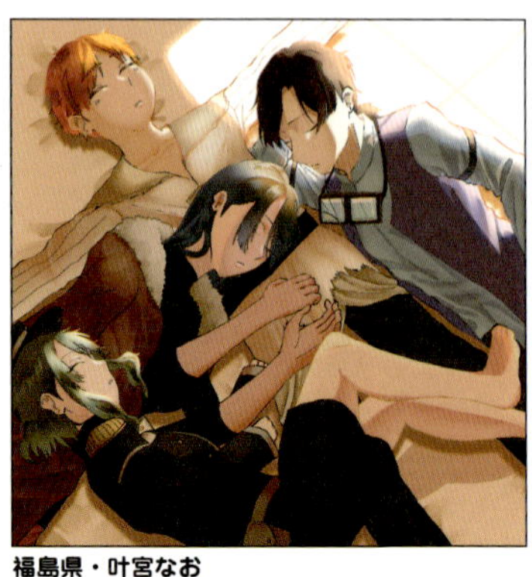
福島県・叶宮なお

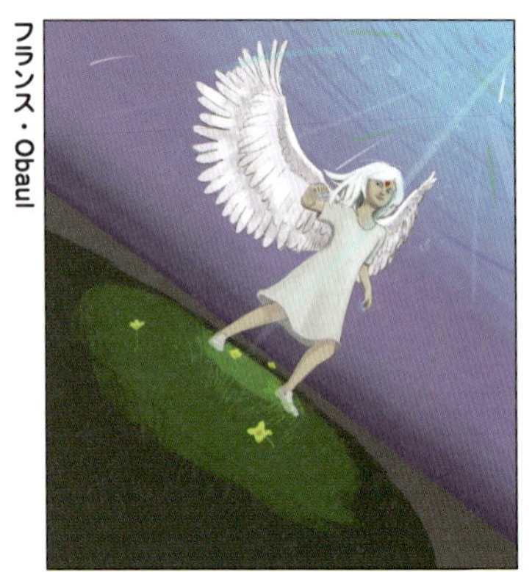
フランス・Obaul

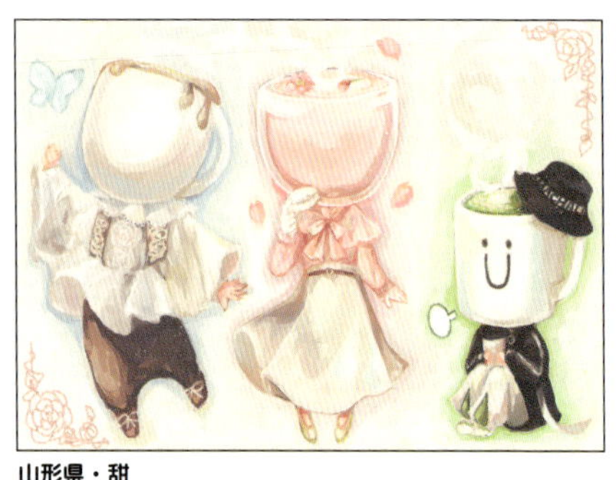
山形県・甜

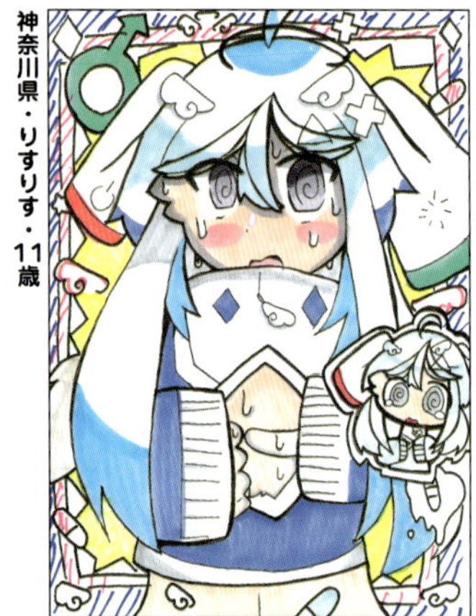
神奈川県・りすりす・11歳

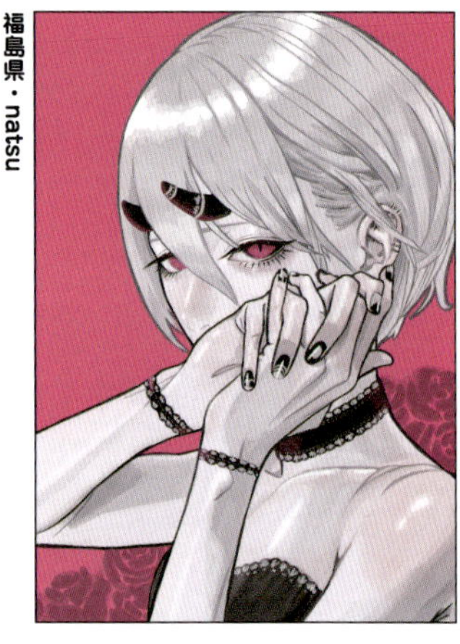
福島県・natsu

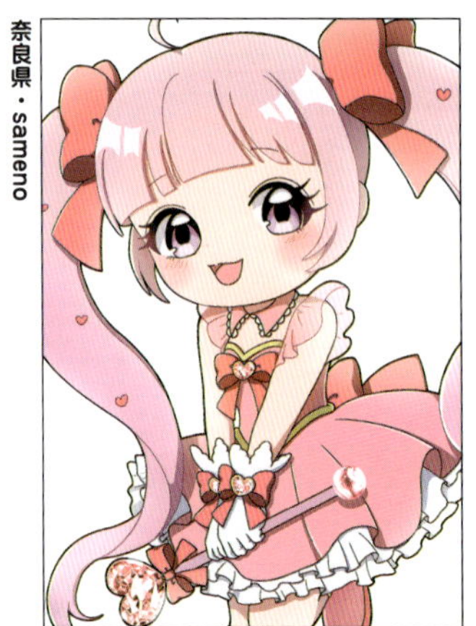
奈良県・sameno

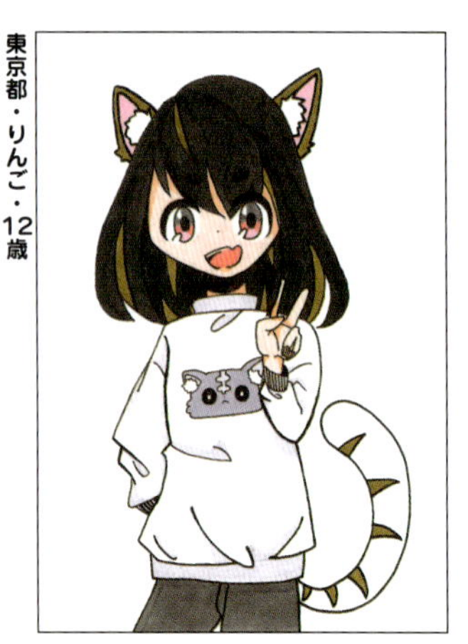
東京都・りんご・12歳

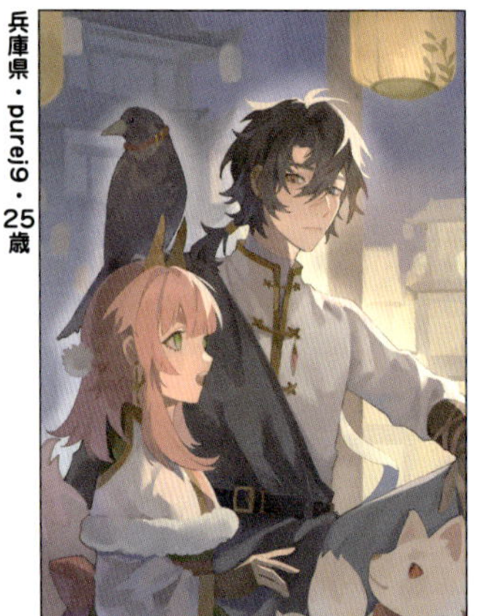
兵庫県・purei9・25歳

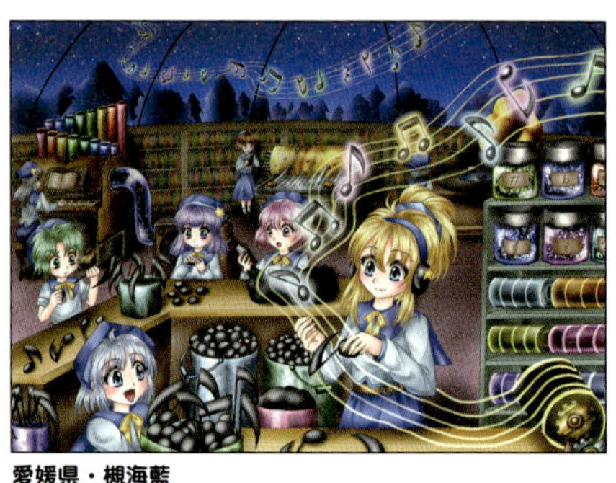
愛媛県・槻海藍

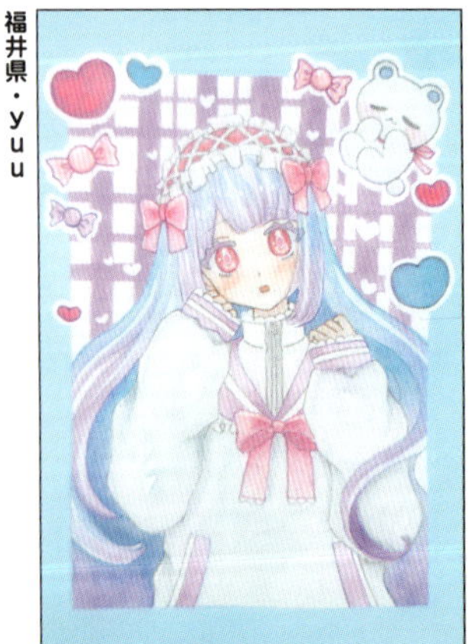
福井県・yuu

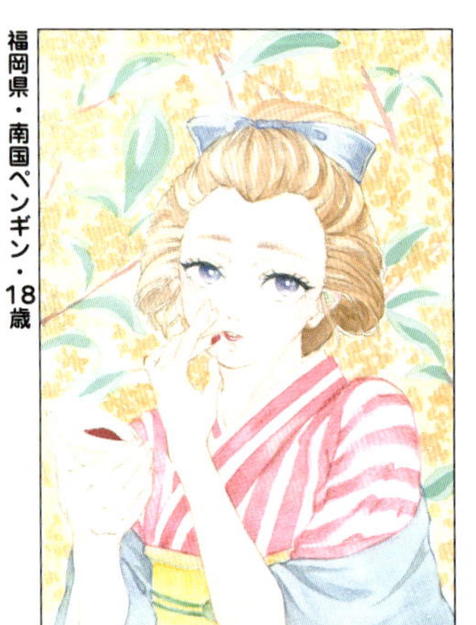
福岡県・南国ペンギン・18歳

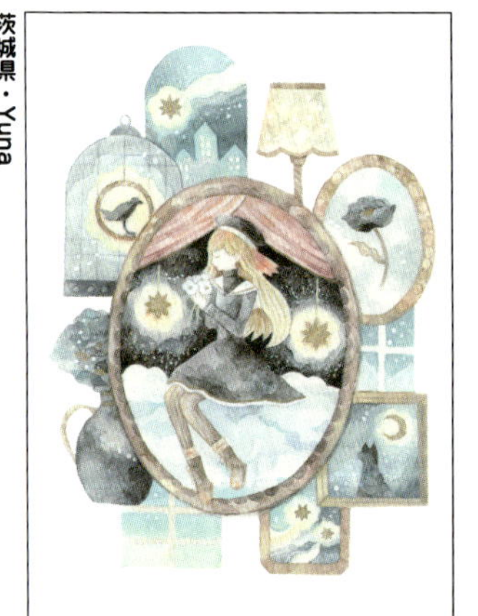
茨城県・Yuna

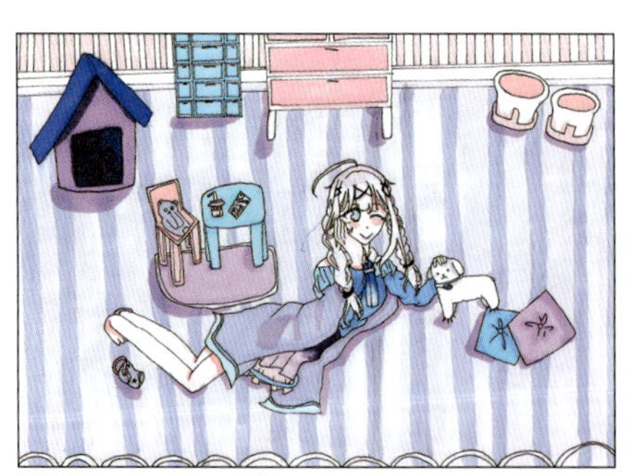
福岡県・Ausagi・10歳

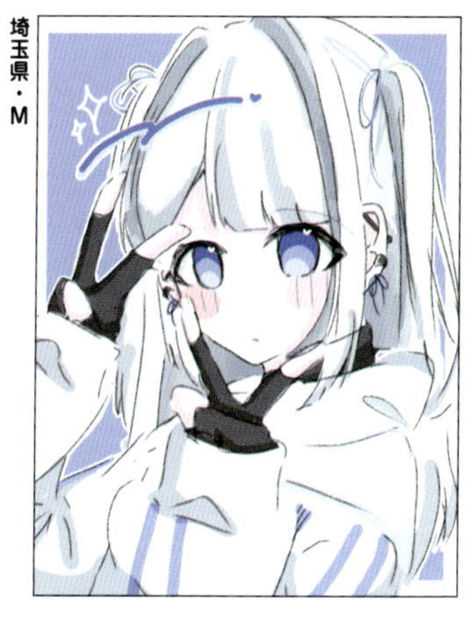
埼玉県・M

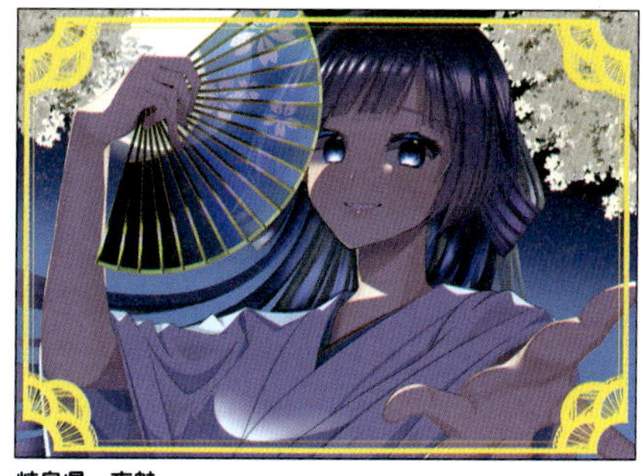
岐阜県・夜魅

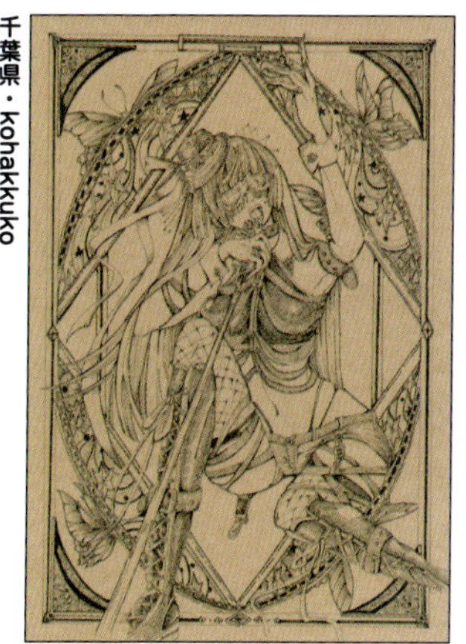
千葉県・Kohakkuko

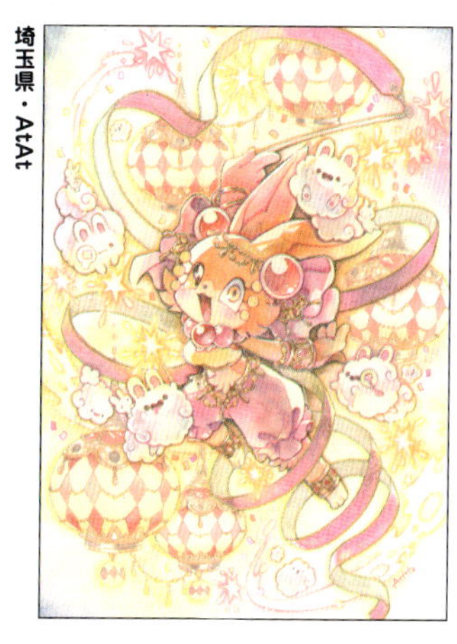
埼玉県・AtAt

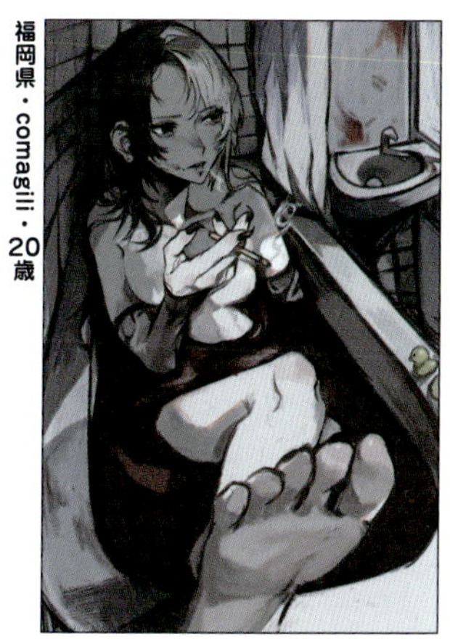
福岡県・comagiii・20歳

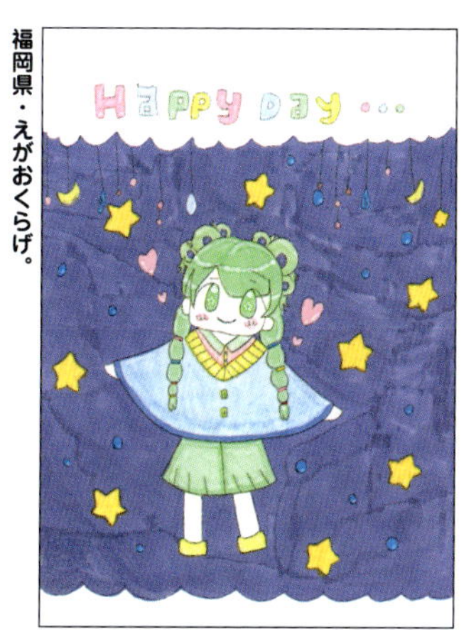

福岡県・えがおくらげ。

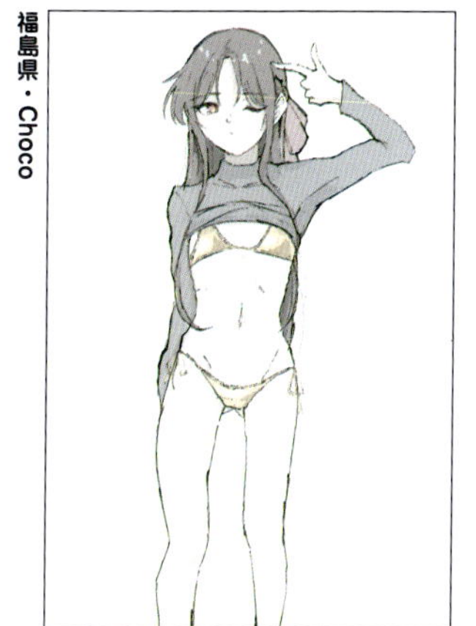
福島県・Choco

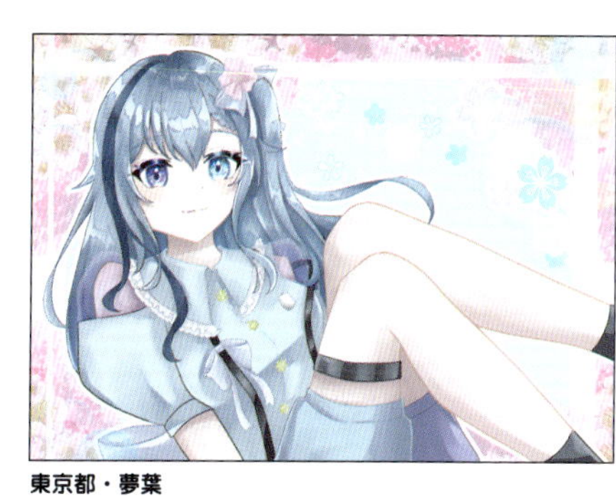
東京都・夢葉

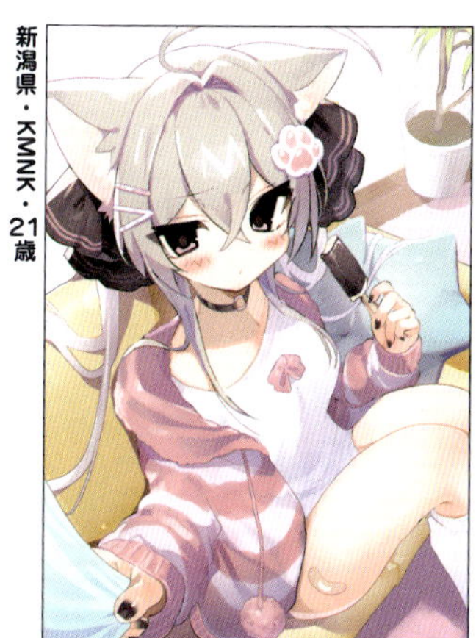
新潟県・KMNK・21歳

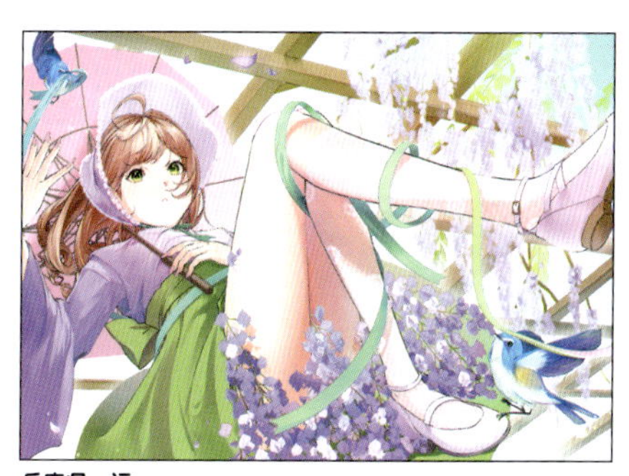
兵庫県・福

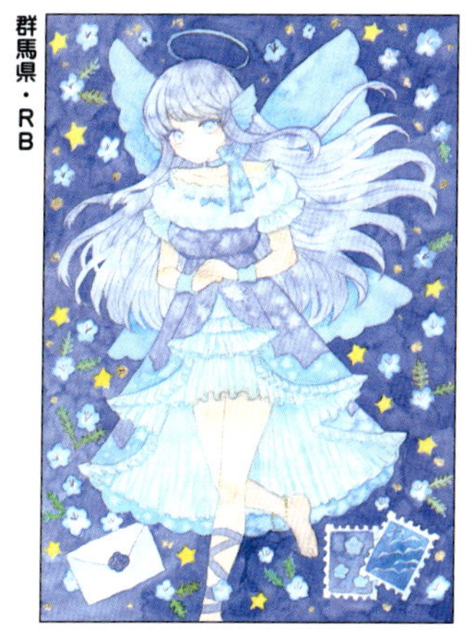
群馬県・RB

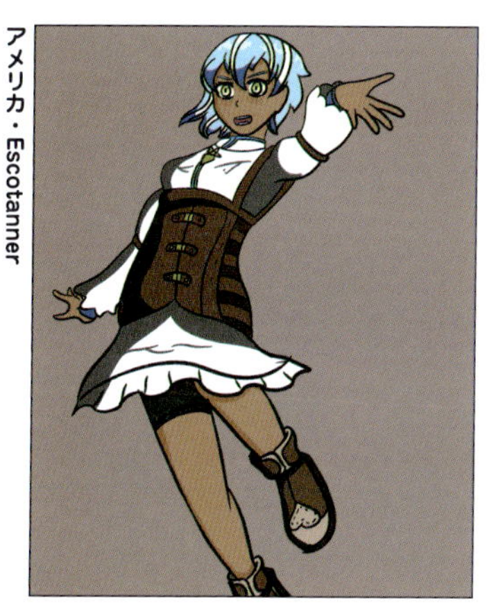
アメリカ・Escotanner

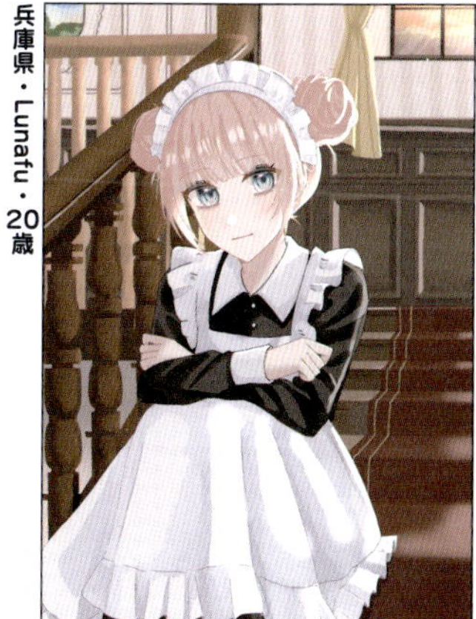
兵庫県・Lunafu・20歳

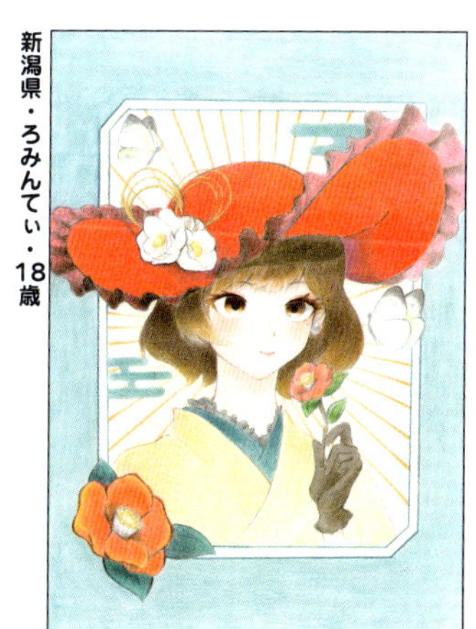
新潟県・ろみんてぃ・18歳

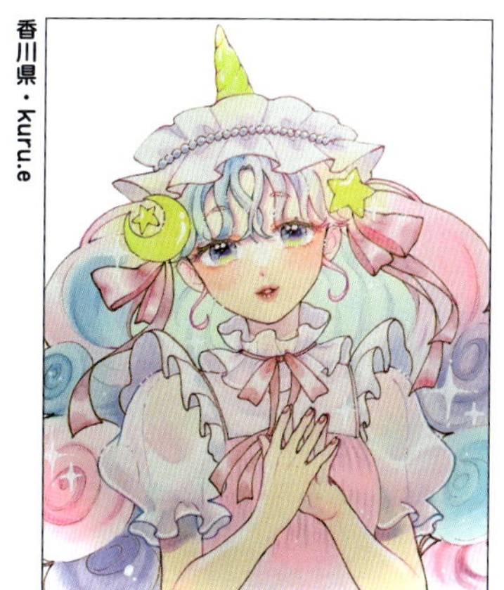
香川県・kuru.e

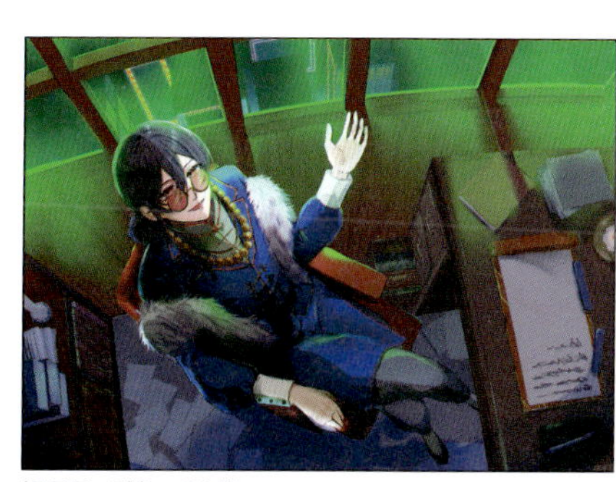
福岡県・兎角・20歳

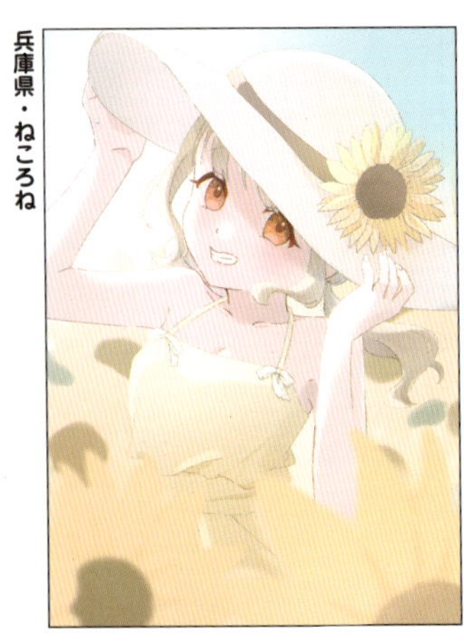
兵庫県・ねころね

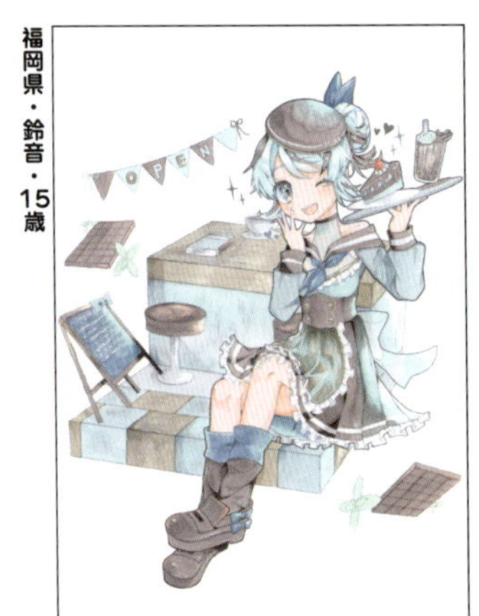

福岡県・鈴音・15歳

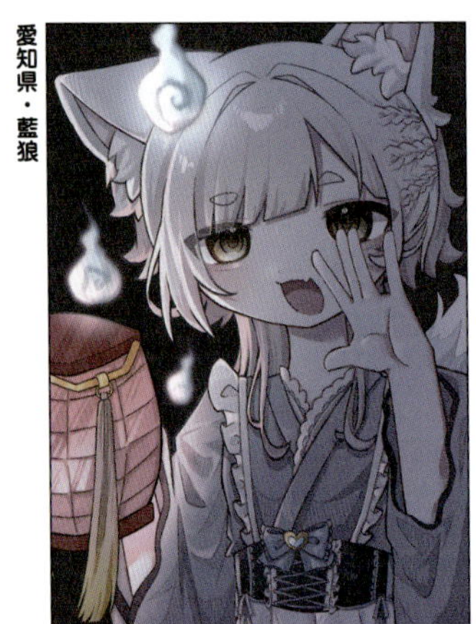
愛知県・藍狼

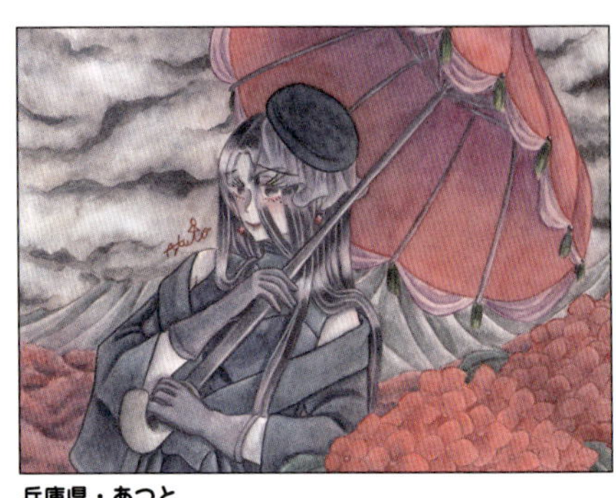
兵庫県・あつと

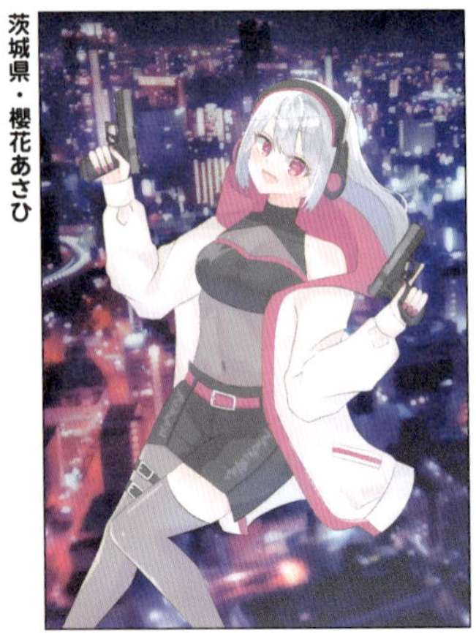
茨城県・櫻花あさひ

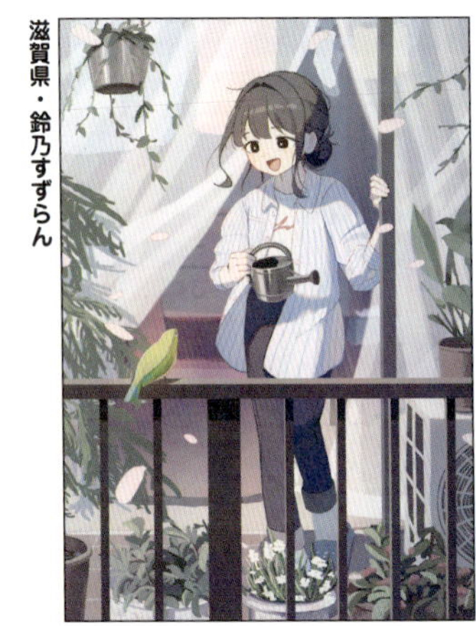
滋賀県・鈴乃すずらん

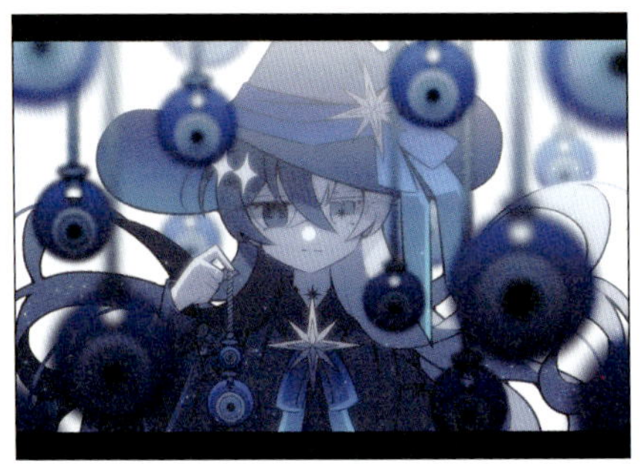
滋賀県・Witch

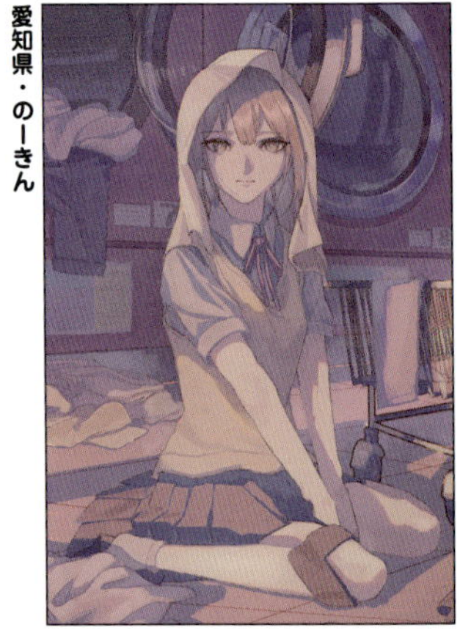
愛知県・のーきん

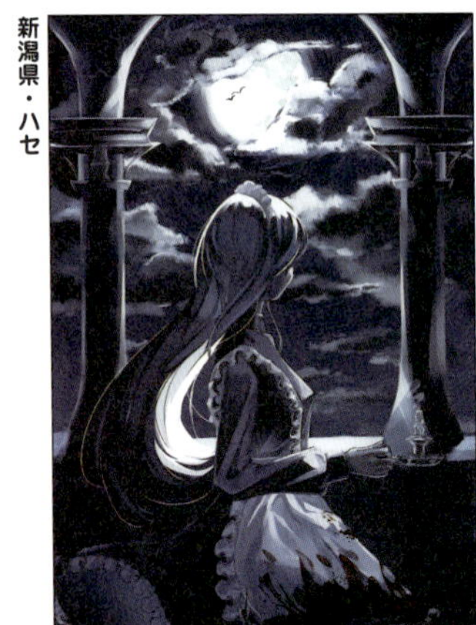
新潟県・ハセ

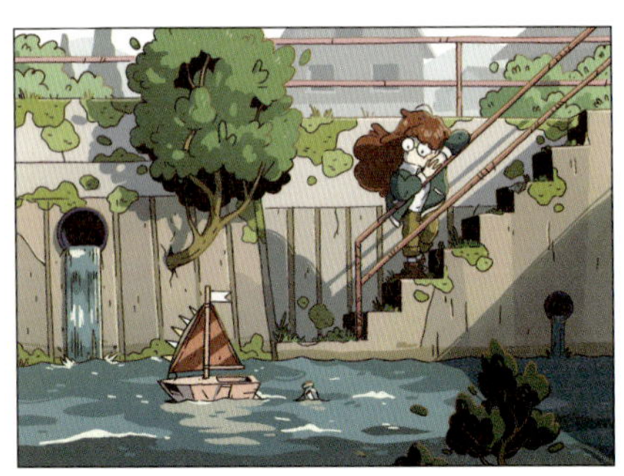
スロバキア・Bafu The Artifu

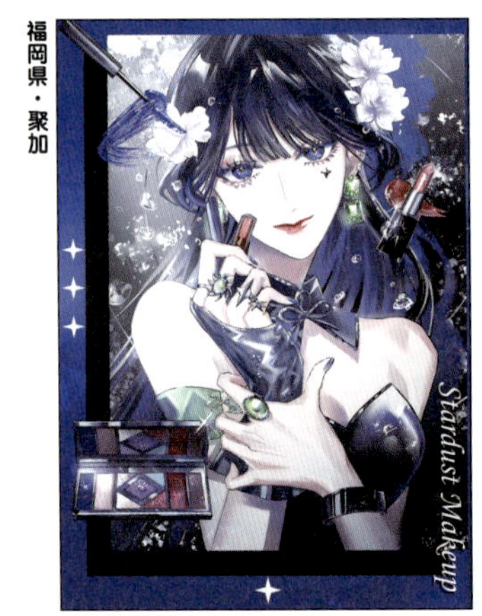

福岡県・聚加

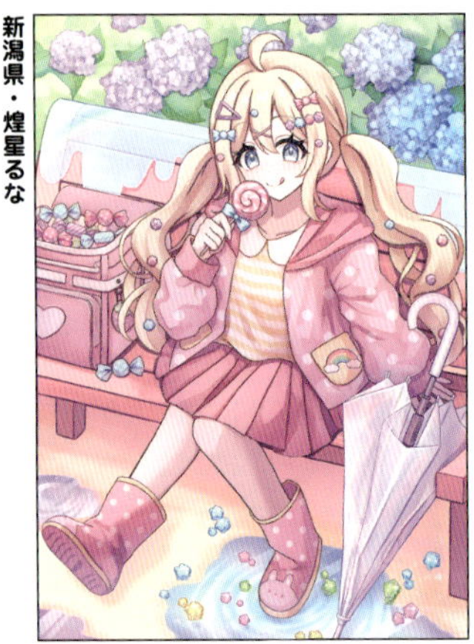
新潟県・煌星るな

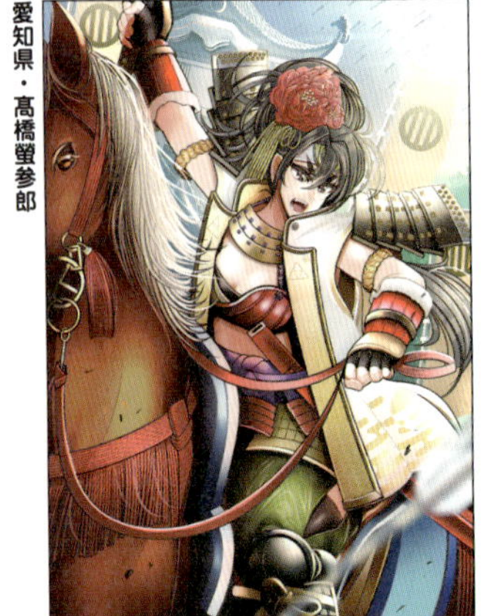
愛知県・高橋蛍参郎

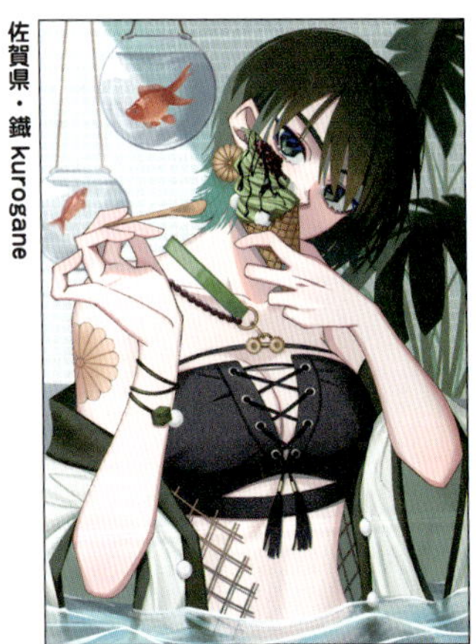
佐賀県・鐵 kurogane

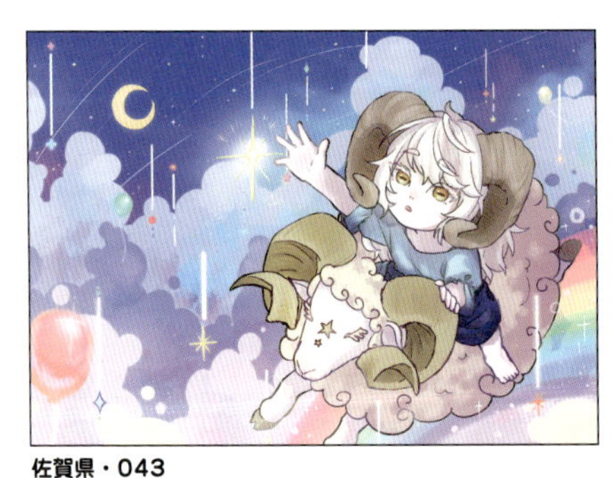
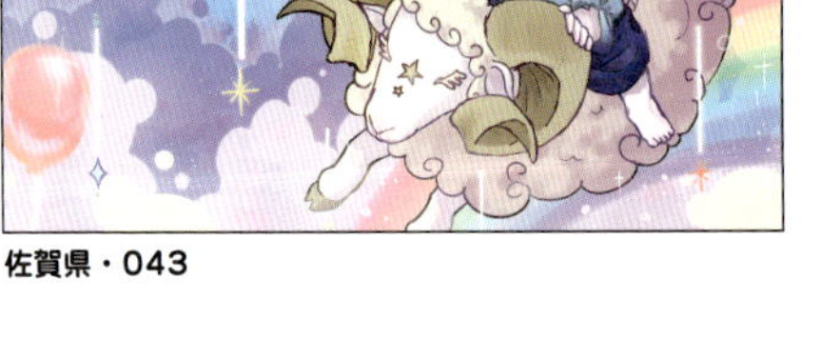
佐賀県・043

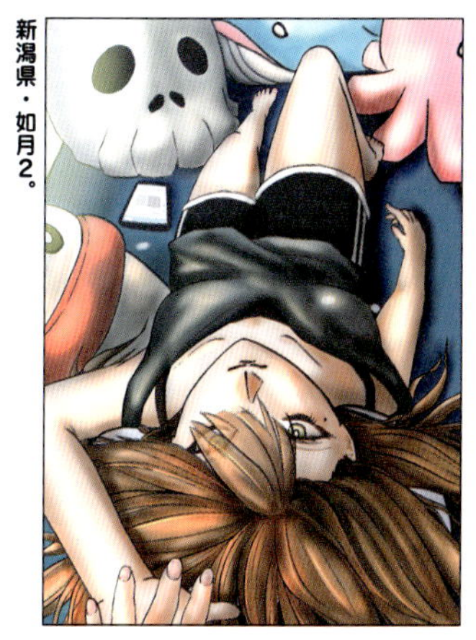
新潟県・如月2。

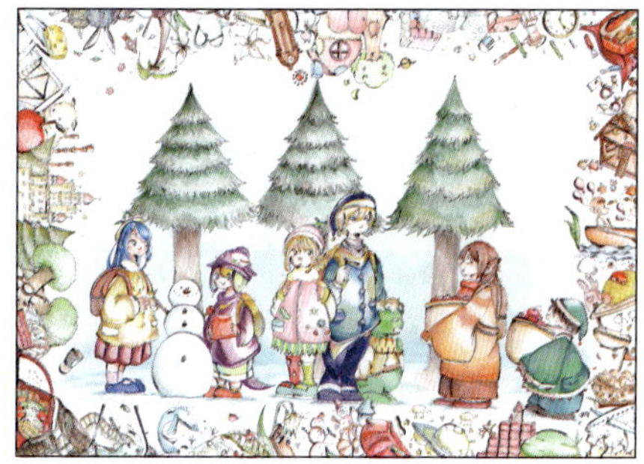
滋賀県・こはる・13歳

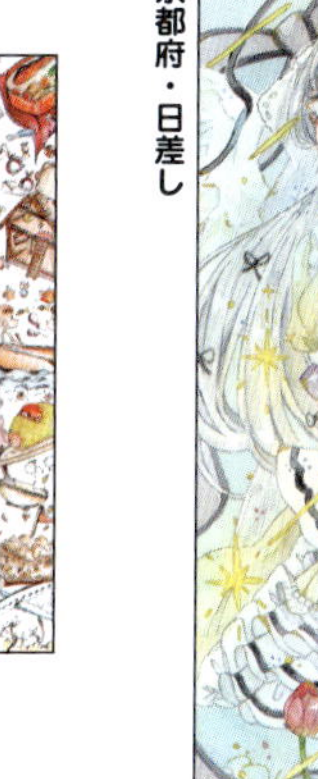
京都府・日差し

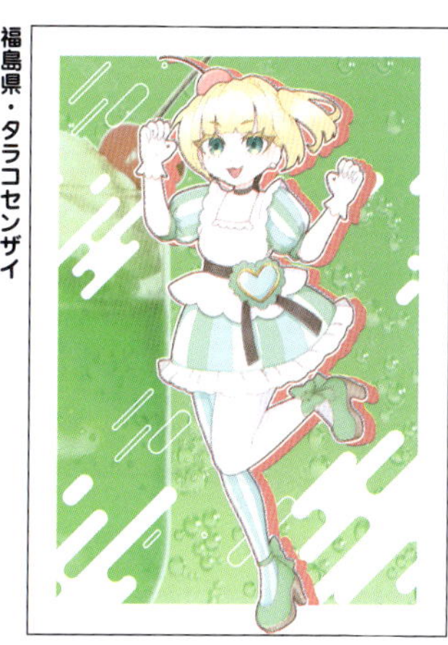
福島県・タラコセンザイ

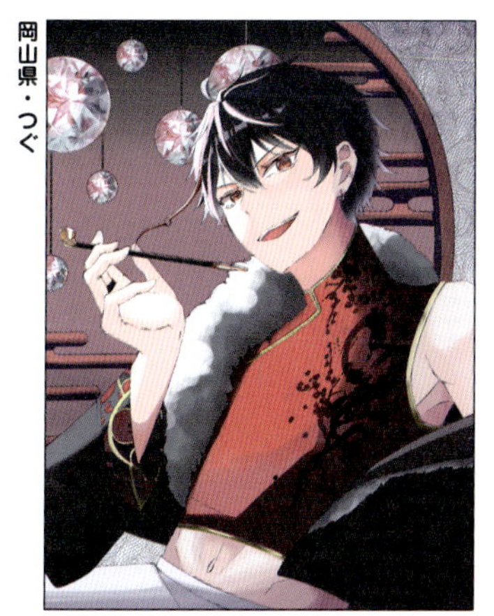
岡山県・つぐ

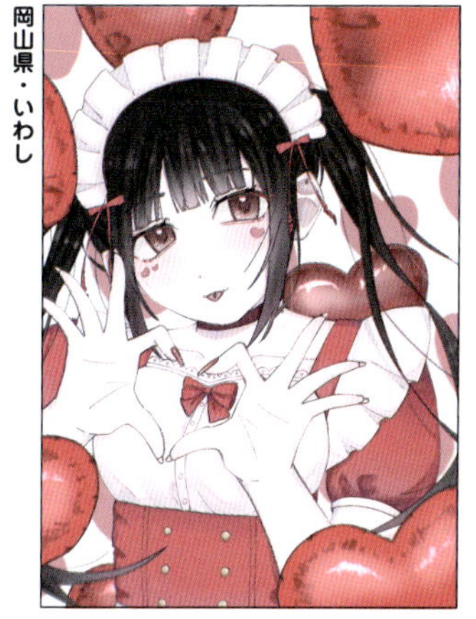
岡山県・いわし

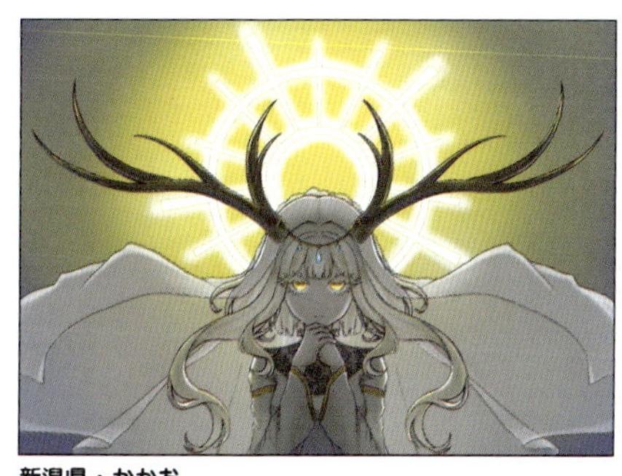
新潟県・かかお

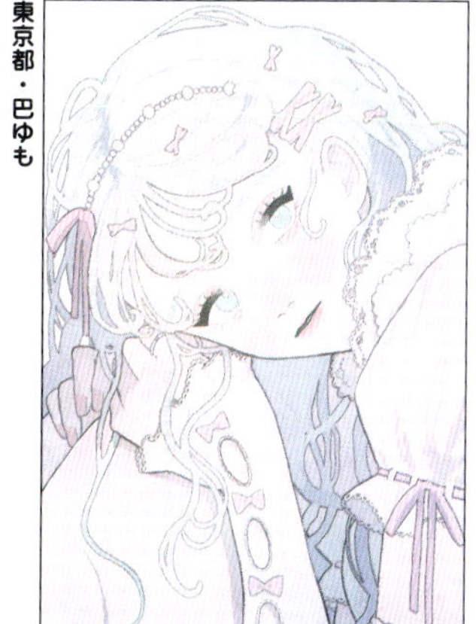
東京都・巴ゆも

東京都・萌・11歳

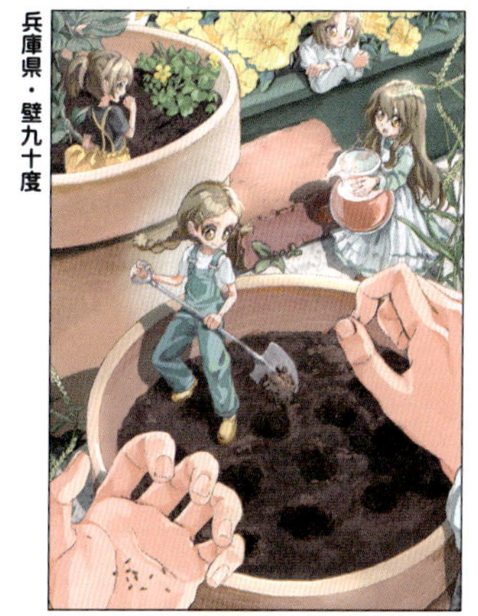
兵庫県・壁九十度

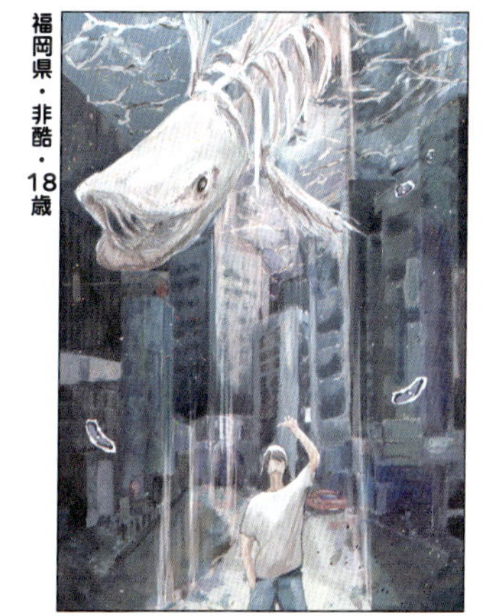
福岡県・非酷・18歳

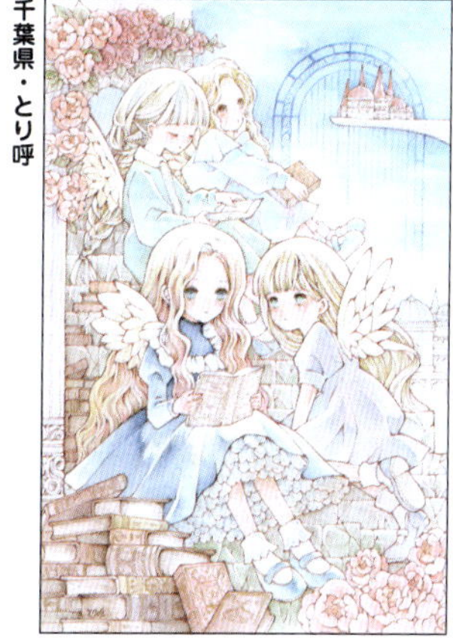
千葉県・とり呼

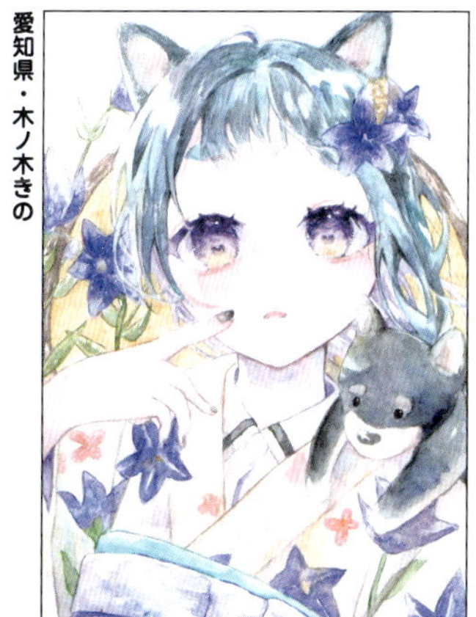
愛知県・木ノ木きの

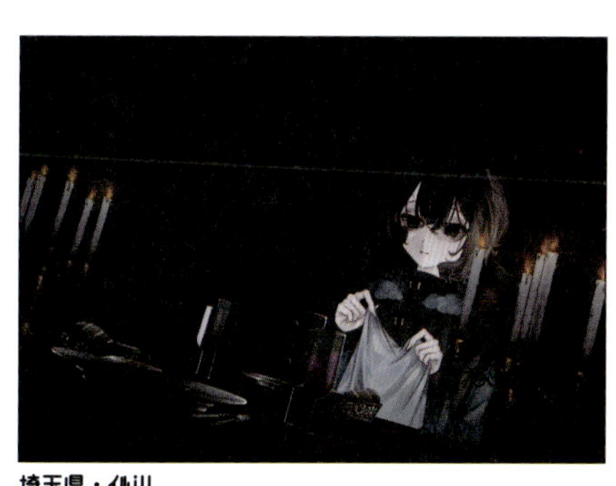
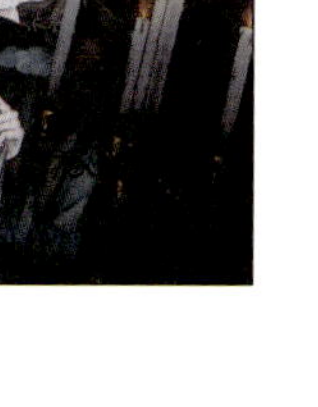
埼玉県・イルill.

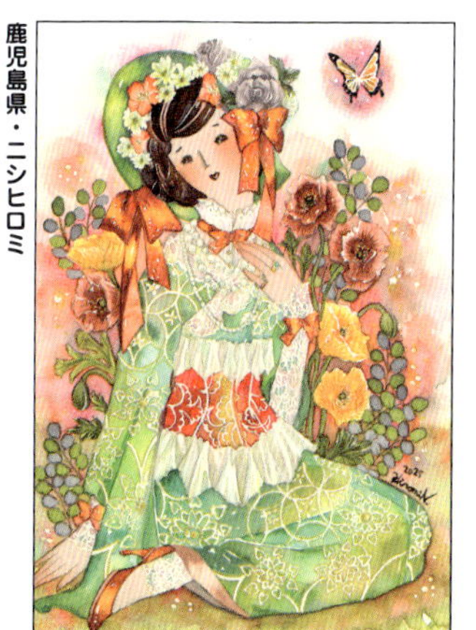
鹿児島県・ニシヒロミ

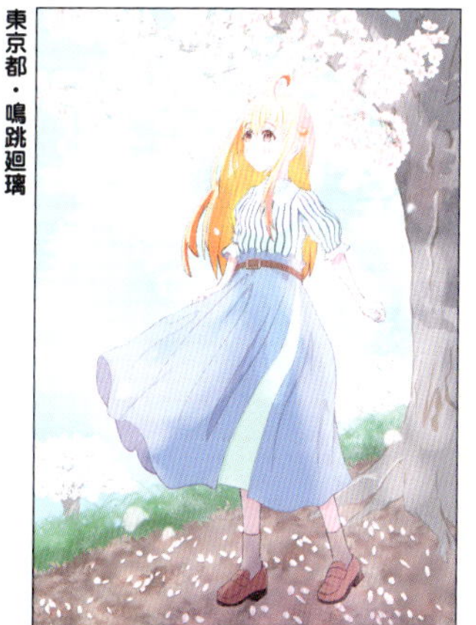
東京都・鳴跳廻璃

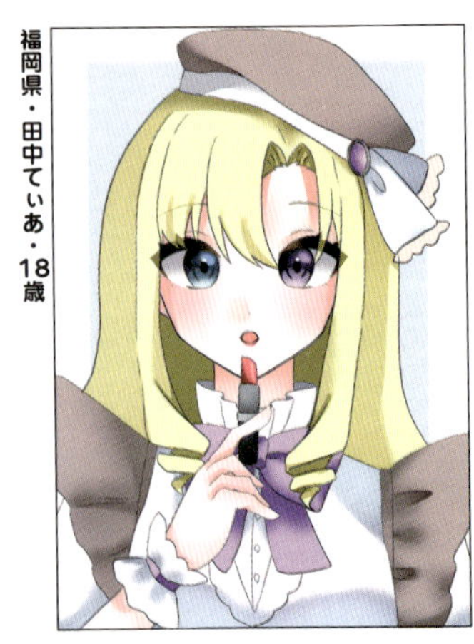
福岡県・田中てぃあ・18歳

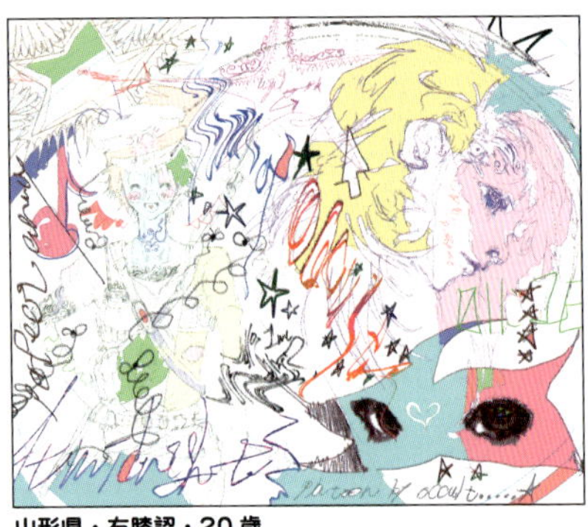
山形県・右滕認・20歳

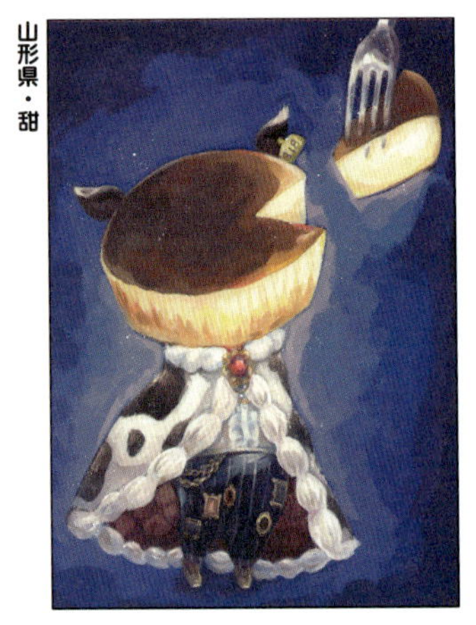
山形県・甜

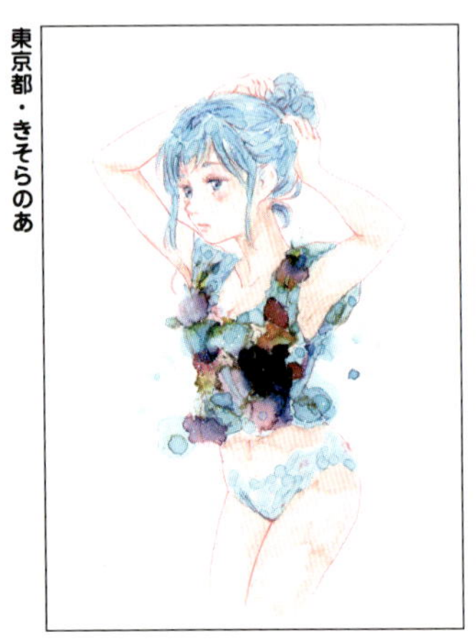
東京都・きそらのあ

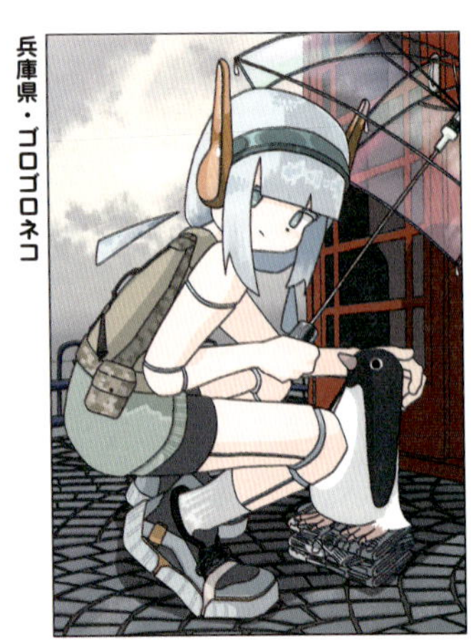
兵庫県・ゴロゴロネコ

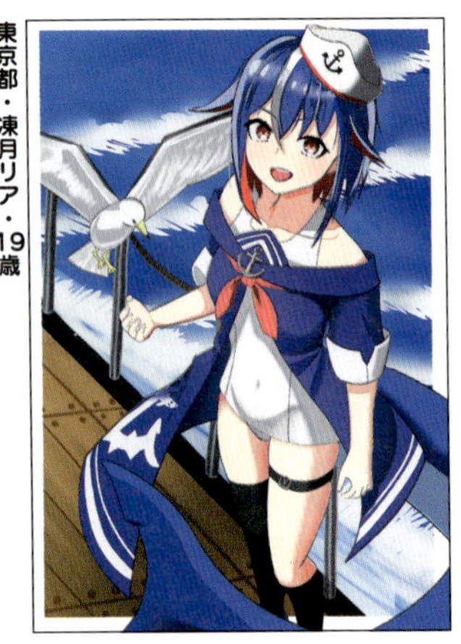
東京都・凍月リア・19歳

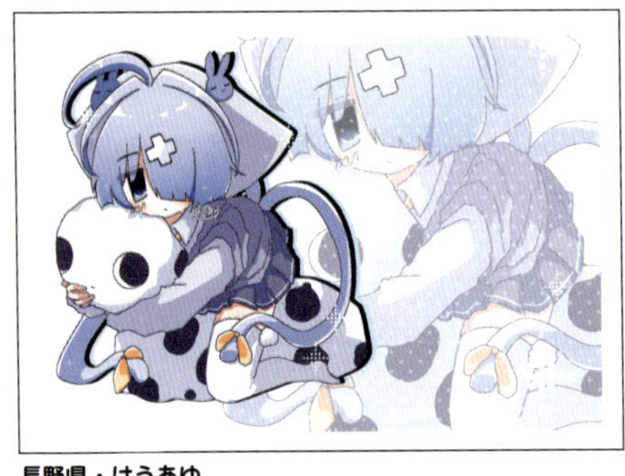
長野県・はうあゆ

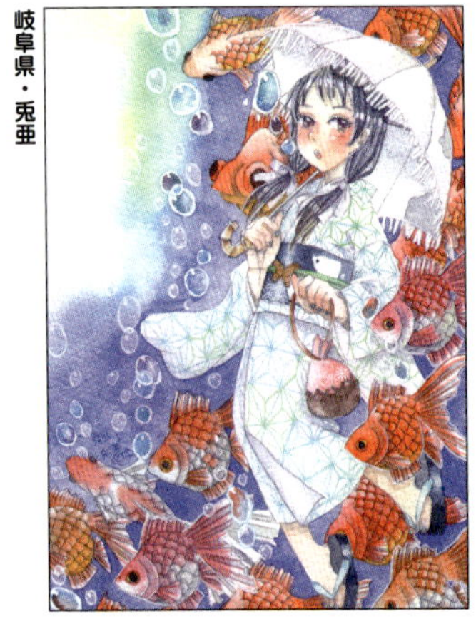
岐阜県・兎亜

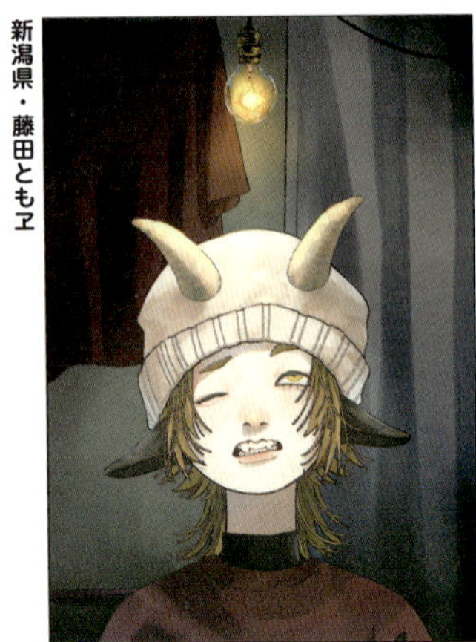
新潟県・藤田ともヱ

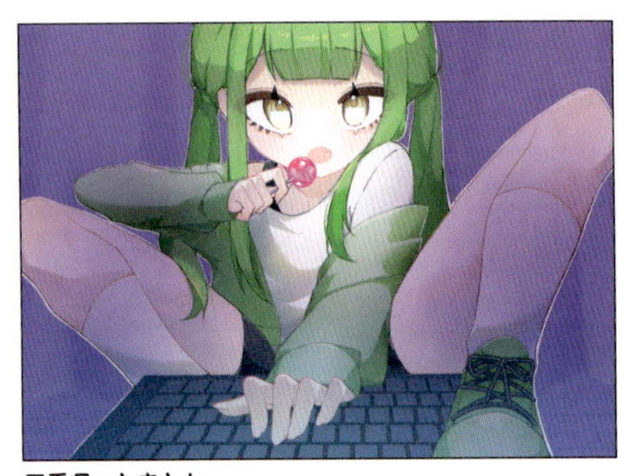
三重県・ときとわ

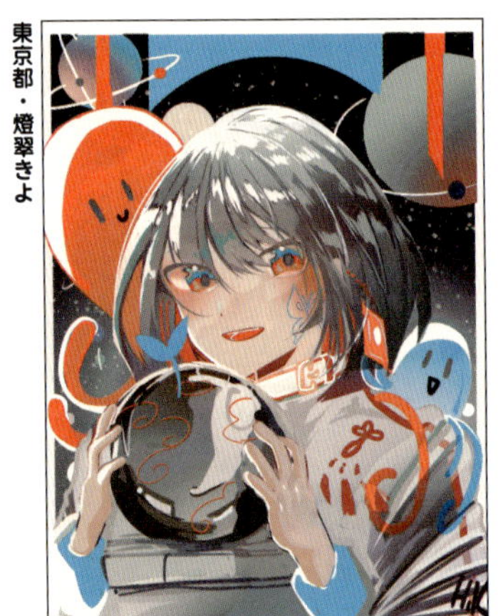
東京都・燈翠きよ

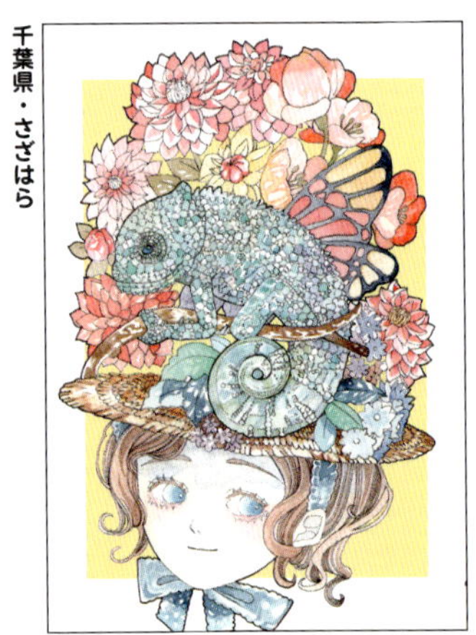
千葉県・さざはら

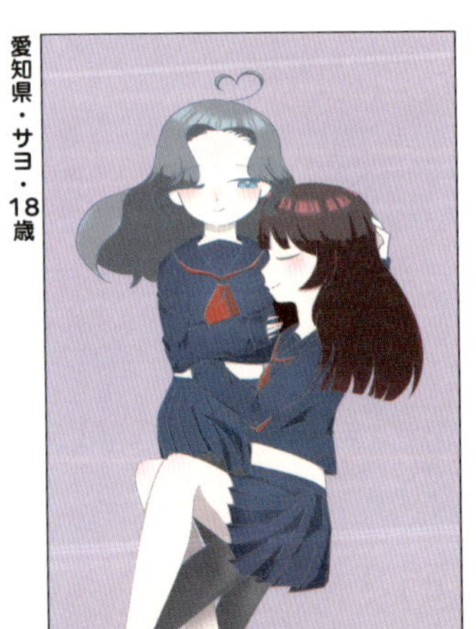
愛知県・サヨ・18歳

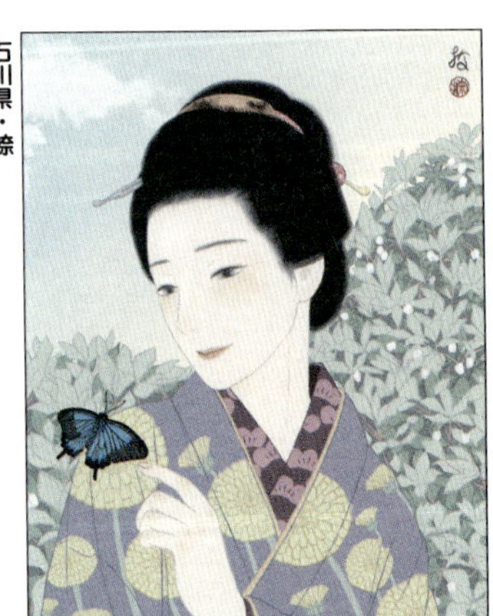
石川県・捺

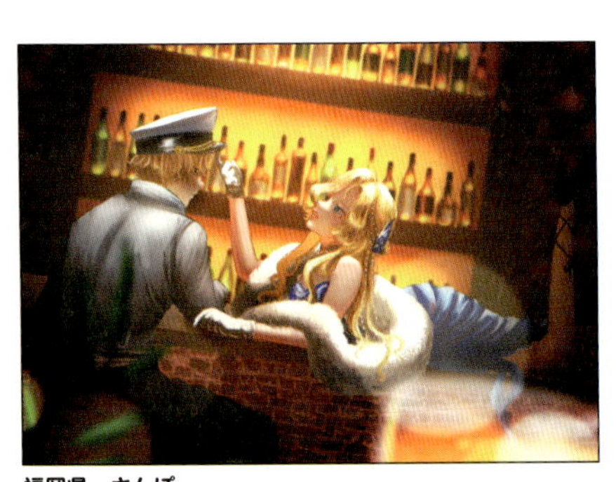
福岡県・さんぽ

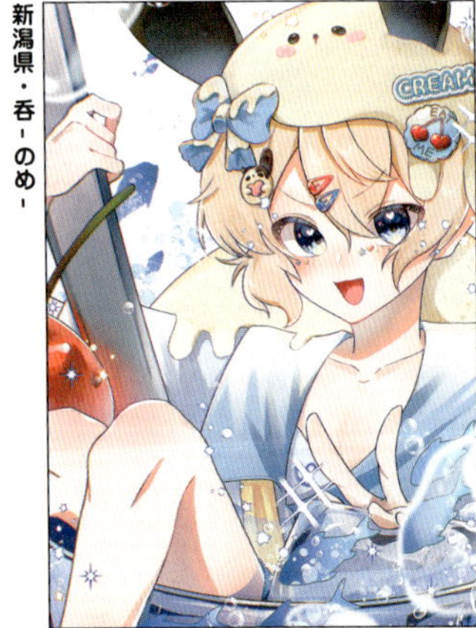

新潟県・呑-のめ-

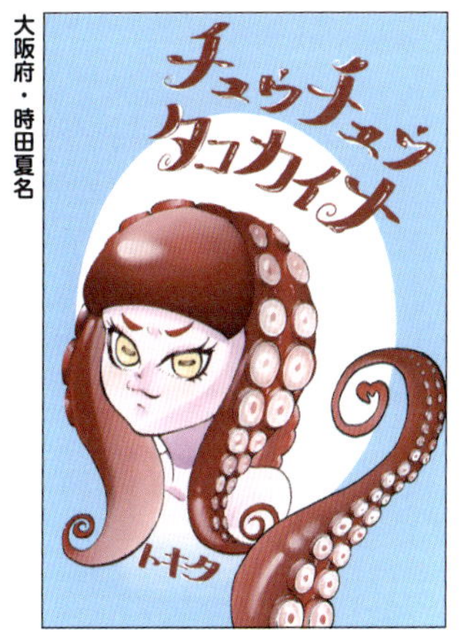

大阪府・時田夏名

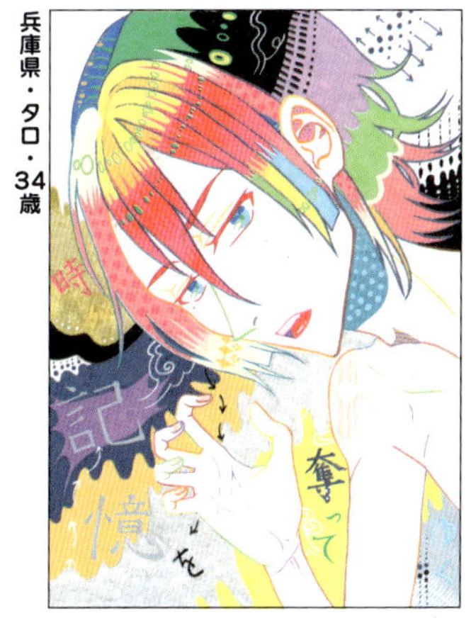
兵庫県・タロ・34歳

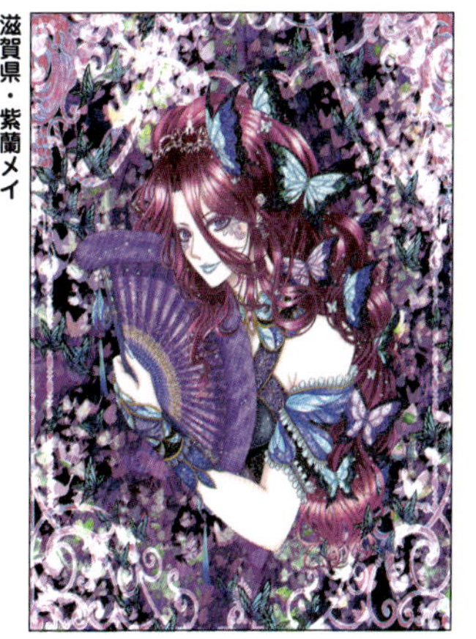
滋賀県・紫蘭メイ

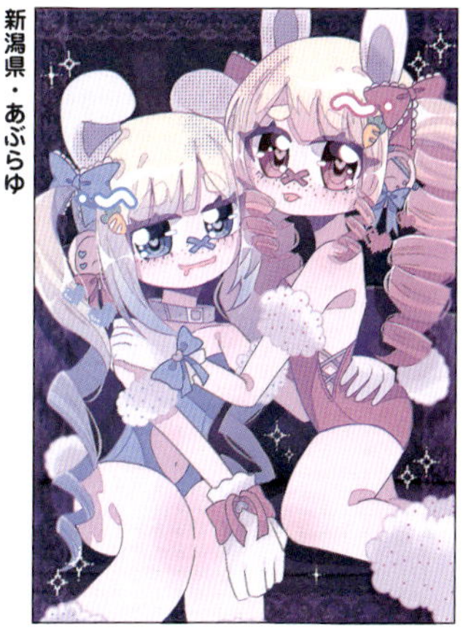
新潟県・あぶらゆ

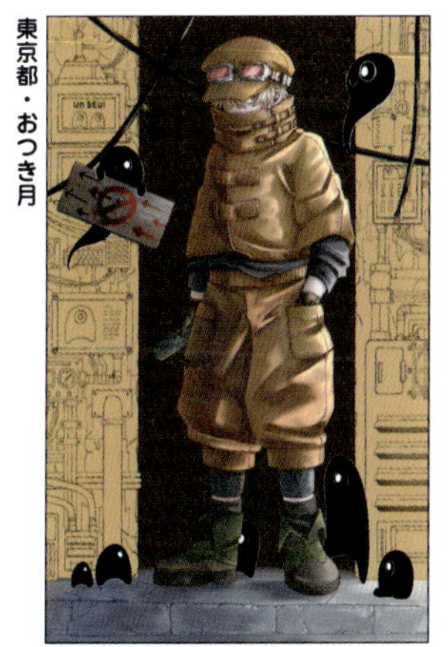
東京都・おつき月

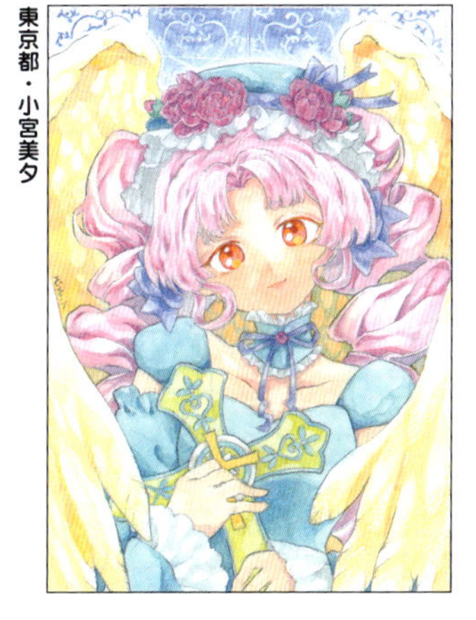
東京都・小宮美夕

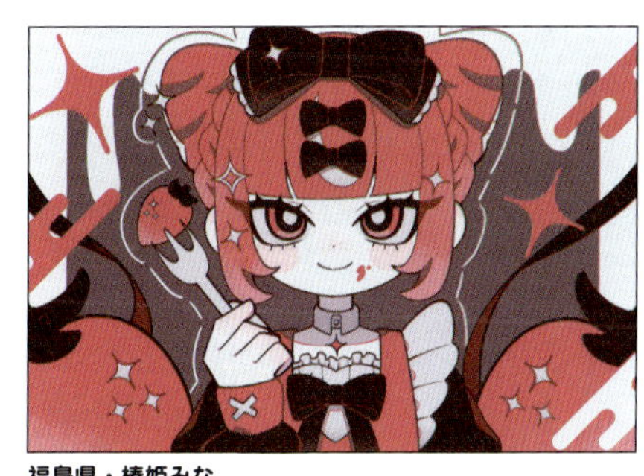
福島県・椿姫みな

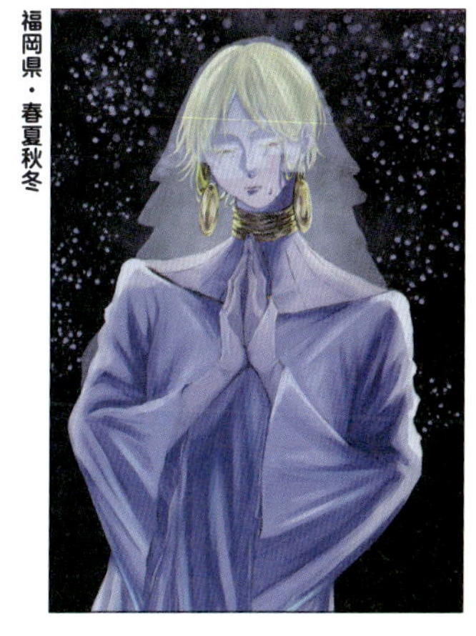
福岡県・春夏秋冬

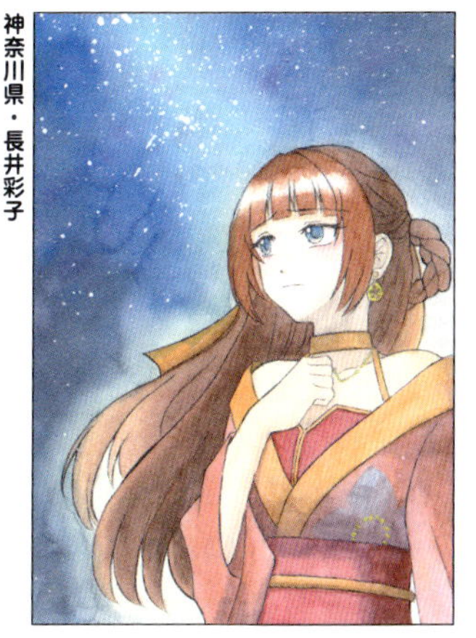
神奈川県・長井彩子

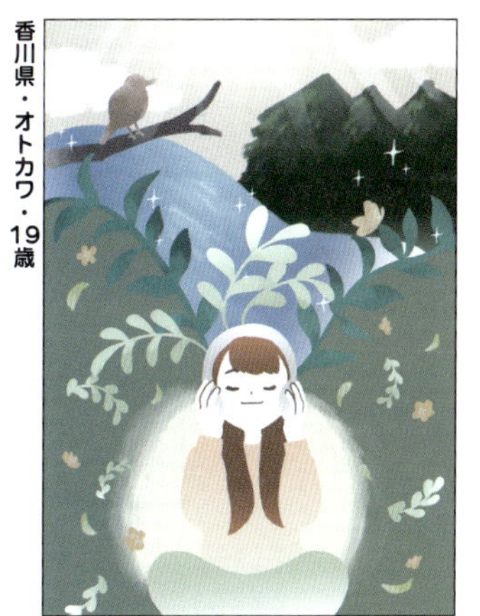
香川県・オトカワ・19歳

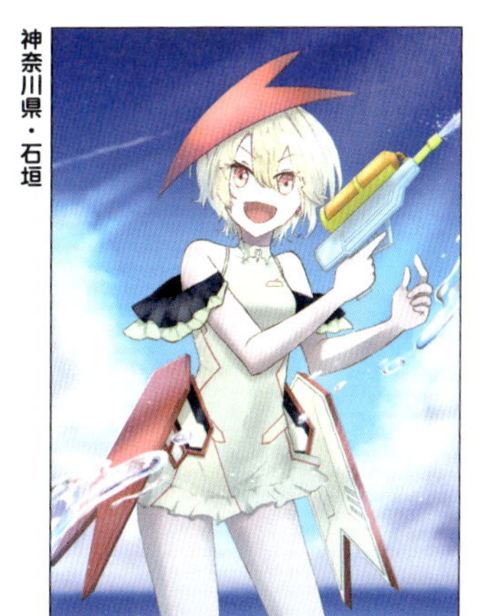
神奈川県・石垣

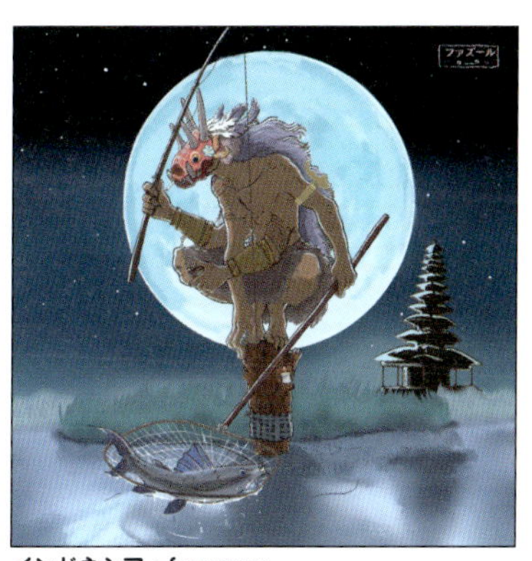
インドネシア・fazurryu

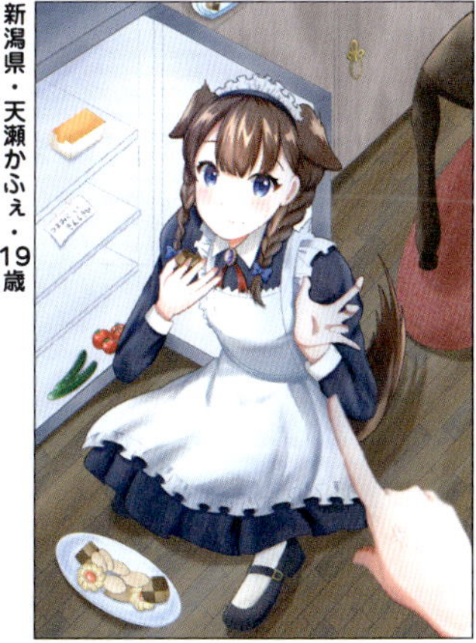
新潟県・天瀬かふぇ・19歳

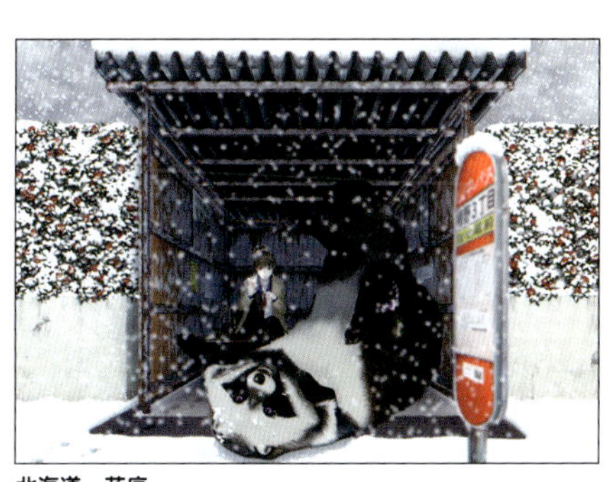
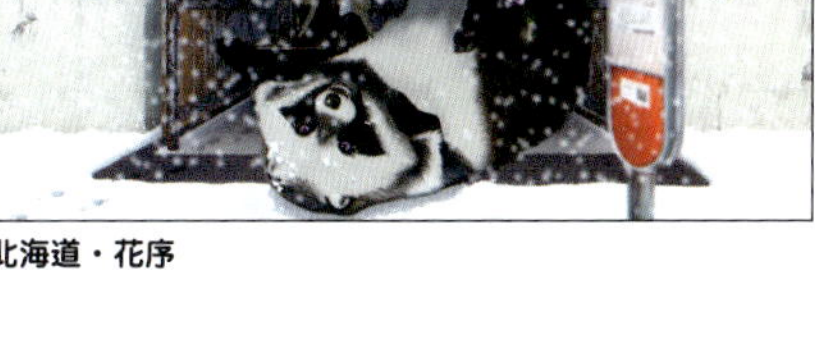
北海道・花序

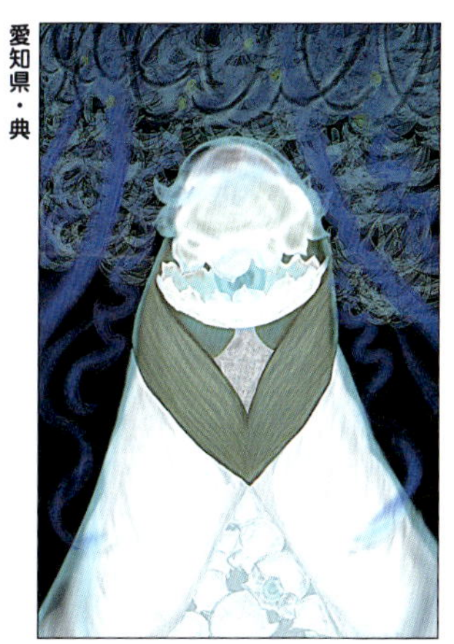
愛知県・典

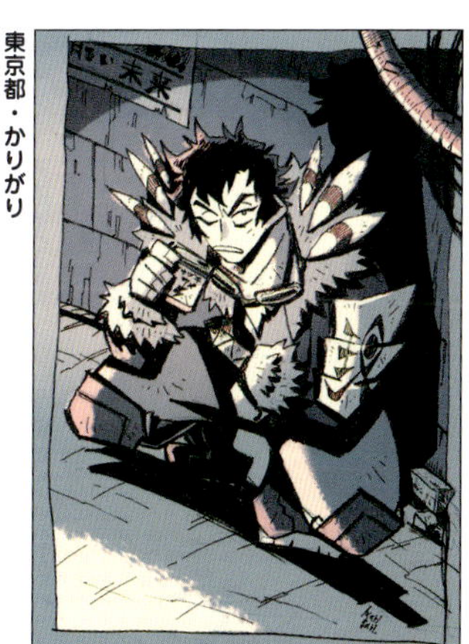
東京都・かりがり

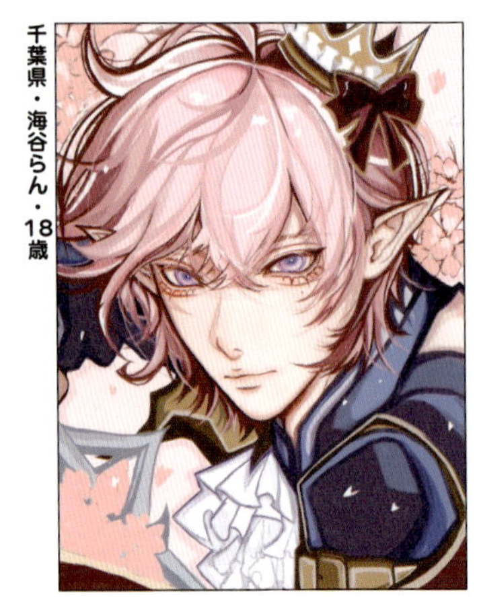
千葉県・海谷らん・18歳

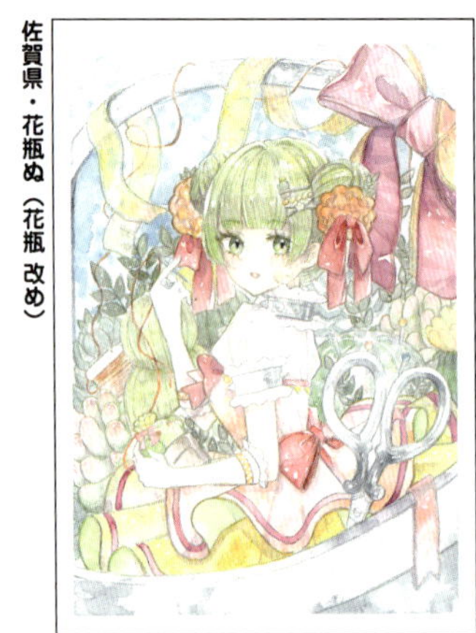
佐賀県・花瓶ぬ（花瓶 改め）

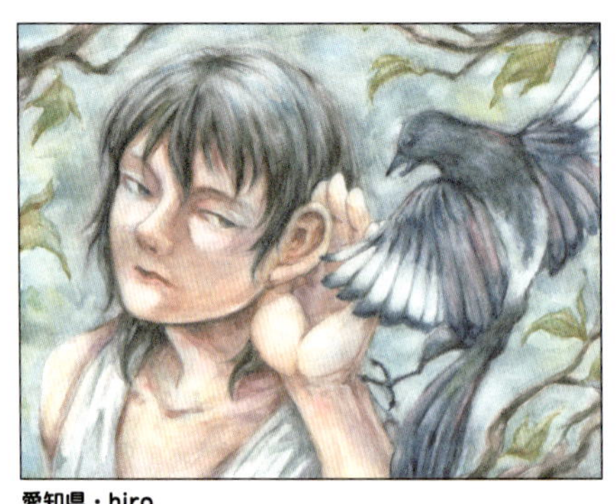
愛知県・hiro

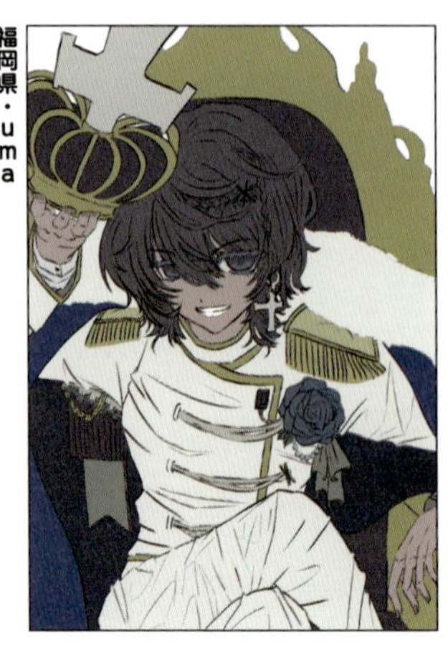
福岡県・uma

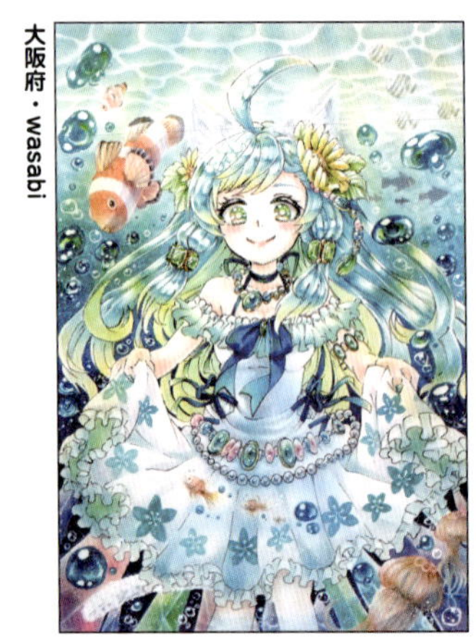
大阪府・wasabi

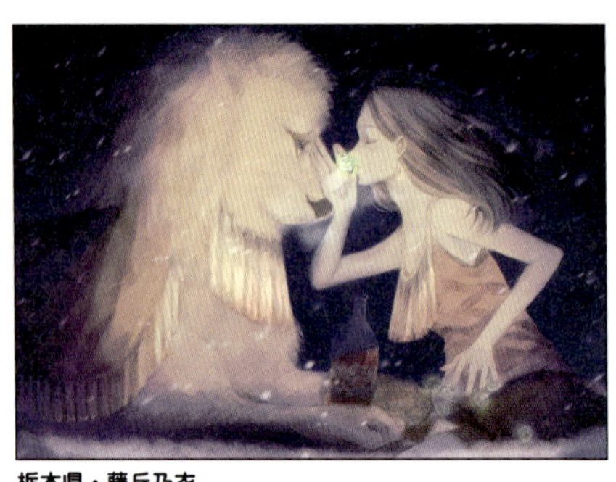
栃木県・藤丘乃衣

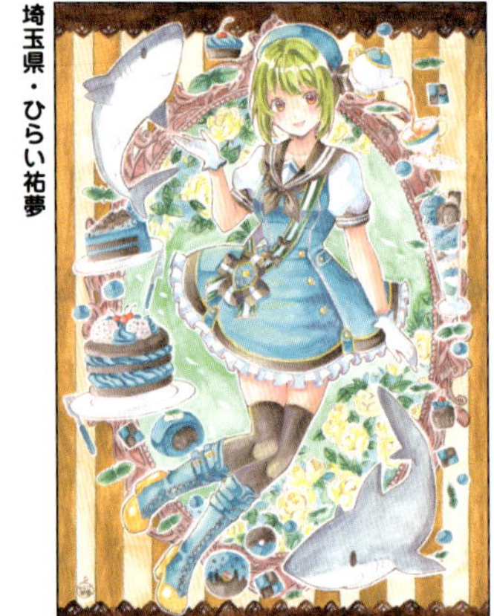
埼玉県・ひらい祐夢

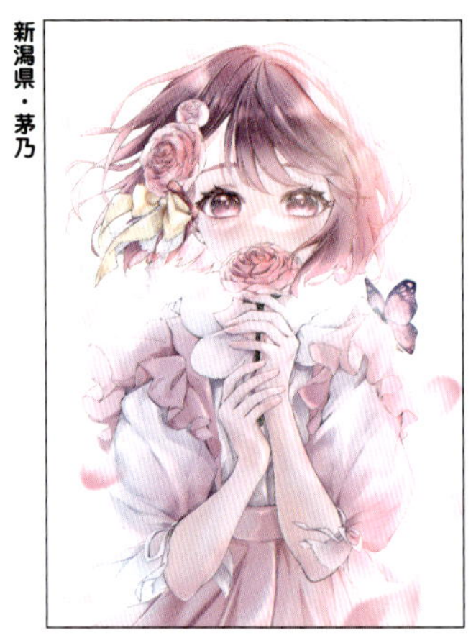
新潟県・茅乃

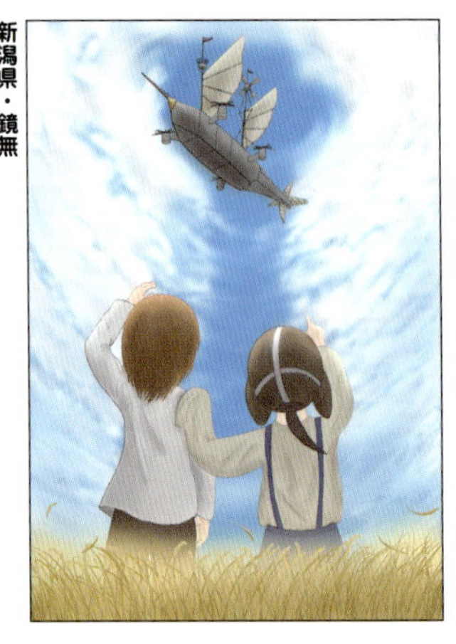
新潟県・鏡無

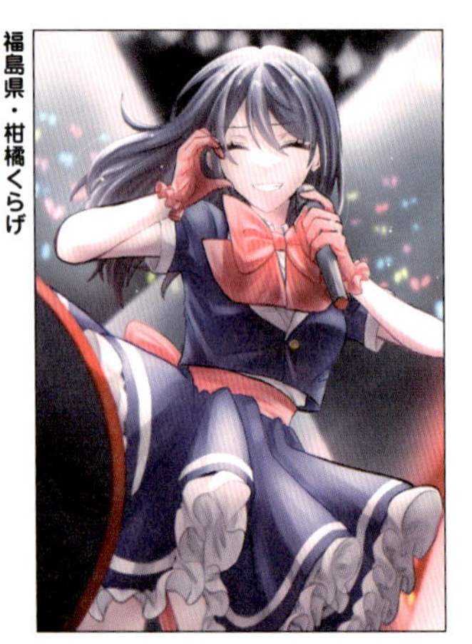
福島県・柑橘くらげ

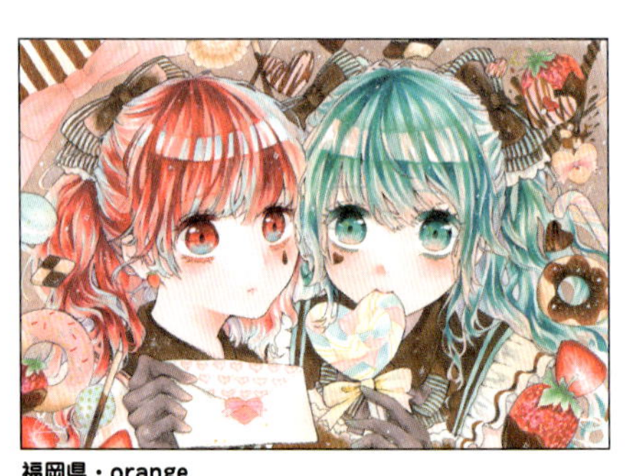
福岡県・orange

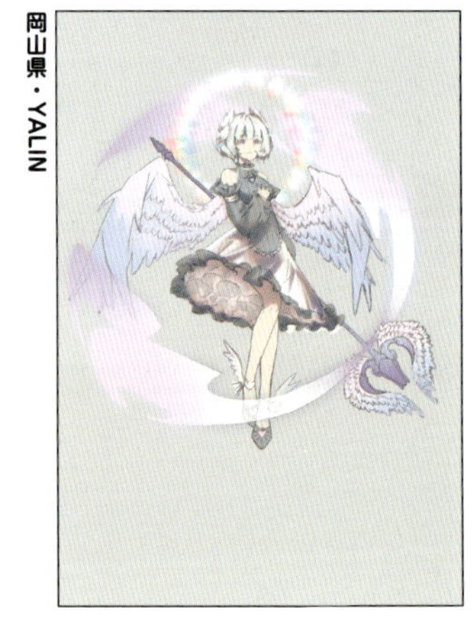
岡山県・YALIN

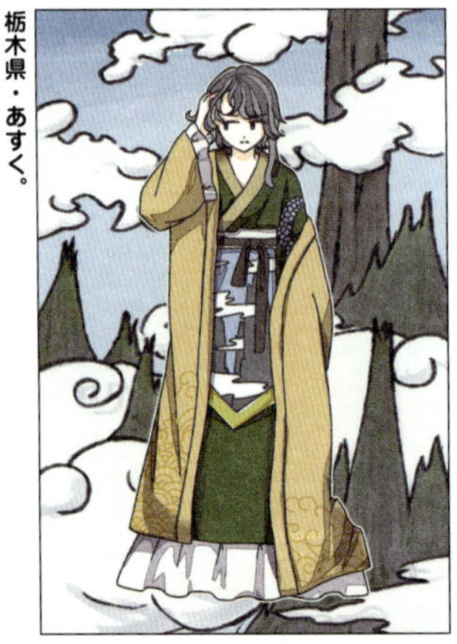
栃木県・あすく。

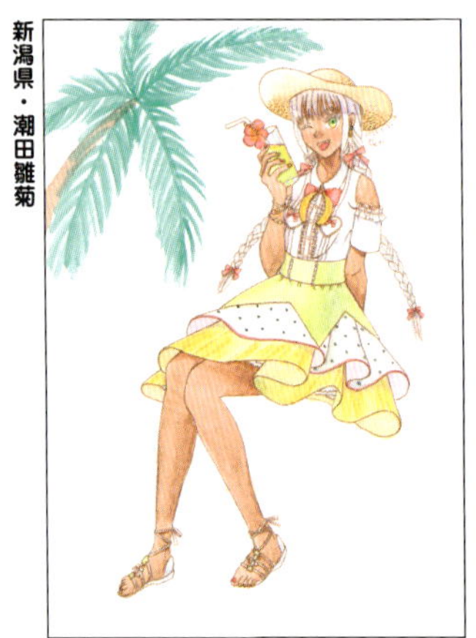
新潟県・潮田雛菊

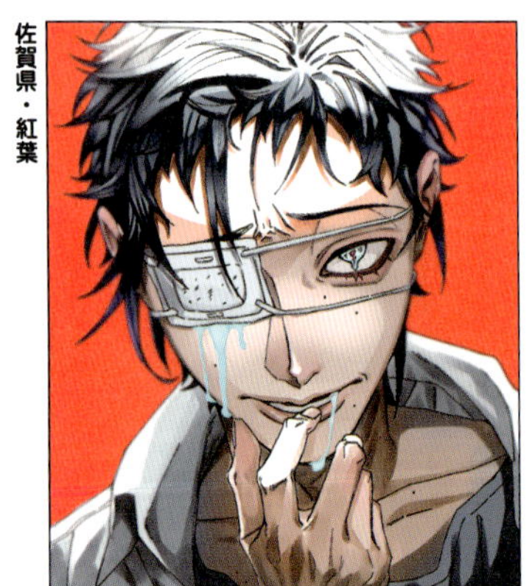
佐賀県・紅葉

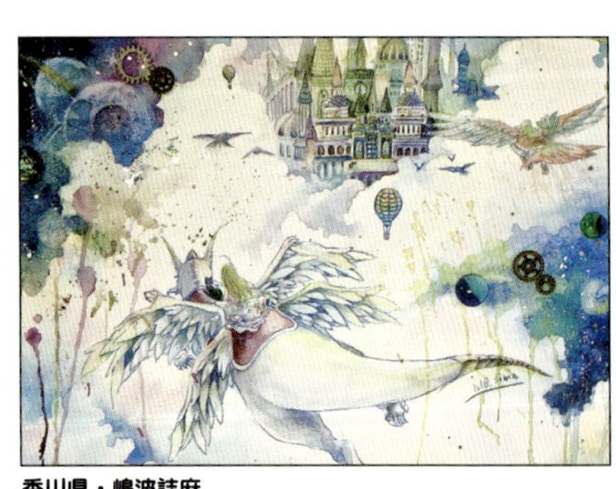
香川県・嶋波誌麻

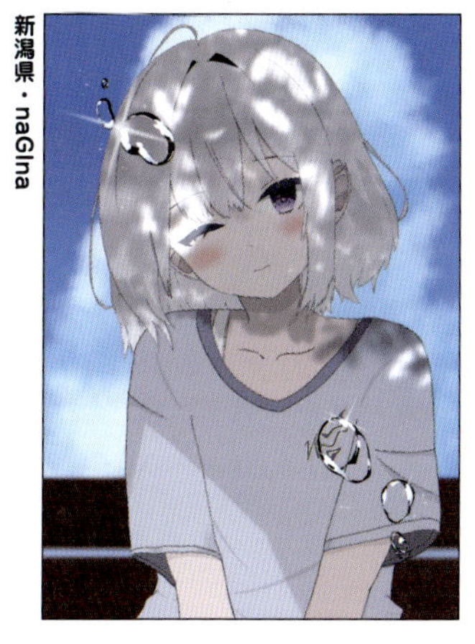
新潟県・naGina

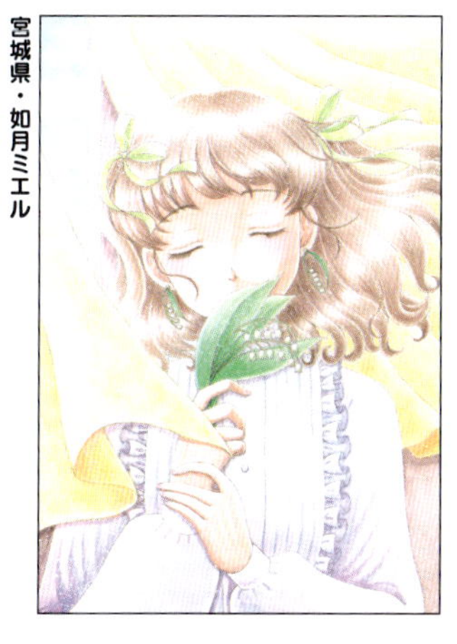
宮城県・如月ミエル

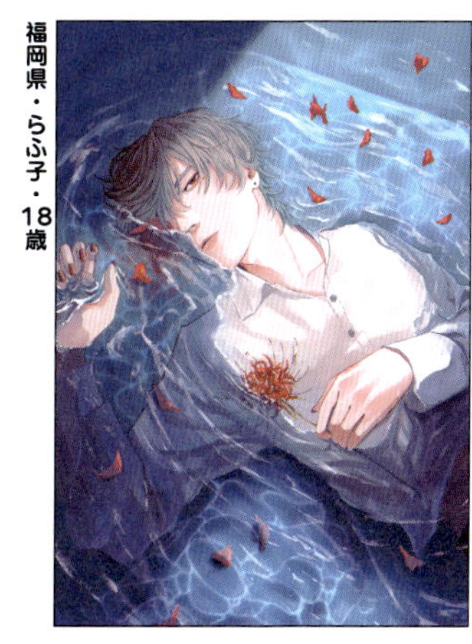
福岡県・らふ子・18歳

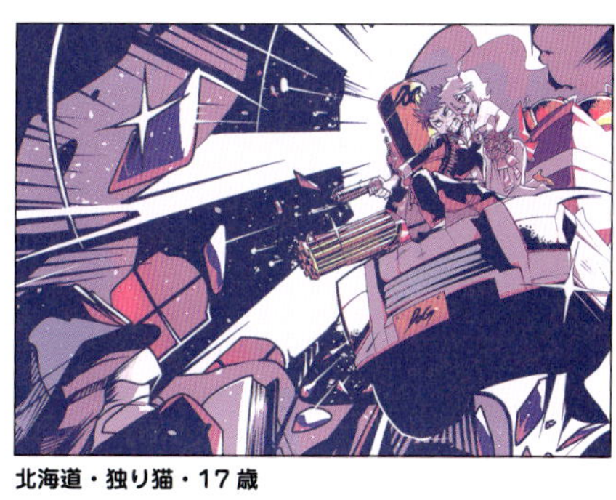
北海道・独り猫・17歳

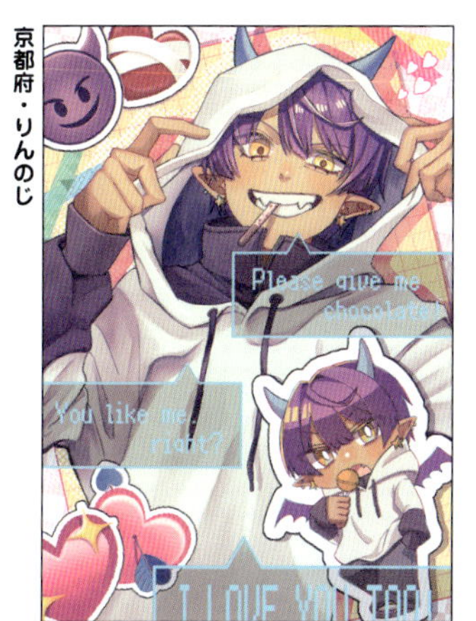

京都府・りんのじ

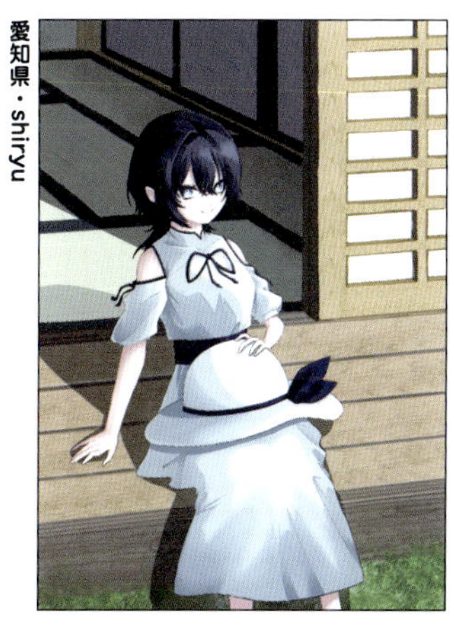
愛知県・shiryu

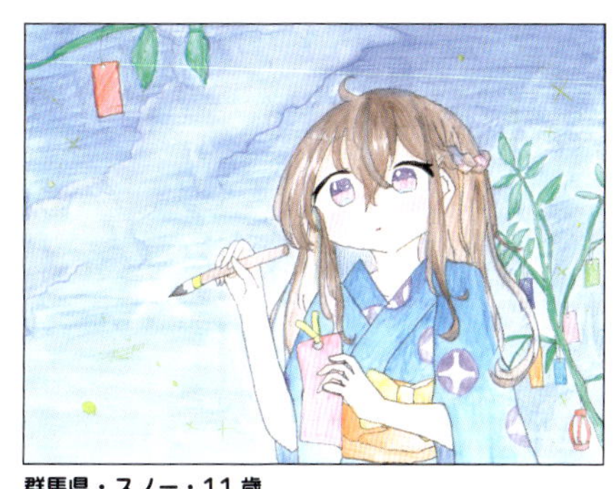
群馬県・スノー・11歳

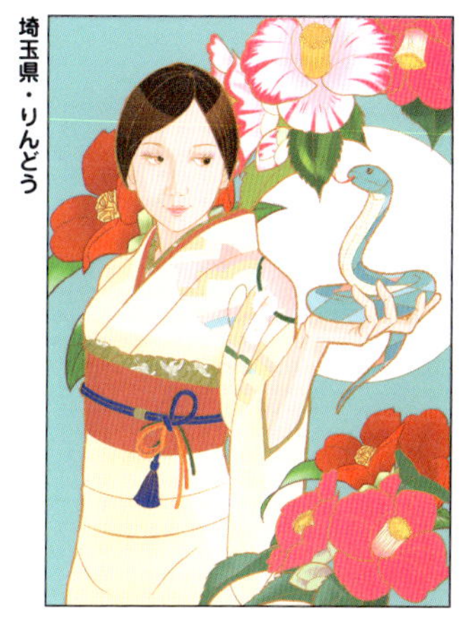
埼玉県・りんどう

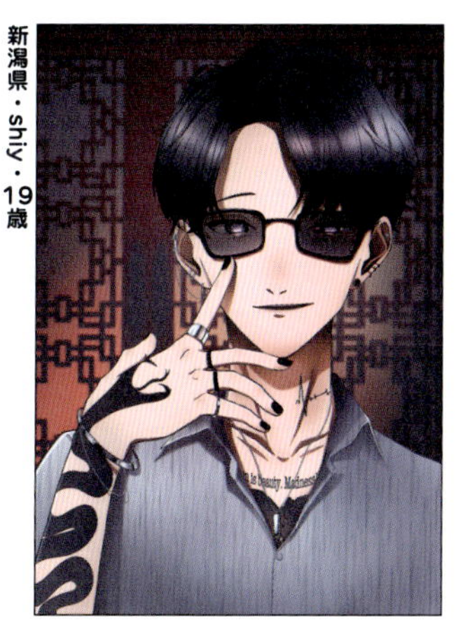
新潟県・shiy・19歳

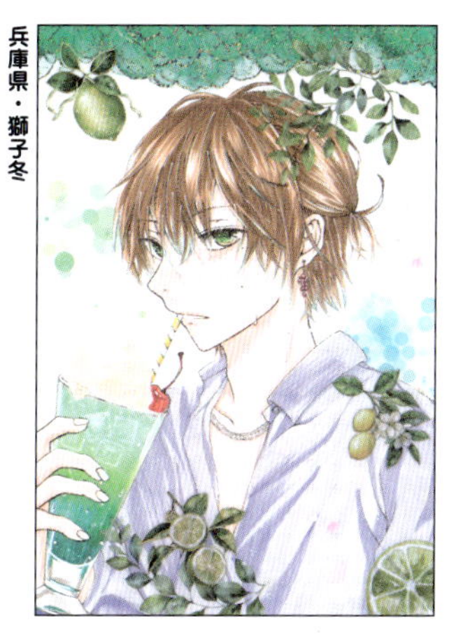
兵庫県・獅子冬

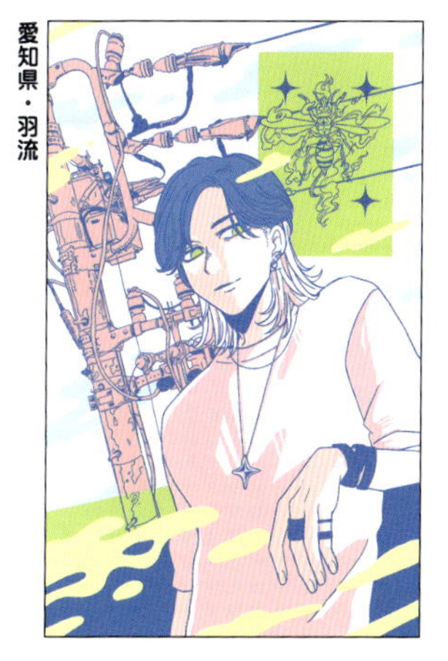
愛知県・羽流

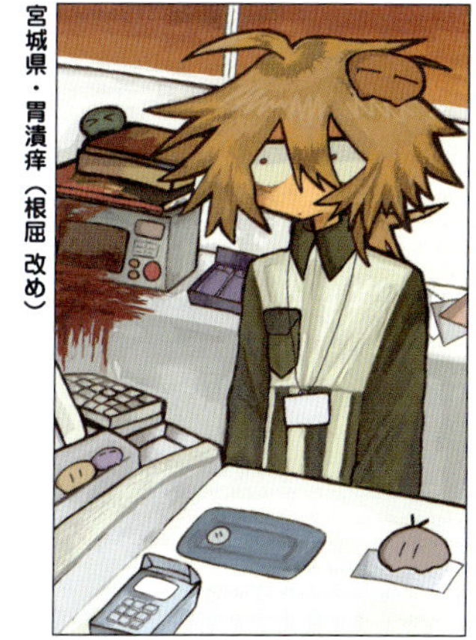
宮城県・胃潰痒（根屈 改め）

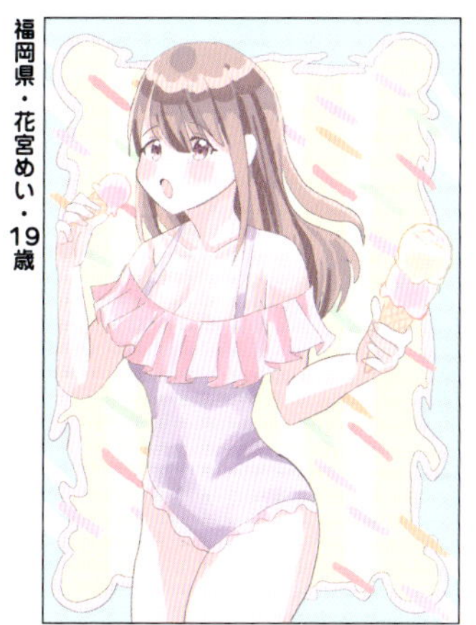
福岡県・花宮めい・19歳

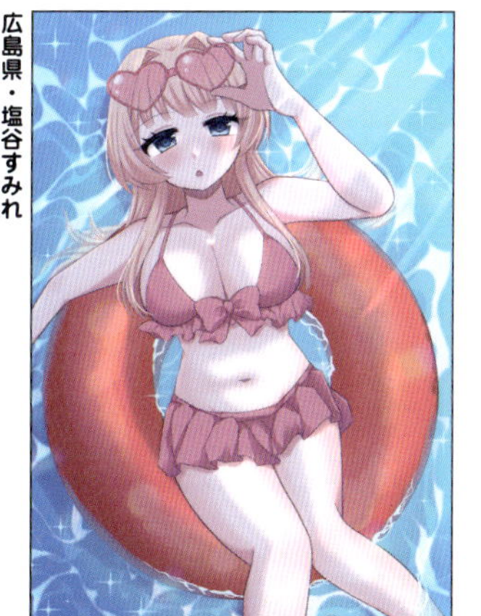
広島県・塩谷すみれ

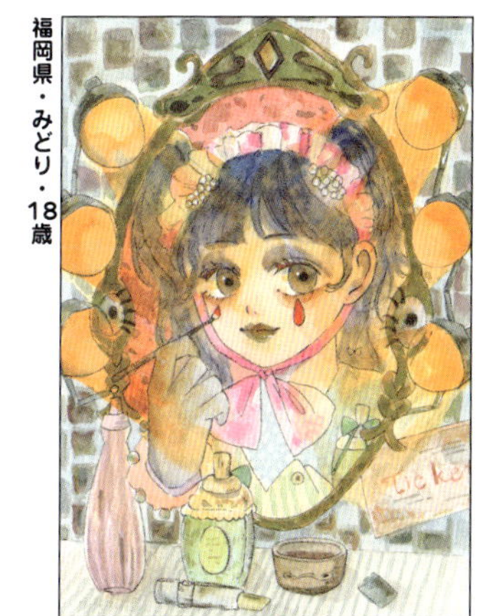
福岡県・みどり・18歳

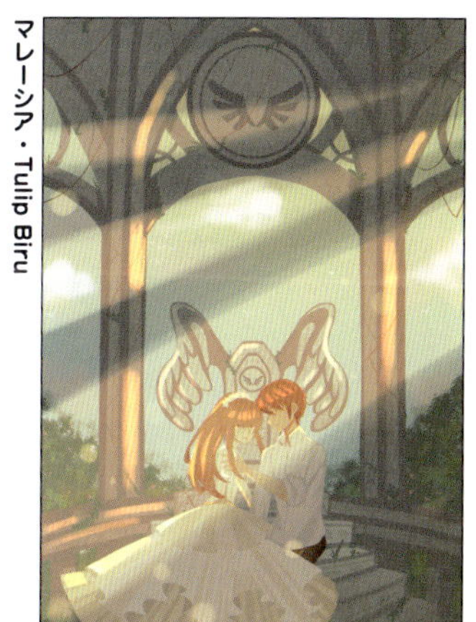
マレーシア・Tulip Biru

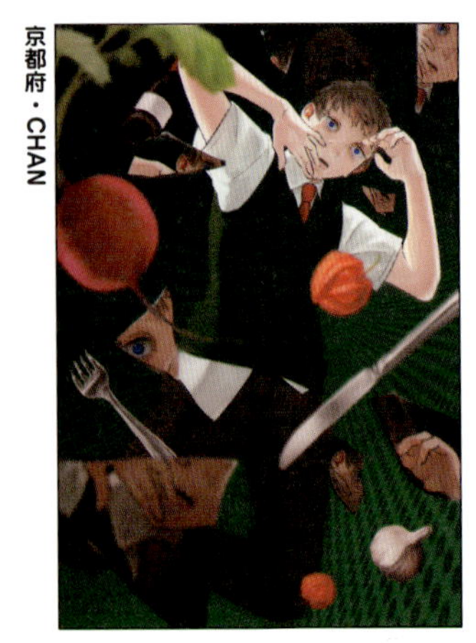

京都府・CHAN

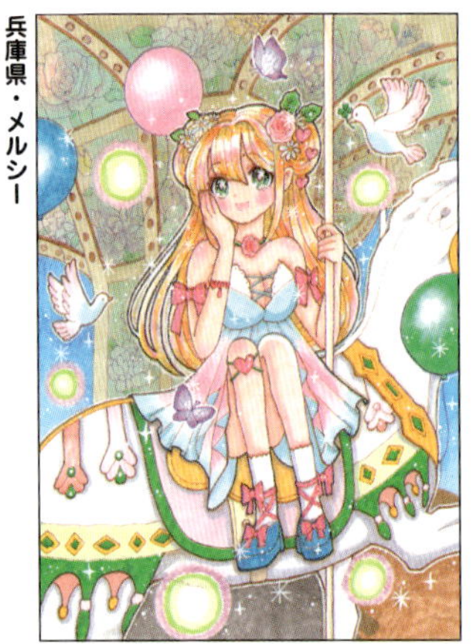

兵庫県・メルシー

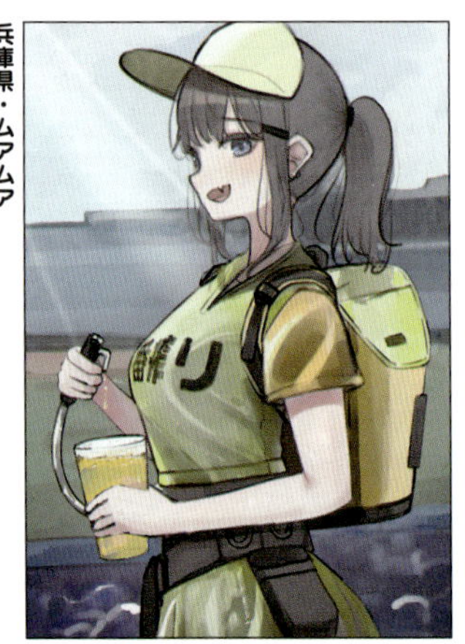

兵庫県・ムアムア

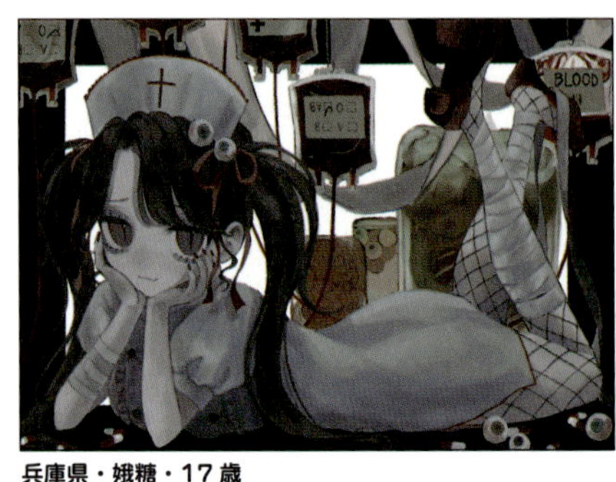

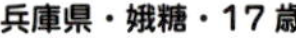

兵庫県・娥糖・17歳

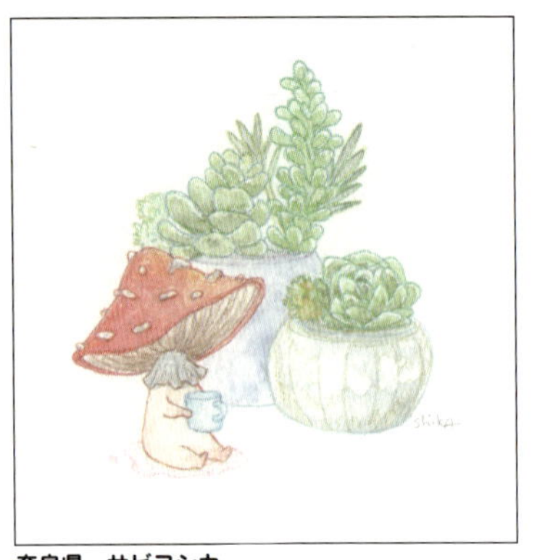

奈良県・サビヲシカ

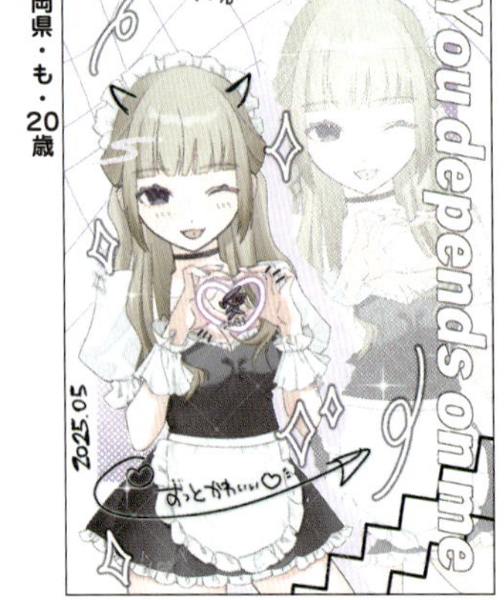

福岡県・も・20歳

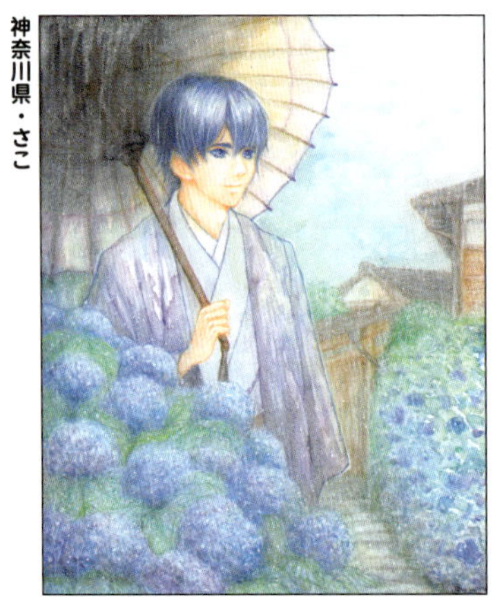

神奈川県・さこ

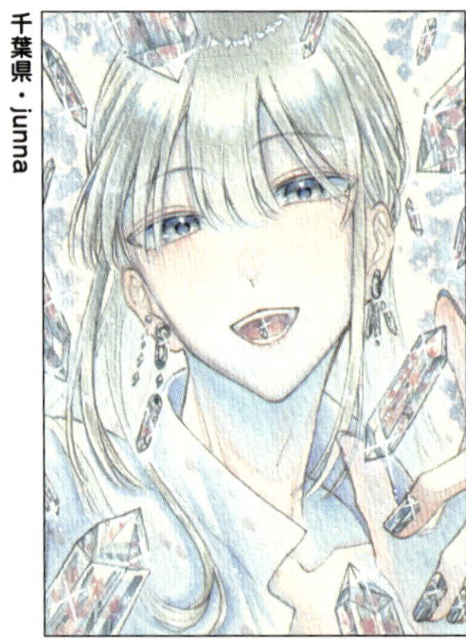

千葉県・junna

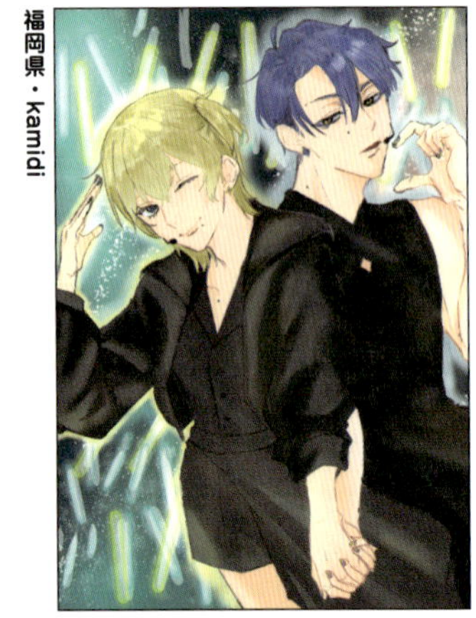

福岡県・kamidi

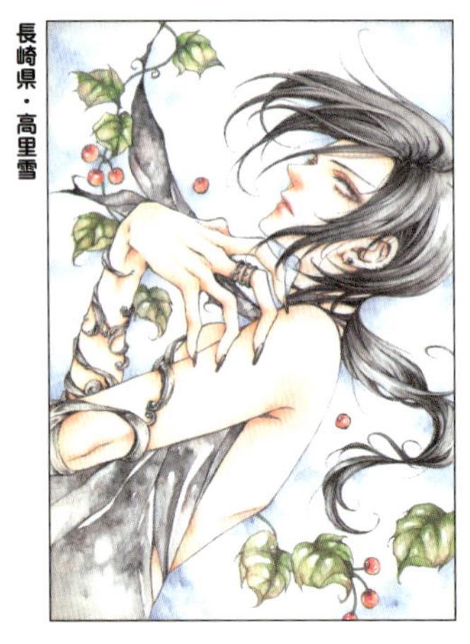

長崎県・高里雪

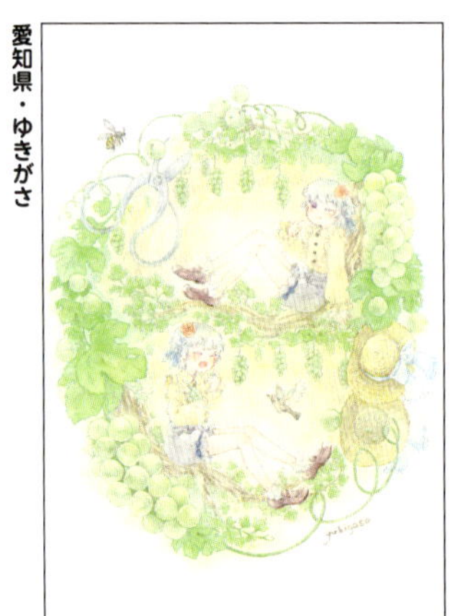

愛知県・ゆきがさ

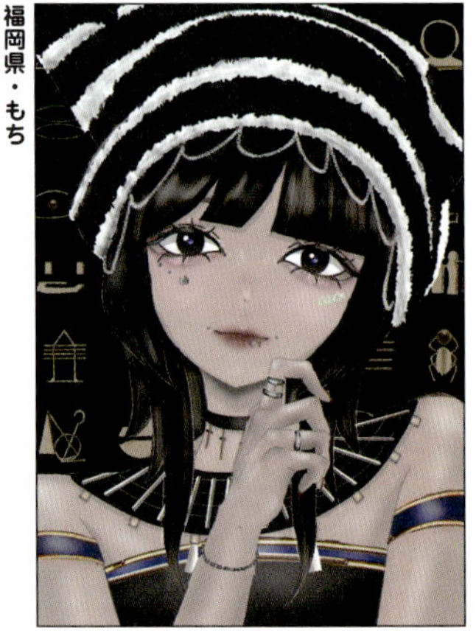

福岡県・もち

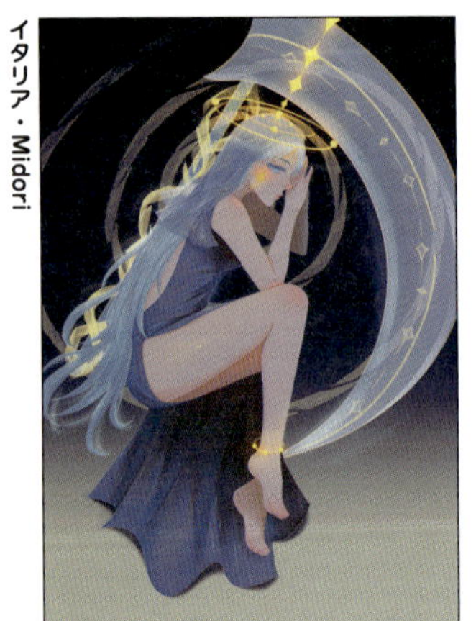

イタリア・Midori

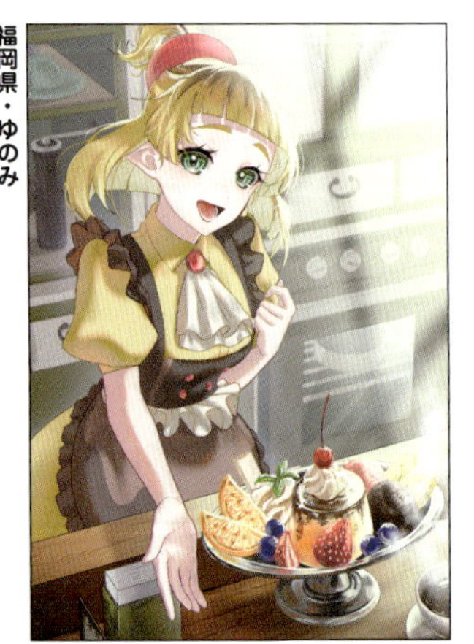

福岡県・ゆのみ

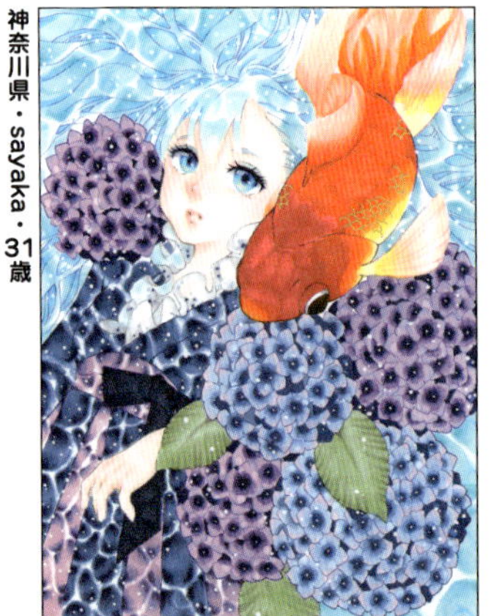

神奈川県・sayaka・31歳

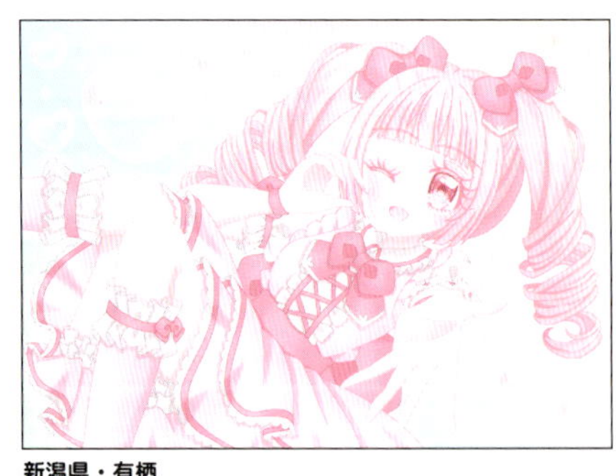

新潟県・有栖

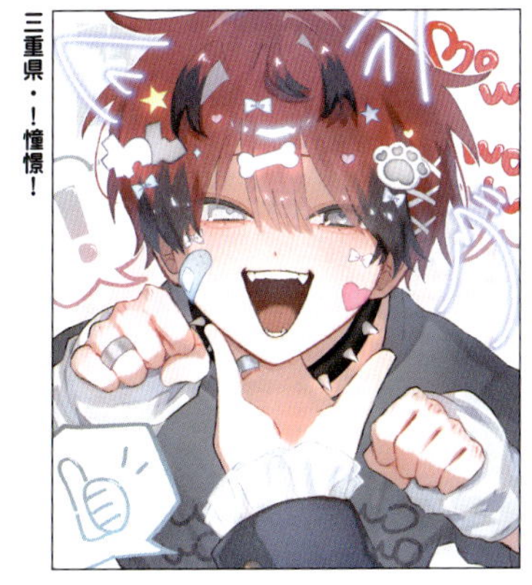
三重県・！憧憬！

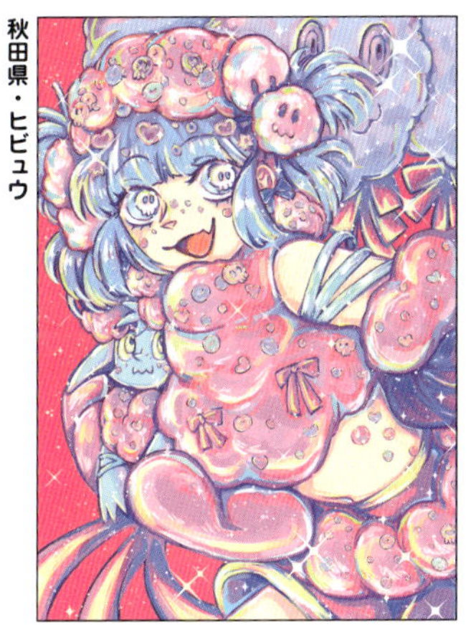
秋田県・ヒビュウ

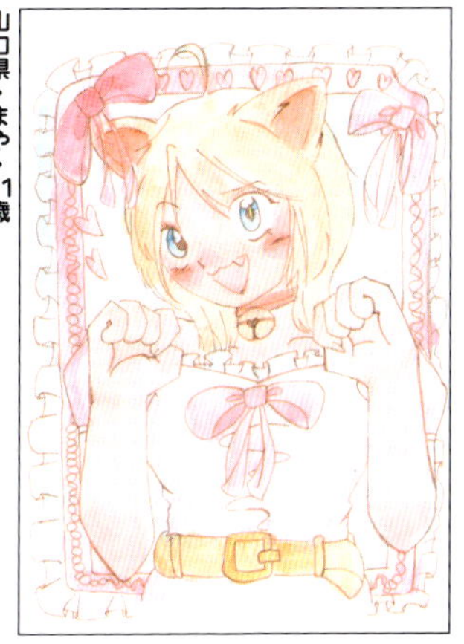
山口県・まや・11歳

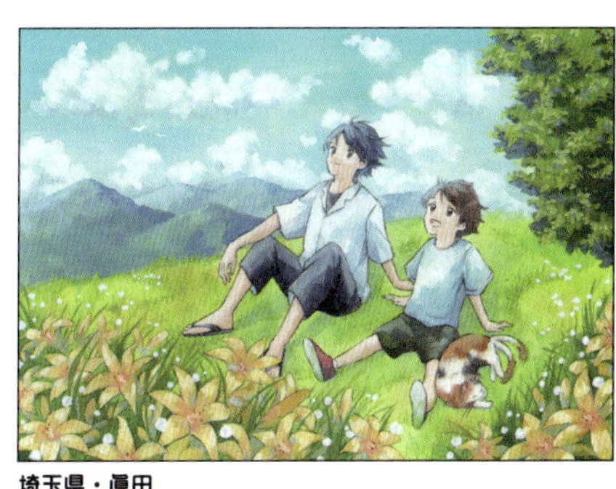
埼玉県・眞田

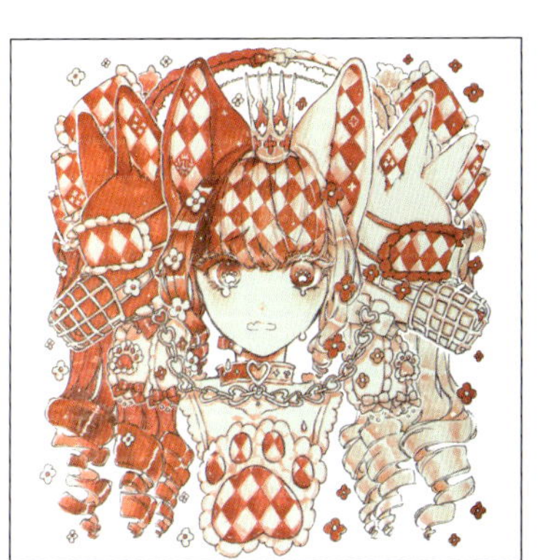
高知県・まろやか

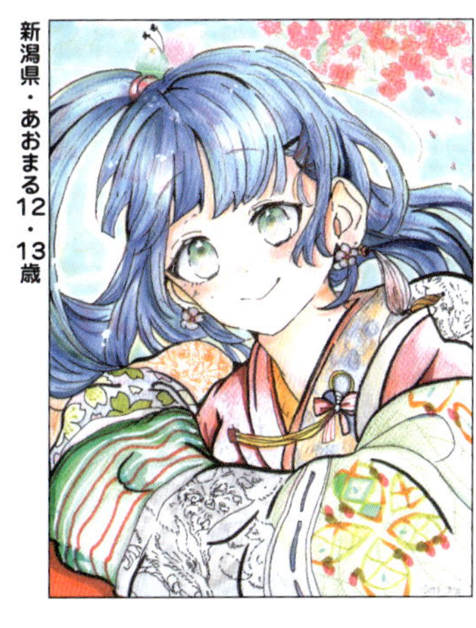
新潟県・あおまる・12・13歳

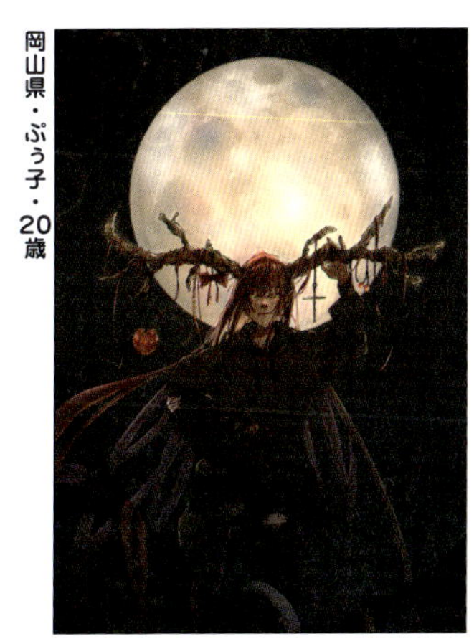
岡山県・ぷぅ子・20歳

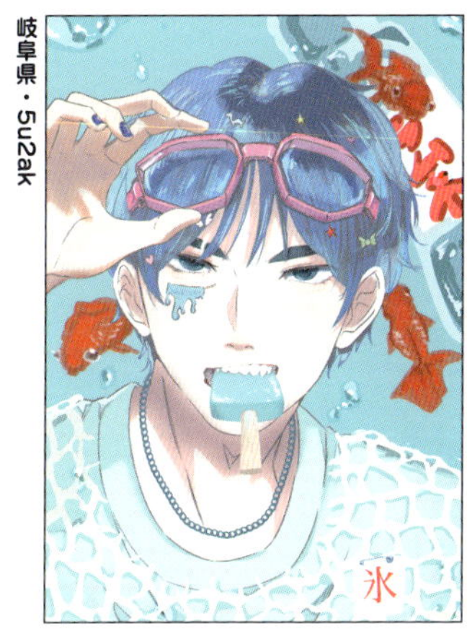

岐阜県・5u2ak

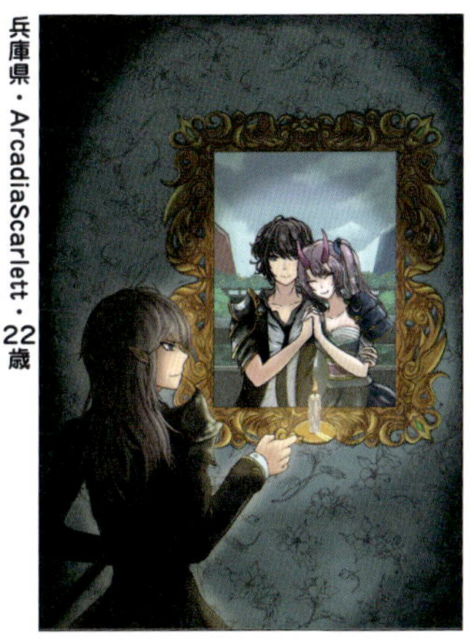
兵庫県・ArcadiaScarlett・22歳

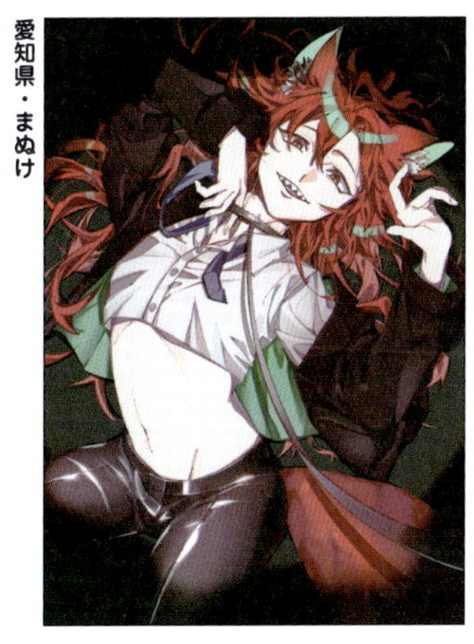
愛知県・まぬけ

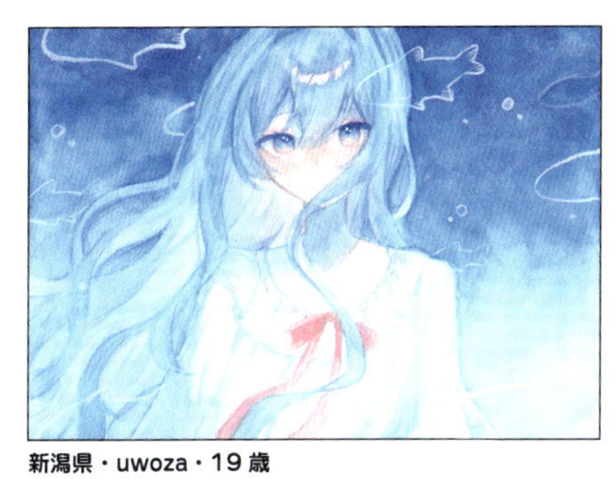
新潟県・uwoza・19歳

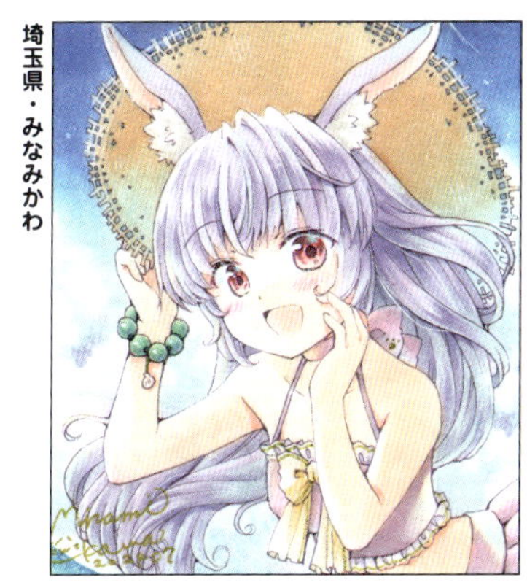
埼玉県・みなみかわ

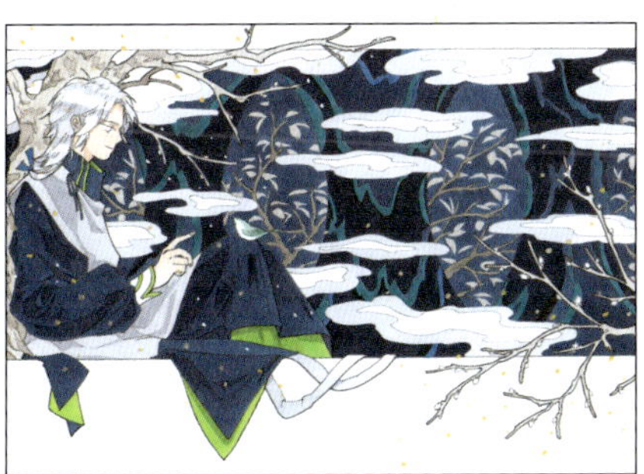
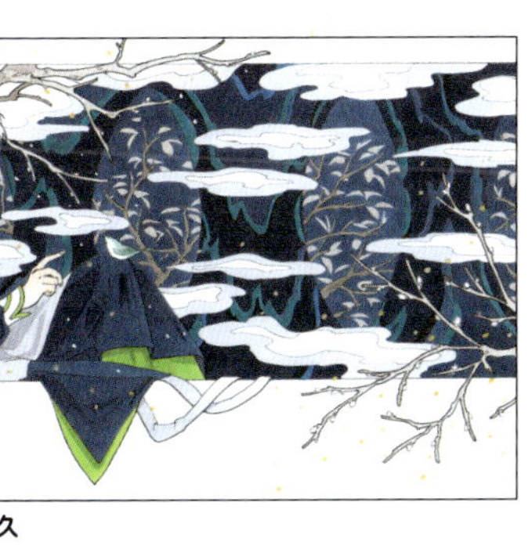
北海道・佐久

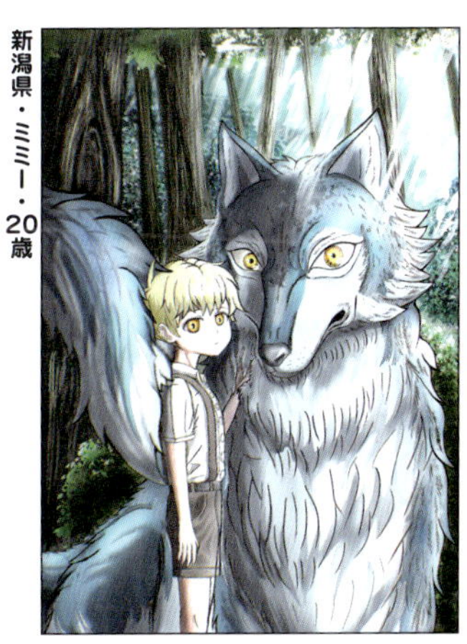
新潟県・ミミー・20歳

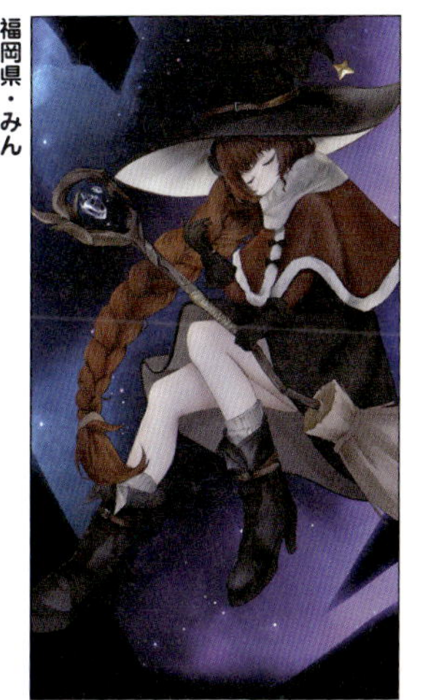
福岡県・みん

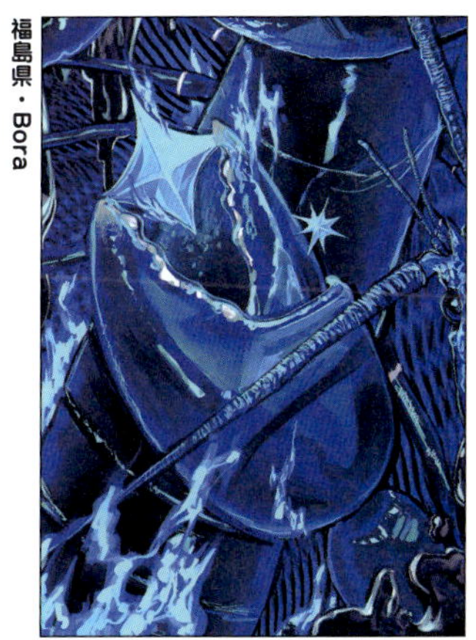
福島県・Bora

福岡県・うらめ

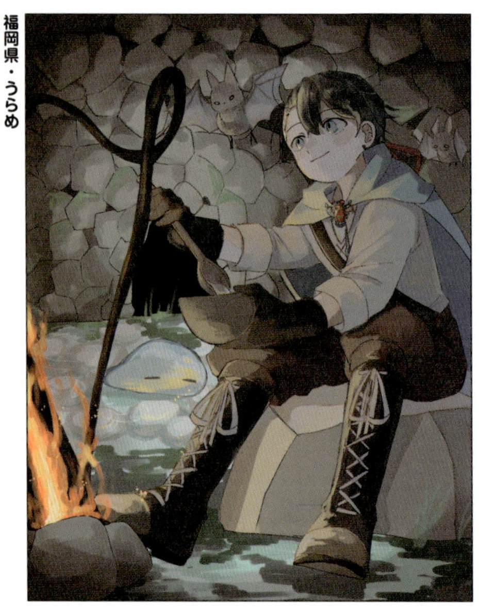

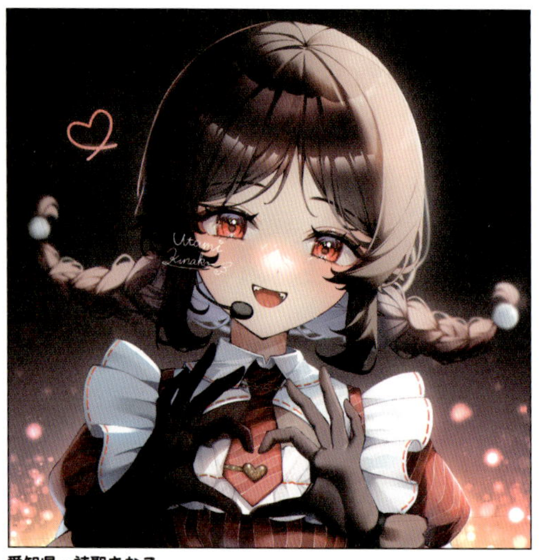

愛知県・詩聖きなこ

三重県・山羊魚・18歳

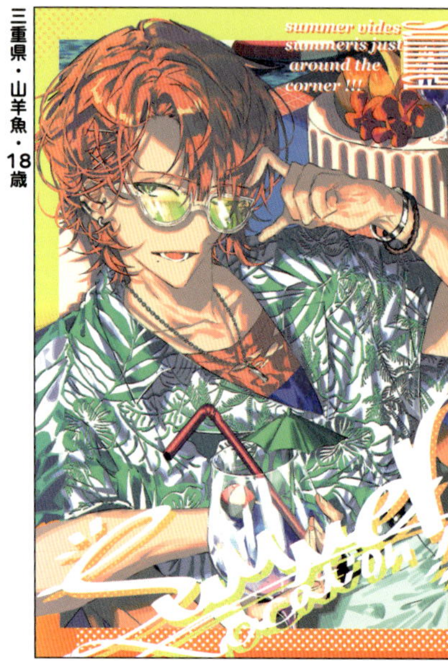

三重県・煮込みだいず・25歳

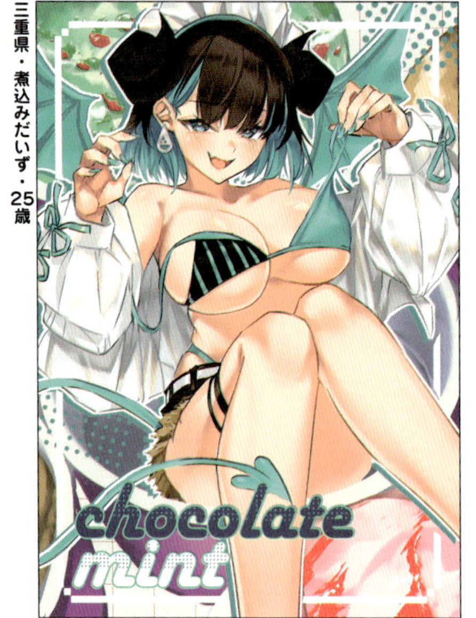

京都府・哺乳瓶紅茶。

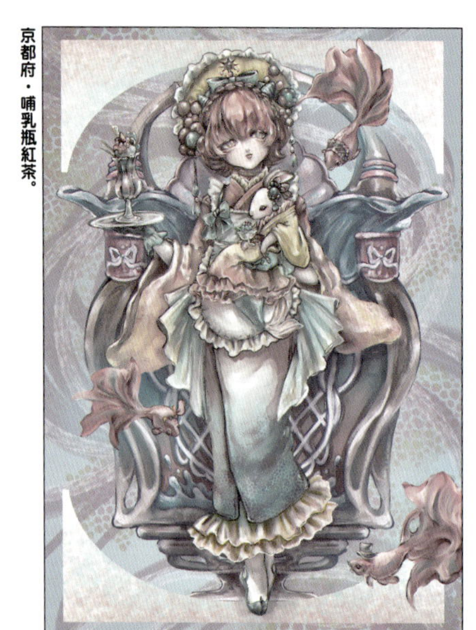

茨城県・タラコ

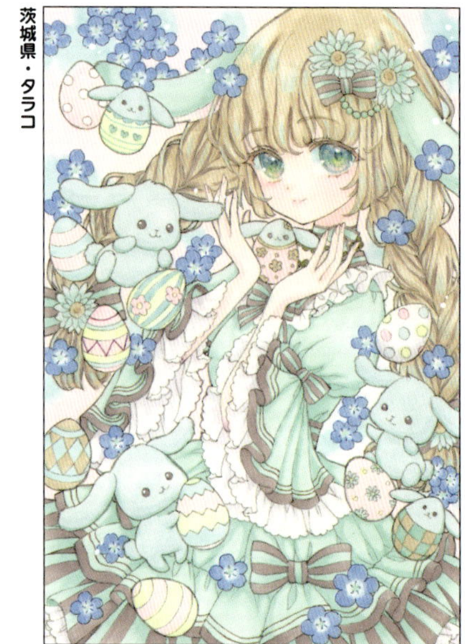

大阪府・なずみ紫帆

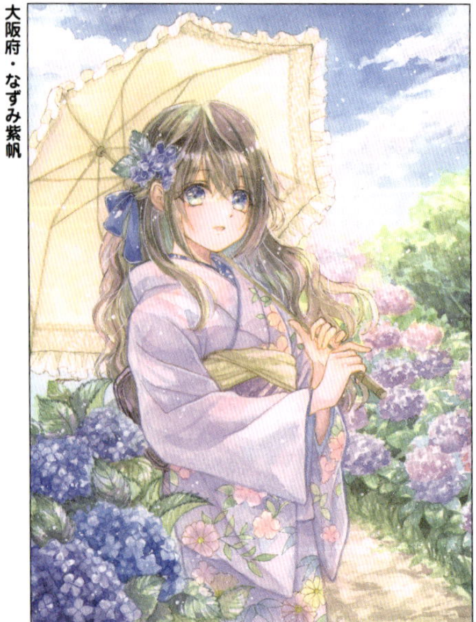

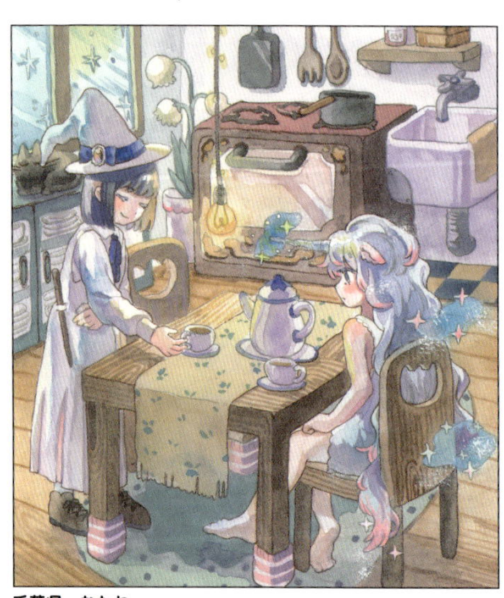

千葉県・なたね

秋田県・星崎おぼん

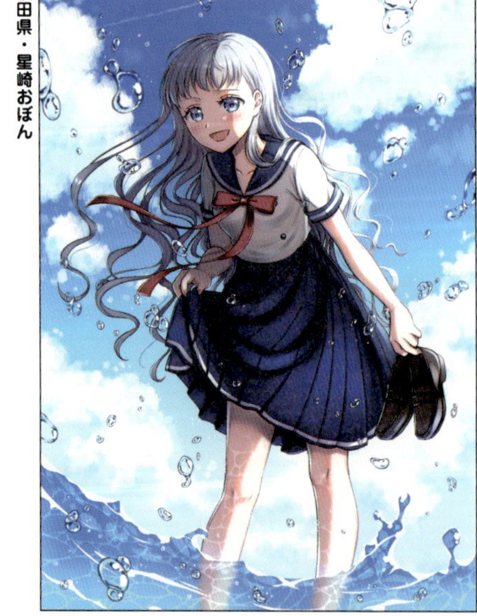

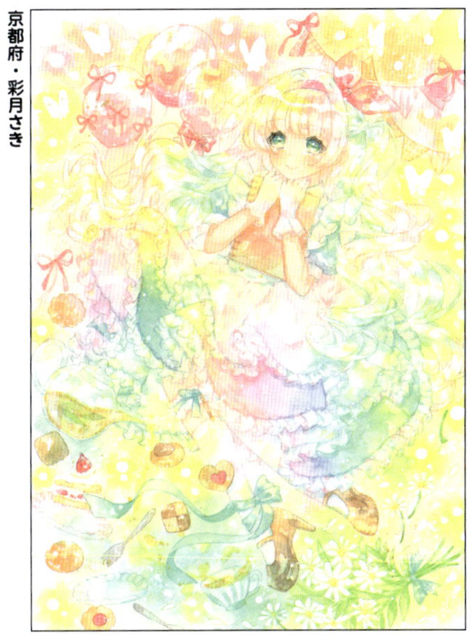
京都府・彩月さき

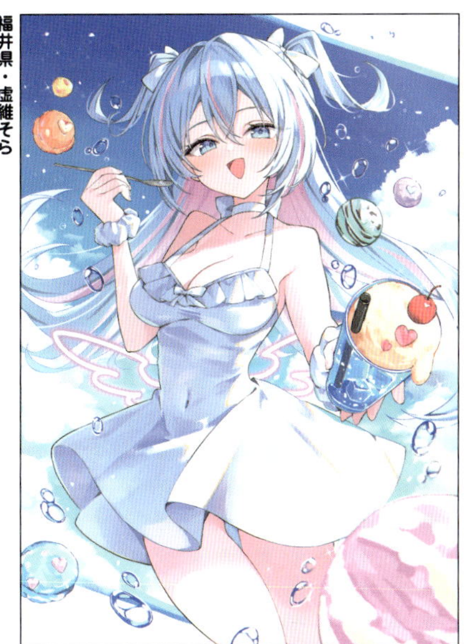
福井県・虚縦そら

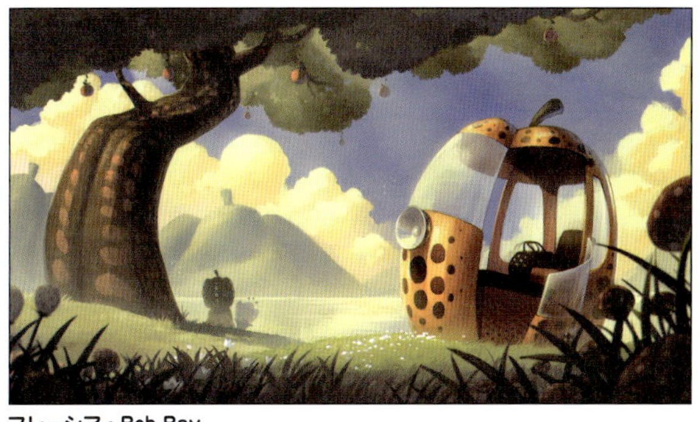
マレーシア・Beb Bay

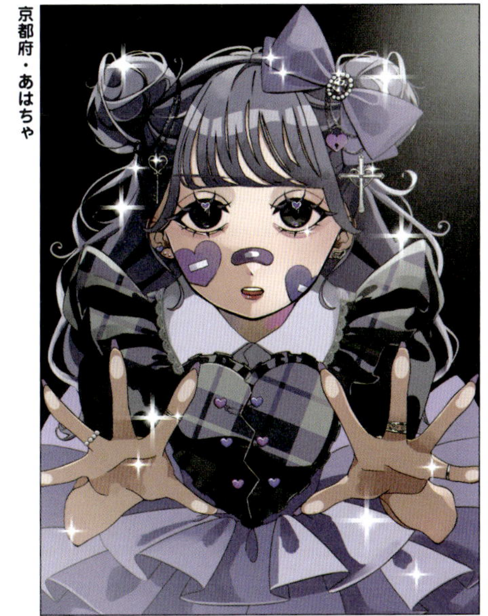
京都府・あはちゃ

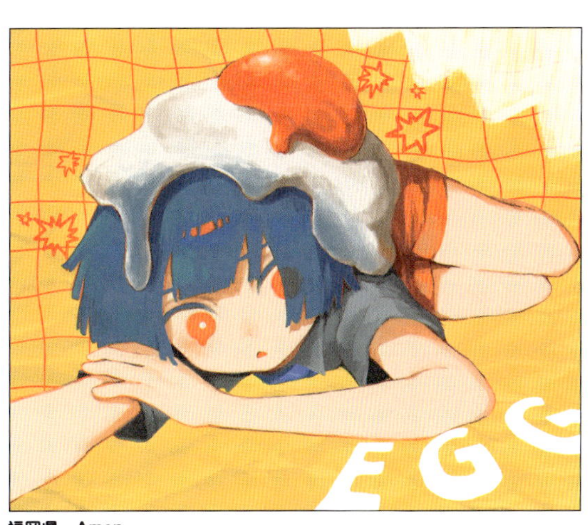

福岡県・Amen

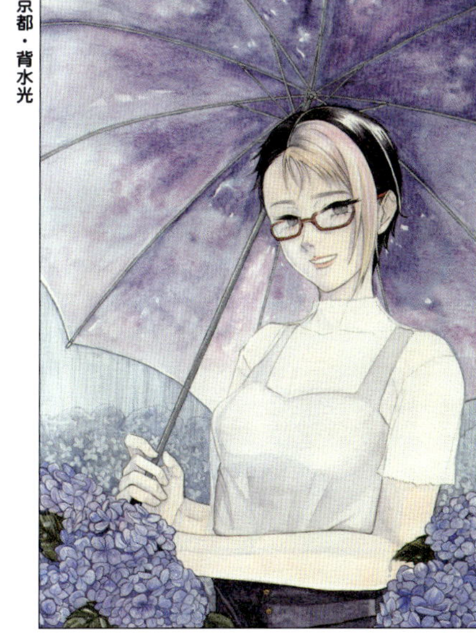
東京都・背水光

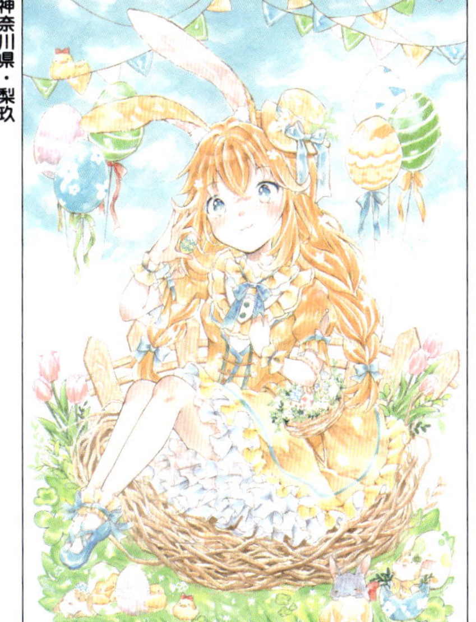
神奈川県・梨玖

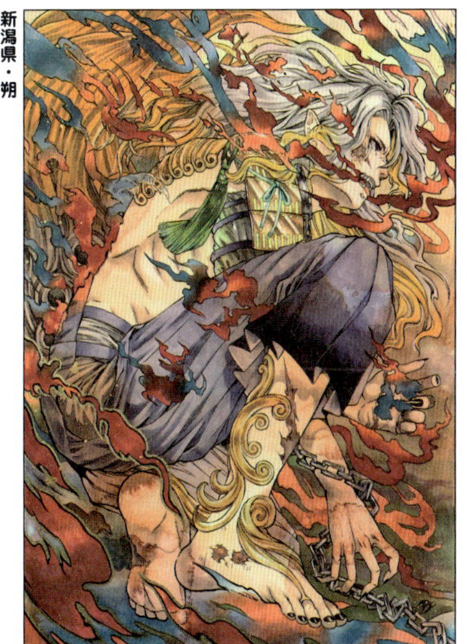
新潟県・朔

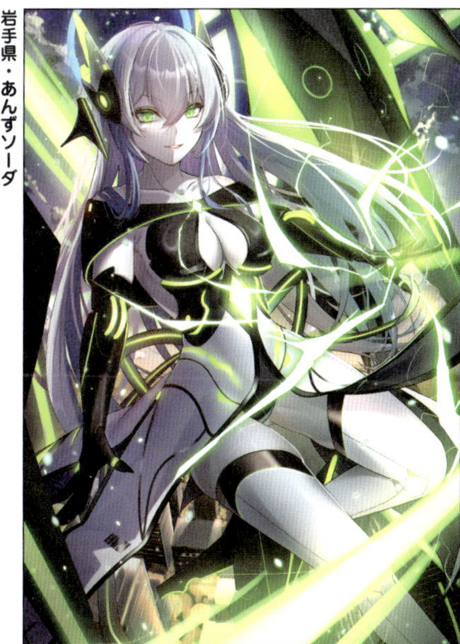
岩手県・あんずソーダ

福島県・鏑木

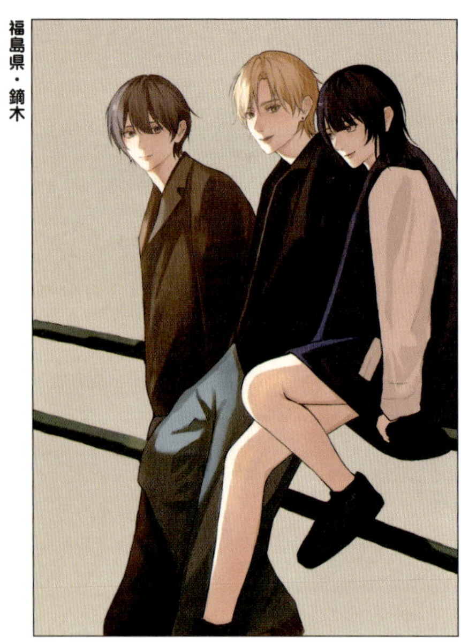

大阪府・葵野ケイコ

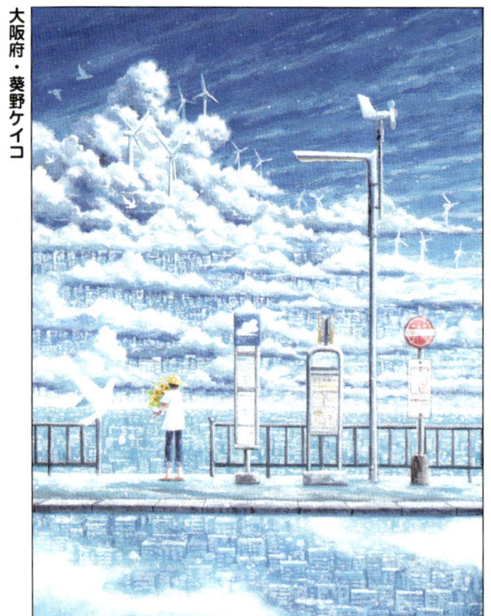

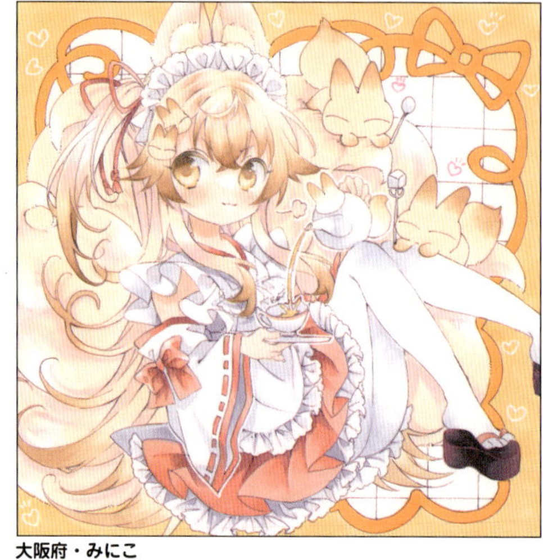

大阪府・みにこ

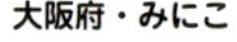

イタリア・LMN3

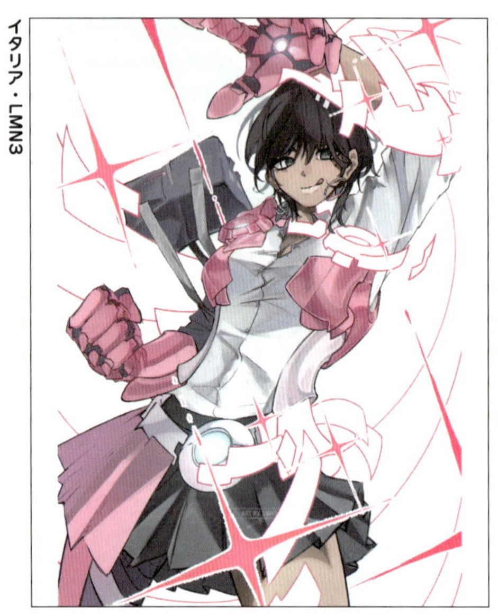

栃木県・那月屋しおん

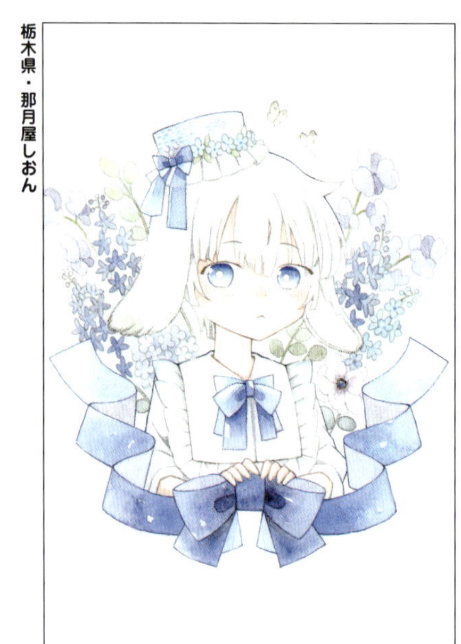

新潟県・化2。

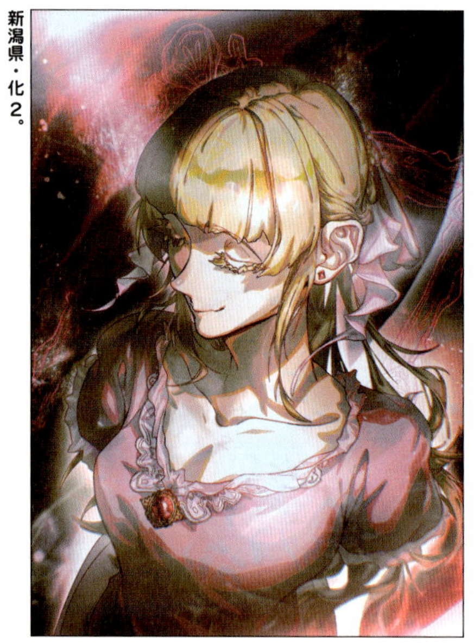

北海道・花粉・18歳

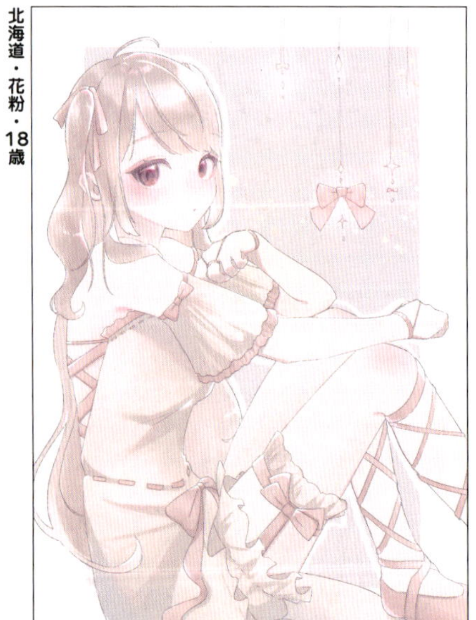

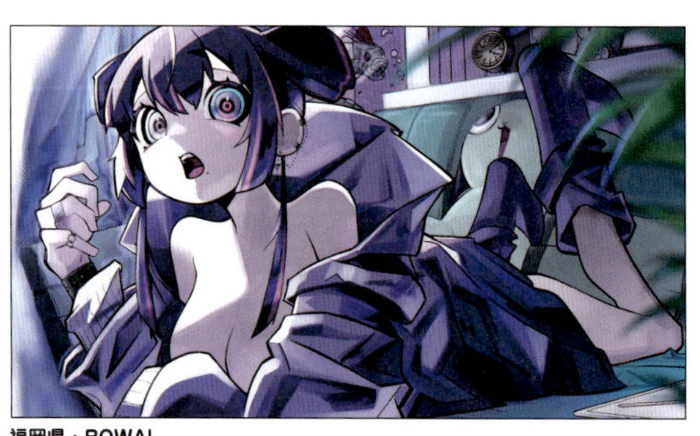

福岡県・BOWAL

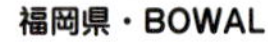

福岡県・nano

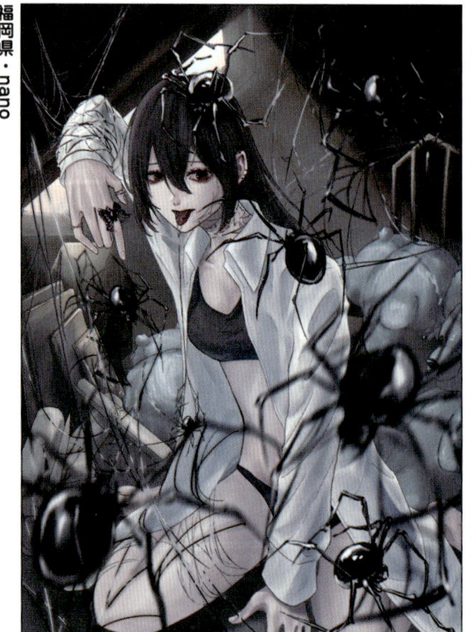

アメリカ・d_ying5022

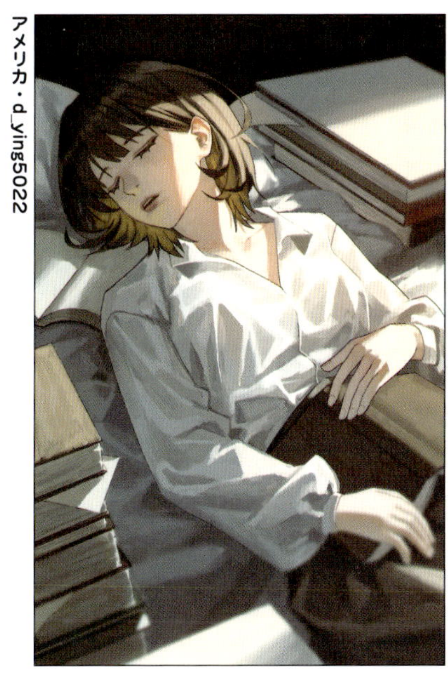

香川県・ももトロ

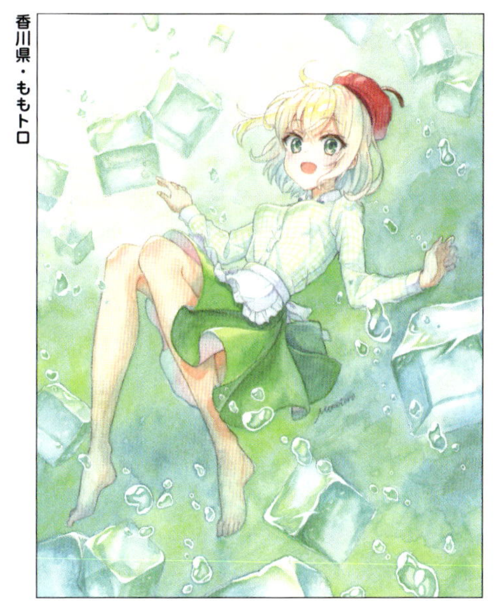

福岡県・Ao.i

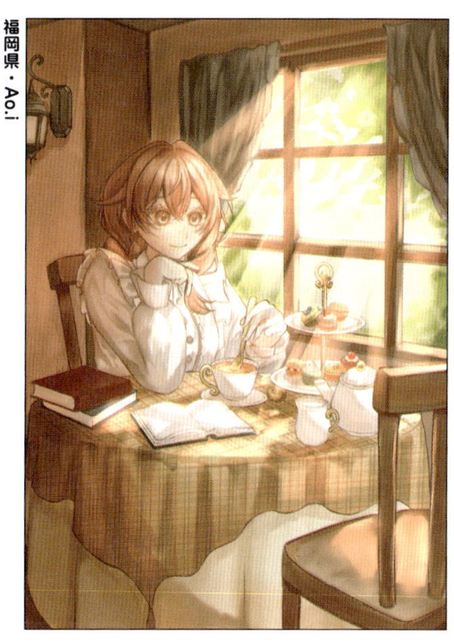

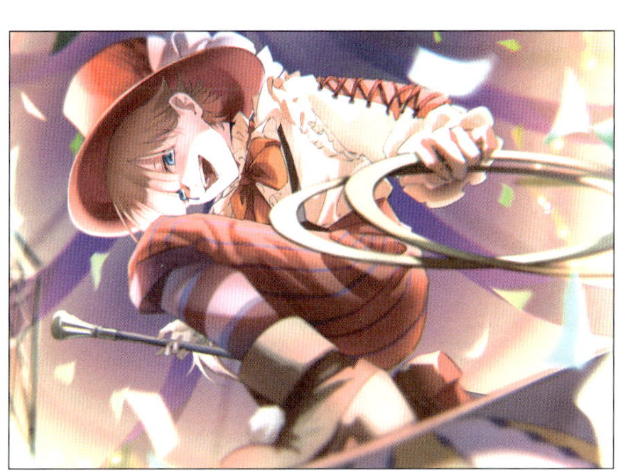

福島県・庵冥

東京都・染杏

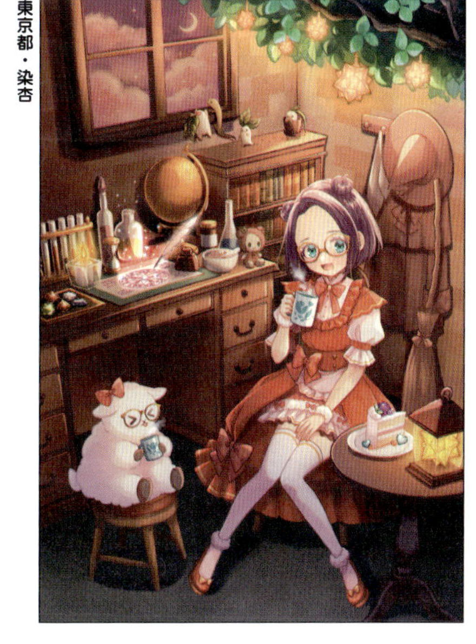

新潟県・もねぎ

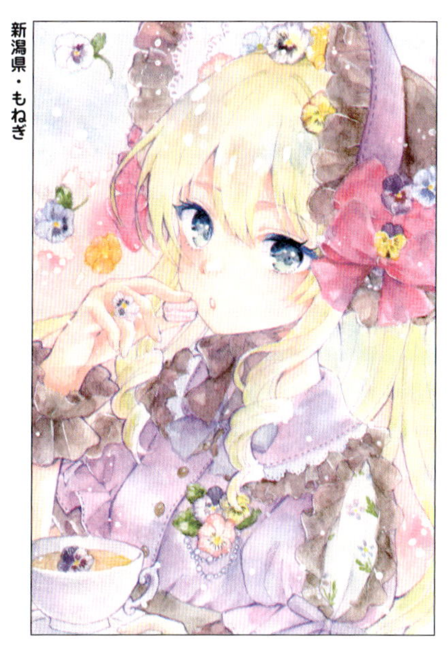

群馬県・第九

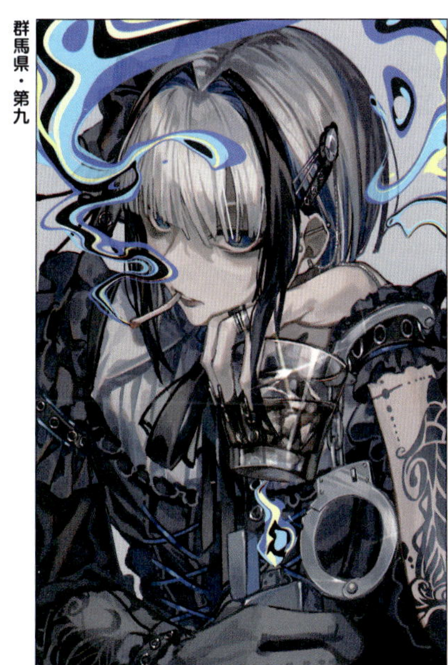

長崎県・ゆせら

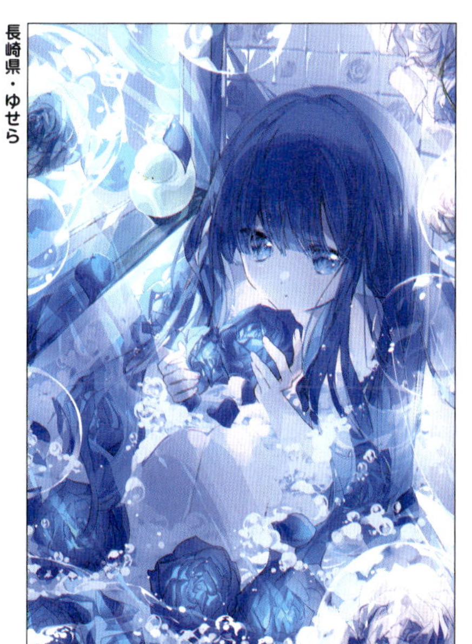

新潟県・盛子

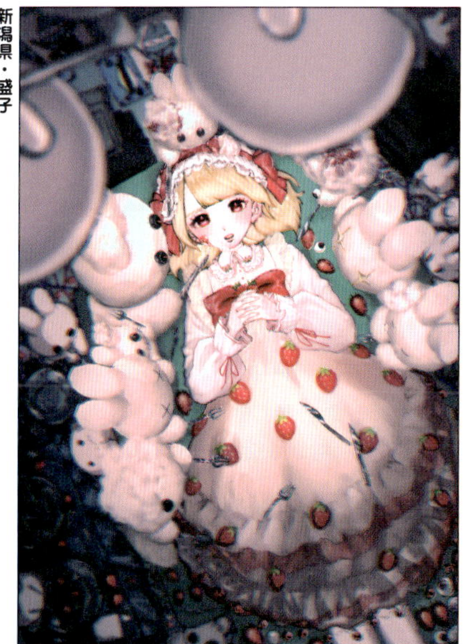

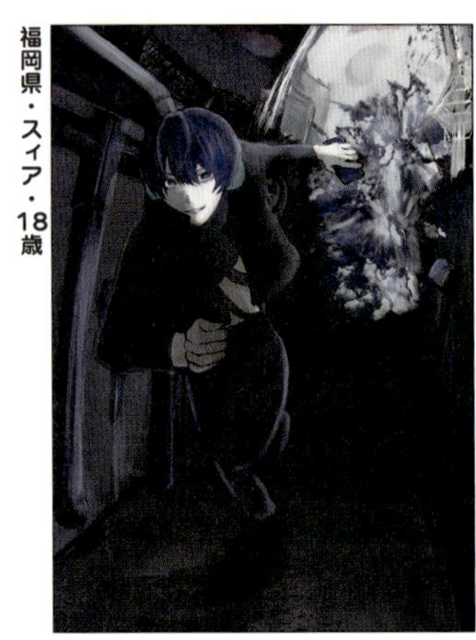
福岡県・スィア・18歳

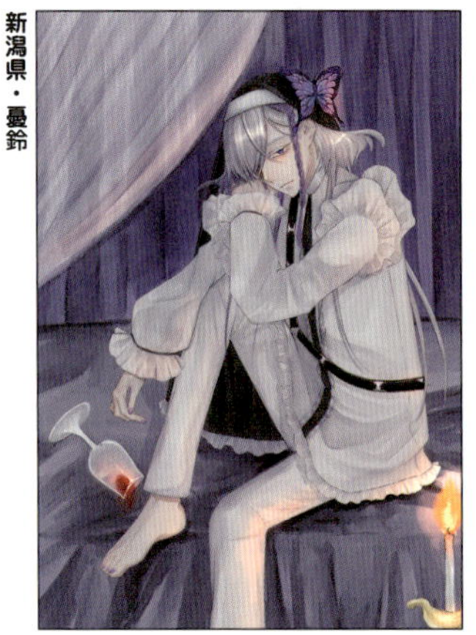
新潟県・憂鈴

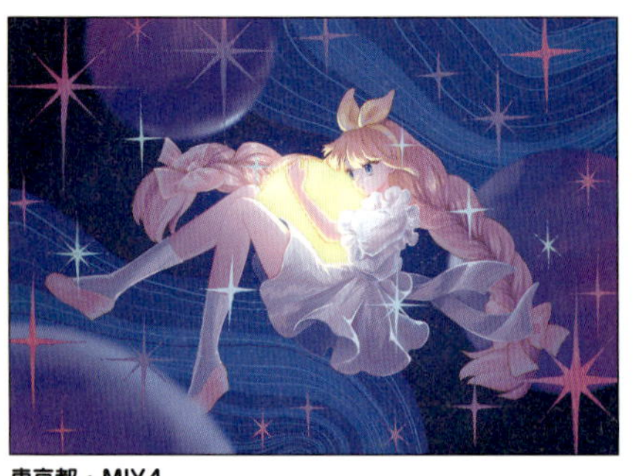
東京都・MIY4

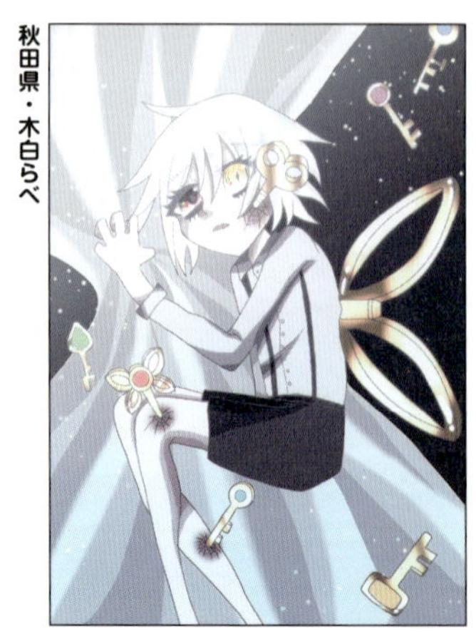
秋田県・木白らべ

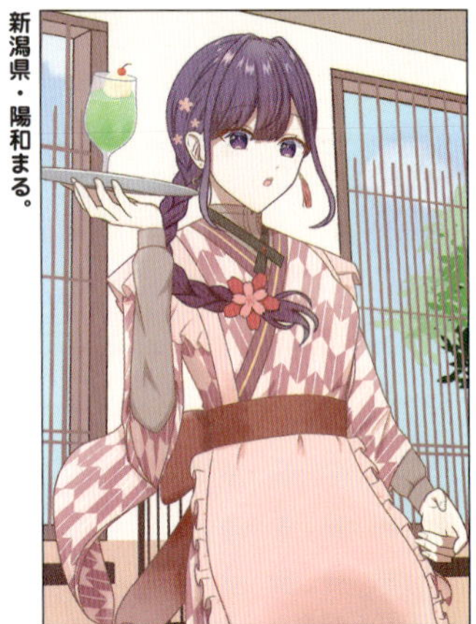
新潟県・陽和まる。

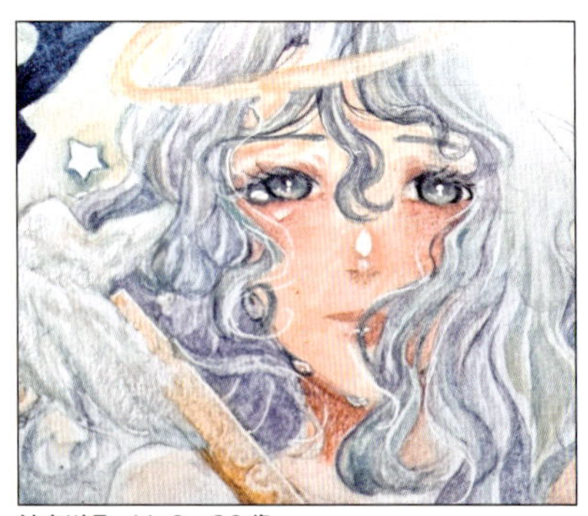
神奈川県・LinQ・23歳

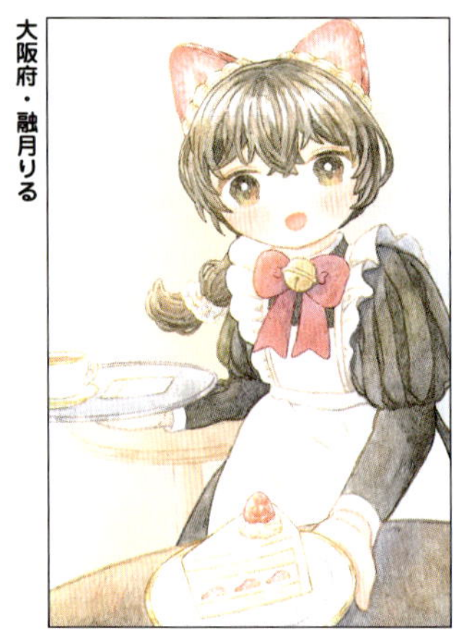
大阪府・融月りる

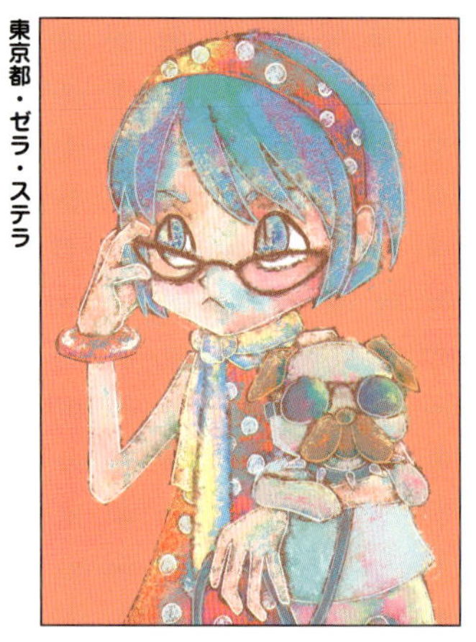
東京都・ゼラ・ステラ

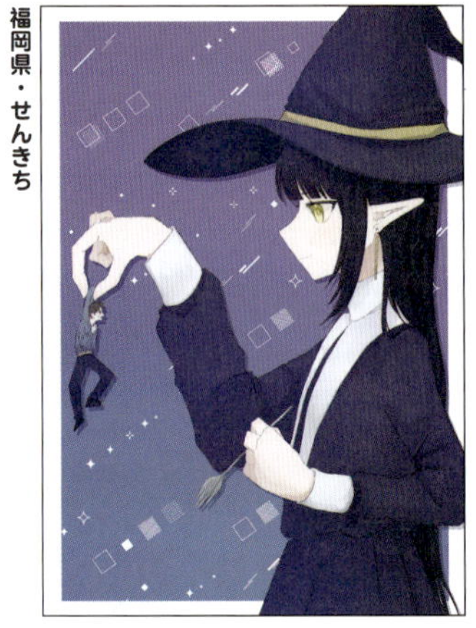
福岡県・せんきち

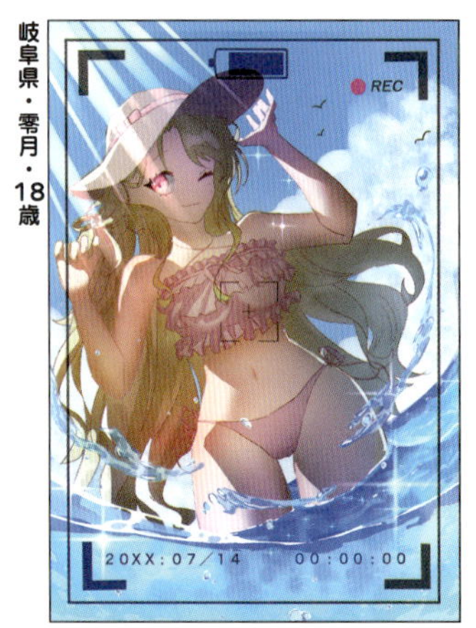

岐阜県・零月・18歳

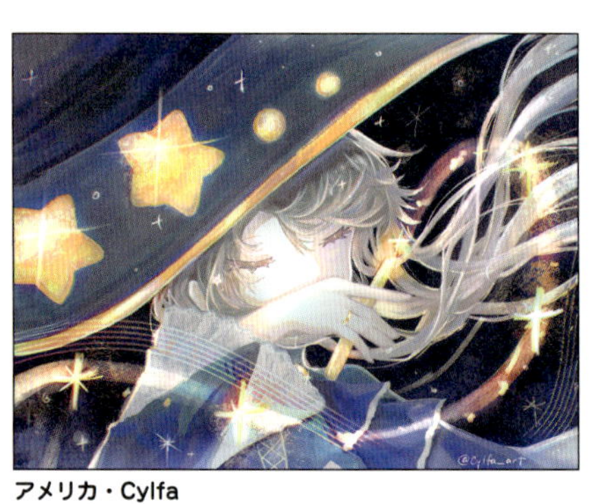
アメリカ・Cylfa

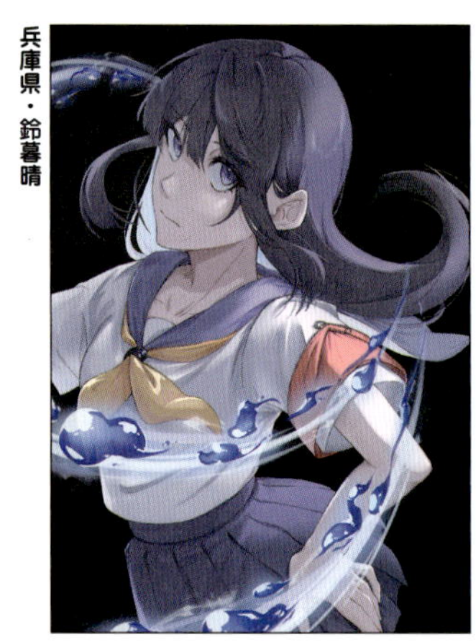
兵庫県・鈴暮晴

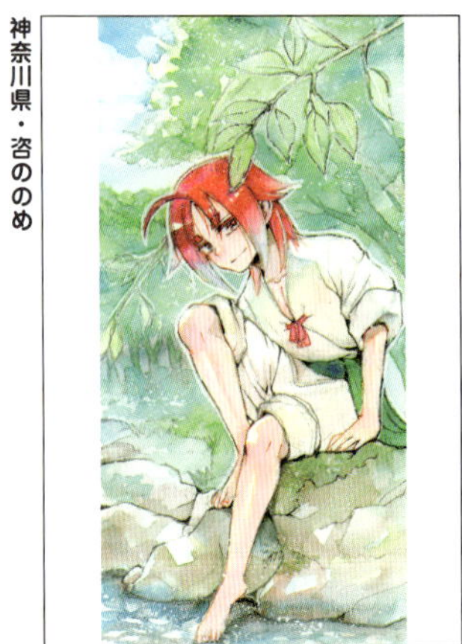
神奈川県・咨ののめ

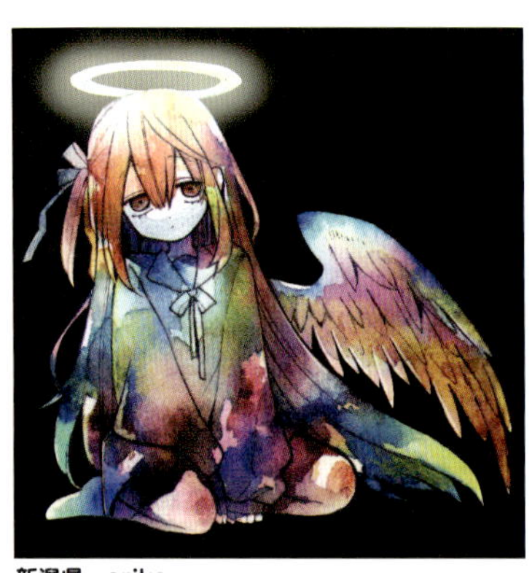
新潟県・ariko

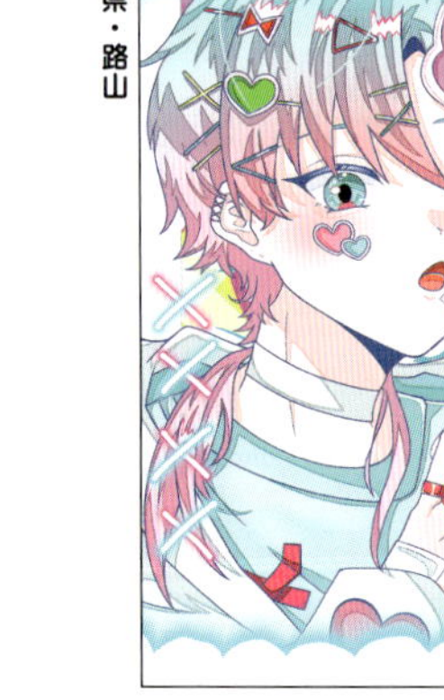
新潟県・路山

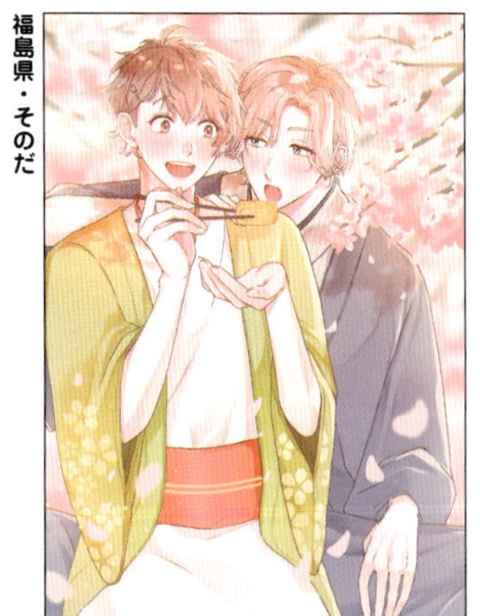
福島県・そのだ

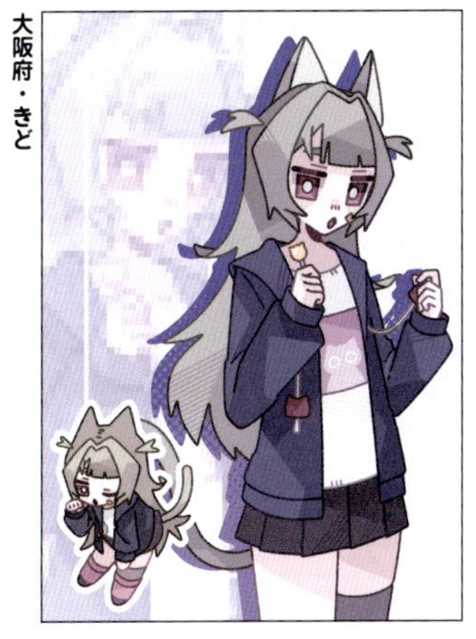
大阪府・きど

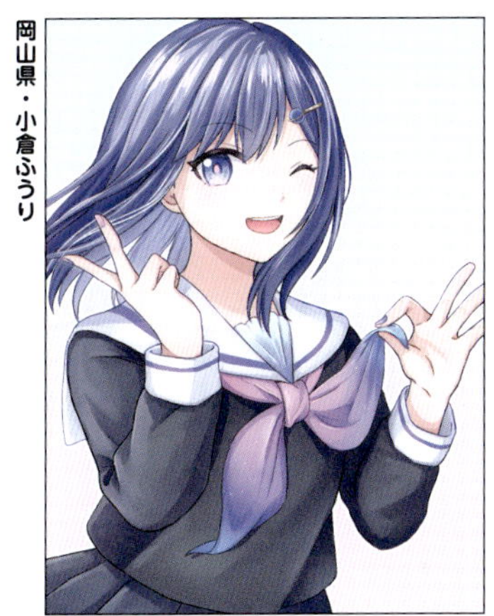
岡山県・小倉ふうり

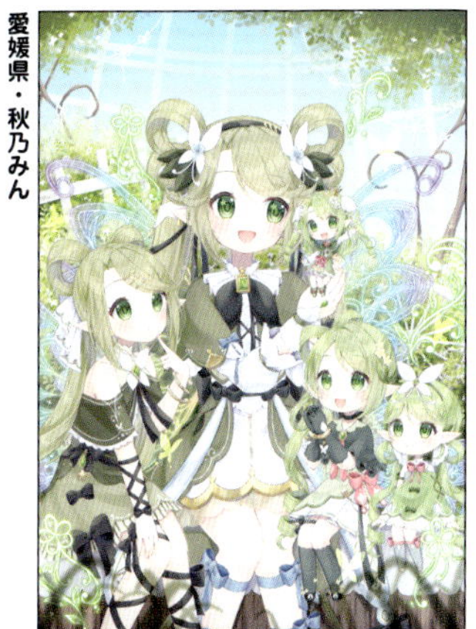
愛媛県・秋乃みん

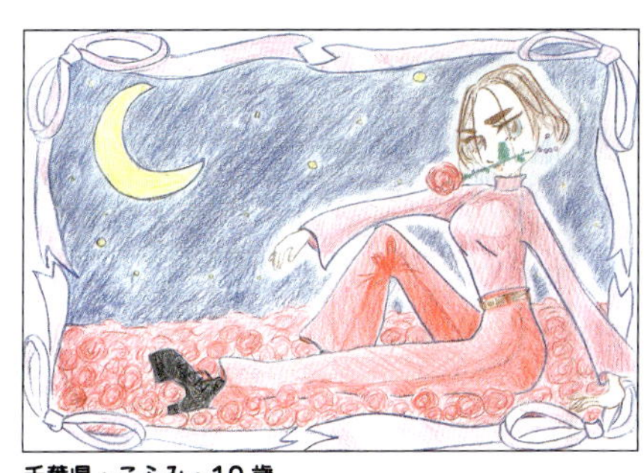
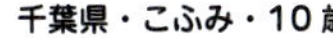
千葉県・こふみ・10歳

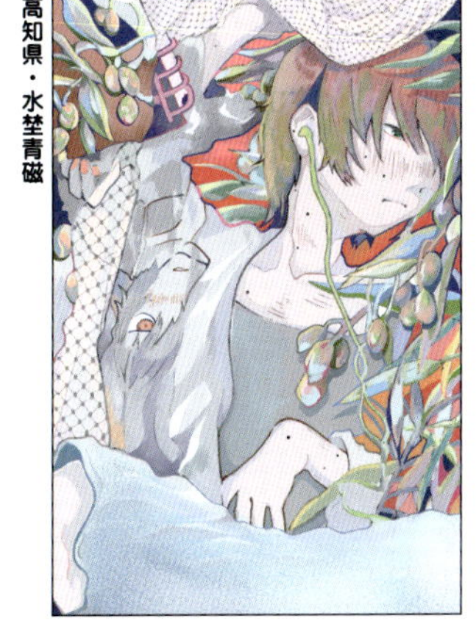
高知県・水埜青磁

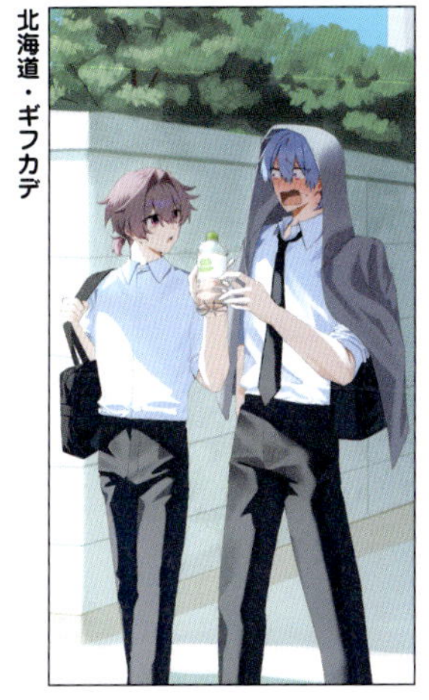
北海道・ギフカデ

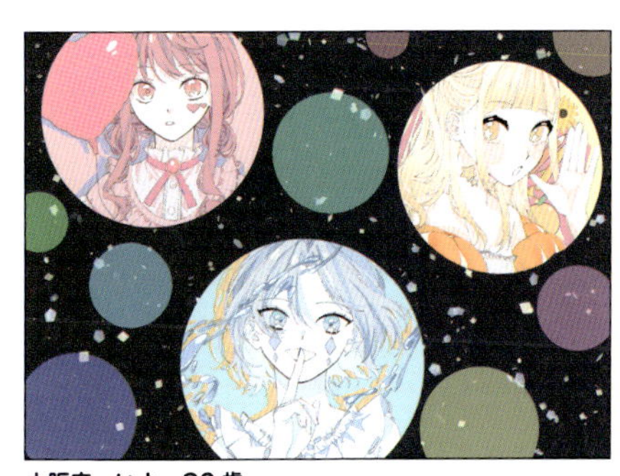
大阪府・いよ・20歳

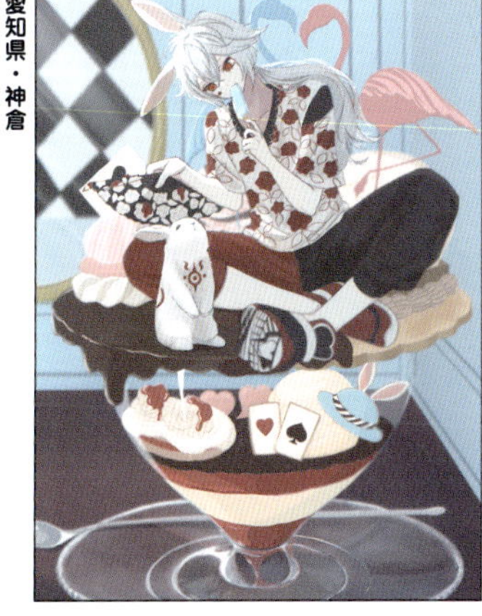
愛知県・神倉

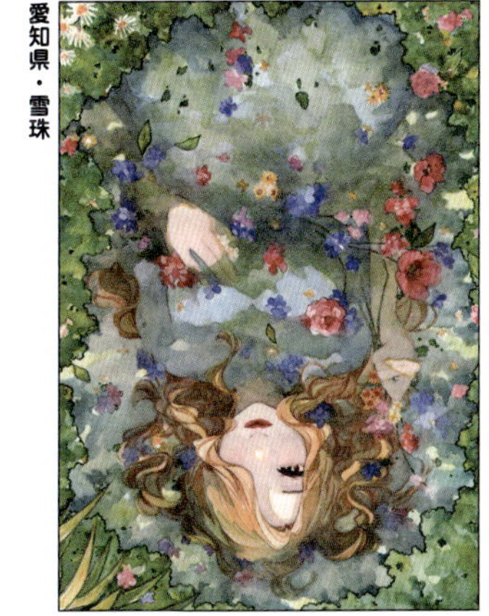
愛知県・雪珠

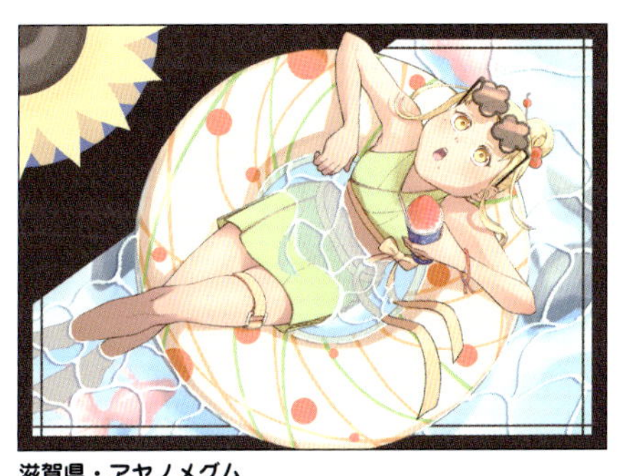
滋賀県・アヤノメグム

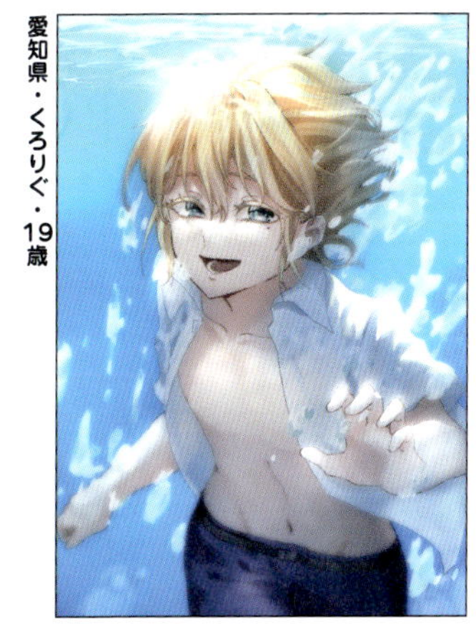
愛知県・くろりぐ・19歳

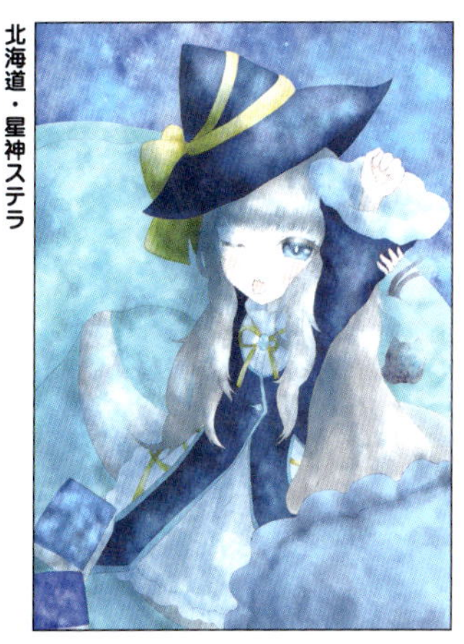
北海道・星神ステラ

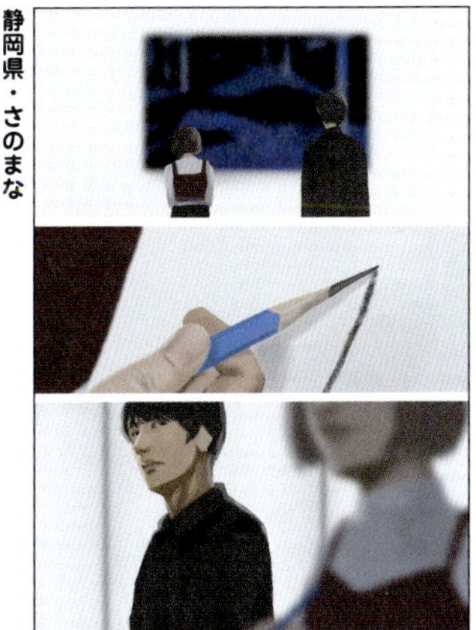
静岡県・さのまな

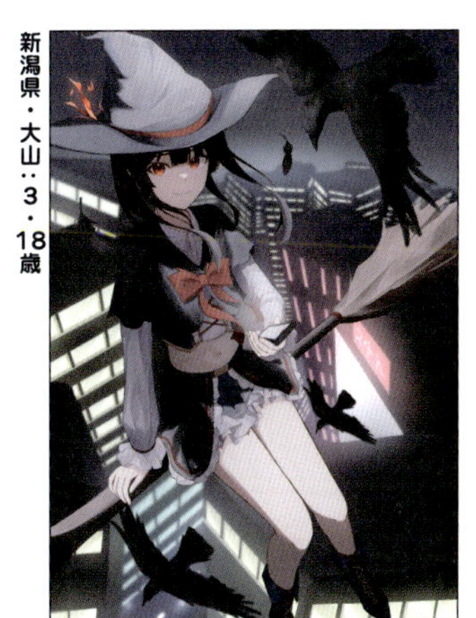
新潟県・大山：3・18歳

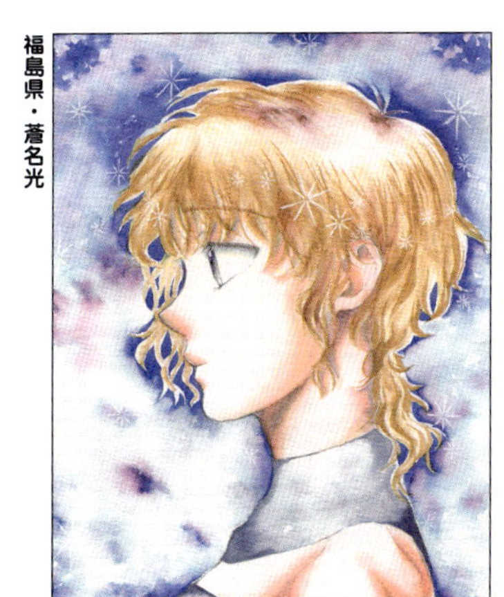
福島県・蒼名光

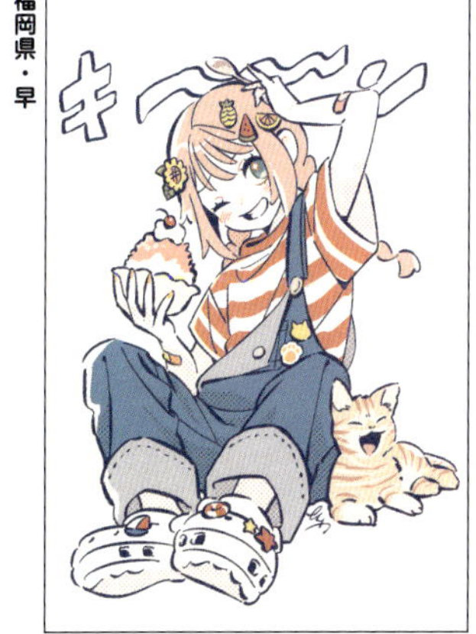

福岡県・早

岡山県・えびちり・18歳

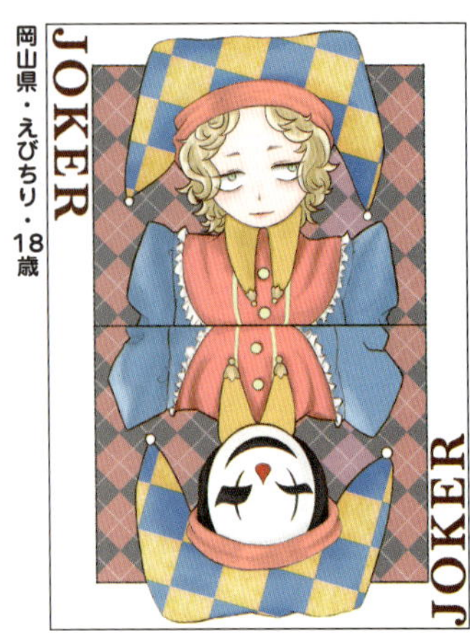

高知県・五月の朝食

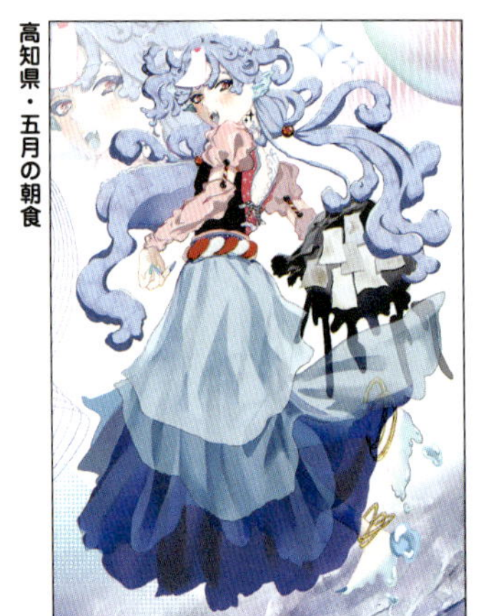

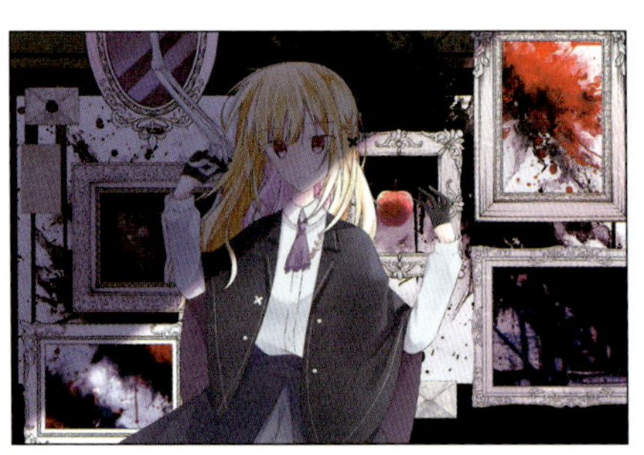

東京都・ネギもち

福岡県・月宮りむあ

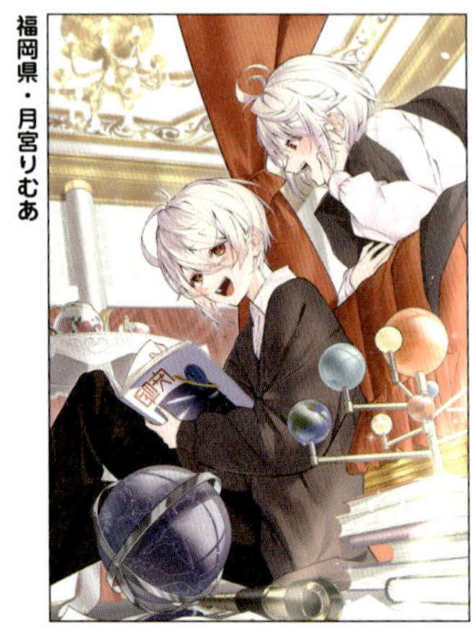

石川県・山路みにゃも

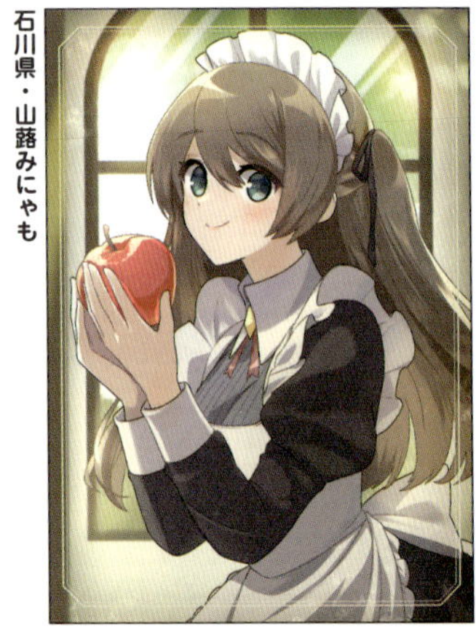

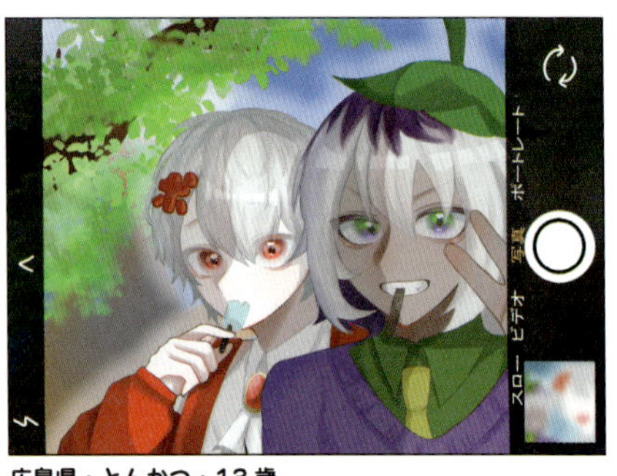

広島県・とんかつ・13歳

福岡県・紅玉

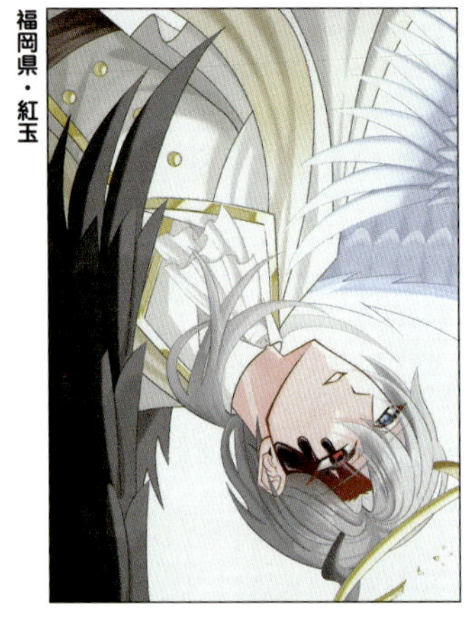

福岡県・おつむ

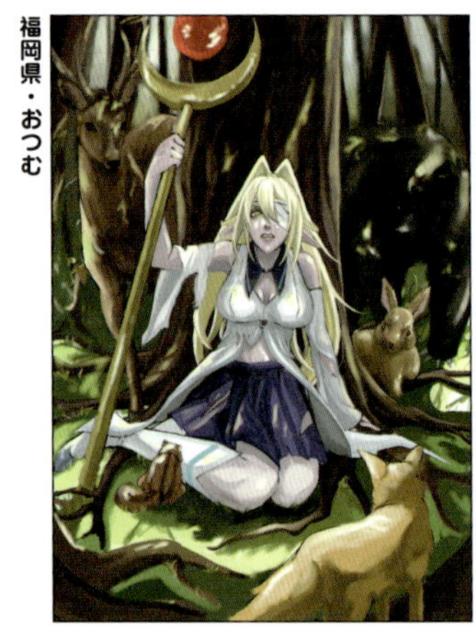

香川県・おみそ・19歳

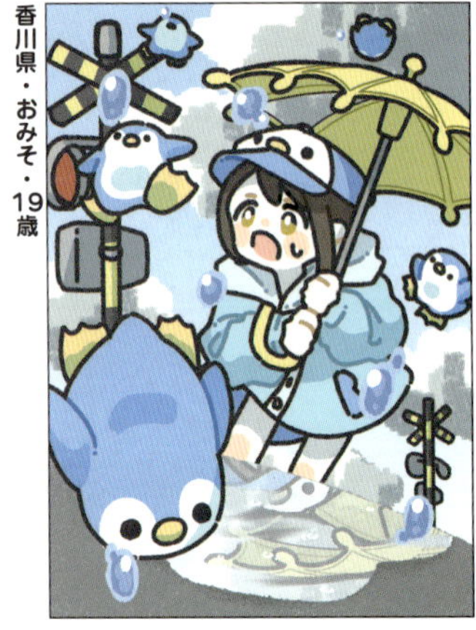

静岡県・時渡きと

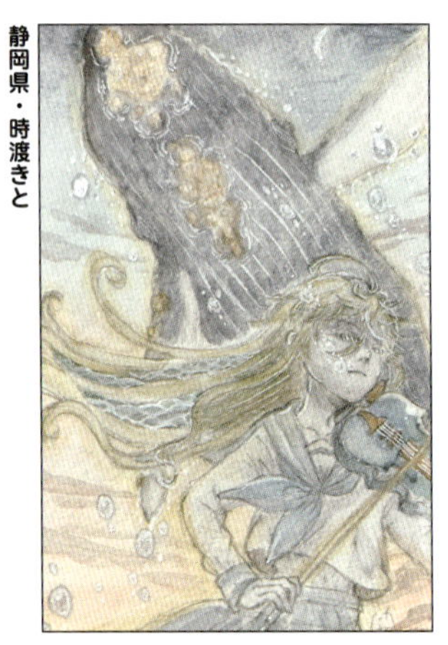

福井県・紫雷

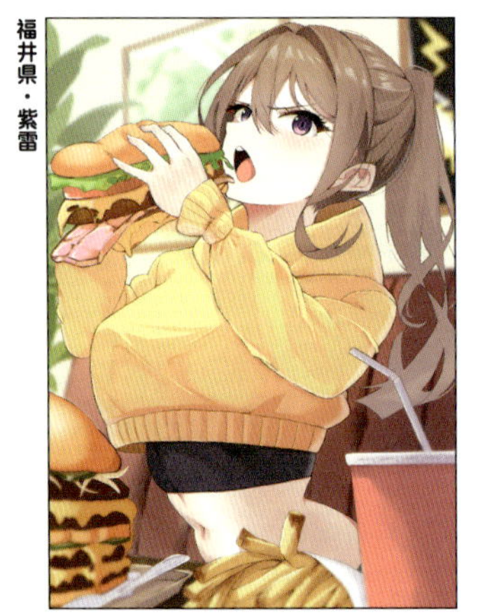

神奈川県・子子（SHI-SHI）

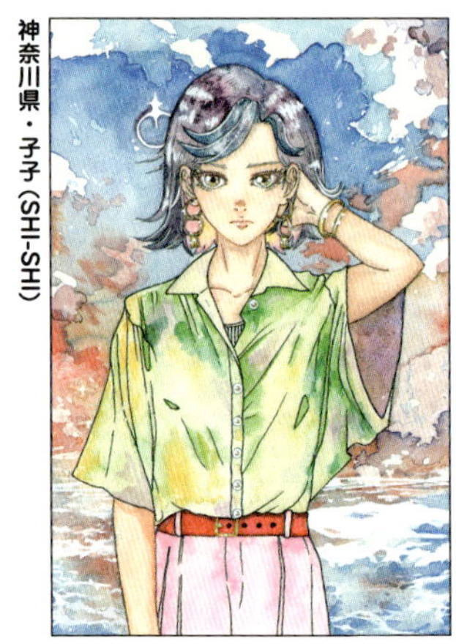

三重県・蛇喰・19歳

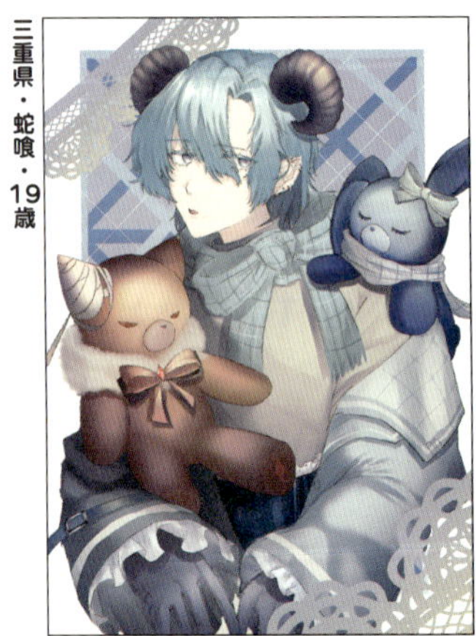

埼玉県・綺咲凪

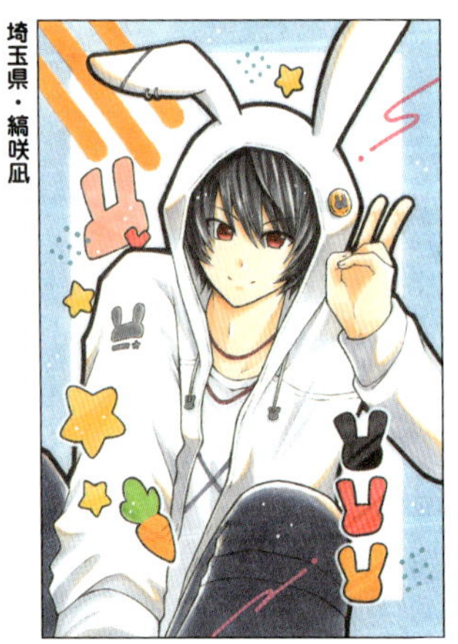

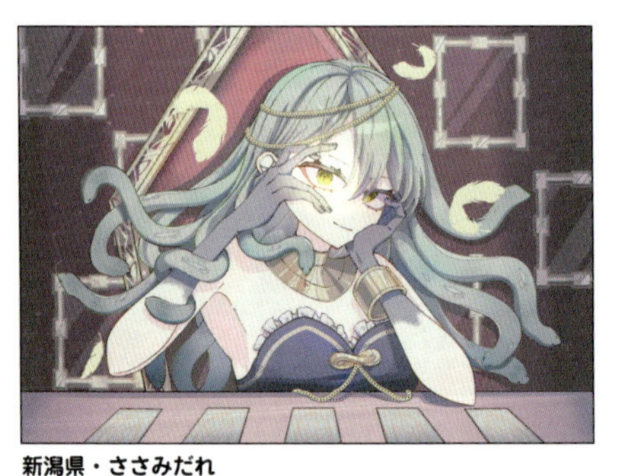

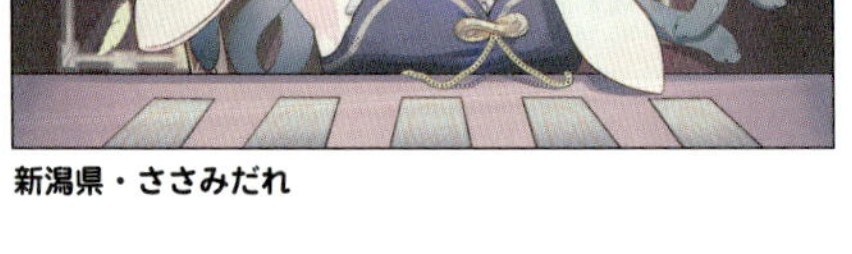

新潟県・ささみだれ

京都府・かなえる

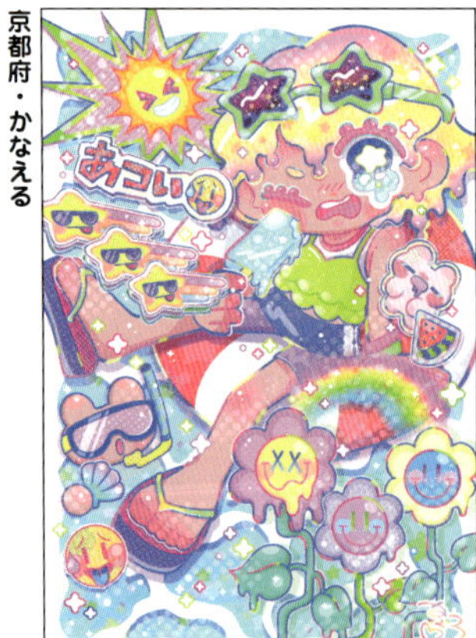

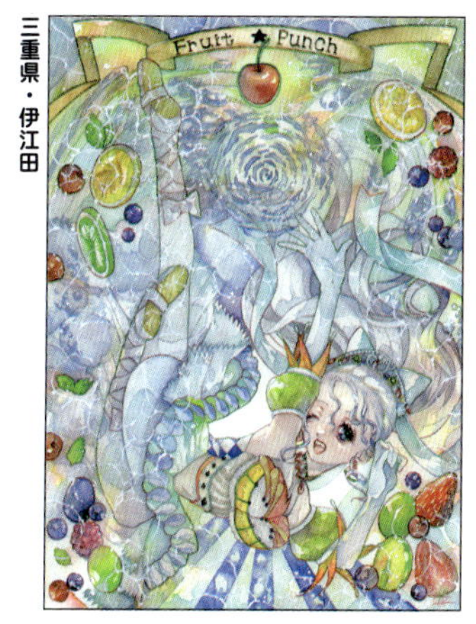

三重県・伊江田

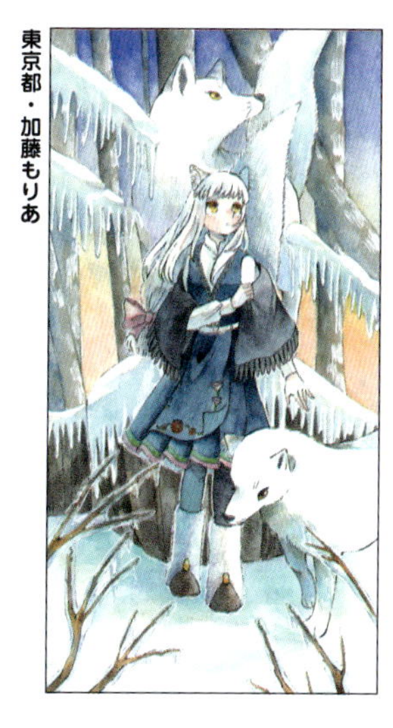

東京都・加藤もりあ

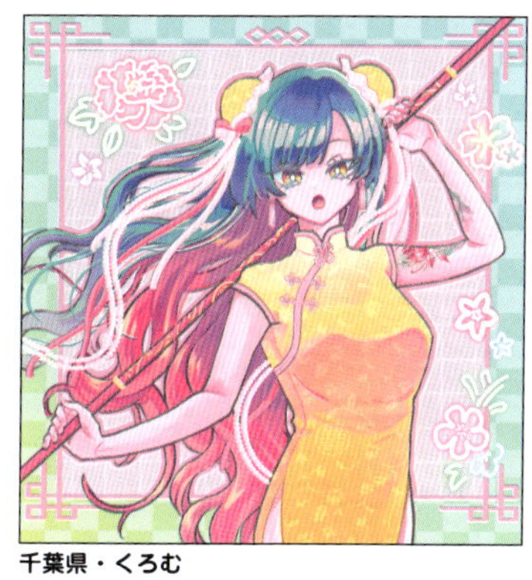

千葉県・くろむ

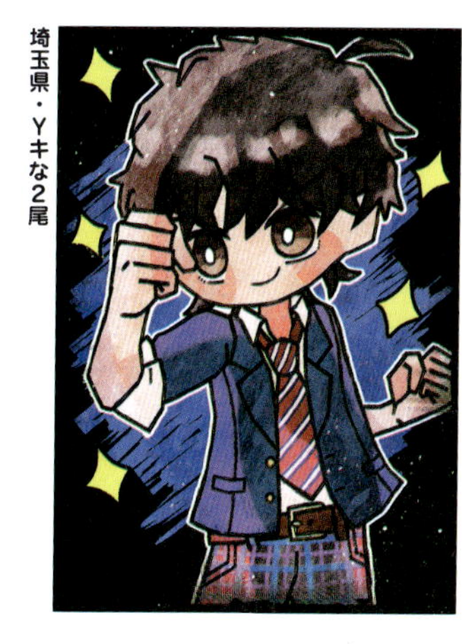

埼玉県・Yキな2尾

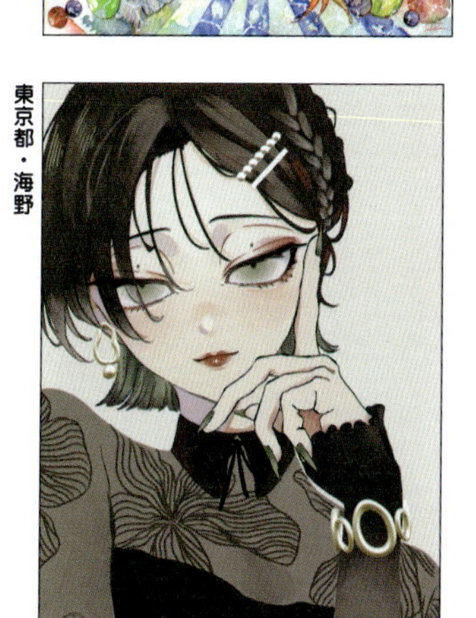

東京都・海野

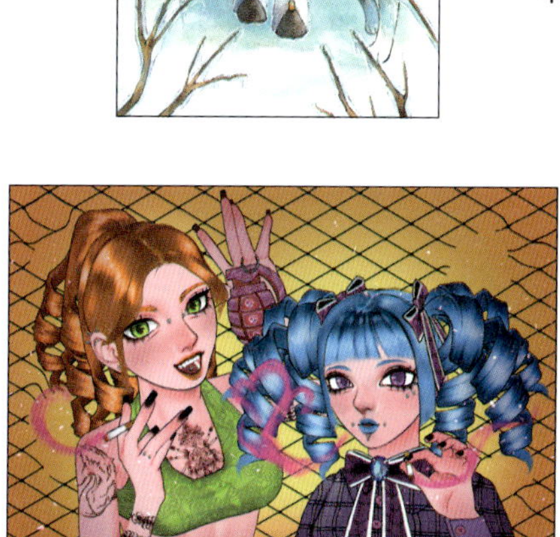

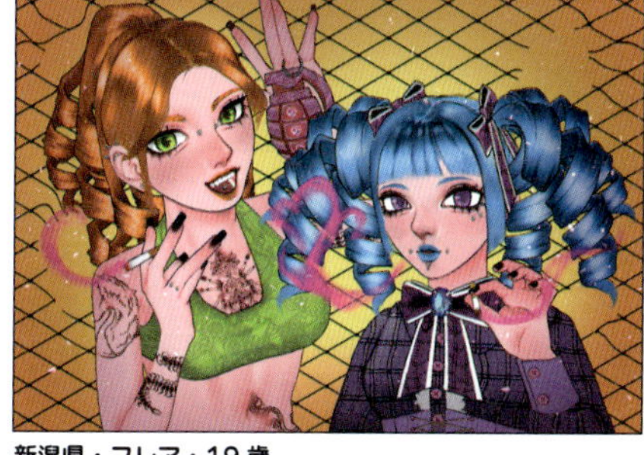

新潟県・フレア・19歳

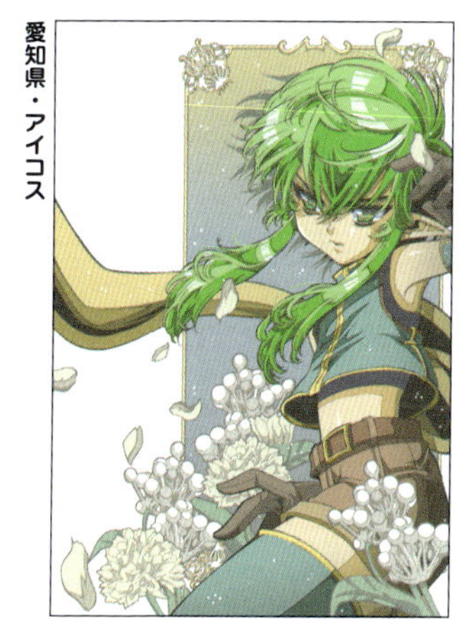

愛知県・アイコス

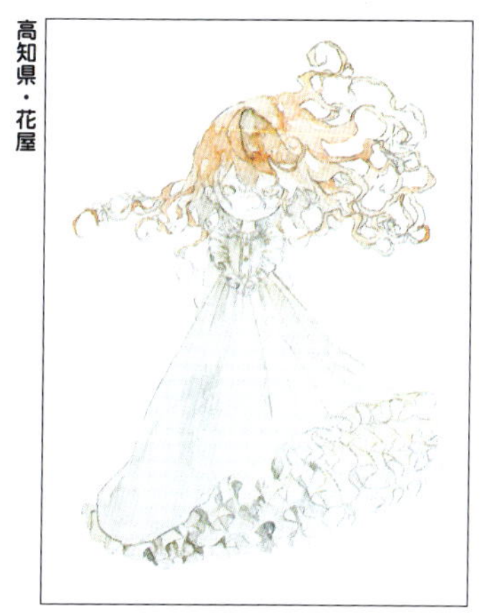

高知県・花屋

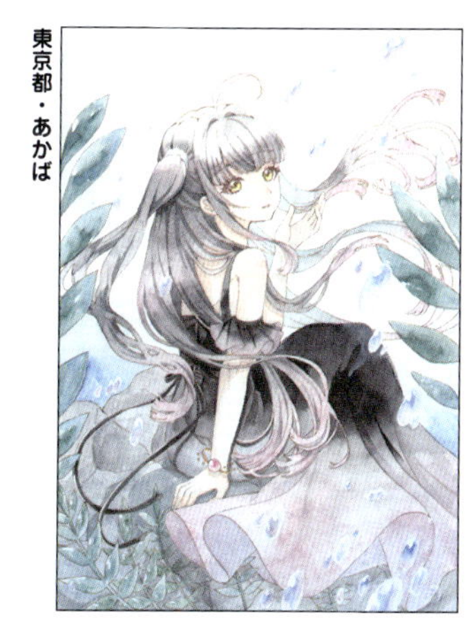

東京都・あかば

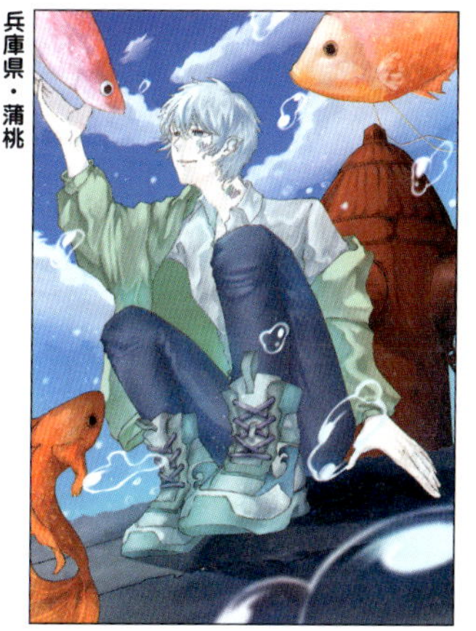

兵庫県・蒲桃

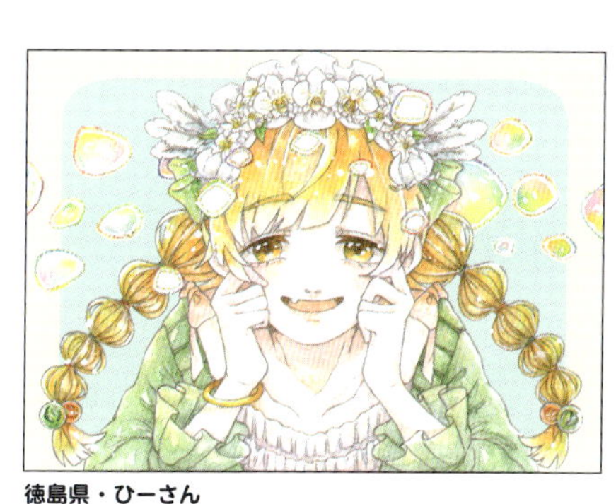

徳島県・ひーさん

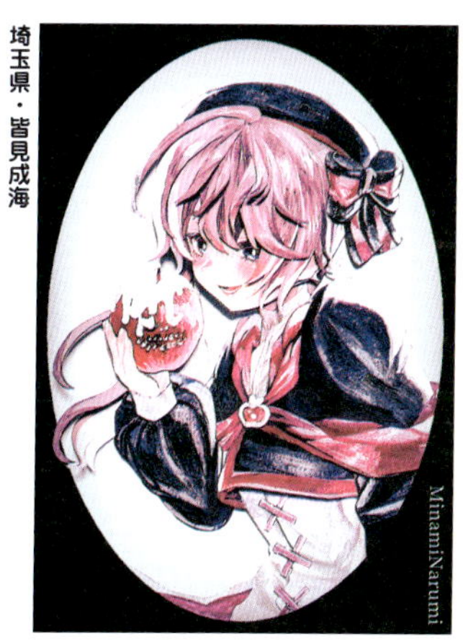

埼玉県・皆見成海

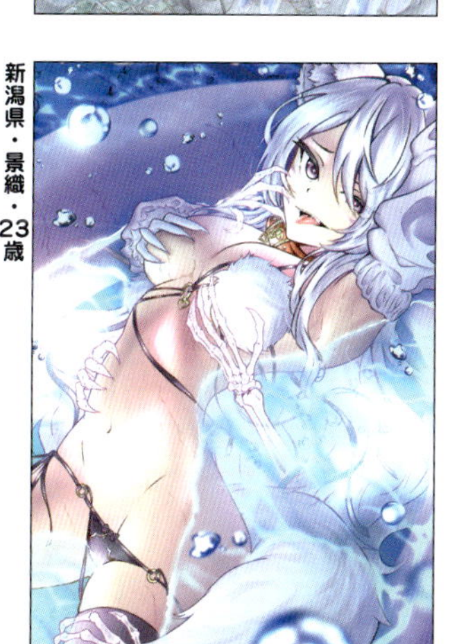

新潟県・景織・23歳

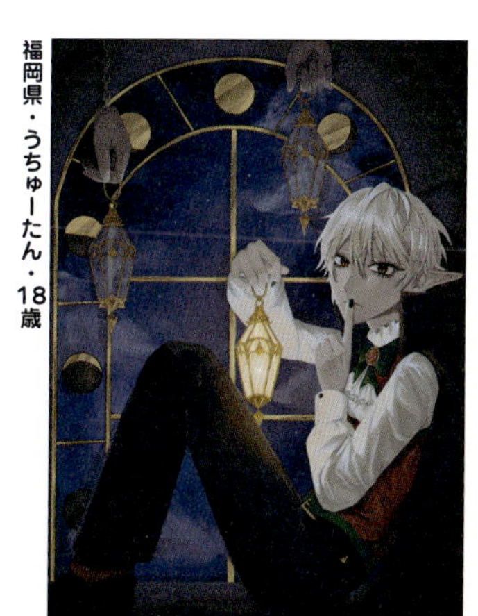

福岡県・うちゅーたん・18歳

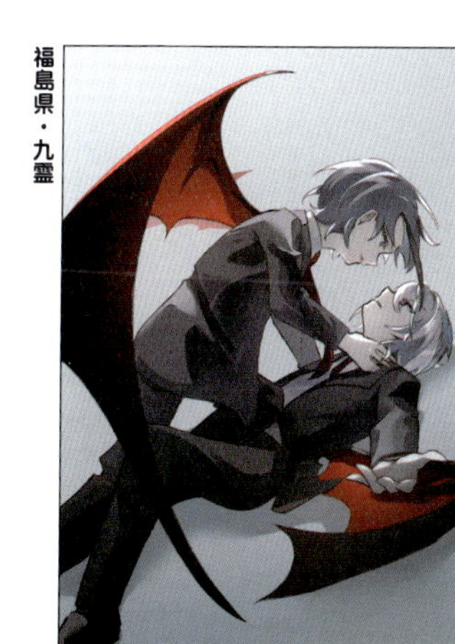

福島県・九霊

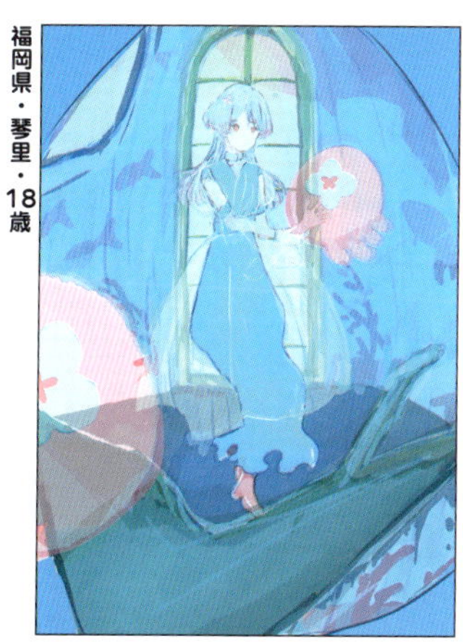

福岡県・琴里・18歳

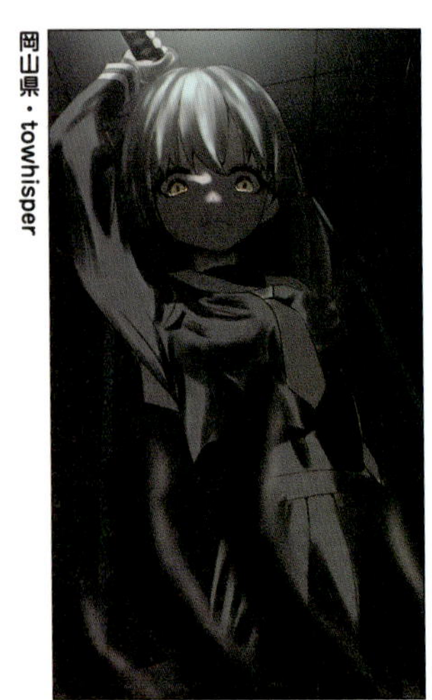
岡山県・towhisper

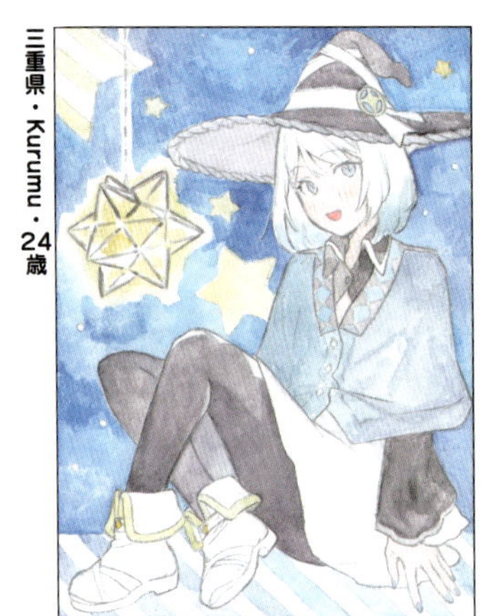
三重県・Kurumu・24歳

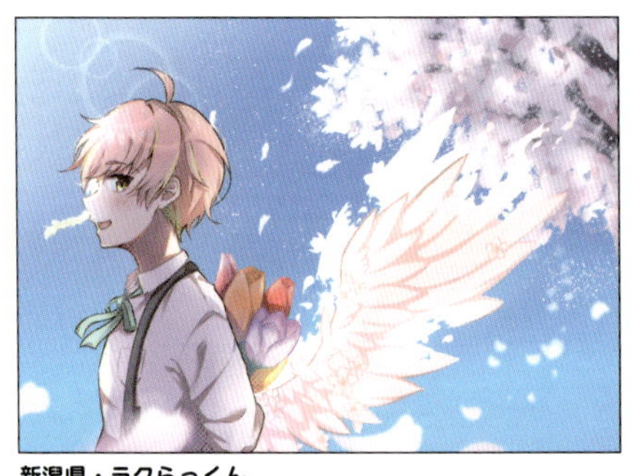
新潟県・ラクらっくん

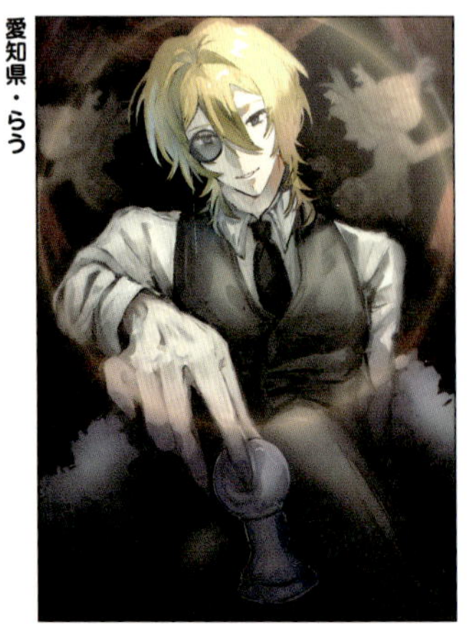
愛知県・らう

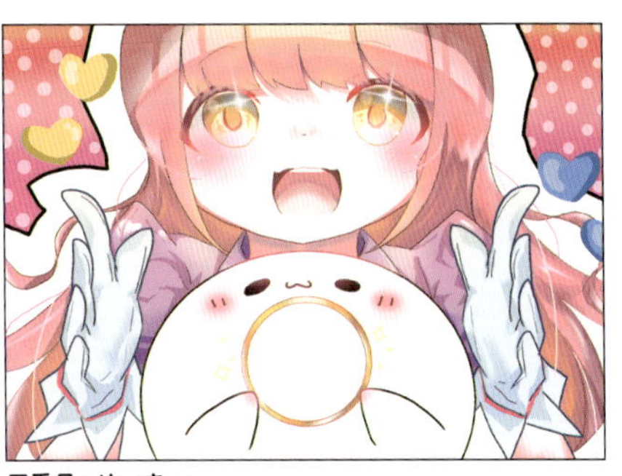
三重県・ゆっき～

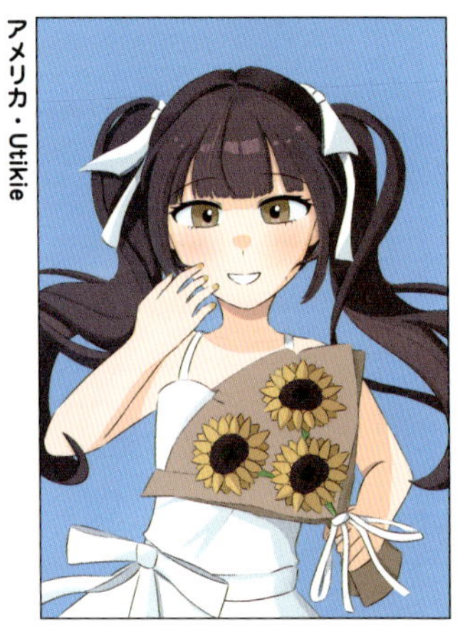
アメリカ・Utikie

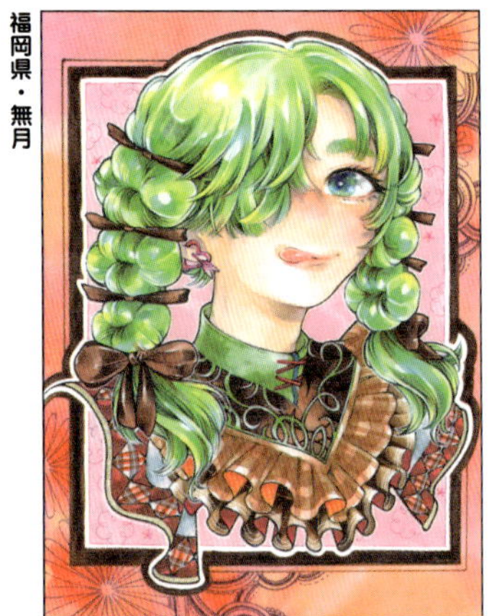
福岡県・無月

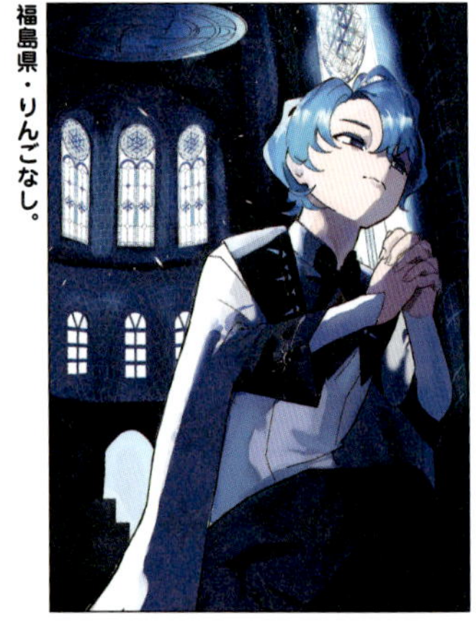
福島県・りんごなし。

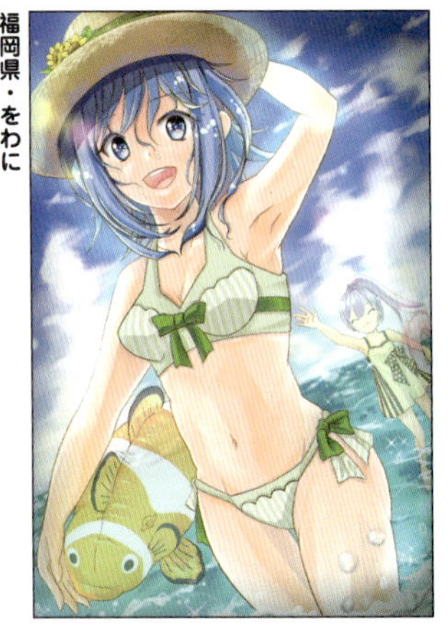
福岡県・をわに

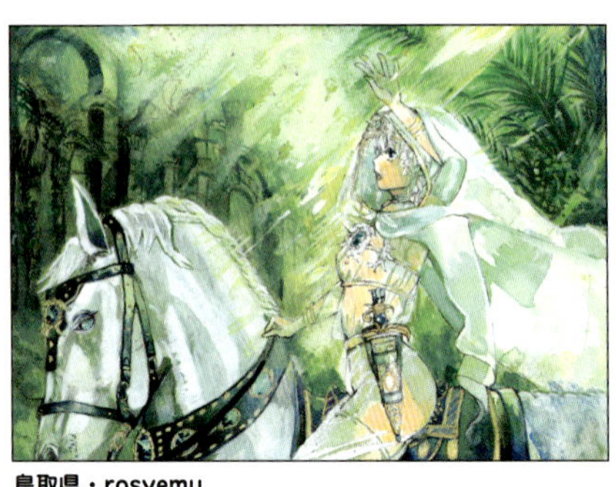
鳥取県・rosyemu

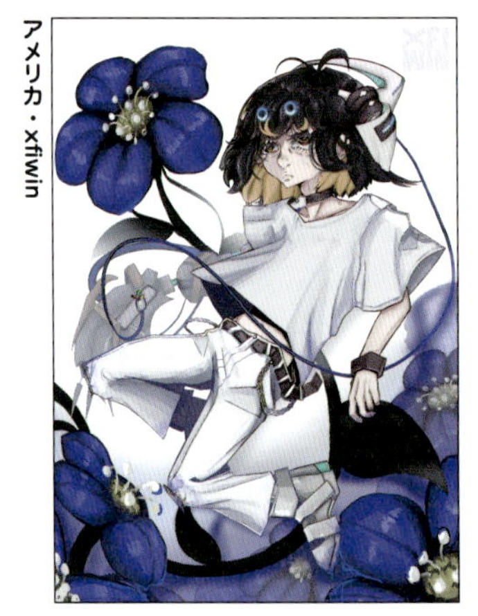
アメリカ・xfiwin

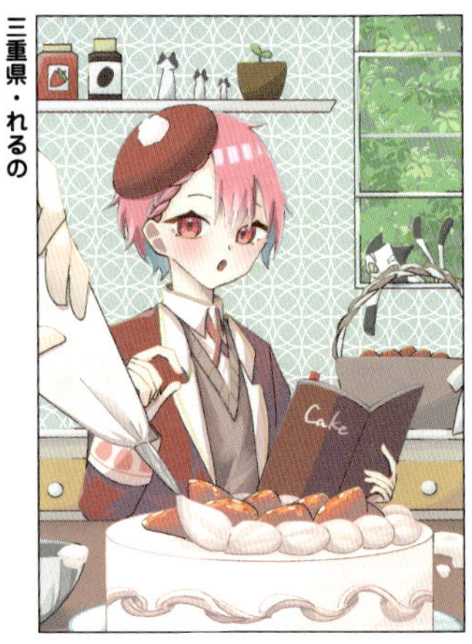
三重県・れるの

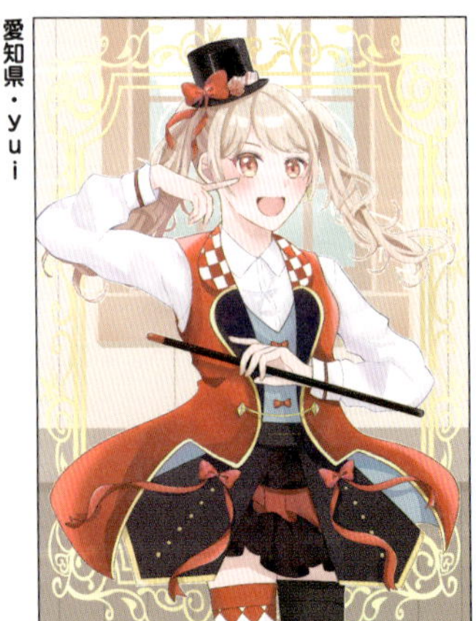
愛知県・yui

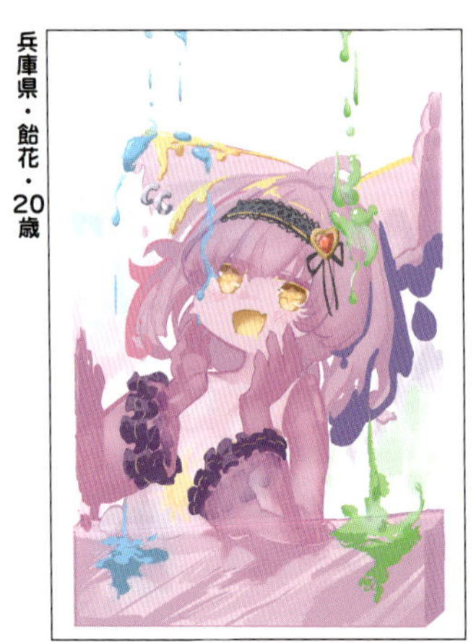
兵庫県・飴花・20歳

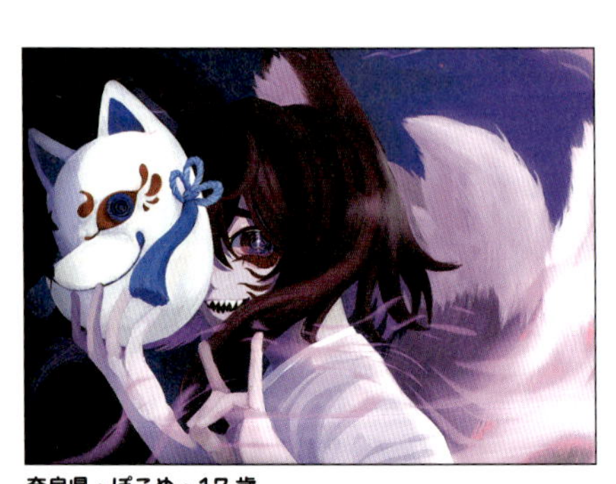
奈良県・ぽこめ・17歳

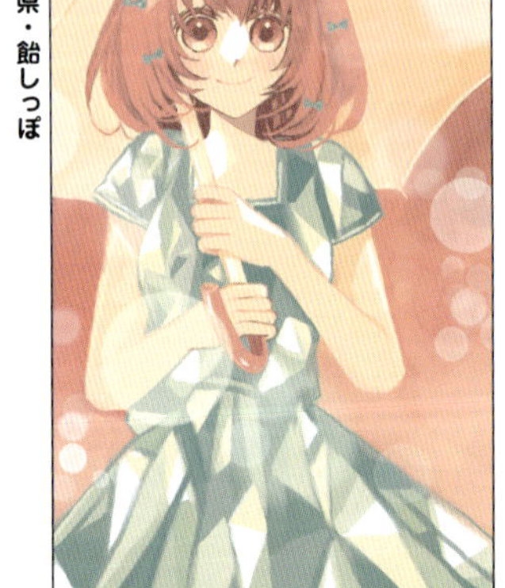
茨城県・飴しっぽ

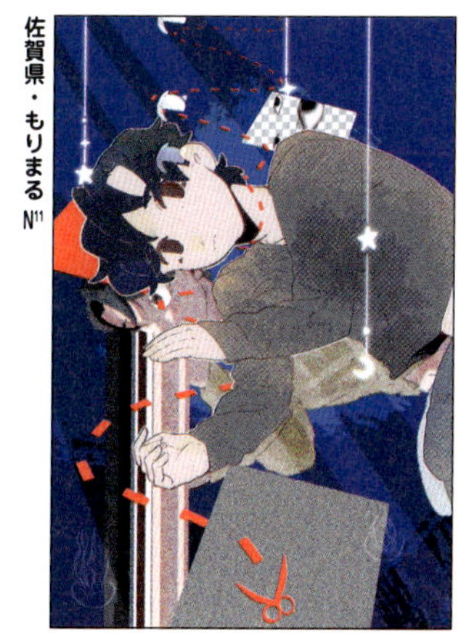
佐賀県・もりまる N11

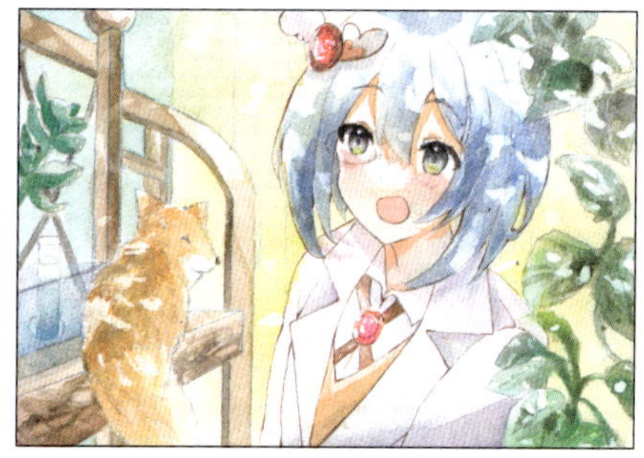
三重県・らいどうそら

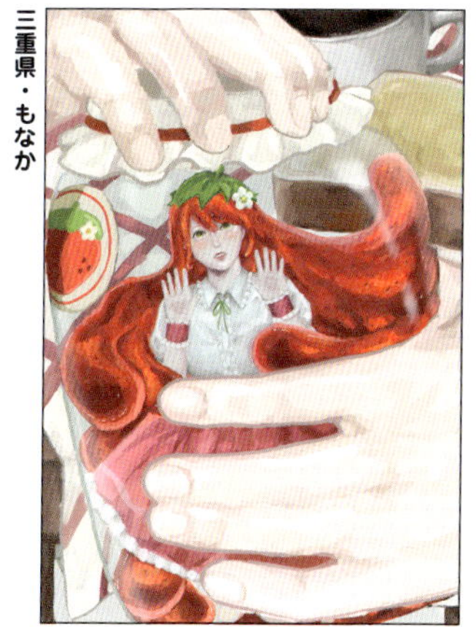
三重県・もなか

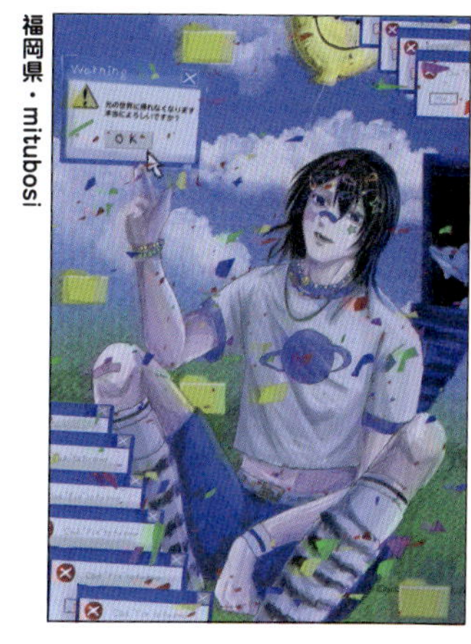
福岡県・mitubosi

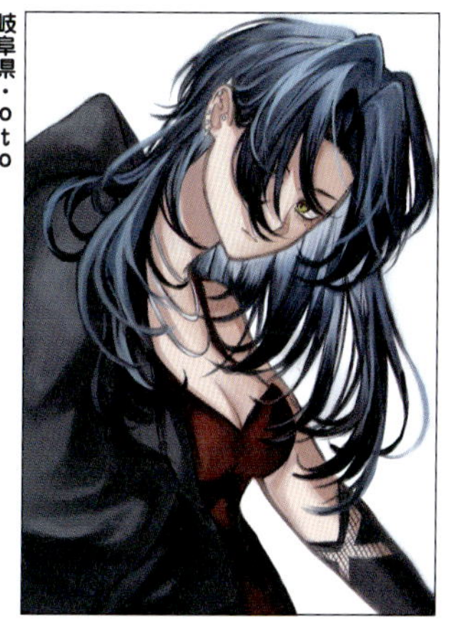
岐阜県・oto

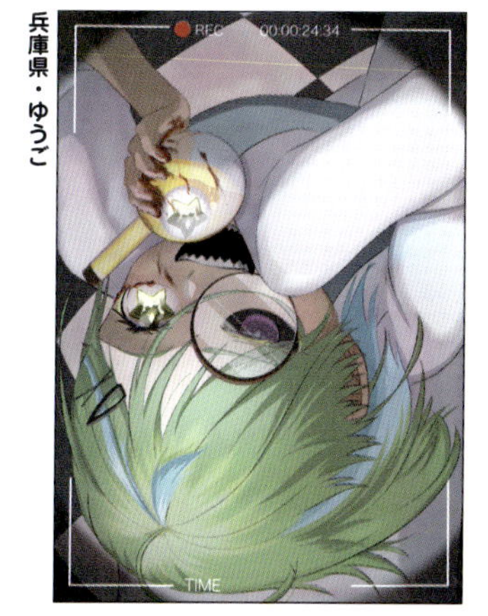

兵庫県・ゆうご

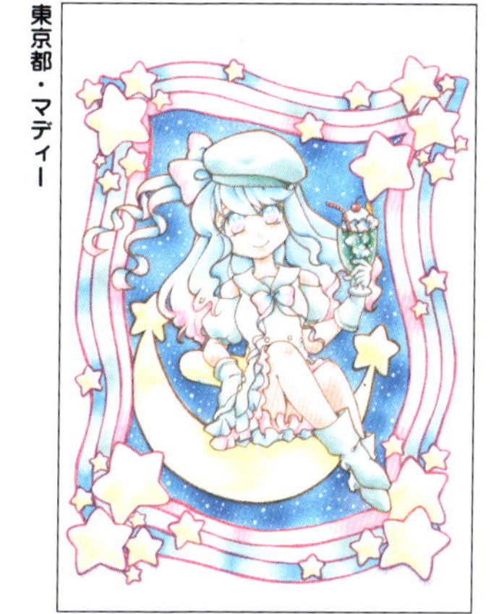
東京都・マディー

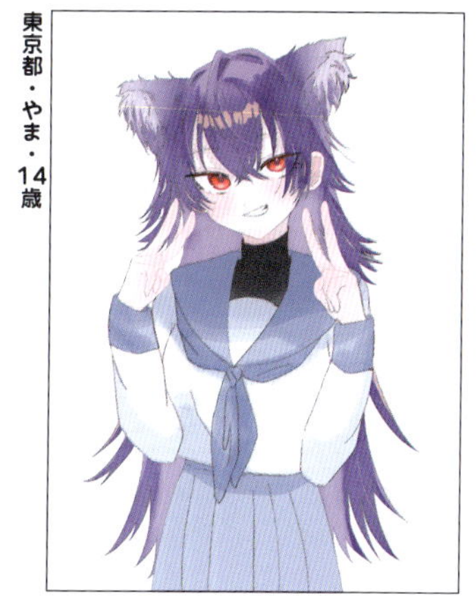
東京都・やま・14歳

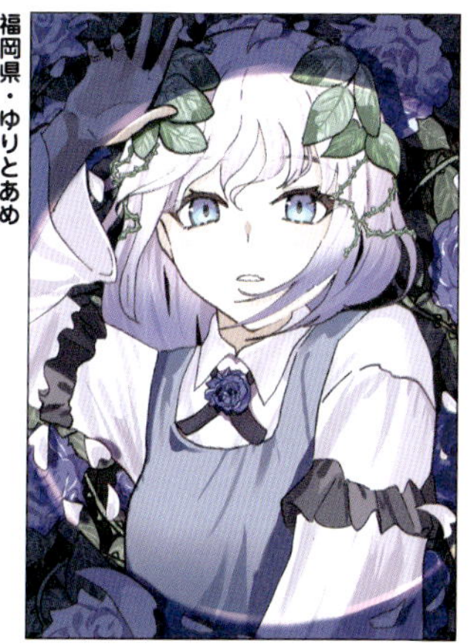
福岡県・ゆりとあめ

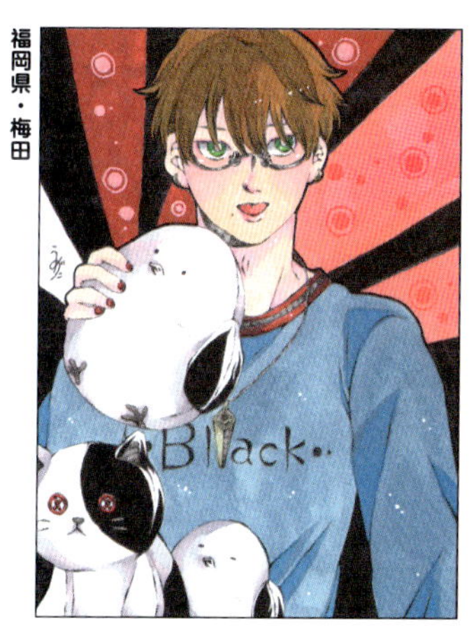

福岡県・梅田

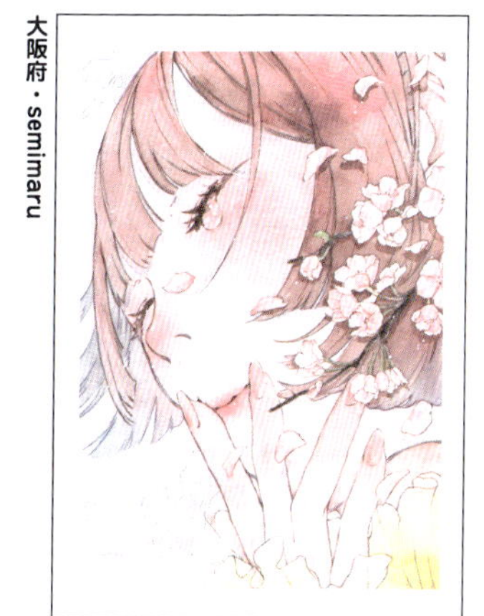
大阪府・semimaru

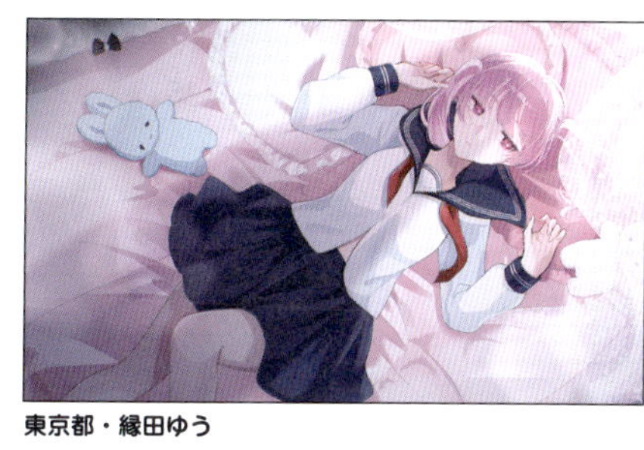
東京都・縁田ゆう

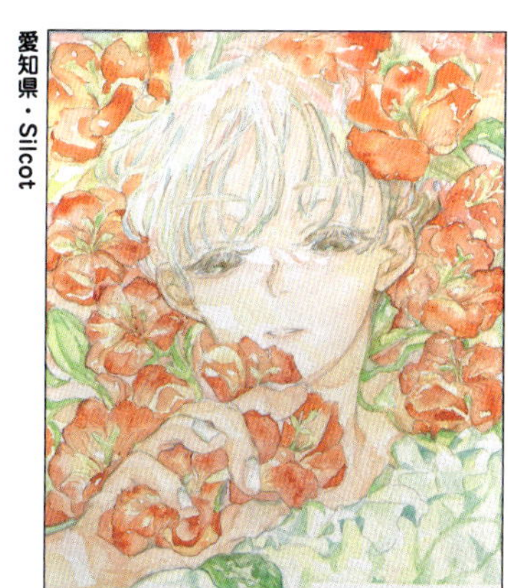
愛知県・Silcot

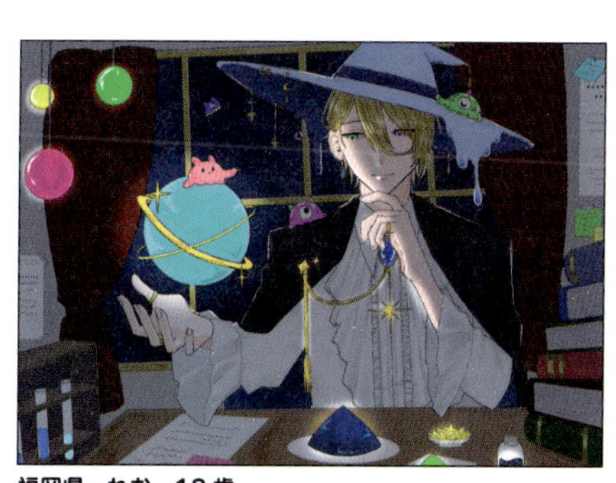
福岡県・れお・18歳

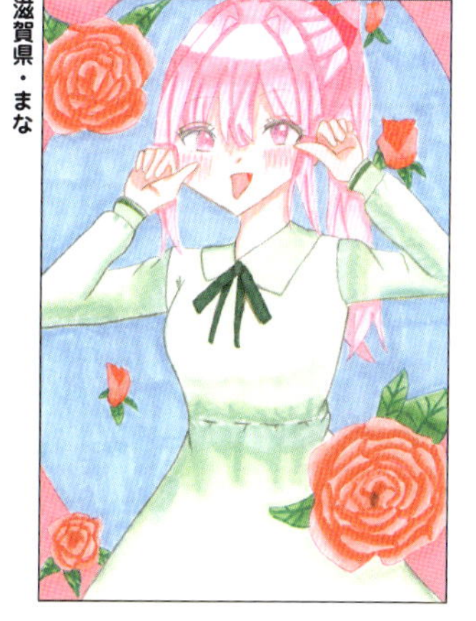
滋賀県・まな

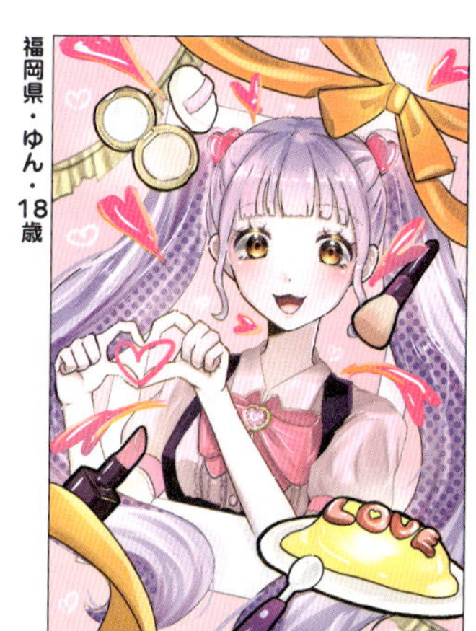

福岡県・ゆん・18歳

愛知県・ぼるて

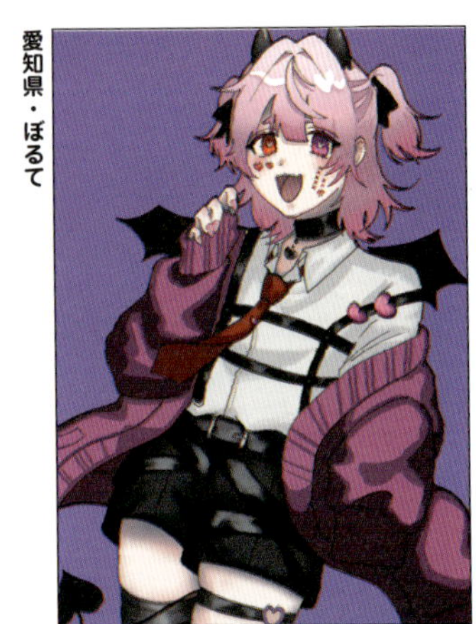

東京都・さけ

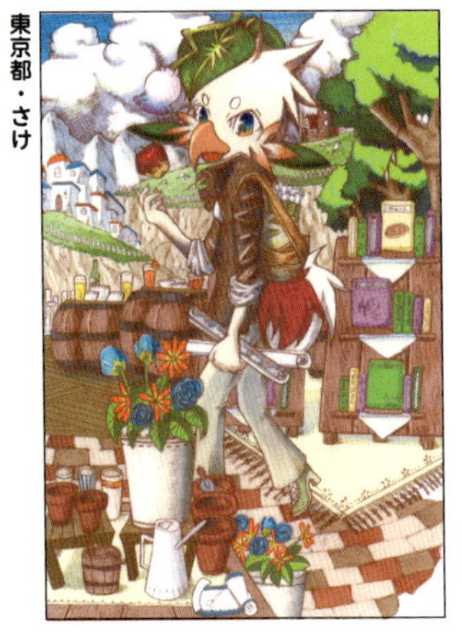

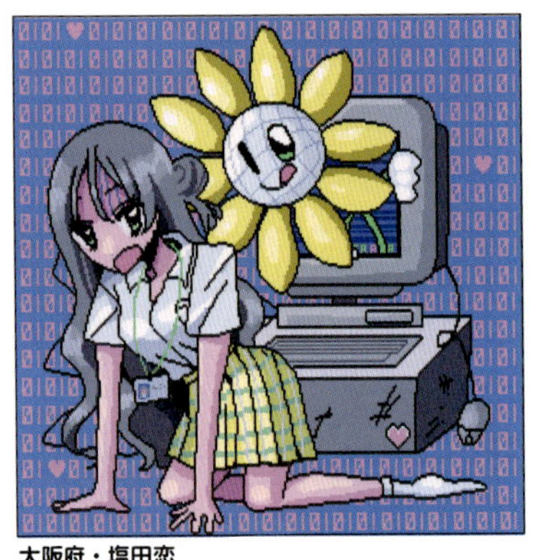

大阪府・塩田恋

韓国・Jihae Naomi

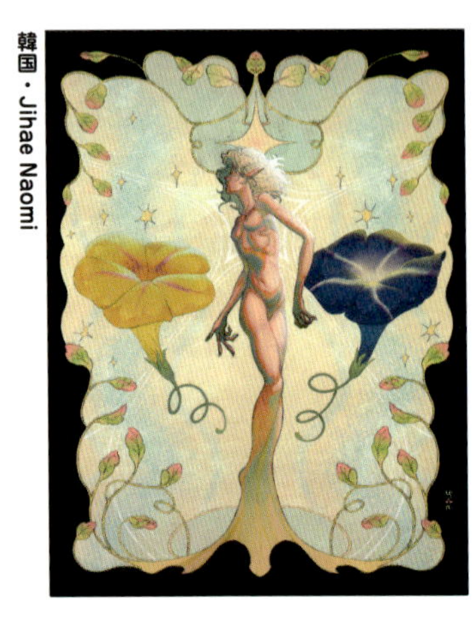

大分県・kyu

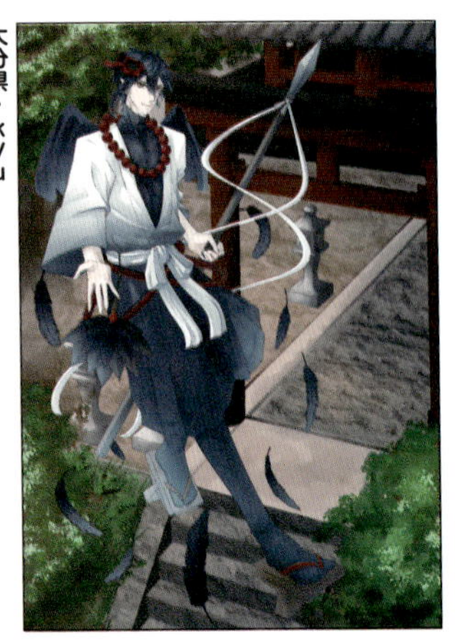

山形県・まちょ

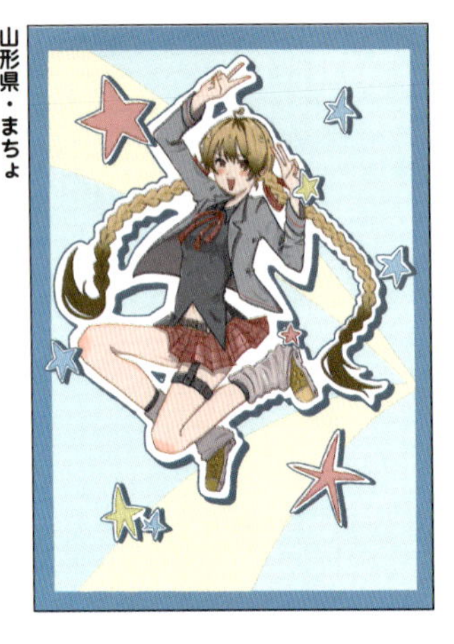

福岡県・ヒサ・43歳

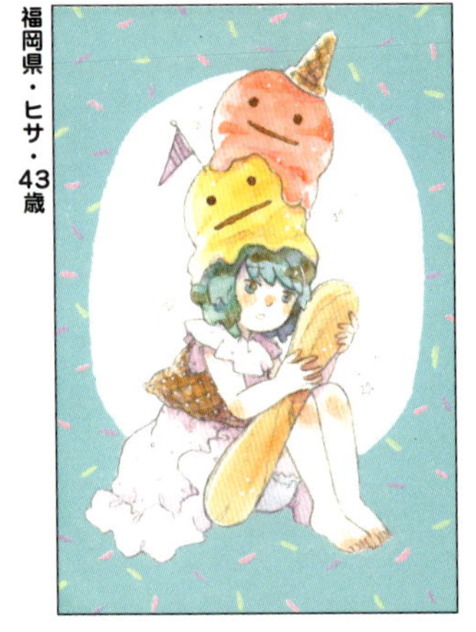

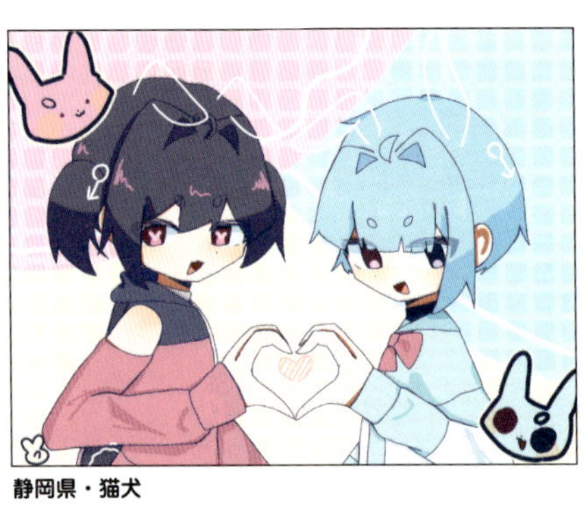

静岡県・猫犬

岡山県・ミカリ

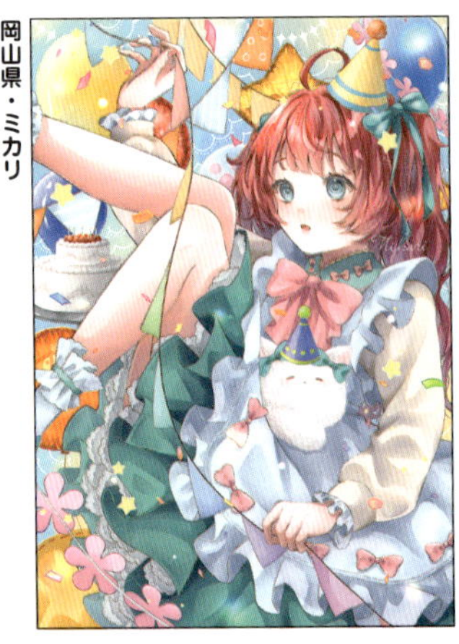

秋田県・月華瑞・12歳

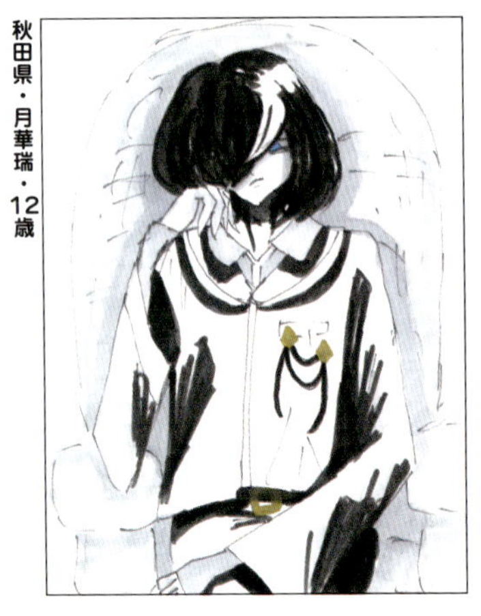

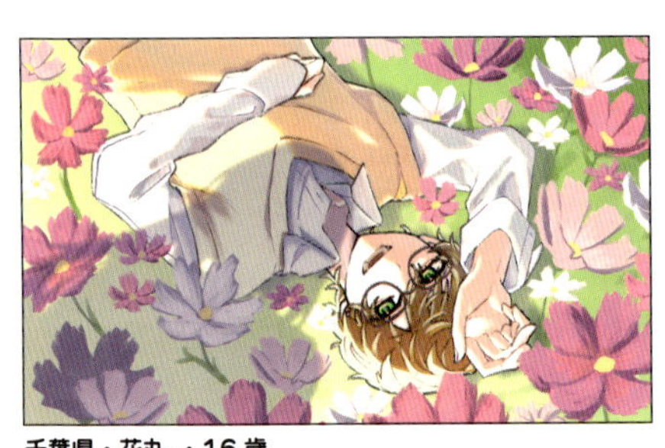

千葉県・花丸。・16歳

兵庫県・Luca

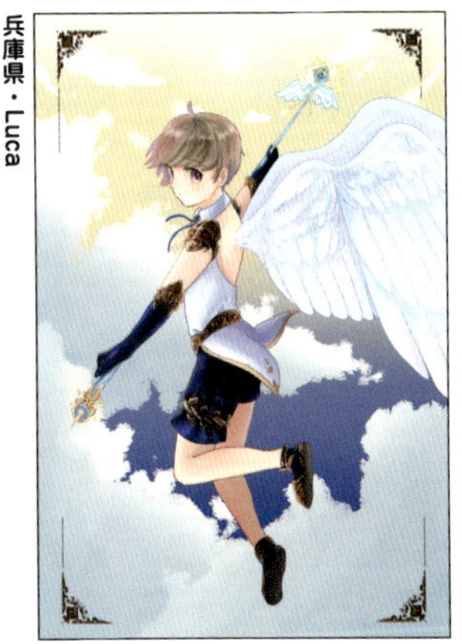

京都府・MAYU.S

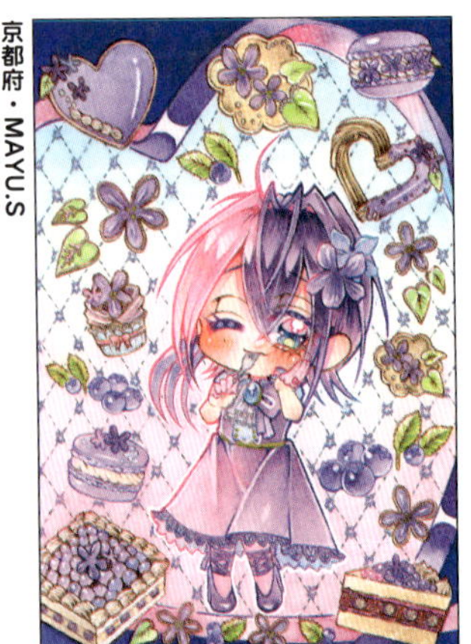

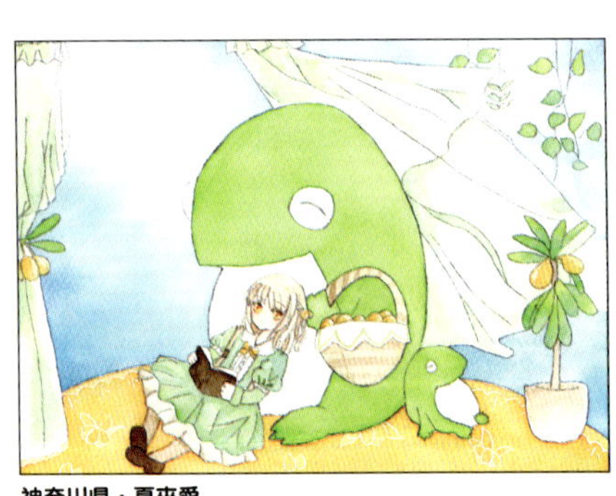

神奈川県・夏來愛

山梨県・しおりんご・12歳

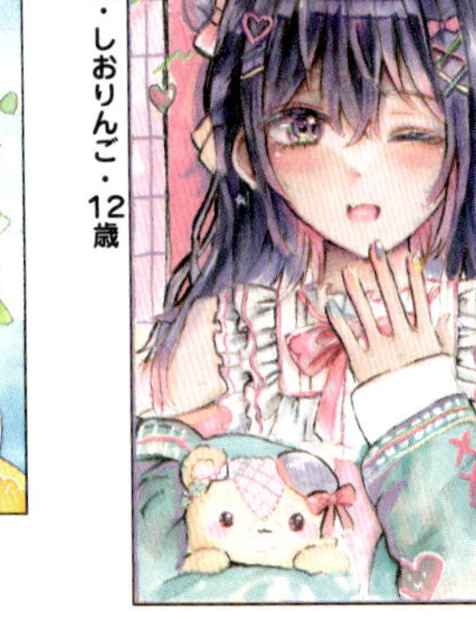

福岡県・みずこ。19歳

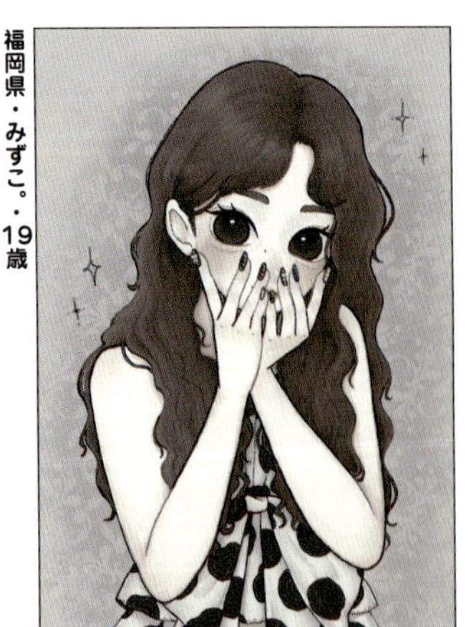

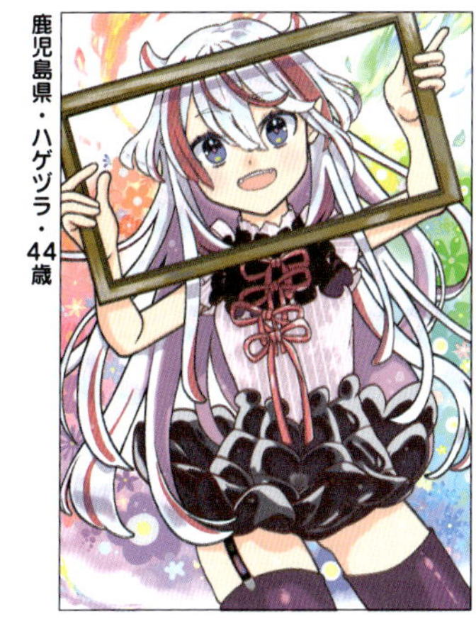
鹿児島県・ハゲヅラ・44歳

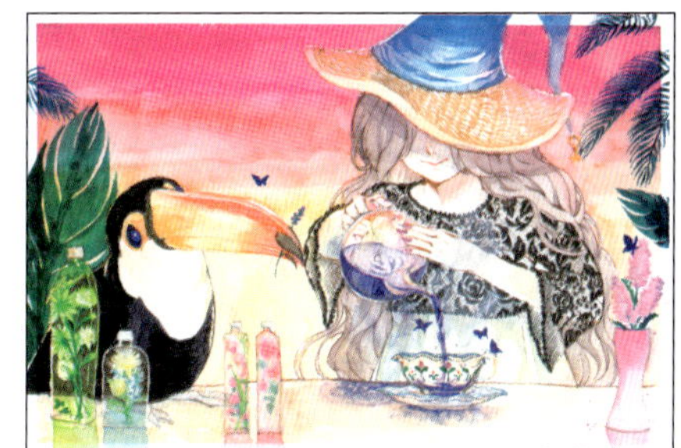
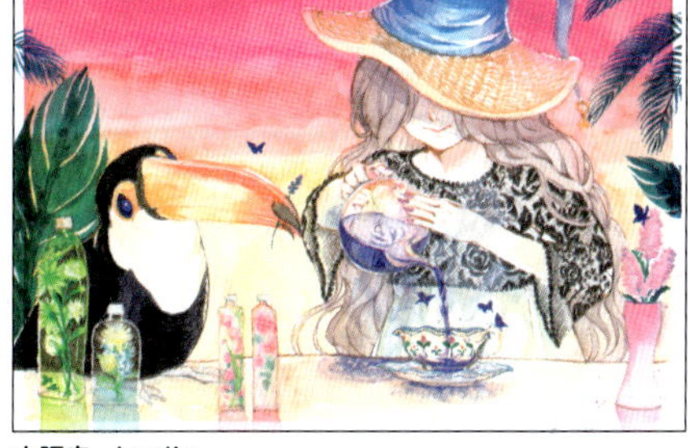
大阪府・Luglie.

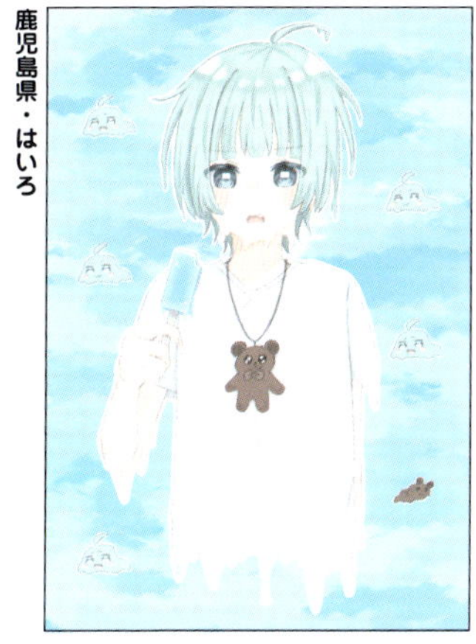
鹿児島県・はいろ

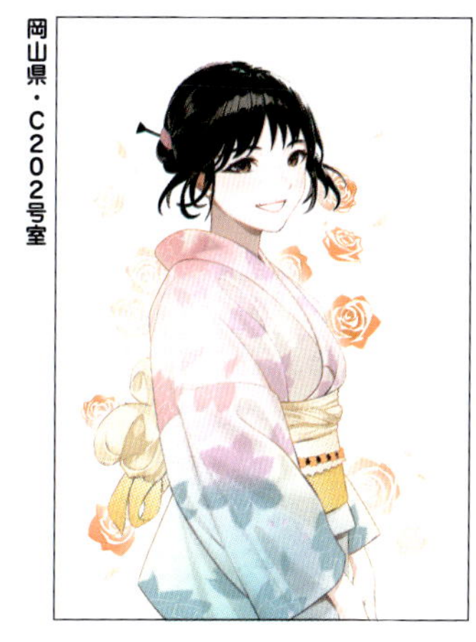
岡山県・C202号室

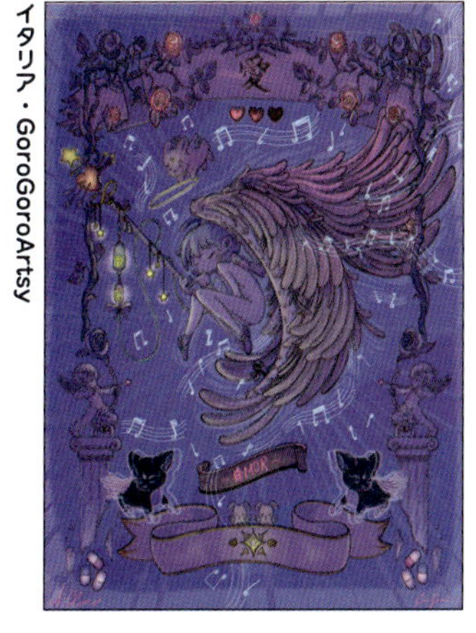
イタリア・GoroGoroArtsy

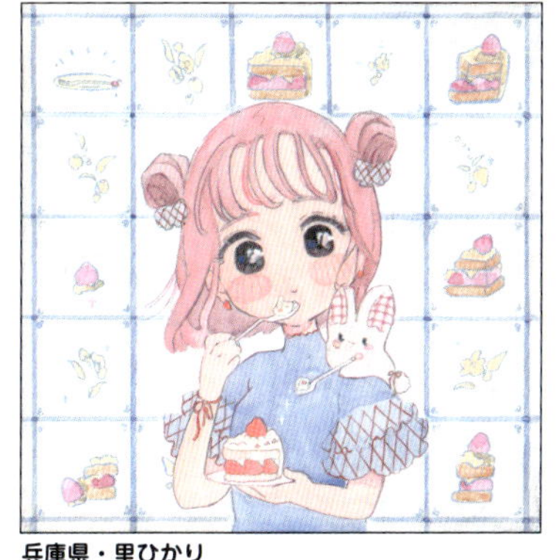
兵庫県・里ひかり

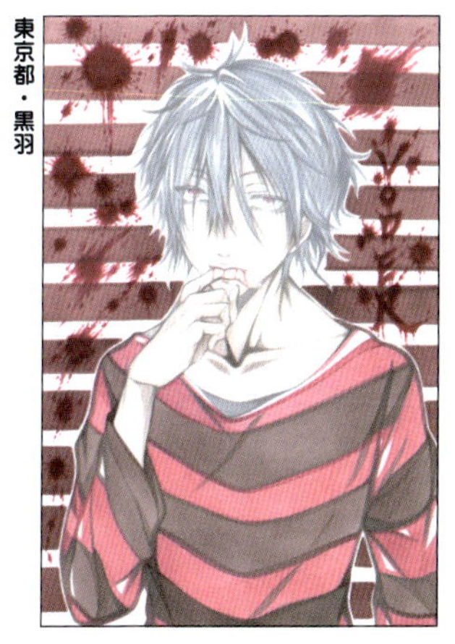
東京都・黒羽

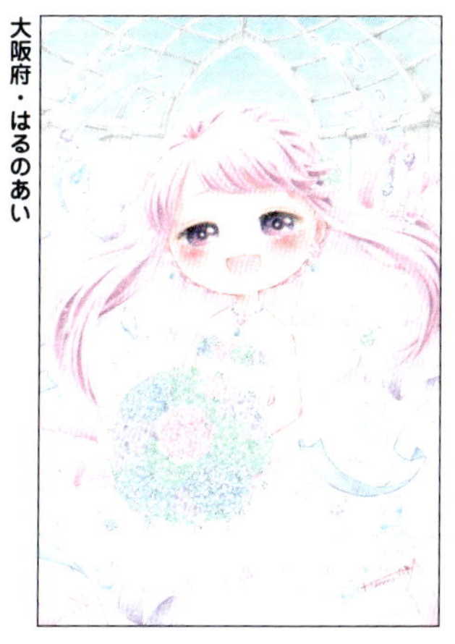
大阪府・はるのあい

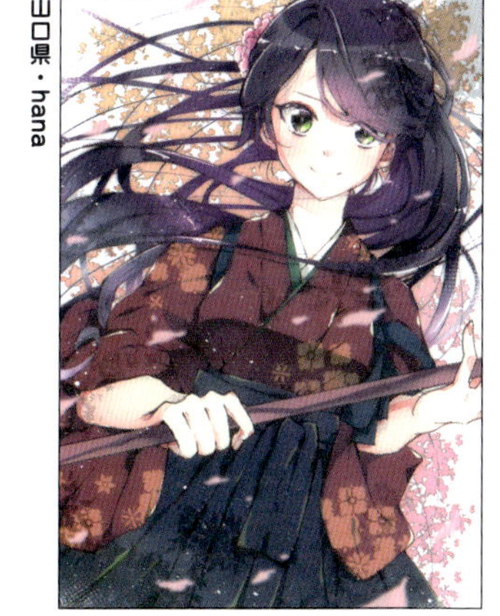
山口県・hana

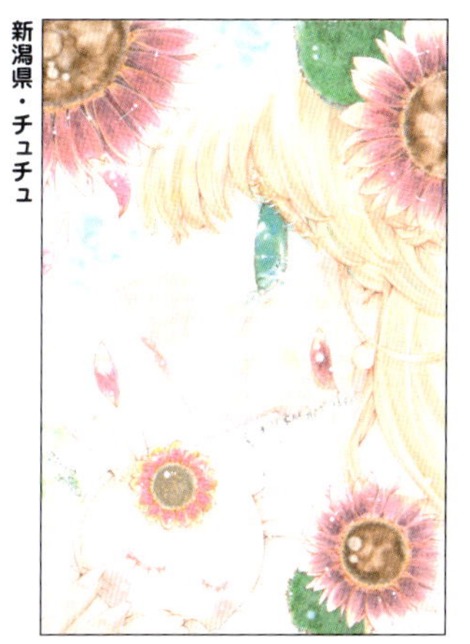
新潟県・チュチュ

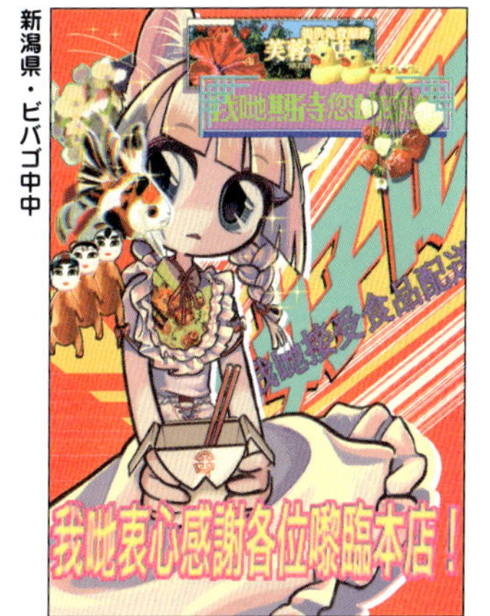

新潟県・ビバゴ中中

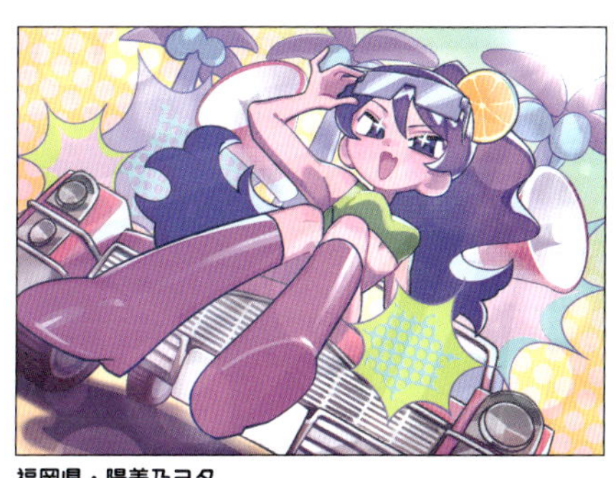
福岡県・陽差乃ヨタ

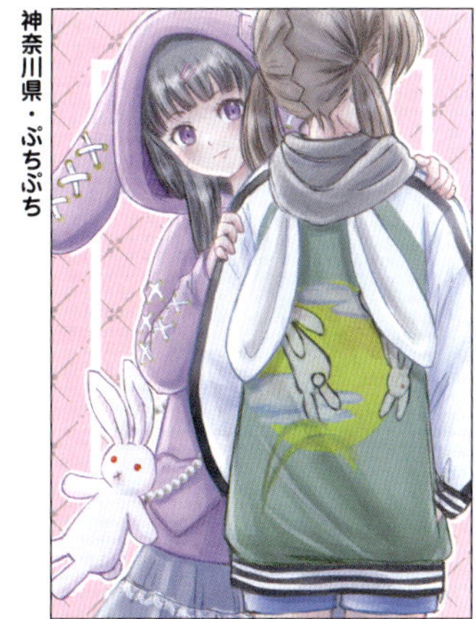
神奈川県・ぷちぷち

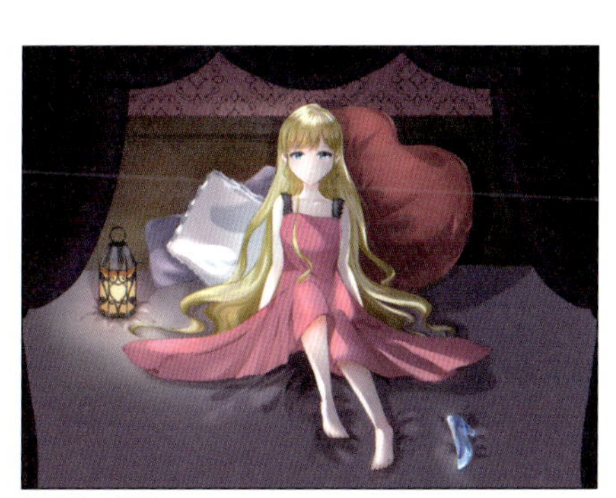
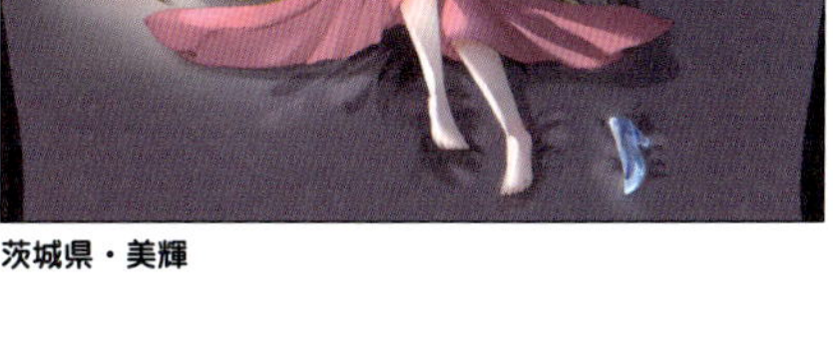
茨城県・美輝

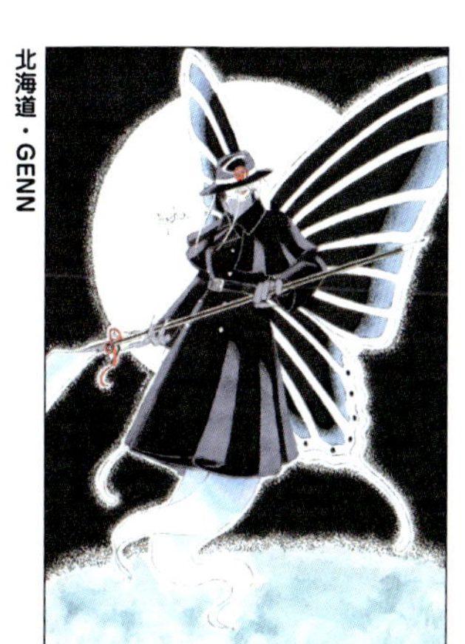
北海道・GENN

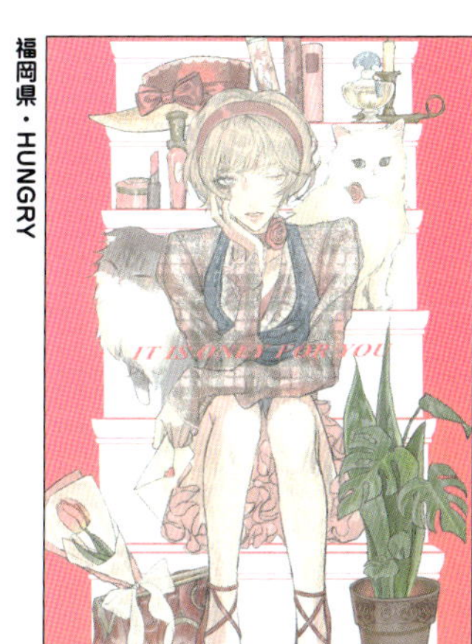
福岡県・HUNGRY

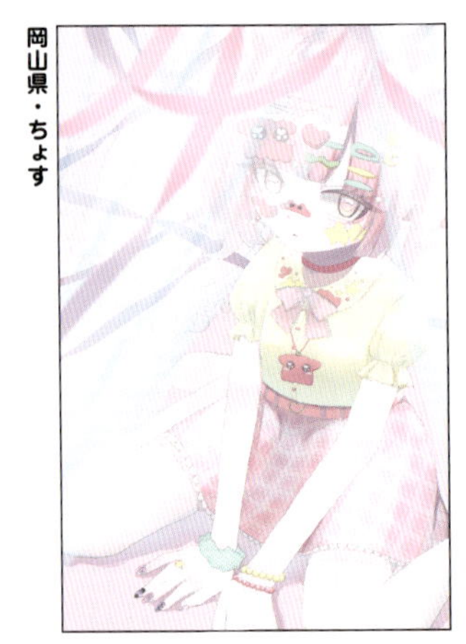
岡山県・ちょす

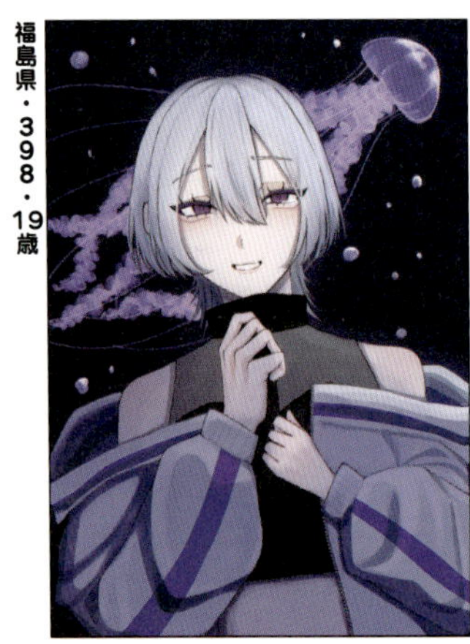
福島県・398・19歳

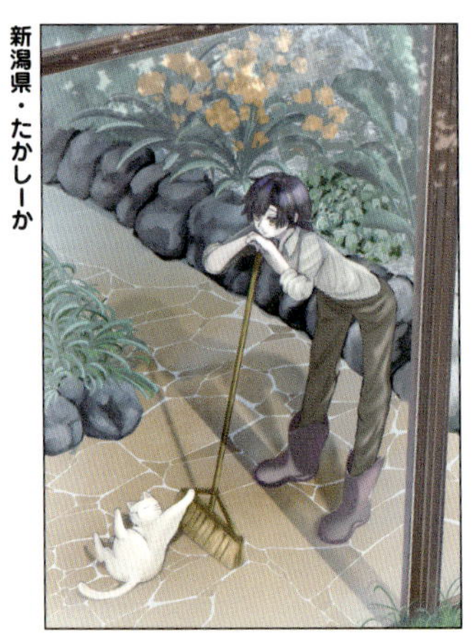
新潟県・たかしーか

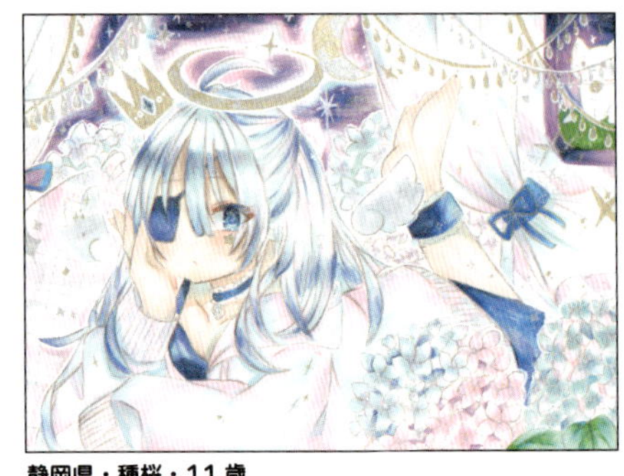
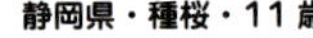
静岡県・種桜・11歳

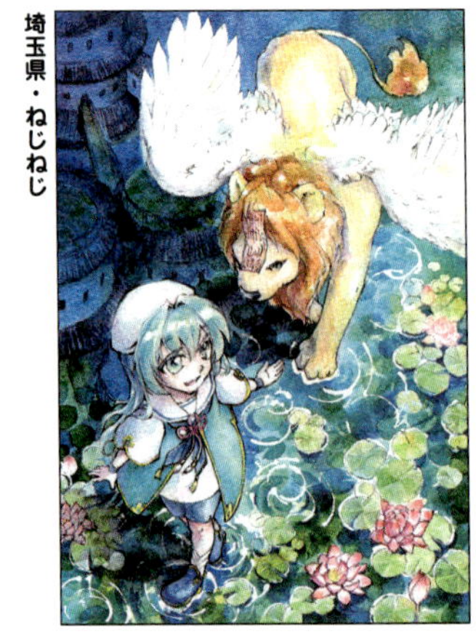
埼玉県・ねじねじ

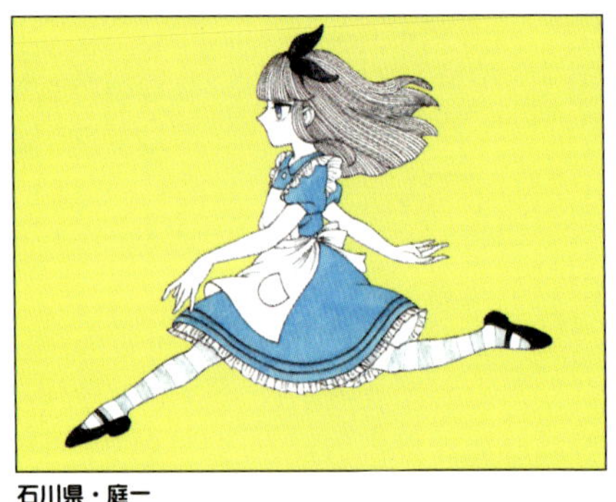
石川県・庭一

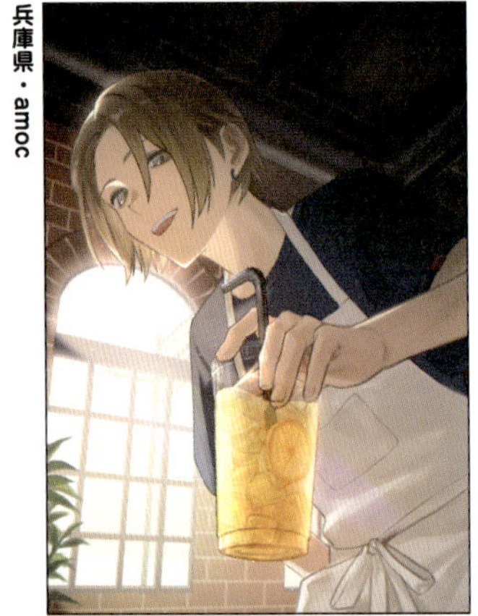
兵庫県・amoc

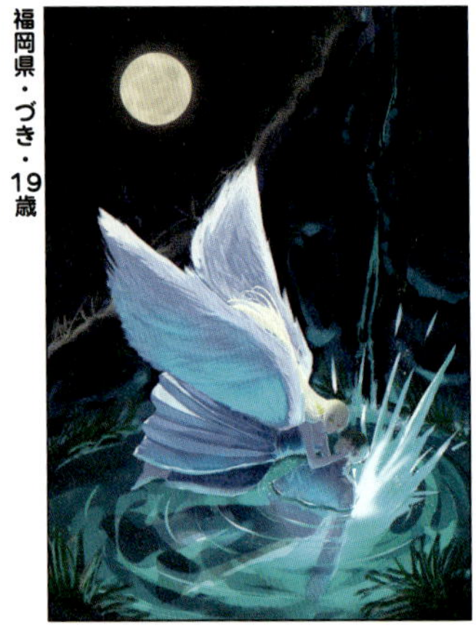
福岡県・づき・19歳

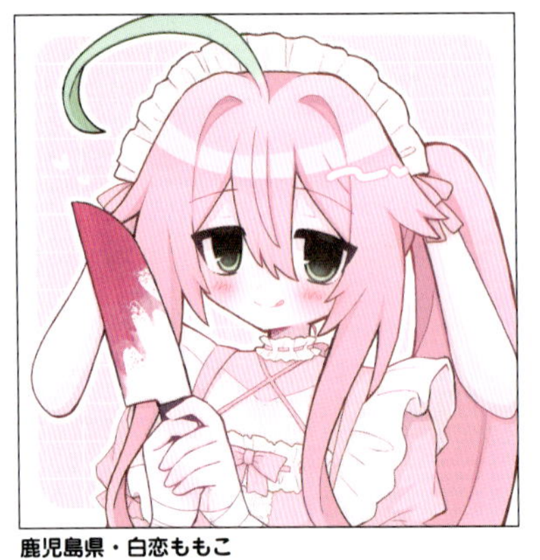
鹿児島県・白恋ももこ

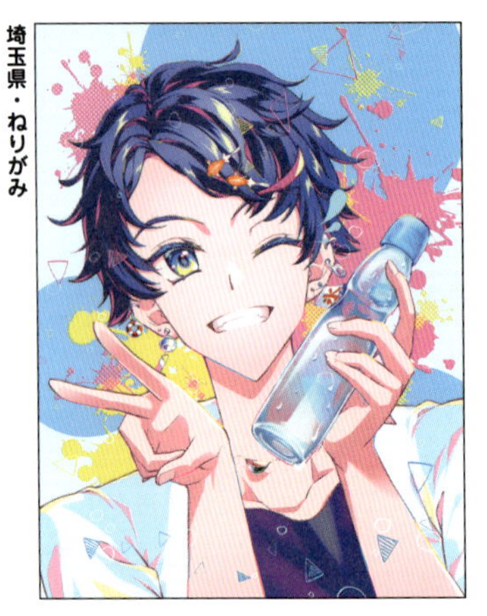
埼玉県・ねりがみ

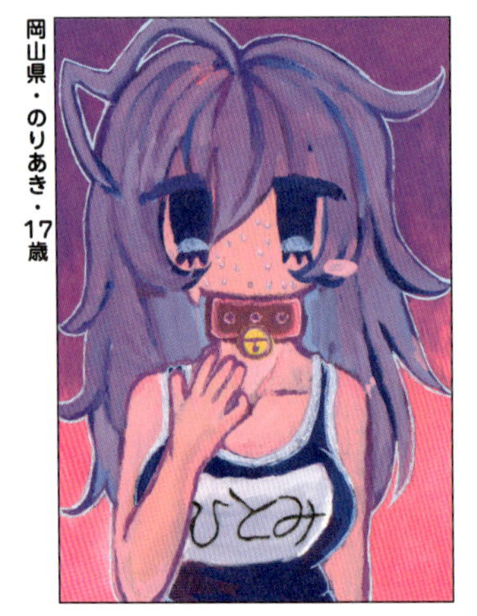

岡山県・のりあき・17歳

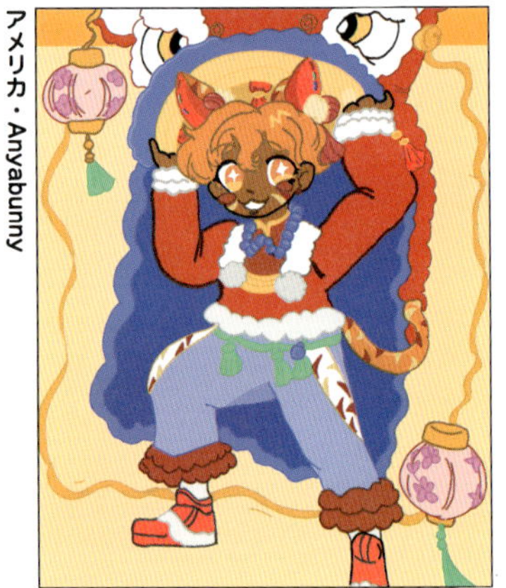
アメリカ・Anyabunny

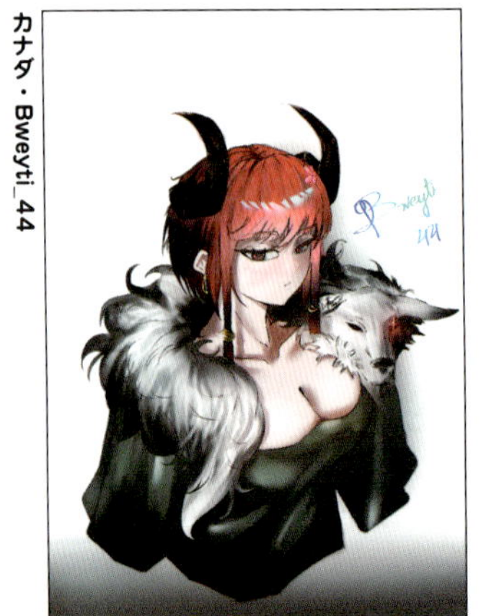
カナダ・Bweyti_44

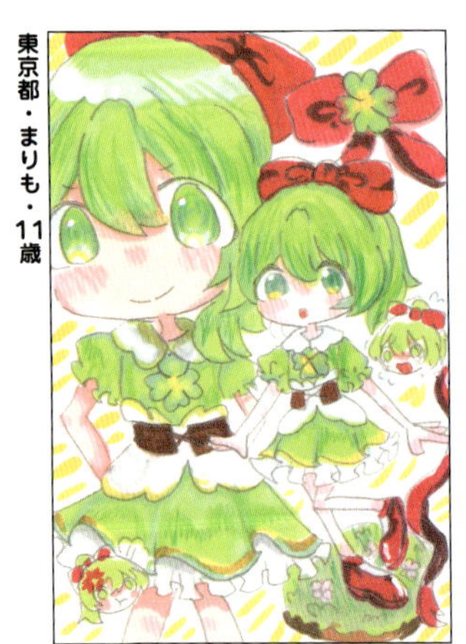
東京都・まりも・11歳

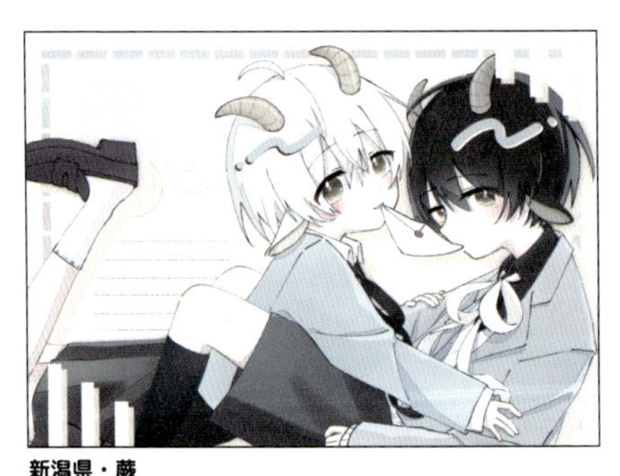
新潟県・蕨

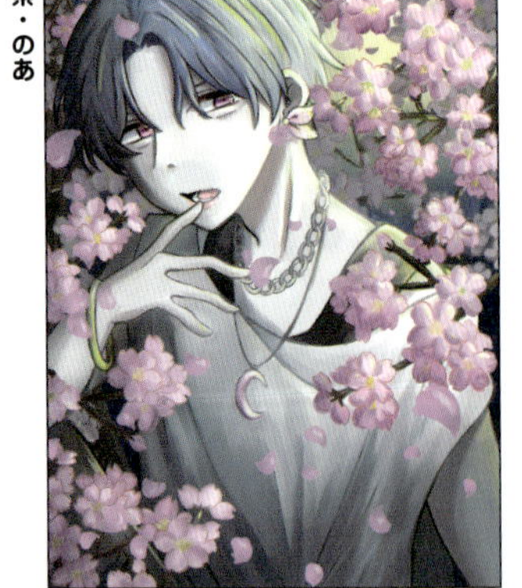
新潟県・のあ

滋賀県・お映【CLIP STUDIO PAINT】

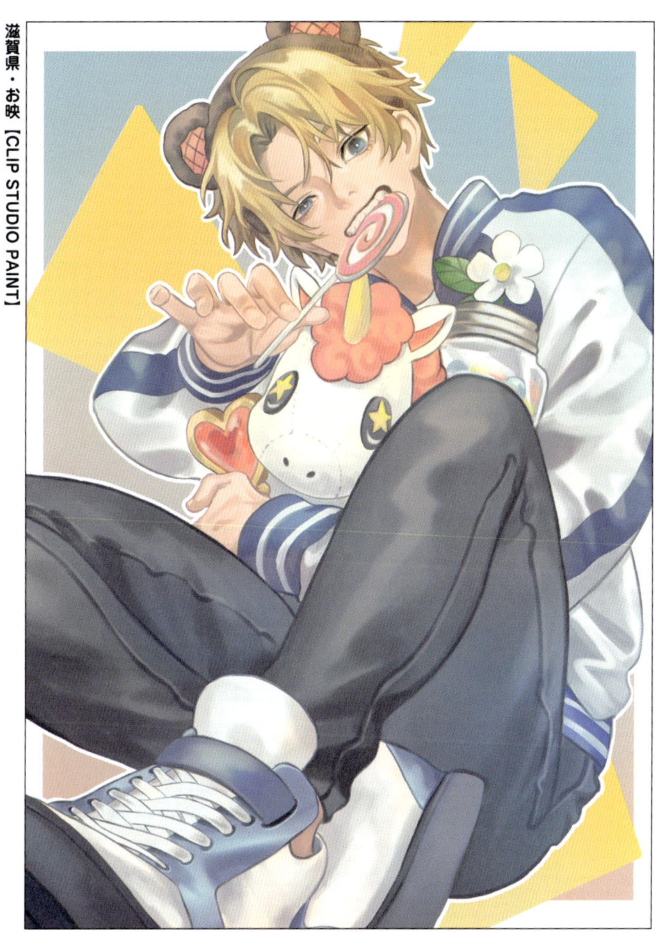

京都府・上ノ句【CLIP STUDIO PAINT】

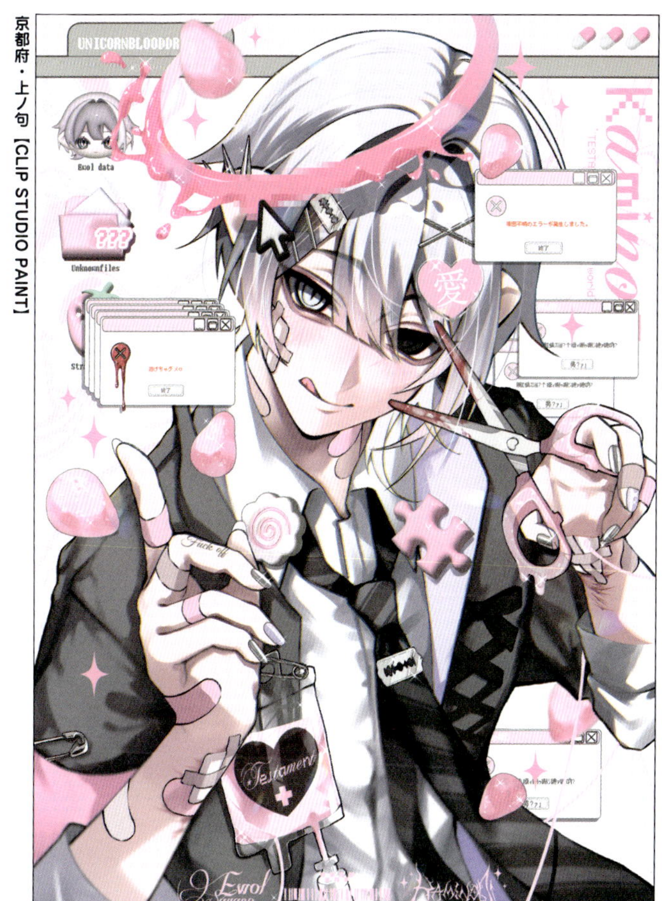

福岡県・!NG【CLIP STUDIO PAINT】

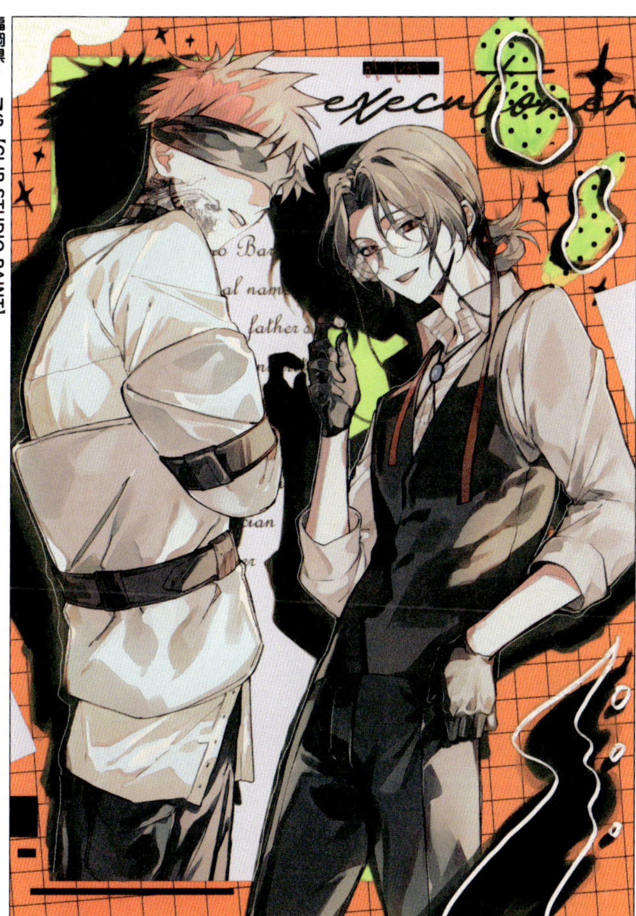

静岡県・IZUMO【CLIP STUDIO PAINT】

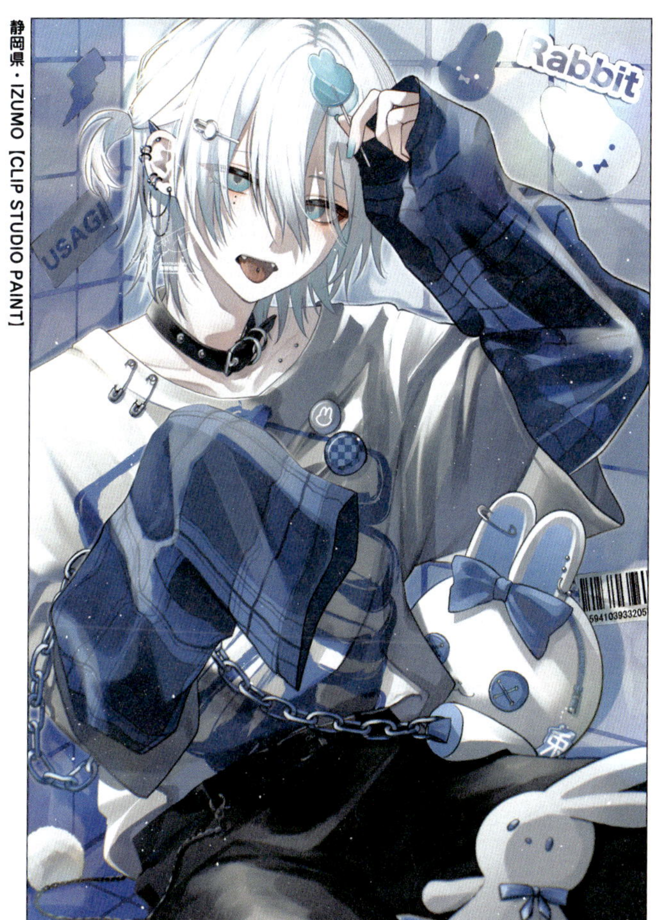

岐阜県・くまちょ【CLIP STUDIO PAINT】

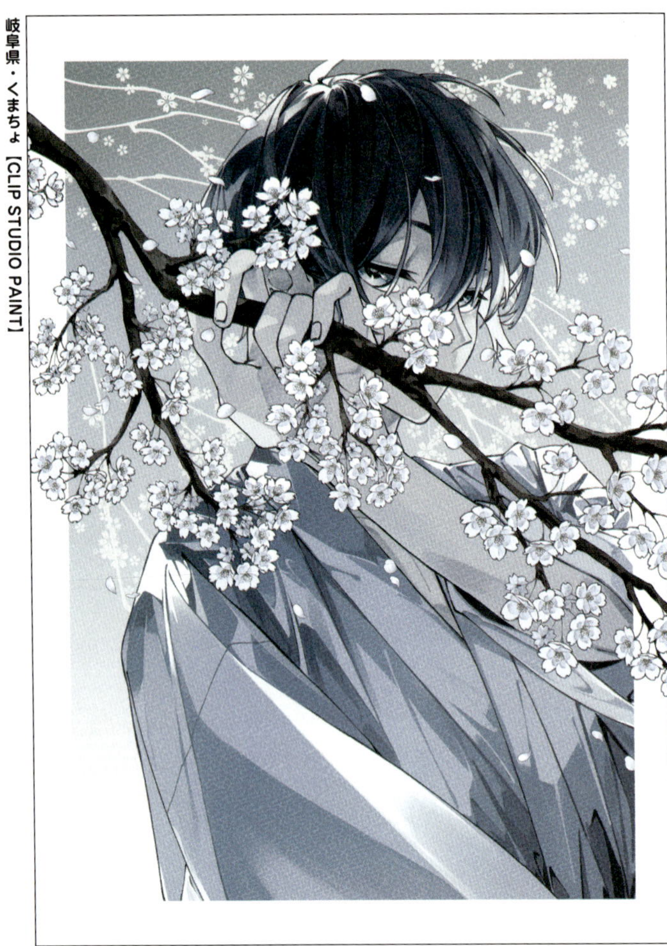

大阪府・ゆめ・16歳【CLIP STUDIO PAINT】

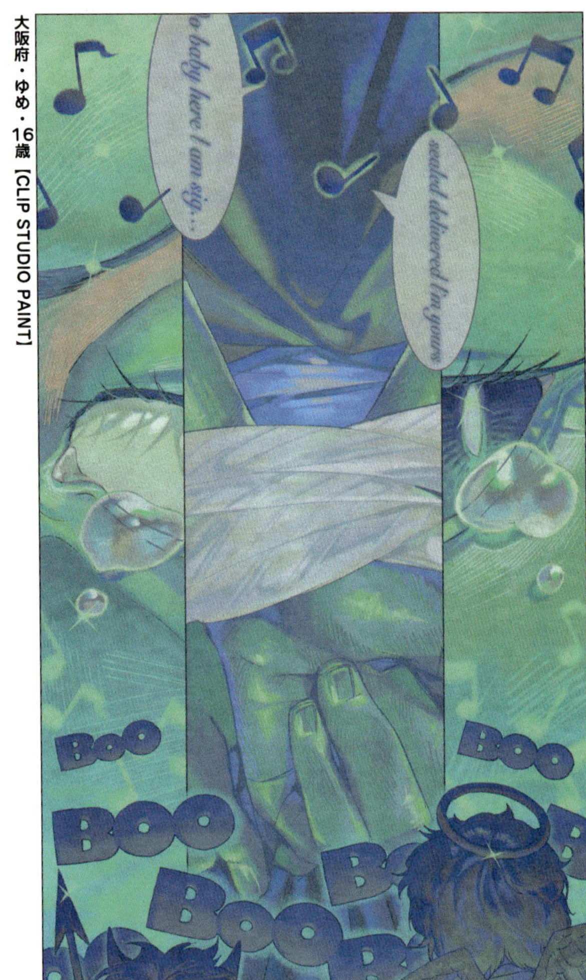

鹿児島県・まごたに・15歳【顔彩耽美・シグノ・マルマンスケッチブック・Photoshop】

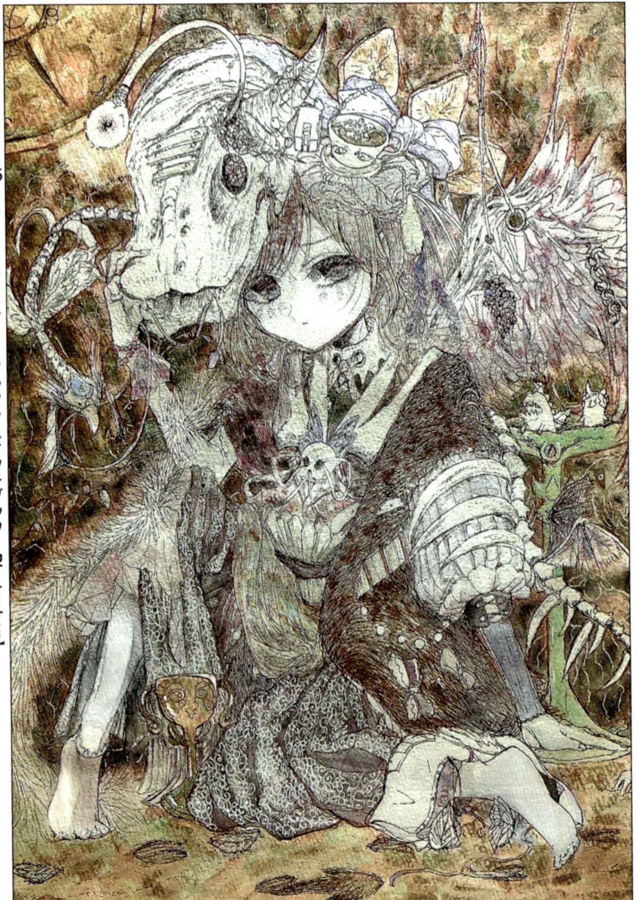

トルコ・Ashera【CLIP STUDIO PAINT】

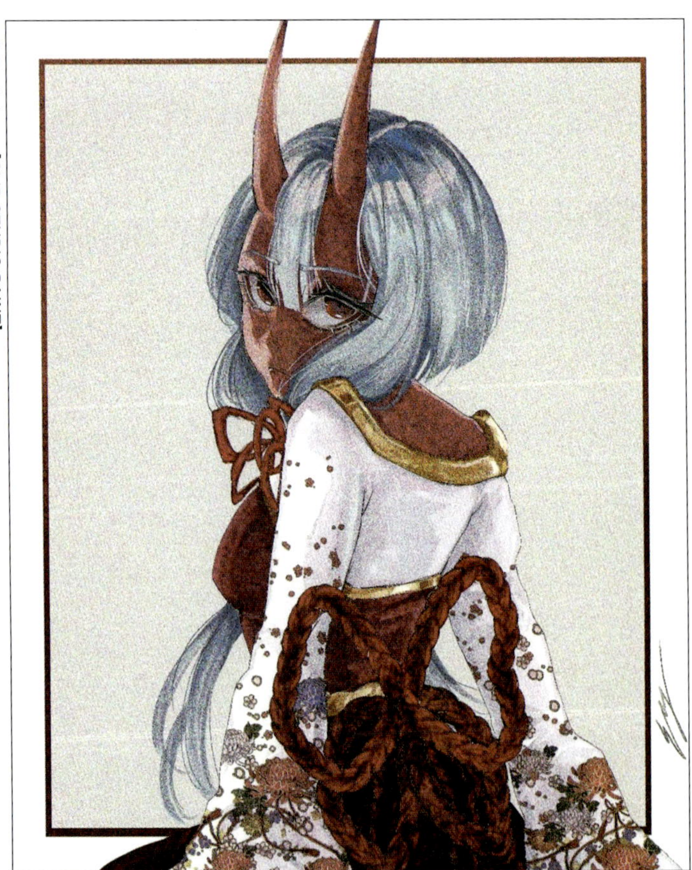

愛知県・望月とむ【透明水彩・アクリルガッシュ】

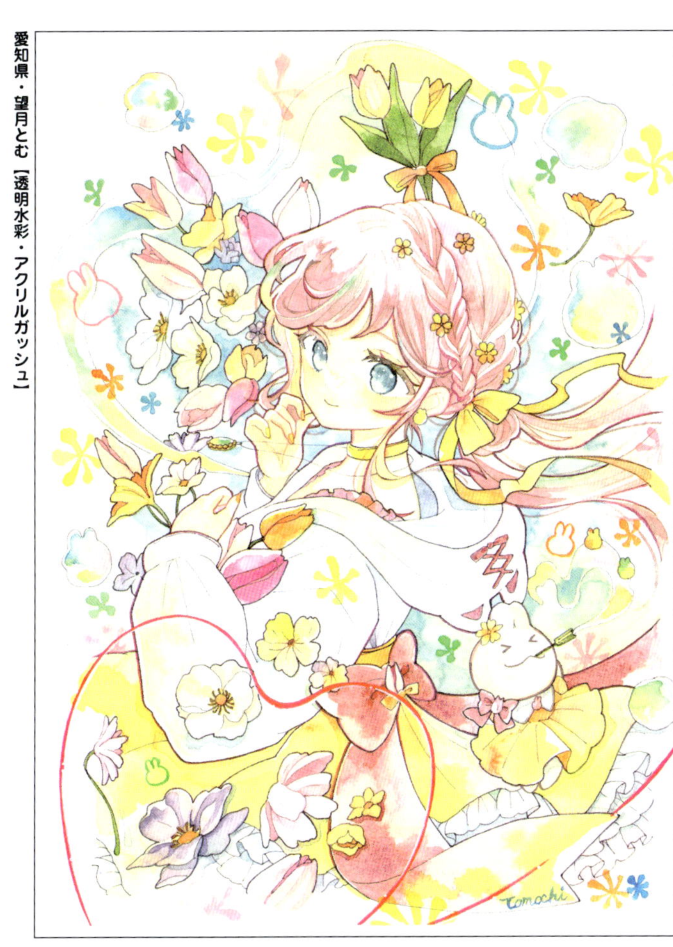

福島県・風波【コピック・リキテックスリキッド・アクリルガッシュ・色鉛筆】

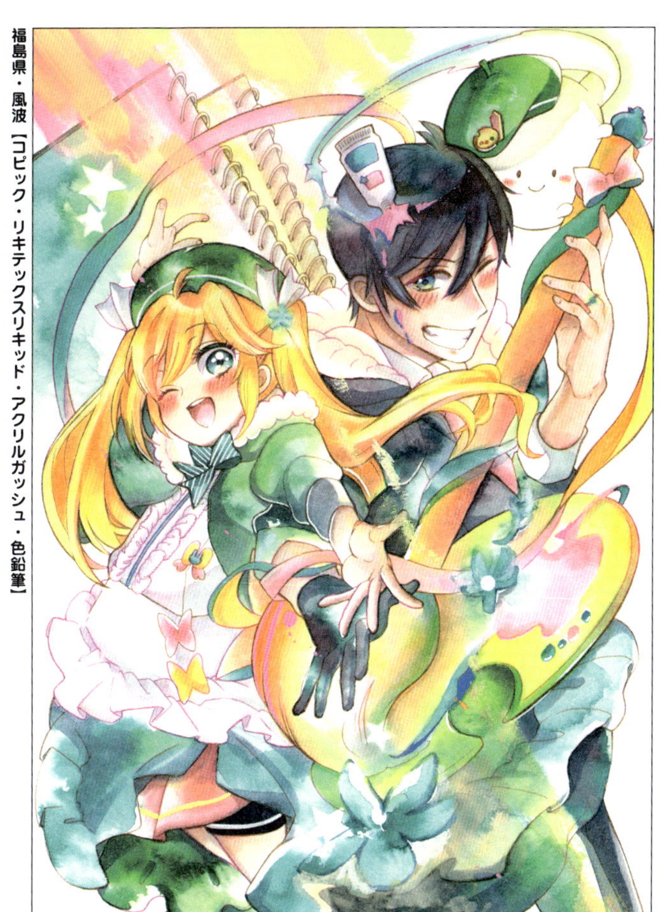

滋賀県・日なた野乃【透明水彩・カラーインク・色鉛筆】

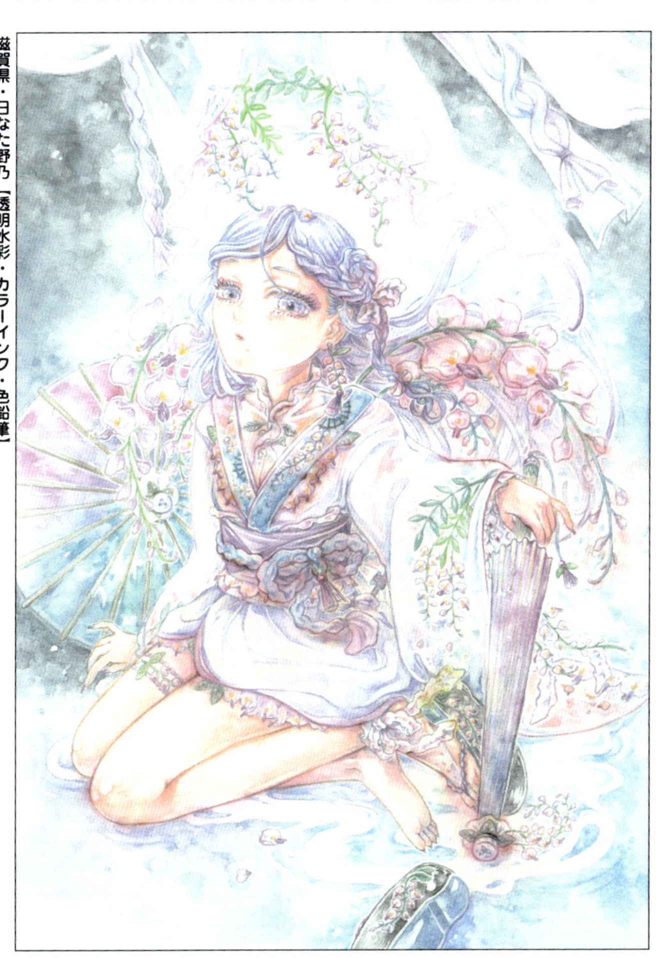

岐阜県・ユゼ・18歳【CLIP STUDIO PAINT】

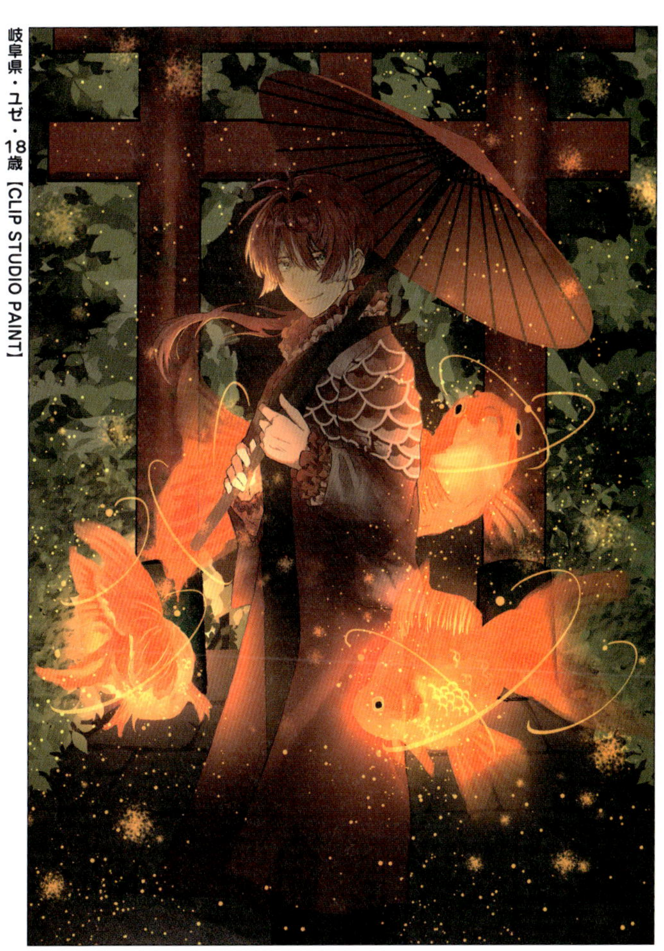

山梨県・あおね【透明水彩・CLIP STUDIO PAINT】

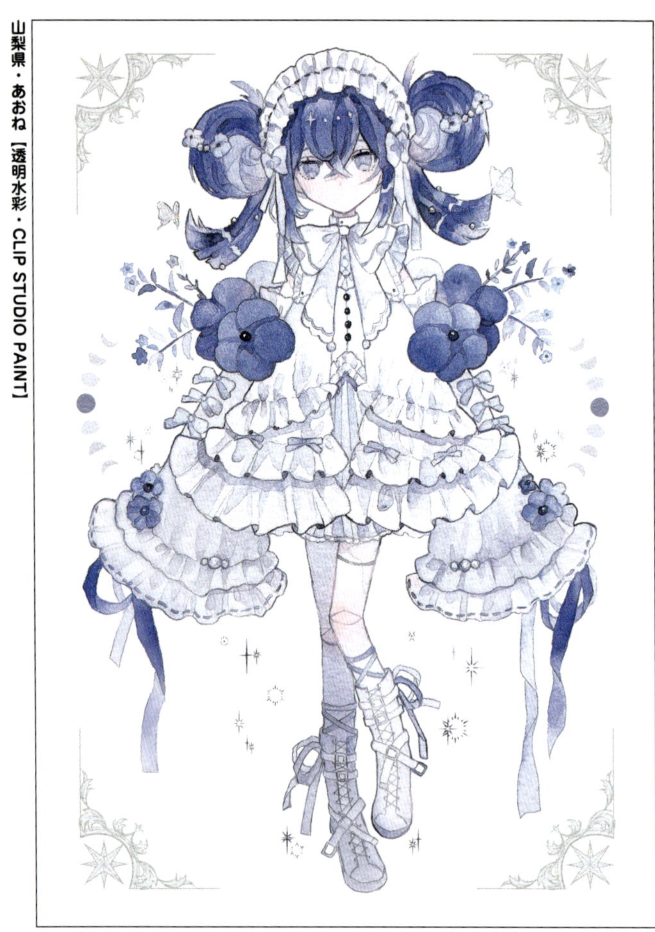

石川県・えな【コピック・色鉛筆】

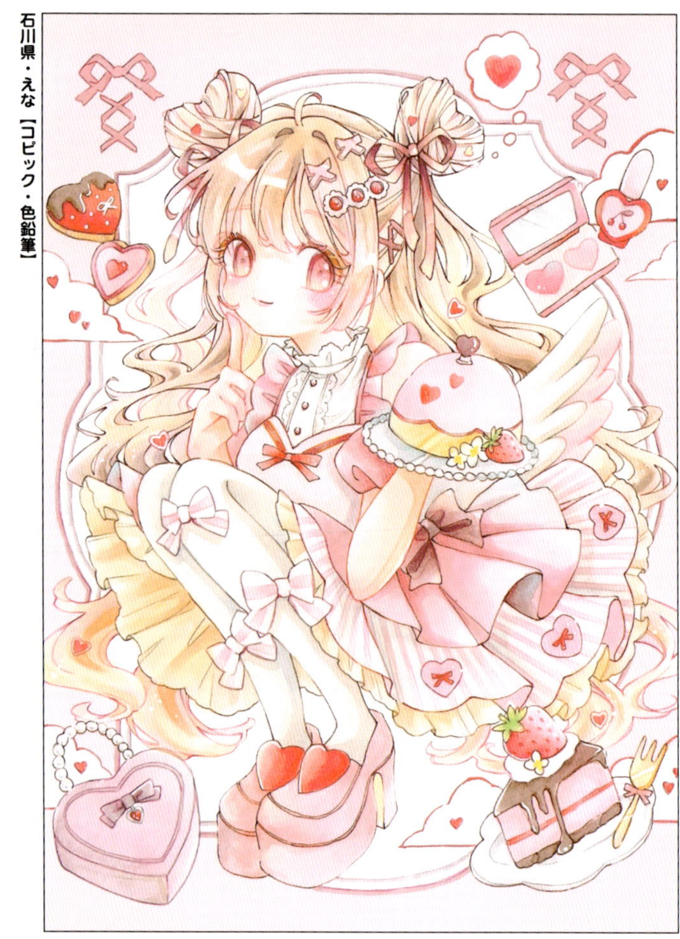

静岡県・塔野アカリ【コピック・水彩色鉛筆・ホワイト・金箔】

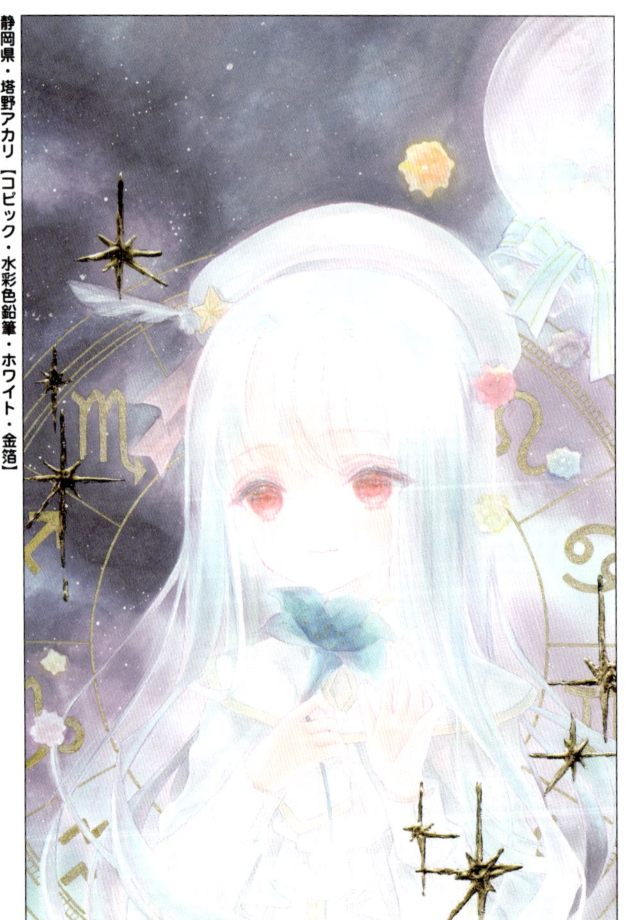

東京都・ちりん【CLIP STUDIO PAINT】

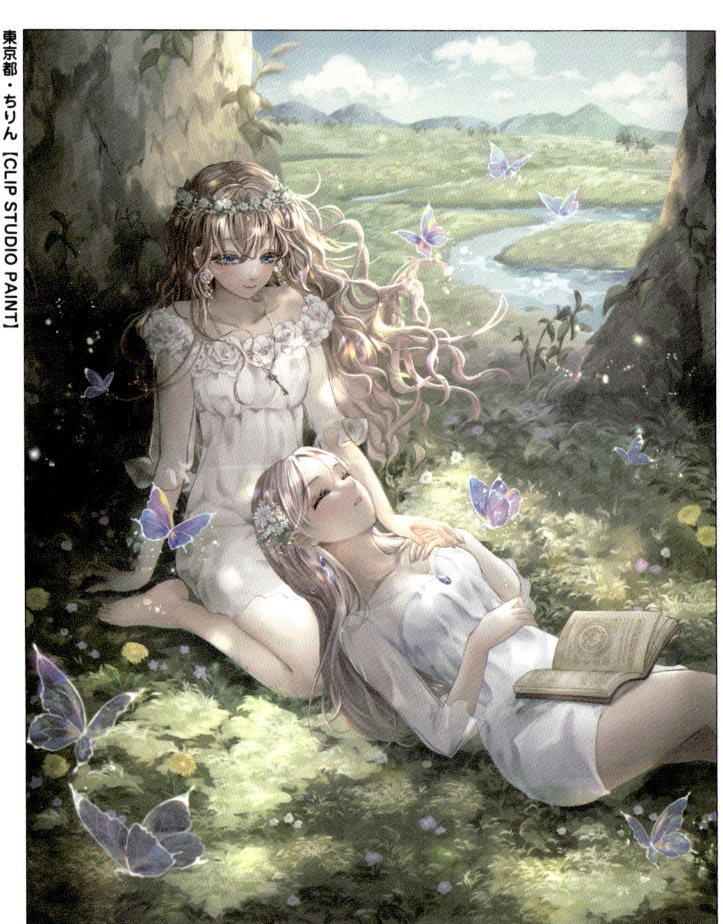

北海道・とろ梅【透明水彩・アクリル絵具（ホワイト）】

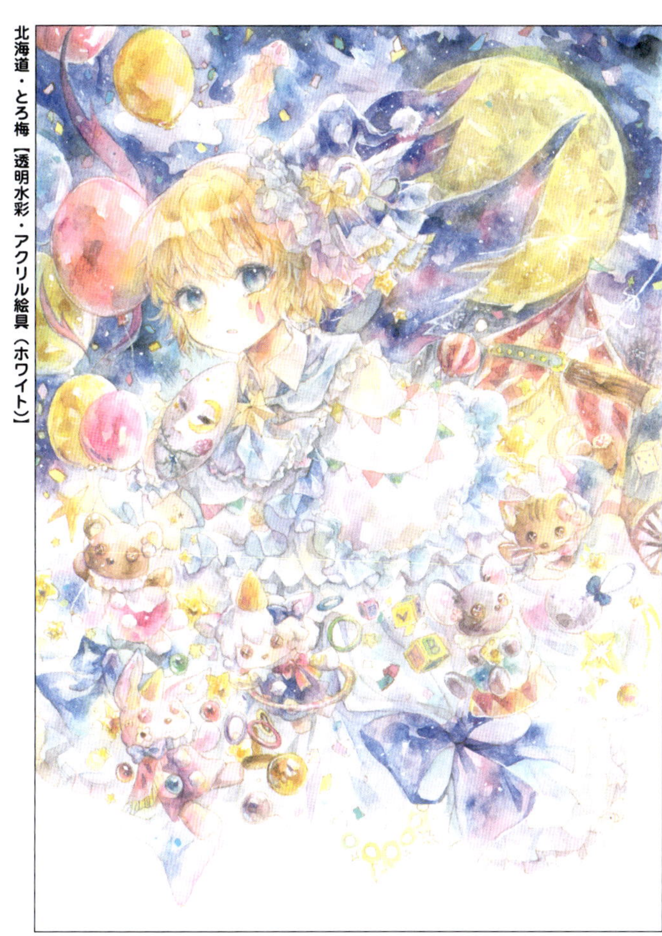

愛知県・さく之輔【CLIP STUDIO PAINT】

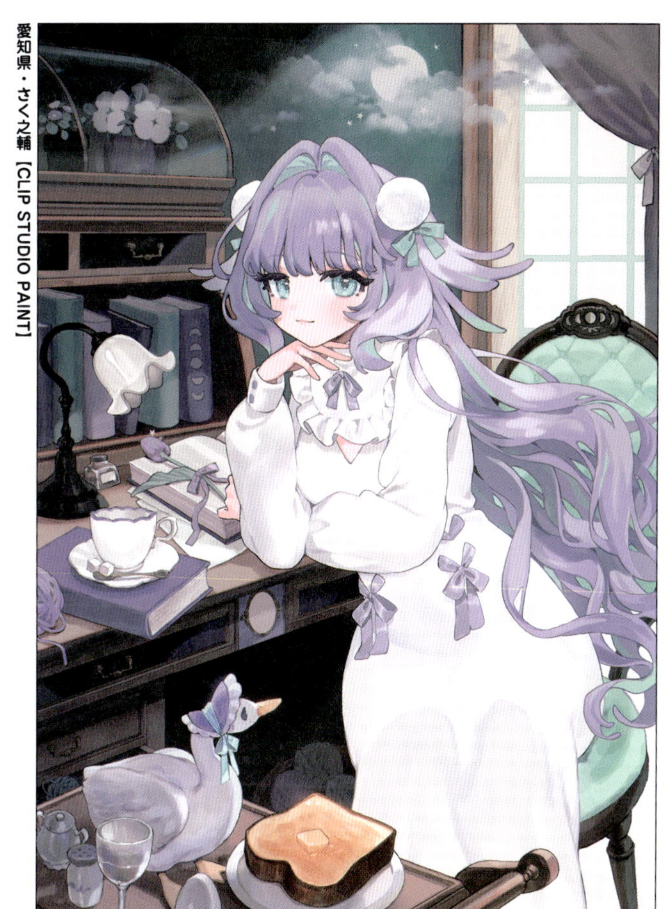

兵庫県・雨図【Procreate】

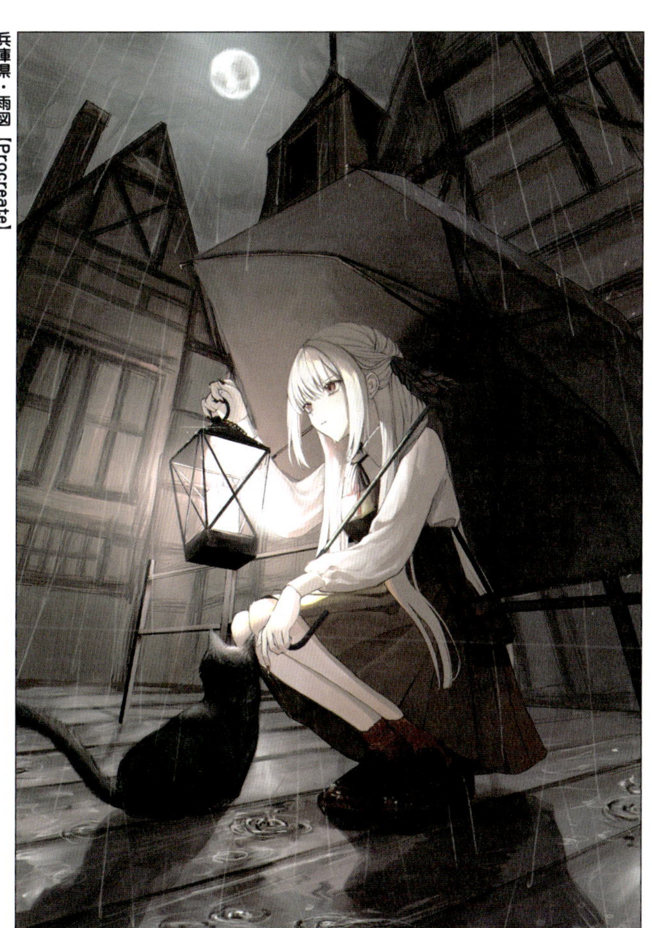

神奈川県・瑞乃【アイビスペイント】

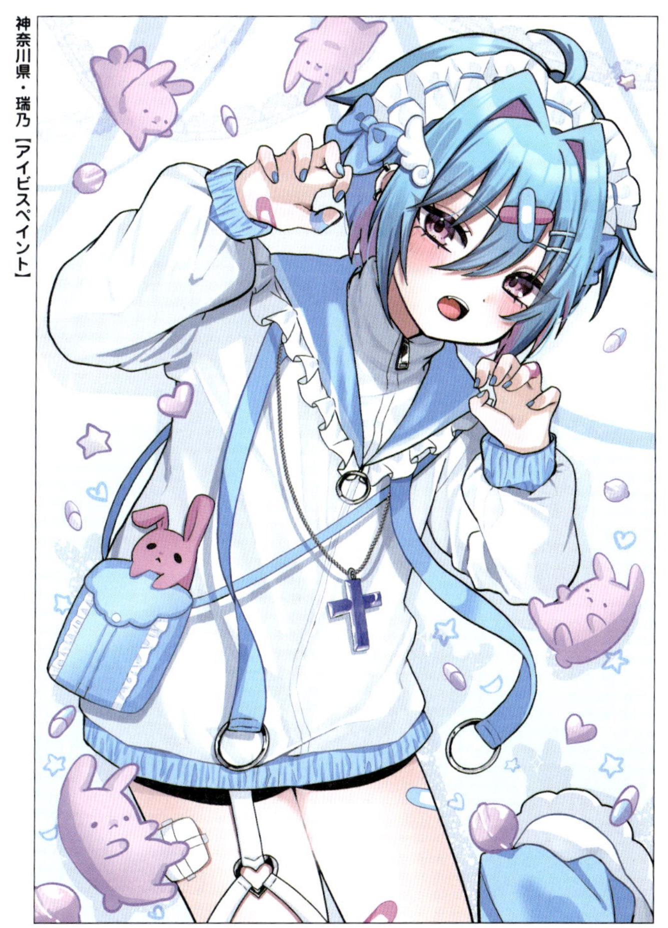

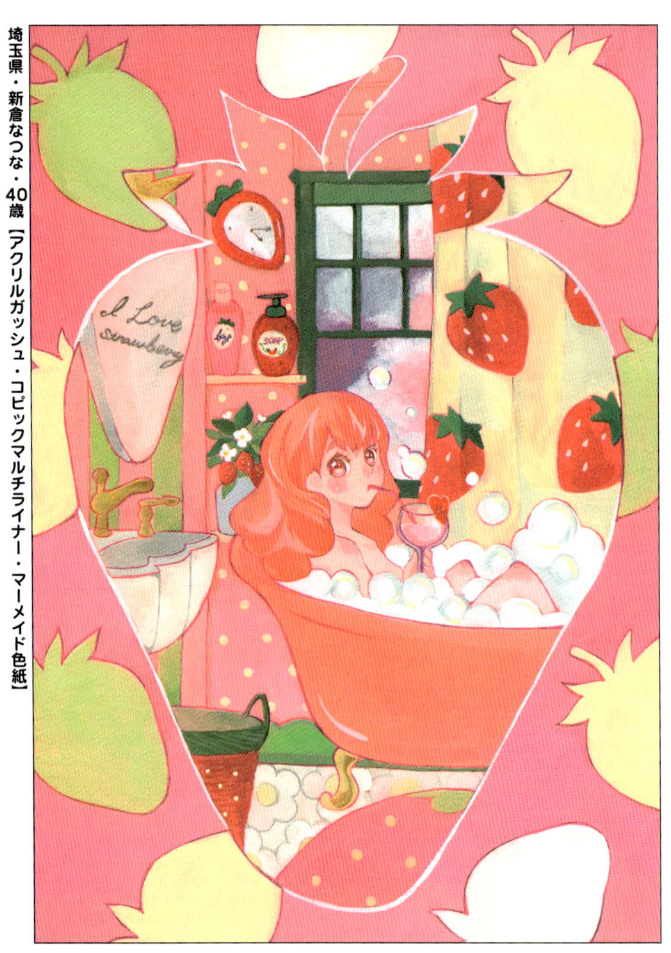

埼玉県・新倉なつな・40歳【アクリルガッシュ・コピックマルチライナー・マーメイド色紙】

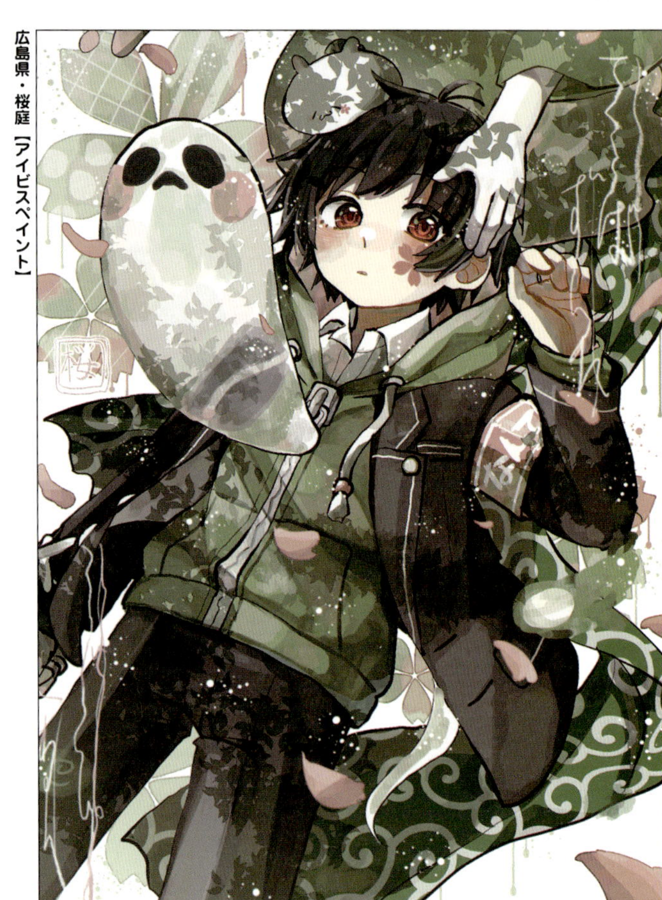

広島県・桜庭【アイビスペイント】

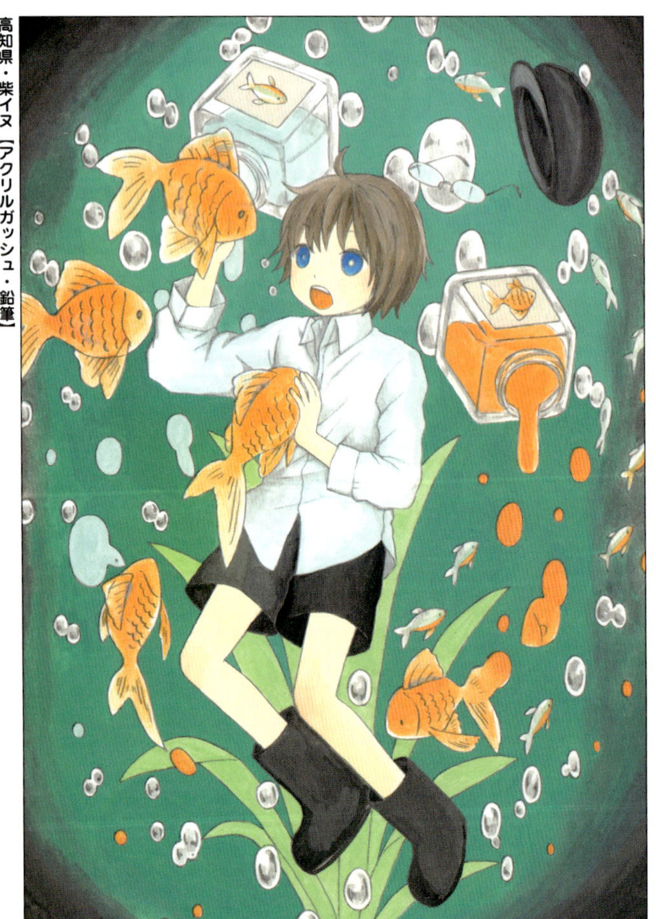

高知県・柴イヌ【アクリルガッシュ・鉛筆】

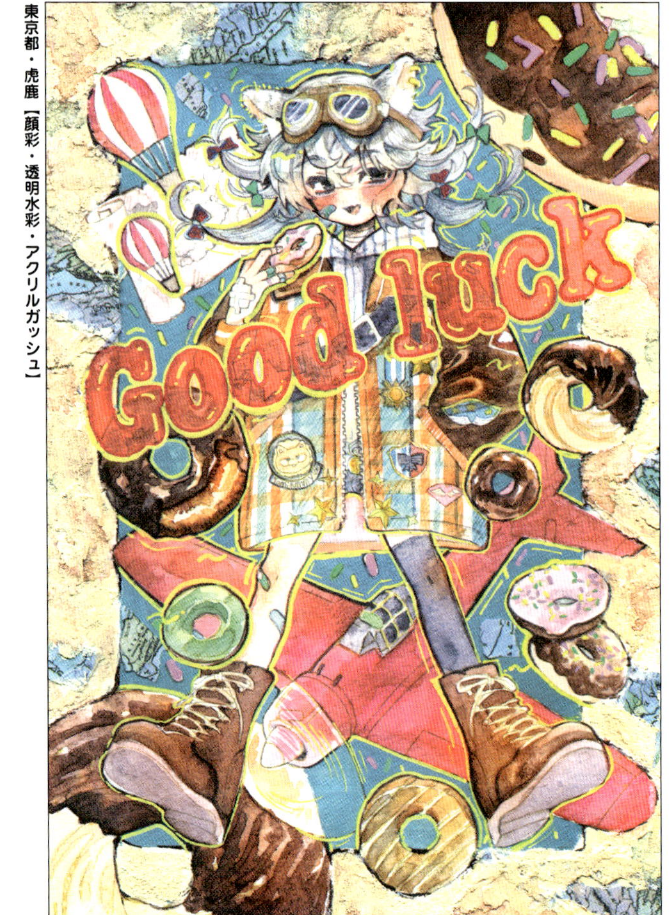

東京都・虎鹿【顔彩・透明水彩・アクリルガッシュ】

東京都・海月幽玄【CLIP STUDIO PAINT】

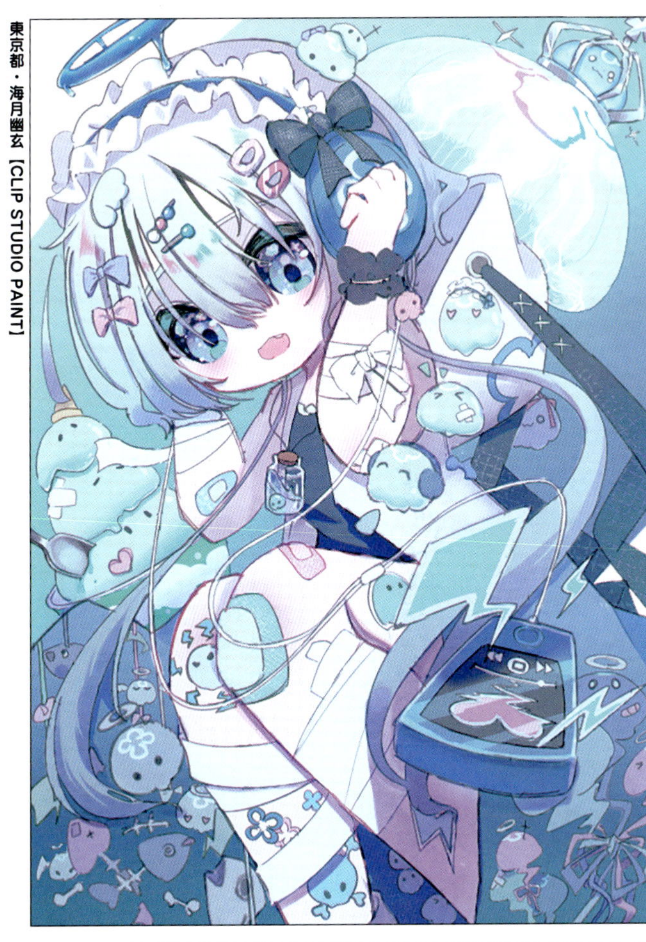

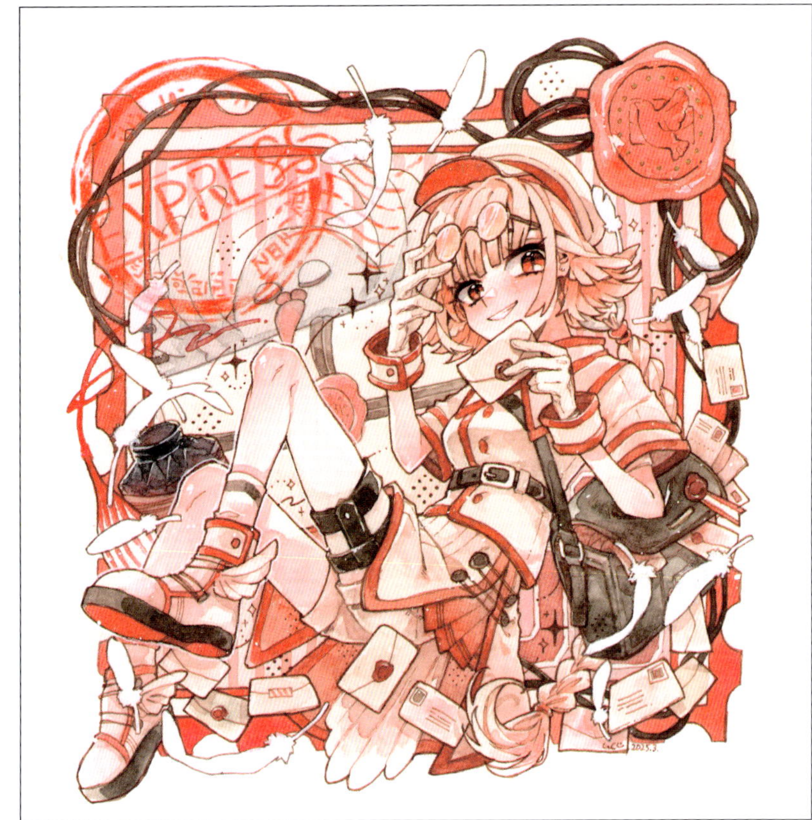

北海道・伸紅【透明水彩】

静岡県・梨茶【透明水彩】

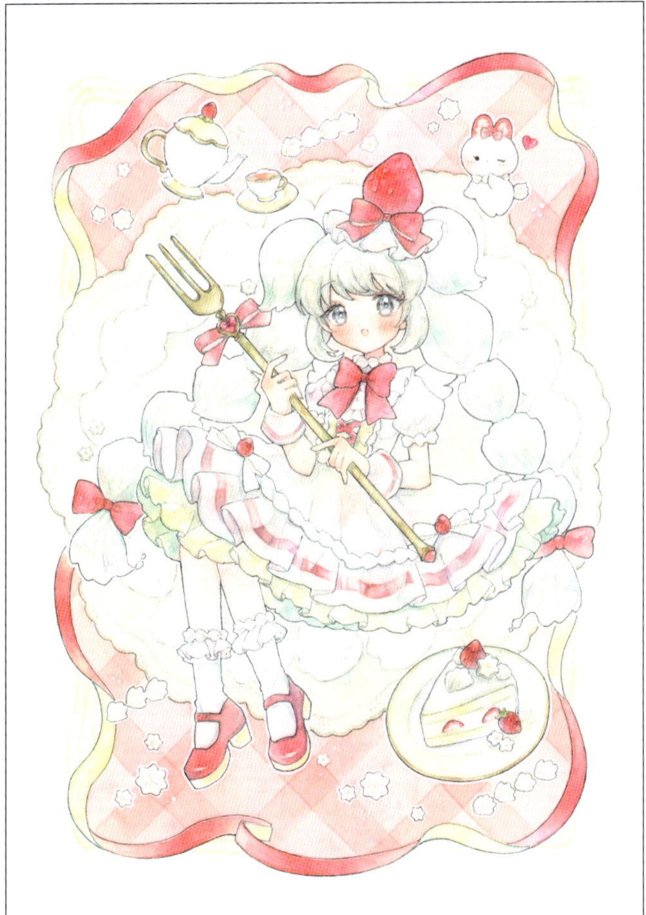

北海道・夢現まーや【コピック・コピックアクレア・マルマンスケッチブック】

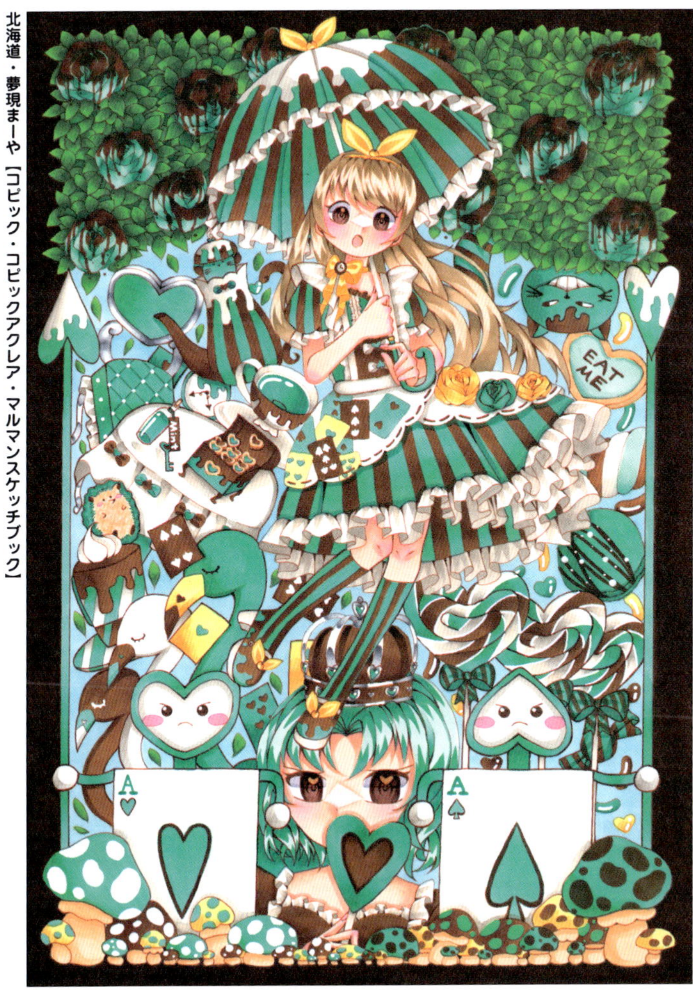

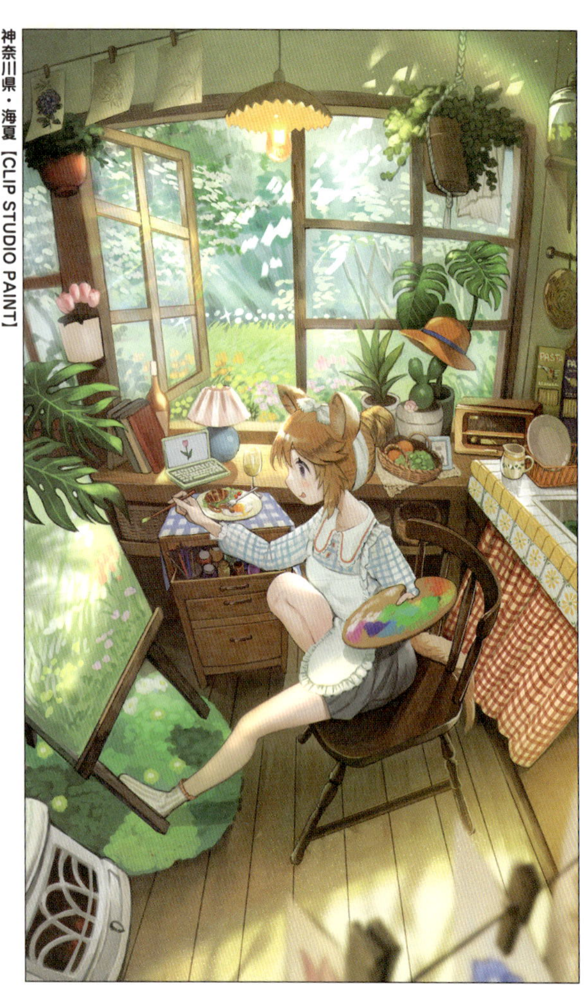

神奈川県・海夏【CLIP STUDIO PAINT】

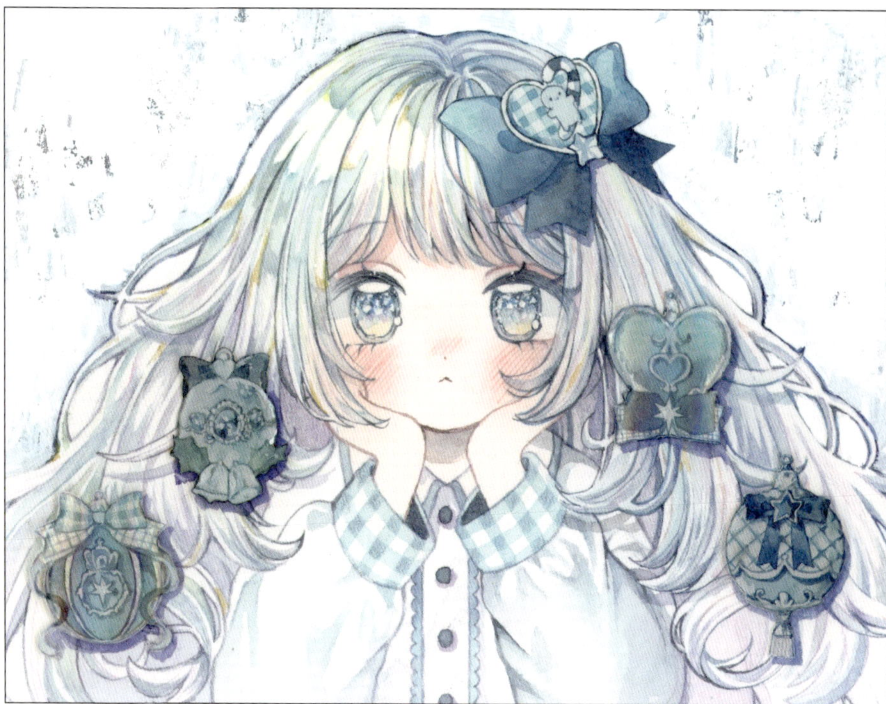

兵庫県・天羽しいら【透明水彩・色鉛筆】

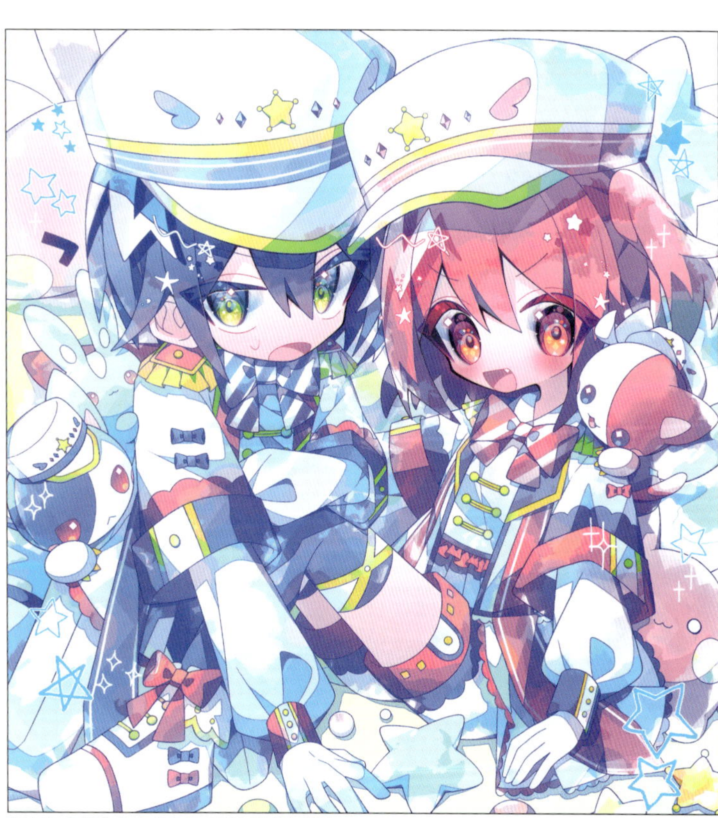

富山県・天音れもん【CLIP STUDIO PAINT】

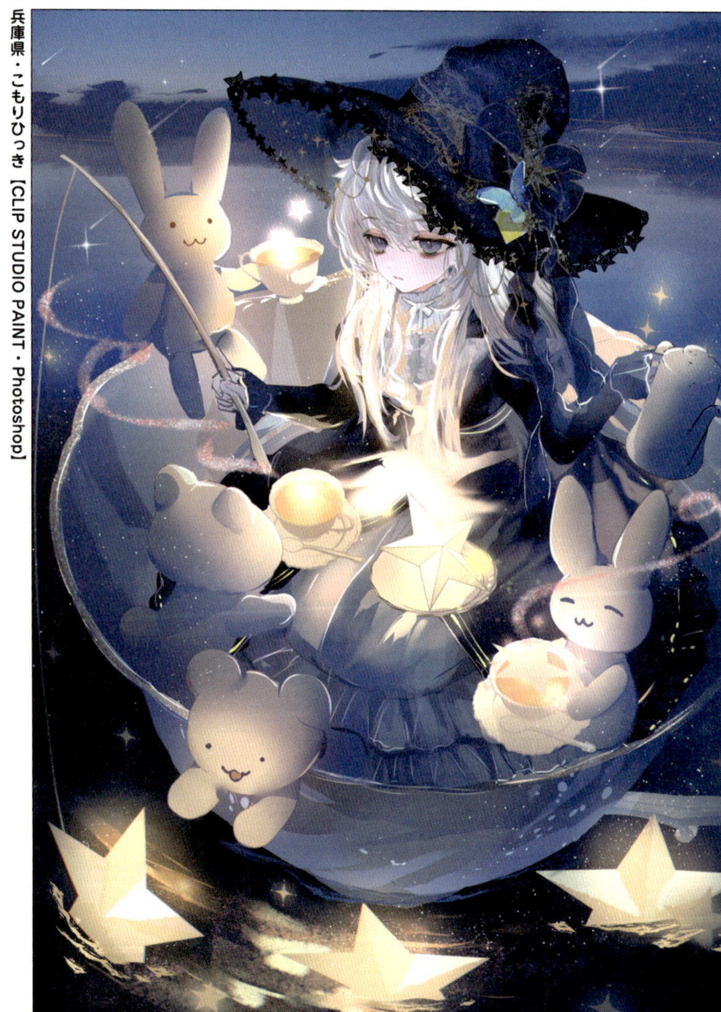

兵庫県・こもりひっき【CLIP STUDIO PAINT・Photoshop】

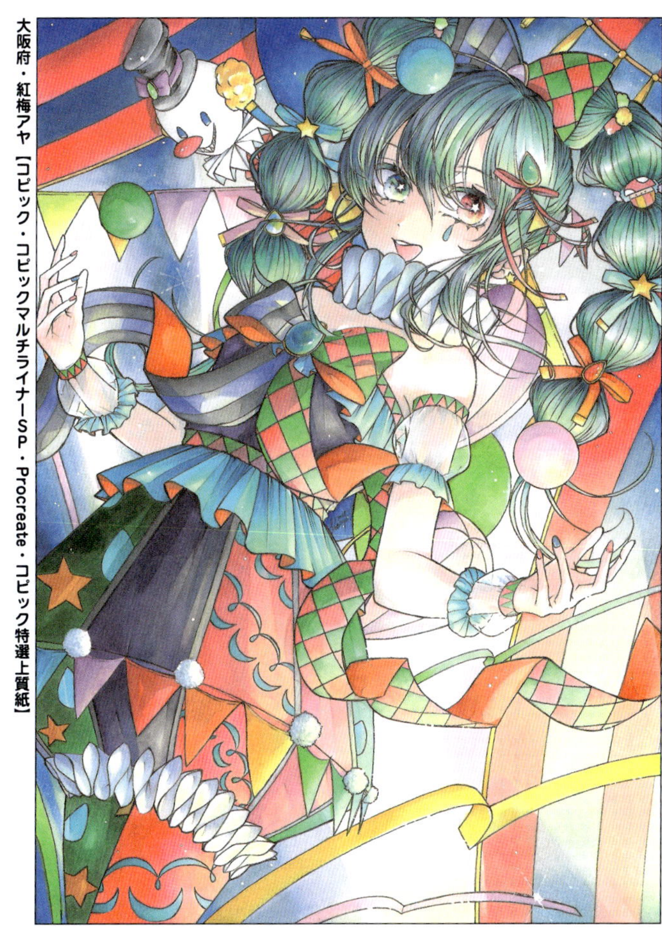
大阪府・紅梅アヤ【コピック・コピックマルチライナーSP・Procreate・コピック特選上質紙】

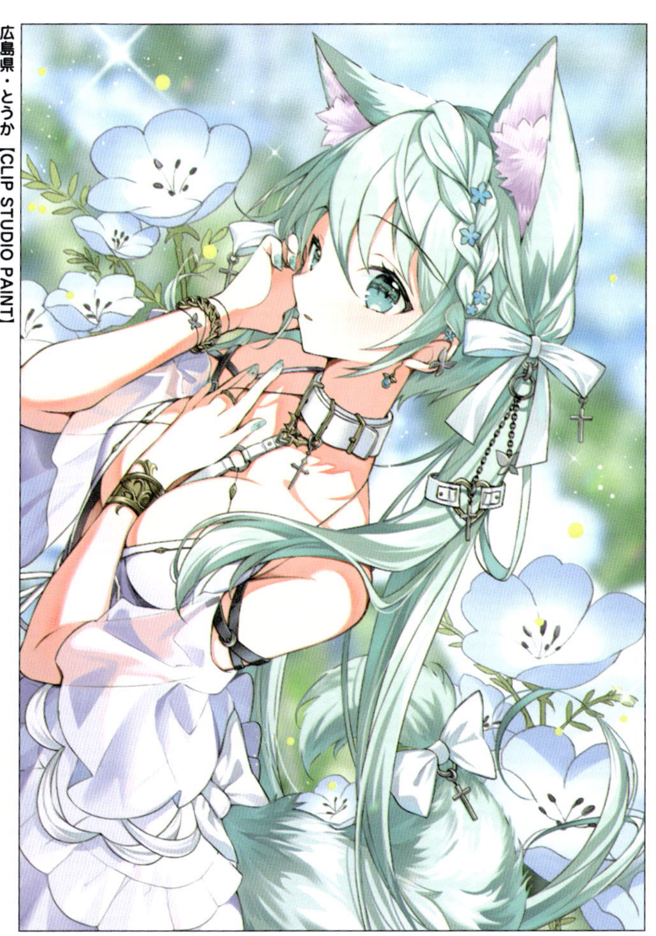
広島県・とうか【CLIP STUDIO PAINT】

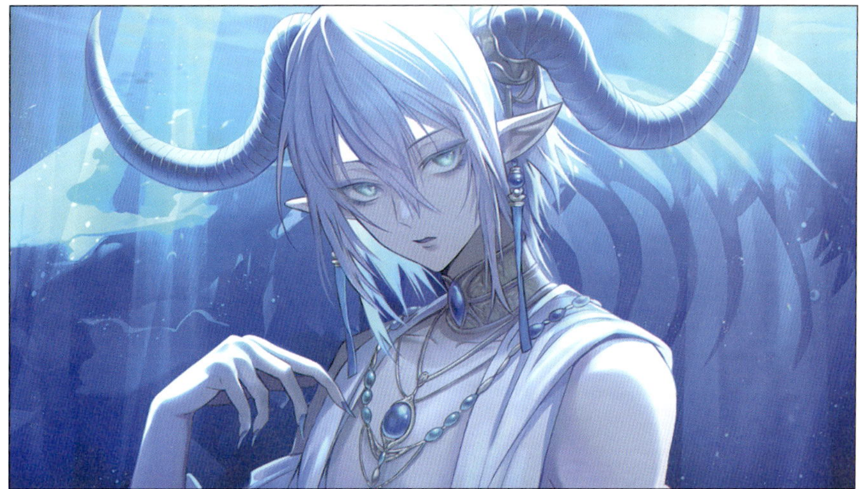
東京都・みど【SAI2・CLIP STUDIO PAINT】

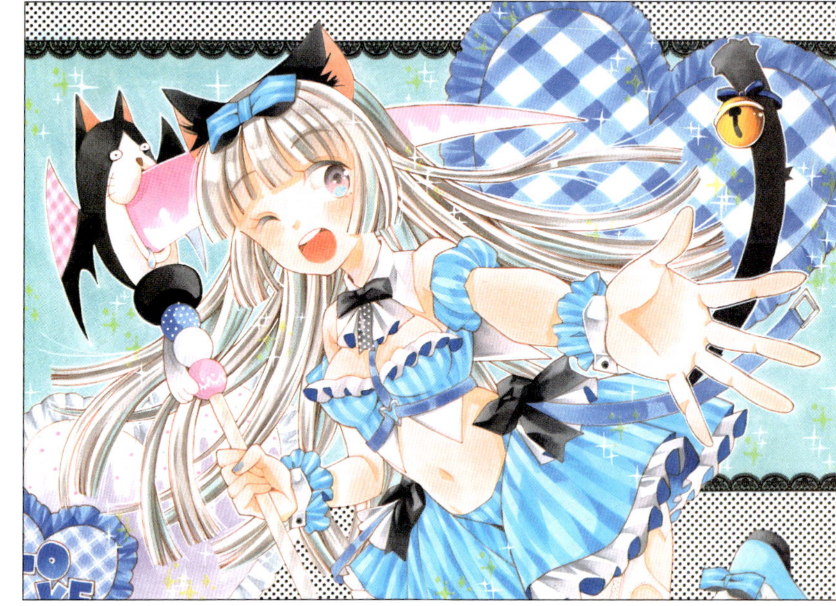
神奈川県・るりるり・40歳【コピックペーパーセレクション・コピック・ルブルーム・コピックマルチライナー・ピュアホワイト・スクリーントーン・スタンプ】

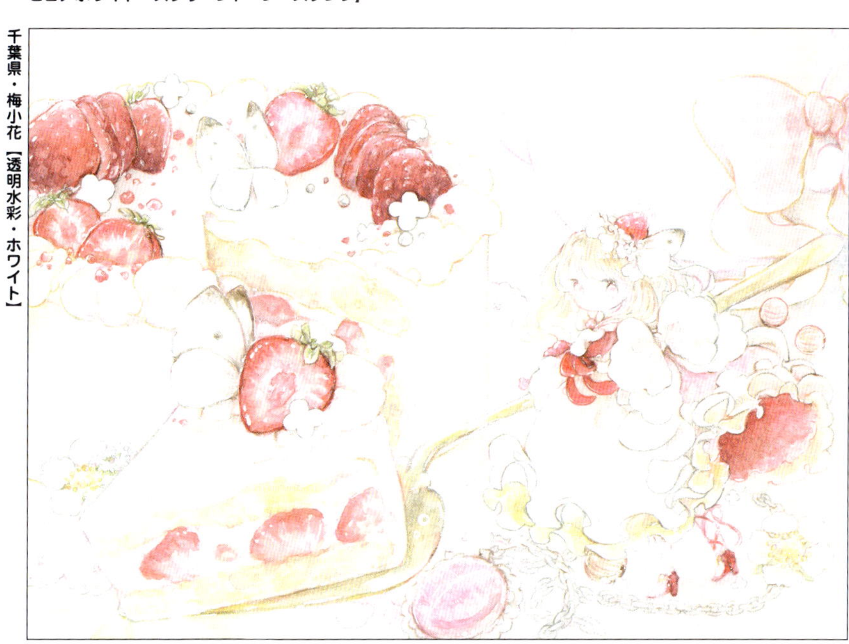
千葉県・梅小花【透明水彩・ホワイト】

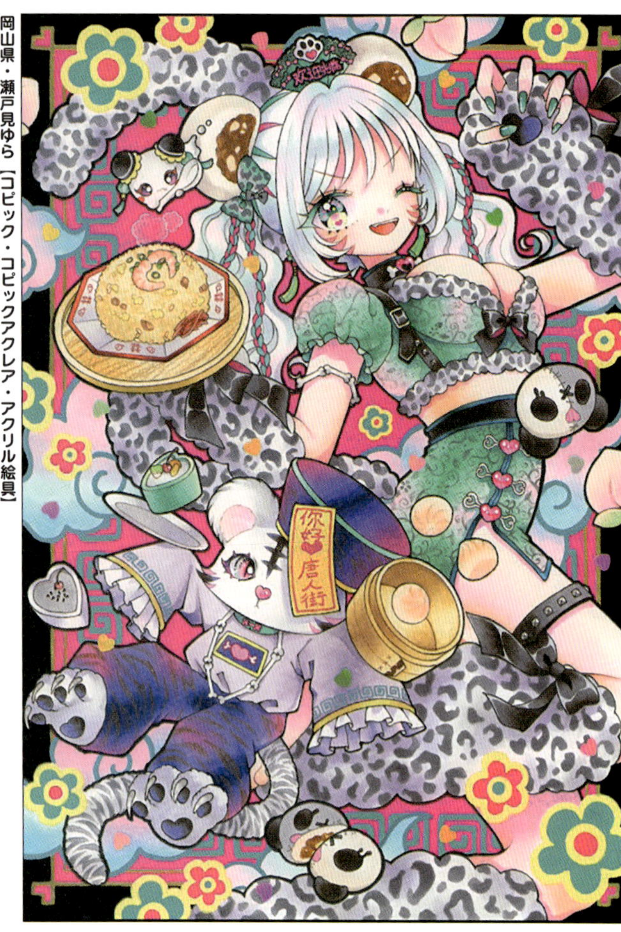

岡山県・瀬戸見ゆら【コピック・コピックアクレア・アクリル絵具】

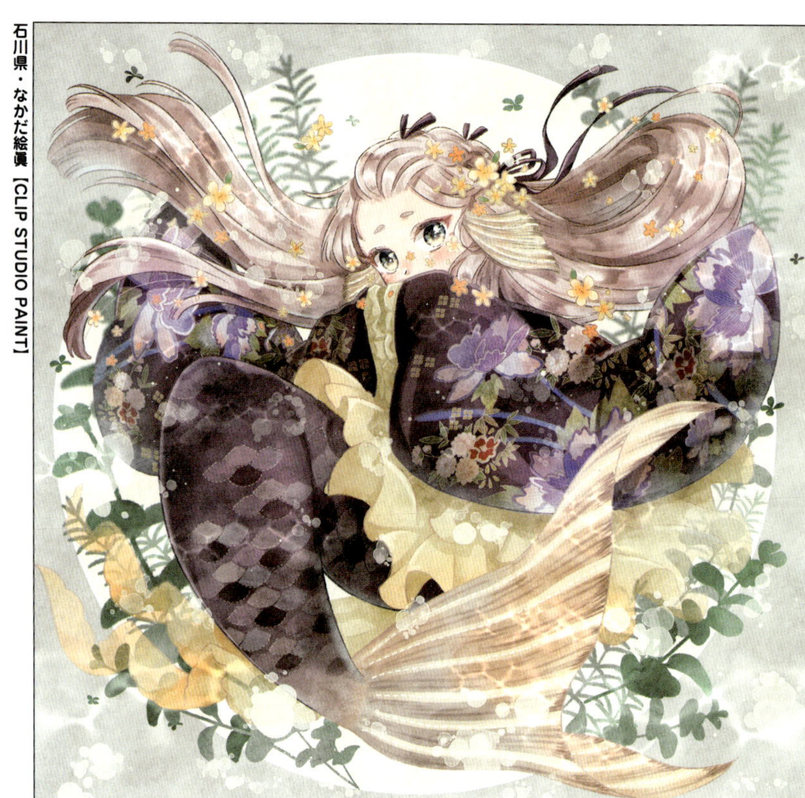

石川県・なかだ絵稟【CLIP STUDIO PAINT】

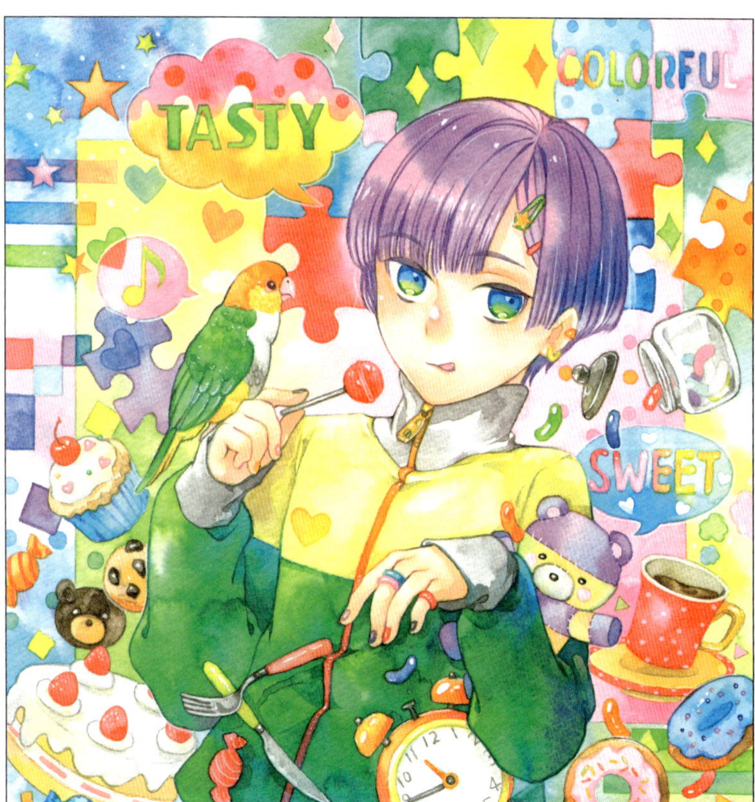

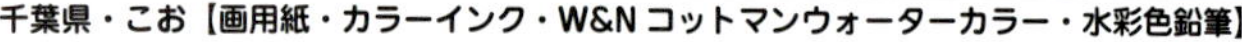

千葉県・こお【画用紙・カラーインク・W&Nコットマンウォーターカラー・水彩色鉛筆】

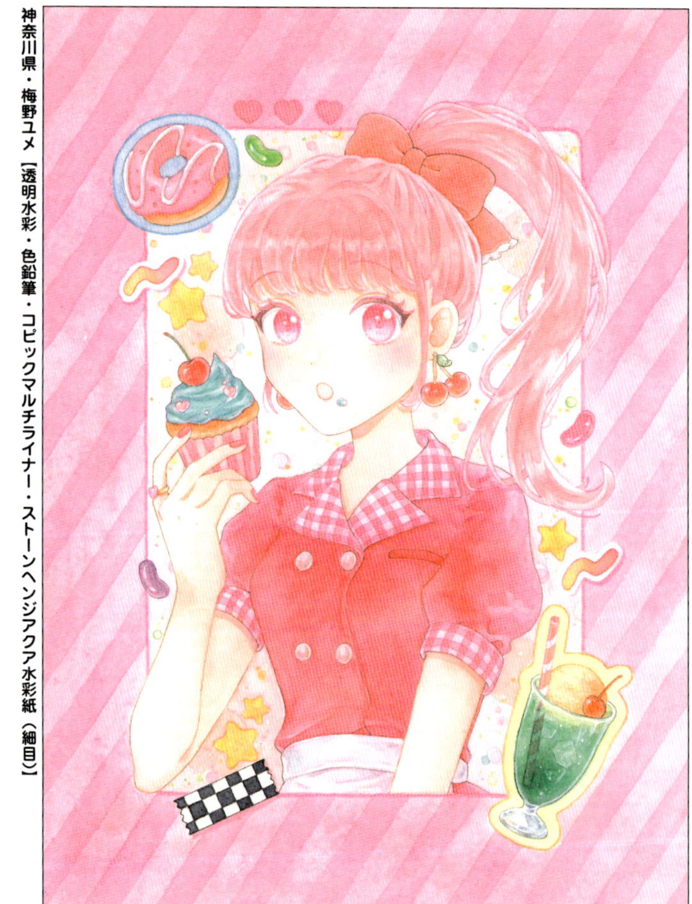

神奈川県・梅野ユメ【透明水彩・色鉛筆・コピックマルチライナー・ストーンヘンジアクア水彩紙（細目）】

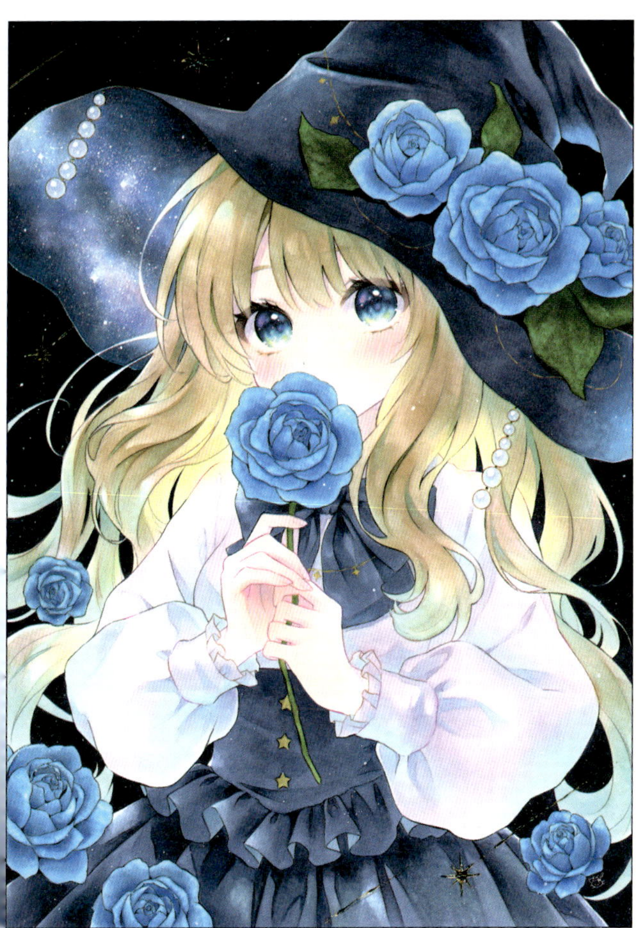

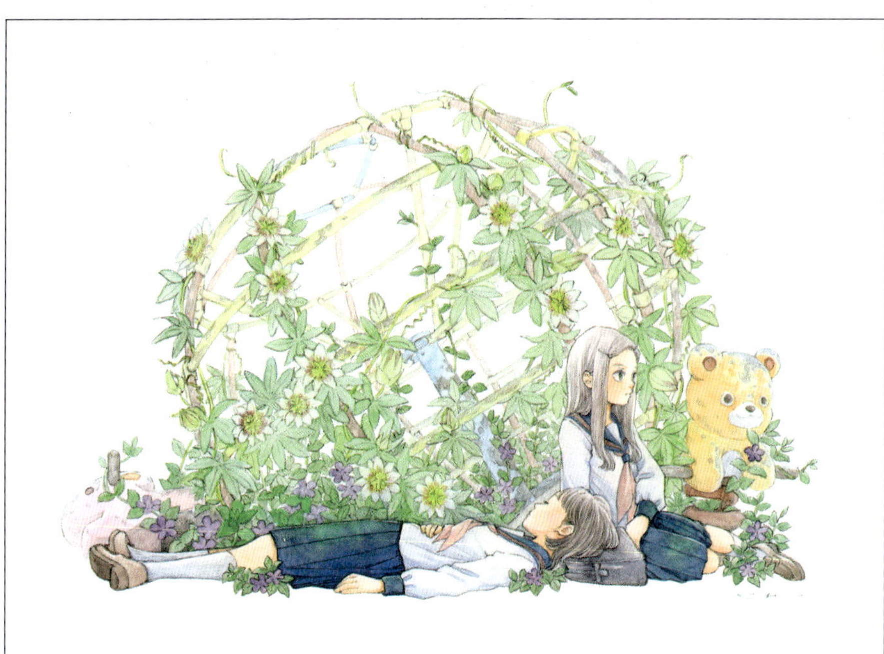

山梨県・はにみ【シャープペンシル・カラーインク・透明水彩】

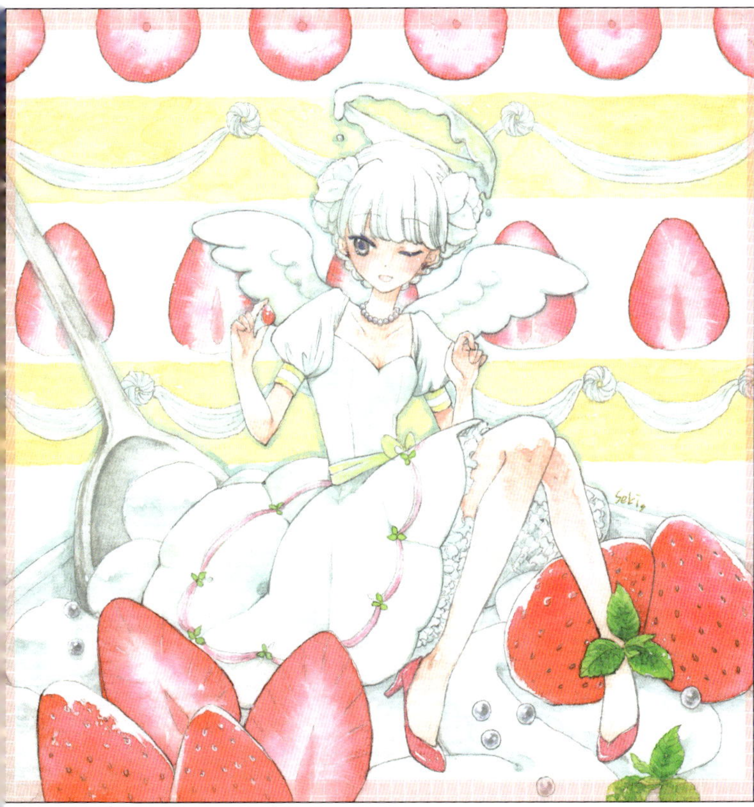

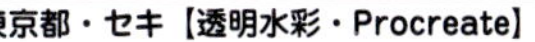

東京都・セキ【透明水彩・Procreate】

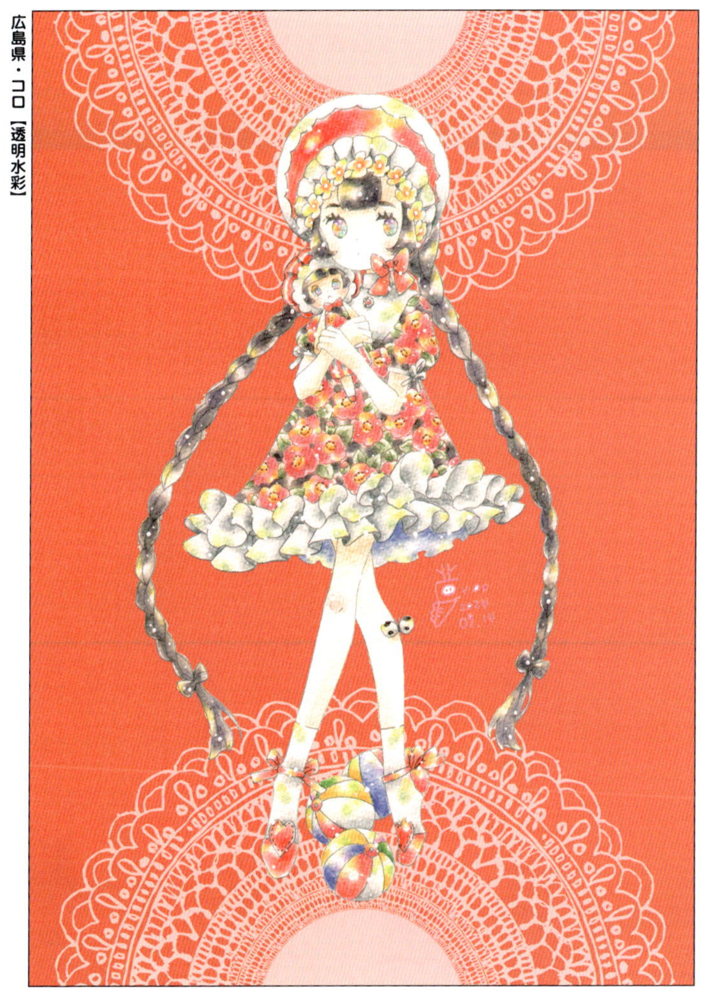

広島県・コロ【透明水彩】

東京都・古島紺【CLIP STUDIO PAINT】

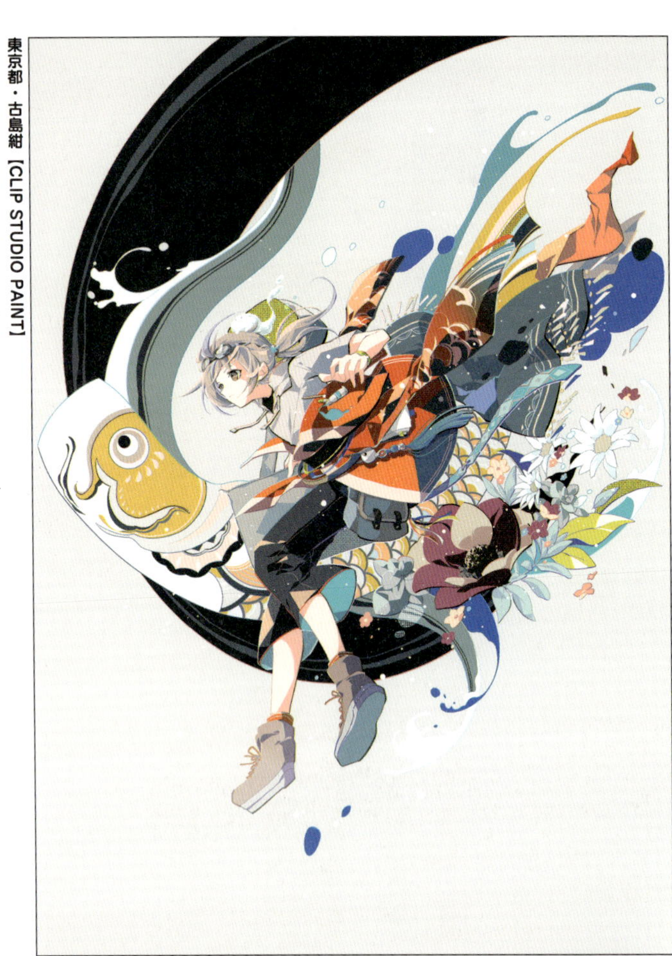

熊本県・Toramaru【パソコン】

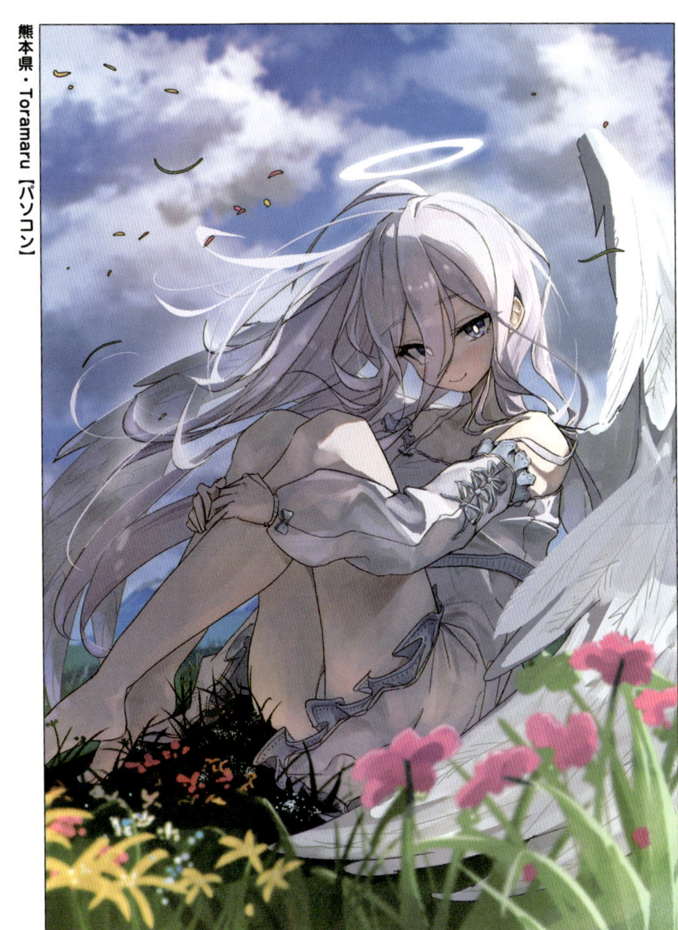

静岡県・藤宮はち【CLIP STUDIO PAINT】

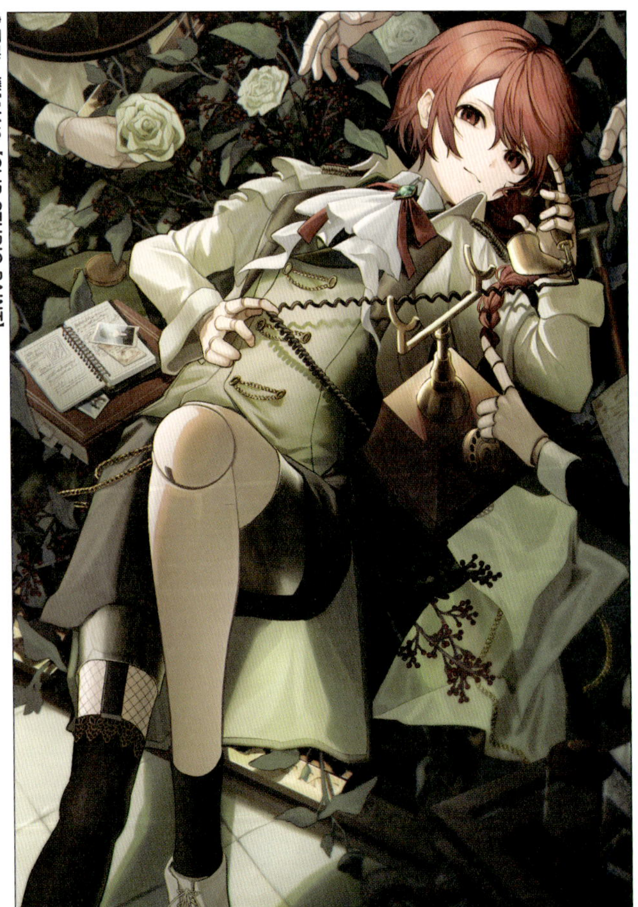

東京都・にゃー鳥【Procreate】

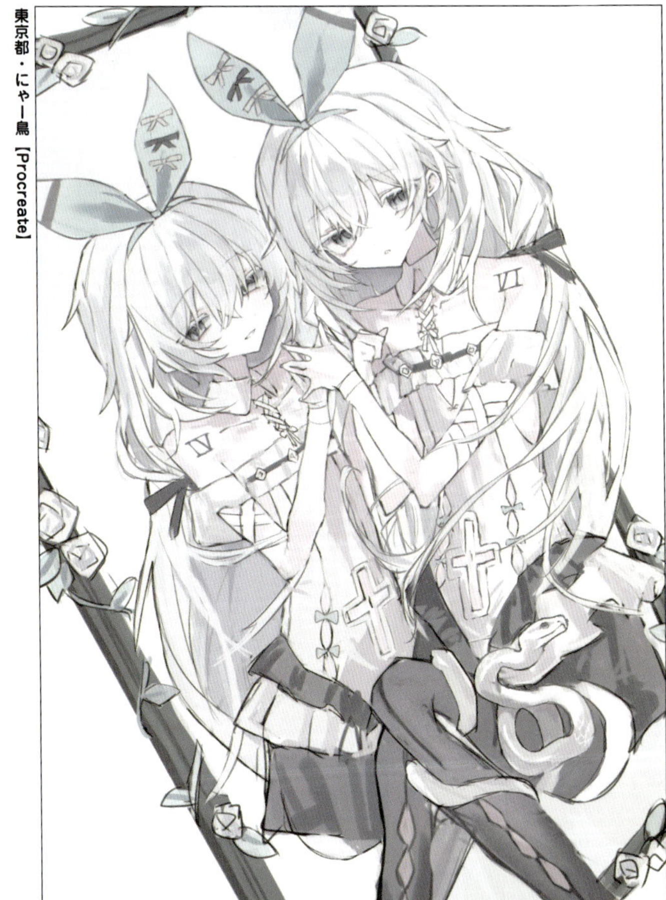

滋賀県・きのこ先輩【アイビスペイント】

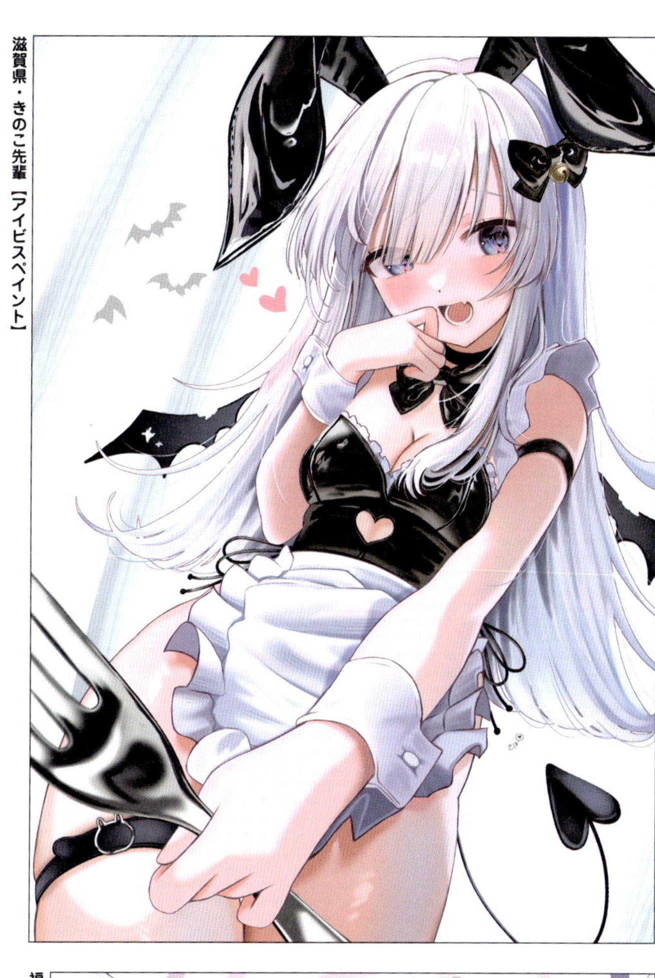

香川県・杜ラヴェ子・19歳【iPad】

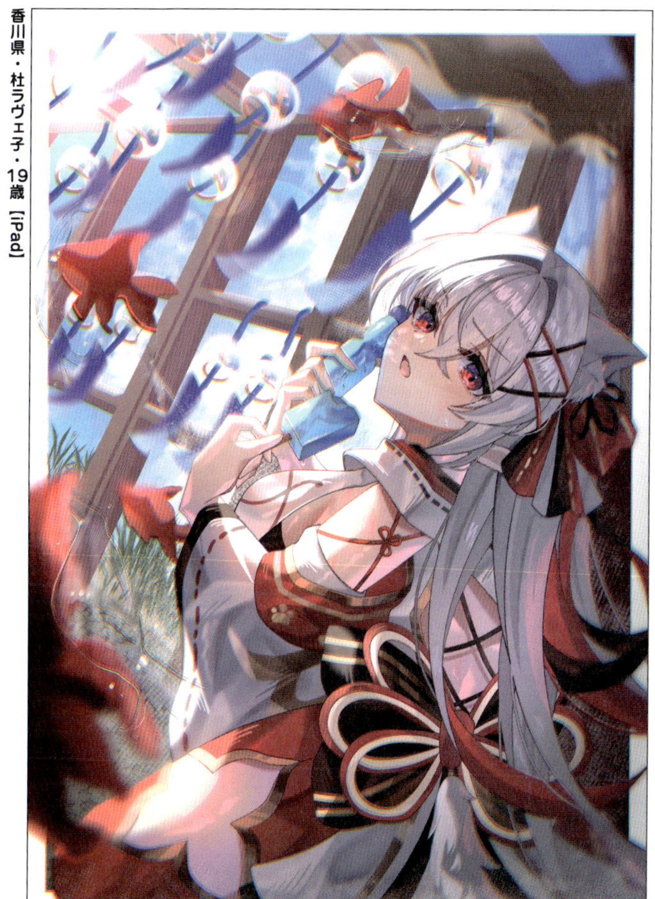

福島県・桃寸（もす）【SAI・CLIP STUDIO PAINT】

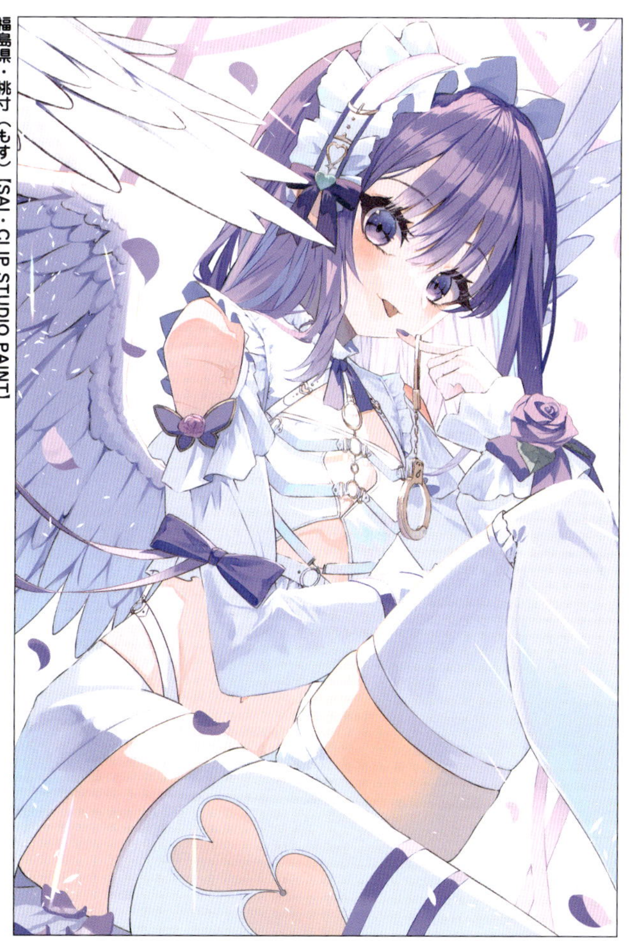

岡山県・via Livaney【パソコン・ペンタブレット】

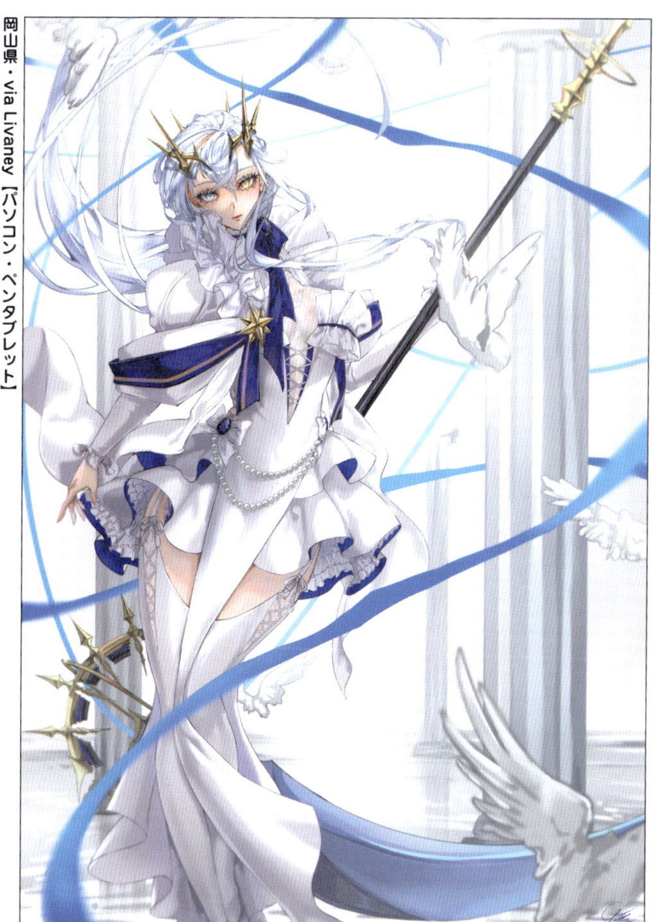

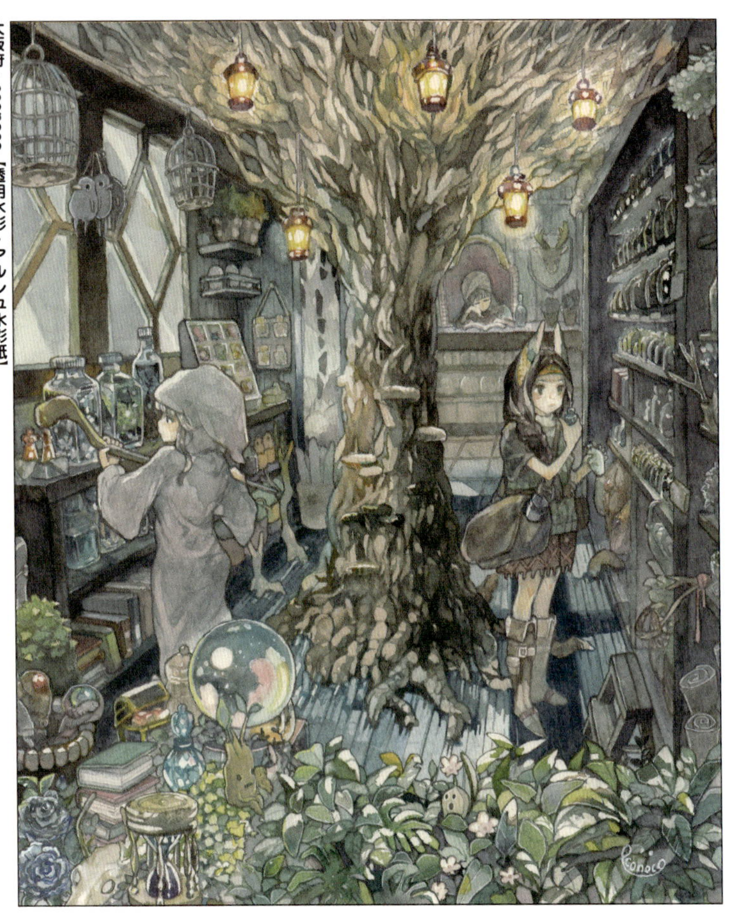
大阪府・econoco【透明水彩・アルシュ水彩紙】

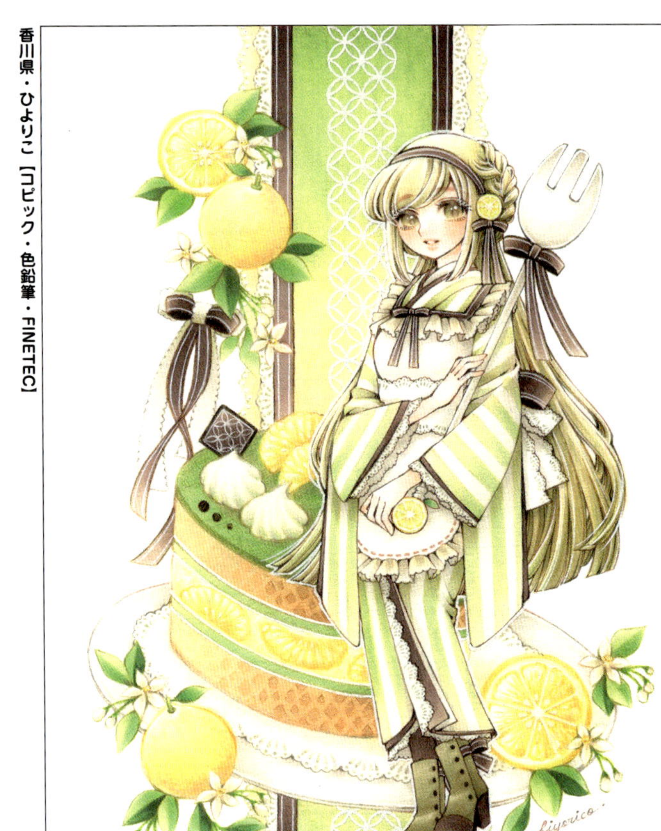
香川県・ひよりこ【コピック・色鉛筆・FINETEC】

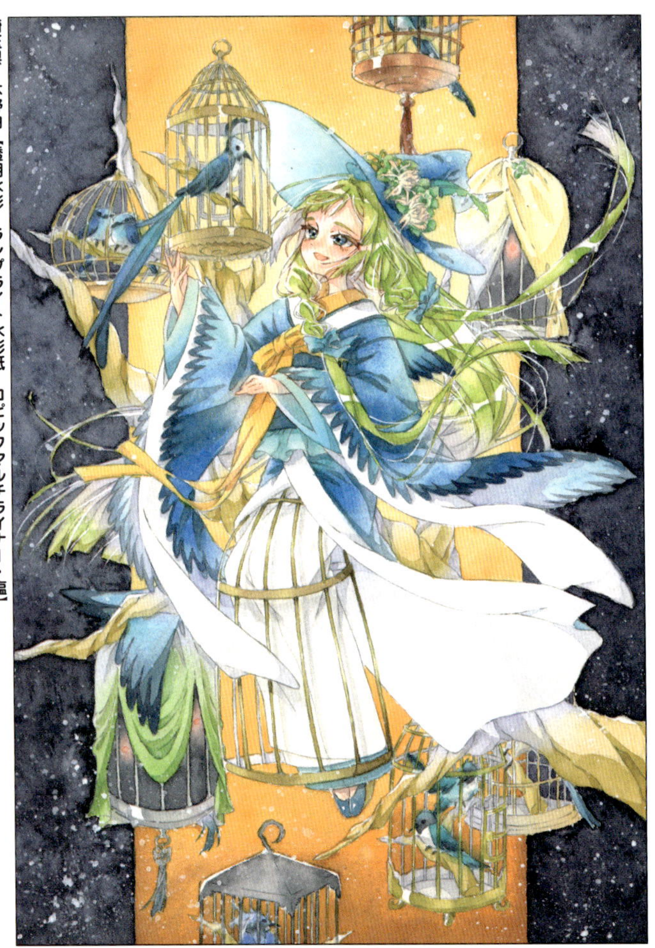
埼玉県・木野白【透明水彩・ランプライト水彩紙・コピックマルチライナー・塩】

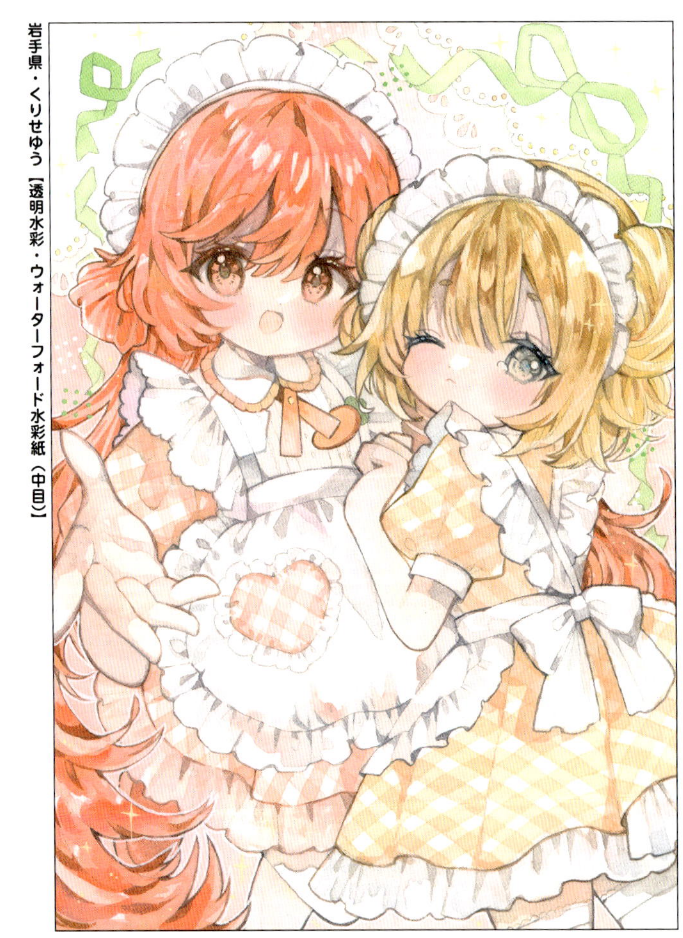
岩手県・くりせゆう【透明水彩・ウォーターフォード水彩紙（中目）】

大阪府・potato【透明水彩・コピックマルチライナー・ウチハク・CLIP STUDIO PAINT】

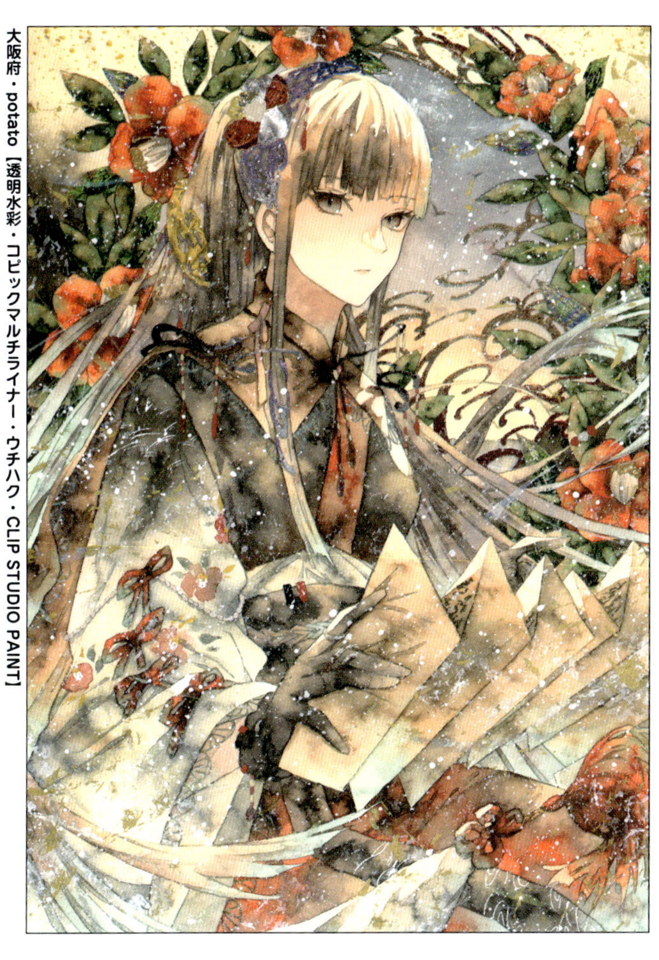

愛知県・こけし【コピック】

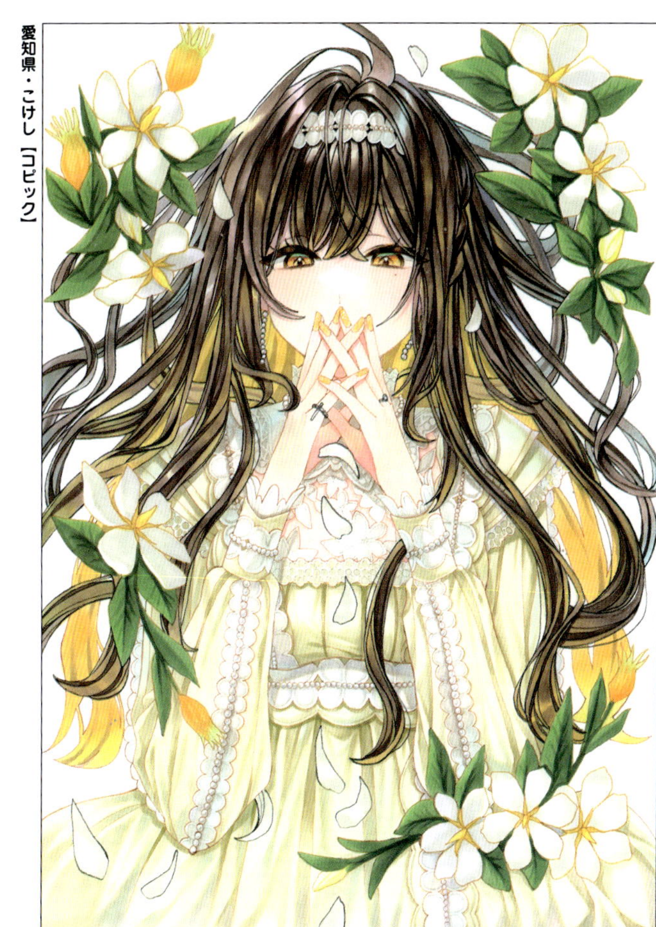

栃木県・言花めぐみ【Beアートペーパー・透明水彩・不透明水彩】

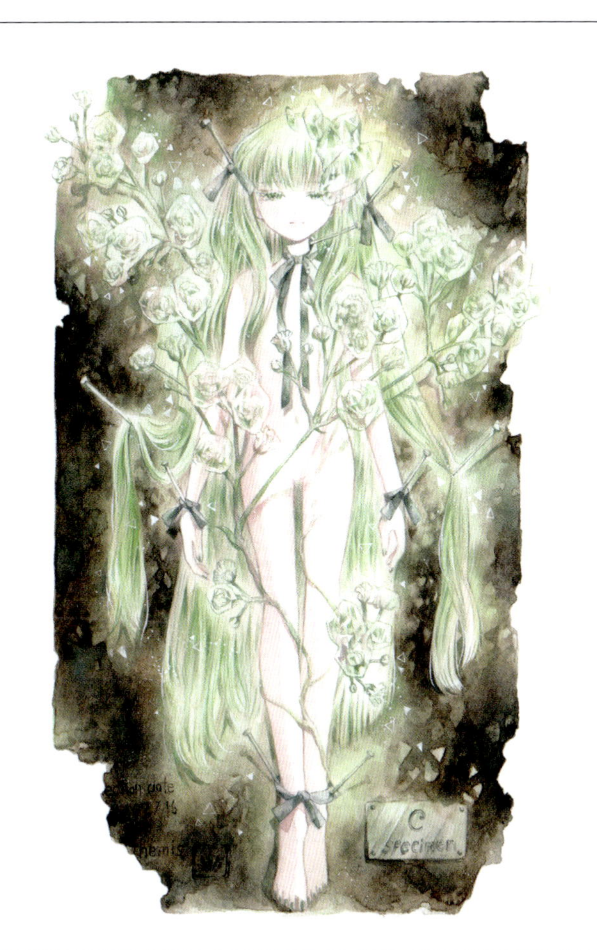

神奈川県・たんぽぽ【コピックマルチライナー・コピック・ポスターカラー・ゲルインキボールペン・ホワイト・ヴィファール水彩紙〈中目〉】

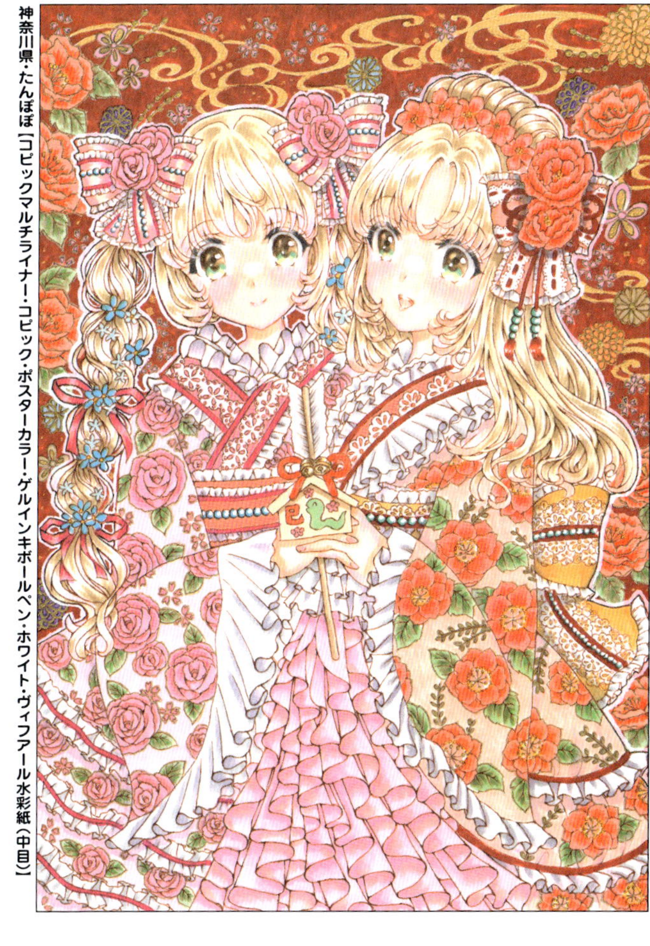

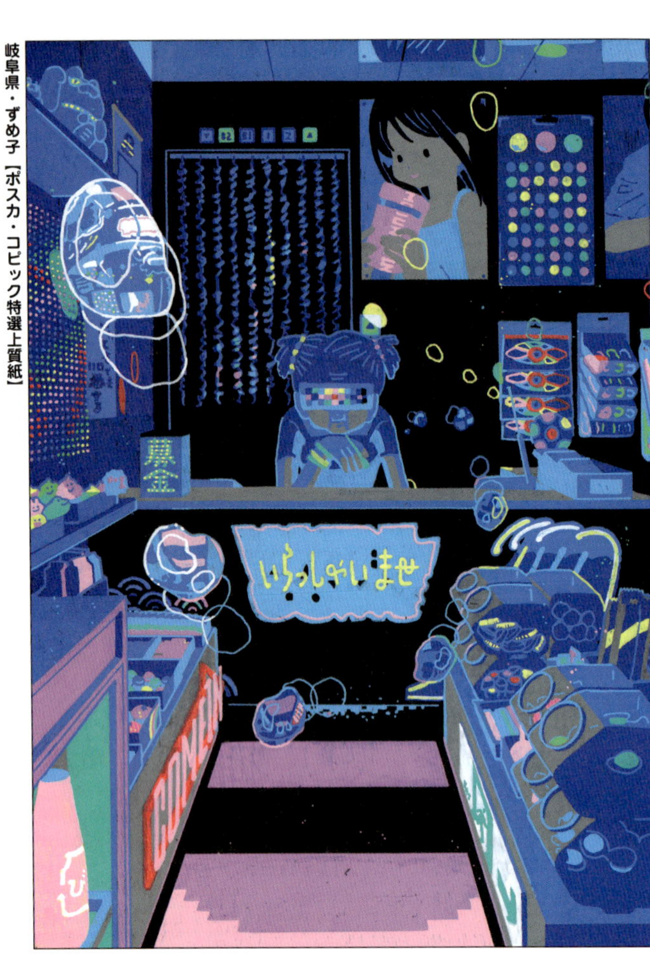

岐阜県・ずめ子【ポスカ・コピック特選上質紙】

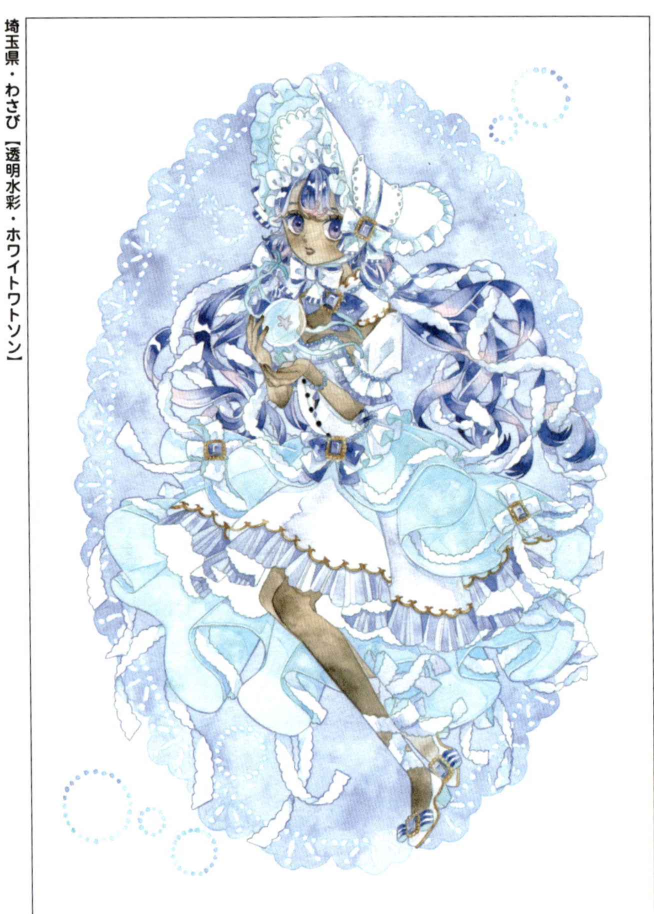

埼玉県・わさび【透明水彩・ホワイトワトソン】

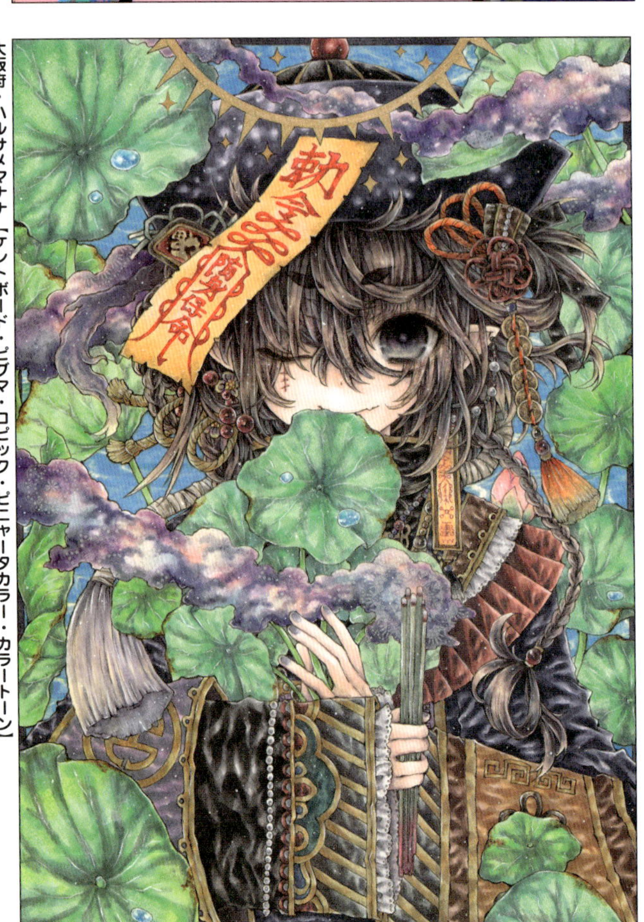

大阪府・ハルサメマナナ【ケントボード・ピグマ・コピック・ピニャータカラー・カラートーン】

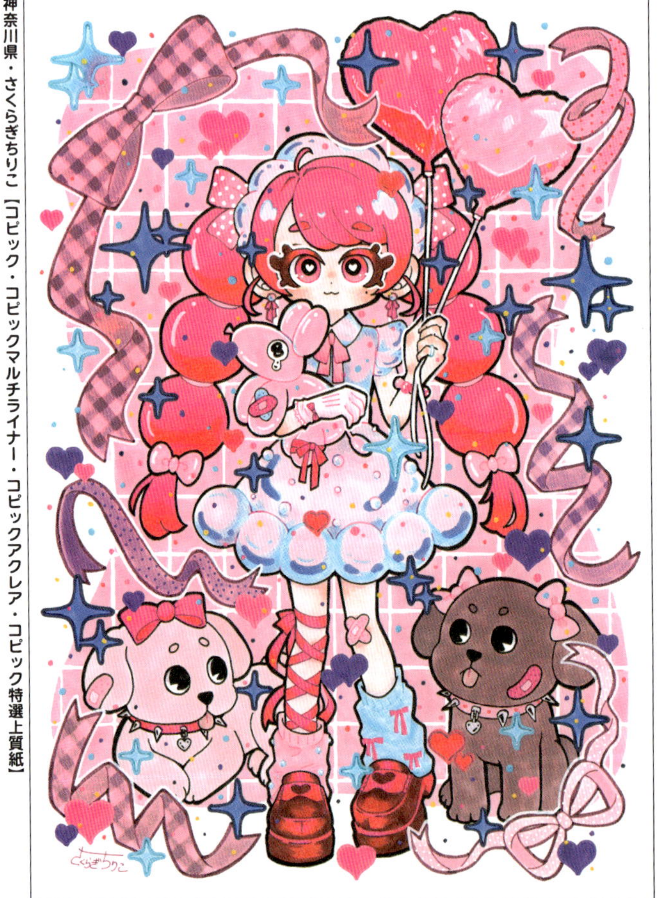

神奈川県・さくらぎちりこ【コピック・コピックマルチライナー・コピックアクレア・コピック特選上質紙】

栃木県・畑野まめ【透明水彩・ウォーターフォード水彩紙】

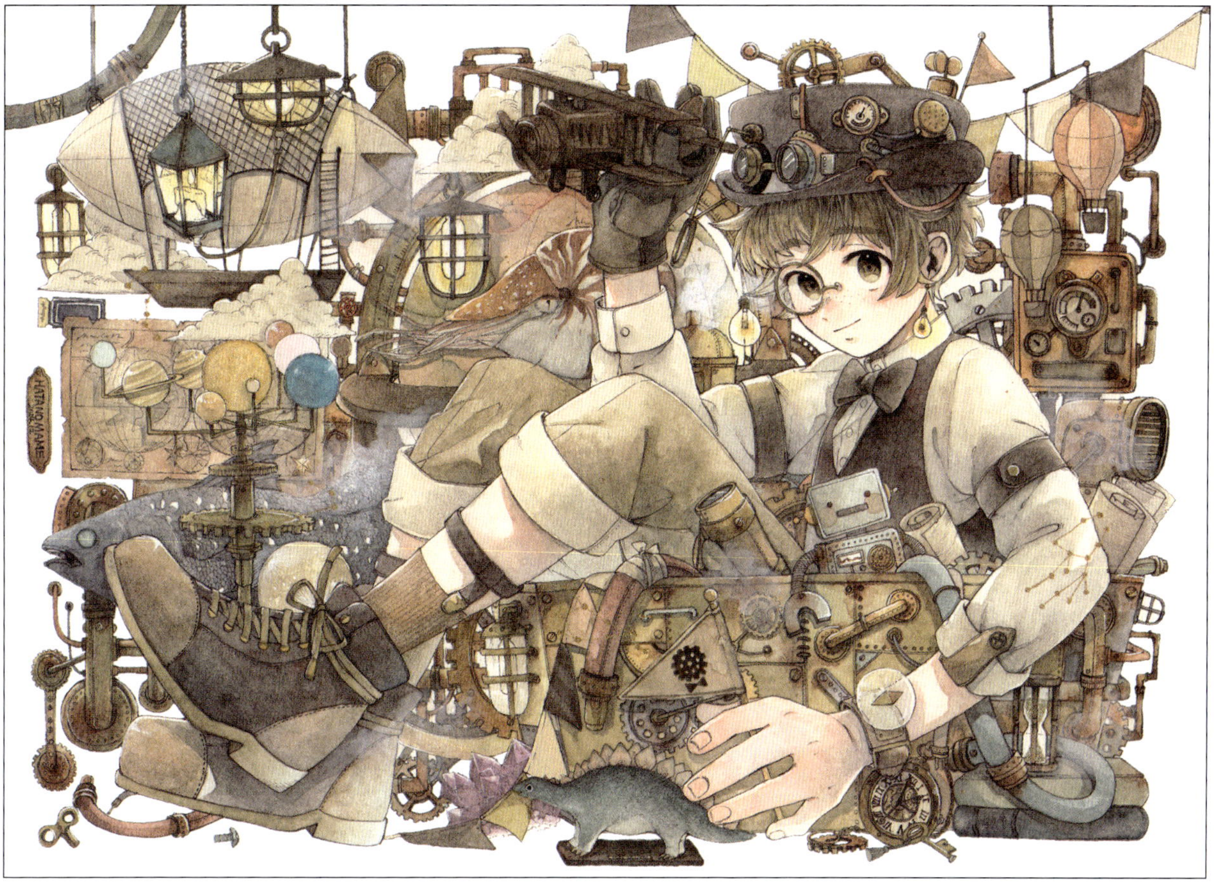

神奈川県・きさ【CLIP STUDIO PAINT】

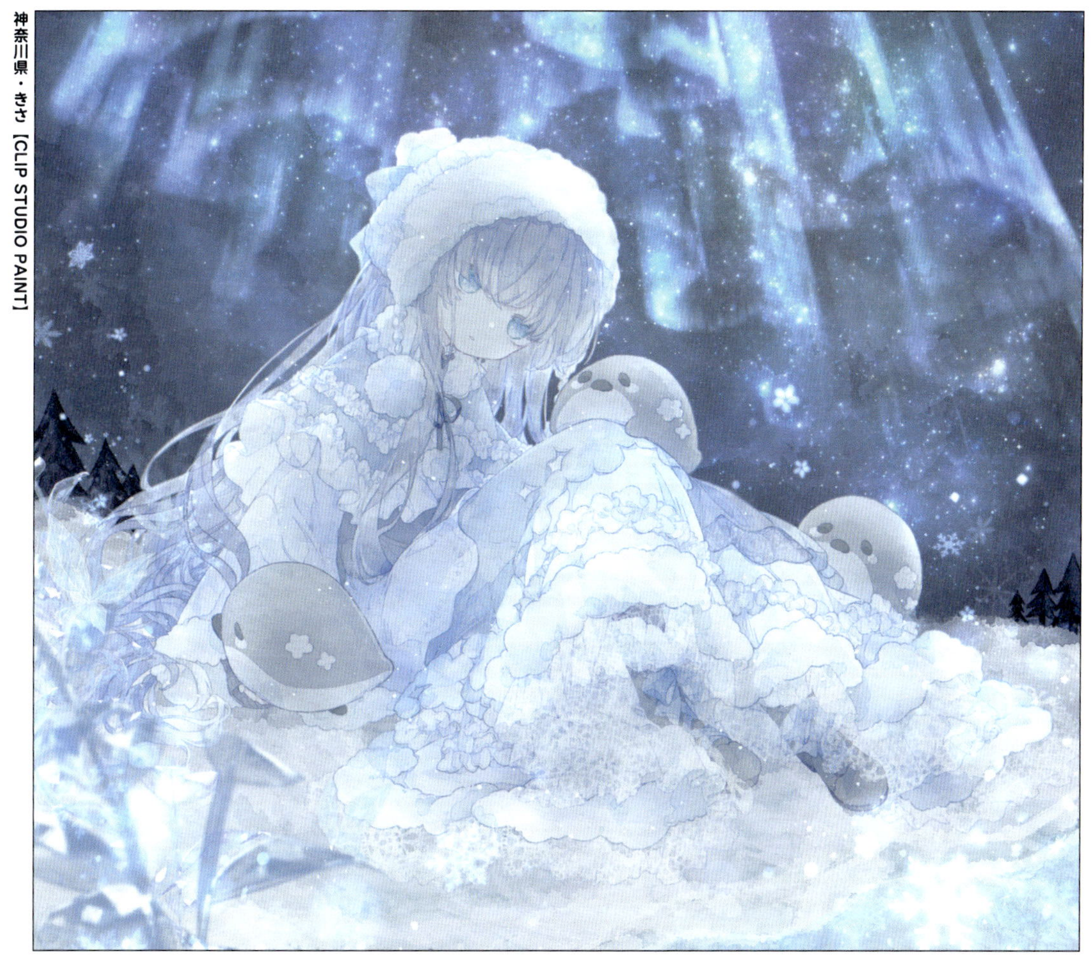

愛知県・海谷内藤【アイビスペイント】

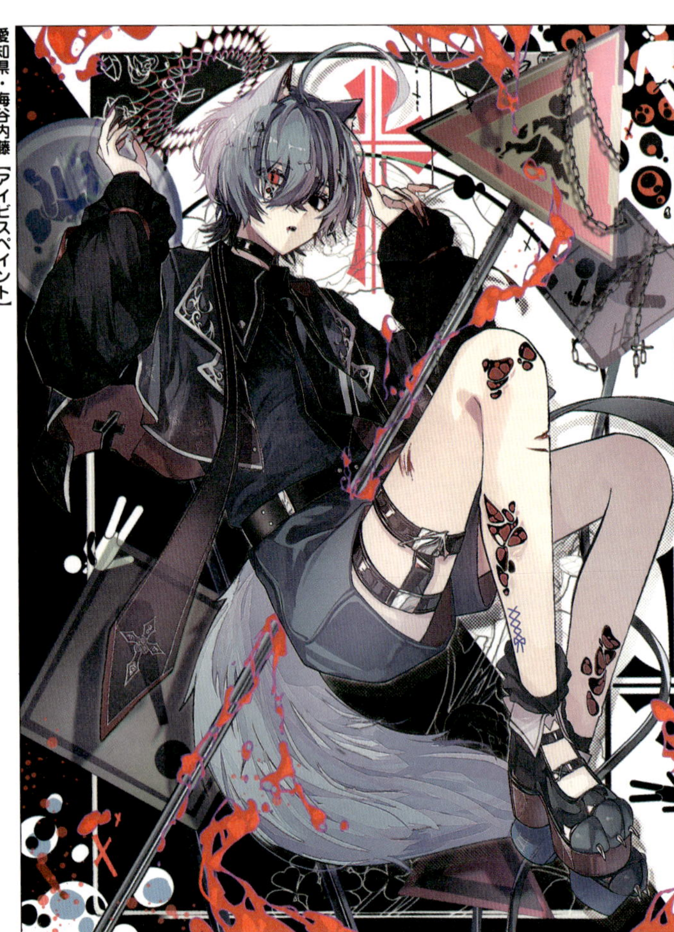

福岡県・ぷらねっと・20歳【CLIP STUDIO PAINT】

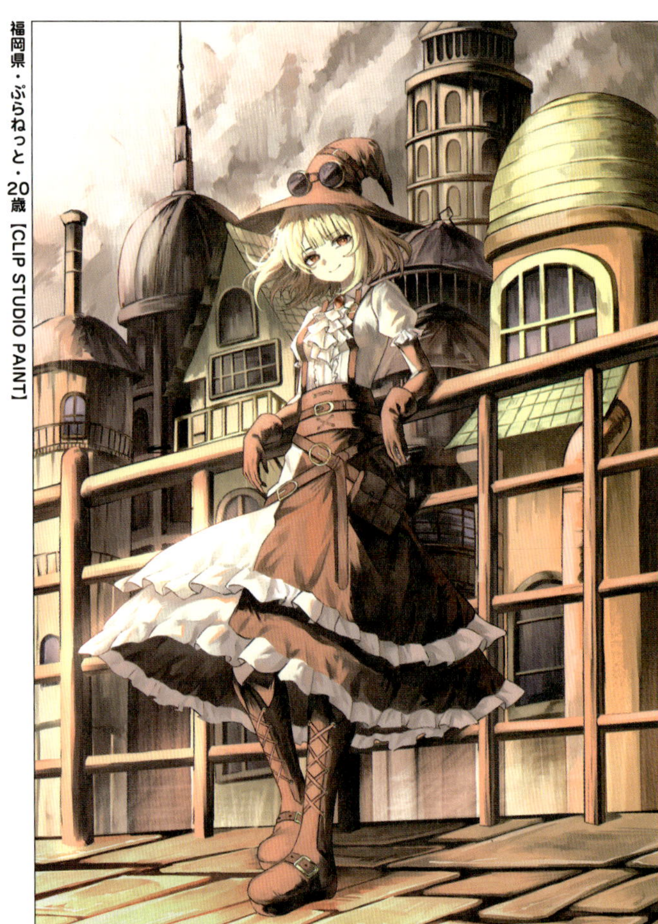

京都府・Noa【透明水彩】

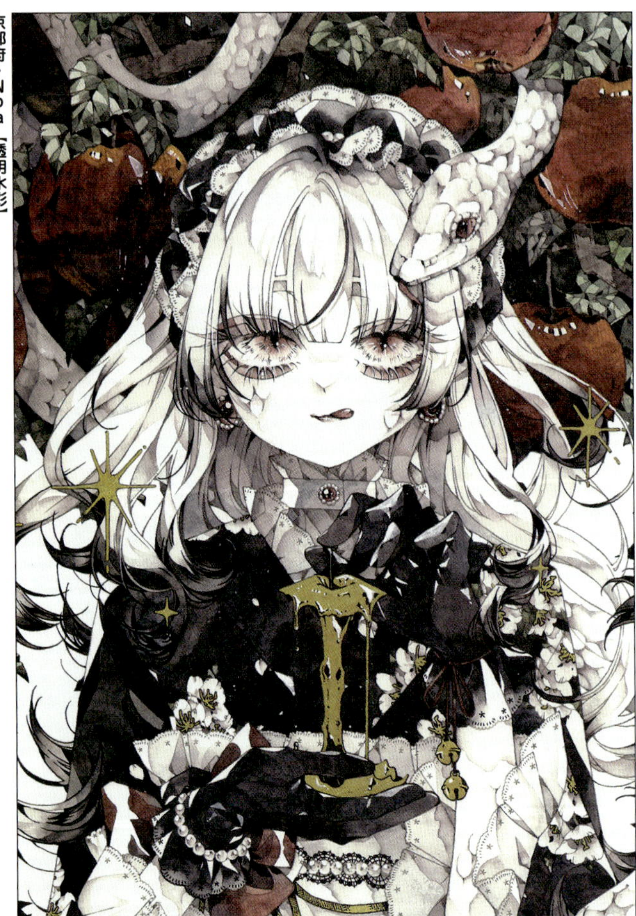

京都府・まりまり【CLIP STUDIO PAINT】

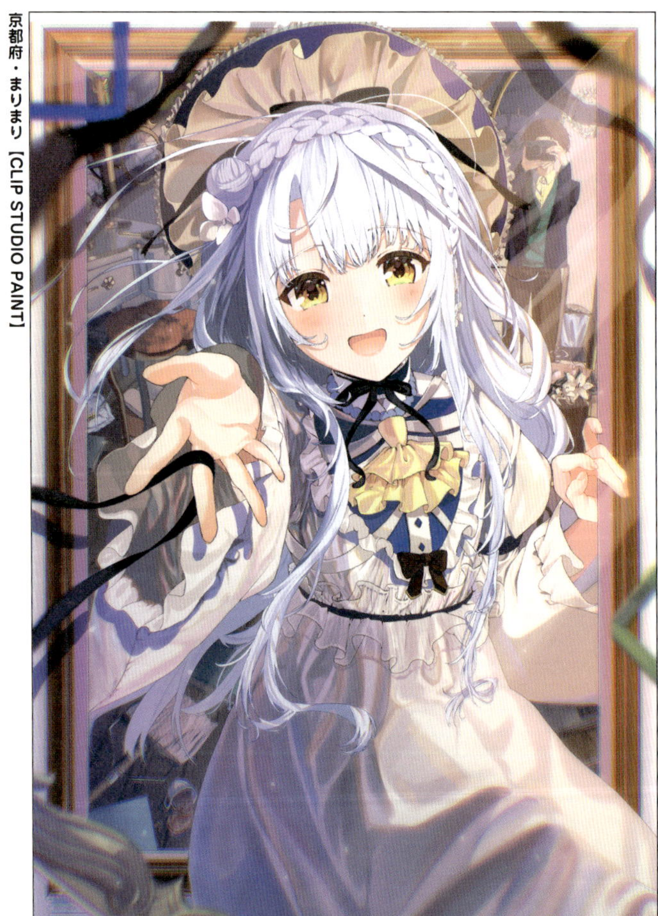

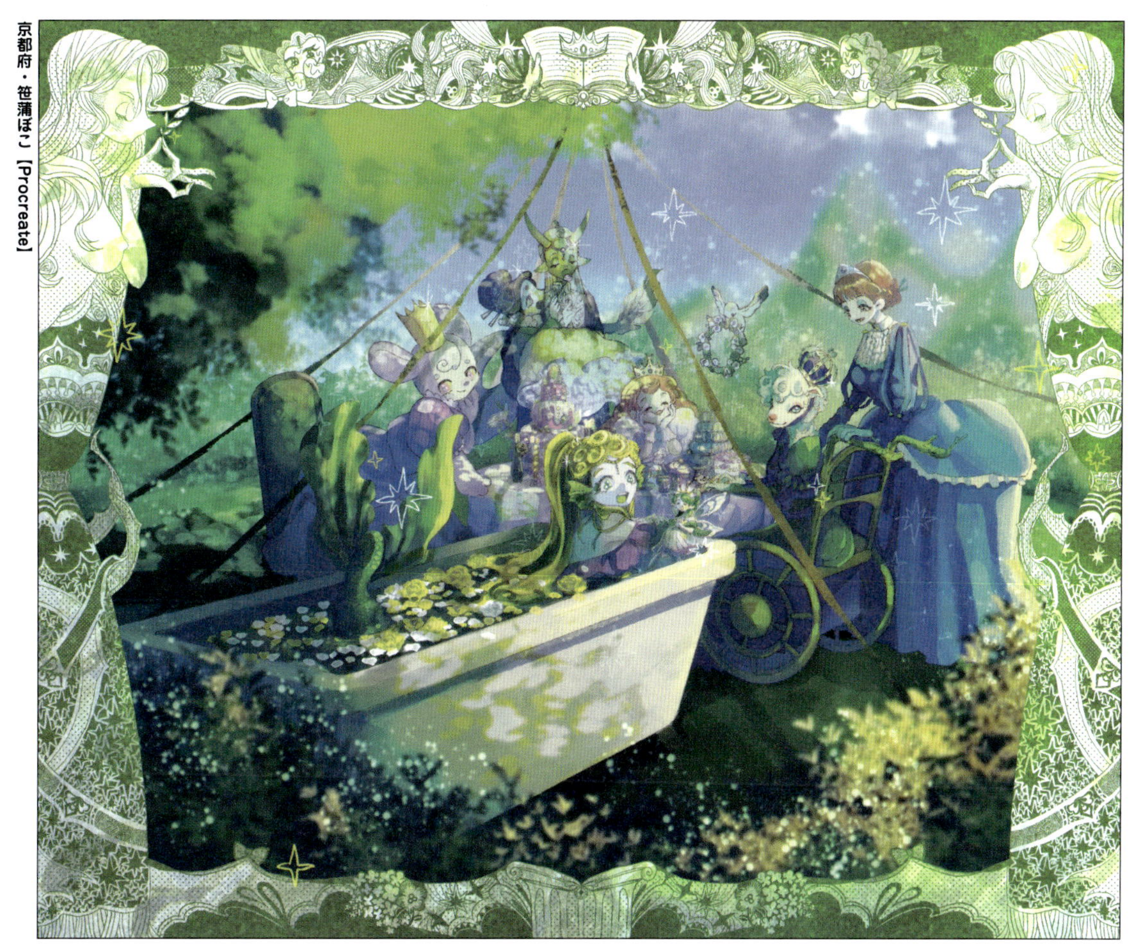

京都府・笹蒲ぽこ【Procreate】

大阪府・のもり【色鉛筆・Beアートペーパー】

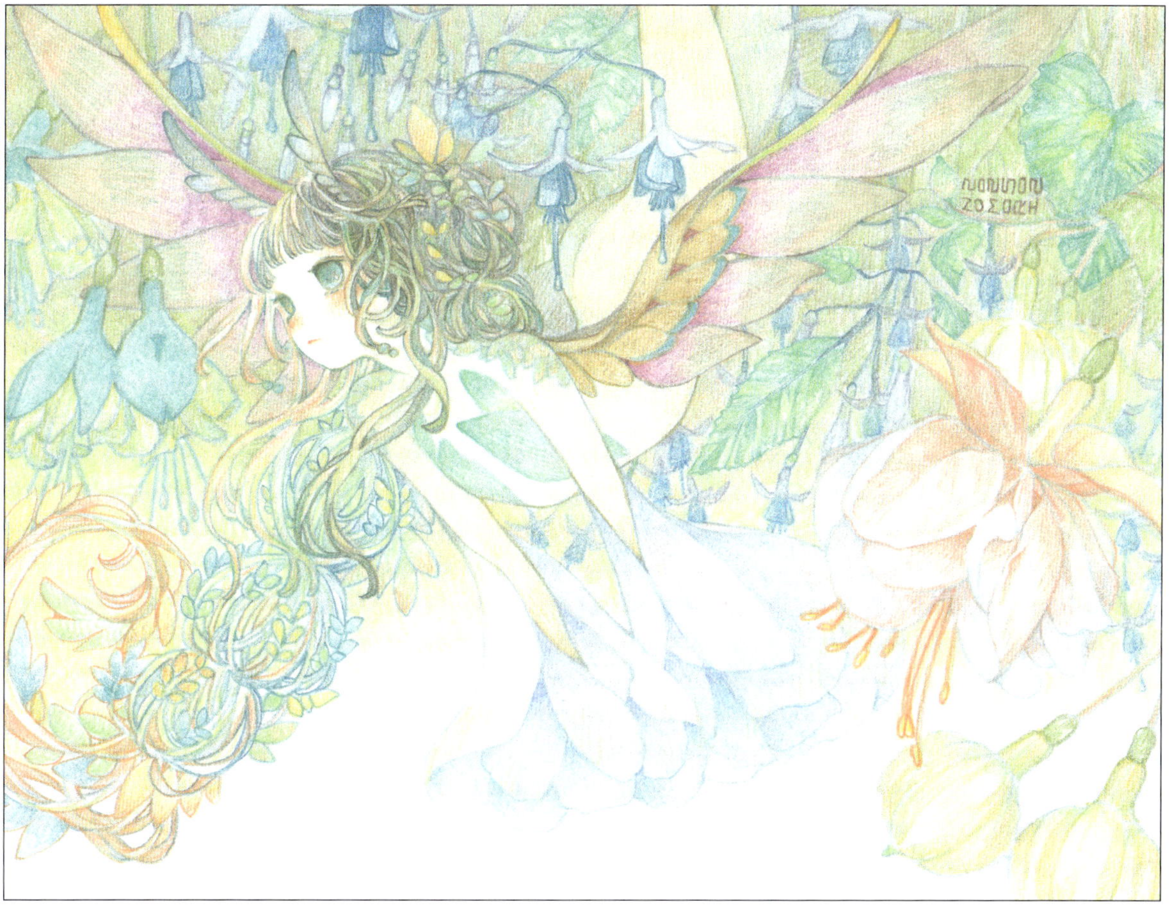

京都府・harvey_onion!【アイビスペイント】

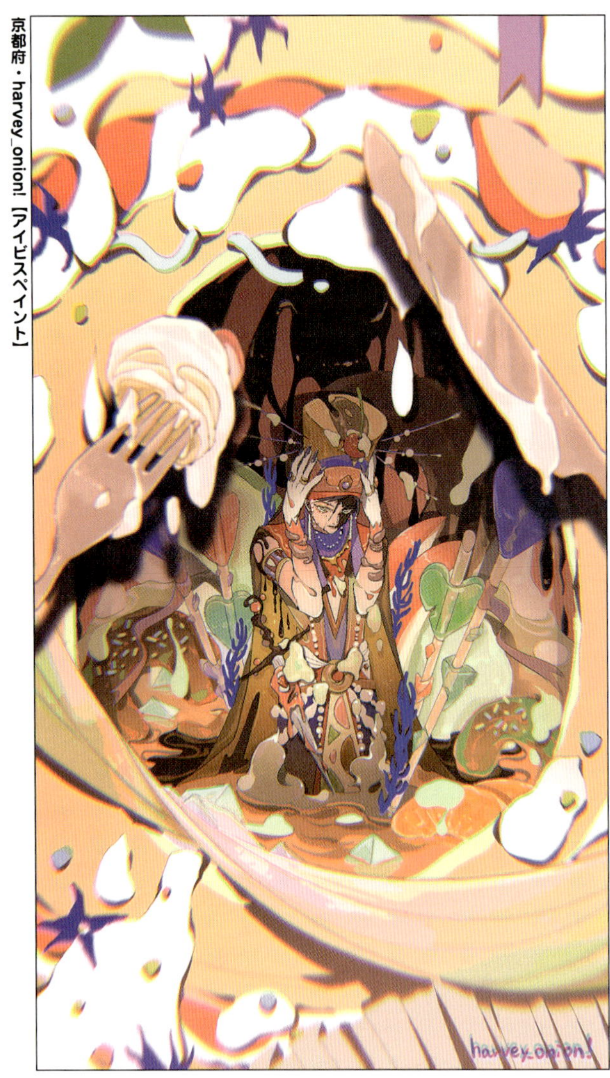

福岡県・々【CLIP STUDIO PAINT】

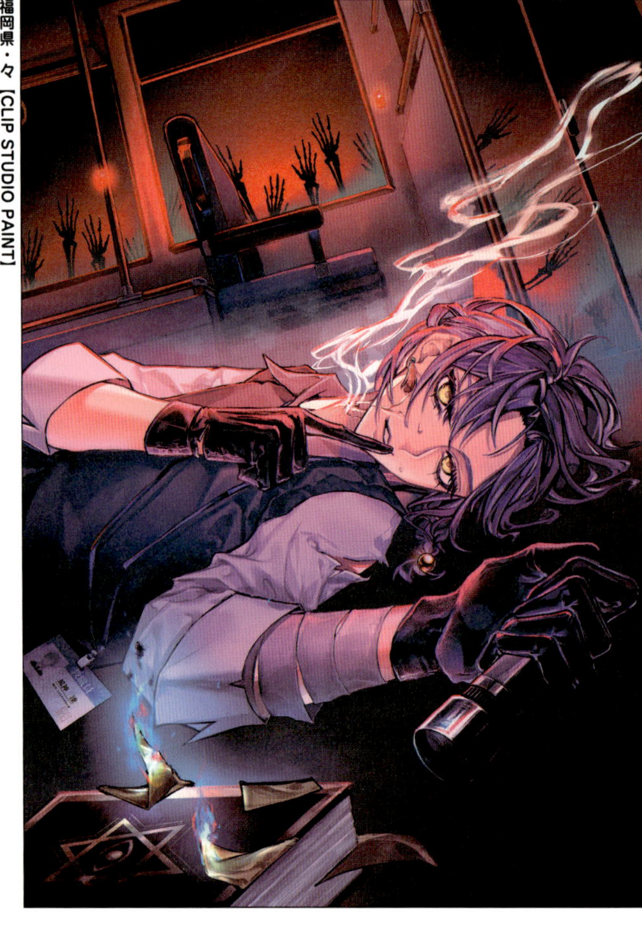

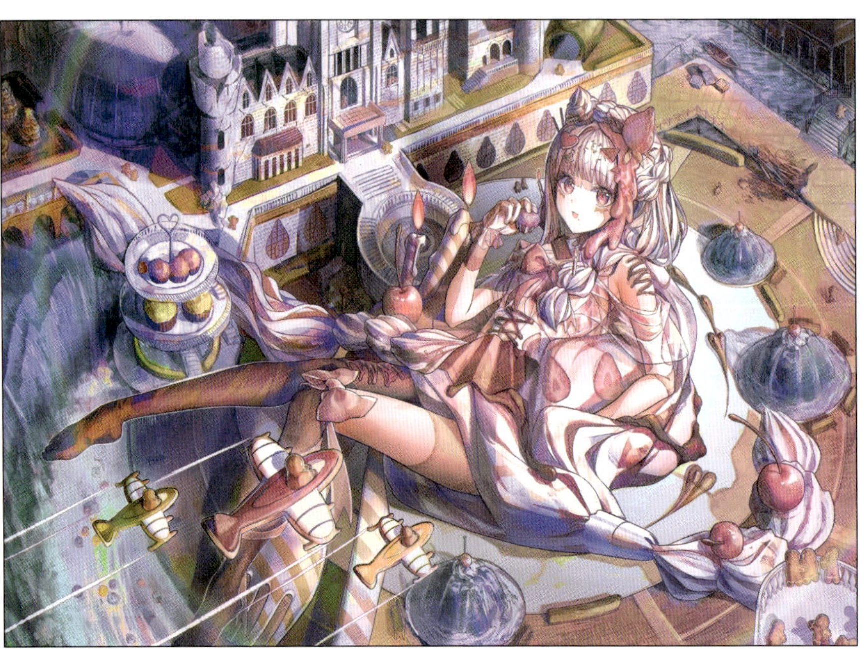

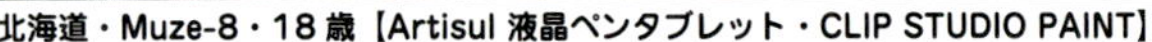
北海道・Muze-8・18歳【Artisul 液晶ペンタブレット・CLIP STUDIO PAINT】

埼玉県・Parum【リアルブラッシュ・水彩絵具・カラーインク】

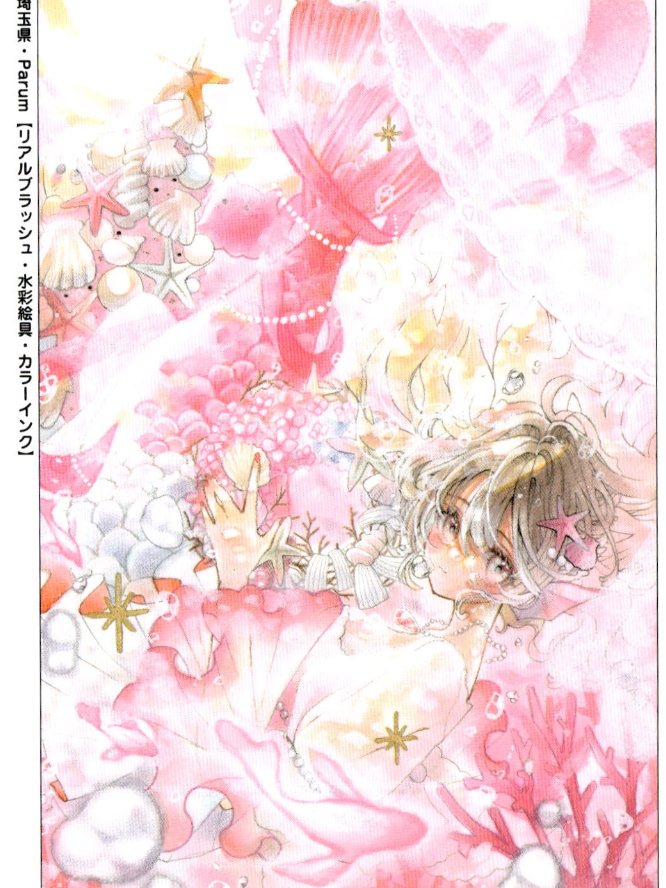

岡山県・仄時チコ【CLIP STUDIO PAINT】

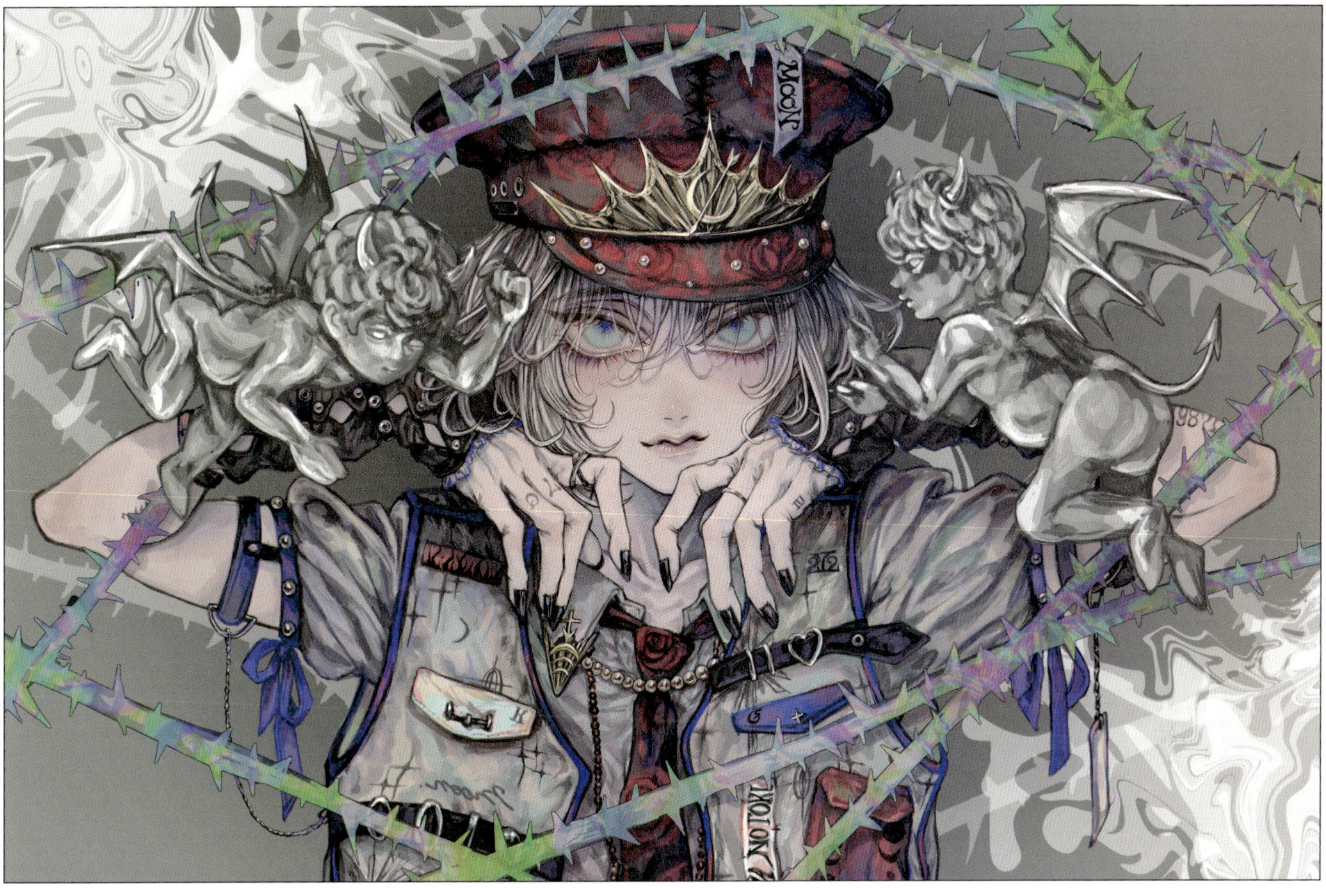

新潟県・竜みそ【Procreate・CLIP STUDIO PAINT】

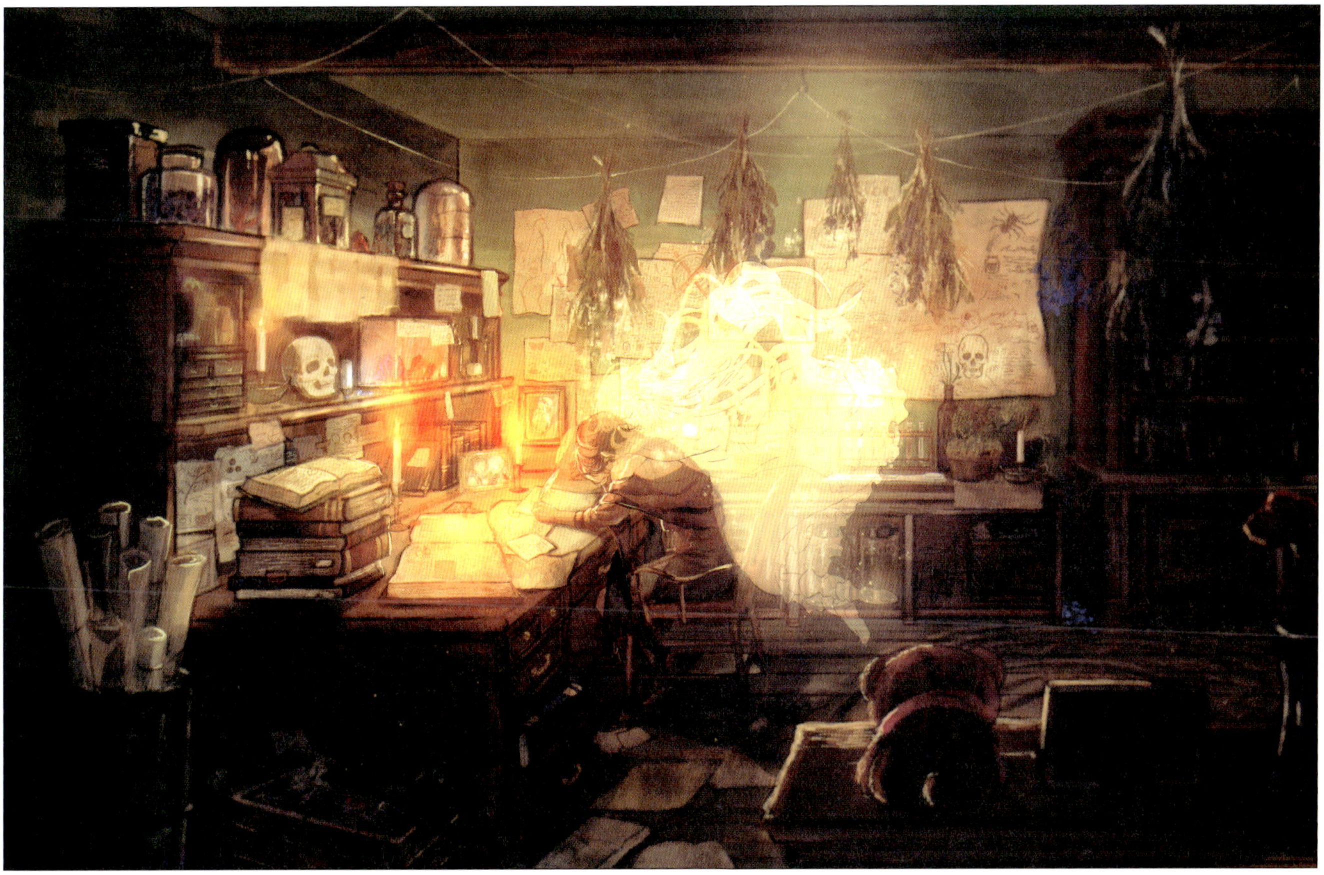

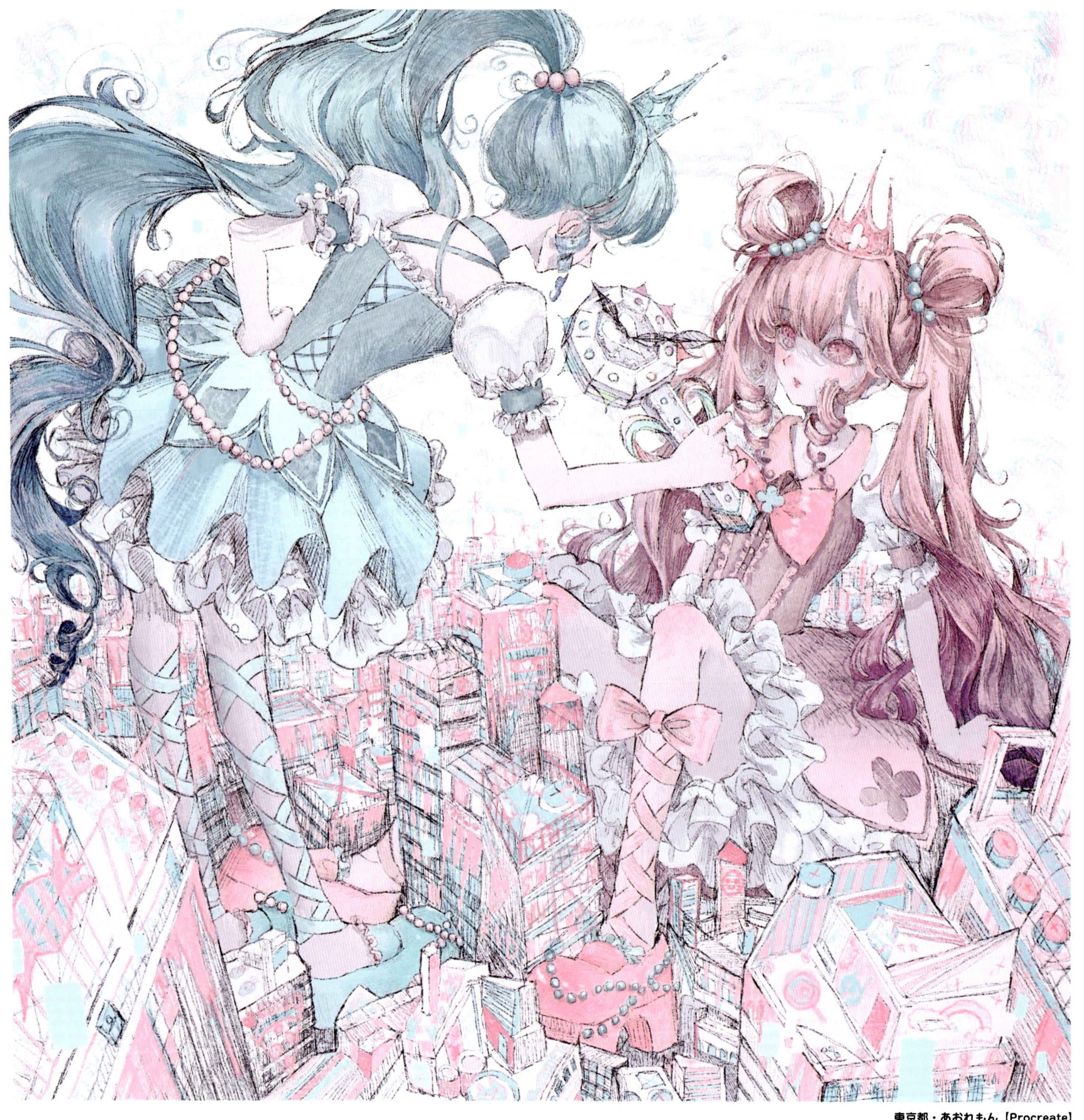

東京都・あおれもん【Procreate】

今号も投稿ありがとうございます～！　今回のフリー扉の絵は、あおれもんさん。魔法少女をピンクとグリーンを描いた作品です。パステルなピンクとグリーンを少し落ち着いた色味にして、線を重ねるという手法で画面に深みも出しています。

建物のデザインも独創的です～！　82ページの仄時チコさんは、ホワイトアクマというタイトル。いばらを取り入れた画面や衣装デザインがカッコいい！　キャラの眼差しに引き込まれます。竜みそさんは「亡くなった妻の蘇生を目指し長年研究を重ねている中年男性」を描いた作品。男性が熱心に没頭している様子が伝わります。

部屋の描写が素晴らしいですね！　83ページの々さんの作品は、窓の外に不気味な手があり、手前には魔導書のようなものが転がっています。身を隠す様な人物の表情や仕草が美しい！　この状況には想像もかき立てられます！　harvey_onion!さんは宝物庫とコメントがありますが、スイーツもたくさん見られる色鮮やかな空間！　人物の衣装も見応えがあります。Muze-8さんは「お菓子で食物連鎖が起こるお菓子の国」を描かれていて、ショートケーキの女の子が広場を占拠して、小さなクッキーたちがお城を守るために戦っているそうです。世界観やキャラが魅力的ですね。

Parumさんはピンクをテーマに人魚のクリスマスを描いたそうです。尾びれやサンゴのピンクが鮮やかで美しいです！　白い色を薄く乗せたヴェールも素敵。84ページの笹蒲ぼこさんは、様々な事情を持つプリンセスたちが交流する光景を描いています。グリーンと青の深みのある色合いが美しく、童話的な世界としてパッケージしたような額縁の演出も素晴らしいです！

のもりさんは、「秘密の花園を飛び回る妖精」をイメージして描かれています。色鉛筆のやわらかいタッチながら、何種もの色があって花園の神秘性と美しさが感じられます。皆様、今号もたくさんの投稿ありがとうございました。次回もお待ちしております！　クンストカマーにも、ご自身のオリジナルキャラクターをぜひお送りくださいませ。よろしくお願いします～。

color illust collection

sky S

あなたの描いた初音ミクが「スモールエス」の表紙になる!!

「初音ミク×スモールエス」ピアプロ公式コラボ イラスト・オンガクコンテスト

日本、中国を中心に、「初音ミク」をはじめとする「ピアプロキャラクターズ」*を題材にした「イラスト部門」と「オンガク部門」でコンテストを開催！ イラスト部門の１等作品は、「スモールエス」の表紙になります！ 審査員にはイラストレーターの中村佑介さんも参加！

募集テーマ 共通コンテストテーマ

「ものづくりをする人を元気づけ、自分を表現することを楽しむ」

歌うこと、楽器を演奏すること、絵を描くことなど、創作する楽しさや面白さを伝えてくれる作品を募集いたします。

イラスト部門

「初音ミク」を通して、クリエイターを応援するイラストをお描きください。

キャラクターは「初音ミク」を単体としてお描きになるか、「初音ミク」を中心として、「ピアプロキャラクターズ」*をお描きください。

ピアプロキャラクターズ以外のキャラクターやオリジナルキャラクターを描くのはお控えください。

受賞特典

- 1等 20万円＋「スモールエス」表紙に大抜擢！
- 2等 10万円
- 3等 5万円
- 4〜10等 2万円

入賞者や上位者のイラストはグッズ化いたします！

作品サイズ 縦 263mm × 横 231mm（「スモールエス」表紙サイズ想定）

ファイル形式 jpg, png

カラーモード RGB ／ 解像度 350dpi以上

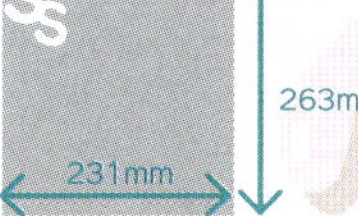

- 1等〜10等までの入賞者には、イラストを使用したグッズサンプルを贈呈。
- 上位入賞者は全員、「スモールエス」付録のミニ画集に掲載されます。
- 投稿方法はネットワークのみ。本コンテストでは作品の返却を行わないため、郵送での投稿はご遠慮ください。
- 他コンテストの結果待ちの作品を投稿される場合は、そちらの応募先の規定に沿ってお送りください。
- 応募作品の点数は問いません。

中国の POPPRO へ応募いただいた中からも、5点ほど受賞作品が選ばれます。

『POPPRO』は、初音ミクの公式中国語投稿サイトとしてクリプトン・フューチャー・メディア株式会社の正式ライセンスを取得し、中国語圏のクリエイターが初音ミクの二次創作を共有できる唯一の公式プラットフォームです。

オンガク部門

クリエイターを応援する楽曲を制作ください。

受賞特典

- 1等 20万円
  ＋SONICWIRE よりバーチャルシンガー製品を進呈
  ＋雑誌「スモールエス」にて希望者はインタビューページ
- 2等 10万円
- 3等 5万円
- 4〜10等 2万円

入賞者や上位者の楽曲はイベント会場での使用予定

応募形式

曲の長さ 4分30秒以内 ／ ファイル形式 MP3

- 初音ミク、鏡音リン、鏡音レン、巡音ルカ、MEIKO、KAITO が歌う楽曲を募集します。1作品につき、最大6キャラクターまで使用可能です。
- コーラスや掛け声を含め、ピアプロキャラクターズ*以外のボーカル音源や、人間の音声が使用されている楽曲は応募対象とはなりません。
- 商用利用や配信、Content IDなどへの利用が認められていないサンプリング音源やループ音源を使用しないでください。
- 使用ソフトウェアが異なる場合でも歌唱キャラクターが同一の場合、ソロ歌唱とみなします。
- 何作品でも投稿することが可能です。

審査員

中村佑介（イラストレーター）

株式会社パイ インターナショナル／エス編集部

株式会社PROOF

※審査員たちが協議の上、選考いたします。

応募期間

2025年 7/23（水）－ 9/22（月） 応募締切

結果発表

2026年 1/21（水） 「スモールエス84号（2026年1月21日発売）」、「ピアプロ」サイト内で発表いたします。

主催 株式会社パイ インターナショナル／エス編集部 株式会社PROOF

イラスト部門、オンガク部門ともに、応募の決まりや注意事項の詳細は、ピアプロ公式コラボのページをご覧ください。

スモールエス公式サイト

ピアプロ公式コラボページ

piapro とは？

『ピアプロ』は、ネットに分散しているクリエイター同士がお互いの得意なコンテンツ（音楽、歌詞、イラストなど）を投稿し合い、協業して、新たなコンテンツを生むための"創造の場"を提供するサイトです。
https://piapro.jp/intro/

*「ピアプロキャラクターズ」とは、「初音ミク」「鏡音リン」「鏡音レン」「巡音ルカ」「MEIKO」「KAITO」の総称です。

イラスト・中村佑介

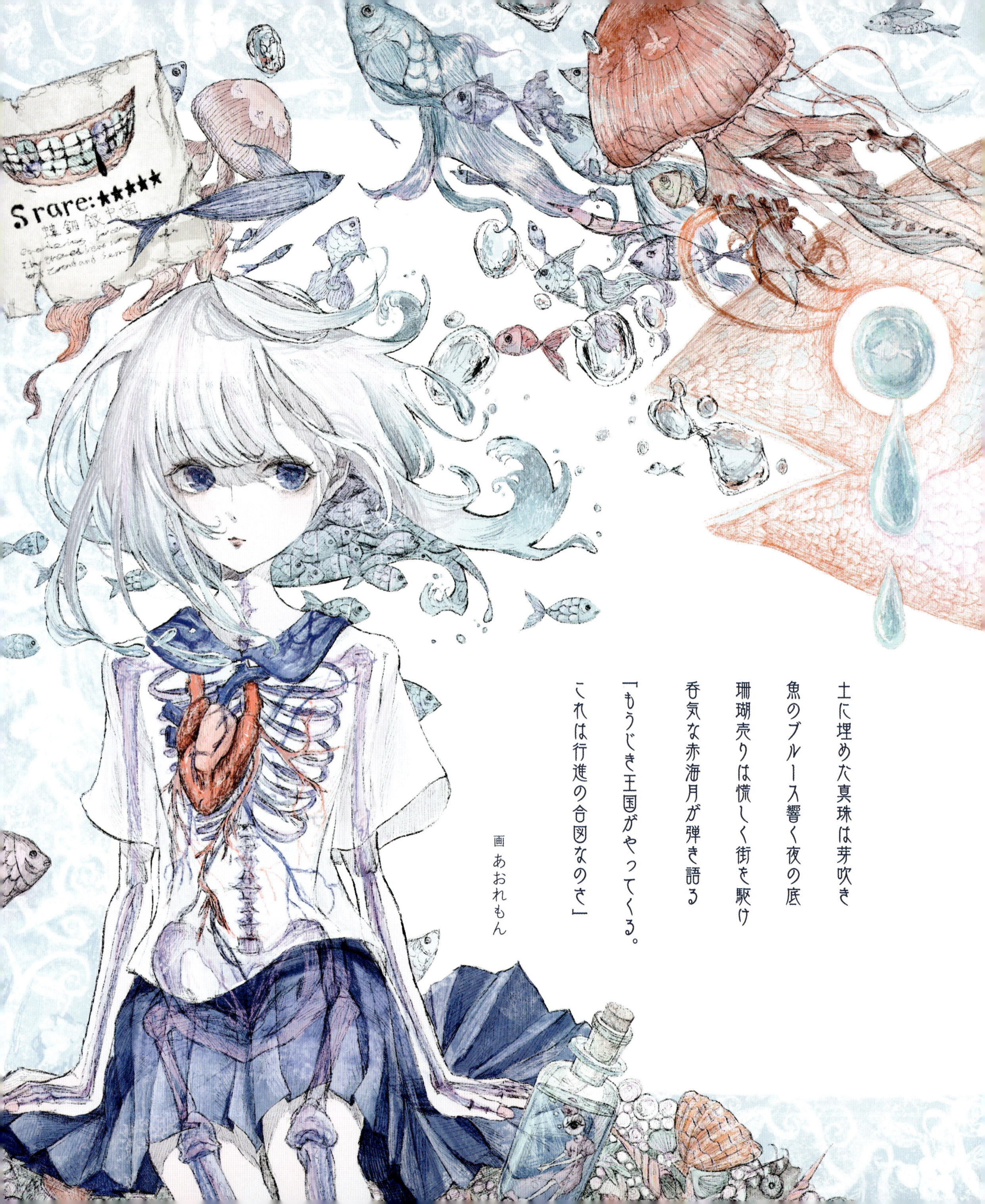
S rare:★★★★★
土に埋めた真珠は芽吹き
魚のブルース響く夜の底
珊瑚売りは慌しく街を駆け
呑気な赤海月が弾き語る
「もうじき王国がやってくる。
これは行進の合図なのさ」

画 あおれもん

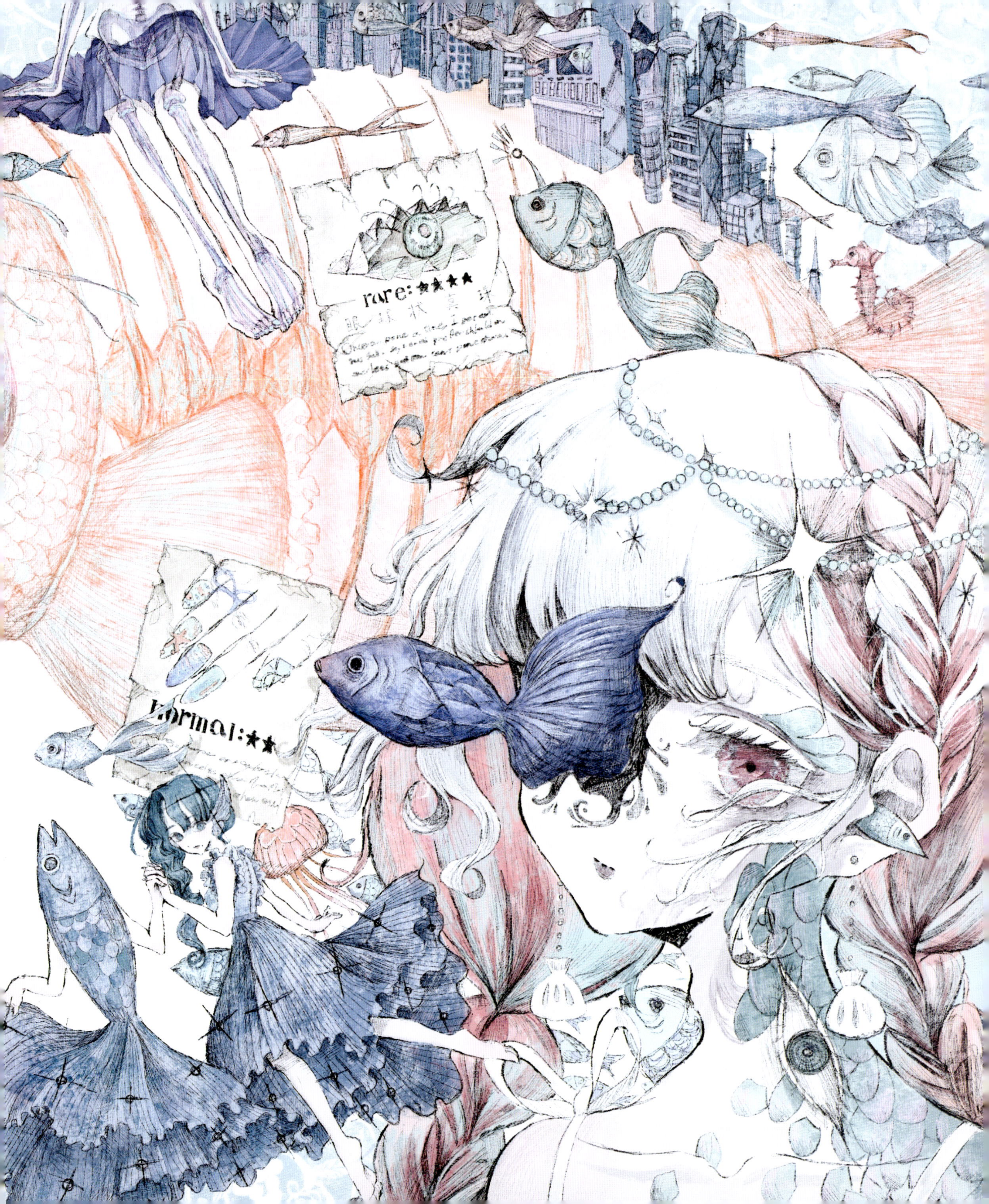
rare:★★★★
眼球状真珠
normal:★★

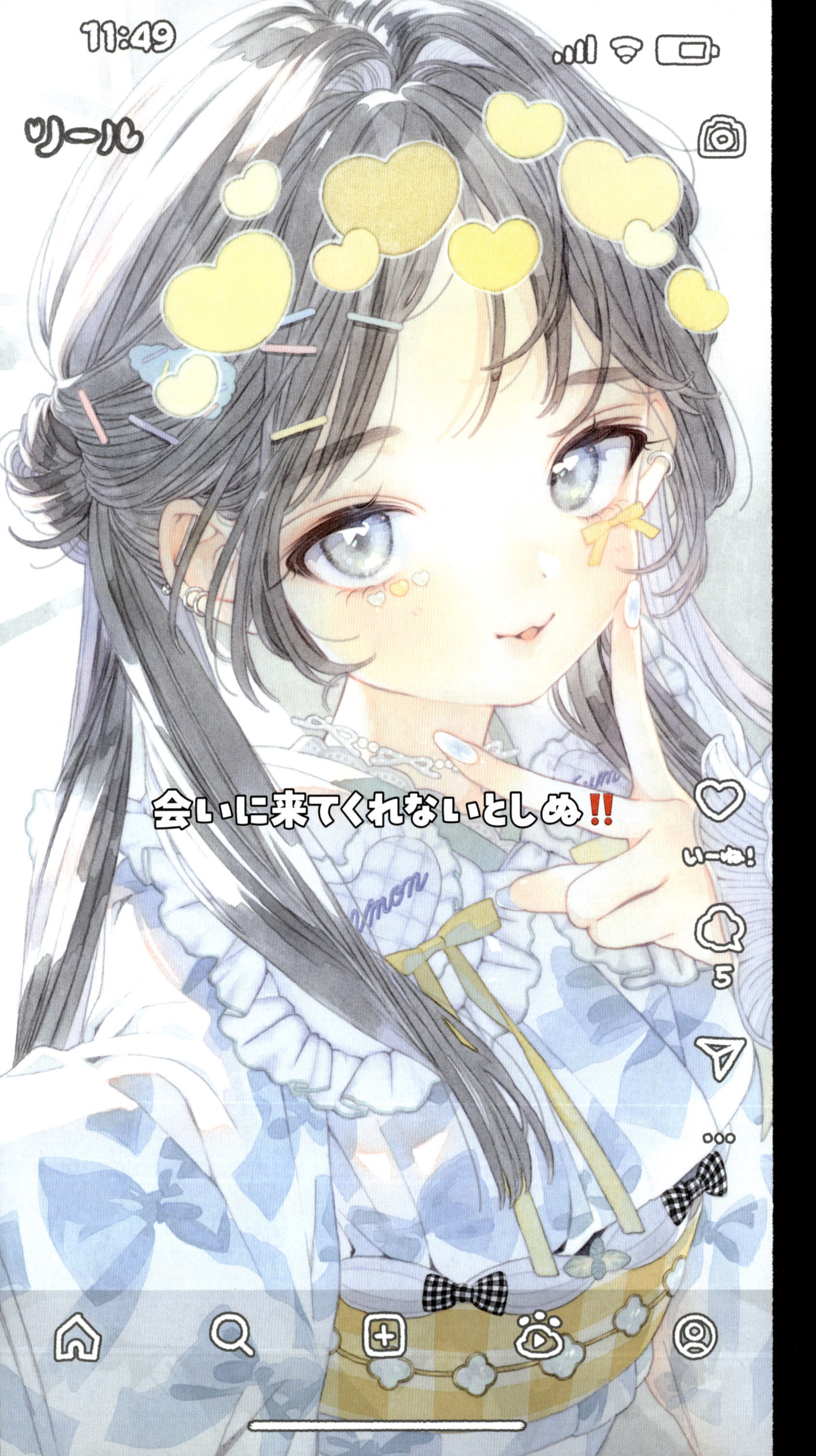

七神マナ｜あなたの可哀想なおんなのこ 26人目

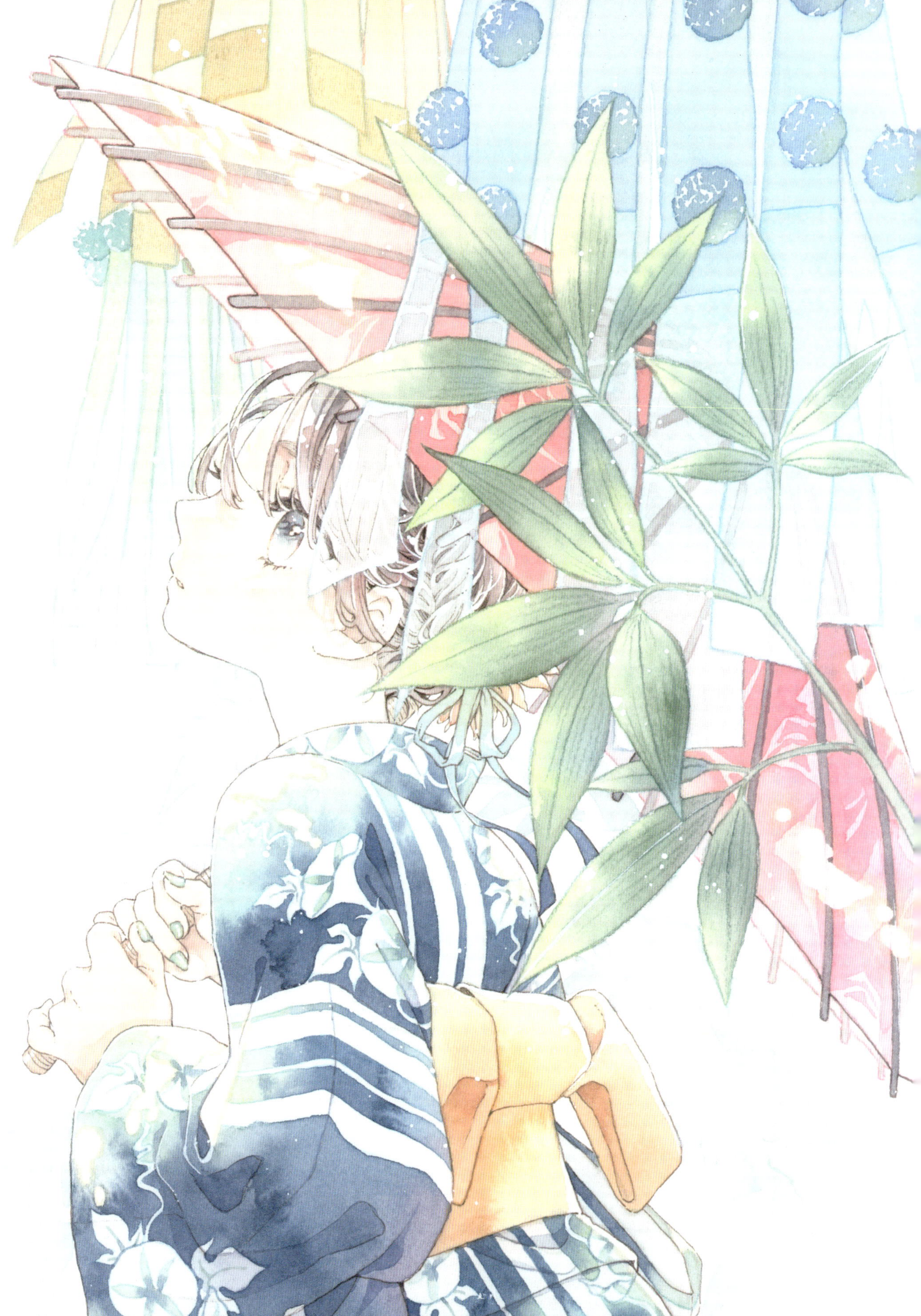

夢で見た景色

友風子

vol. 1

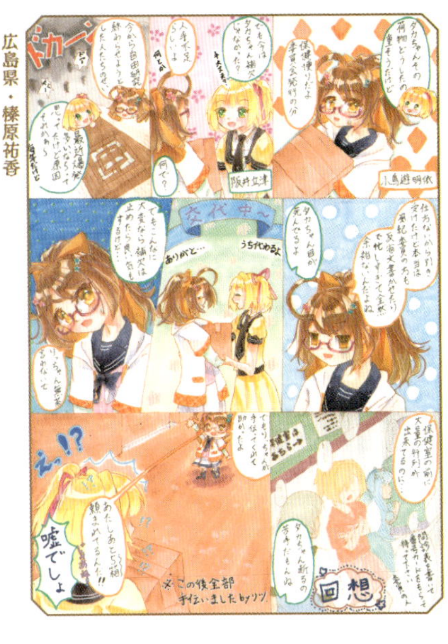

広島県・榛原祐香

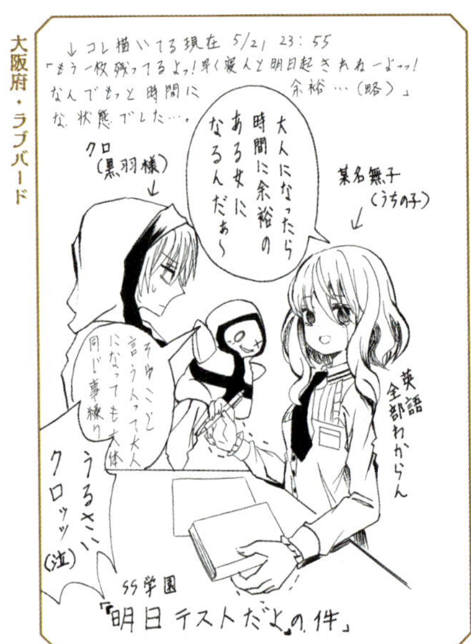

大阪府・ラブバード

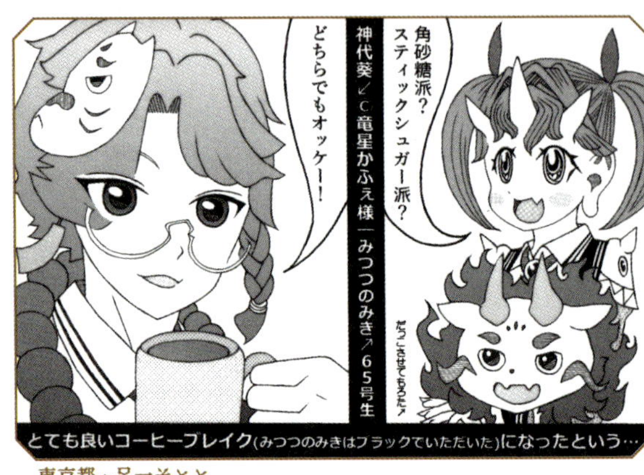

東京都・品一そとと

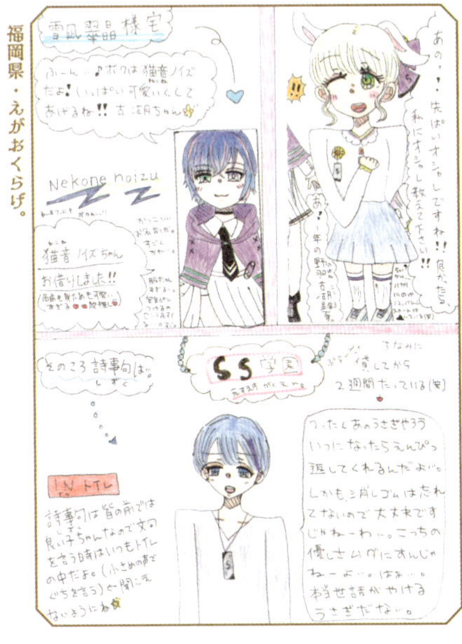

福岡県・えがおくらげ。

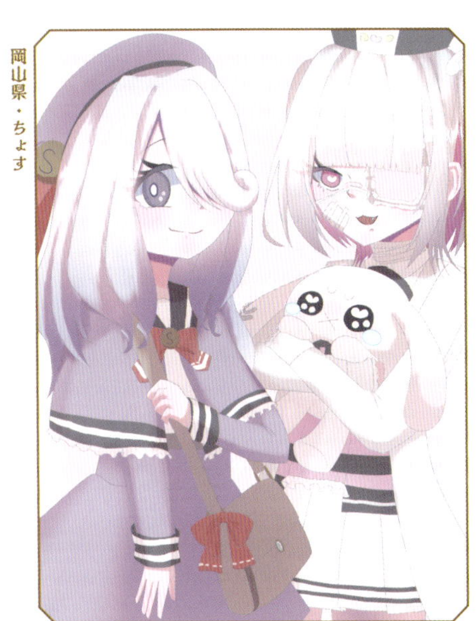

岡山県・ちょす

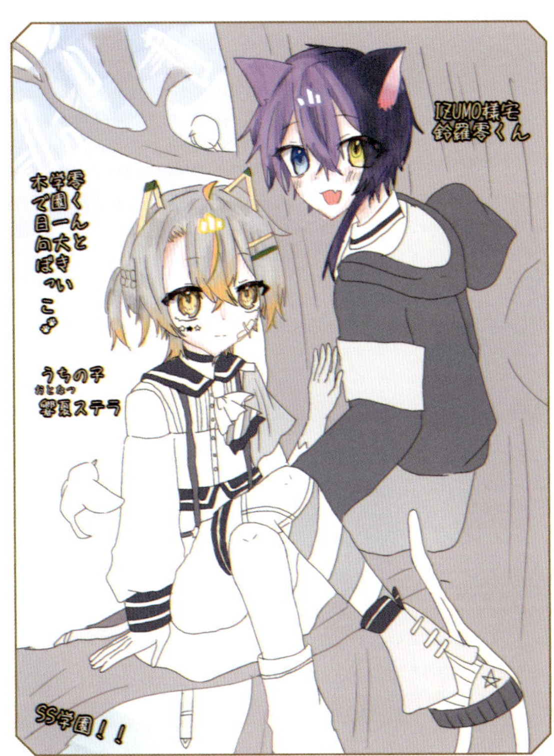

神奈川県・さぶりめんと

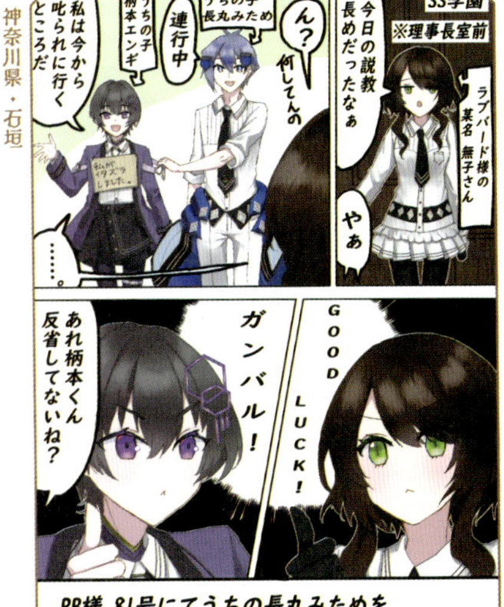

神奈川県・石垣

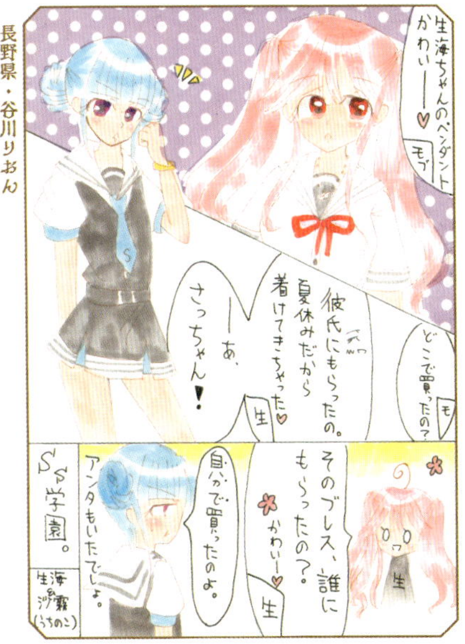

長野県・谷川りおん

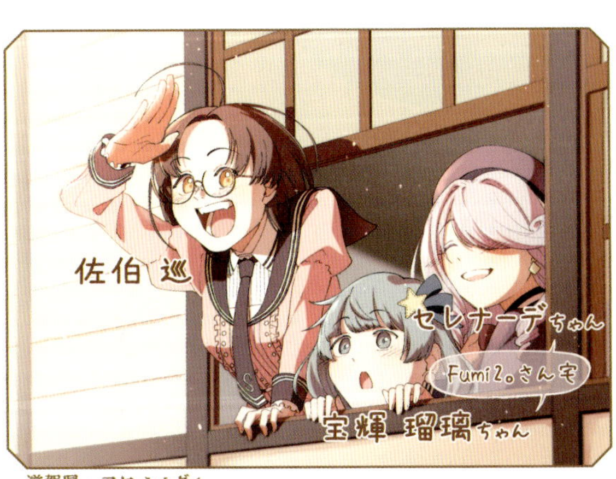

滋賀県・アヤノメグム

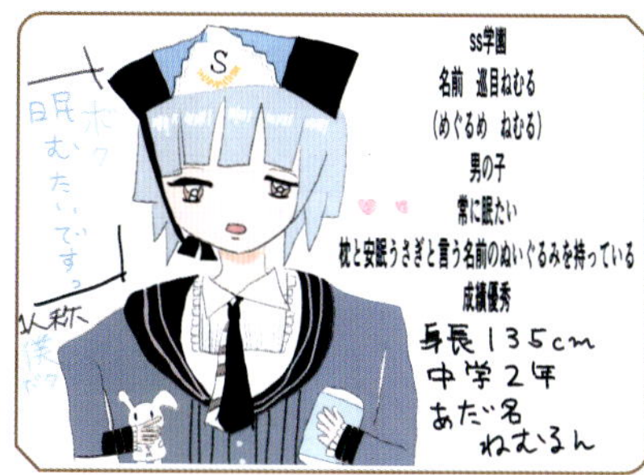

兵庫県・もちづき。・35歳

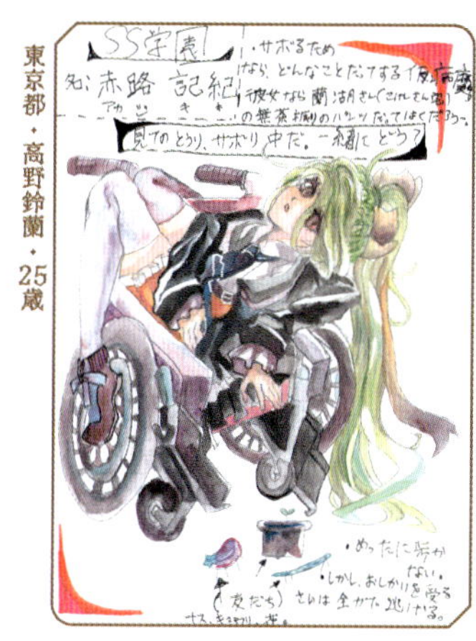

東京都・高野鈴蘭・25歳

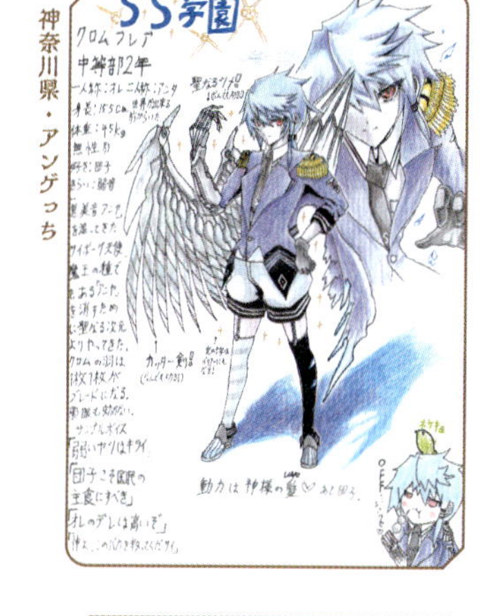

神奈川県・アンゲっち

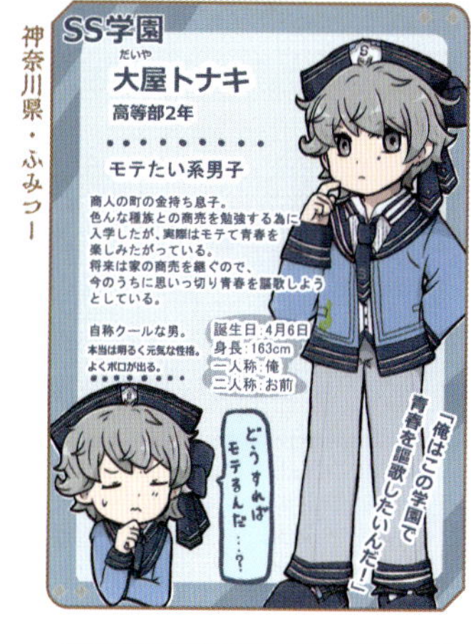

神奈川県・ふみつー

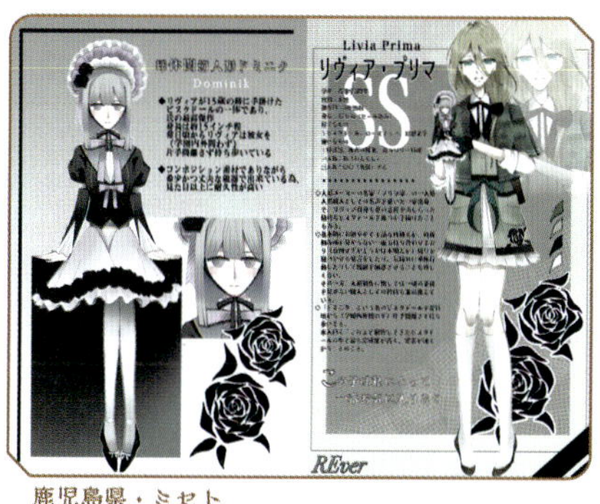

鹿児島県・ミセト

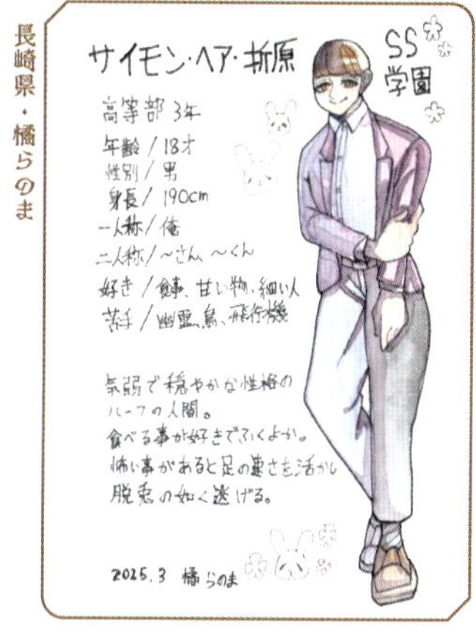

長崎県・橘らのま

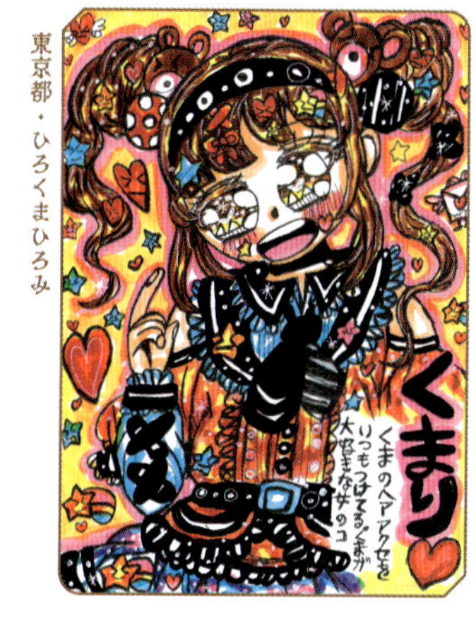

東京都・ひろくまひろみ

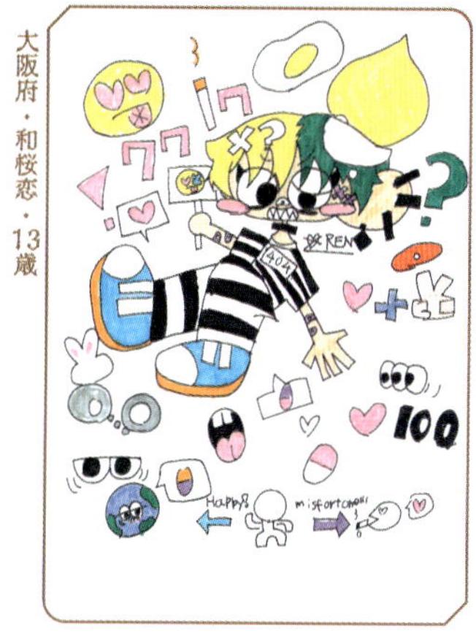

大阪府・和桜恋・13歳

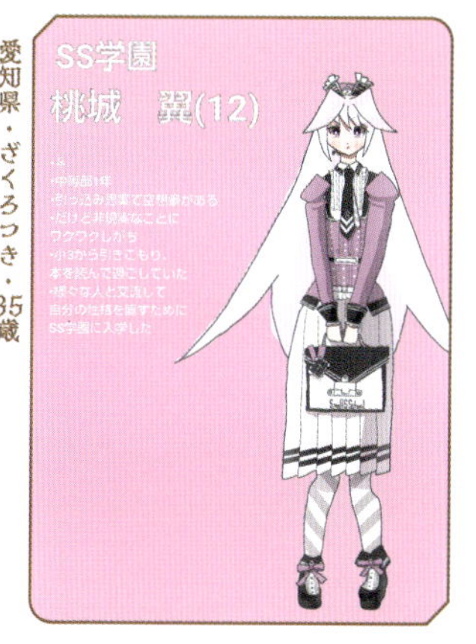

愛知県・ざくろっき・35歳

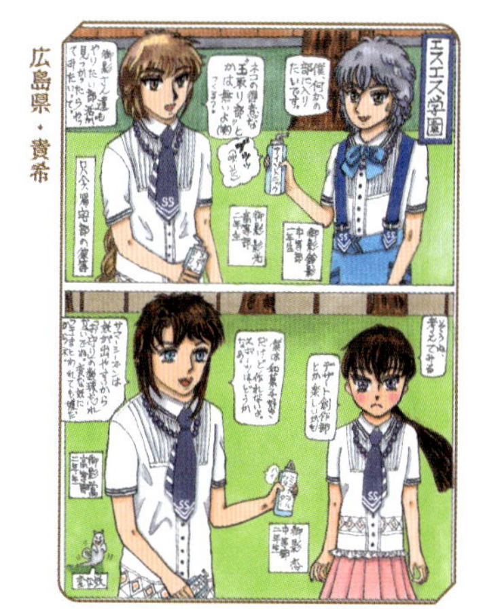

広島県・貴希

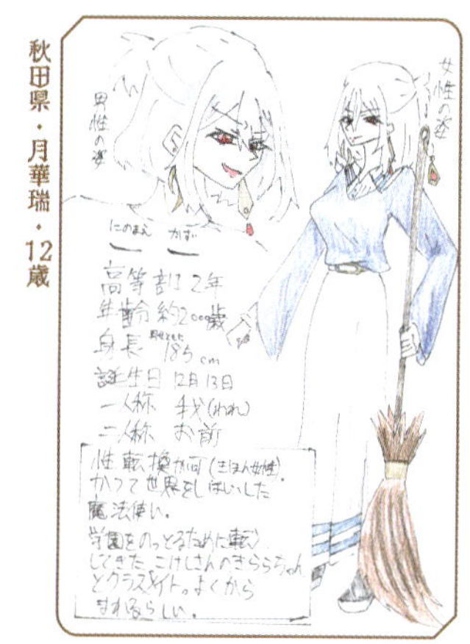

秋田県・月華瑞・12歳

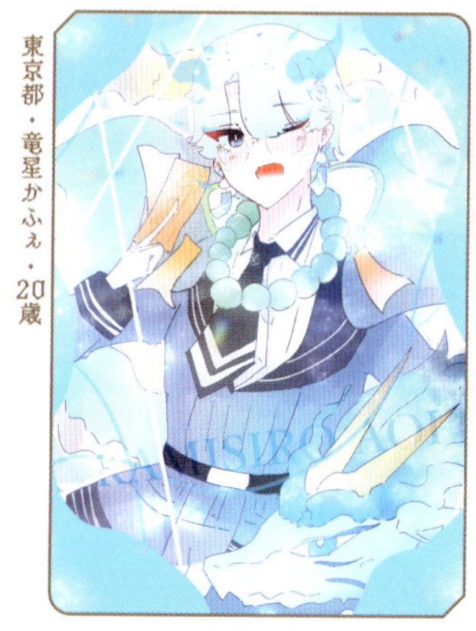

東京都・竜星かふぇ・20歳

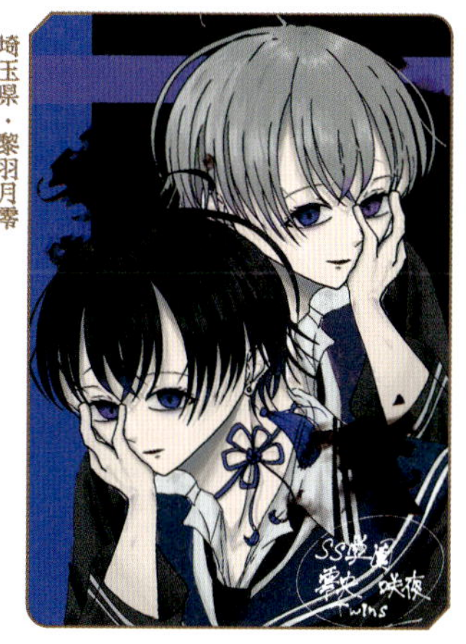

埼玉県・黎羽月零

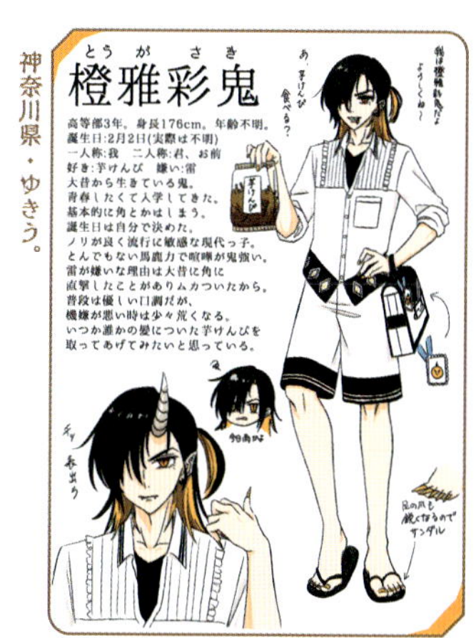

神奈川県・ゆきう。

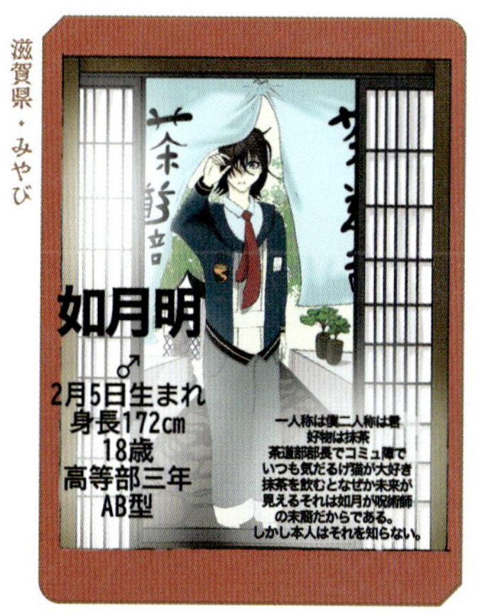

滋賀県・みやび

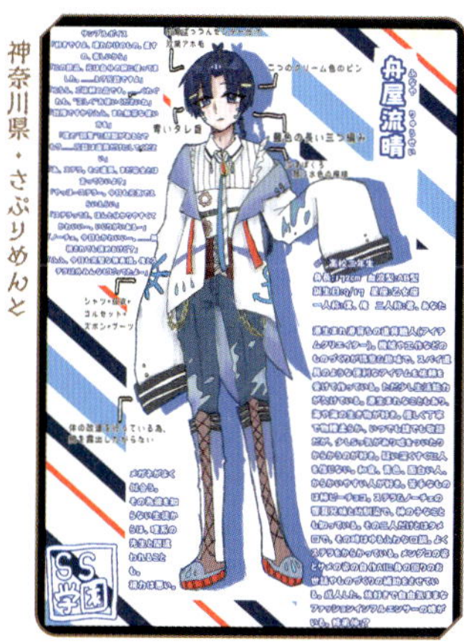

神奈川県・さぶりめんと

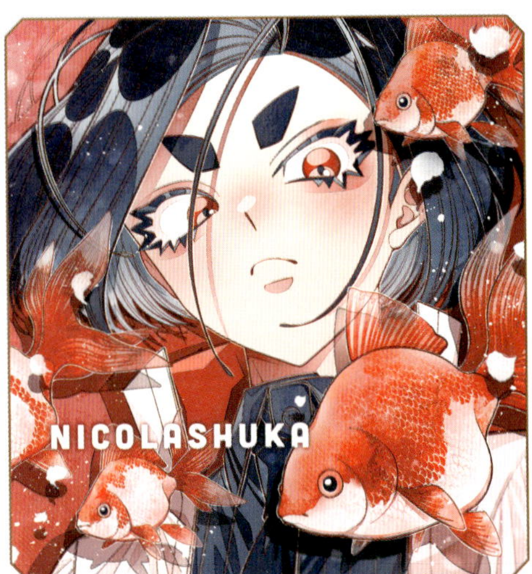

滋賀県・真田しろ

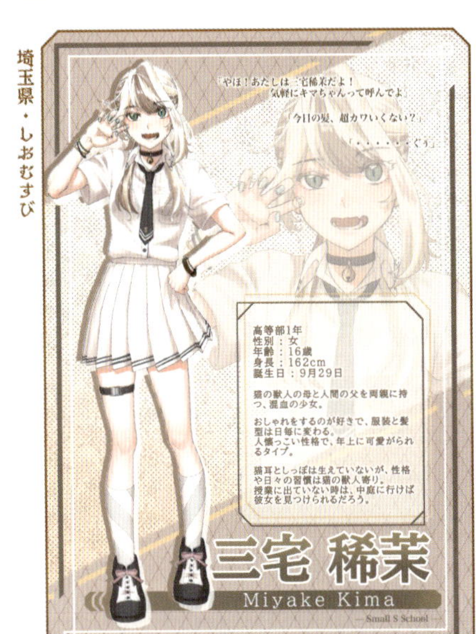

埼玉県・しおむすび

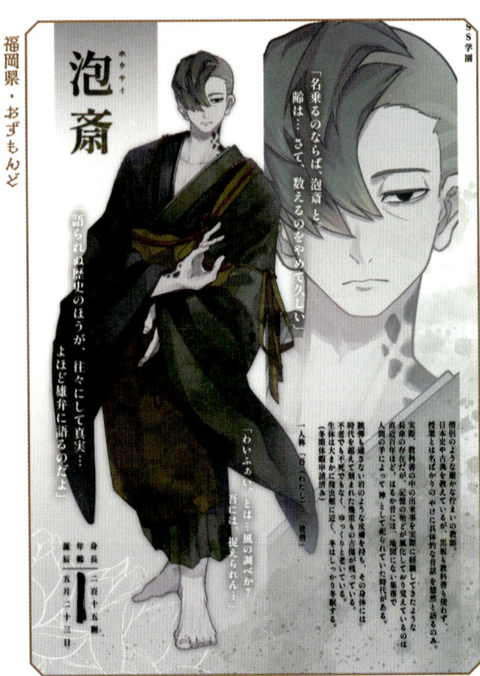

福岡県・おずもんど

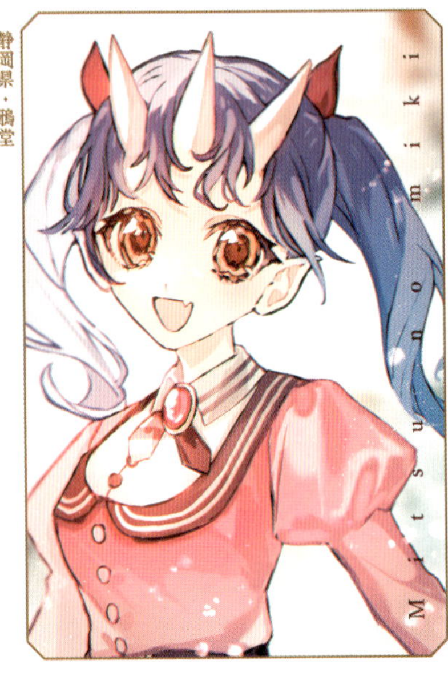

静岡県・鴉堂

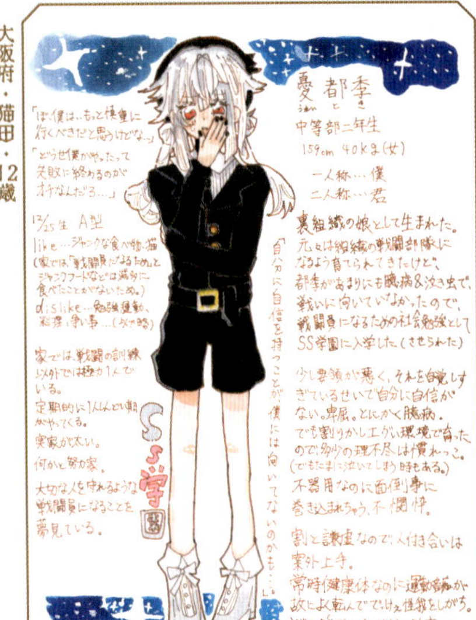

大阪府・猫田・12歳

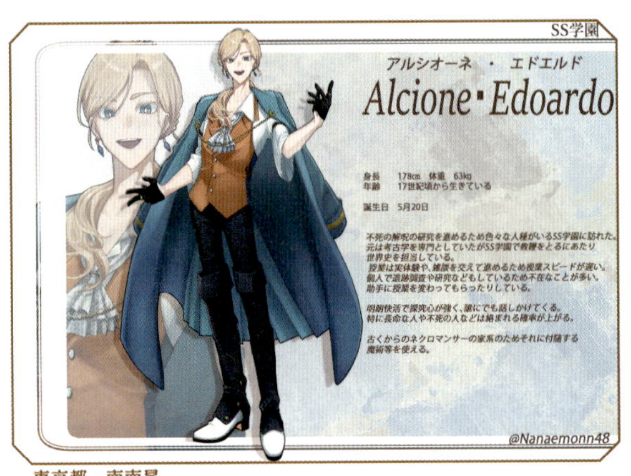

東京都・南南星

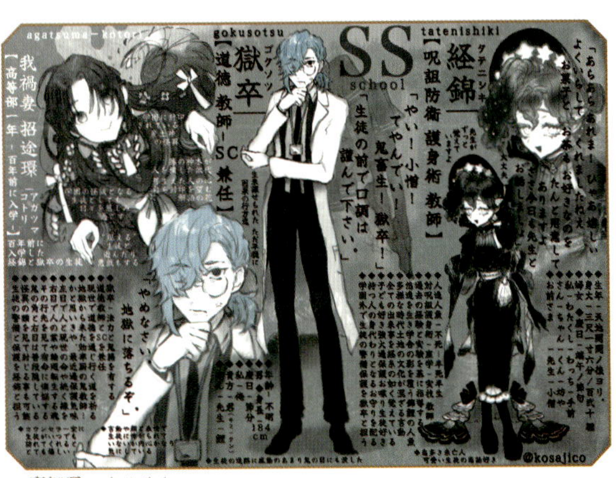

高知県・まろやか

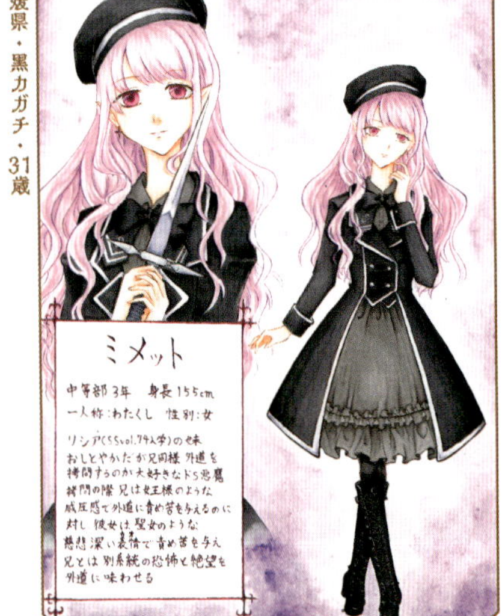

愛媛県・黒カガチ・31歳

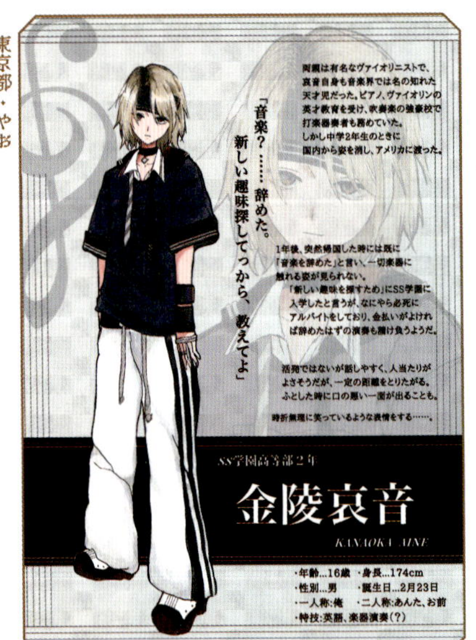

東京都・やお

ＳＳ学園 投稿コーナー

SS 学園の初回参加メンバー 24 人の作家さんの投稿も、自由に想像して描いた作家個人の創作を掲載します。公式設定ではないですが、自由にお楽しみください。

みんなで生徒を描き合って交流しよう！　投稿コーナーでは、他生徒を借りてグループを作るのも自由です。一度自己紹介が掲載されたキャラは紹介文は不要。学園生活を描いた絵や漫画を送ってください〜！

茨城県・めーたん・16歳

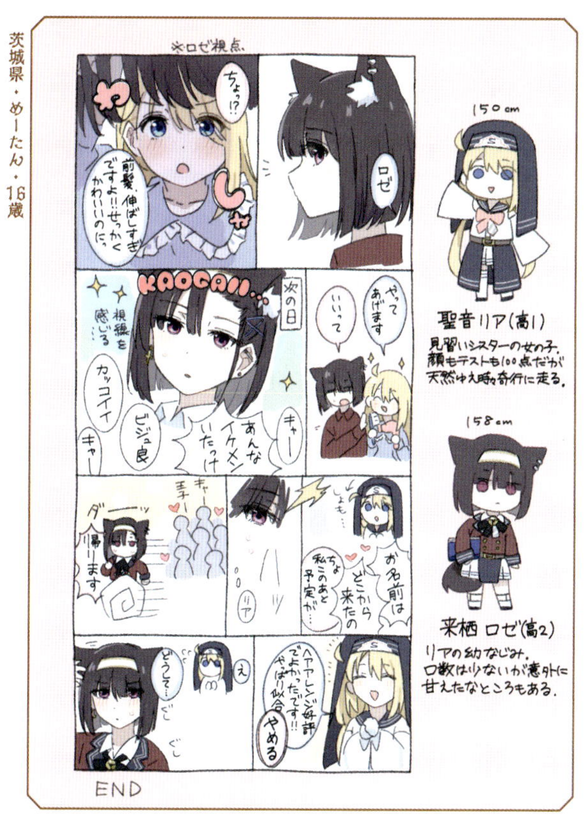

愛知県・こけし

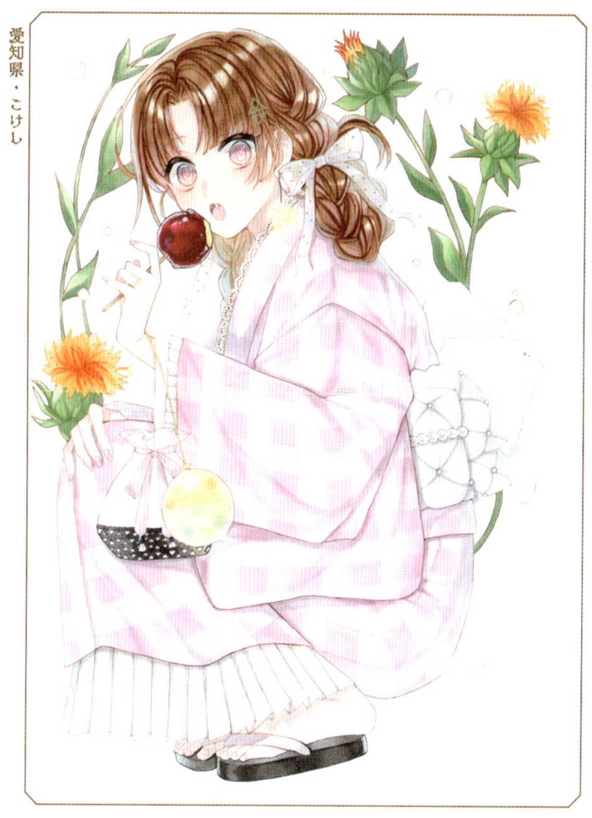

佐賀県・紅葉

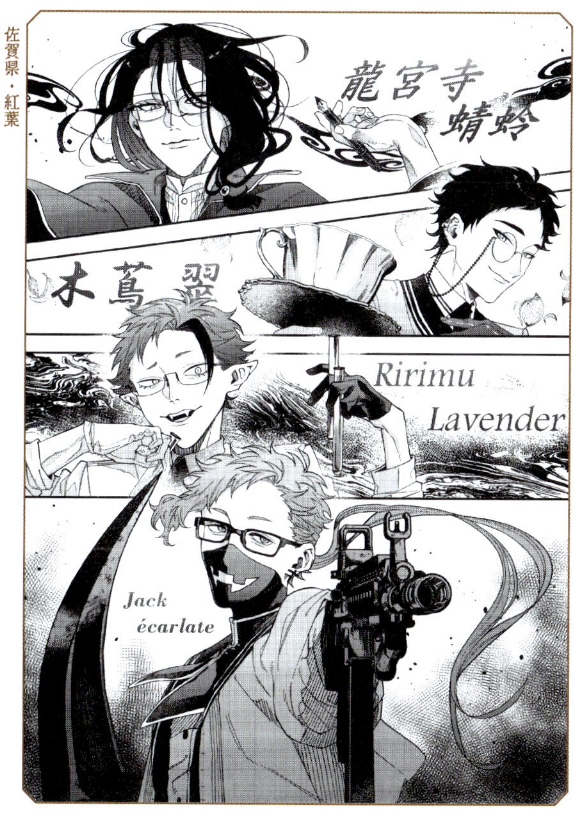

岩手県・kadoi（藤改め）

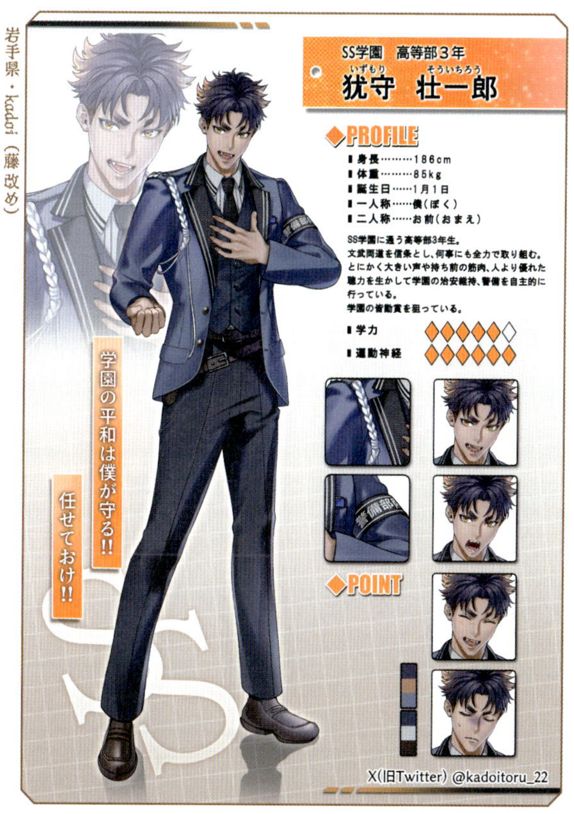

「SS学園」投稿ガイド

制服ベースデザイン：ハモンド華麗

「ＳＳ学園」の生徒を自分で考える際は、このデザイン画を参考に、制服を描いてください。

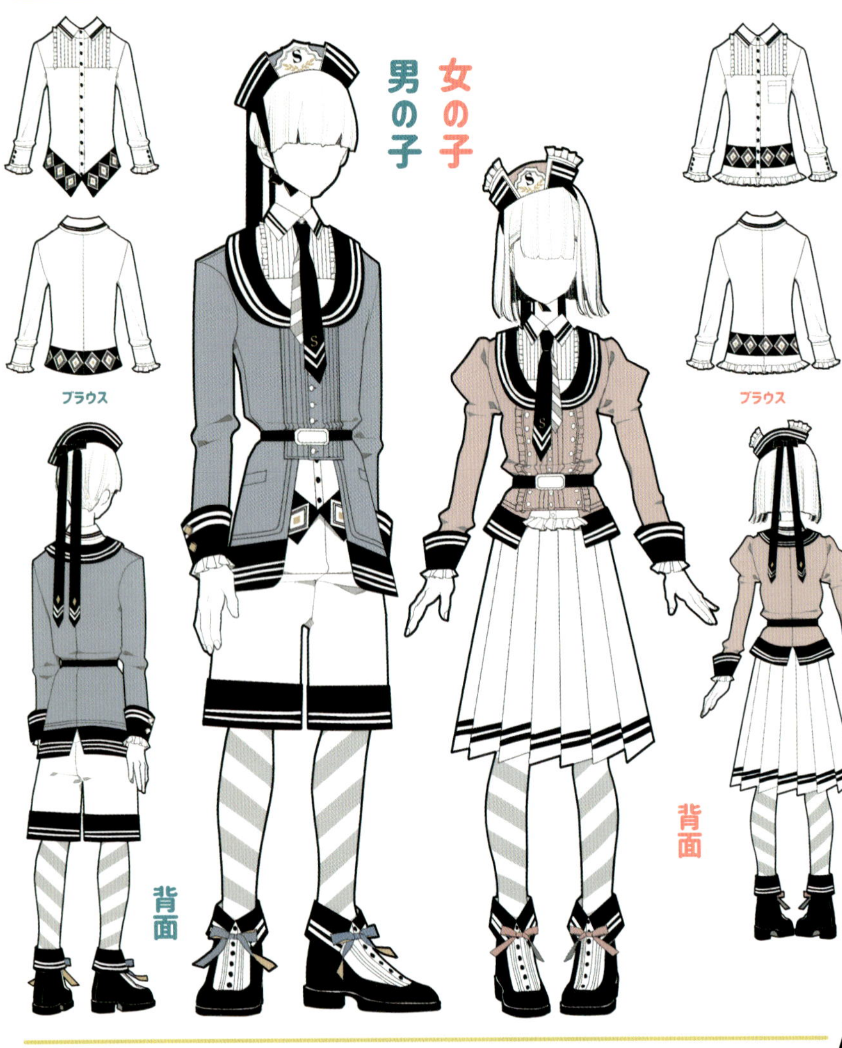

男の子　女の子

ブラウス　ブラウス

背面　背面

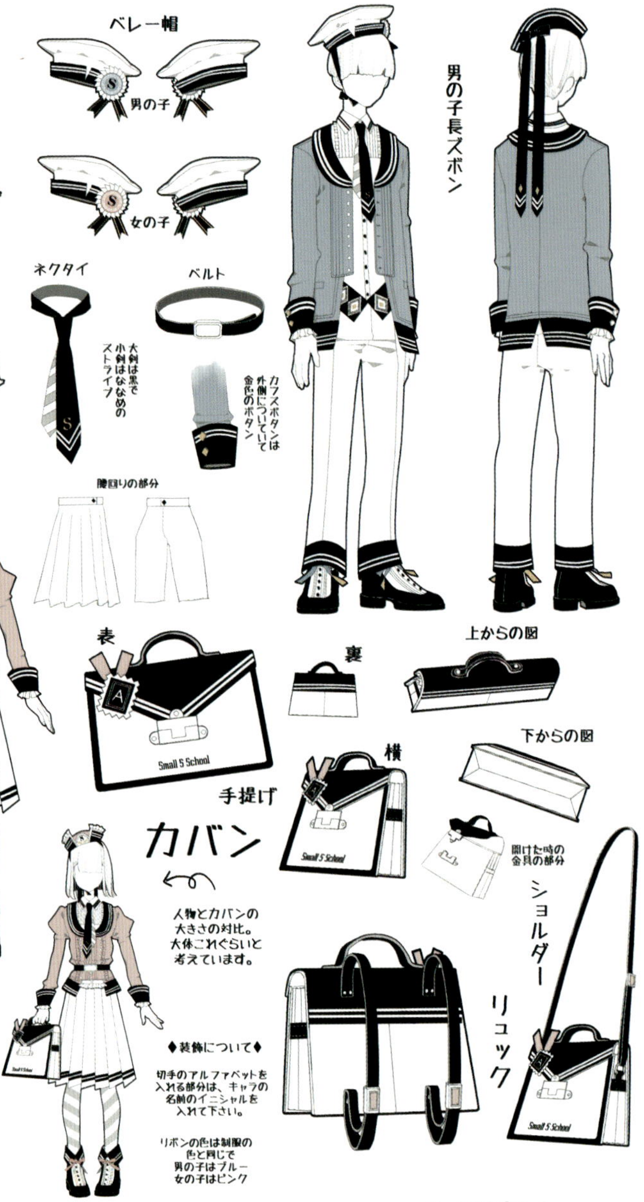

ベレー帽　男の子　女の子

ネクタイ　大剣は黒で小剣はななめのストライプ

ベルト　カフスボタンは外側についていて金色のボタン

腰回りの部分

男の子長ズボン

カバン　表　裏　上からの図　下からの図　横　手提げ　ショルダー　リュック

開けた時の金具の部分

人物とカバンの大きさの対比。大体これぐらいと考えています。

◆装飾について◆
切手のアルファベットを入れる部分は、キャラの名前のイニシャルを入れて下さい。
リボンの色は制服の色と同じで男の子はブルー女の子はピンク

男子の半ズボン、長ズボンは自由に選んでください。帽子やベルトは装着自由。制服の色は、男子は青系、女子はピンク系ですが、細かな色味は自由です。全体的に制服はアレンジがOKです。細部は考えてくださいませ！

「SS学園」とは、とある国に、1388年に設立された私立の学校。もともとは全寮制のパブリックスクールだったが、現在は日本式の初等部、中等部、高等部で構成されている。世界中から入学を受け付けており、どんな出身、どんな生い立ちでも学校に入ることが可能。各国の政治を担う人材や警察関係者の子息も通っているが、「善に寄りすぎず、悪の美学も知れ」との教えから、闇社会や秘密組織の学生たちも在校。目立った立場の生徒も多いが、大半は普通の生活をする家庭の子供。様々な人と交流できるのも「SS学園」の魅力とされる。

入学案内
SS 学園の説明
←

注意!!

【創作物への注意事項】 SS学園を扱った有償のグッズ、同人誌、原画（展示会など）の販売はOKです。
その際は同人誌の奥付、グッズや展示の場合は告知文や値札の中で、以下の事項を記してください。
●「SS学園」は、雑誌「スモールエス」の誌面企画です
●制服ベースデザイン：ハモンド華麗　（※こちらは公式の制服を描いた場合に入れてください）
また、他の作家のキャラを描いて販売をする際は、必ずお互いの作家同士で了解をとってください。

「スモールエス」編集部の通販サイトBOOTHにて、SS学園公式設定資料集を電子書籍で発売中！

←こちらからチェックください！

「SS学園」の生徒イラスト投稿募集！

カラーイラスト、モノクロイラスト、１ページ漫画を募集します。掲載はカラーページです。

1枚の紙に自分が考えた「SS学園」の生徒、もしくは今号に掲載された生徒を描いてください。絵の中に、キャラクターの名前、紹介文を書き入れてください。なければ掲載できない場合があります。人物紹介の文体は自由です。また、複数のキャラを描いても良いですが、それぞれの名前がわかるようにしてください。

最初の人物紹介が掲載された生徒は、その後に自由な形式で、絵や漫画を描いてOK。名前表記を絵に入れると覚えてもらいやすい！

● 生徒は人外やファンタジー設定でもＯＫ。生徒会長や理事長など、選抜メンバーで描かれたキャラ設定は避けてください。なお、血縁や恋人など、近すぎる固有の関係は避けてください。相手のキャラ設定に大きな影響が出ます。

● 他の作家さんの生徒を描く場合は、その人のペンネームとキャラ名も絵の中に入れてください。

郵送時の応募コーナー名
「スモールエス●●号　SS学園係」

※●●には、送付時に募集している号数をお書きください。

※データ投稿の場合、応募コーナー名は投稿画面での選択式になります。応募時に「SS学園」を選択ください。

※絵の中に、キャラクターの名前と設定文を書き入れてください！
絵のみの投稿は不可。キャラ名と、初回はキャラ説明を入れるのが必須です。

投稿の締切
2025
8/21 木曜日
当日消印有効

SS学園4コマ「橘紫万の巻」 作者:ひらき

夏の早朝

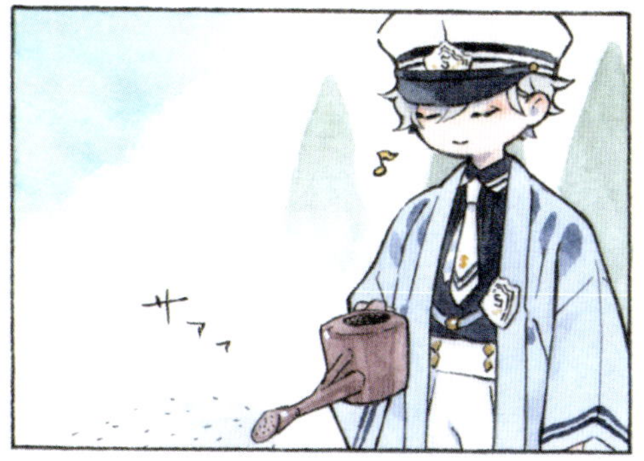

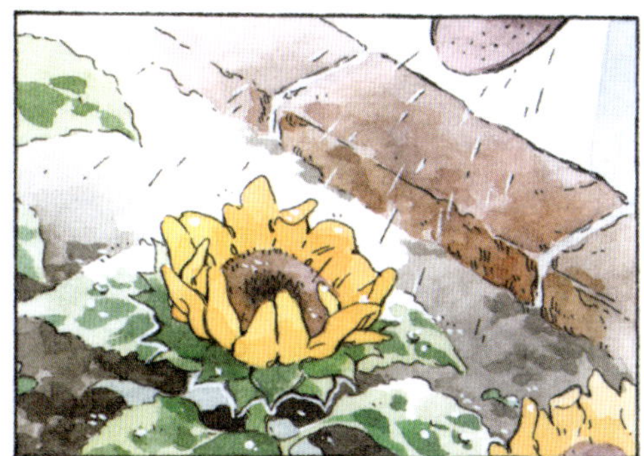

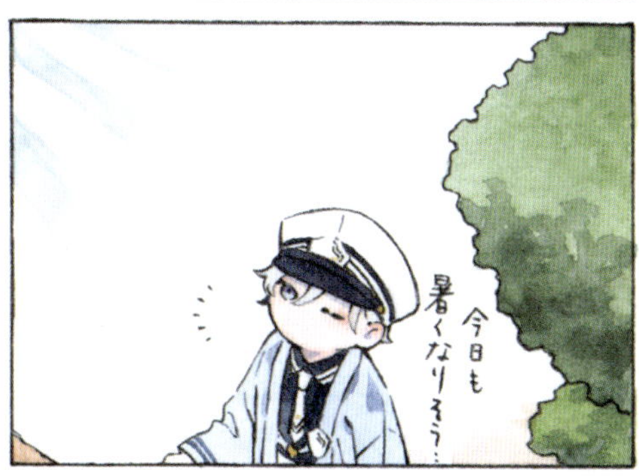

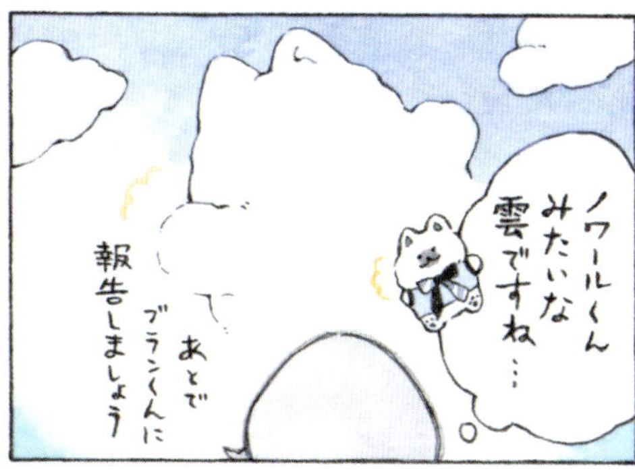

共通の話題

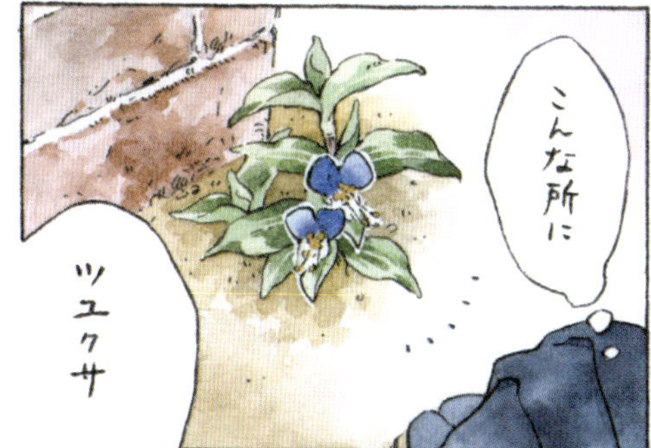

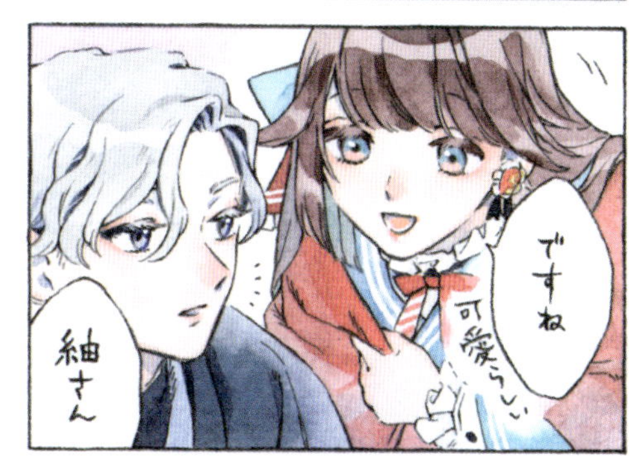

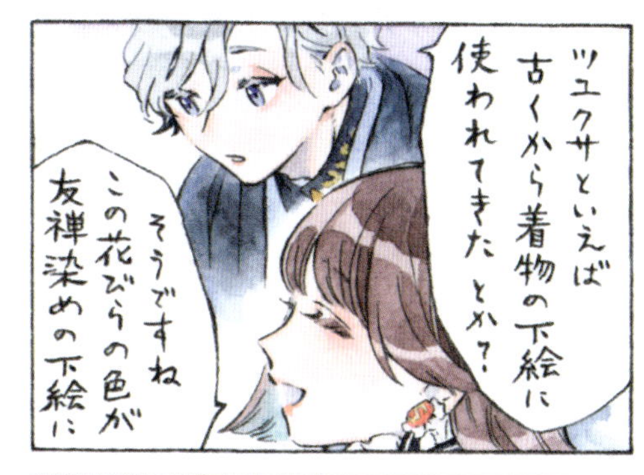

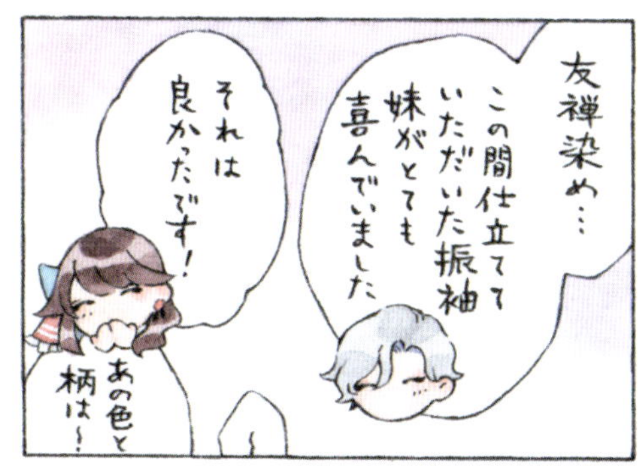

夢中

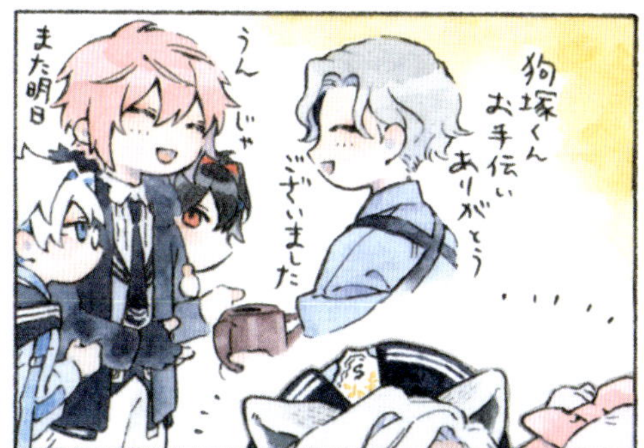

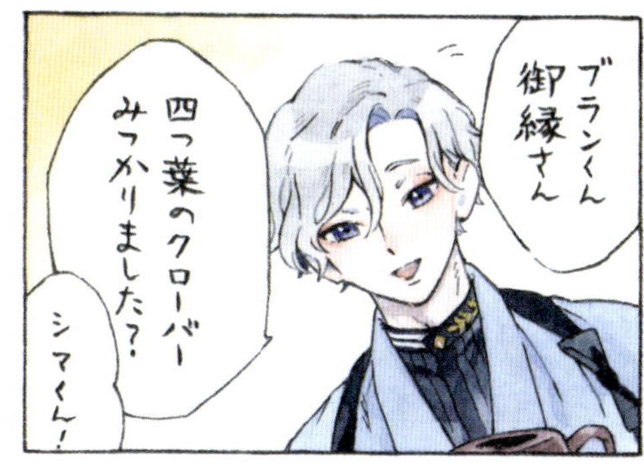

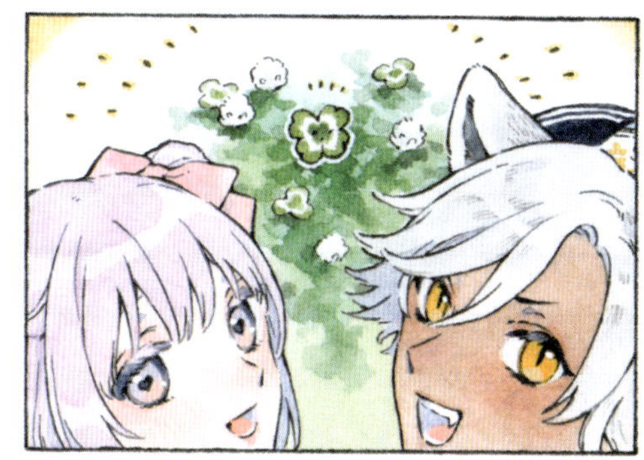

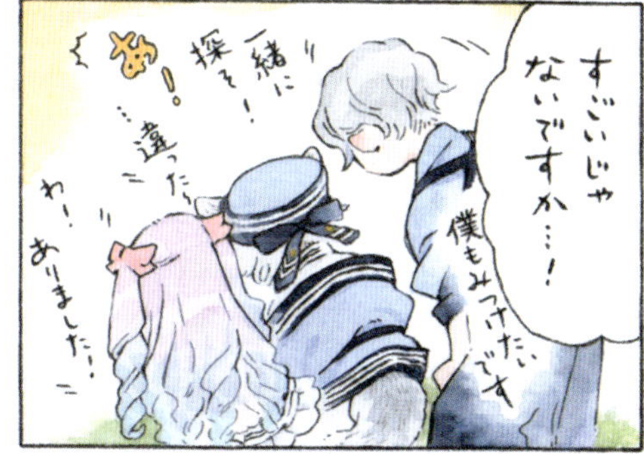

出演:橘紫万、狗塚晴臣、朱青アサギ、朱青ザクロ、御縁ゆい、ブラン、紬こと

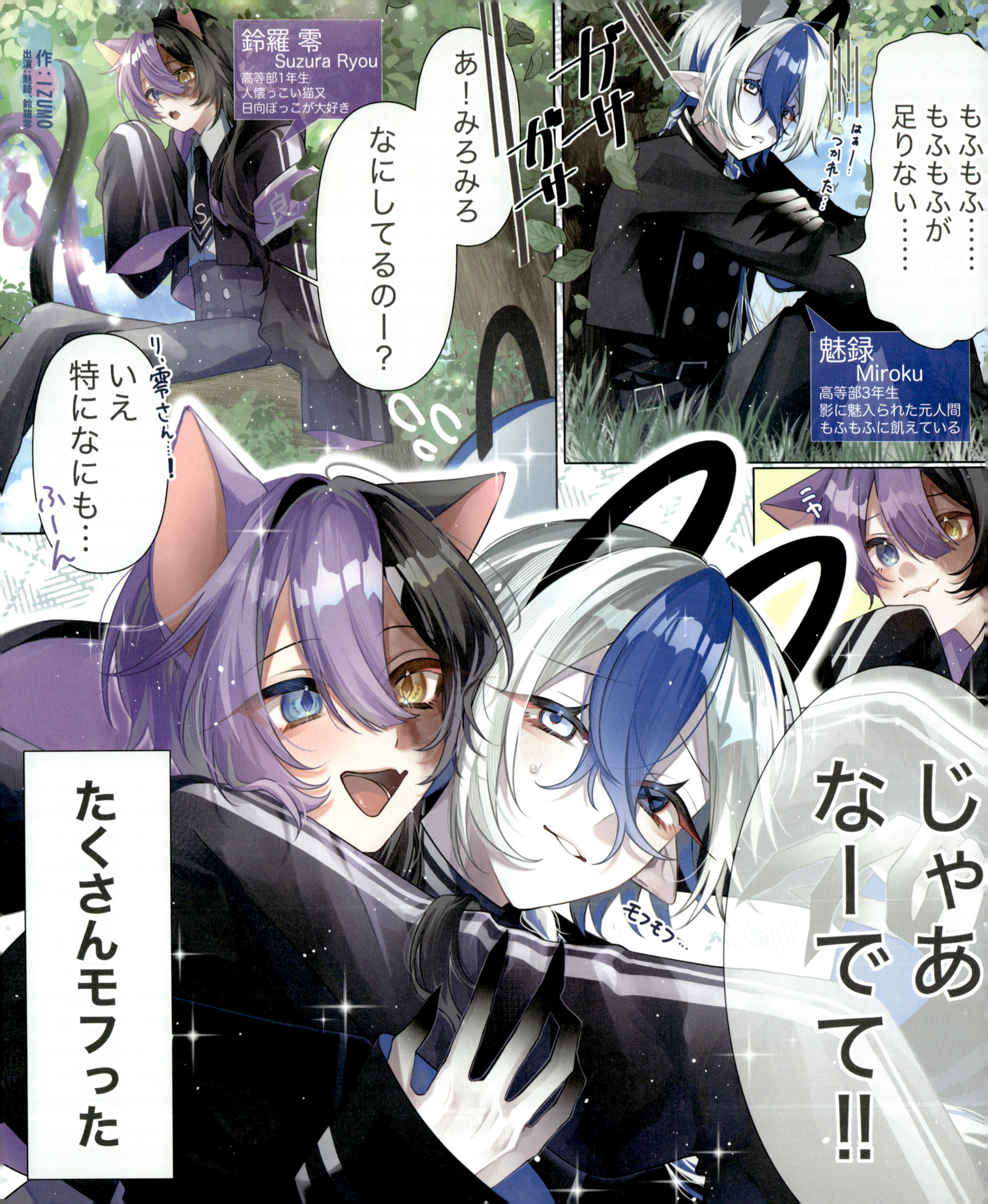
作：IZUMO
出演：魅録、鈴羅零
もふもふ……
もふもふが足りない……
はぁー…つかれた…
魅録
Miroku
高等部3年生
影に魅入られた元人間
もふもふに飢えている
ガサ
ガサー
鈴羅 零
Suzura Ryou
高等部1年生
人懐っこい猫又
日向ぼっこが大好き
あ！みろみろ
なにしてるのー？
り、零さん…！
いえ
特になにも…
ふーん
ニャ
じゃあ
なーでて!!
モフモフ…
たくさんモフった

SSのスペシャル交流プロジェクト
作家競演&投稿企画「SS学園」
みんなで「SS学園」の生徒をつくって交流しよう！

SS学園 SMALL S SCHOOL

SS学園通信

はいどうも～！　絵澄えすです。今号もSS学園のコーナーのはじまりです！　学園のことをお伝えする係をつとめさせていただきます～。

えす丸です。このコーナーは、SS学園の生徒たちのグラビアや、その活躍をとらえた物語を紹介する「SS学園通信」です。この後のページの投稿コーナーでは、SS学園の新しい生徒さんを紹介していますが、投稿者さんの描き下ろしも実施中！

そうですね。投稿者の皆さんへのお知らせとしましては、自分の描いた生徒が一度掲載されたら、その次からは学園での暮らしぶりや他の生徒と絡む様子を描いて送ってください。自己紹介が済んだ後はどんどん展開させたイラストや、1ページ漫画を送ってくださいね～。その場合も、どのキャラかわかるように、ぜひキャラ名を絵の中に書いてください。

では今号のSS学園通信の内容を紹介しましょう。投稿作品からの描き下ろしはIZUMOさん。素敵な生徒さんたちが登場しています。IZUMOさんちの魅録くんが「もふもふが足りない」と飢えているところ、鈴羅零くんが現れて「なでて」と言っているんですね。魅録くんはたくさんモフれたようでよかったです！　鈴羅零くんは人懐っこい性格のようで、こんな風に近づいてくれるんですね～。二人とも髪や目の色が美しくて魅力的です！

高等部三年生の魅録くんに対して、積極的に甘えられる一年生の鈴羅零くん！　無邪気で素敵ですね～。

僕も少年をモフりたいなぁ～。最近は日本に旅行に来る外国の方が多いけど、SS編集部のある渋谷なんかだと、ヨーロッパ系の少年たちがいまして、巻き毛のくるくるした、ほわっと感のある美少年がいるんです…。プラチナブロンドの金髪の少年とかもいて、本当に美しく…。

え！　現実の少年に目をつけている…。危険！　ちゃんと節度を持って、一秒だけ眺めるくらいにして、まっすぐに前を向いて道を歩いてください…。確かに、渋谷のSS編集部の近辺はメンズお洋服屋さんが集まっているので、男の子はたくさん歩いていますが…。それはともかく、編集部には皆さん遊びに来てくださいね～。

ぜひぜひ～。そして今号は、ひらきさんの橘紫万くんを中心とした物語がありますよ～。狗塚晴臣くん、朱青アサギくん、朱青ザクロくんたちが、学園の庭での作業をお手伝いしてくれたあと、御縁ゆいちゃんとブランくんが探していた四つ葉のクローバーを発見するお話は微笑ましいですね～。紬ことちゃんとは、ツユクサを見つけたことをきっかけに、着物の話題が花開いています～。橘紫万くんはいつも着物姿ですから、紬ことちゃんと話が合いそうです。

紬ことちゃんは着物の話題になると止められないみたいで、ずっとおしゃべりしていて楽しそう！　そして最後のお話では、橘紫万くんが夏の空を見上げています…。ここで話題に出ているノワールは、ブランくんがカバンにもグッズをつけているふわふわ狼ですね～。情感があって良いですね～。

本当ですね～。さて、そういえば渋谷のSS編集部に併設のギャラリーエクリでは、五月にグループ展「彩飾少年展」を開催しました。こちらは、ハモンド華麗さん、河山流さん、天嶺ジウさんの三人の合同展だったのですが、SS学園の生徒である、カナリアくん、狗塚晴臣くん、雨音宙くんたちも登場したんです！　カナリアくんがカフェでお茶している姿、狗塚晴臣くんがピンクの衣装に身を包んだ姿、雨音宙くんがパンダモチーフのついた中華服でいる姿を見れました！

楽しかったですね！　展示でもSS学園を味わえたら良いですよね～。

SS学園の詳しい内容は、「SS学園公式設定資料集」としてSSのBOOTHで発売中！　ぜひチェックしてください。今後もSSでは、皆さんの投稿をお待ちしております！

SS学園24人選抜メンバー相関図

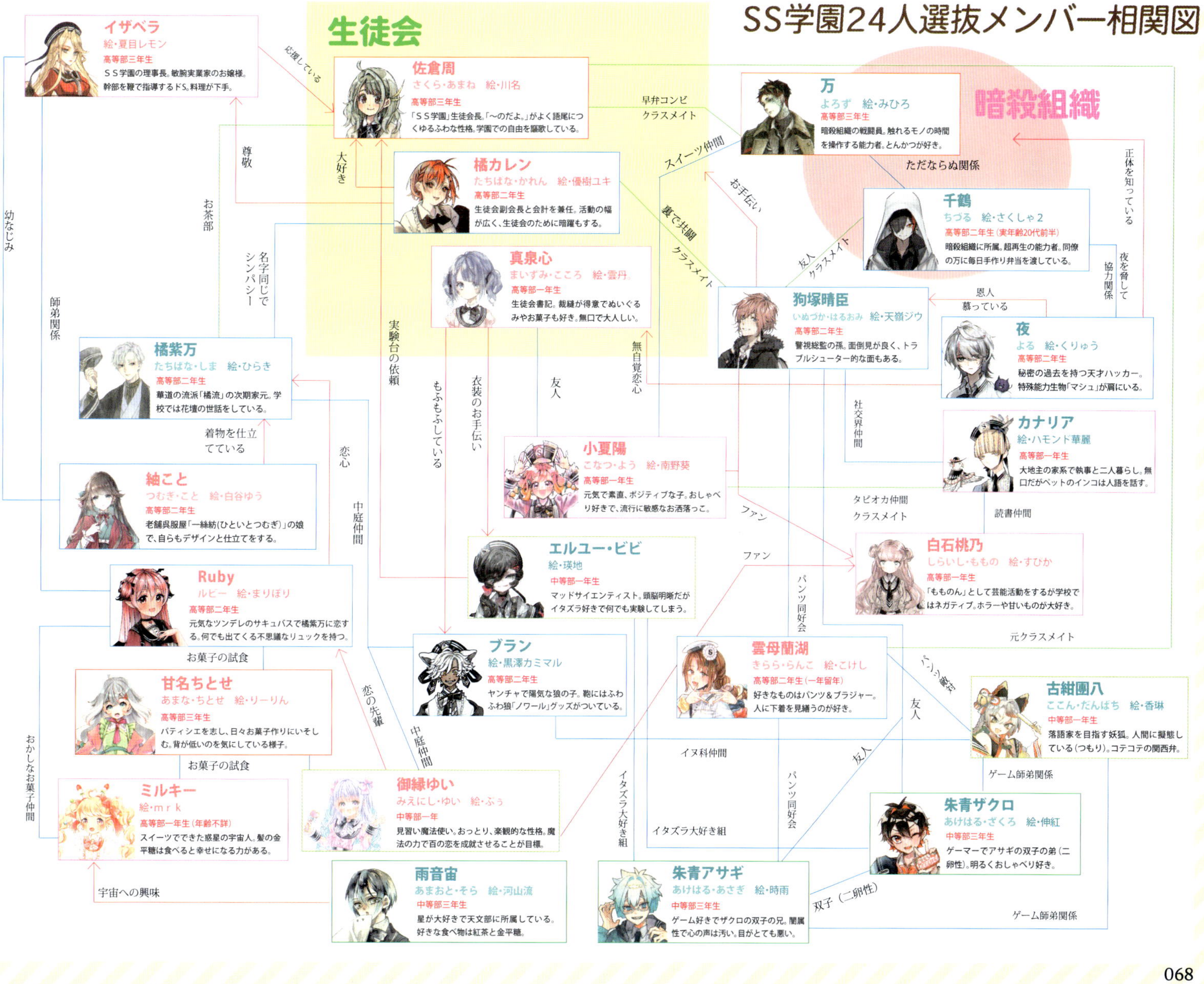

生徒会

佐倉周
さくら・あまね　絵・川名
高等部三年生
「SS学園」生徒会長。「～のだよ。」がよく語尾につくゆるふわな性格。学園での自由を謳歌している。

橘カレン
たちばな・かれん　絵・優樹ユキ
高等部二年生
生徒会副会長と会計を兼任。活動の幅が広く、生徒会のために暗躍もする。

真泉心
まいずみ・こころ　絵・雲丹
高等部一年生
生徒会書記。裁縫が得意でぬいぐるみやお菓子も好き。無口で大人しい。

暗殺組織

万
よろず　絵・みひろ
高等部三年生
暗殺組織の戦闘員。触れるモノの時間を操作する能力者。とんかつが好き。

千鶴
ちづる　絵・さくしゃ2
高等部二年生（実年齢20代前半）
暗殺組織に所属。超再生の能力者。同僚の万に毎日手作り弁当を渡している。

イザベラ
絵・夏目レモン
高等部三年生
SS学園の理事長。敏腕実業家のお嬢様。幹部を鞭で指導するドS。料理が下手。

狗塚晴臣
いぬづか・はるおみ　絵・天嶺ジウ
高等部二年生
警視総監の孫。面倒見が良く、トラブルシューター的な面もある。

夜
よる　絵・くりゅう
高等部二年生
秘密の過去を持つ天才ハッカー。特殊能力生物「マシュ」が肩にいる。

橘紫万
たちばな・しま　絵・ひらき
高等部二年生
華道の流派「橘流」の次期家元。学校では花壇の世話をしている。

カナリア
絵・ハモンド華麗
高等部一年生
大地主の家系で執事と二人暮らし。無口だがペットのインコは人語を話す。

小夏陽
こなつ・よう　絵・南野葵
高等部一年生
元気で素直、ポジティブな子。おしゃべり好きで、流行に敏感なお洒落っこ。

紬こと
つむぎ・こと　絵・白谷ゆう
高等部二年生
老舗呉服屋「一絲紡（ひといとつむぎ）」の娘で、自らもデザインと仕立てをする。

白石桃乃
しらいし・ももの　絵・すぴか
高等部一年生
「もものん」として芸能活動をするが学校ではネガティブ。ホラーや甘いものが大好き。

エルユー・ビビ
絵・瑛地
中等部一年生
マッドサイエンティスト。頭脳明晰だがイタズラ好きで何でも実験してしまう。

Ruby
ルビー　絵・まりぼり
高等部二年生
元気なツンデレのサキュバスで橘紫万に恋する。何でも出てくる不思議なリュックを持つ。

ブラン
絵・黒澤カミマル
高等部二年生
ヤンチャで陽気な狼の子。鞄にはふわふわ狼「ノワール」グッズがついている。

雲母蘭湖
きらら・らんこ　絵・こけし
高等部二年生（一年留年）
好きなものはパンツ&ブラジャー。人に下着を見繕うのが好き。

甘名ちとせ
あまな・ちとせ　絵・りーりん
高等部三年生
パティシエを志し、日々お菓子作りにいそしむ。背が低いのを気にしている様子。

古紺團八
ここん・だんぱち　絵・香琳
中等部一年生
落語家を目指す妖狐。人間に擬態している（つもり）。コテコテの関西弁。

ミルキー
絵・mrk
高等部一年生（年齢不詳）
スイーツでできた惑星の宇宙人。髪の金平糖は食べると幸せになる力がある。

御縁ゆい
みえにし・ゆい　絵・ふぅ
中等部一年
見習い魔法使い。おっとり、楽観的な性格。魔法の力で百の恋を成就させることが目標。

朱青ザクロ
あけはる・ざくろ　絵・伸紅
中等部三年生
ゲーマーでアサギの双子の弟（二卵性）。明るくおしゃべり好き。

雨音宙
あまおと・そら　絵・河山流
中等部三年生
星が大好きで天文部に所属している。好きな食べ物は紅茶と金平糖。

朱青アサギ
あけはる・あさぎ　絵・時雨
中等部三年生
ゲーム好きでザクロの双子の兄。闇属性で心の声は汚い。目がとても悪い。

応援している
早弁コンビ
クラスメイト
スイーツ仲間
ただならぬ関係
正体を知っている
お手伝い
裏で共闘
クラスメイト
友人
クラスメイト
協力関係
夜を脅して
恩人
慕っている
尊敬
大好き
お茶部
幼なじみ
名字同じでシンパシー
師弟関係
実験台の依頼
もふもふしている
衣装のお手伝い
友人
無自覚恋心
社交界仲間
着物を仕立てている
恋心
中庭仲間
タピオカ仲間
クラスメイト
読書仲間
ファン
ファン
パンツ同好会
元クラスメイト
お菓子の試食
恋の先輩
中庭仲間
パンツ敵対
友人
お菓子の試食
おかしなお菓子仲間
イヌ科仲間
イタズラ大好き組
イタズラ大好き組
パンツ同好会
友人
ゲーム師弟関係
宇宙への興味
双子（二卵性）
ゲーム師弟関係

プロのフレーズを味方に！「演奏パターン収録ソフト音源」

ソフト音源には、プロのミュージシャンが演奏したカッコいいフレーズやリズムパターンが「MIDI素材」として収録されているものもあります。自分で一から打ち込む手間が省けるだけでなく、自分では思いつかないようなプロならではの演奏を手軽に楽曲に加えられるのが大きな魅力です。

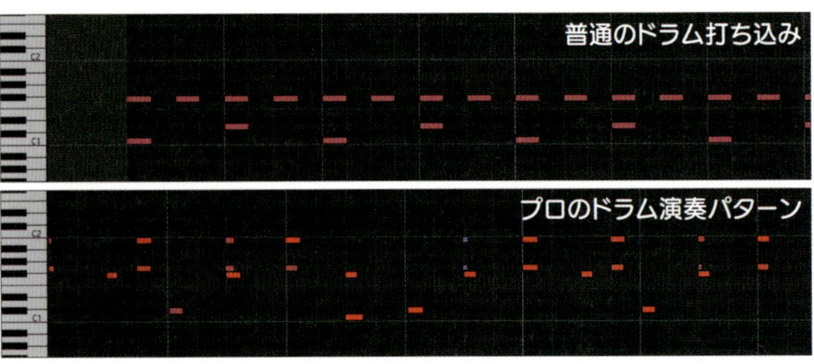

「この楽器のフレーズ、どうやって作ったらいいんだろう？」と悩んだ時の参考にも！

コード進行、もう迷わない！「コード進行提案ツール」

作りたい曲のジャンルや雰囲気、現在のコード進行などから、様々なコード進行のアイデアを提案してくれる優れものです。提案されたコードをそのまま使うだけでなく、一部を変えてみたりとアレンジを加えることで、オリジナリティあふれる楽曲へと発展させることができます。

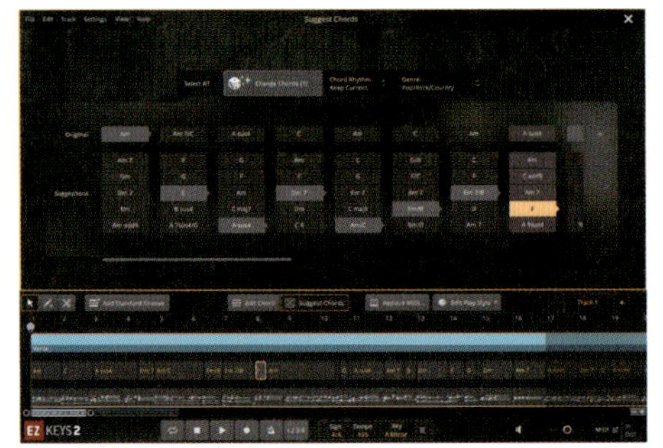

「もっと色々なコード進行を試したい！」

「自分のイメージに合うコード進行が分からない」

…そんなときにおすすめ！

アイデアの出発点として、気軽に活用してみましょう。

音楽の世界へ、走り出したキミに

音に触れて、音と遊ぼう！

知識やテクニックを学ぶことも大切ですが、最も重要なのは、実際に手を動かし、自分の耳で音を確かめ、そして何よりも楽しむことです。ソフトに内蔵されている楽器の音色を試してみたり、エフェクトをかけて音の変化を実験したり。「音と遊ぶ」感覚で楽しみながらソフトに触れれば、自然と操作になれていきます。

また、普段何気なく聴いている音楽も、少し意識を変えて「どんな楽器やコード進行が使われているのかな？」「何のエフェクトがかかっているかな？」と耳を澄ませてみましょう。新たな発見があって、アイデアが生まれるかもしれません。

最初から完璧じゃなくてOK！ 小さな「できた！」を積み重ねよう

どんなプロも、最初はみんな初心者です。イラスト制作も、一枚目から完璧を目指すのではなく、まずは線を引くだけだったり、次に顔だけ描いてみたり、色を丁寧に塗ってみたり、ステップアップしていきますよね。音楽制作も、まずは1コーラスだけの短い曲、使う楽器は2〜3種類だけ、といったようにシンプルなものから始めてみましょう。**「完成させる」経験を一つ一つ積み重ねていくことが、何よりも大切です。「まずは何かしら形にしてみる！」という気軽な気持ちで始めてみてください。**

ラフから仕上げへ。じっくり何度も試して形にしよう

素晴らしい作品も、多くはラフスケッチのようなアイデアの断片から始まります。イラスト制作で、大まかなラフから線画を起こし、色を塗り、影や光を加え、徐々にディテールを詰めていくように、音楽制作も**最初はざっくりとしたイメージからで大丈夫。**メロディの断片を並べたり、リズムを試したりしながら、**何度も試行錯誤を繰り返して、少しずつ全体の完成度を高めていくのです。**

Art by えす

「好き」をもっと信じて、楽しみながら

時に根気のいる作業に感じることもあるかもしれません。思ったように自分のイメージを表現できないこともしばしばあります。でも、たとえ何度転んでも、あなたの「音楽が好き！」「何かを創り出したい！」という純粋な情熱はきっと変わらないはず。**自分の「好き」を信じて、自分のやり方で、制作を続けていくことこそが、上達への近道です。**

時には、仲間と一緒に音楽を作ってみたり、作品をインターネットで発表してみるのも、モチベーションを保ち、新たな刺激を得る良い方法ですよ。

「さあ、あなたも音楽を奏でよう！」

音楽制作は、あなたの頭の中にある無限のアイデアを、音という形で自由に表現できるクリエイティブで楽しい活動です。難しく考えずに、まずは気軽に一音、メロディを奏でてみてください。**そして試行錯誤を楽しみながら、音の世界を照らし出してくださいね。誰にも真似できない、あなただけの虹色の輝きが、世界に響き渡る日を楽しみにしています！**

詳しくは80ページをチェック!!

オリジナルのメロディや歌詞はどう作る？

Piapro Studio の操作にも慣れて「初音ミク」で歌声を作れるようになったら、いよいよオリジナルの楽曲制作に挑戦です。「でも、どうやってメロディや歌詞って思いつくの？」と不安に思うかもしれませんね。大丈夫、特別な才能がなくても、ちょっとしたコツと試行錯誤で、あなたらしい作品は必ず生まれます。ここでは、そのヒントをいくつかご紹介しましょう。

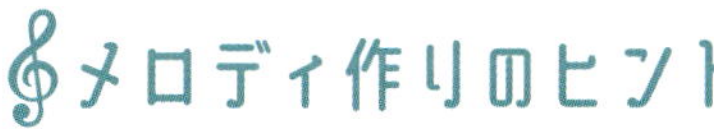

メロディ作りのヒント

ふとした瞬間の「鼻歌」を捕まえよう！

お風呂に入っている時や道を歩いている時など、何気なく口ずさんだメロディはありませんか？ その「鼻歌」を、**スマートフォンのボイスメモ機能や DAW ソフトで録音してみましょう。**音程が多少ずれていても、リズムが曖昧でも大丈夫。後から**ピアノロール画面で、録音した鼻歌を参考にしながら一音一音ノートを配置していけば、立派なメロディに生まれ変わります。**この方法なら、楽器が弾けなくても、楽譜が読めなくても、誰でも直感的にメロディを生み出すことができます。

「スケール」の力を借りて、自然な流れを

メロディ作りでは第2回で解説した「スケール」の知識も役立ちます。スケールとは「この音たちを使うと、まとまりが良い感じになる」という音のグループのことでしたね。例えばピアノの白い鍵盤だけを使った「Cメジャースケール」内の音を選んでメロディを作ると、自然なメロディが作りやすくなります。慣れてきたら他のスケールも試してみると、表現の幅が広がりますよ！

作詞のヒント

曲の「テーマ」を決めよう

どんなことを歌にしたいか、「テーマ」を考えてみましょう。例えば、頭の中でストーリーを思い描いたり、特定の風景や登場人物を設定したりするのも良い方法です。**時間帯**（朝、昼、夜）や**景色**（海、街、部屋）、**天気、登場人物の状況や心情**（恋愛、冒険、日常の一コマ）などを具体的に想像してみると、歌詞の世界観がぐっと深まります。

キーワードを書き出そう

テーマに関連する言葉やフレーズをたくさんメモしてみましょう。この段階では、まだ文章になっていなくても大丈夫です。**思いついた言葉をどんどん書き留めていくことで、どんな言葉が必要かが見えてきます。**

メロディに言葉をのせてみよう

集めた言葉たちを、メロディに組み合わせていきます。先に歌詞があると、言葉が持つ自然な抑揚やリズムが、アイデアに繋がることもあります。**その言葉を声に出して読み、どこで息継ぎをするか、どの言葉を強調したいかなどを考える**と、メロディが浮かびやすくなりますよ。

慣れてきたら「韻（いん）」も意識して

歌詞作りに慣れてきたら、「韻を踏む（同じ響きの言葉を近い位置で使う）」ことにも挑戦してみると、よりリズミカルで耳に残りやすい歌詞になるかもしれません。

メロディも歌詞も、「これが正解！」というものはありませんし、どちらを先に作っても大丈夫です。大切なのは、色々な方法を試しながら、あなた自身が「良いな」と感じる音の並びや言葉の組み合わせを見つけていくことです。作ったメロディや歌詞を初音ミクに歌わせてみて、何度も聴き返し、少しずつ手直ししていく。その繰り返しの先に、きっとあなただけの素敵な作品が待っています。

アイデアの翼を広げる！作曲サポートツールと音の素材集

Art by えす

「音楽理論はまだ難しいけど、すぐに曲を作ってみたい!」「色々なアプローチを試したい!」そんな時に役立つのが作曲サポートツール。専門知識がなくても手軽に音楽が作れるツールや素材がたくさんあります!

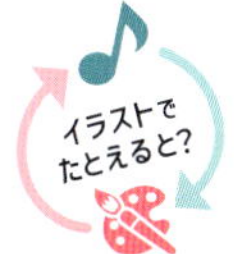

「楽曲サポートツール」は、3Dモデル機能やパース定規のような、制作補助してくれるツール

「サンプルパック」「ソフト音源」は、配布されているブラシやテスクチャの素材集　みたいなものです！

音のパレットを豊かに！「サンプルパック」の活用

「サンプルパック」は、ドラムのビート、かっこいいベースライン、キラキラした効果音、印象的な短いメロディのフレーズなど、**様々な「音の素材」がたくさん収録されている素材集**です。これらの素材を、コラージュ感覚で DAW ソフトに配置していくだけで、曲の雰囲気を作ったりアイデアを広げたりすることができます。初めて曲作りに挑戦する方やソフトの機能をまだ使いこなせないと感じる方にとっては、質の高い音を使って直感的に曲作りを進められるため、非常におすすめです。インターネット上には有料・無料、多種多様なサンプルパックが存在するので、自分の好きなジャンルや、作りたい曲のイメージに合わせて探してみてくださいね。

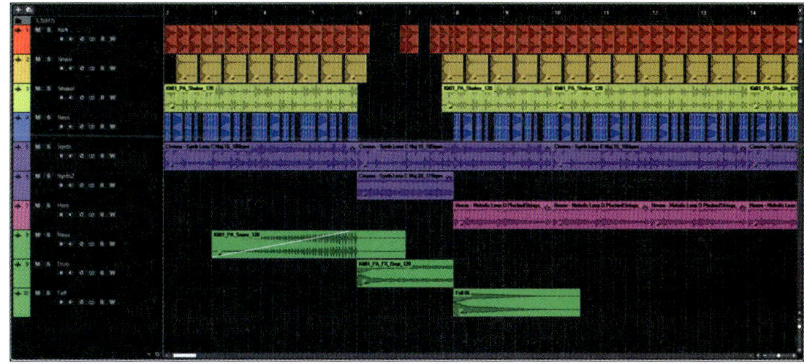

▲ サンプルパックだけで曲を作ることもできます!

初音ミクに命を吹き込む！ Piapro Studioでのメロディ入力入門

さあ、いよいよ初音ミクにあなたのオリジナルメロディを歌ってもらいましょう。ここでは、**初音ミクの歌声編集を行う「Piapro Studio」**を使って、どのようにメロディや歌詞を入力していくのか、基本的な操作方法を解説していきます。

メロディを打ち込んでみよう！ピアノロールの操作方法と便利機能

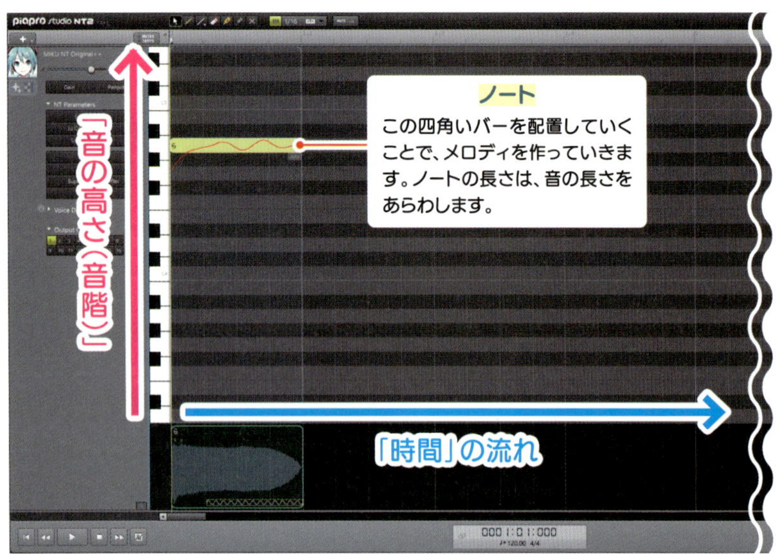

▲ Piapro Studioのピアノロール画面

Piapro Studioを開くと、DAWソフトでもおなじみの**ピアノロール**が表示されます。音の高さと長さを視覚的に編集するための画面です。操作は、とてもシンプルです。マウス操作が基本なので、すぐに慣れることができますよ。効率よく作業を進めるための便利機能もたくさん用意されています。

基本操作　ノートを置く（音符の作成）

鉛筆ツールを選択して、ピアノロール上の好きな場所をクリックすると、ノートが作成されます。クリックしたまま横にドラッグすると、長さを変えられます。

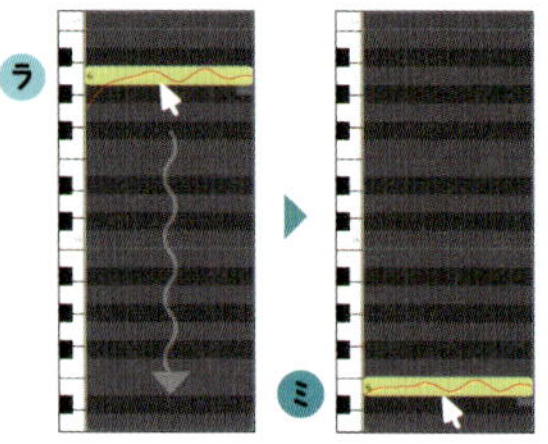

A4（4オクターブ目のラ）から
E3（3オクターブ目のミ）に変更

基本操作　音の高さとタイミング調整（ノートの移動）

ノートを、マウスで上下にドラッグすると、ノートが上下に動き、音の高さが変わります。鍵盤と照らし合わせながら、目的の音階に合わせましょう。同様に、ノートを左右に動かすこともでき、歌い始めるタイミングを調整できます。

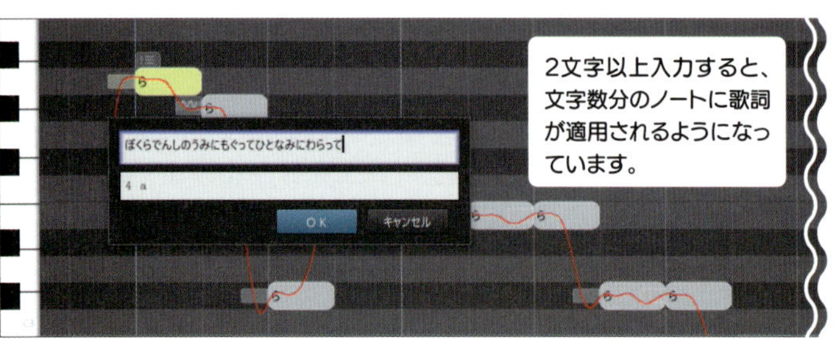

基本操作　歌詞を流し込む（歌詞の入力）

歌わせたい歌詞に対応するノートをダブルクリックすると、ウィンドウが開きます。ひらがな、カタカナ、またはローマ字で歌詞を入力し、OKボタンを押せば完了。

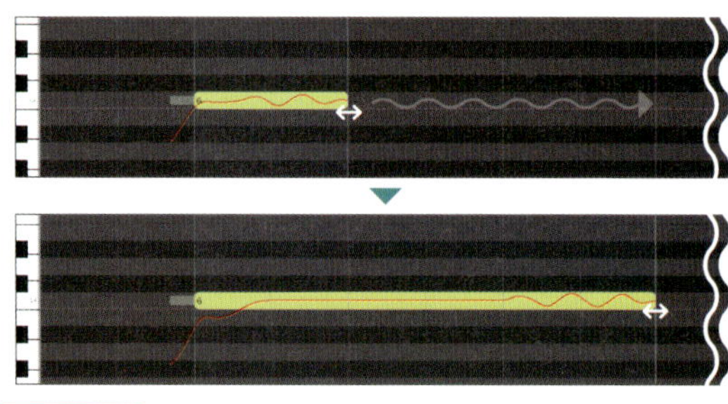

基本操作　音の長さを決める（ノートの長さ変更）

ノートの右端にマウスカーソルを合わせると、カーソルの形が変わります。そのまま左右にドラッグすると、バーが伸び縮みし、音の長さを変えることができます。

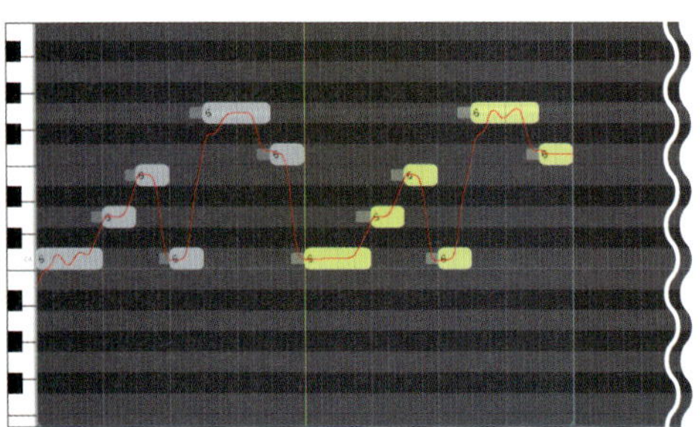

便利機能

選んだノートをコピーし、別の場所へと貼り付けることできます。

「コピー＆ペースト」

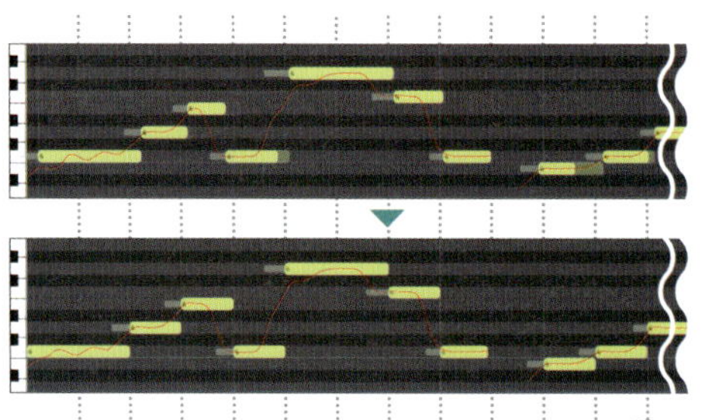

便利機能

入力したノートのタイミングをグリッド（音符の間隔の線）に合わせてくれます。

「クオンタイズ」

ピアノロールでの作業は、まるで音のパズルを組み立てるような感覚です。基本的な操作をマスターすれば、あとはあなたのアイデア次第で無限のメロディが生まれるはずです！

最初は、「きらきら星」や「かえるの歌」など、知っている曲のメロディを打ち込んでみるのがおすすめ。シンプルな曲で操作に慣れよう！

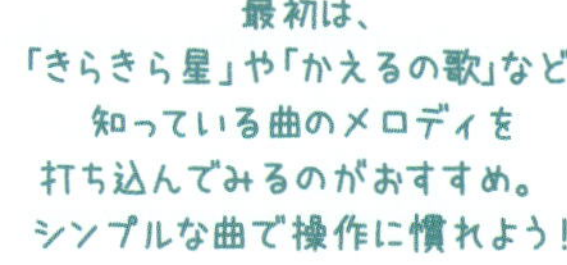

Art by えす

第3回 DTM講座－音楽制作をはじめよう！

第1回で音楽制作の全体像と必要な機材やDAWソフトについて、第2回ではドラムやスケール、コードといった楽曲を構成する要素や、音を混ぜて聴きやすくするミックスについてお話ししました。いよいよ今回は、あなたのアイデアを具体的な「歌」として形にするため、「初音ミク」を使ったボーカル制作をご紹介します。その後、オリジナルのメロディや歌詞を生み出すヒント、さらに作曲活動全般をサポートしてくれる便利ツールや素材の活用法についてもお届けします。

DTMで「初音ミク」を使ってみよう

皆さんは、初音ミクが使われた曲を聴いたことがあるでしょうか？
有名な曲も多いので、どこかで耳にしたことがある、という方も多いと思います。
ここでは、「初音ミク」について紹介します。

ソフトウェアの最初の発売は **2007年8月31日**
名前の由来は、**「未来からきた初めての音」**

Package
初音ミク 2007.8.31
初音ミク・アペンド 2010.4.30
初音ミクV3 2013.9.26
初音ミク V4 ENGLISH
初音ミクV4X 2016.8.31
初音ミク V4 CHINESE 2017.9.7
初音ミク NT 2020.11.27

Art by KEI

Art by iXima

初音ミクってどんな存在？

「初音ミク」は、クリプトン・フューチャー・メディア株式会社が開発した、「歌声合成ソフトウェア」です。簡単に言うと、パソコンに入力したメロディと歌詞の情報に基づいて、人が歌っているかのように歌声を生成してくれるものです。
ただ歌ってくれるだけでなく、歌い方のニュアンスを細かく調整できるのも大きな魅力。インターネットに投稿されている初音ミクの曲をいくつか聴いてみると、元気いっぱいのポップソングやしっとりとしたバラード、カッコいいエレクトロニカまで、歌い方も様々あることが分かると思います。様々なパラメーターを操作することで息遣いや声の強弱、しゃくり上げるような表現などを作りこんでいくと「自分だけの初音ミク」の歌声に仕上がっていくのが楽しいポイントです。

実は…初音ミクも「ソフト音源」の仲間!?

第１回で、**パソコン上で様々な楽器の音を鳴らすことができる「ソフト音源」**についてお話ししましたね。実は、**初音ミクもソフト音源の一種**と考えることができるのです。

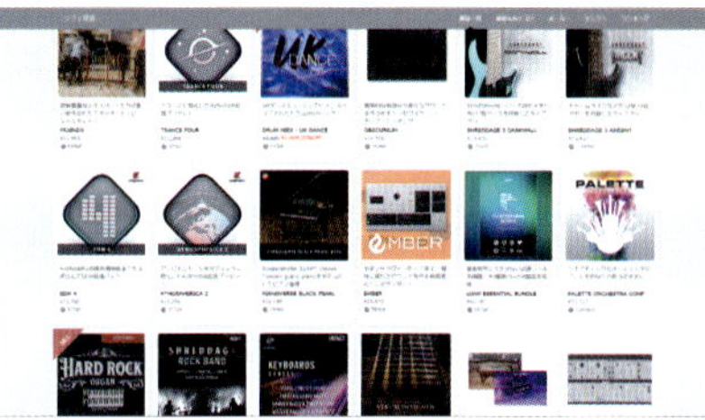
このソフト音源たちの仲間だった──！？

ピアノのソフト音源がピアノの音をパソコン上で奏でるように、初音ミクは「人の歌声」という楽器を奏でてくれます。具体的には、「Piapro Studio（ピアプロスタジオ）」という専用の編集ソフトを、DAWソフト上で起動して使用します。このPiapro Studioの画面でメロディや歌詞を入力していくことで、DAWソフトの他の楽器パートと合わせて初音ミクの歌声を響かせることができる、という仕組みです。

「初音ミク」ひとつですぐにDTMを始められる！

「初音ミクと一緒に音楽の世界へ飛び込みたい！」
という方にぴったりのパッケージ！

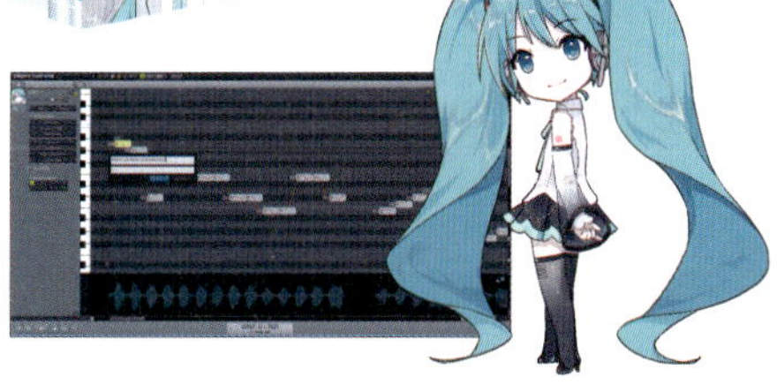
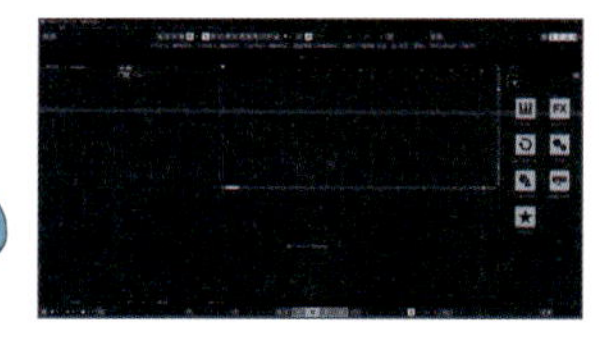

歌声編集プラグイン「Piapro Studio」
歌声を編集・調整するソフト

＋

ボイスライブラリ「初音ミク」
歌声のデータベース

＋

DAWソフト「Cubase LE」
作曲・編曲・MIXなどを行うソフト
※一部機能に制限あり
※多機能上位版にアップグレード可

「初音ミク NT」は、音楽制作に必要なものがそろったオールインワンパッケージです。製品には、初音ミクの「本体」とも言うべき「ボイスライブラリ」が複数収録されているだけではなく、歌声編集プラグイン「Piapro Studio」、スタインバーグ社のDAWソフト「Cubase LE」がセットになっています。「Cubase LE」は作曲、編曲、ミックスに必要な基本機能を備えており、ソフト音源やエフェクトも最初から付いてくるので、**パソコンさえあればすぐに音楽制作をスタートできるのが大きなメリットです。**

初音ミクは、単なる歌声合成ツールというだけでなく、あなたの創造性を刺激し、音楽表現の幅を大きく広げてくれる存在です。ぜひ、彼女と一緒に、あなただけのオリジナルソングを生み出す楽しさを体験してみてください。

詳しい情報は「初音ミク NT」製品ページをご覧ください

葉月透さんの作画工程（つづき）

フリルを描く③フリルたっぷりの装飾的なヘッドドレス

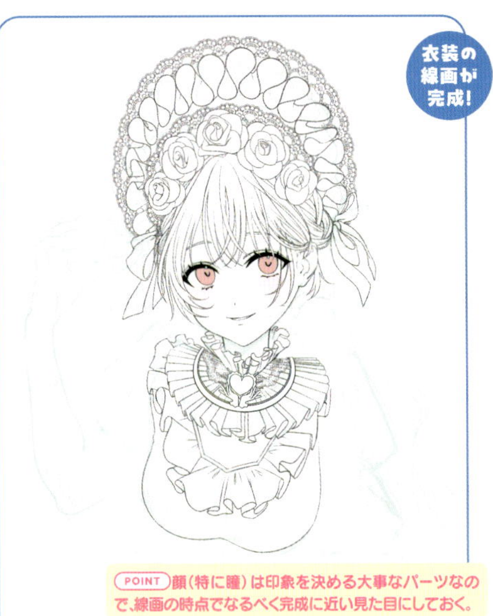

POINT 顔（特に瞳）は印象を決める大事なパーツなので、線画の時点でなるべく完成に近い見た目にしておく。

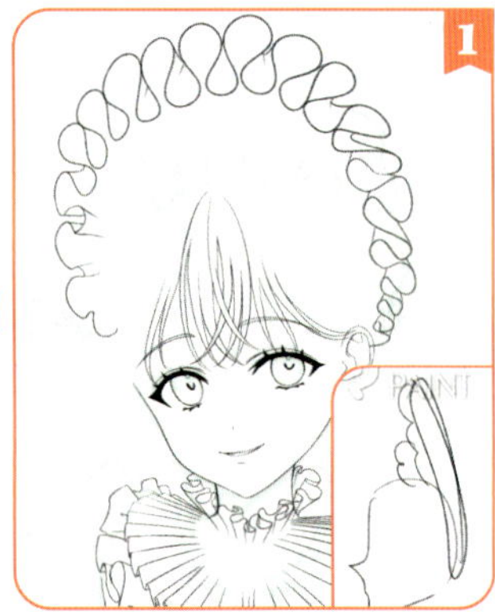

1 ボンネットのような帽子ではなく、横から見るとフリルが正面に見えるヘッドドレスです。形がへたらない固めのフリルなので、規則的な波形にしています。

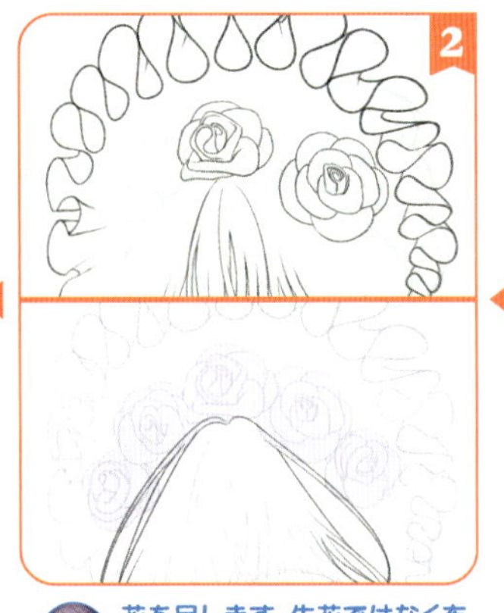

2 花を足します。生花ではなく布製なので花びらに丸みをつけました。いくつか描いたら大きさや角度を調整して並べます。色をつけたのは前髪との重なり具合を見るためです。

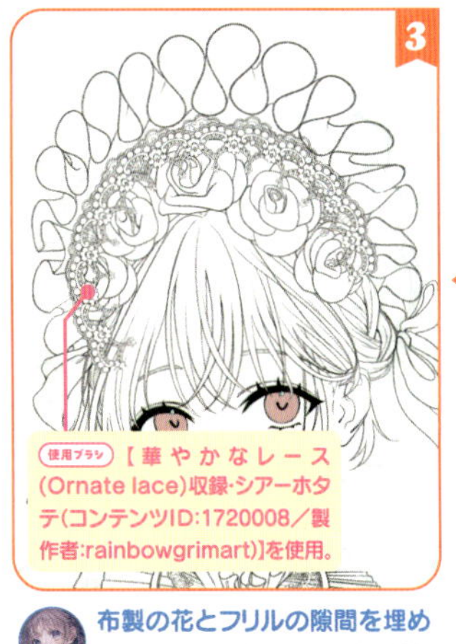

使用ブラシ【華やかなレース(Ornate lace)収録-シアーホタテ(コンテンツID:1720008／製作者:rainbowgrimart)】を使用。

3 布製の花とフリルの隙間を埋めていきます。髪を編み込んだり、フリルの素材をヘッドドレスに沿わせるように乗せたりして密度を出しました。

ミナミミオさんの作画工程

人物のアタリを描く

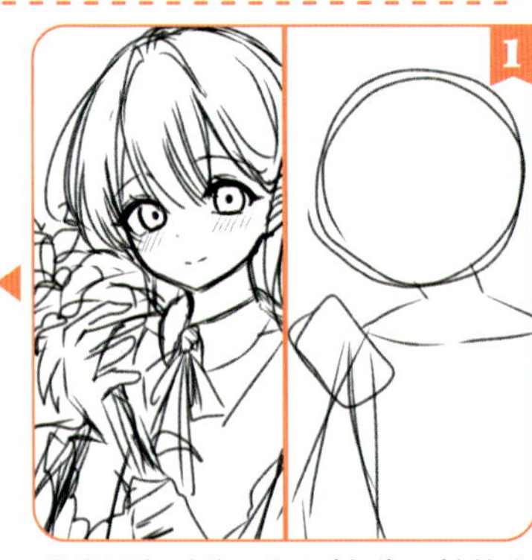

1 単純な形で人物のサイズやポーズを決めてから細部を描く。ブラシは葉月さんのオススメから【マルチブラシ】をチョイス。

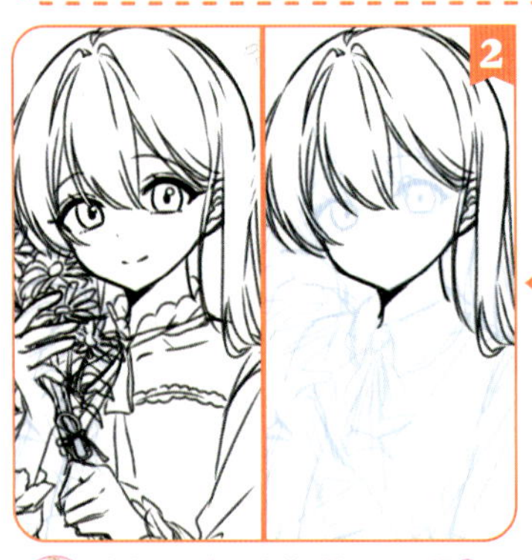

2 新規レイヤーを作成して、工程①の大ラフを薄く表示しつつラフを描きました。衣装は描きながら考えました。

カラーラフを作る

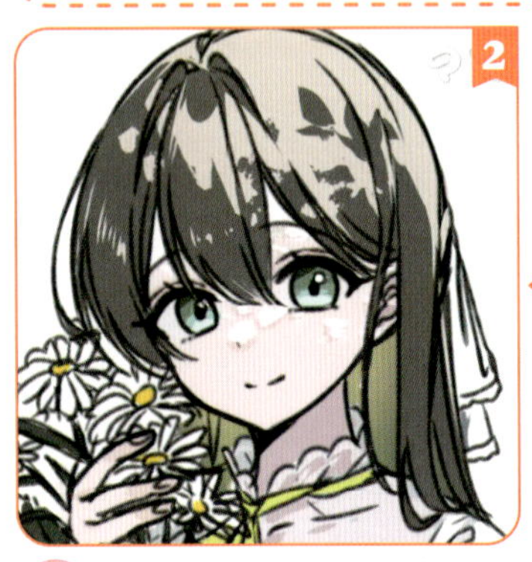

1 整えたらラフの下層に新規レイヤーを作成して、【丸ペン】で色を置いていく。完成をイメージしながらカゲもつけた。

2 肌と髪のハイライトに【木陰ブラシ_粗(コンテンツID:1700916／製作者:衿槇空狐)】を使用しています。木漏れ日のようなシルエットを作ることができました。

描いてみた感想

※写真の操作画面はスタジオモードです

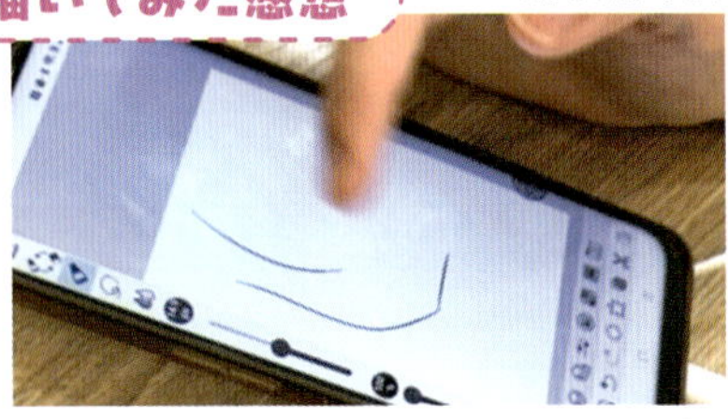

指で描くミナミミオさんは、ブラシ設定の「手ブレ補正」をオフにして、シュッと素早いストロークで線の入り抜き具合を調整していた。

初めて触れる機能が多く戸惑いはしたものの、ブラシや素材の豊富さに感動しました。普段なら1から手描きになるはずの箇所も、ブラシを取得するだけで簡単に描くことができました。そのほとんどのブラシが無料で使えることも驚きです！　スタジオモードでは、ブラシの設定や便利なレイヤー機能、クリップボードから新規作成する方法などもあり、色々と調べつつ作画を進めていきました。新しい知識が増えていく度に、作画スピードがドンドン上がっていくのを感じます。慣れるととっても便利な機能が沢山あって楽しかったです！

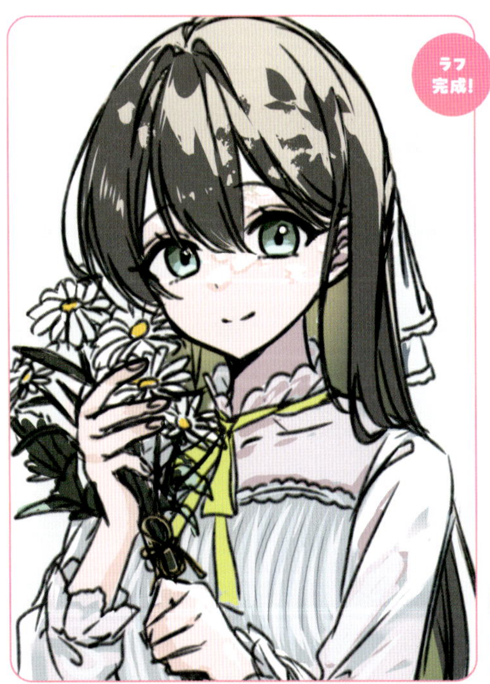

ラフが完成しました。首元のフリルは透け感のある素材をイメージしています。袖口や髪のリボン、胸元などに細かく装飾を入れてみました。背景は手前に植物の葉を入れてみたのですが、背景にお花のシルエットを入れるのみにしました。

ミナミミオさんのフリルの描き方の変化

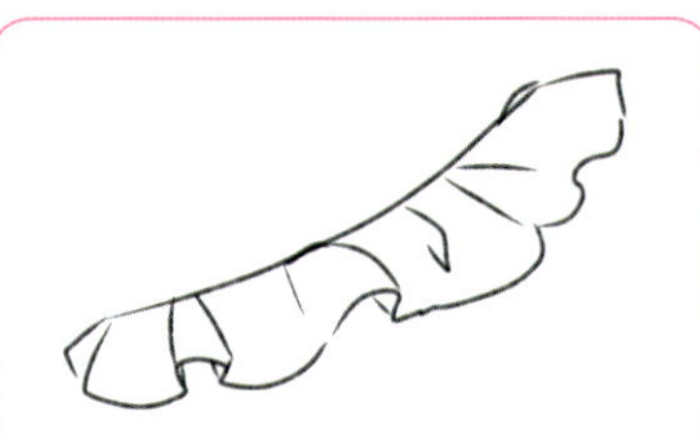

ミナミミオさんがもともと描いているフリルの描き方。波形がゆるやかで、リアルクローズにマッチする印象です。角張っていると固く見えるので注意しているとのこと。

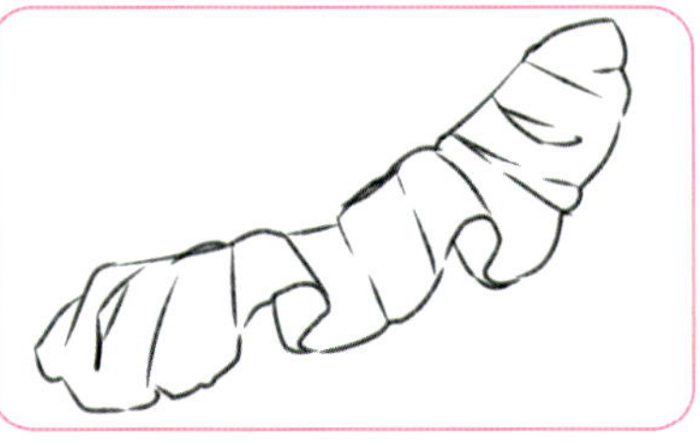

葉月さんの描き方を意識してみました。あまり規則的にせず、布の厚みにも気をつけながら描きました。やわらかい波形も大事にしたところです。

次回予告●前後編でお届けする衣装の描き方、前編はいかがでしたか？後編は彩色の工程を通して衣装の描き方のポイントを紹介します。お楽しみに！

葉月さんは、描き慣れているデスクトップ版CLIP STUDIO PAINTも兼用して描いていきます。

アイデア出し～顔の清書

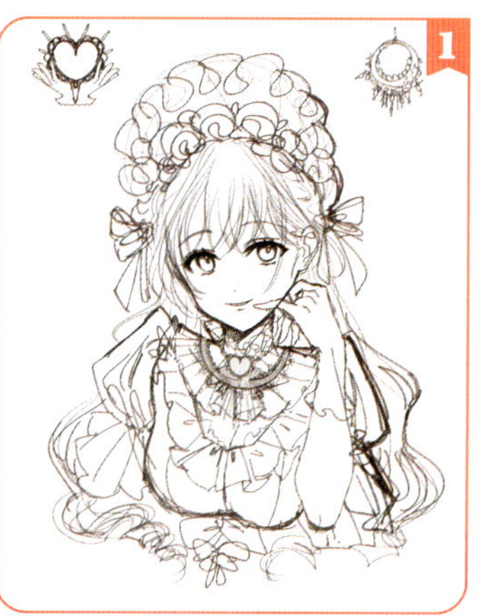

1 アイデア出し。バストアップのなかに装飾をたくさん詰め込んだ豪華な衣装。

ベースは【ミリペン】でサクサク描きました。筆が軽いので直感的に引けます。大事なパーツは筆が滑らないように少し重めの【マルチペン(コンテンツID:1920814／製作者:ObliviousQuill)※紙質をカスタム】を使います。

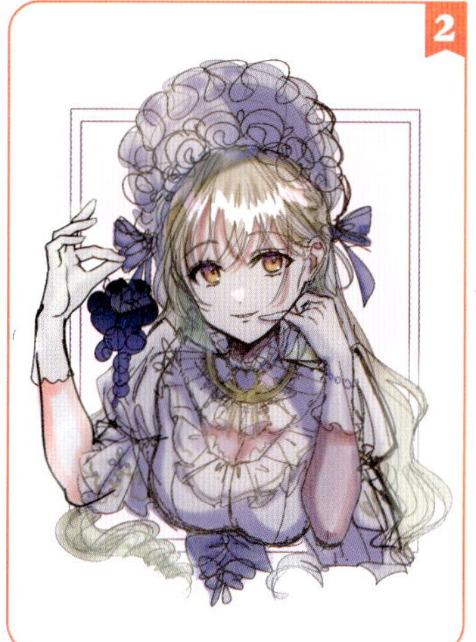

2 色を置いてみたらブドウが似合いそうだと感じたので仕草を変えました。衣装が引き立つように背景はシンプルにします。この構図ラフを納得できるまで詰めないと、この先どんなに頑張っても良い絵にはなりません。諦めずに頑張ります!

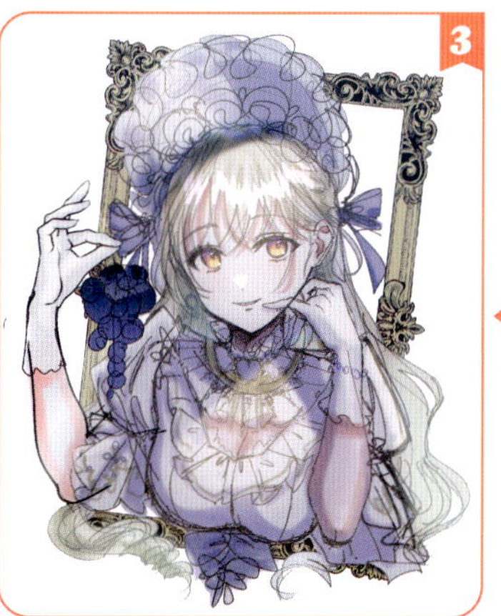

3 構図ラフの完成です。背景は、シンプルなフレームから衣装と合いそうな装飾的な額縁の素材【アンティーク額縁風飾り枠4(コンテンツID:2062681／製作者:・きっち・)】を使うことにしました。乗せている陰影は描きたい「光」と「影」になるのかテストも兼ねて塗っています。「白」「紫」「金」の3色でまとめる予定です。

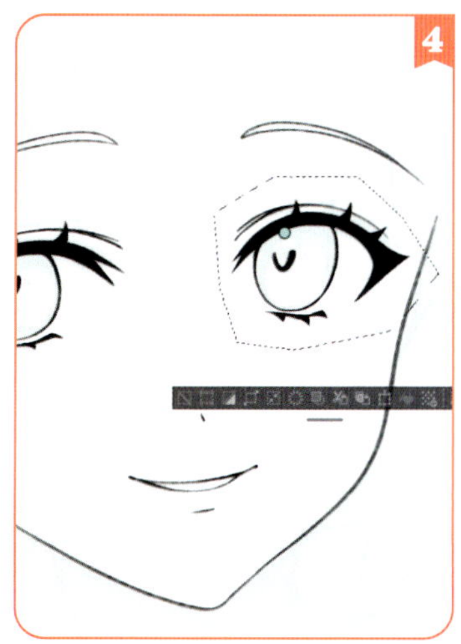

4 仮で乗せた色のレイヤーを非表示にして下絵のみの状態にする。描く線画が目立つように淡い色に変更して清書する。

衣装の前に目元から清書します。描きつつ気になったら角度を変えたり、【ゆがみ】ツールで調整していきます。

フリルを描く①胸元の大ぶりなラッフル襟

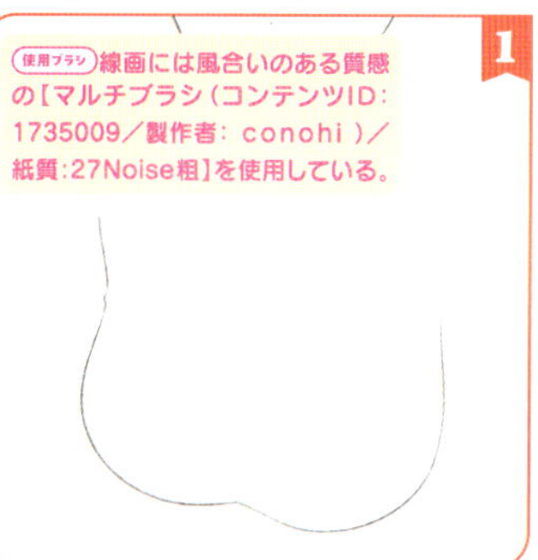

1 使用ブラシ 線画には風合いのある質感の【マルチブラシ(コンテンツID:1735009／製作者: conohi)／紙質:27Noise粗】を使用している。

衣装に沿ってフリルはつくので、体の位置を意識することが大事です。腕と重なって見えなくなる場所も装飾の繋がりが崩れないように描いておきます。

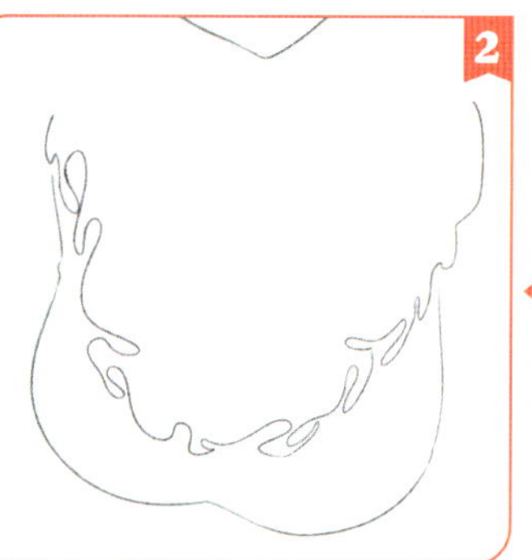

2 フリルのシルエットは柔らかければ柔らかいほどいいと思っています。フリルを描くという意識より、不規則でもにゃもにゃとしたラインを引きます。

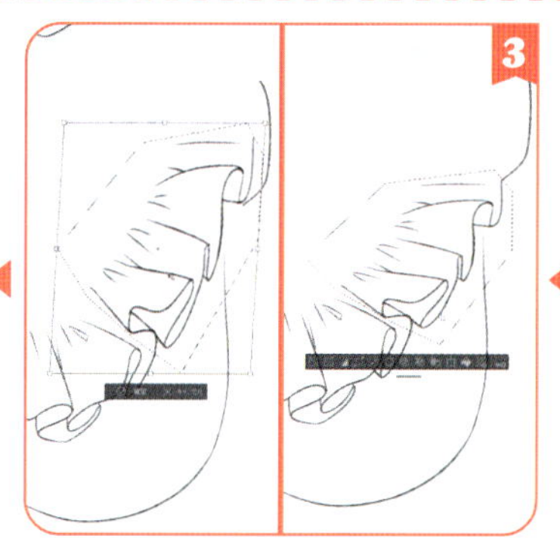

3 手ぐせで一旦引いたあと、【ゆがみ】ツールや【変形】機能でフリルの形を調整したり角度を変えたりする。フリルの角度が穏やかになり、左右のバランスもよくなった。

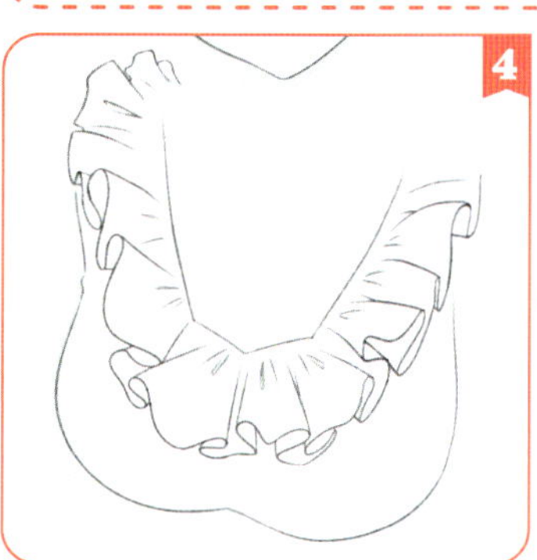

4 布地と接着する襟のアタリを描いたら一段目は完了です。フリルは1枚の布を寄ったものなので、なるべく1本の線でアウトラインを引くことを意識しています。

フリルを描く②布が細かく折り畳まれているプリーツ

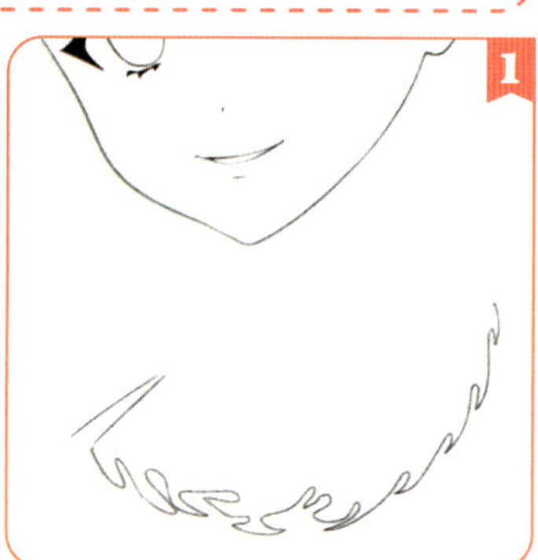

1 さきほど描いたレイヤーを非表示にして、首元のフリルを別のレイヤーに描いていく。胸元よりもフリルのひだを細かくするので、波形は高めに、幅も狭くする。

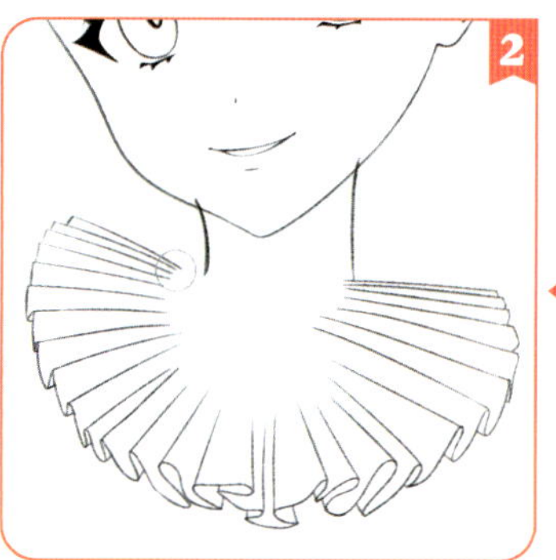

2 首の中心からプリーツが放射状に広がるイメージで線を伸ばしていきます。手前は広く、奥に行くほど狭くすると立体感が出ます。

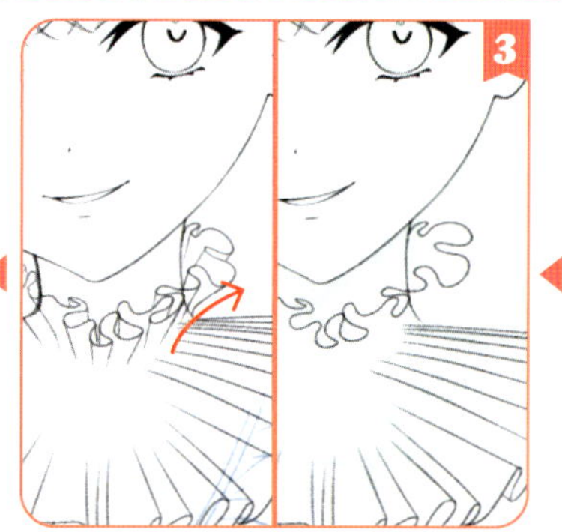

3 ハイネック部分も首元から繋がっている生地なので、同じ幅で波形を描く。円筒状の首にキュッと密着しつつ、端を扇形に広げると窮屈に見えず、華やかさが出る。

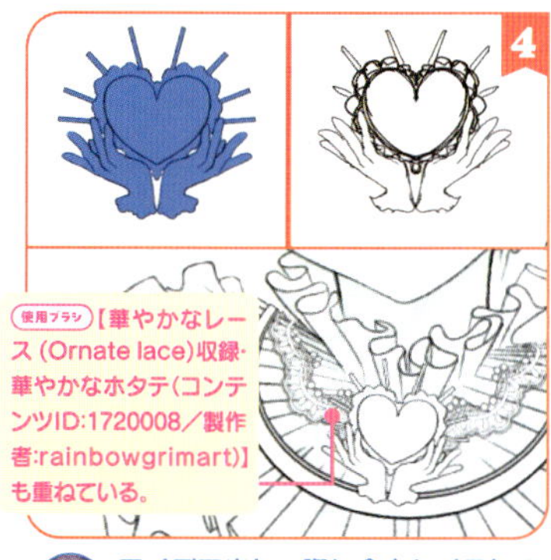

4 使用ブラシ【華やかなレース(Ornate lace)収録・華やかなホタテ(コンテンツID:1720008／製作者:rainbowgrimart)】も重ねている。

アイデア出しの際に余白にメモしていたハートの装飾を清書して、首飾りに仕立てます。サイズをあわせたり体の角度に沿わせるように乗せました。

シンプルモードを使ってみよう!

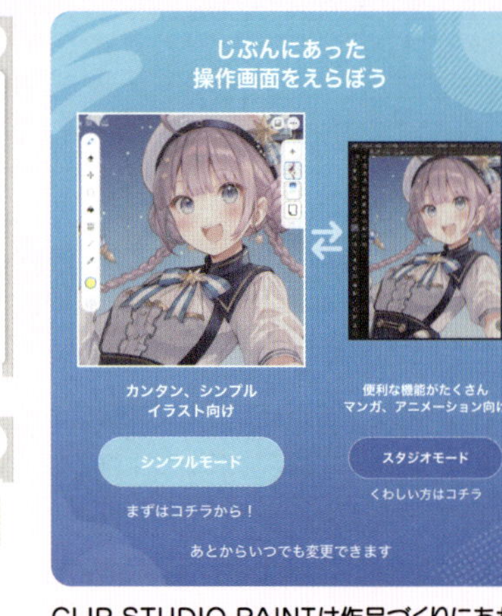

CLIP STUDIO PAINTは作品づくりにあわせて好みの操作画面を選ぶことができます。今回は直感的に描ける「シンプルモード」を紹介します。イラスト制作に必要なツールが揃っているので「難しいことはわからないけれどデジタルで絵を描いてみたい」「自分で設定を調整することに自信がない…」という方は、まずシンプルモードで描いてみましょう!

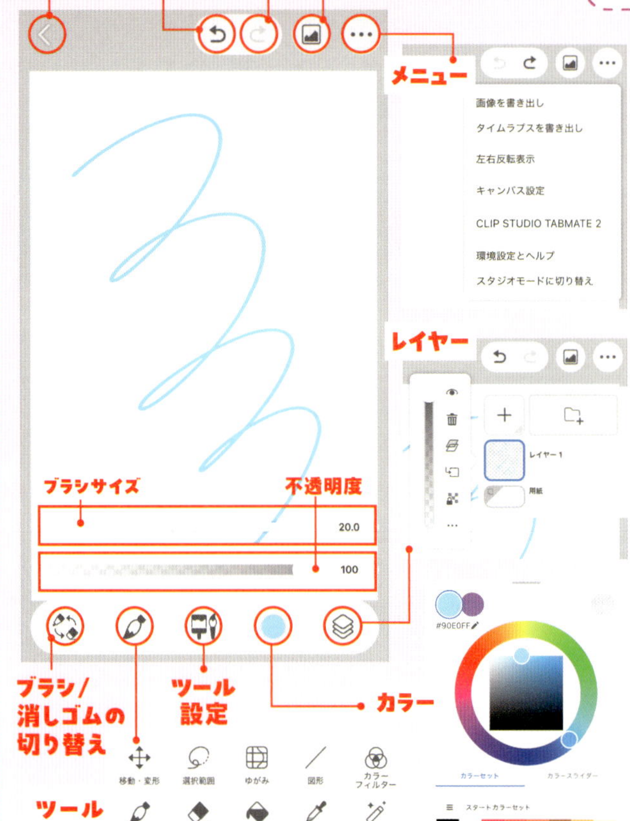

スタジオモードも使ってみたい!

メニュー→スタジオモードに切り替えでいつでも変更可能。続きから描けます。

ワンポイント① 多彩なツール

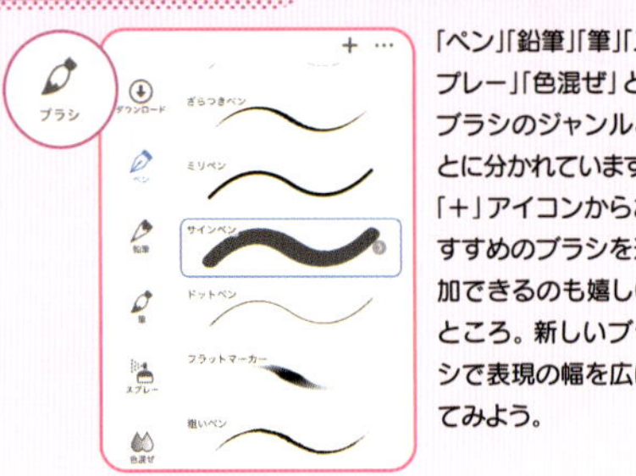

「ペン」「鉛筆」「筆」「スプレー」「色混ぜ」と、ブラシのジャンルごとに分かれています。「+」アイコンからおすすめのブラシを追加できるのも嬉しいところ。新しいブラシで表現の幅を広げてみよう。

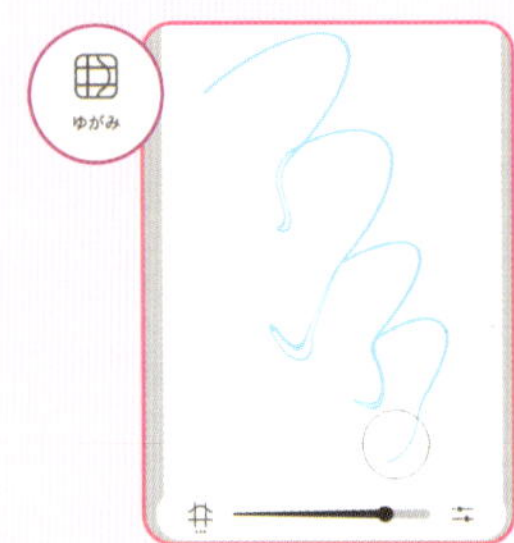

葉月さんがCLIP STUDIO PAINTでの制作に欠かせないという「ゆがみ」ツール。描いたあとで形を調整したい、線画の向きを変更したいときに便利です。ゆがませる方向の種類も豊富。

ワンポイント② タッチジェスチャーでサクサク描こう!

- 二本指タップ……取り消し
- 三本指タップ……やり直し
- 二本指スワイプ……キャンバス移動
- 三本指スワイプ……キャンバス回転
- 一本指ロングタップ……スポイトツール

イラスト講座

Q&A \ 葉月透さんに聞く / 「装飾的な衣装を描く魅力とポイント」

装飾的な衣装に興味を持ったきっかけはどんなことでしたか?

昔からフリルなどの装飾が好きなんです。ドレスに興味を持ったのはリカちゃん人形や着せ替え人形からでした。SNSを見るようになってロリータファッションを知り、描いてみたいと思うようになりました。お人形さんと近い感覚なので、自分で着るよりも見ることが好きです。

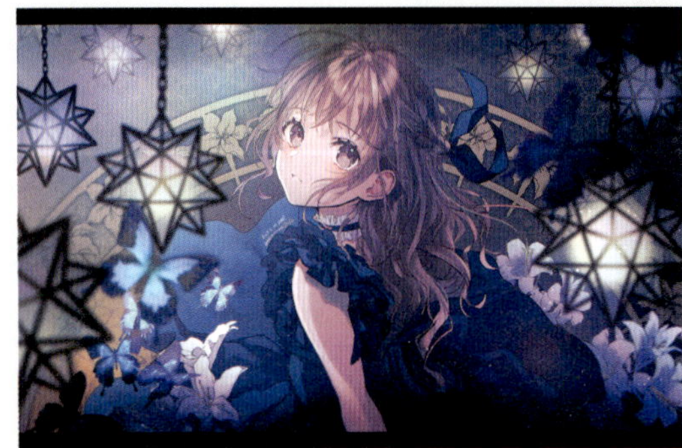

close up

葉月さんが描く衣装の装飾はバリエーション豊富! フリルやプリーツ、ドレープなどを使い分けることで可憐な雰囲気や存在感のあるゴージャスな世界観まで表現できます。衣装のパターンに悩まれる方はぜひ参考にしてみてはいかがでしょうか。

お気に入りのモチーフを教えてください!

今も昔もお人形が好きです。じつは満を持してお人形のオーナーになりました。決断したのは、自分の好きな絵柄のまま極めたいという気持ちがあるためです。いま描いている絵柄が結構気に入っているので、流行りに寄せずに描いていきたいと思うようになりました。一目惚れしたお人形は、今描いている頭身と近い印象なんです。デフォルメ具合やまつ毛の感じなど、自分が描きたい魅力がそのドールにある気がしました。

装飾などの質感を知るためには実際の衣装を見る方が良いでしょうか?

最初は手ぐせでもいいと思います。描いてみると「これは違うな」となるので、ネットなどの資料を見てみます。どうしたら自分の描きたい表現になるのか見えてくると、ほしい資料が明確になりますよ。ずっと想像だけで描いていくと、自分の頭のなかの妄想の形になっていくので、定期的に写真や本物を見て現実を直視すると、イメージがリフレッシュされると思います。とはいえ、イラストは写真ではないので、嘘のカゲやシワを描いてもいいですし、資料からコラージュして描くのもアリです。自分がその絵で表現したいと思えるタッチを優先するべきかなと思います。

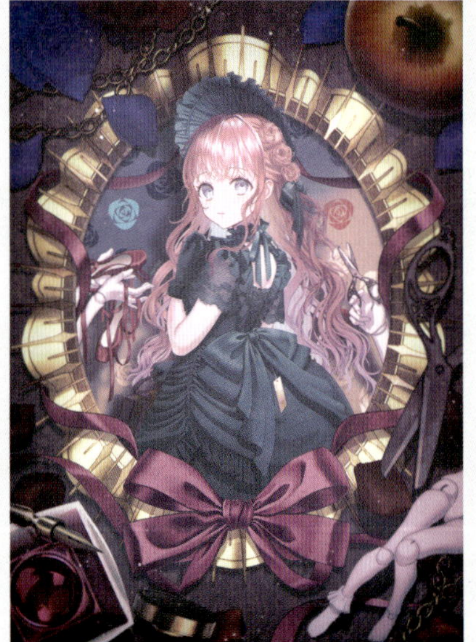

葉月さんが描く装飾的な衣装の一部を紹介

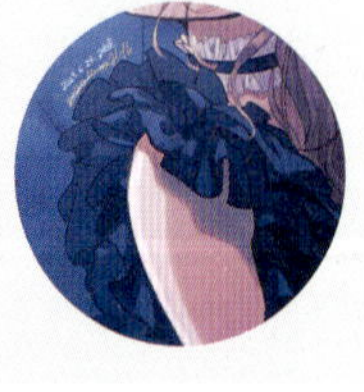
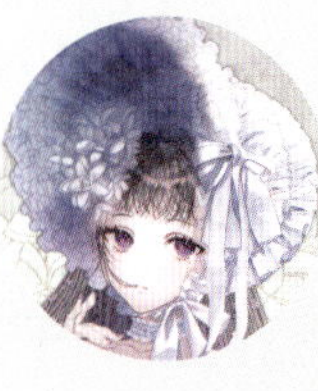
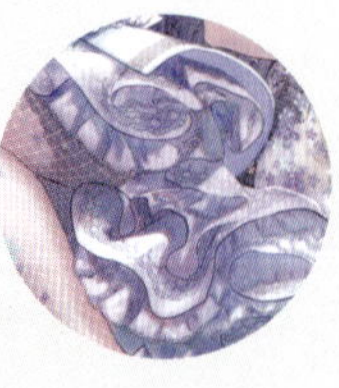
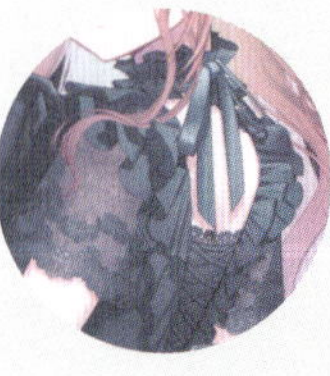
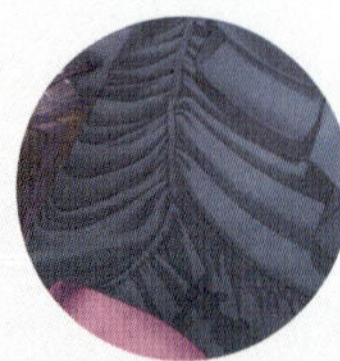

「CLIP STUDIO PAINT（クリスタ）」は、スモールエスに届くイラストで多く使われているだけでなく、使用したい画材の上位に入っているお絵描きアプリです。ナビゲーターを務めるのは、ラフから完成までフルデジタルで描いている「葉月透」さんと、現在はお絵描きアプリで指を使って描いている「ミナミミオ」さんです。前後編で、「装飾的な衣装を描く」ことに注目しながら、ラフ・線画・彩色それぞれの工程で気になるポイント、表現の幅が広がる描き方、作画がはかどる便利な機能などを紹介していきます。みなさんからも「こんな使い方をしてみたい」「こういった絵を描くときはどうすればいい？」など、CLIP STUDIO PAINTを使ってみて気になること、描き方について聞いてみたいことを募集しています！　巻末のアンケートハガキに書いて送ってくださいませ。

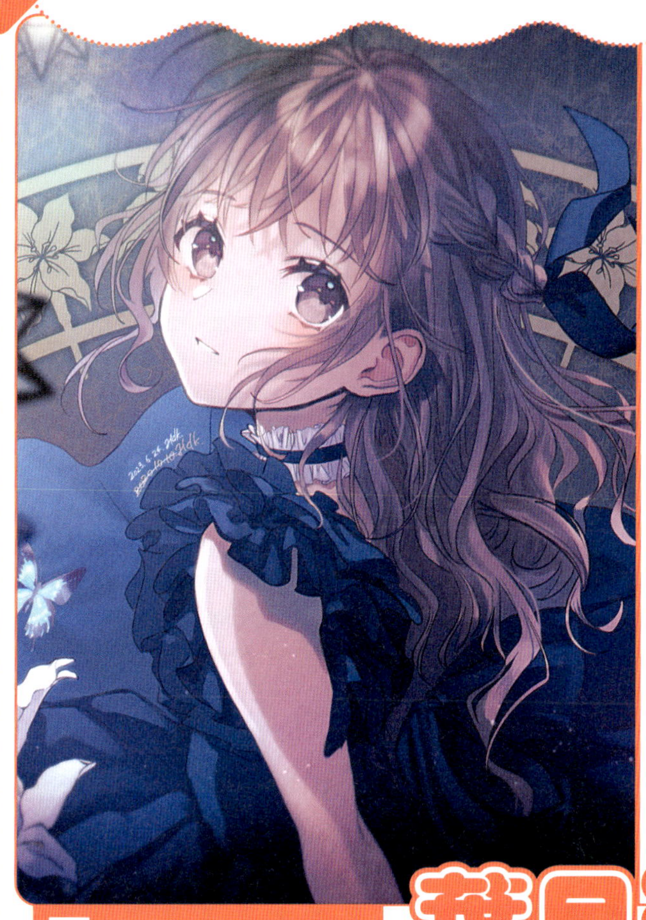

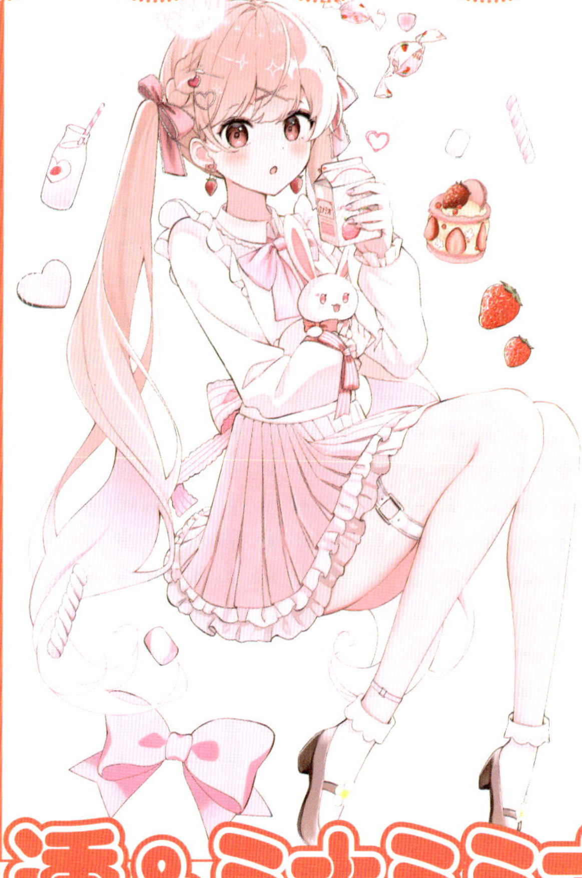

葉月透（はづきとおる）&ミナミミオ

イラスト講座

機材
【葉月透】Wacom Intuos Pro タブレット（Android）
【ミナミミオ】OPPO（Android搭載スマホ）

葉月透／イラストレーター。VTuberの衣装やMV、グッズイラストなどを手がける。装飾的な衣装や儚げな少女が登場する世界観が好き。CLIP STUDIO PAINTは、ComicStudioの頃から愛用している。

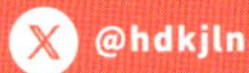
@hdkjln

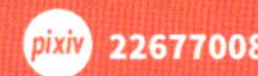
pixiv 22677008

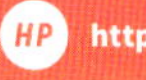
HP https://hadukijj.wixsite.com/grkt2sn

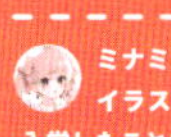
ミナミミオ／長らく指を使ってスマホでデジタルイラストを描いている。今年から美術系の大学に入学したこともあり、新しい作画環境に挑戦中。

@0527minamimio

lit.link minamimio0527

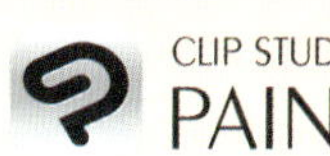

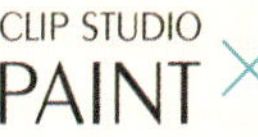

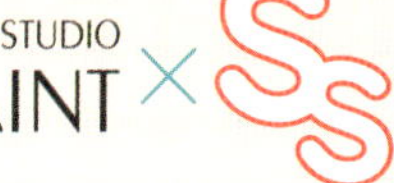

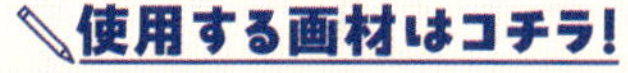

CLIP STUDIO PAINT

- スマートフォン、タブレット、パソコンで使用できるお絵描きアプリ
- イラストやマンガ、アニメーションまで幅広く制作できる
- 定期的なアップデートにより最新の環境・技術で作品制作が行える
- プロも使う多彩なブラシで水彩や厚塗りなど幅広い表現に挑戦できる
- 「CLIP STUDIO ASSETS」から追加素材・ブラシをダウンロードできる

まずは無料体験版を使ってみよう！　CLIP STUDIO PAINTの利用方法、ダウンロードはこちらから!

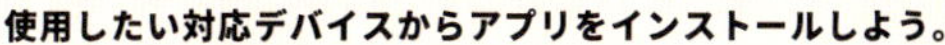

使用したい対応デバイスからアプリをインストールしよう。
※年額・月額利用プランは、無料期間終了後、プラン契約をすることで継続して利用できます。
※いずれの機種で使用する場合もインターネットへの接続が必要です。

[無期限版（一括払い）] Windows / macOS
PRO:6,400円（税込） EX:26,900円（税込）※ダウンロード販売

[年額・月額利用プラン]
iPad / Android / Windows / macOS / iPhone
PRO:100円/月（税込）〜　EX:300円/月（税込）〜
スマートフォンなら毎月30時間ずっと無料

まずは持っているデバイスで描いてみよう!
CLIP STUDIO PAINTはスマホ、タブレット、PCと幅広い作画環境に対応しているのが魅力。指描きからスタイラスペン、ペンタブレットなど自分の作画スタイルにあわせて使ってみよう!

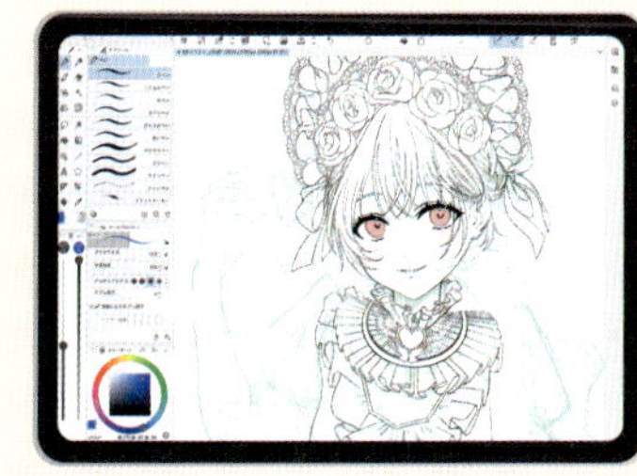

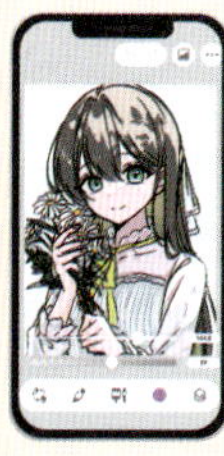

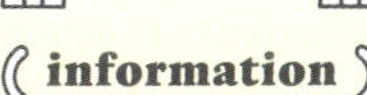

information

発売元
株式会社セルシス
www.clipstudio.net

X【@clip_celsys】

トーンを貼る・バッグの模様を表現する

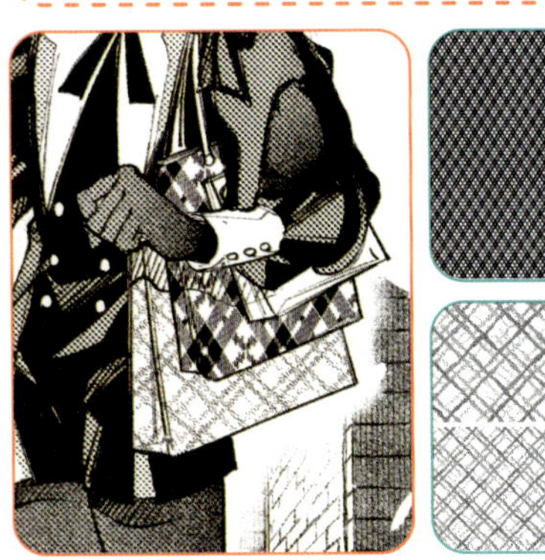

Y-1560

Y-1660

バッグは2種類のトーンを使用する。手前にあるバッグのチェック模様は「Y-1560」を使った。大きめのバッグは洋服のチェック模様などにもおすすめの「Y-1660」(上部)を配置。

トーンを貼る・ご機嫌な感情を表現する

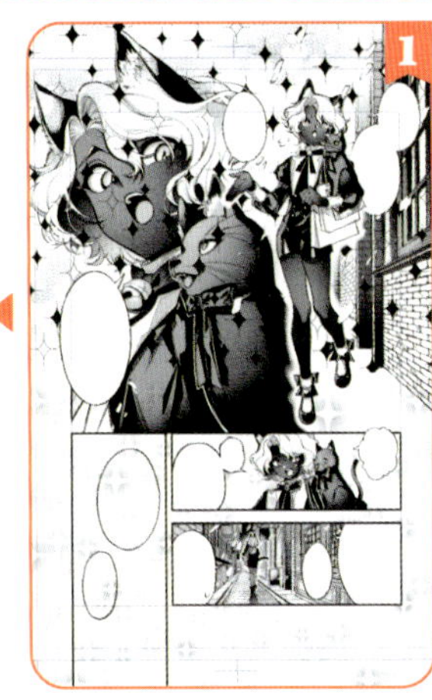

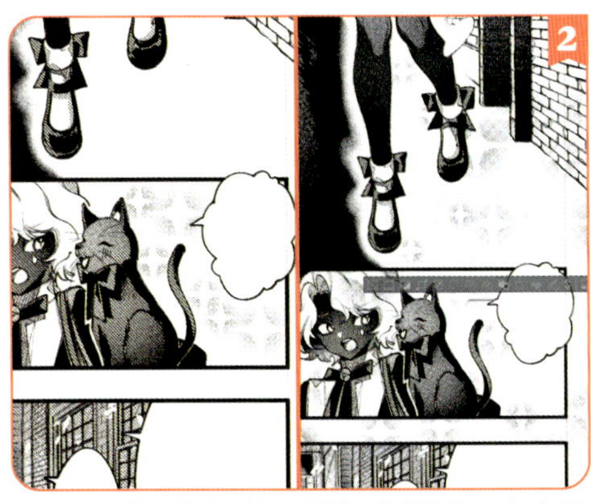

好みの形を「投げなわ選択」で選択して切り取る。いくつか複製してバランスを見ながら配置すれば完成。

Y-1723でご機嫌な感情を表現する

黒猫である先生のご機嫌な様子(3コマ目)は、輝くダイヤ「Y-1723」(下部)を配置する。まず、トーンを仮配置する。

トーンを貼る・レンガの地面を表現する

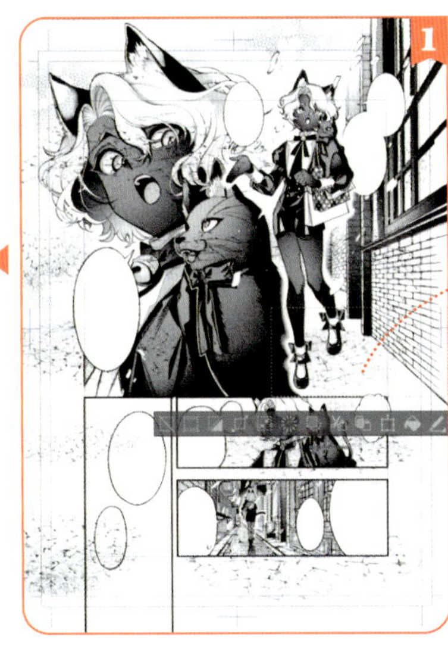

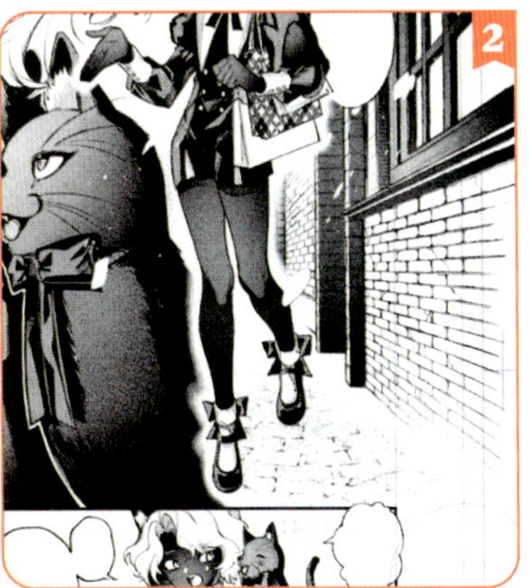

使用する場所を「長方形選択」で選択して、「選択範囲外をマスク」することで、表示する模様を絞った。続いて透明色をつかって「カゲ砂L」のブラシで手前のトーンを削ってぼかす。

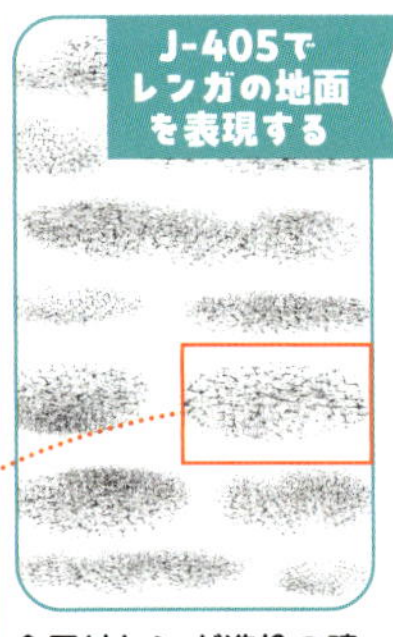

今回はレンガ造りの建物が並ぶ路地裏が舞台。地面を「J-405」で表現する。形、角度、密度など様々なパターンがあるなかから、今回は右列の下から3番目の模様を使うことにした。

真田しろさんの感想

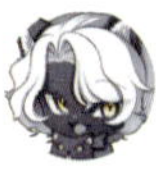

今回の漫画にも使用した「J-453」は、ふんわりとした空気感を演出するのに最適なトーンなのでとても好きです！どこを切り取って使おうかなと迷う時間が好きだったりもします。私は昔から、カラーよりモノクロの方が得意でした。漫画家になったいま、表現の幅が広がるトーンを上手く使いこなせるように日々研究しています！　みなさんもぜひ自分好みのトーンを探して漫画を描いてみてください！

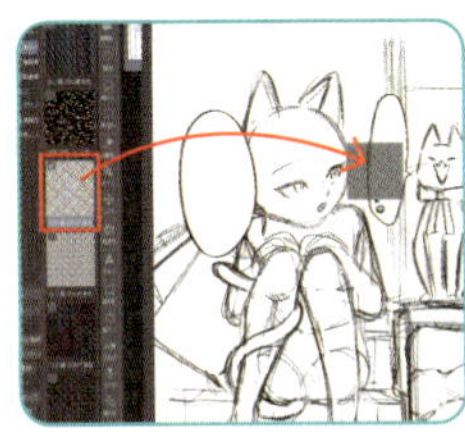

アイシースクリーンデジタルをドラッグ＆ドロップする様子。

真田しろさんは漫画を描く際に、フキダシ、背景も手でひとつずつ描いていました。そうすることで絵をなじませながらも、サッパリしすぎず、見応えのある作品にしていたように思います。また、作品全体の光やカゲはなめらかに表現しながらも、人物の陰影はパキッと描くことで絵力のある1ページ漫画に仕上げていました。また、アイシースクリーンデジタルはダウンロードさえすれば「素材」より、ドラッグ＆ドロップするだけで簡単に貼ることができます。みなさんも真田しろさんのメイキングを見て、モノクロイラストや漫画を描いてみてください！　また、新規30種ものトーンが加わったアイシースクリーンデジタルもぜひチェックしてみてくださいね。

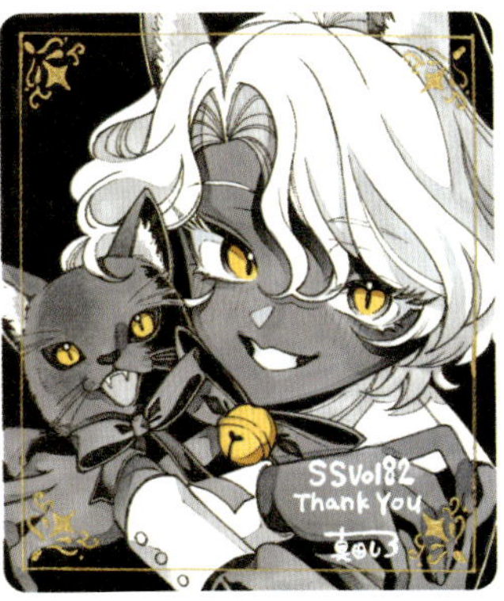

サイン色紙プレゼント

トーンを貼る・雪模様を表現する

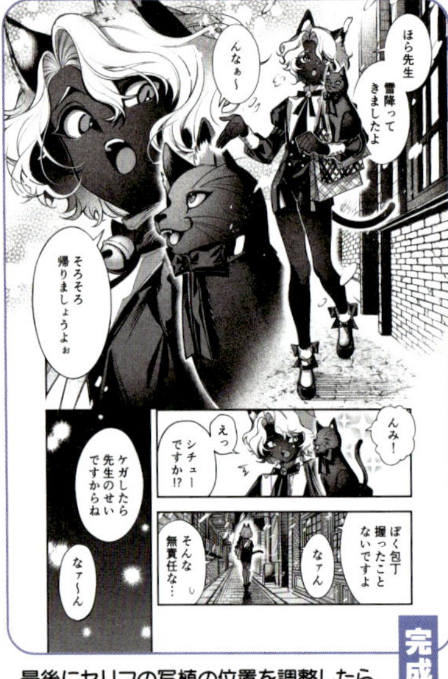

最後にセリフの写植の位置を調整したら、1ページ漫画の完成!

完成！

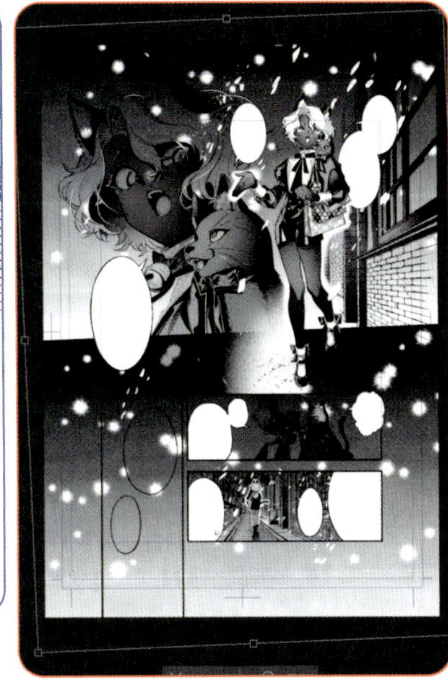

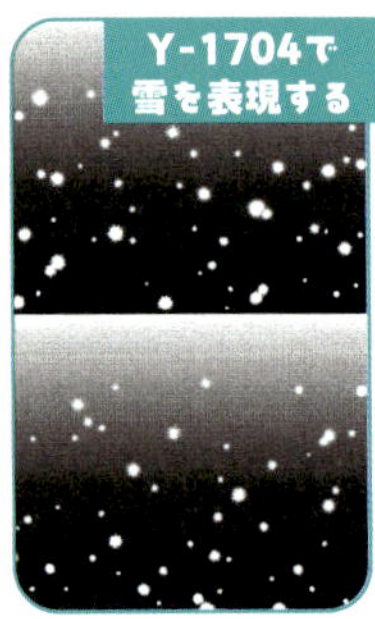

「Y-1704」が雪に見えたことから今回のシーンを想像した真田さん。トーンを配置したら、角度を整えて、最後のコマに入る模様を見る。配置が決まったら「選択範囲外をマスク」で表示を絞れば、見るひとに物語を想像させるコマの完成。

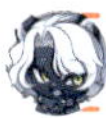

ペン入れは主に「かしペン」（コンテンツID:1708763）を使っています。

線画を描き、黒ベタを塗る

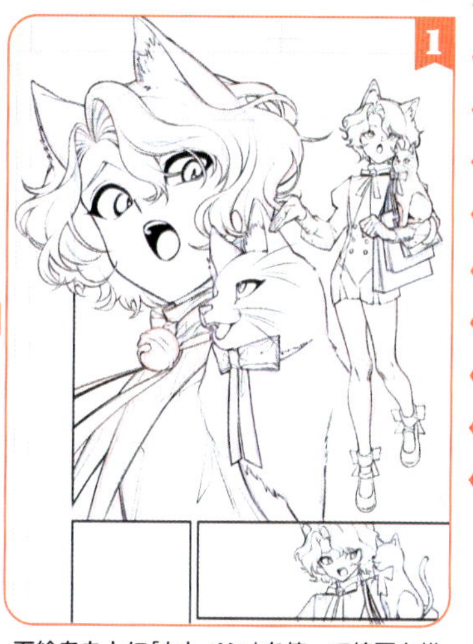

下絵をもとに「かしペン」を使って線画を描く。線は何度も描きなおしをするのではなく、「ゆがみ」ツールを利用してモチーフの形を整えるのが真田さんの描き方。

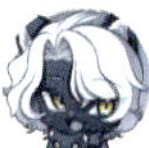

線画でも「ゆがみ」ツールをたくさん使って理想の位置に線を移動させています。

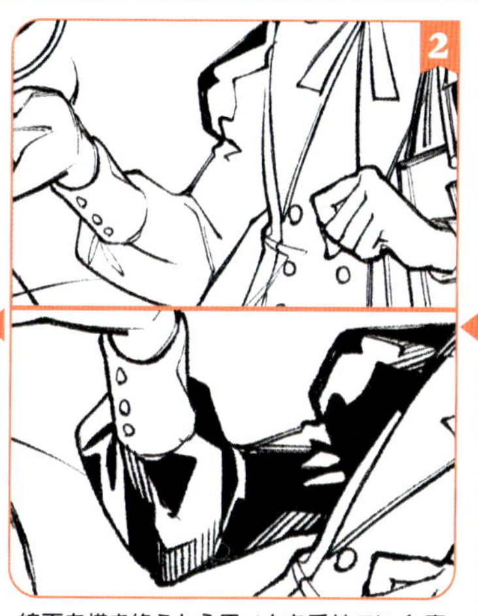

線画を描き終えたら黒ベタを乗せていく。真田さんは服や靴、リボンなど、パキッとしたシワや光沢が生まれる場所をまず、白抜きする。ザクザクとした線で白抜きする場所にアタリを引き、そのあと「バケツ」（他のレイヤーを参照）ツールを使用して黒く塗りつぶす。白抜きしたけれどカゲになる場所には「かしペン」で斜線を引く。

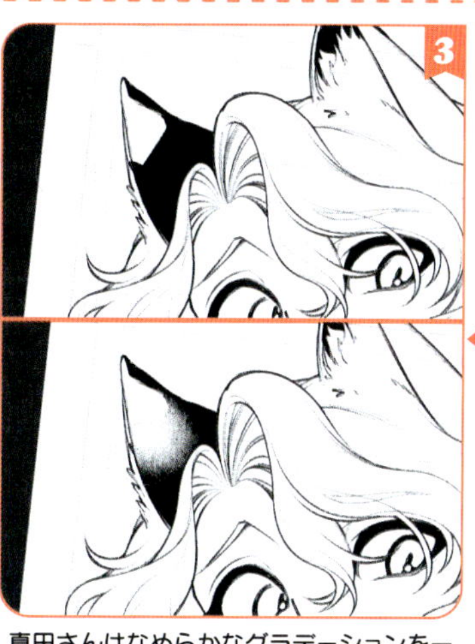

真田さんはなめらかなグラデーションを一枚絵にいくつも取り入れることによって、表現としてはモノクロであるが、色や空気を感じさせるような作品に仕上げていた。ラミントンの猫耳の描き方としては、耳先は白抜きしながらも付け根部分は黒く塗りつぶす。続いて透明色で「カケアミ（薄）」を使い、黒ベタを削ることでグラデーションをつくる。

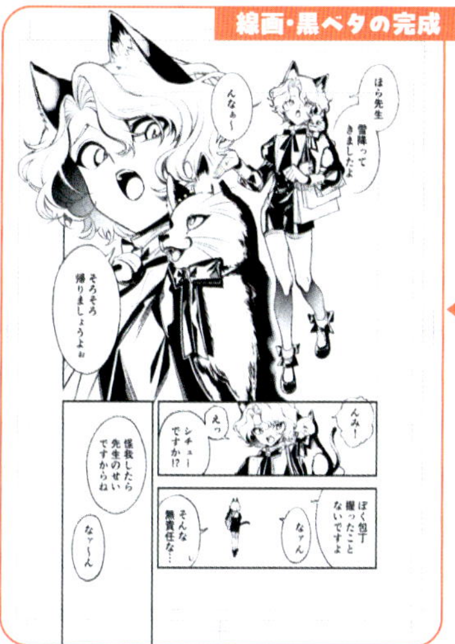

トーンを貼る前の状態。1コマ目のラミントンの全身絵の脚のグラデーションも工程③と同様の手順で表現していた。ただし、黒くベタ塗りをしたあとに使ったブラシは「広く薄く滑らか削り」。黒ベタをどのようなブラシで削るのかを考えるところも面白さのひとつ。

肌を塗る

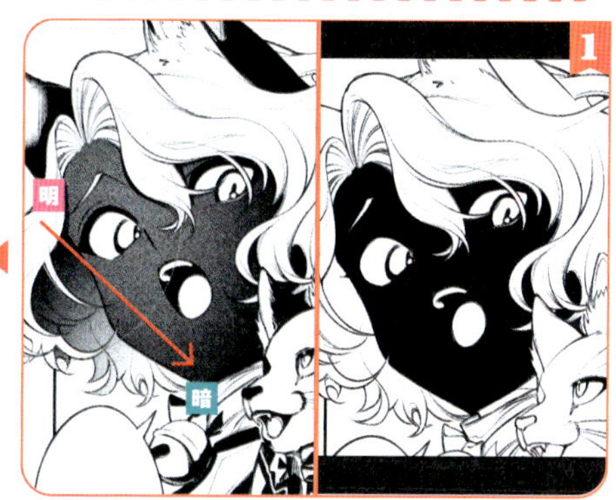

ラミントンは黒猫の少年のため肌の色も黒色に塗る。まずは黒色でベタ塗り。続いて、透明色で黒ベタを削る。「広く薄く滑らか削り」を使って、グラデーションをつくる。

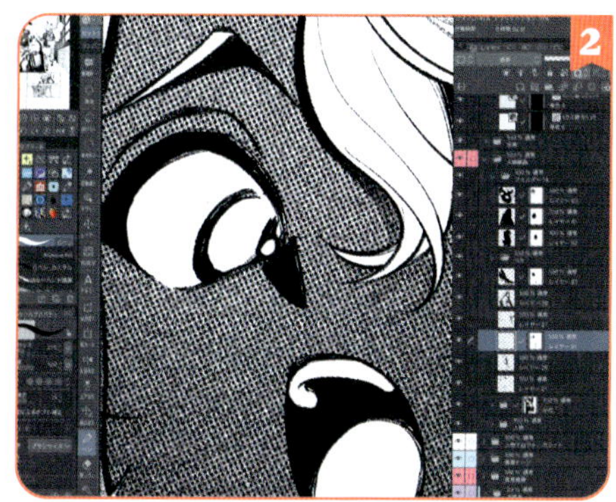

仕上げに「Gペン」を使って陰影を加筆する。眉毛の下や鼻のカゲなどを描いた。しっかりとした立体感のある顔立ちになった。

ワンポイント！「検索タグを利用する」

真田さんは背景にレンガの壁を描く際、「検索タグ」で「レンガ」と検索し、「レンガ線画」の素材をラフで描いたパースに合わせて貼り付けていた。それを下絵の変わりにしていた。

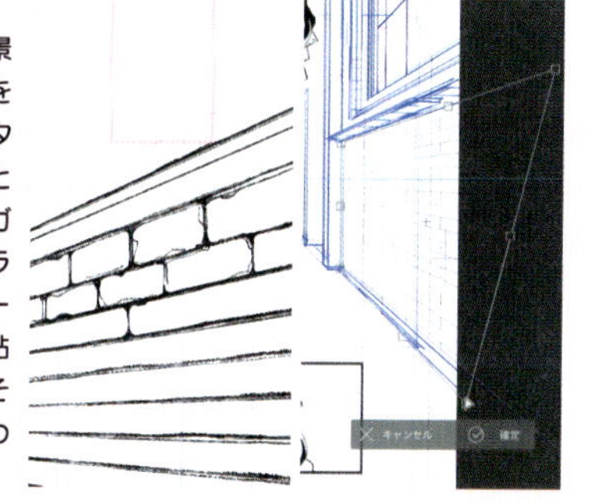

背景はレンガ造りの建物が並ぶ路地裏のイメージです。「フリーハンド描画」（コンテンツID:1435818）で線を引くことでレンガのやわらかさを表現しようと思いました。

トーンを貼る・ふんわりとした空気感を表現する

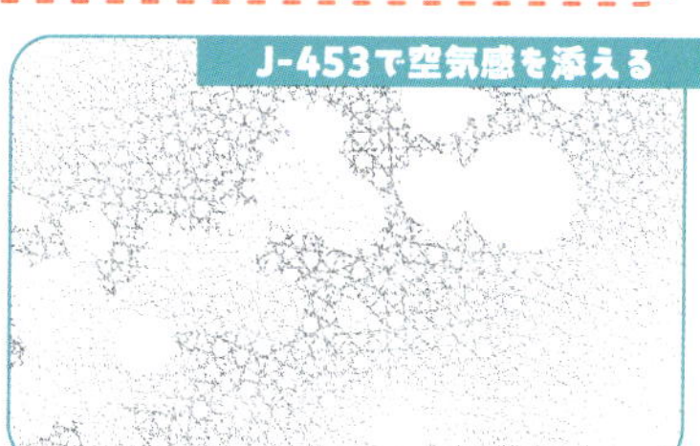

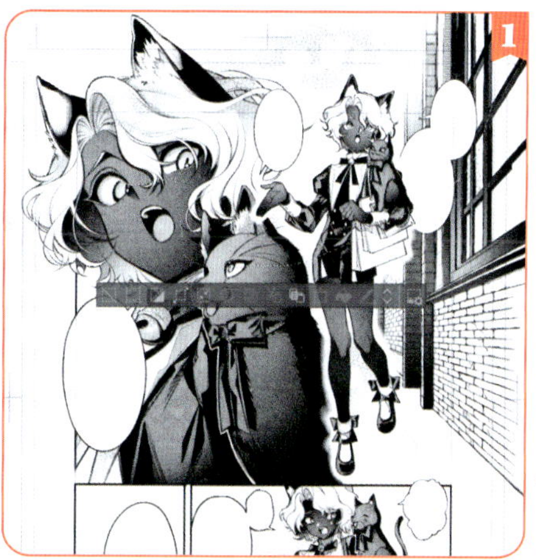

トーンを貼って作品を仕上げていく。まず、2コマ目の顔周りに「J-453」を配置する。トーンを移動させながら、どの辺りの模様を切り取るかを見極める。続いて「投げなわ選択」を利用してレイヤーマスクを作成する。残したい模様部分を「投げなわ選択」で囲い「レイヤーマスク」→「選択範囲外をマスク」でトリミングする。同様の手順で2コマ目には「J-453」を3箇所、貼り付けた。

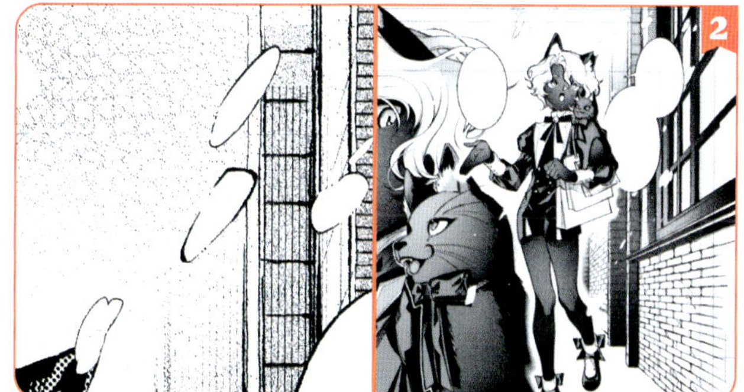

絵の世界をより伝えるために、吹雪いている様子をペンでも表現する。白色で「シャッとぼわ」ブラシを使い、斜めのラインで雪を描く。描いた雪の粒のフチを「かしペン」で抑揚をつけながらフチ取ることで、ボケることなく、しっかりとした雪の塊を表現。この工程を入れることで最後に貼る「Y-1704」ともなじむ。

使用するアイシースクリーンデジタル

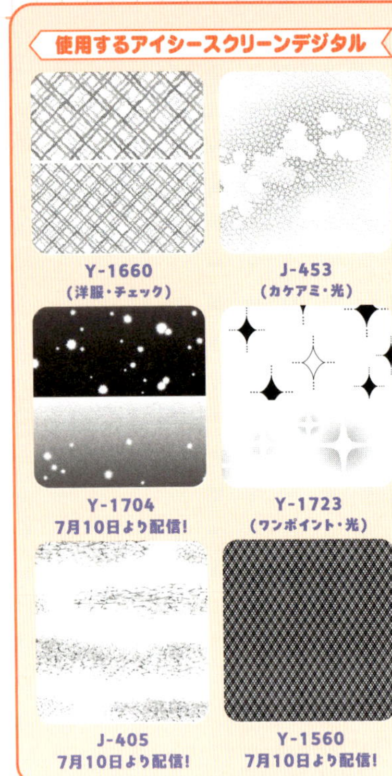

ラフ2（決定）

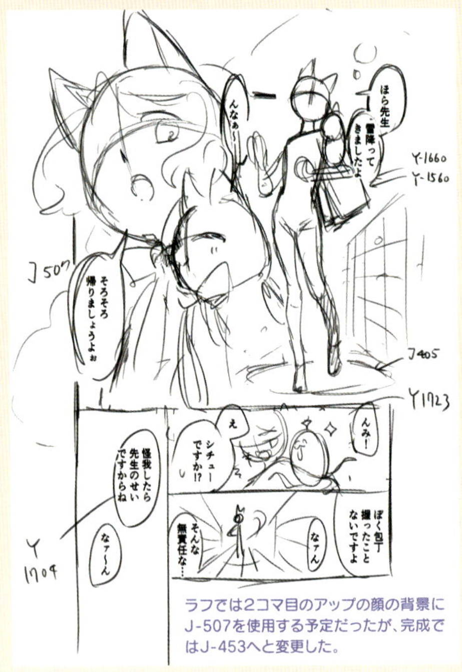

ラフでは2コマ目のアップの顔の背景にJ-507を使用する予定だったが、完成ではJ-453へと変更した。

ラフ1

アイデア出し

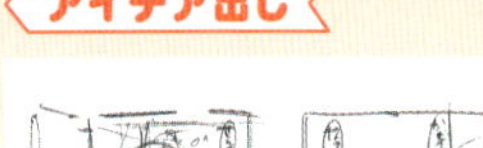

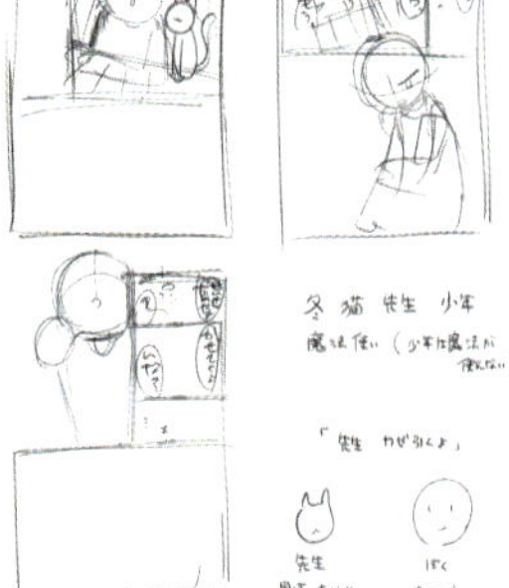

真田さんはキャラの設定を考える前にアイデア出しとして漫画のコマ割りやシーンを練っていた。まず、メモ程度にキャラ設定を文字として書き出す。次に、表現したいシーンのセリフやコマ割りのイメージを描く。そのあと、キャラデザを考えラフを制作するという手順だそう。

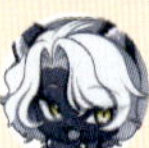

ラフ1（ネーム）を描き終えたあと、衣装やキャラデザを頑張って考えたという気持ちと、1ページ漫画として誌面に掲載されることを考えると、やっぱり全身は入れるべきだなと思い、描きなおしをすることにしました。また、顔のアップを入れて可愛さを全面にアピールしたいなとも思い、ラフ2を描きました。

下絵

POINT 下絵の段階ではキャラデザを確認する。サブビューに設定画を表示しながら描いていく。

まずは人物の素体を好きな色で描きます！　赤と青で描くことが多いのですが、そのキャラのイメージカラーで下絵を描いたりもします。そのあと、レイヤーと色を変えて服や髪を描きます。また、黒猫は手元のスマートフォンで資料を見ました。顔が可愛くなるまで、たくさん修正します！　3コマ目のラミントンの表情は割と悩みました…。「ゆがみ」ツールを使いながら何度も形を調整します。

真田しろさんの描き方

漫画をお仕事としている真田さんは、普段から制作効率をあげるためにテンプレートを準備しているそう。テンプレートには、主に自分の制作工程で使用するフォルダが作成されている。細かく見てみると、「背景トーン」というフォルダのなかには多用するアミトーン4種類が入っており、「背景線画」というフォルダのなかには背景を描きやすくするために1コマ〜6コマまでのフォルダが作成されている。

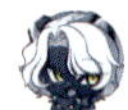

レイヤーはかなり分ける方だと思います。漫画用にフォルダやレイヤーをまとめているテンプレートをつくっています！

ワンポイント！

フキダシをつける

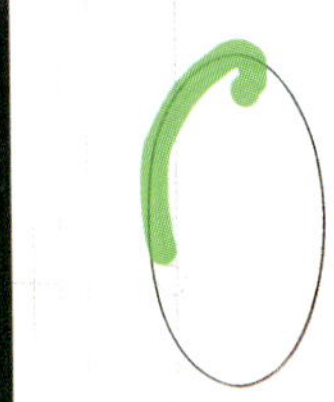

ストロークによって線が細くなってしまった場所は、線が細いところを「線幅修正」で撫でる。今回は0.4mmほど線を太くした。

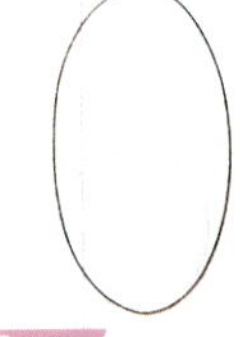

After　Before

真田さんはフキダシも手描きする。ブラシは人物の線画と同様に、インクがにじんだようなニュアンスの「かしペン」を使っていた。楕円を描いたら、「ゆがみ」ツールでフキダシの形を整える。わずかに丸みが強くなった。

コマ割りをする

コマ割りはまず「サブツール」→「長方形コマ」で、内枠*に合わせて長方形を作成する。続いて「コマフォルダー分割」でコマを分ける線を引く。最後のコマは広がりを持たせるため「オブジェクト」を選択して画面の外側に向かってコマの形を広げる。

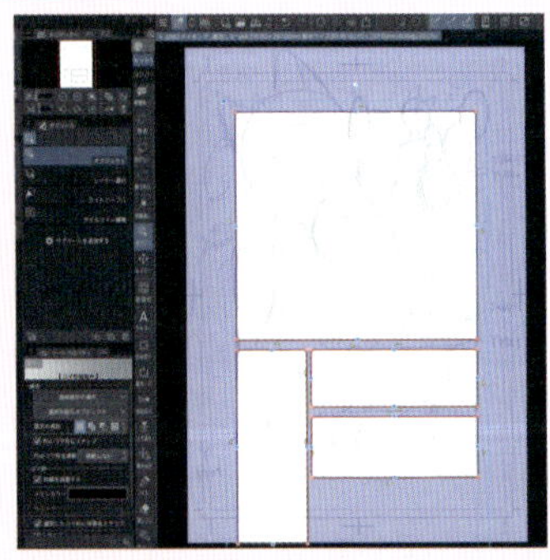

※内枠とは…原稿用紙に描かれている内側にある四角いラインのこと。重要な要素は内枠のなかに納めるのが基本的な漫画の描き方。

イラストメイキング

今回はMAGKANにて漫画『円環のラパン』を連載している真田しろさんにアイシースクリーンデジタルを使って、1ページ漫画を描き下ろしていただきました。真田しろさんの描く、黒猫少年の「ラミントン」と師匠である黒猫の「先生」の微笑ましい日常のワンシーンにあたたかな気持ちになります。今回の絵には、2025年7月10日より配信されたばかりの新規30種のなかから真田しろさん好みのアイシースクリーンデジタルを3種取り入れていただきました。漫画の描き方はもちろんのこと、新作のアイシースクリーンデジタルにも注目してみてください。

髪型初期案

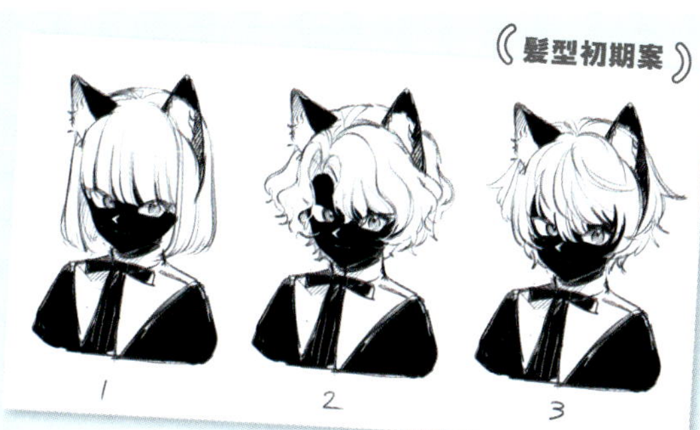

キャラクターデザイン

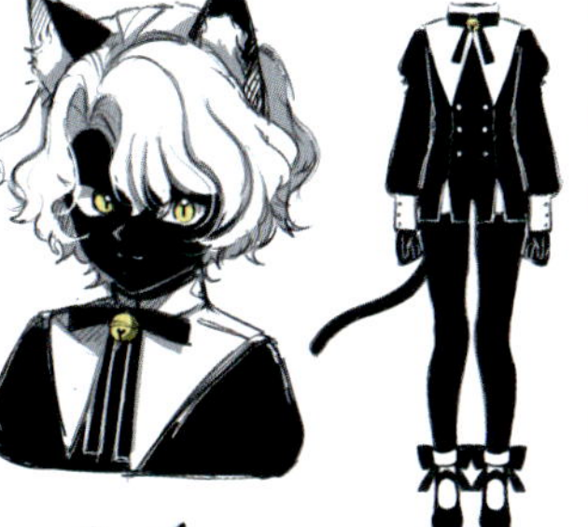

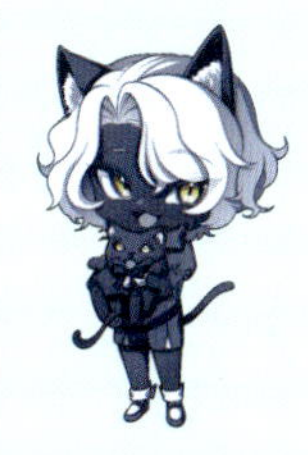

真田さんは漫画を描く前にキャラクターデザインを考えていた。髪型は3つのパターンが候補として描かれているのがわかる。また、衣装は黒色で、制服のようなデザインにした。

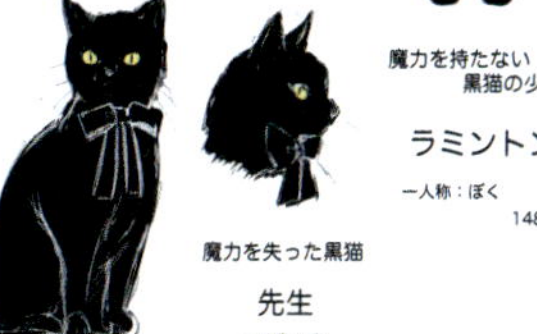

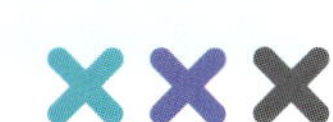

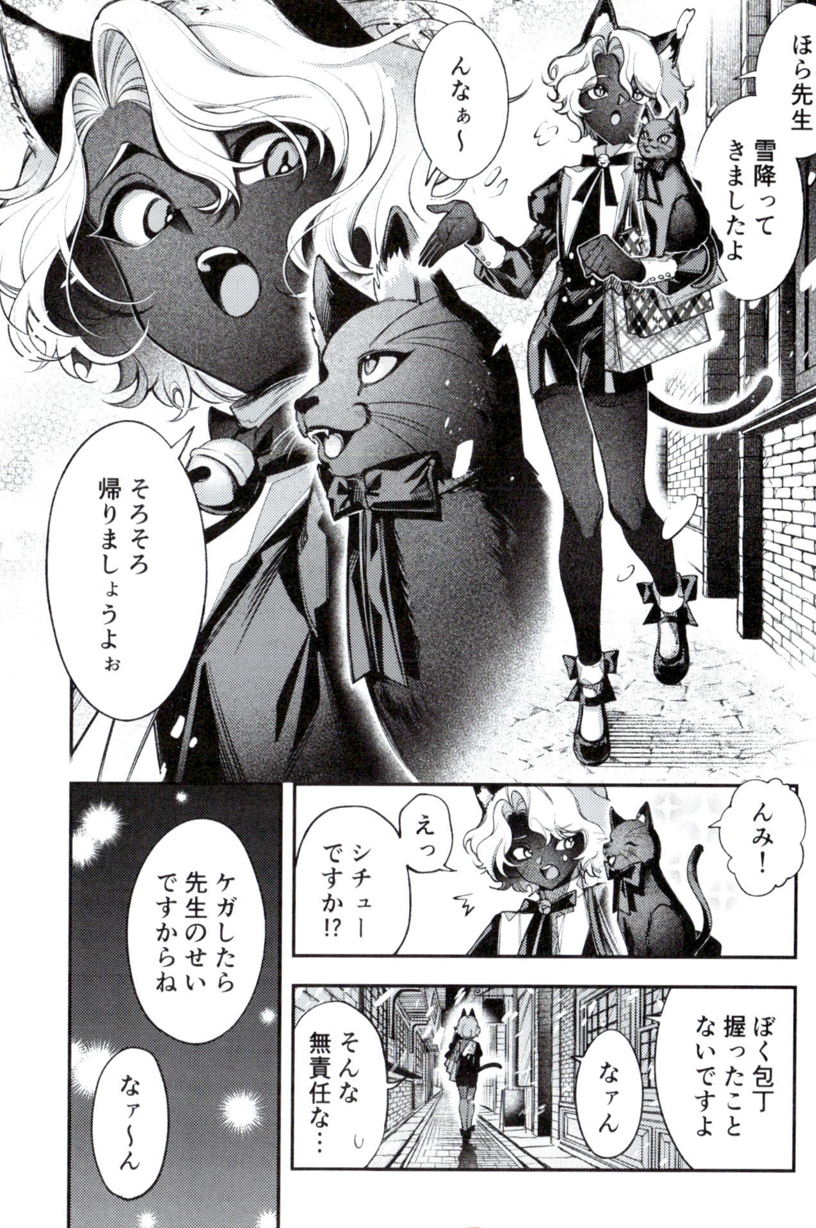

1ページ漫画は描ける限界があるのでまとめるのが難しいです！ 今回は、黒猫であるラミントンと先生のちょっとした日常のお話にしようと思いました。また、新作の「Y-1704」のトーンが雪に見えたので、そこから想像を膨らませて、今回は雪の日のお話を描くことにしました。

画材
使用ソフト：CLIP STUDIO PAINT EX
作業環境：iPad

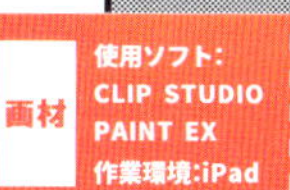

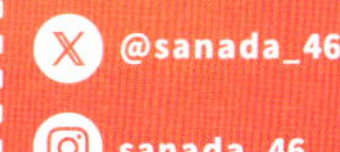

@sanada_46
sanada_46

さなだ 真田しろ

今回使用する画材はコチラ！

『CLIP STUDIO PAINT』で使用できるトーン素材『アイシースクリーンデジタル』！

『CLIP STUDIO PAINT』で使用できる素材ダウンロードサービス『CLIP STUDIO ASSETS』にて配信中の『アイシースクリーンデジタル』。デジタル上でアイシースクリーンの多様な柄の数々を使うことができます。アナログ製品では廃盤になってしまった柄もデジタル化されており、2025年7月10日から新種も加わり、現在は450種を配信中！ 以降も毎月10日前後に10種ずつ追加更新を予定していて、『CLIP STUDIO EX 年額・月額プラン』を契約した場合、毎月30種まで無料でお使いいただけます。愛用していたあの柄も、使ったことのない柄もぜひご利用ください。

『アイシースクリーンデジタル』の詳細はコチラ
https://www.icscr.jp/icscreendigital/

【公式SNS】
@IC_korisu
ic_screen
@ic_manga
@ICmangaofficial

information

発売元
株式会社G－Too
https://www.icscr.jp/

※価格は税込表示です

アムステルダム アクリルガッシュで描いてみました!

D・基本12色

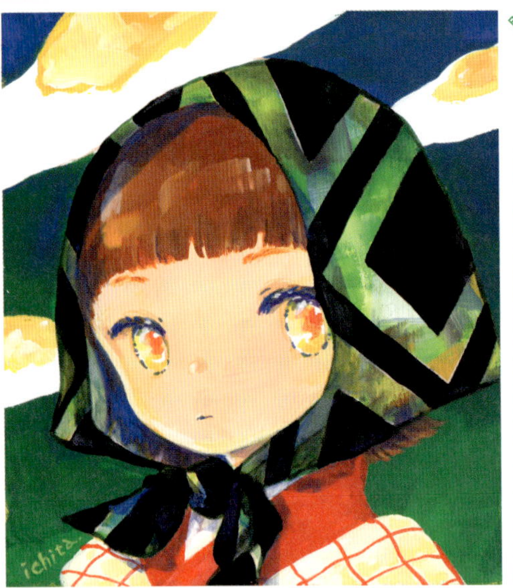

しっかりと鮮やかに、力強いタッチで塗りたいひとにおすすめ!

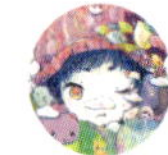

不透明色でしっかりと濃い色がセレクトされているため、パンチの効いた配色の絵や差し色を生かしたい作風の人に向いているように思います。肌の色はチタニウムホワイトとアゾイエローディープ、バーミリオンでつくりました。髪の内側に入れたコバルトブルーも綺麗に乗りました。差し色が映えると感じます。

close up

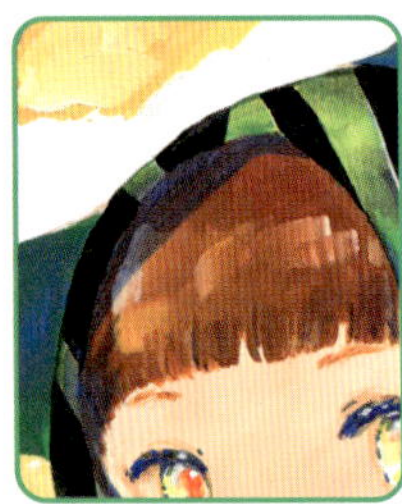

基本の12色は肌の色の黄色味が強め。メリハリのある色づかいに、背景に描いた目玉焼きなどタッチが活きるのもガッシュのいいところ。

カラーチャート

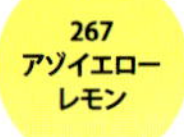

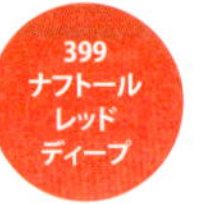

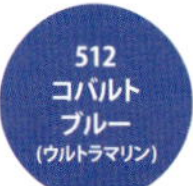

614 パーマネントグリーンミディアム

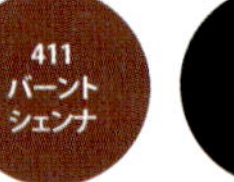

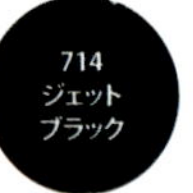

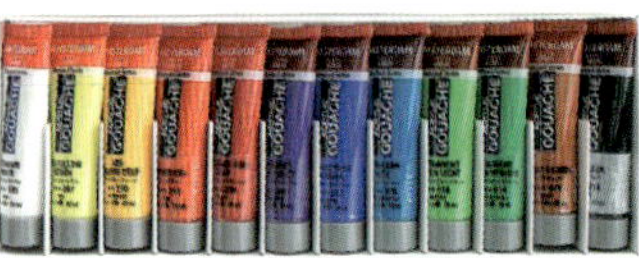

使った色
アムステルダム アクリルガッシュ
20ml 12色セット
3,795円(税込)

赤色、青色、黄色、白色、黒色がバランス良く入っているセット。上から重ねたインナーカラーの青色は不透明だからこそ鮮やかに発色して見える。

E・壱太助丸さんセレクト12色【キャラクターを描くための色】

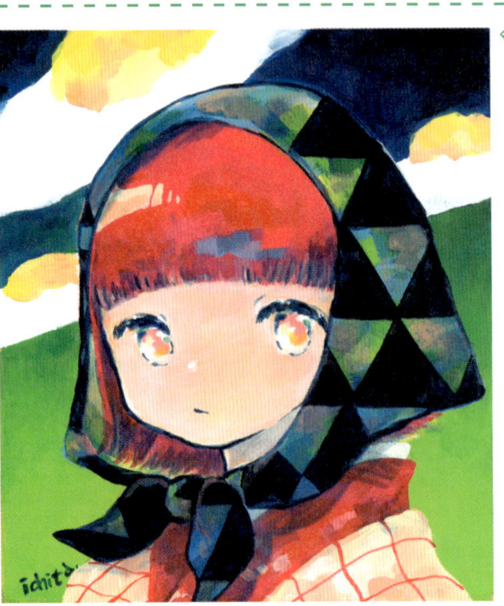

タッチを残しつつ、まろやかに描きたいひとにおすすめ!

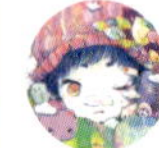

肌はネープルスイエローディープとネープルスイエローレッドをつかいました。基本12色セットより赤色系を増やしたり、黒色を紺色に置き換えたので、まろやかな印象になります。ガッシュは塗りの面がパキッと仕上がるので平筆との相性が良いです。髪のハイライトや背景の目玉焼きのシルエットがくっきり出ます。

壱太助丸さんがセレクトしたキャラクターを描くための12色。基本の12色セットの色調をベースに、黒色を外してよりマイルドなカラーリングをイメージしたそう。肌の色に加え、赤色、青色、黄色をバランスよく入れたらしい。

カラーチャート

- 105 チタニウムホワイト
- 223 ネープルスイエローディープ
- 268 アゾイエローライト
- 224 ネープルスイエローレッド
- 316 ベネシャンローズ
- 366 キナクリドンローズ
- 399 ナフトールレッドディープ
- 617 イエローイッシュグリーン
- 551 スカイブルーライト
- 661 ターコイズグリーン
- 534 セルリアンブルー
- 566 フルシャンブルー

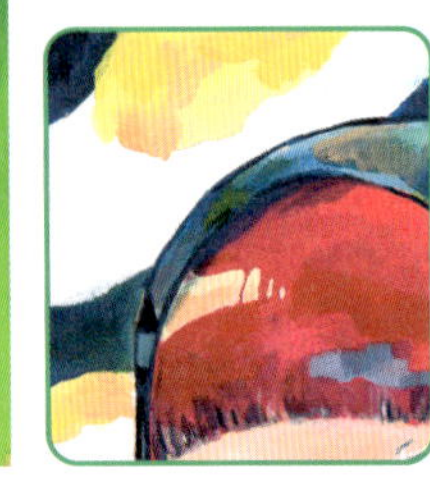

close up

キナクリドンローズで塗った前髪部分にある水色は、上から乗せたのではなく下塗りを塗り残しているそう。アクリルガッシュの被覆力を活かした表現。背景のグラデーションもカラーと比較するとムラなく塗れている。

F・壱太助丸さんセレクト12色【ビビット&パステルな可愛い色】

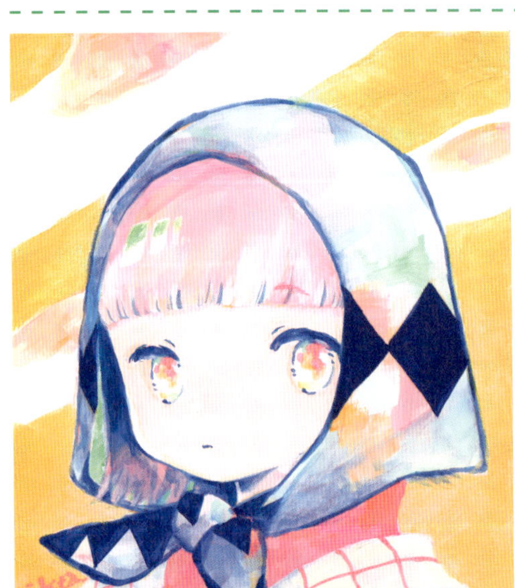

可愛くて美味しそうな色味で塗りたいひとにおすすめ!

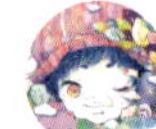

パステルカラーの「ホワイティ」シリーズは、絵具の色がとても可愛いので、混色せずにたくさん取り入れました。また、肌の色はホワイティイエローにリフレックスレッドやリフレックスオレンジを混ぜると発色のよい色になるのでオススメです。背景のライトゴールドも存在感があって気に入っています!

キャラクターイラストを描くことをイメージしながら、アクリル絵具の良さのひとつである、蛍光色やパステルカラーを取り入れた12色。主線や色味にメリハリもつけられるよう、青色と赤色はベーシックな色からセレクト。

カラーチャート

- 105 チタニウムホワイト
- 131 ホワイティイエロー
- 133 ホワイティレッド
- 137 ホワイティバイオレット
- 135 ホワイティグリーン
- 517 キングスブルー
- 570 フタロブルー
- 383 リフレックスレッド
- 384 リフレックスローズ
- 257 リフレックスオレンジ
- 672 リフレックスグリーン
- 802 ライトゴールド

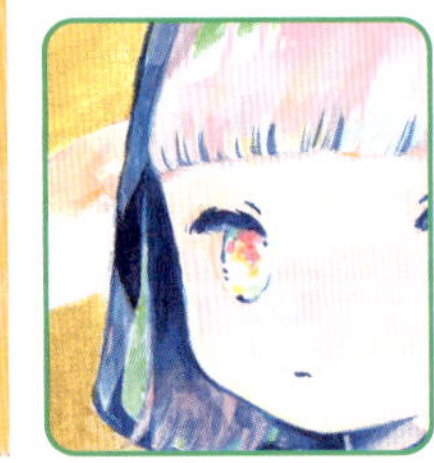

close up

可愛らしいホワイティシリーズをつかって描いた一枚。ホワイティシリーズはツヤのないマット調の塗面に仕上がる。背景のライトゴールドは粒子が細かい。

次回予告●3号連続企画の第1弾はいかがでしたか？ 次回はアクリル絵具だけでなく、アクリルと併用することができるメディウムなどを利用して、さまざまなテクスチャを表現していきます。最終回では立体作品も制作予定！ アクリル絵具に関するお悩みがありましたら、ぜひアンケートハガキに書いて教えてください。

アムステルダム アクリリックカラーで描いてみました！

A・基本12色

優しいけれど、しっかりと鮮やかに塗り重ねたいひとにおすすめ！

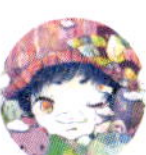

透明色と不透明色がバランスよく入っている12色でした。くっきりした色が多いですが、チタニウムホワイトと混色してマイルドにしたり、存在感のあるオキサイドブラックでメリハリも出せます。今回人物の目やりんかくにつかった透明色の青色（ウルトラマリン）は肌の色とも相性が良いと感じました。

カラーチャート

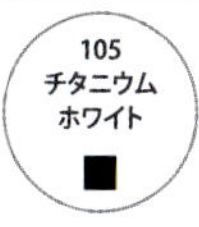

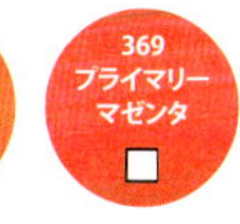

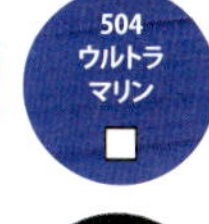
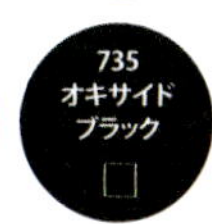

- 105 チタニウムホワイト
- 275 プライマリーイエロー
- 276 アゾオレンジ
- 369 プライマリーマゼンタ
- 396 ナフトールレッドミディアム
- 504 ウルトラマリン
- 572 プライマリーシアン
- 618 パーマネントグリーンライト
- 619 パーマネントグリーンディープ
- 227 イエローオーカー
- 411 バーントシェンナ
- 735 オキサイドブラック

12色セットには肌の色が入っていない。人物を描くときにはチタニウムホワイトとアゾオレンジを混色して肌の色をつくっていた。

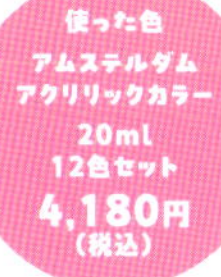

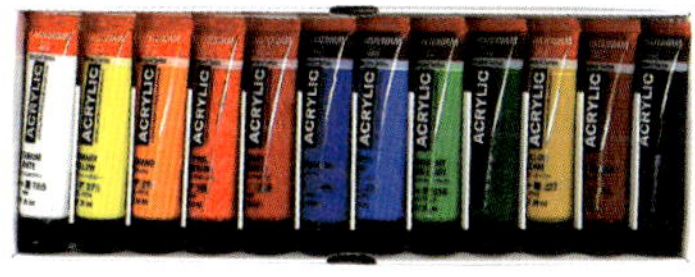

close up

不透明色の黒色（オキサイドブラック）は下の色が透けないが、透明色（バーントシェンナ）を利用した髪などは透け感があるのがわかる。

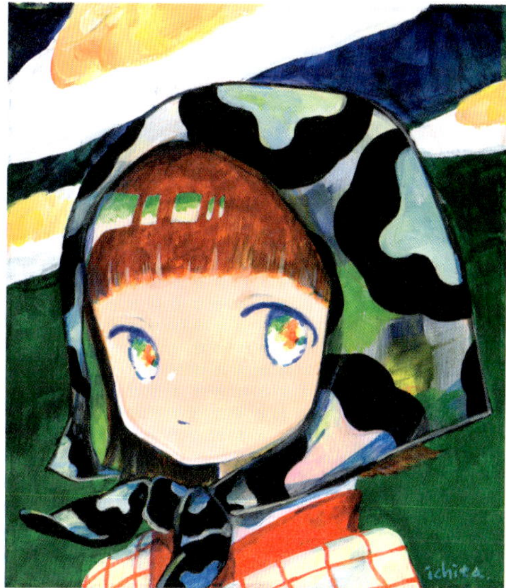

B・壱太助丸さんセレクト12色【キャラクターを描くための色】

繊細に、ぬくもりあるカラーで塗りたいひとにおすすめ！

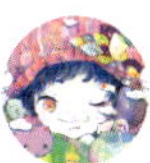

肌や服につかったネープルスイエローレッドライトがお気に入りです。アクリルガッシュよりもピンクっぽい色味に仕上がります。基本12色セットよりも不透明寄りの色をセレクトしましたが、筆のタッチが絶妙に残って、ふんわりと仕上がります。アゾイエローディープが少し透けたナフトールレッドライトの髪色も◎

カラーチャート

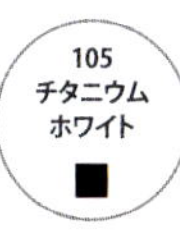

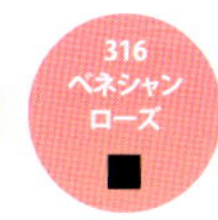
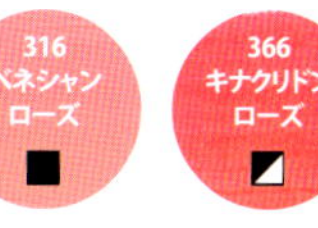
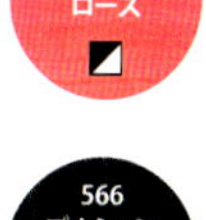

- 105 チタニウムホワイト
- 292 ネープルスイエローレッドライト
- 270 アゾイエローディープ
- 224 ネープルスイエローレッド
- 316 ベネシャンローズ
- 366 キナクリドンローズ
- 398 ナフトールレッドライト
- 617 イエローイッシュグリーン
- 551 スカイブルーライト
- 661 ターコイズグリーン
- 582 マンガニーズブルーフタロ
- 566 プルシャンブルー

壱太助丸さんがセレクトしたキャラクターを描くための12色。基本の12色セットの色調をベースに、黒色を外してよりマイルドなカラーリングをイメージしたそう。肌の色に加え、赤色、青色、黄色をバランスよく入れたらしい。

close up

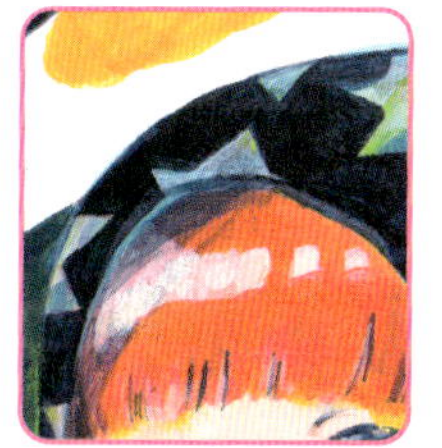

頭巾の色は黒色ではなく、濃い青色をつかう。プルシャンブルーは半透明色のため、下に塗った青色や緑色が透けて緑がかった青色に見える。ハイライト部分も下の色が透けている。

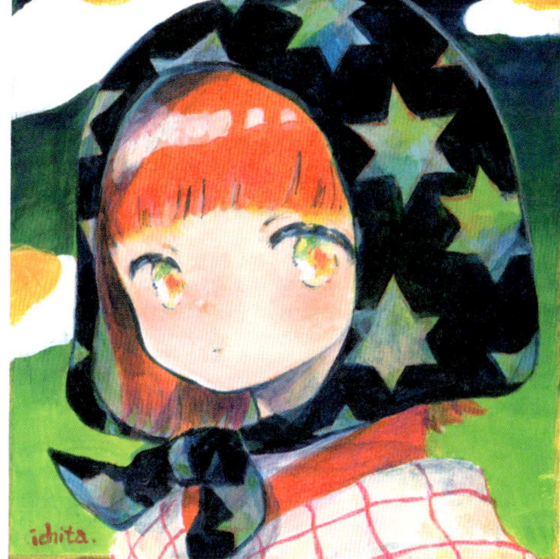

C・壱太助丸さんセレクト12色【ビビット&パステルな可愛い色】

ポップな雰囲気で色を塗りたいひとにおすすめ！

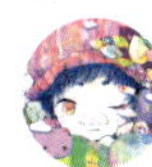

蛍光色のシリーズ「リフレックス」シリーズを取り入れました。特に蛍光のオレンジ（リフレックスオレンジ）が万能でつかいやすいです！　肌、髪、瞳のほかにも、服にもつかっています。彩度が高い絵が好きな人はルミナスカラーがおすすめです。下に白色や同系色を敷いてから、ルミナスカラーを乗せるのが良いです。

カラーチャート

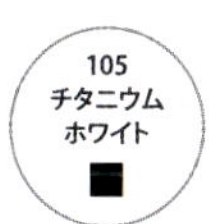
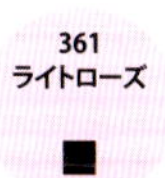
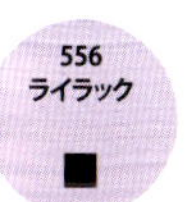

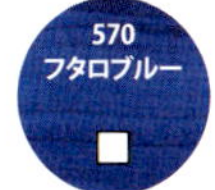
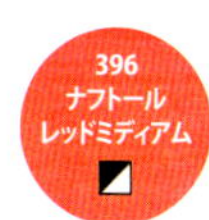

- 105 チタニウムホワイト
- 274 ニッケルチタニウムイエロー
- 361 ライトローズ
- 556 ライラック
- 664 イエローイッシュグリーンライト
- 660 ターコイズグリーンライト
- 570 フタロブルー
- 396 ナフトールレッドミディアム
- 384 リフレックスローズ
- 257 リフレックスオレンジ
- 672 リフレックスグリーン
- 802 ライトゴールド

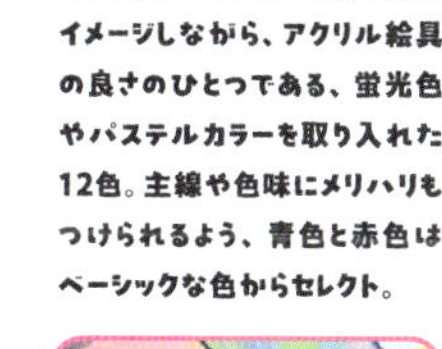

キャラクターイラストを描くことをイメージしながら、アクリル絵具の良さのひとつである、蛍光色やパステルカラーを取り入れた12色。主線や色味にメリハリもつけられるよう、青色と赤色はベーシックな色からセレクト。

close up

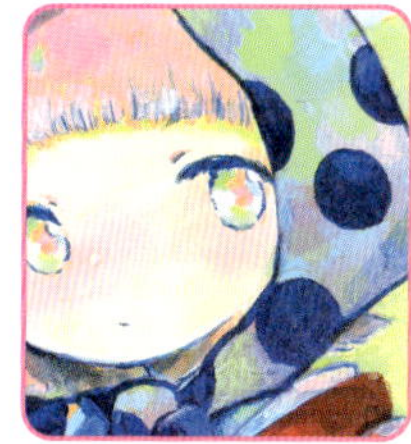

目を惹く蛍光色のリフレックスシリーズを取り入れて描いた一枚。アクリリックカラーは透明度が4種類あるため、透けている場所と不透明な場所がある。また、表面はツヤ感があるのがわかる。

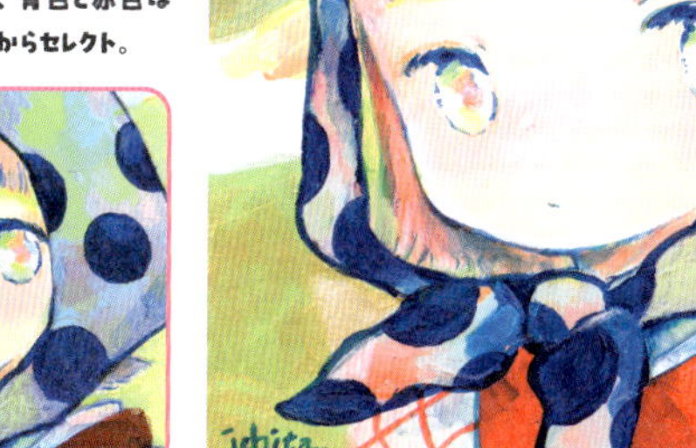

基本的なアクリル絵具のつかい方

アクリルガッシュは普段、学校の授業でも触れている方も多いのではないでしょうか。ここでは、壱太助丸さんがアクリル絵具をつかうときの基本的な絵の描き方を紹介します。

下絵を描く

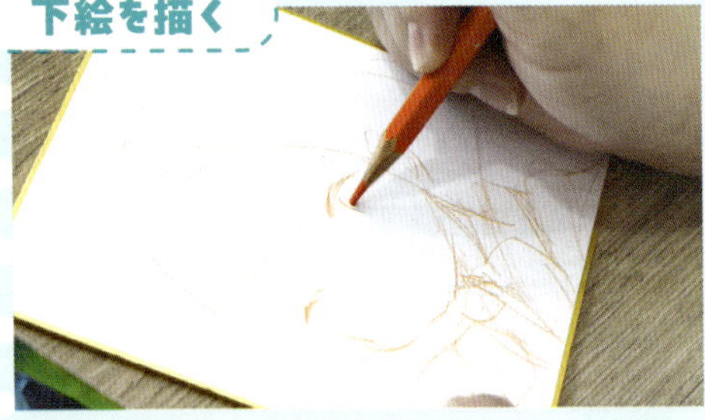

まずは下絵を描く。下絵は油性の色鉛筆で描くそう。隠蔽力が強いアクリルガッシュで上から色を乗せると下絵は隠れてしまうが、透明度を選ぶことができるアクリリックカラーで塗ると、色によっては下絵が透ける。自分の好みや表現に合わせて絵具を選ぶと良い。

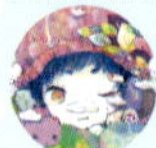

下絵には、肌の色となじむオレンジ色の色鉛筆をつかいます。絵具を塗ると、この下絵はほぼ消えます。私は塗りながら描き込むタイプなので、アタリのような感じでざっくりと線を引きます。

パレットに絵具を出す

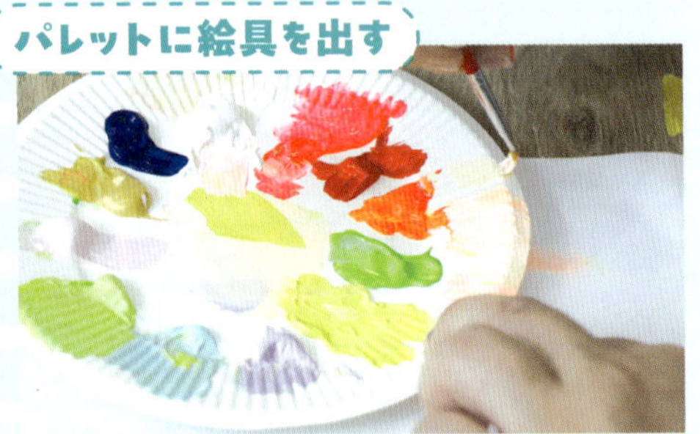

着彩前に、つかう絵具をすべてパレットに出す。

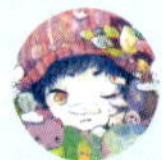

パレットは防水加工をしている紙皿をつかうことが多いです。アクリル絵具がプラスチックのパレットの上で乾いて固まってしまうと、絵具が剥がせなくなってしまうため、陶器の皿や使い捨てできるものをつかうほうが向いています。アクリリックカラーとアクリルガッシュを比べると、アクリルガッシュの方が絵具の乾きが早い印象です。乾くのが気になる場合は、パレットにフタをしたりラップをかけると、少し予防できますよ。

乾き具合を見極める

アクリル絵具は速乾性ですが、厚めに乗せた場所は乾くまで少し様子を見ます。表面の層が乾いていても内側は乾いていない場合もあるので、色が剥がれないように注意が必要です。表面がマットになり始めた頃が乾いてきた合図なので、そっと触って確認します。

アムステルダム アクリリックカラー(全102色)

チューブがクリア素材なので、絵具の色と残量が見えるのも便利です!

●乾くと耐水性があるため、重ね塗りしやすい。 ●色数が多く、混色もしやすいため、多彩な表現が可能。
●アクリルガッシュとは違い、「透明色」「半透明色」「半不透明色」「不透明色」がある。

アクリリックカラーの特長&記載された記号

アクリリックカラーは、絵具の透明度が色によって異なるのが特長のひとつ。透明度は4種あり、チューブに記号として「透明色」「半透明色」「半不透明色」「不透明色」の表記がされている。この違いを意識すると表現の幅もさらに広がり、ワンランクアップの作品を描くことができる。

■ 不透明	◩ 半不透明	◪ 半透明	□ 透明
白色、黒色など。マットな感じ。	不透明よりも伸びが良い。マット。	下の色が少し透ける。光沢感がある。	下の色が透ける色。光沢感がある。

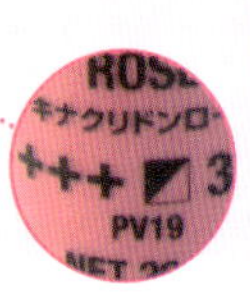

アムステルダム アクリルガッシュ(全80色)

●乾くと耐水性があるため、重ね塗りしやすい。 ●下地の色を隠す強い被覆力がある。
●筆ムラが出にくく、ツヤのないマット調に仕上がる。

アクリルガッシュの特長

アクリルガッシュはアクリリックカラーとは違い、全色不透明。被覆力が強いので、厚塗りに向いている。盛り上げ剤など、アクリリックメディウム類との併用も可能で、表面の質感も自分好みにつくれるため、表現の幅も広がる。

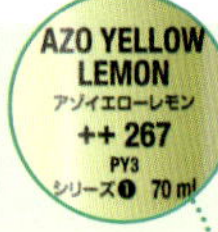

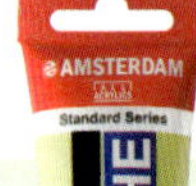

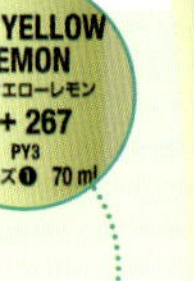

共通するチューブの表記「耐光性」

カラーとガッシュの両方に表記されている「耐光性」は紫外線などにより、色が劣化する目安。

+++	++	0
耐光性にもっとも優れる色	充分な耐光性を有する色	耐光性に劣る色

アクリリックカラーの塗り方①

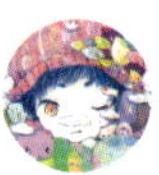

絵具がやわらかいので水に溶いたり薄めたりせず、チューブから出してすぐに塗れるのが便利です。また、透明色でも不透明色を混ぜると、被覆力を高くすることもできます。ですが、もともと透け感のある絵具のため下描きが程よく透けるので目の位置などをなぞるときに助かりました。

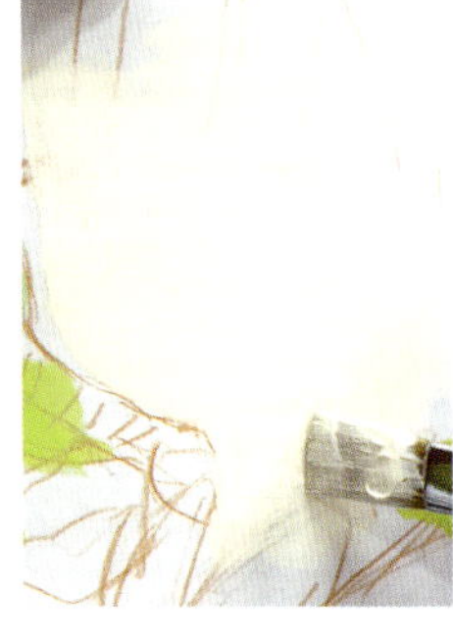

アクリリックカラーの塗り方②

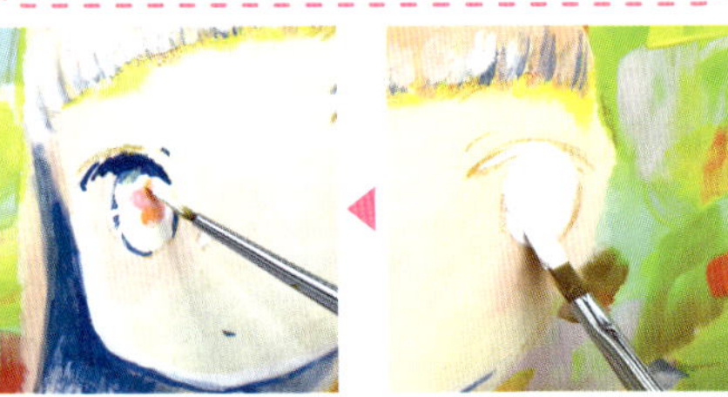

アクリリックカラーには透明度が4種類ある。つかいたい色が透明色で、下の色を透けさせたくない場合は色を塗る前に白色を下塗りしたり、同系色で不透明色の絵具を敷くと良い。そうすることで、アクリルらしい発色を出すことができる。

アクリルガッシュの塗り方

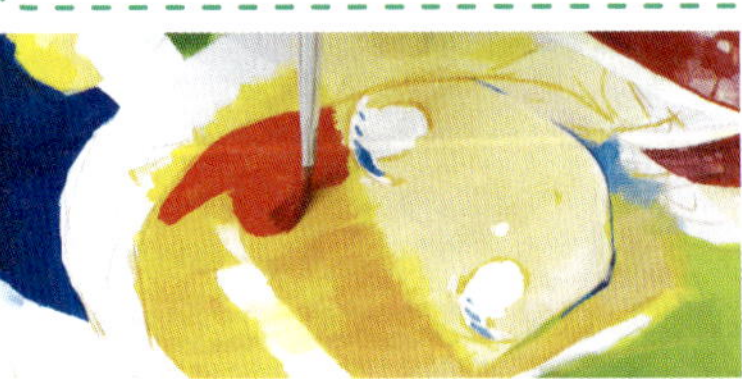

アクリルガッシュをつかうときは、水で濃度をコントロールしながら色を重ねていた。そうすることで、複雑な色味の作品に仕上げている。

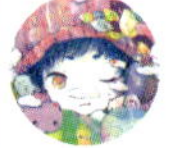

ガッシュは隠蔽力が強いため、下の色を透けさせたいときなどは、水で色を薄めて、濃度を調整する必要があります。水で絵具の濃淡のコントロールさえすることができれば、使える表現の幅も広がると思います。

壱太助丸さんがアムステルダムのアクリル絵具を使ってみた感想

アクリルガッシュ

・なめらかなグラデーションや細い線を表現しやすい
・カラーに比べると絵具を盛りやすい印象
・不透明なため、より色がはっきりと鮮やかに見える
・デジタルのようにパキッとした塗りが好きな人におすすめ

アクリリックカラー

・筆アトを付けやすいため、タッチを加えやすい
・ガッシュに比べると乾きが比較的ゆっくりな印象
・透明度を選べるため描き込みたい人におすすめ
・水彩のようなやわらかな雰囲気が好きな人におすすめ

サイン色紙のプレゼントあります

壱太助丸さんにアクリリックカラーとアクリルガッシュをつかい試してもらった感想をまとめていただきました! 次のページでは、アクリルガッシュとアクリリックカラー、それぞれ12色で描いた絵を比較しながら紹介します。みなさんもぜひ壱太助丸さんの記事の解説を読んで、アクリル絵具でイラストを描いてみてくださいね!

＊3号連続企画＊

どんどん描こう！つくろう！楽しいアクリル絵具

vol.01 カラーとガッシュの違い

今回は季刊エス＆スモールエスの投稿コーナーの初回から作品を送ってくださっている壱太助丸さんにご登場いただきます。壱太助丸さんは線画に縛られることなく、どこまでも自由で楽しく伸び伸びとしたタッチで、かぶりものを被った愛らしいキャラクターを紡ぎ出し、見る人たちにときめきを与えてくれる存在です。普段からアクリル絵具で作品を描いている壱太助丸さんと共に、「アクリル絵具の基本情報」「メディウムを使用した表現のカスタマイズ」「立体物による3D表現」と、アクリル絵具ならではの"どこまでも自由な楽しみ方"を3号連続でみなさんにお届けします！

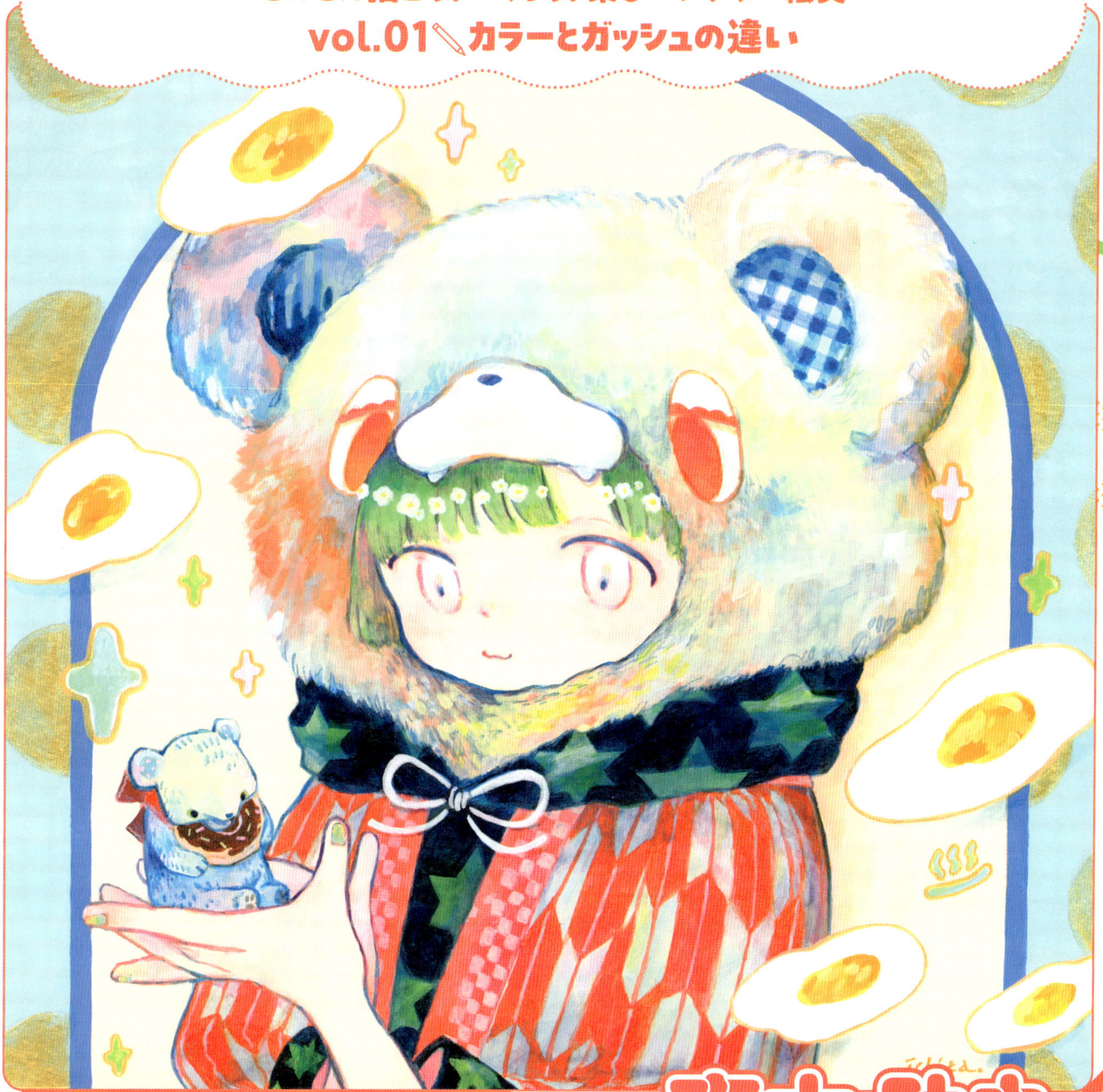

イラスト講座

画材 アムステルダム アクリリックカラー＆アクリルガッシュ／ターレンス ヴァンゴッホビジュアル筆／色鉛筆

用紙 色紙（ダイソー）

X @ichita_sukemaru

HP ichitausukemaru.tumblr.com

壱太助丸
いちた すけまる

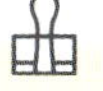

information

発売元
株式会社ターレンスジャパン
https://www.talens.co.jp

※価格は税込表示です

今回使用する画材はコチラ！

<セット内容>
・ラウンド5/0号
・ラウンド2号
・ラウンド4号
・ラウンド6号
・フラット1/8号
・フラット3/8号

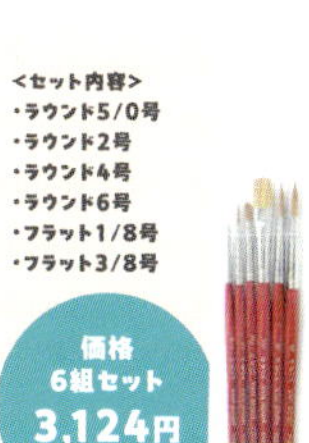

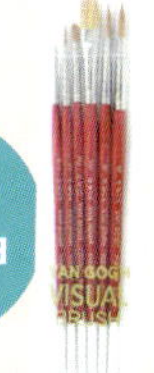

価格 6組セット 3,124円（税込）

ターレンス
ヴァンゴッホビジュアル筆

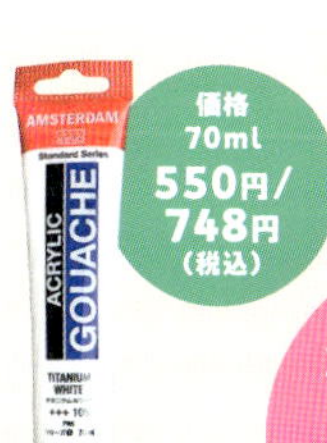

価格 70ml 550円/748円（税込）

アムステルダム
アクリルガッシュ

アムステルダム
アクリリックカラー

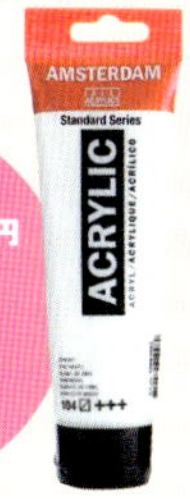

価格：20ml 363円/440円（税込）

価格：120ml 858円/1,100円（税込）

アムステルダム アクリリックカラー＆アクリルガッシュ

近年、季刊エスやスモールエスでも増えてきたアクリル絵具の作品。描かれた作品を見てみると、アクリル絵具だけで制作をする方もいれば、水彩絵具やマーカーと併用して絵を描く作家さんもいます。また、画材屋さんでアクリル絵具の売り場を見てみると、「アクリルガッシュ」と「アクリリックカラー」というものがあります。それぞれの違いを読んで、知識として情報を知っているかもしれないけれど、どちらが自分にあっているのか分からない方も多いのではないでしょうか…？　今回は壱太助丸さんの解説と共に、「アクリルガッシュ」と「アクリリックカラー」の違いをお届けします！

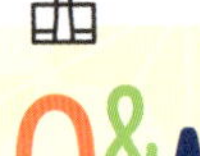

Q&A ＼夏目レモンさんに聞く／「和風を描くポイント」

今回の作品で和をどのように取り入れましたか？

夏目レモン　着物と蓮、和柄っぽい天の川の模様で和を取り入れました。

取り入れた和の部分を描くときに気を付けたことを聞かせてください！

夏目レモン　蓮は手前にあるものと着物の柄で見せ方を変えているのがポイントです。手前の蓮は絵具のにじみを活かしつつ、細い線で形を取ることで浮世絵のようなムードを意識し、着物の蓮柄はより平面的な表現を意識しました。

和のテイストを描いた感想として、その魅力や面白いところを聞かせてください！

夏目レモン　和と言えば、今回描いた着物や蓮など、みんながイメージするおなじみのチーフがあるので、テーマとしては親しみやすく悩まず描けるように思います。実際に描いていて楽しかったのは、天の川など、曲線的なところです。

着物を塗る

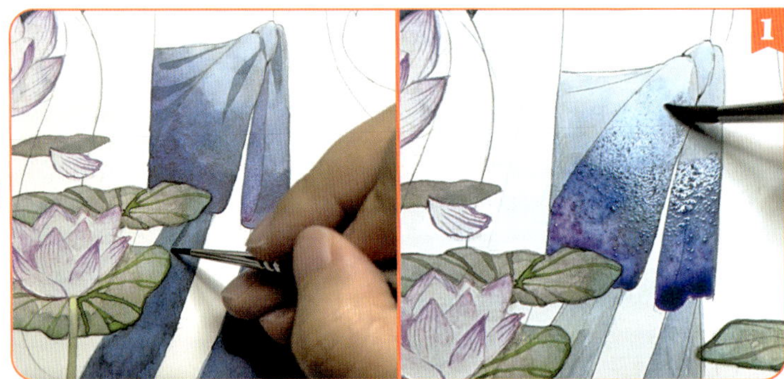

1 No.779幻水朱とNo.775幻青桃で、帯に青色から紫色のグラデーションをつくる。一通り塗って絵具が乾いたら、No.779幻水朱＋No.262青墨色で少しだけカゲを入れる。グラデーションを目立たせたいので、カゲは極力少なめに入れるのがポイント。

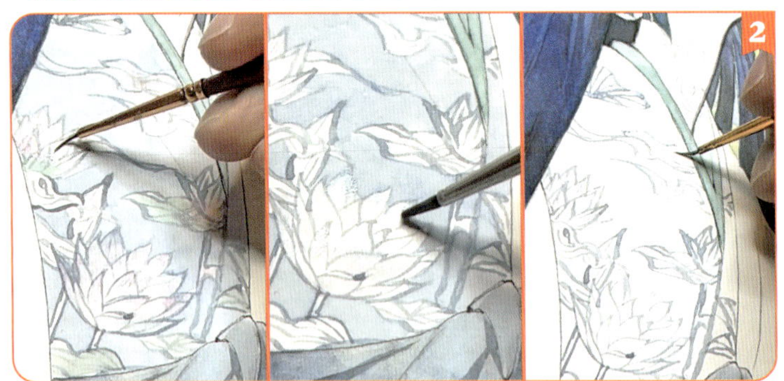

2 半襟をNo.50白緑でベタ塗りしたら、着物の身頃を塗る。まずはNo.779幻水朱＋No.775幻青桃で蓮柄を描く。続いて着物の地色をNo.61白群でベタ塗りする。最後に蓮を塗る。No.775幻青桃の桃色で花びらの先端を塗り、No.771幻緑赤の緑色で葉を塗る。蓮柄は線画をしっかり描いて、色はさらっと塗る程度にとどめ、平面的に見せるのがポイント。

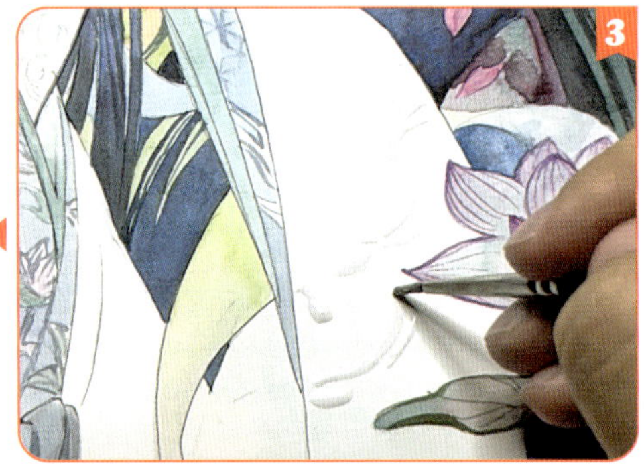

3 羽織を塗る。色を塗る前に、マスキング液で模様を描いて、マスキングする。

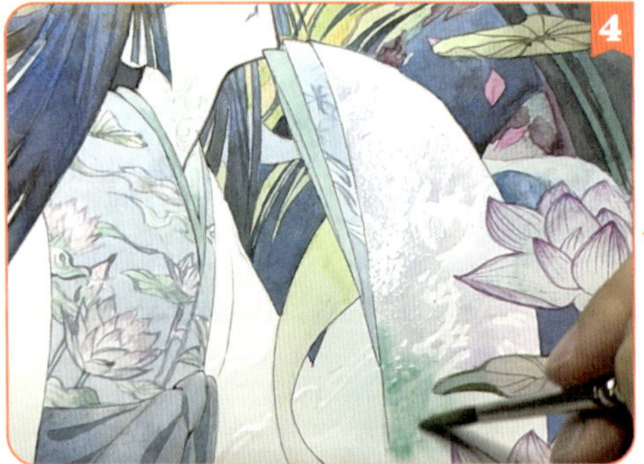

4 マスキング液を乾かしたら、羽織の地色はNo.13藤色とNo.50白緑で、紫色と緑色のグラデーショにする。

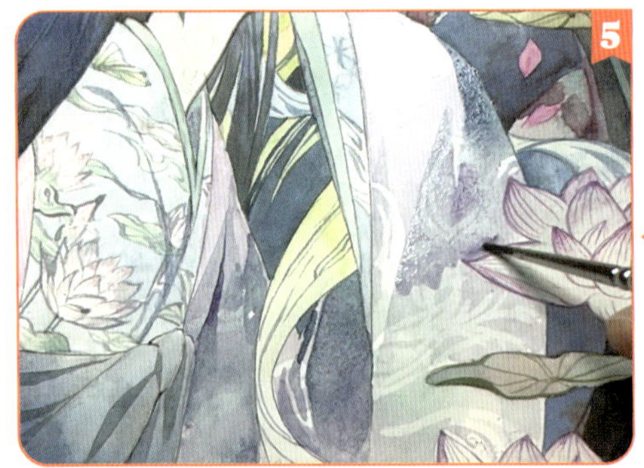

5 ④が乾いたら、No.775幻青桃でカゲを入れる。混ぜて紫色っぽくしたり、分離させて青色のニュアンスを強めたり。カゲの中でも分離色らしいグラデーションをつくる。

蓮の花と天の川が印象的な天女のイラストが完成！今回はグラニュレーティングカラーズという分離色の顔彩耽美をメインに使って和のモチーフ、和のムードを表現してもらいました。浮世絵風の線と平面で表現するモチーフに、分離色ならではのまだらな質感やにじみ、絶妙な発色が新鮮だったのではないでしょうか。分離のさせ方によって、様々に表現の可能性が広がるので、ぜひ色々と塗り試してみてくださいね！

サイン色紙プレゼント

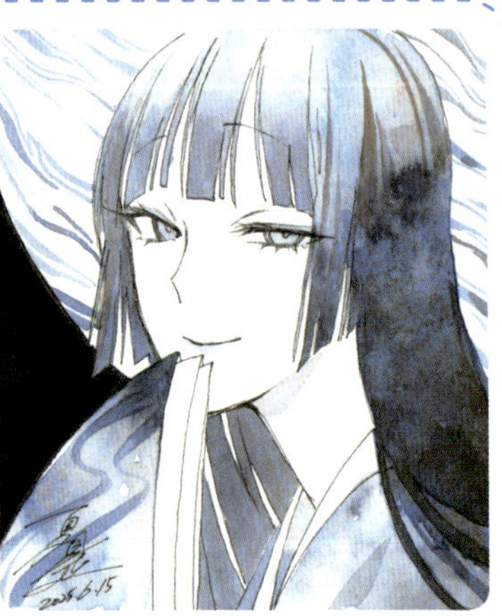

夏目レモンさんの「顔彩耽美・グラニュレーティングカラーズ」の感想

分離色ということで、待つ時間によって分離の仕方が変わるので、待ち時間を変えて色々試し塗りをすると、感覚をつかめていいんじゃないかと思いました。分離したあとは反対色同士でもそれぞれが前に出てくるのが面白いです。また、薄く塗ると淡くまだらに分離するので、それも面白いと思いました。

夏目レモンさんの好きな色

■**No.779幻水朱**／髪に使った色です。青をベースにした色に朱色を入れられるんだ！と驚きました。新鮮で面白い色だと思います。

■**No.771幻緑赤**／緑色から紫色の分離色なので、くすむのでは？　と塗る時は不安でしたが、塗るとちゃんと綺麗です。でも乾くまではドキドキしました（笑）。

■**No.775幻青桃**／青色から桃色の分離色なので、青～紫～ピンクという自然なグラデーションで使いやすかったですね。カゲ色などにもオススメです。

蓮を塗る

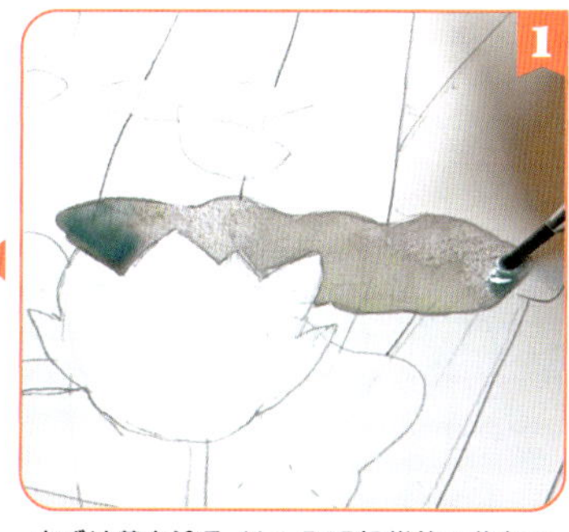

まずは葉を塗る。No.777幻紫草の紫色のニュアンスを強めにして全体を塗ったら、部分的にNo.778幻緑青の緑色を入れる。

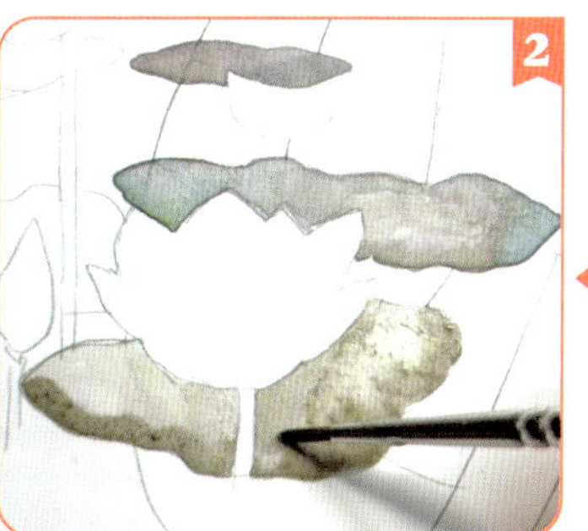

No.777幻紫草で、色みのバランスを変えながら、他の葉も塗っていく。

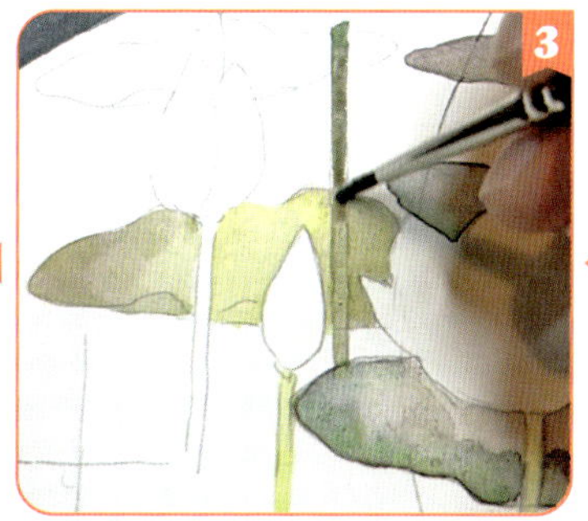

No.777幻紫草で葉を塗り進める。途中でNo.54鶯緑を混ぜたり、No.11鳥の子色を混ぜて黄みのニュアンスを強めたりする。

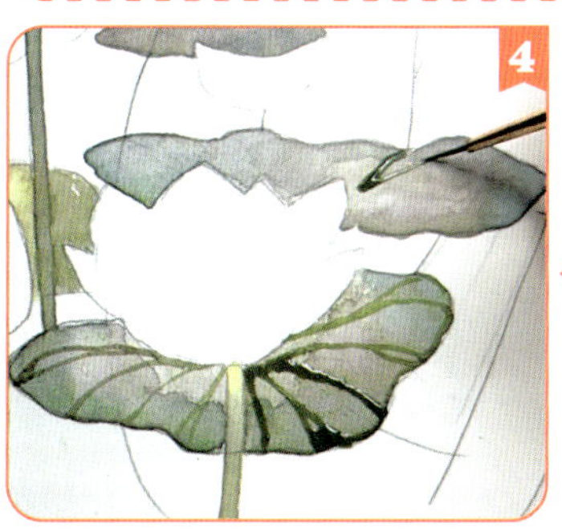

葉の塗りを乾かしたら、No.777幻紫草で色を変化させながら葉脈を描く。

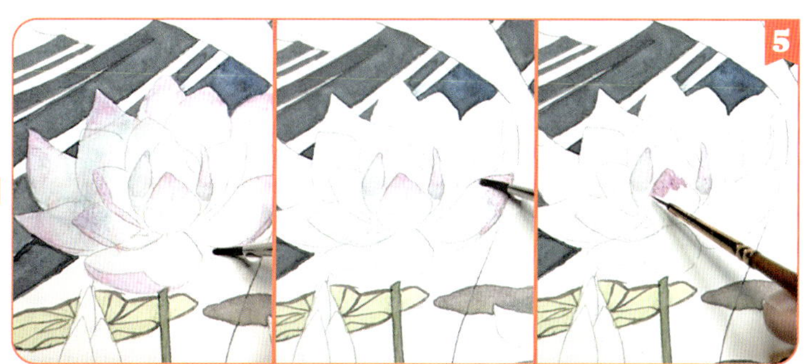

No.771幻緑赤で花を塗る。No.771は、緑色から赤色の分離色のため、混ざった状態で塗ると紫色のような発色になる。ただ、捕色である2色が乾くとどんな色みになるかは、初めて塗る場合は想像しにくかったそう。そこで薄めに塗って、少しずつ様子を見ながら色を重ねていったのだとか。花びらの先端は赤色が、内側は緑色のニュアンスが出るように塗るのがポイント。

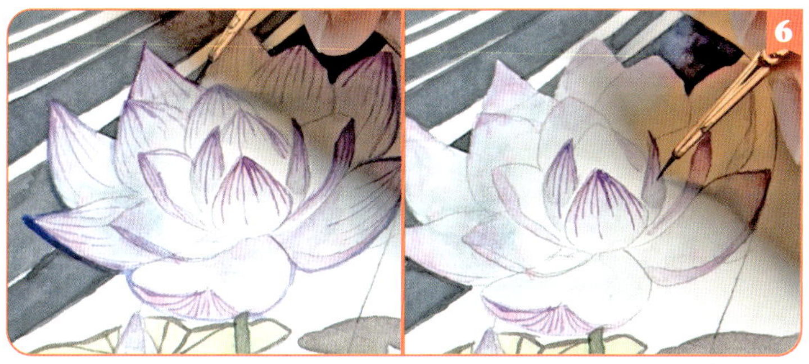

一通り花びらを塗り終わったら、線で質感を描いていく。No.775幻青桃を、混ざった状態の紫色で使う。輪郭線の一部は髪の色を映すイメージで、No.779幻水朱の水色のほうで部分的になぞる。

夜空と天の川を塗る

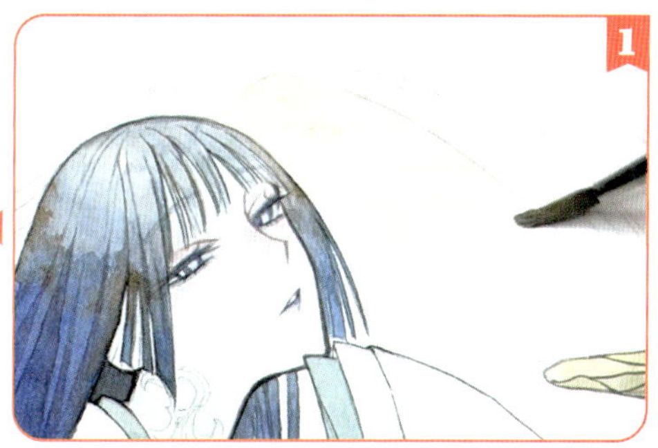

まずは、No.11鳥の子色で空全体を下塗りする。

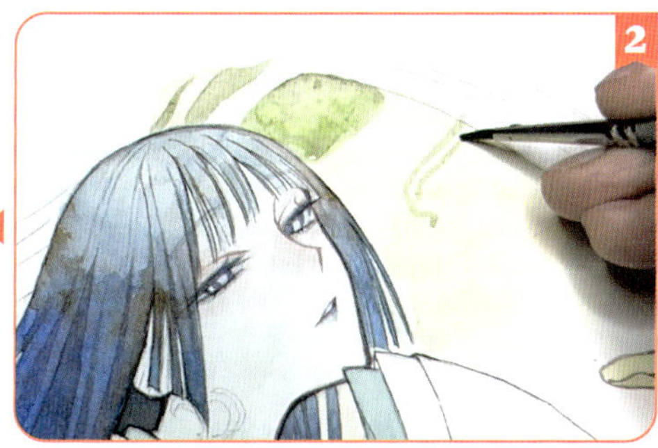

No.777幻紫草で天の川の模様を描いていく。右上から左下への流れを意識しつつアドリブで描き進める。

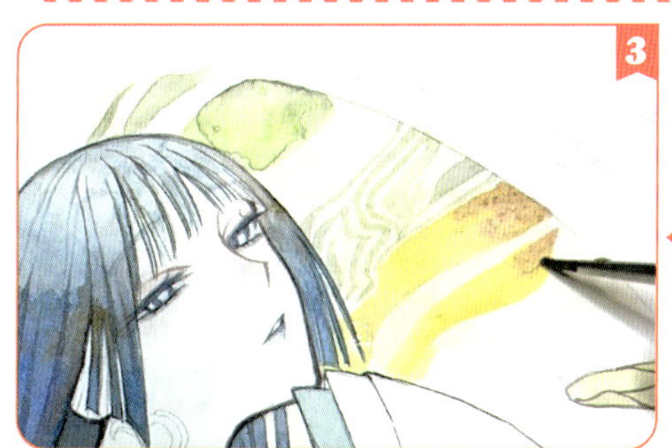

No.43山吹に、No.776幻黄紫を少し足した黄色で模様を追加。No.776が分離するのを待ってから、端のほうに紫色を塗り重ねる。

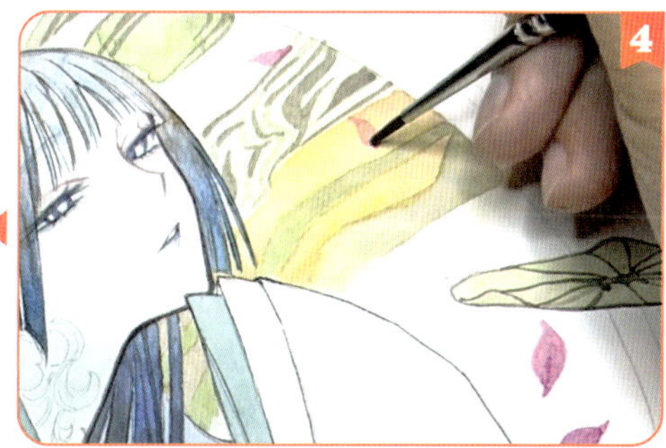

No.775幻青桃の紫色で蓮の花びらを散らす。

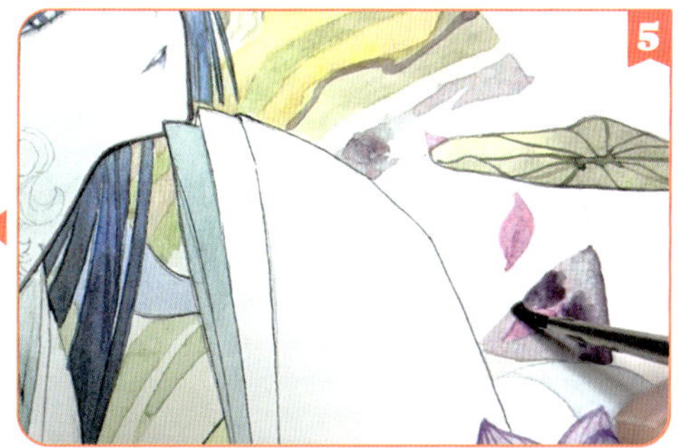

No.771幻緑赤でボツボツとにじみのような質感を入れる。黄色と青色が多かったので、紫色のニュアンスを加えることでバランスを取ったそう。

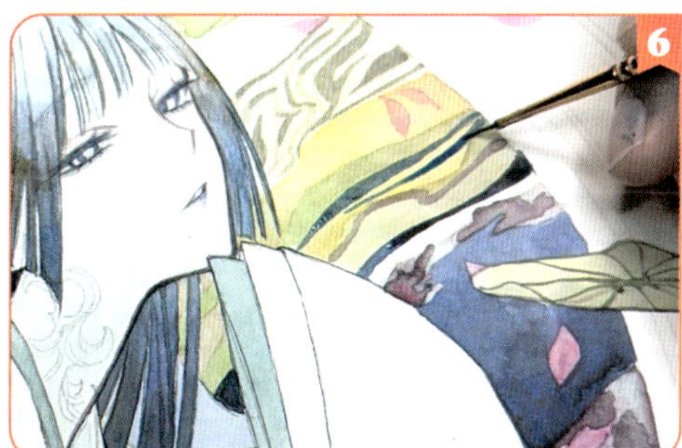

No.779幻水朱とNo.775幻青桃を混ぜた青色で空を塗る。模様が細かく見えるように、隙間を塗りつぶしていく。

ラフ〜線画

完成線画

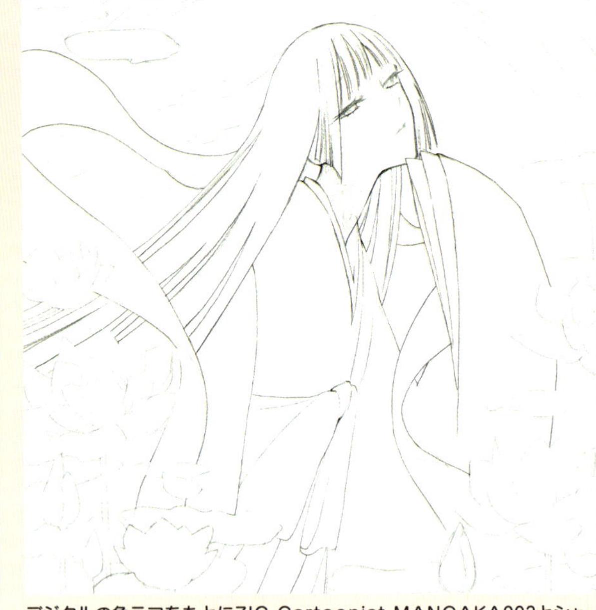

デジタルの色ラフをもとにZIG Cartoonist MANGAKA003とシャープペンシルで線画を描く。天女はZIG Cartoonist MANGAKA003で描くのを基本とするが、鼻、眉、口などの顔の描写は塗りで表現するため、背景とともにシャープペンシルでアタリ線のみ描く。

ラフ①

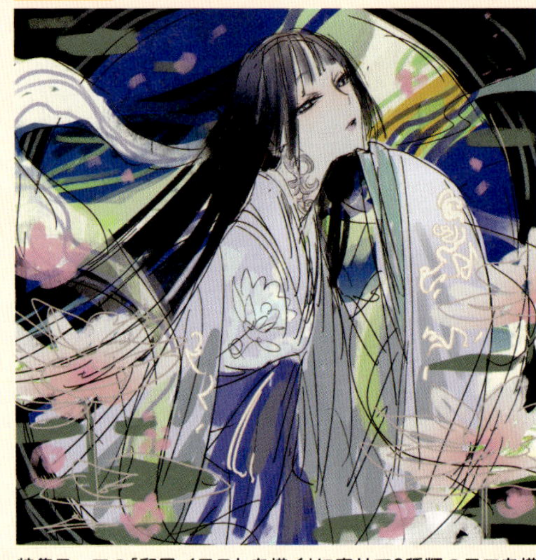

特集テーマの「和風イラストを描く」に寄せて3種類のラフを描いてくれたレモンさん。ラフ①は天女、ラフ②は大正浪漫×ロリータ、ラフ③は金魚のイメージ。その中からグラニュレーティングカラーズ2の天体系の色みを美しく表現できそうな①の天女案に決定。実は、レモンさんも宇宙っぽい色みを意識してラフ①を制作したのだとか。

ラフ②

ラフ③

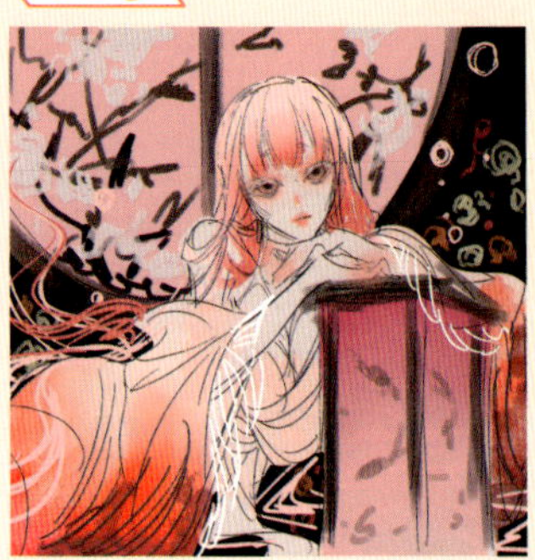

顔まわりを塗る

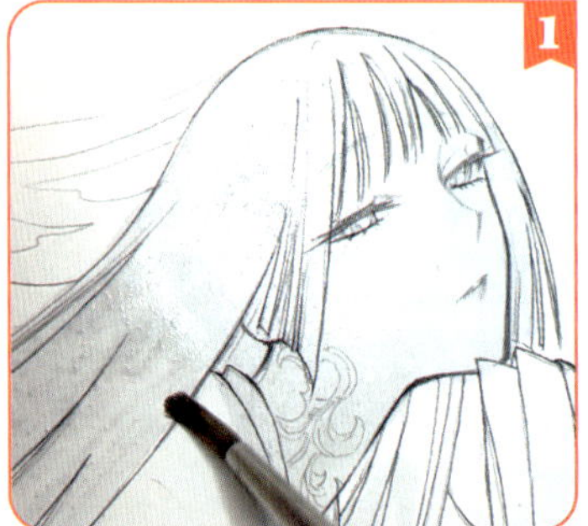

1 髪と肌全体を、No.11鳥の子色＋No.780幻緑紫の青みがかったグレーで下塗り。ベースカラーを暖色でなく寒色にすることで、天女らしい人外感を出す。

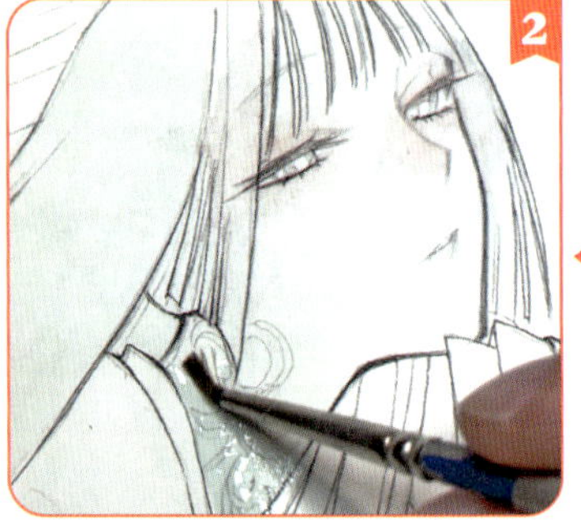

2 No.31朱とNo.13藤色を足したピンク色で目元や鼻周りに赤みを入れ、No.778幻緑青で首元にカゲを入れる。

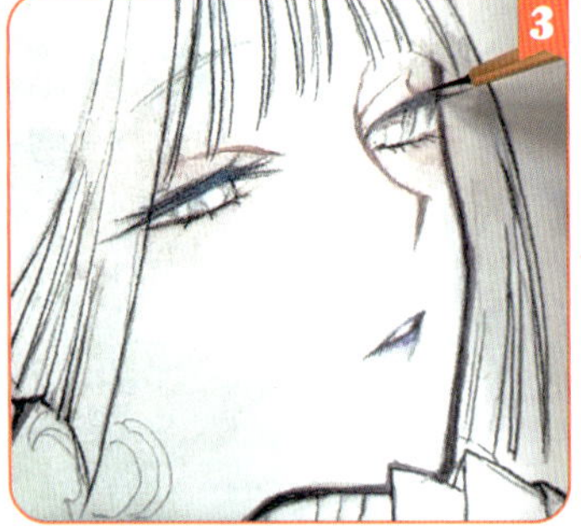

3 No.775幻青桃で顔の輪郭線やまつげをなぞり、No.779幻水朱でリップを青く塗る。鼻や二重の主線には②でつくったピンク色を重ねた。

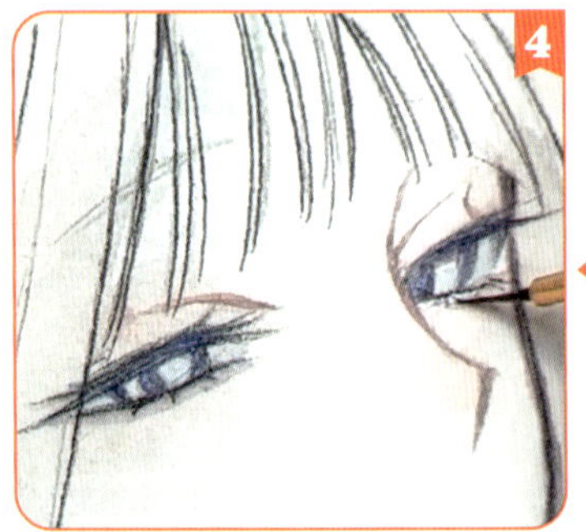

4 目全体をNo.775幻青桃の青色の濃淡で塗ったら、涙袋はリップと同じNo.779幻水朱で塗る。今回は髪や、和のモチーフをメインで見せるため、顔周りはシンプルに。

髪を塗る

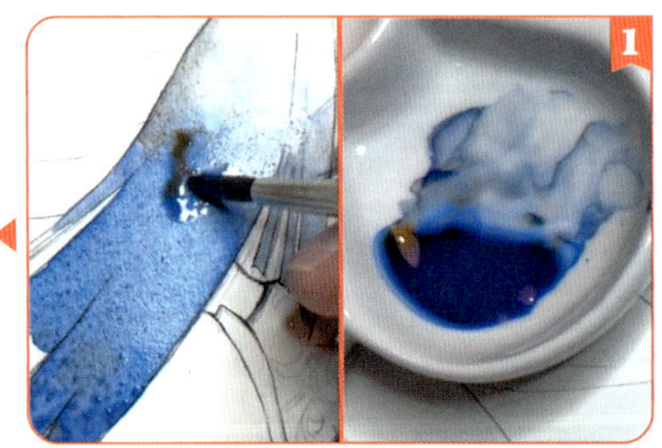

1 髪をNo.779幻水朱で塗る。水色のほうを中心に髪全体に塗り広げたら、絵具が分離するまでしばらく待って、朱色のほうで、じにみをつくっていく。

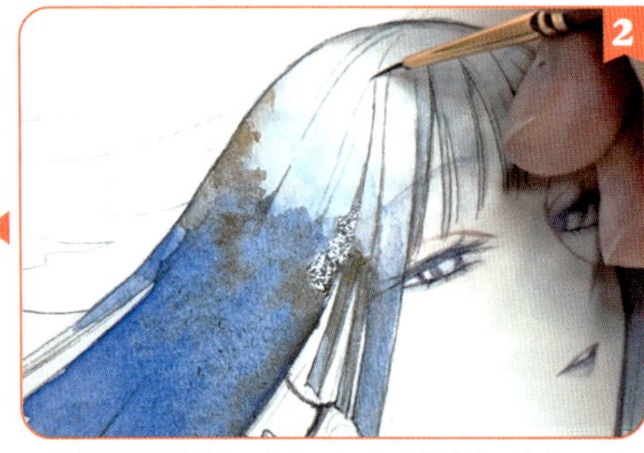

2 一通り髪を塗り終わったら、No.779幻水朱の朱色のほうで髪の毛の流れを描き込んでいく。グラニュレーティングカラーズらしい色みと質感を活かすため、線は最小限に。

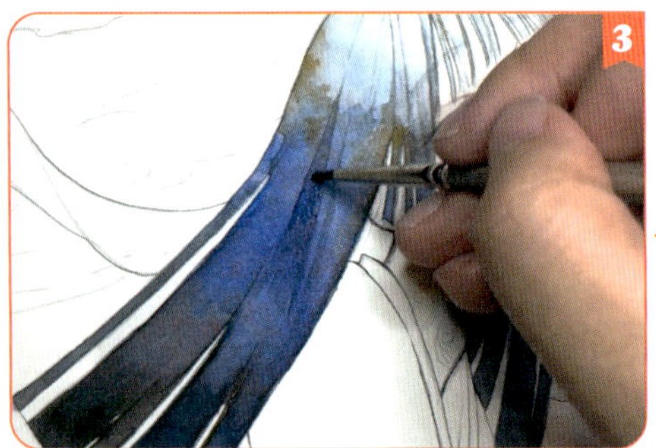

3 No.775幻青桃で紫色のニュアンスを足しつつ、No.262青墨色で黒っぽい濃いカゲも加えていく。にじみの映える、青から黒の美しいグラデーションになってきた。

夏目レモンさんに色々な画材でイラストを描いてもらう画材試し連載・第32回！　今回は、顔彩耽美・グラニュレーティングカラーズ2とillustration WATERCOLOR Setを使って蓮の花と、マーブル模様の美しい天の川が印象的な天女のイラストをメイキング！和のモチーフやムードを分離色ならでは色みと質感で表現します！

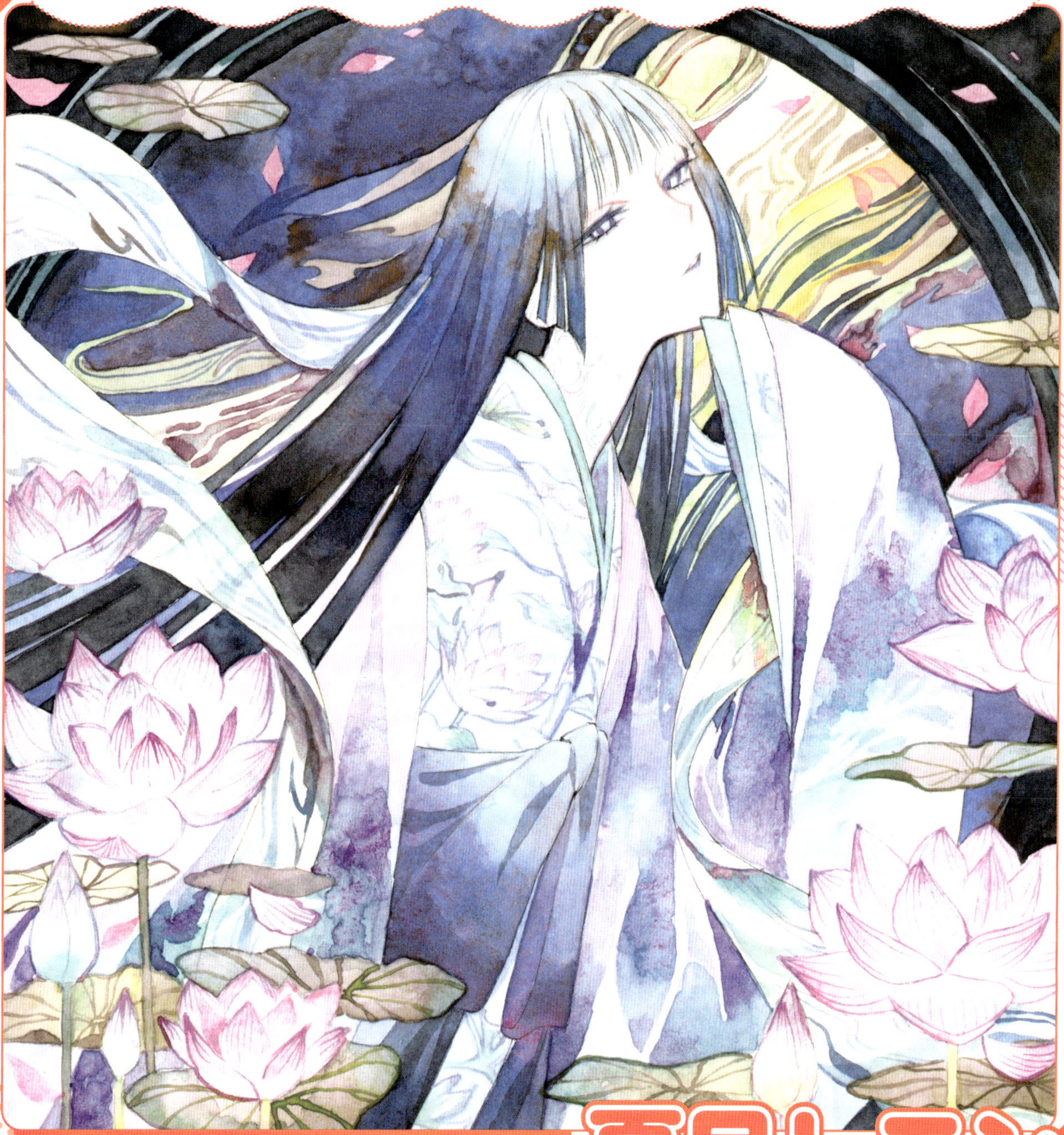

夏目レモン（なつめ）

画材 顔彩耽美・グラニュレーティングカラーズ2・illustration WATERCOLOR Set・顔彩耽美48色セット・シャープペンシル

用紙 アルシュ水彩紙（細目）

X @Natsume_Lemon0　YouTube 夏目レモン

Instagram natsume_lemon0

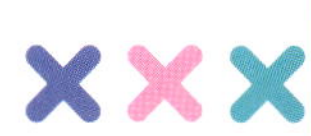

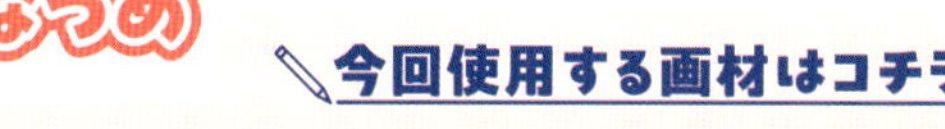

information

発売元
株式会社呉竹
https://www.kuretake.co.jp

※価格は税込表示です

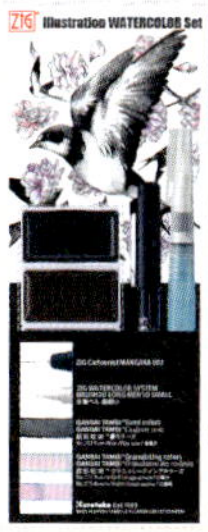

illustration WATERCOLOR Set
価格 1,980円（税込）

【セット内容】
- ZIG Cartoonist MANGAKA003
- 水筆ぺん面相小
- 顔彩耽美墨カラーズ
  No.262青墨色（あおずみいろ）
- 顔彩耽美 グラニュレーティングカラーズ
  No.771幻緑赤（げんりょくせき）
  No.775幻青桃（げんせいとう）

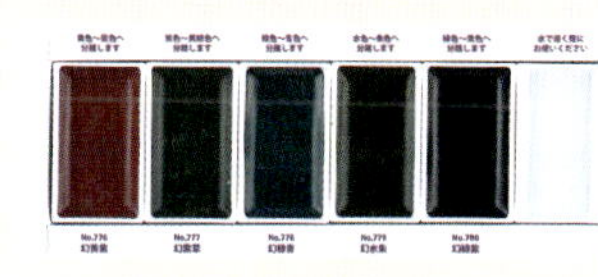

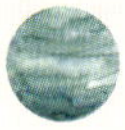

グラニュレーティングカラーズ2 5色セット
価格 1,980円（税込）

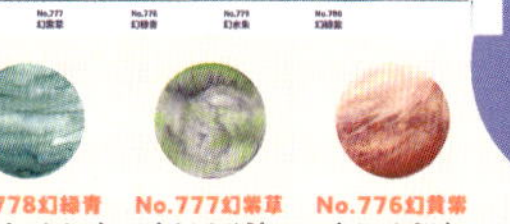

No.778幻緑青（げんりょくせい）
No.777幻紫草（げんしそう）
No.776幻黄紫（げんおうし）

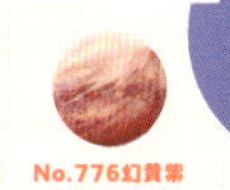

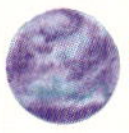

No.780幻緑紫（げんりょくし）

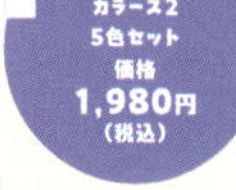

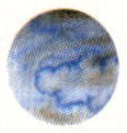

No.779幻水朱（げんすいしゅ）

顔彩耽美・グラニュレーティングカラーズ2

●顔彩耽美は、鮮やかな発色と美しいにじみが特徴的な顔彩絵具。濃く溶かすと不透明で力強いタッチ、薄めに溶かすと水彩画のような淡いタッチなど、多彩な表現を楽しめる。

●グラニュレーティングカラーズは、色が分離されることで幻想的な表現ができる顔彩耽美。紙の種類によって、色の分離・にじみ方が異なる。

●たっぷりの水で溶き、パレットの中で分離してから描くと、より色の変化を楽しむことができる。

※メイキングではステッドラー ウォーターブラシは「水筆」(太筆、中筆、細筆)と表記。

髪を塗る

使用色…マゼンタ(20)、クールグレイミディアム(87)、ブラウン(76)、モウブ(260)、ブルー(3)／水筆(中筆、細筆)

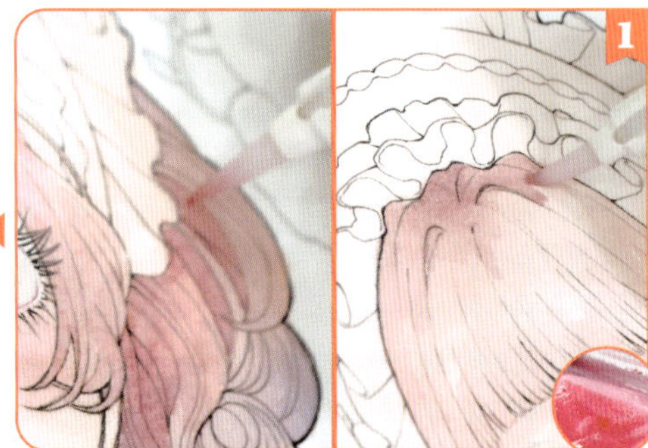

1 髪のツヤを塗る。「マゼンタ(20)多め+クールグレイミディアム(87)少なめ」を混ぜ、赤紫色をつくる。水筆(中筆)に色を取り、つむじや毛流れに沿ってツヤを描く。前髪の膨らみや、毛束が密集してカゲになる部分は色を濃くして立体感を出す。

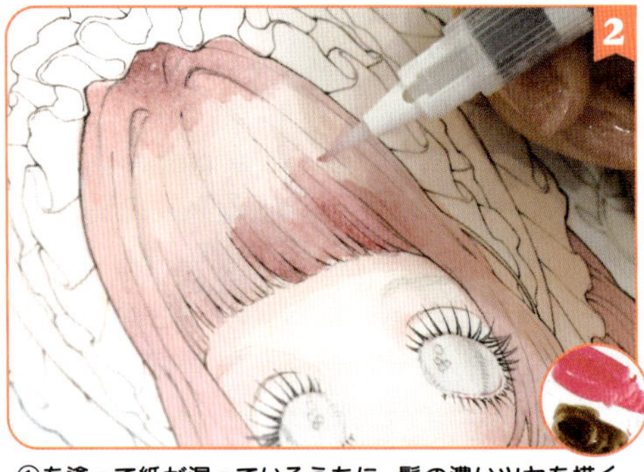

2 ①を塗って紙が湿っているうちに、髪の濃いツヤを描く。「(20)+ブラウン(76)」を混ぜて濃い赤紫色をつくる。毛束を描くような感覚で、毛先に色を乗せる。水彩風の境界線を残しながら天使の輪の形のハイライトをつくる。

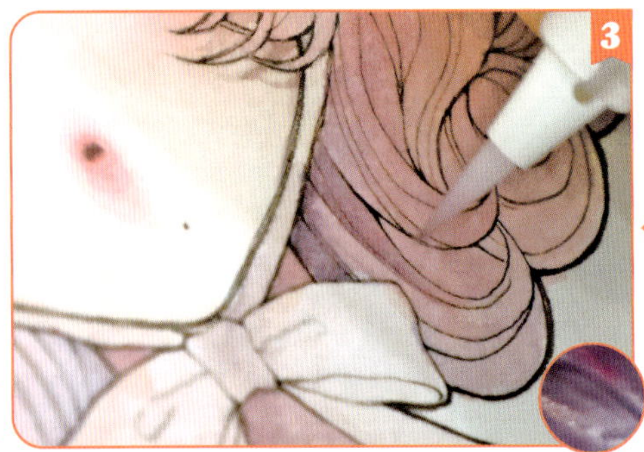

3 ②と同じ色をつかい深みのある赤紫色をつくる。インクを水筆(細筆)に多めに取り、後ろ髪の毛束のカゲをくっきりと描き込む。カゲは毛先に向かって明るくなるようにグラデーションにすることで、くるんとした髪の流れを表現できる。

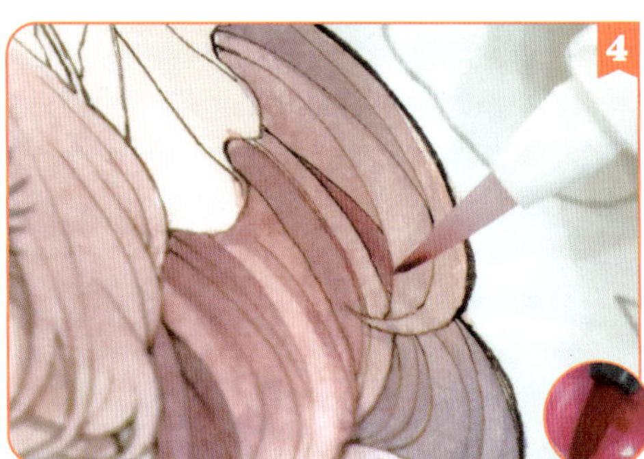

4 細かな毛束を表現する。②と同じ色をつかい深みのある赤紫色をつくる。インクを水筆(細筆)で多めに取り、ベタ塗りでカゲを描く。また、細い毛の流れも描き込む。

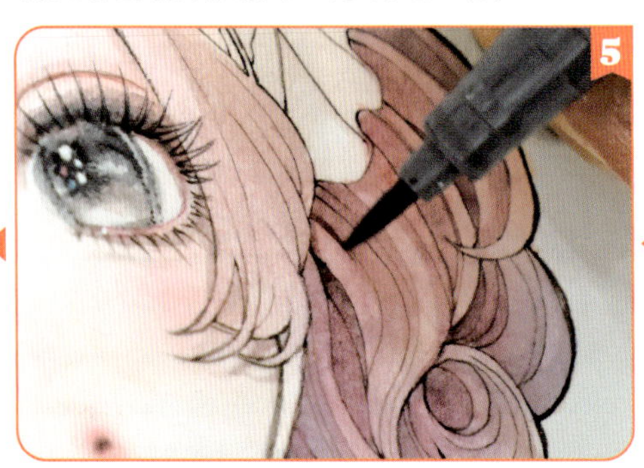

5 紙が湿っているうちにモウブ(260)をつかい、一番濃くなる部分に直接ペンで色を置く。インクが乾く前に水筆(細筆)をつかい、なじませる。

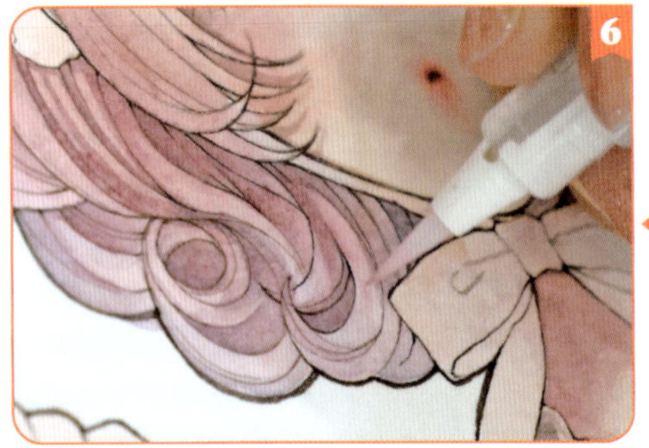

6 後ろ髪の奥行き感や透明感を描写する。「ブルー(3)+(76)+(20)」を同量混ぜ、淡い青紫色をつくる。水筆(細筆)に色を取り、後ろ髪の毛先に重ねる。

着物の襟を塗る

使用色…モウブ(260)、ウォームグレイミディアム(84)、マゼンタ(20)／水筆(中筆、細筆)

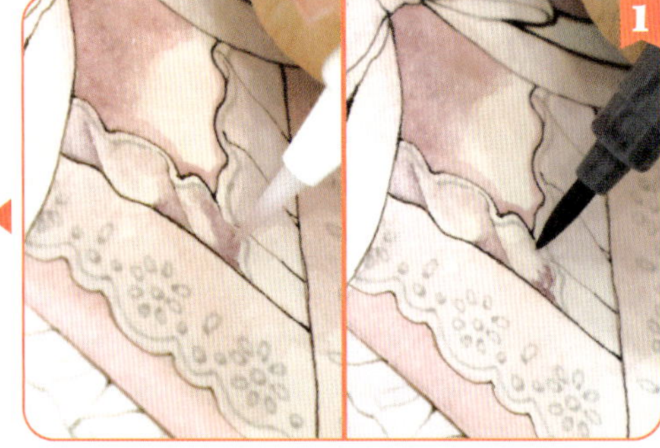

1 フリルはまず、水筆でフリル部分を湿らせる。モウブ(260)をつかい、直接ペンで波打つことで生まれる濃いカゲ部分に塗る。インクが乾かないうちに水筆(細筆)でぼかして、上側にのばしてなじませる。

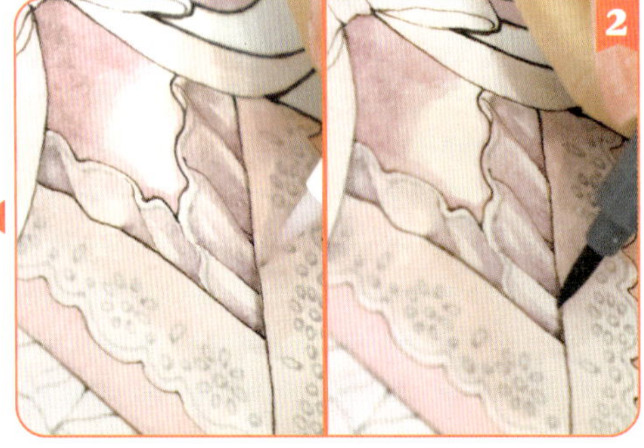

2 ①が乾かないうちに、カゲの一番濃い部分にウォームグレイミディアム(84)を置く。ペン先で直接塗った。インクが乾かないうちに水筆(細筆)で色をぼかし上側にのばしてなじませる。

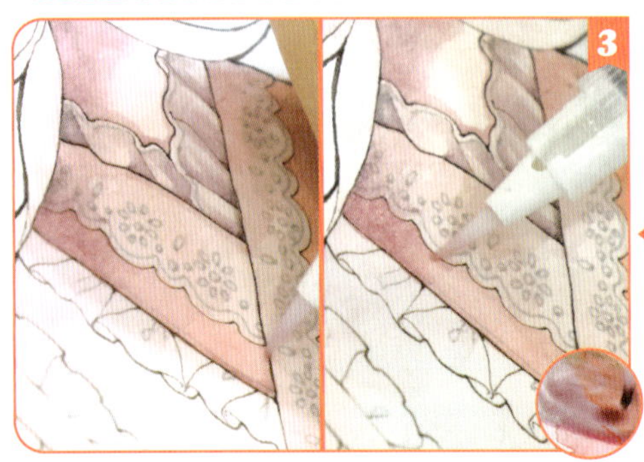

3 襟を塗る。「(84)+マゼンタ(20)」を同量ずつ混ぜ、赤紫色をつくる。水筆(細筆)に色を取り、カゲを描く。

相楽ちと 人物の肌はなめらかに、着物はあえて塗りムラをつくることで布の質感を表現しています。

りぼんをつまむ仕草が可愛らしい、ベビーフェイスな女の子が描かれた作品の完成！ 小花柄の和服にフリルやリボン、パールをあしらい、ボンネットやエプロン、手袋を合わせたコーデがとても魅力的です。相楽さんは白いフリルにも淡い赤色を下塗りをしていますが、塗り進めるうちに色の対比が生まれて、白く感じられるように仕上げています。また、何層にも色を重ねることで、重厚感のあるタッチを生み出しています。みなさんも「ステッドラー ピグメントブラッシュペン」の特長を活かして、ロマンティックな女の子を描いてみてくださいね！

サイン色紙のプレゼントあります

相楽ちとさんのお気に入りの色と使用した感想

■モウブ(260)／ライトローズ(21)／ローズピンク(208)／マゼンタ(20)

相楽ちと「単色でつかいやすいのはモウブ(260)です！ 顔のカゲだけでなく服のカゲにもなじみやすく、この一色だけでオシャレな雰囲気になります。モウブ(260)は直接ペンで描いても水でのばしても使いやすいので、初めて買う方にオススメしたい色です。また、ライトローズ(21)やローズピンク(208)など「ステッドラー ピグメントブラッシュペン」は可愛いピンク色がたくさんそろっているので本当にオススメです！ なかでもマゼンタ(20)は濃いピンク色なので、混色しても発色がきれいなままの印象でした。ほかにも、マーカーだとめずらしいくすみ系やクリーム系の色も充実していて、特にくすみ青系もお気に入りです。」

※メイキングではステッドラー ウォーターブラシは「水筆」(太筆、中筆、細筆)と表記。

顔を塗る

使用色…コーラル(420)、マゼンタ(20)、スカーレットレッド(24)、カーマインレッド(29)、ローズピンク(208)、ウォームグレイミディアム(84)、ライトローズ(21)、ブラウン(76)
水筆(中筆、細筆)

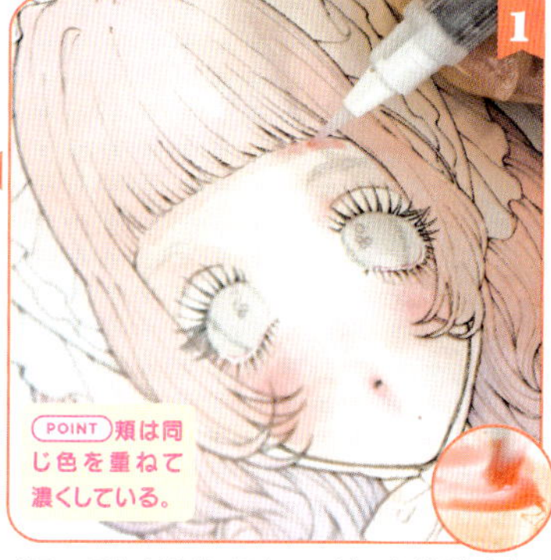

「コーラル(420)多め+マゼンタ(20)少なめ」を水筆(中筆)で混ぜ、淡い朱色をつくる。まぶたと前髪のキワにカゲのアタリとして色を塗る。

相楽ちと　薄い色でカゲのアタリを入れることで迷いが減ります。

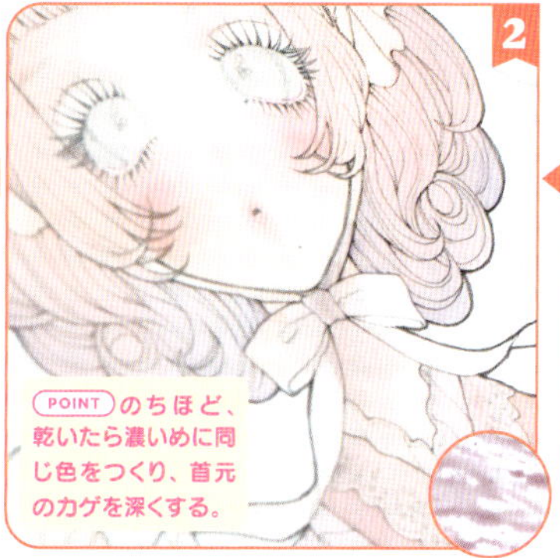

首元のカゲを塗る。「ウォームグレイミディアム(84)+(20)少なめ」を混ぜ、モーヴピンク色をつくる。インクを水筆(中筆)で取り、首元にカゲとして薄く塗り広げる。

相楽ちと　意図しないにじみを防ぐため、乾いてから加筆します。

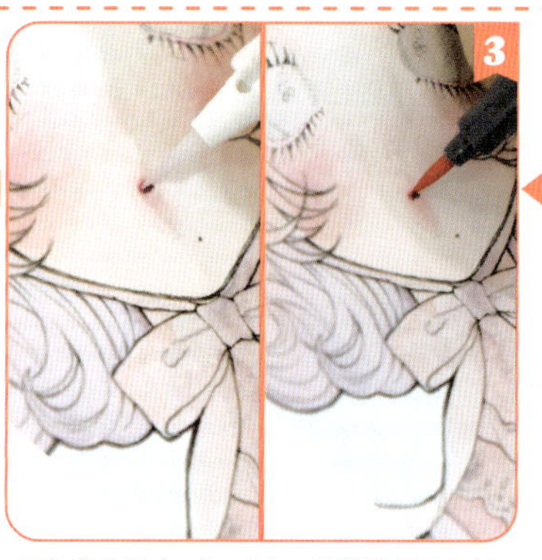

唇を描く。スカーレットレッド(24)をつかい、唇の線画に沿って直接ペンで赤みを乗せる。インクが乾ききる前に、水筆(細筆)で少しづつぼかしてなじませる。

相楽ちと　濃くしたい部分は直描きしてから水筆でなじませます。

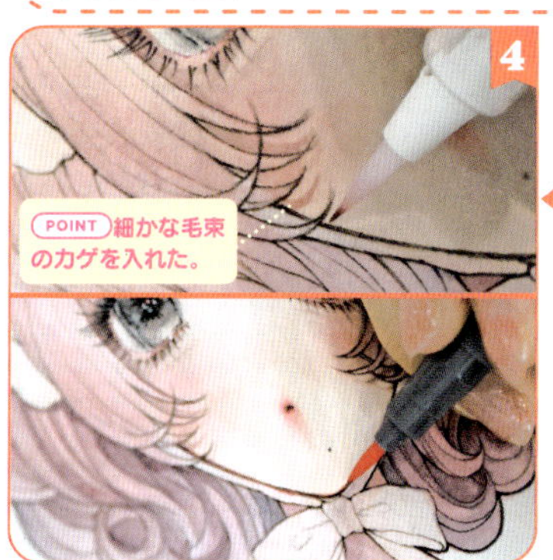

「(20)+ブラウン(76)+ウォームグレイミディアム(84)」を同量づつ混ぜ、赤茶色をつくる。水筆(細筆)でアタリに沿ってカゲ塗る。また、ライトローズ(21)をつかい、顔のりんかくの線画に沿って直接ペンで描く。赤みを加えつつ、顔の印象を強くする。

瞳を塗る

使用色…インテンスブラック(99)、クールグレイダーク(871)、ウォームグレイライト(840)、クールグレイミディアム(87)、クールグレイライト(870)、
マゼンタ(20)、ブラウン(76)、ライトローズ(21)、ターコイズ(35)、ローズピンク(208)／ピグメントライナー(ブラック…0.05)／ポスカ(極細…ホワイト)／水筆(中筆、細筆)

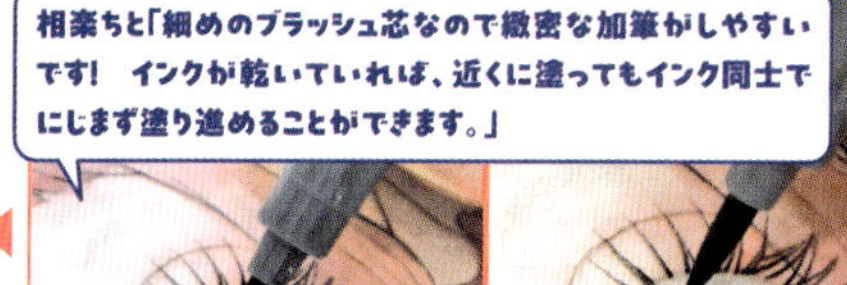

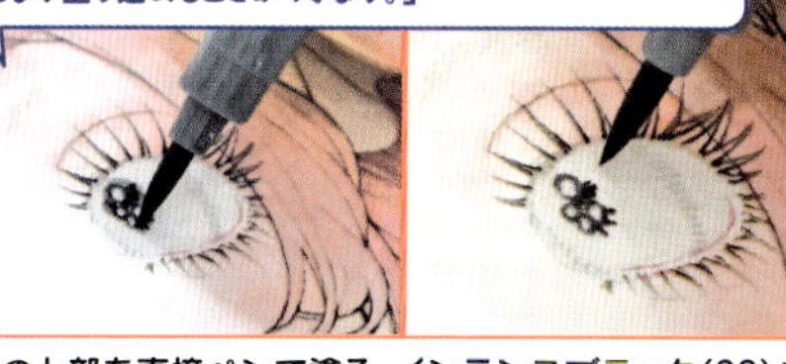

瞳の上部を直接ペンで塗る。インテンスブラック(99)をつかい、ハイライトの粒を囲み、クールグレイダーク(871)で粒の周りに細かな線を入れる。(871)が乾く前に、ウォームグレイライト(840)を重ねてじわっとぼかす。

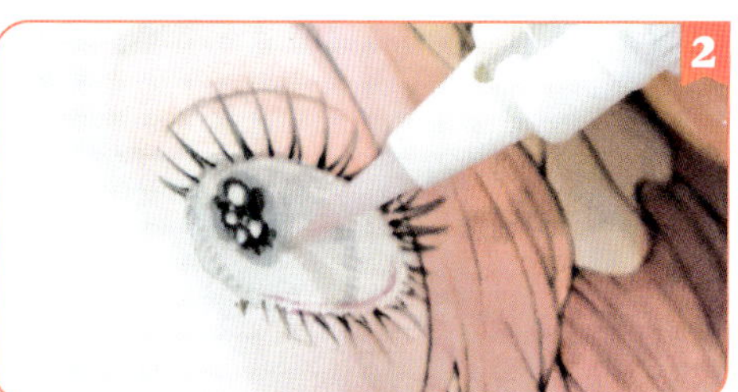

水筆(細筆)をつかい、①の(840)を溶かしつつ瞳上部に塗り広げる。また瞳のフチにはちょんちょんと線を引きながら色を重ねることで、きらめきとうるうる感を表現する。

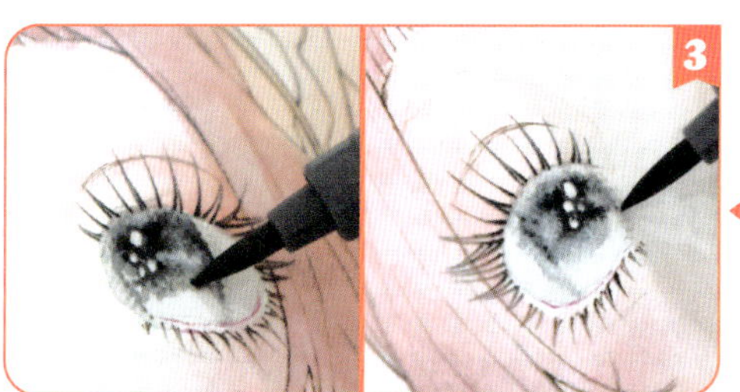

紙がしっとりしているうちに瞳上部に、(871)やクールグレイミディアム(87)を直接ペンで置く。紙が湿っているのでじわっとインクが広がり、にじみのニュアンスで目力が強まった。また瞳中央にクールグレイライト(870)をちょんちょんと置く。

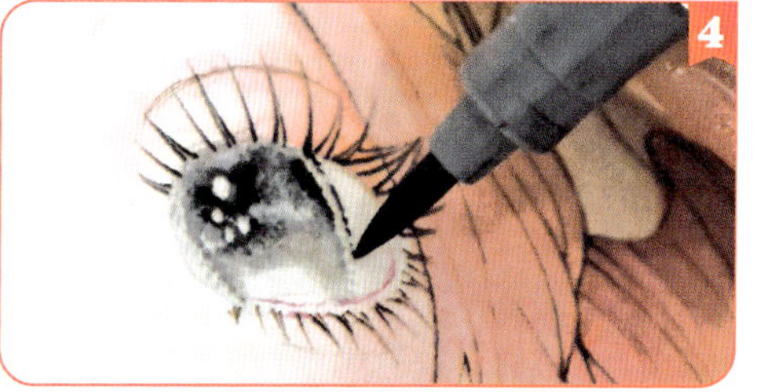

ブラッシュ芯の先端をコントロールして、瞳のフチに(871)でちょんちょんと点を打つようにして色を置く。より、瞳のうるうる感が増した。

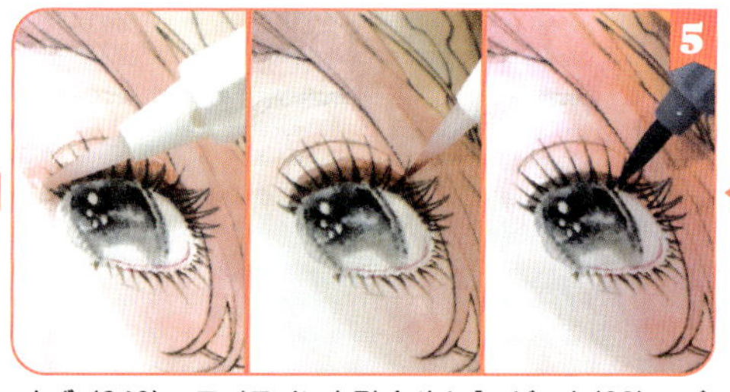

まず、(840)でアイラインを引く。次に「マゼンタ(20)+ブラウン(76)+(87)」を混ぜた濃い赤茶色を上に重ねる。最後にアイラインの上側に水筆(細筆)で赤茶色をまぶたに塗り広げ、アイシャドウを表現する。

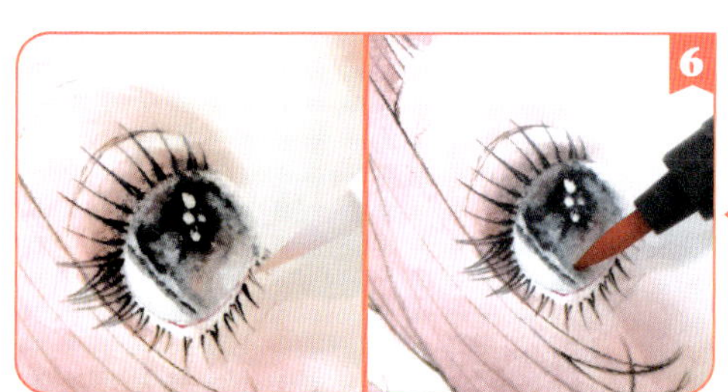

瞳にピンク色の反射光を入れる。ライトローズ(21)をつかい、瞳中央辺りにペンで直接、色を置く。インクが乾かないうちに、水筆(細筆)でぼかしてなじませる。

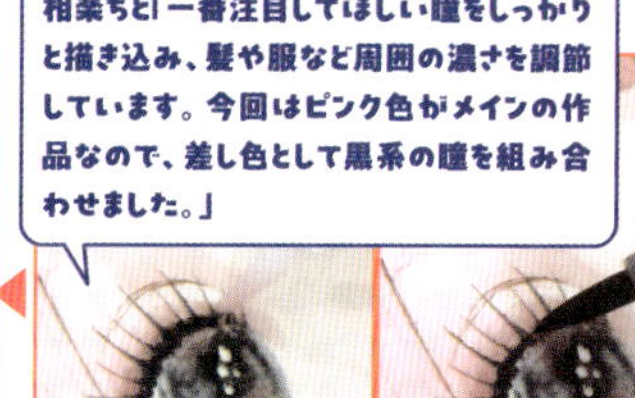

(871)をつかいアイラインを濃くして瞳の印象を強める。また、水筆(細筆)でインクを溶かしながらまつ毛も描いた。マスカラを塗ったようなパッチリとした瞳になる。

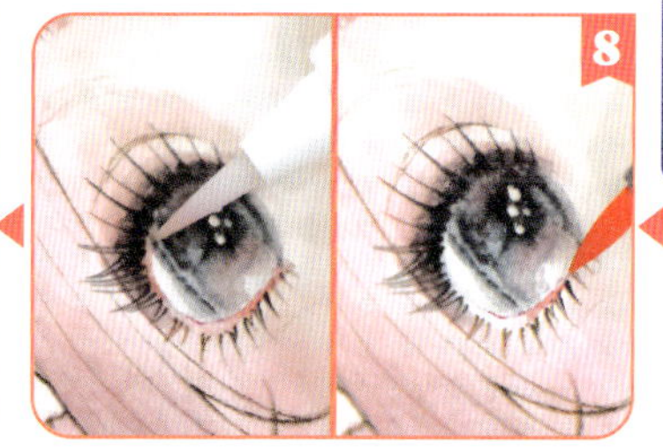

(21)をつかい、直描きで粘膜を描く。水筆(細筆)でインクを溶かしながら粘膜の赤みを濃淡で表現する。粘膜を描くことでリアリティが増した。

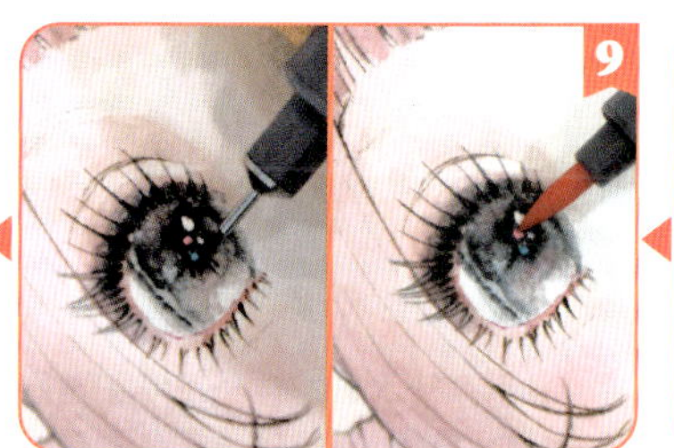

ハイライトの粒にターコイズ(35)とローズピンク(208)を置き、差し色を加える。また、ピグメントライナーのブラック(0.05)をつかい虹彩を描く。まつ毛もなぞり切れ長に整えた。

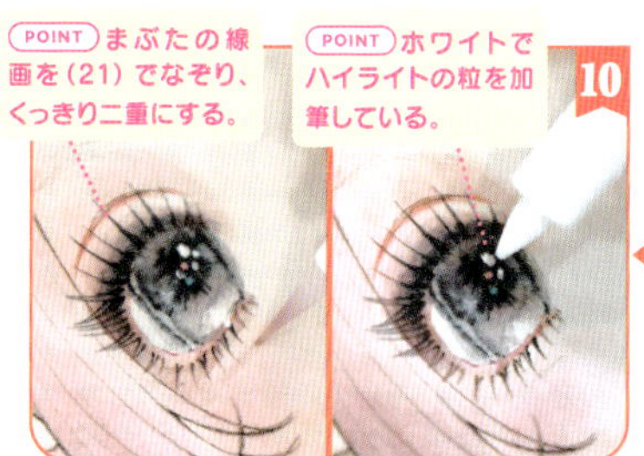

涙袋を描く。⑤のアイラインと同じ色「(20)+(76)+(87)」を水で薄く溶かし、水筆(細筆)で涙袋のカゲを引く。最後にホワイトでハイライトを加えた。

イラストメイキング

Q&A \相楽ちとさんに聞く/ 「和風を描くポイント」

今回の作品で和をどのように取り入れましたか？　また、取り入れた和の部分を描くときに気をつけたことをお聞かせください！

相楽ちと　私が普段描く女の子はデコルテを出して抜け感を演出しているのですが、今回のイラストでは和装の気品や美しさを表現するために肌の露出を控えめにしました。また、「大正ロマン」の要素を現代に落とし込んだファッションをイメージして、着物にフリルをあしらい、装飾としてのエプロンをプラスしています。ショート丈の手袋をつけてあげることで、より今らしさが表現できました。ほかにも、「和」の印象だけが強くなりすぎないように、ピンクをメインとしたドリーミーなカラーを選んでいます。

今回描いた女の子のイメージについて教えてください。

相楽ちと　以前「エプロンドレス」をテーマにした展示で描いた女の子を今回の作品でも描きました。うさぎのようにきゅるっとした大きな瞳を持つ、ドリーミーな女の子にしたかったので、黒目が映えるピンク髪にしています。また、レトロな雰囲気にもしたかったので、「聖子ちゃんカット」のようなボリュームヘアーでロマンティックな印象にまとめました。

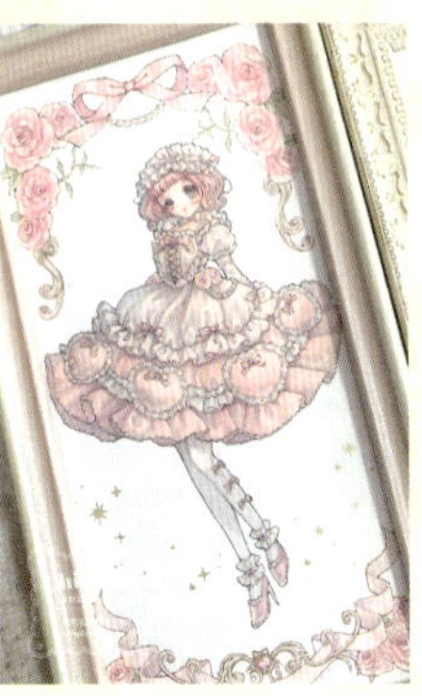

ラフ～線画

完成線画

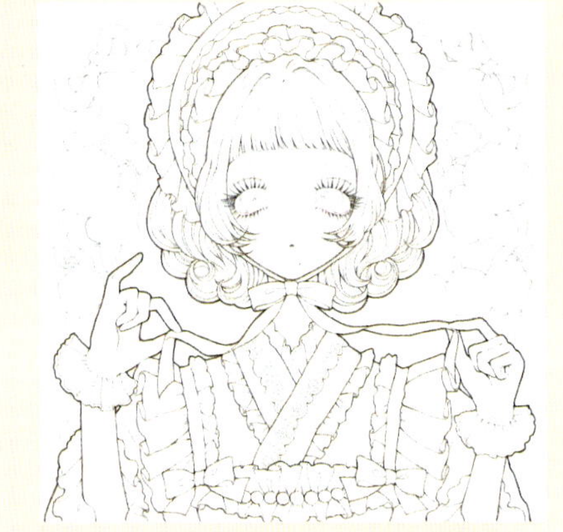

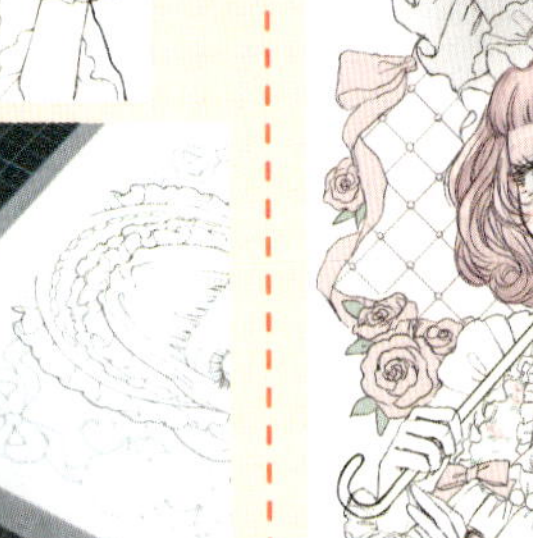

ステッドラー ピグメントライナーのブラウン(0.3)やピグマのセピア(003)を使い描かれた線画。フレーム装飾の線画をシルエットのみにして、着彩で立体感を描く。今回、マーカーのインクに水を混色して塗り進めるため、紙が弛んでも塗り進めやすいように、マスキングテープを使用してカッターマットに固定している。

ラフ

今回のメイキング特集「和風イラストを描く」に合わせて描いていただいた、「正面」と「日傘をさす横向き」のラフ。たれ眉にたれ目、ぷっくり唇の愛らしい女の子が描かれている。着物にレースをあしらい、フリルのボンネットを被った和洋折衷のファッションがとても魅力的だ。

相楽ちとさんのステッドラー ピグメントブラッシュペンの使い方

相楽さんは紙パレットに「ステッドラー ピグメントブラッシュペン」のインクを取り出し、水筆をつかい混色している。水筆をワンプッシュして濃度調整をしている。また、塗る量はティッシュで筆先を拭ってコントロールする。

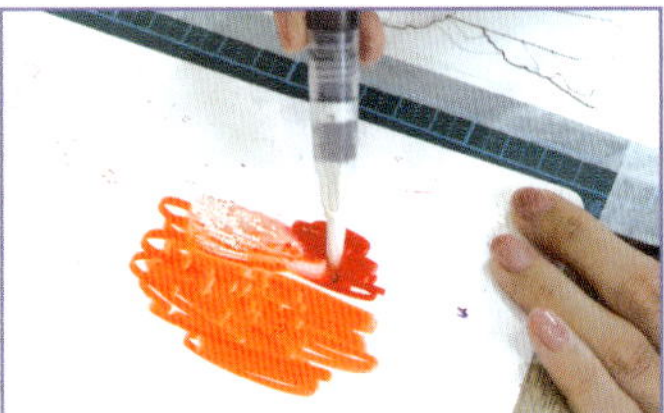

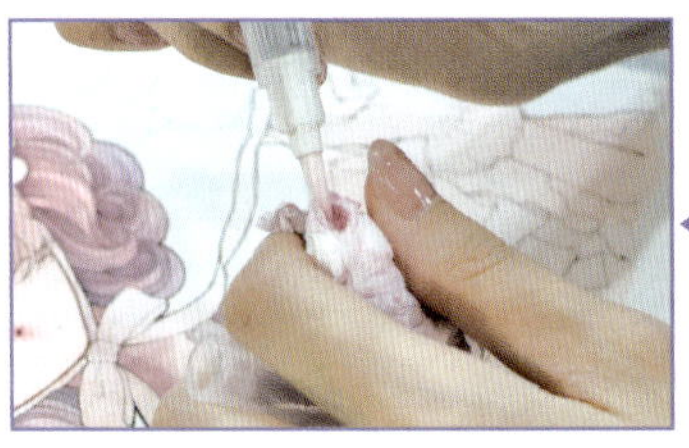

下塗りをする

使用色…スカーレットレッド(24)、カーマインレッド(29)、ローズピンク(208)、ブルー(3)、バイオレット(6)、マゼンタ(20)、クールグレイミディアム(87)、ウォームグレイミディアム(84)
水筆(太筆、中筆、細筆)

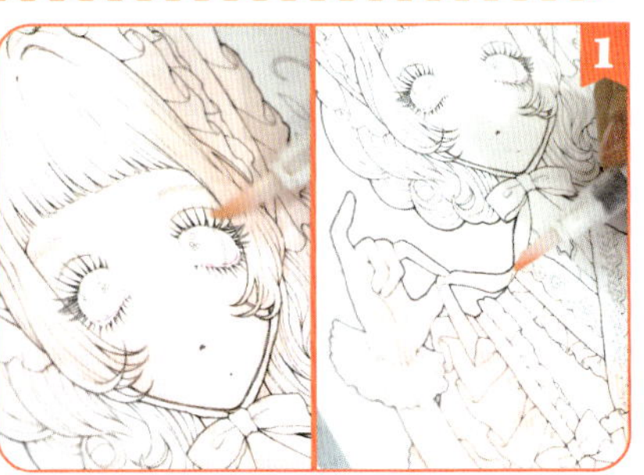

1 紙パレットに「スカーレットレッド(24)多め+カーマインレッド(29)少なめ」を取り出し、水筆(太筆)をワンプッシュして混色。淡い赤色を水筆(太筆)に取り、素早く女の子全体に塗り広げる。顔の立体感に合わせてインクを重ねる。
相楽ちと　全体に水分を染み込ませつつ、淡い赤みを加えます。紙への定着が早いので素早く筆を動かす必要があります。

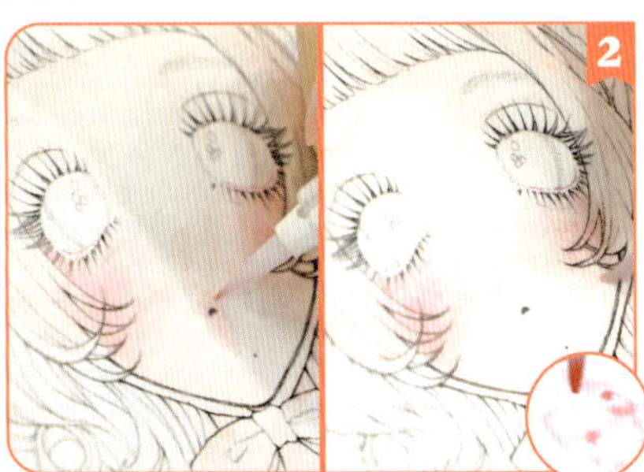

2 「①で作った色+ローズピンク(208)」を混色し、淡いピンク色をつくる。下塗りがしっとりとしているうちに頬の赤みを塗る。水筆(中筆)でぼかしながら塗ることでふわっとした頬にする。また、余分なインクはティッシュで拭いつつ、鼻の先や唇の厚みも描く。
相楽ちと　乾くと耐水性になるので色を重ねても濁らず、マーカー特有の発色の良さが気に入っています!

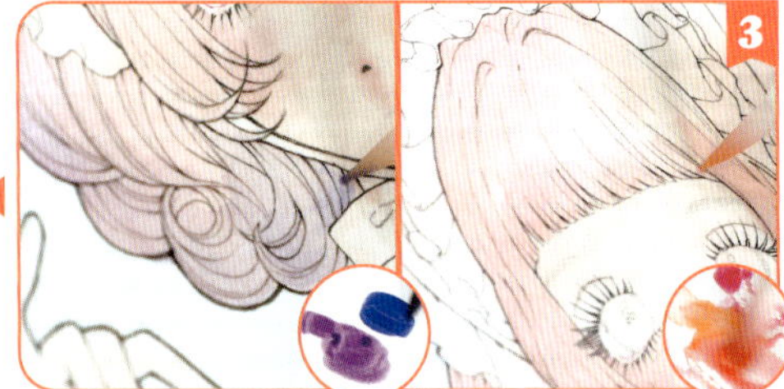

3 髪を下塗りする。「(208)多め+(24)少なめ+(29)少量」を水筆(中筆)で混ぜ、青みピンク色をつくる。前髪や後ろ髪に重ねた。次に「ブルー(3)+バイオレット(6)」を同量混色して青紫色をつくる。後ろ髪の毛先に重ね、透明感を表現する。
相楽ちと　(208)は青みが強いので、(24)と(29)で黄味を足して肌なじみを良くしています。

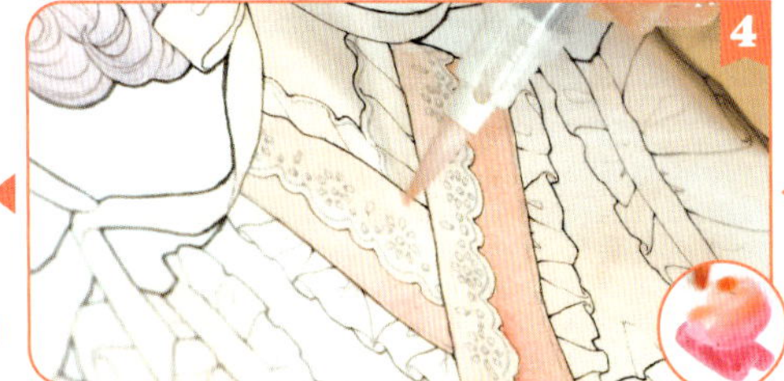

4 着物の襟元やレースを下塗りする。「①で作った色+マゼンタ(20)」を水筆(中筆)で混ぜ、朱色をつくる。襟は濃いめに色を置きつつ、上に向かってグラデーションにする。また、ティッシュで筆先を軽く拭って、レースに淡く色を重ねる。
相楽ちと　色を濃く乗せすぎてしまったときは、すぐに水筆で触れば調整しやすいです。

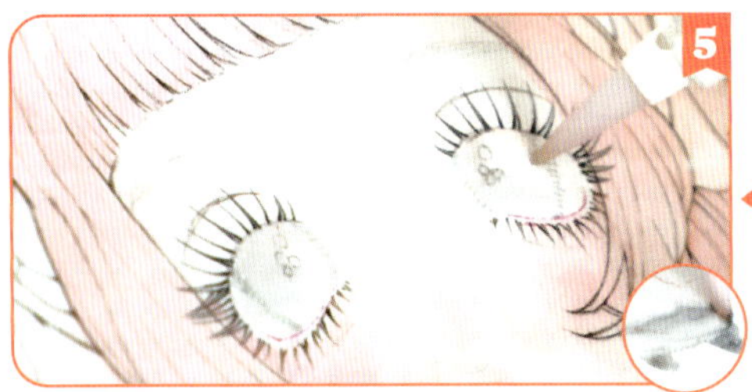

5 瞳の下塗りをする。「クールグレイミディアム(87)+ウォームグレイミディアム(84)」を水筆(中筆)で混色し、灰色をつくる。瞳が球体であることをイメージして描かれたハイライトは残しつつ、白目まで塗る。

※メイキングではステッドラー ウォーターブラシは「水筆」(太筆、中筆、細筆)と表記。

the making of ステッドラー ピグメントブラッシュペン

今回は、ドリーミーで愛らしい女の子を描く相楽ちとさんが、特殊水性顔料インク「ステッドラー　ピグメントブラッシュペン」を使い、イラストを描き下ろし！　「ステッドラー　ピグメントブラッシュペン」は現在、全部で60色。また、相楽ちとさんも線画をフチ取る際に使用している「ステッドラー　ピグメントライナー」は、ブラックのほかにカラーは12色もの数を展開しています。今回のメイキングでは「ステッドラー　ピグメントブラッシュペン」をマーカーとして使用するだけでなく、紙パレットにインクを乗せて混色をしたり、水でインクを薄めて水彩のようなタッチを生み出しながら「ウォーターブラシ（水筆）」で着彩する様子をお届けします。

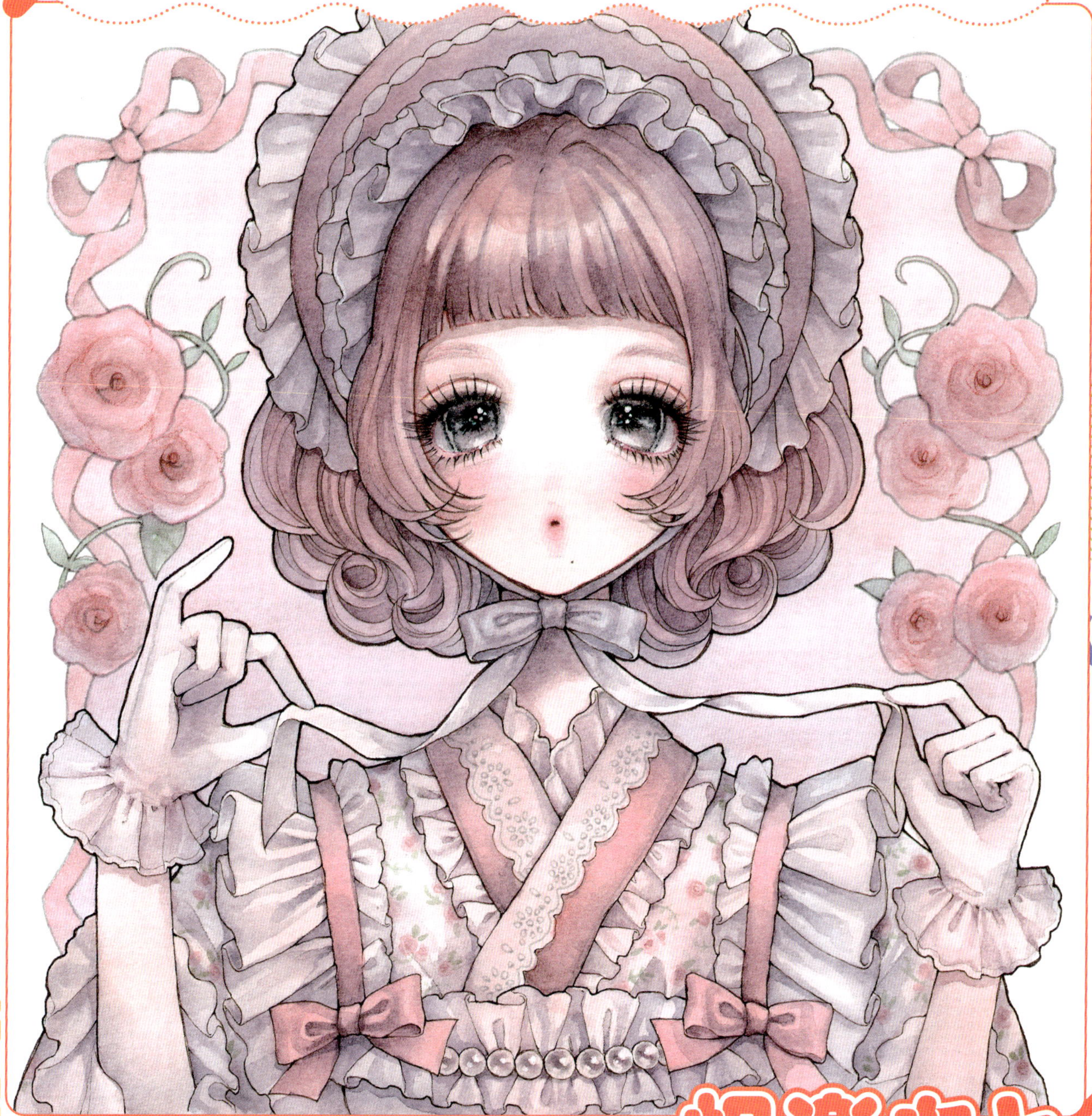

画材　ステッドラー　ピグメントブラッシュペン／ウォーターブラシ（水筆）／ステッドラー　ピグメントライナー（ブラウン…0.3、ブラック…0.05）／ピグマ（セピア…003）／ポスカ（極細…ホワイト）／紙パレット／カッターマット／マスキングテープ

用紙　ウォーターフォード水彩紙（細目）

@0527_ice

sgr_tt

相楽ちと（さがら）

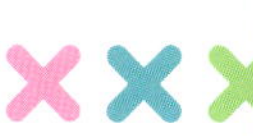

information

発売元
ステッドラー日本株式会社
https://www.staedtler.jp

※価格は税込表示です

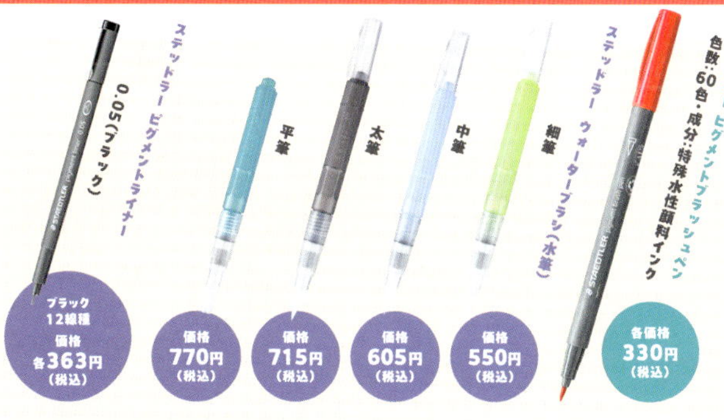

今回使用する画材はコチラ！

ステッドラー ピグメントブラッシュペン

- ●長期間日光に当たっても色褪せない脅威の耐光性。
- ●描いてすぐに乾き、乾燥後は耐水性に。
- ●重ねて塗っても鮮やかな発色で、一本で美しいグラデーションが可能。
- ●細かい描写がしやすいブラッシュ芯。
- ●紙以外にも木材、ガラスなど様々な素材に描くことができ、裏写りしない。

着物を塗る

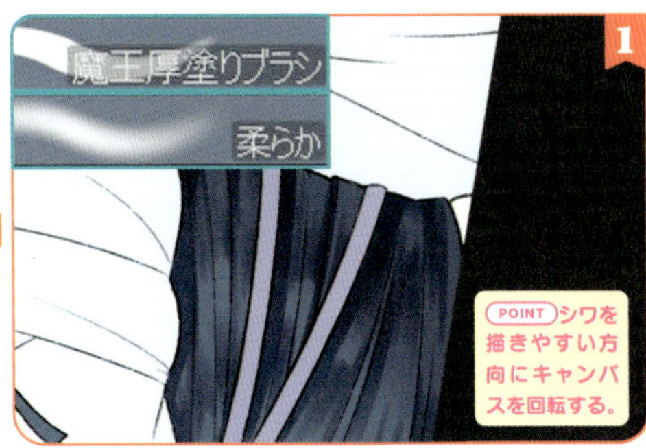

下塗りしたレイヤーの上に「乗算」(不透明度58～68%)レイヤーを作成する。「乗算」レイヤーでは帯のしっとりとしたツヤを描く。深い青緑色の「魔王厚塗りブラシ」を使った。また、エアブラシ「柔らか」でなじませている。

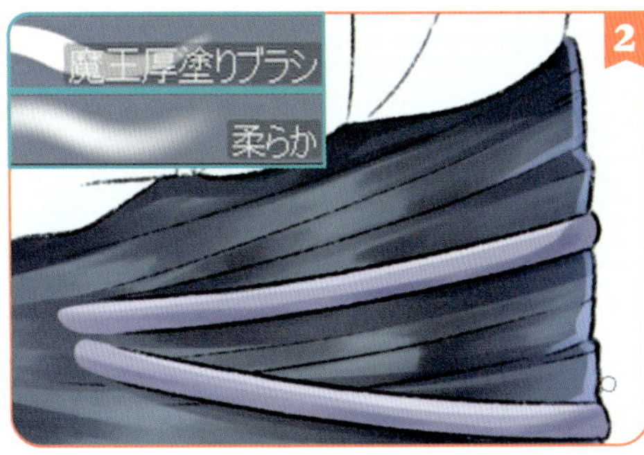

「スクリーン」レイヤーを作成。青緑色でエアブラシ「柔らか」を使い、帯の光沢を加える。また、帯の側面に「魔王厚塗りブラシ」でパキッとした反射光を描く。ほかにも、帯ひもに「乗算」レイヤーでカゲやツヤを入れた。

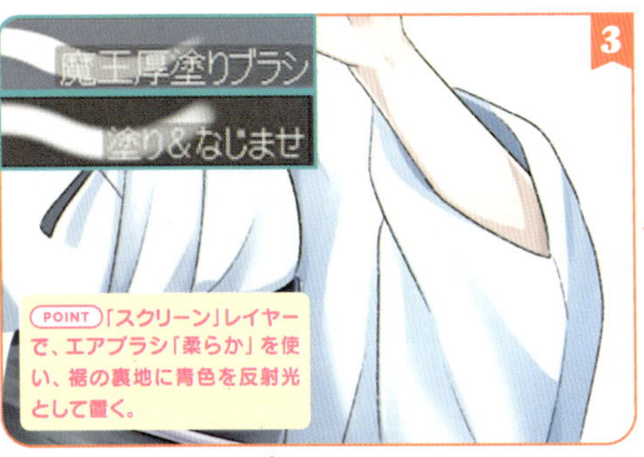

さらに「乗算」レイヤーを追加し、「魔王厚塗りブラシ」を使い着物に水色のカゲを塗る。カゲのフチは「塗り&なじませ」で少しぼかしてなめらかにすることで、布の重みや厚みを表現する。

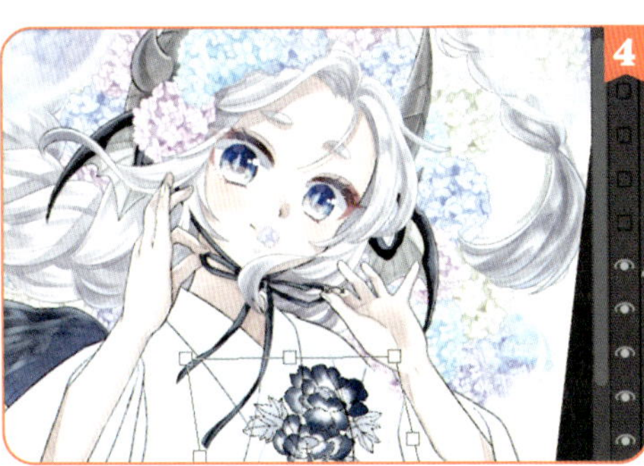

42ページで作成した「牡丹柄」を着物に貼り付ける。布の面に合わせて大きさや角度など自由に変形し、柄の見え方を決める。

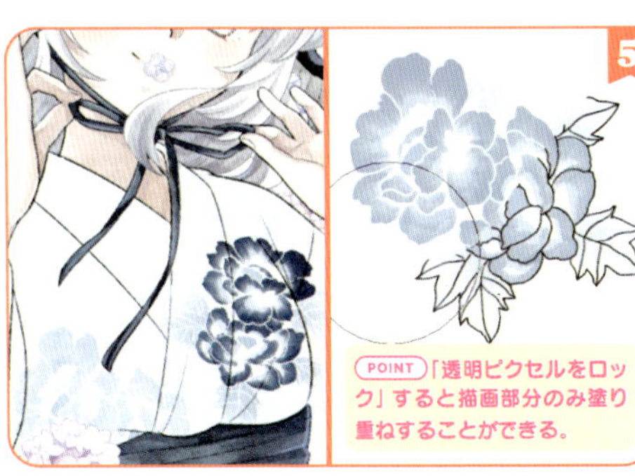

着物に牡丹柄をなじませる。まず、柄の線画レイヤーを選択し「透明ピクセルをロック」してから、線画を白色にベタ塗りにする。また、紺色を淡い水色に変えた「牡丹柄」もつくり、配置する。

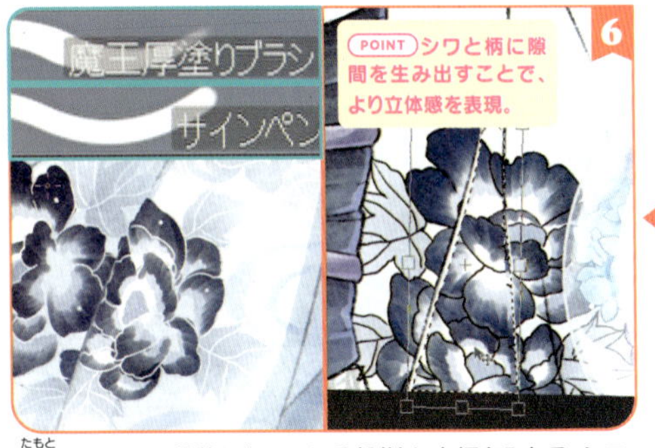

袂(そでの下の袋状になっている部分)にも柄を入れる。シワの線画に合わせて、部分的に選択し、柄を少しズラして配置する。また、「魔王厚塗りブラシ」で水流の模様や、「サインペン」で水滴のようなきらめきを加えた。

仕上げ

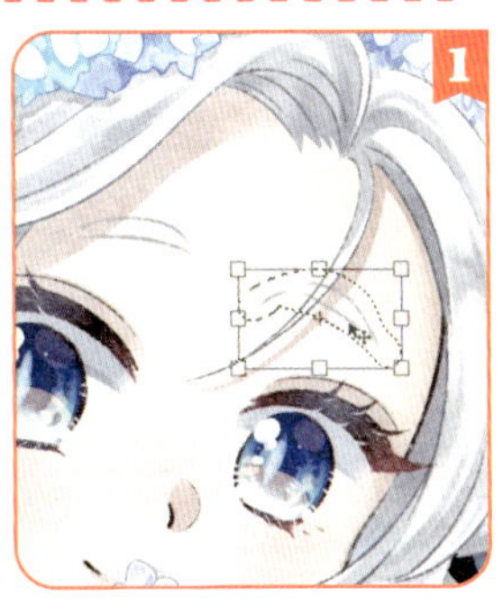

作品全体に手が入ったところで、女の子の表情を整える。瞳のハイライトの位置を向かって左側に描き変えた。また、まろ眉をほんのり薄くしてアーチを高くし、ふんわりとした優しい笑顔にする。

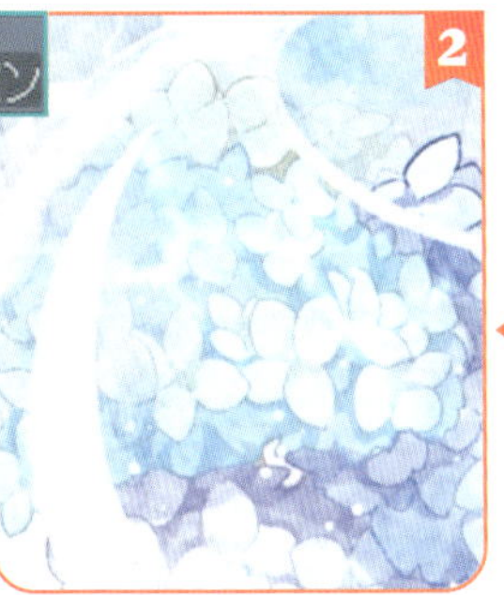

作品を仕上げる。「加算(発光)」(不透明度58～47%)レイヤーを作成する。「海の中ペン」を使い、「ガラス玉」や画面の下部分に水面のようなきらめきを加える。ブラシサイズを大きめにして、大胆に光を加える。

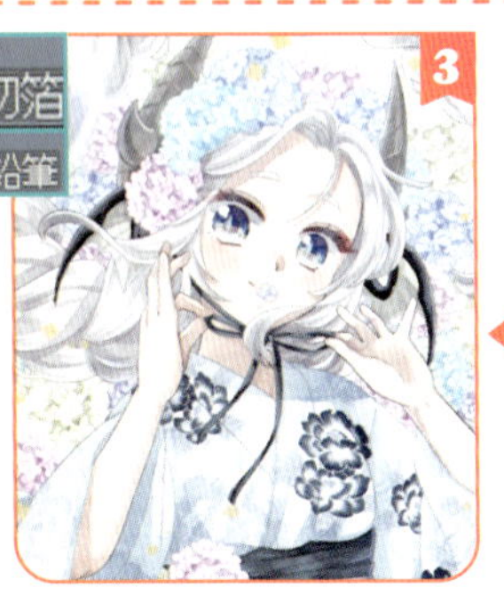

黄土色を使い、サブツール「効果・演出」の「切箔ブラシ」で金箔を乗せる。「和」の雰囲気が増した。また、「Pencil1/カモミクリーム鉛筆」を使い、「紫陽花」の線画と同じ色で背景に花びらを散らす。

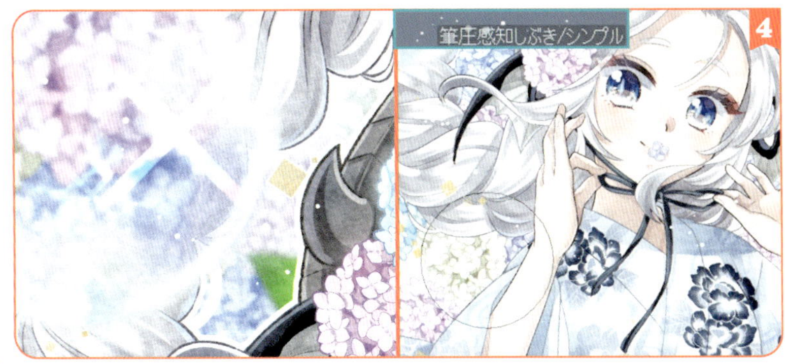

「筆圧感知しぶき/シンプル」を使い、作品全体に水滴や光の粒のようなエフェクトを加える。きらめきとフレッシュな印象が増した。また、女の子を白色でフチ取って目立たせる。ほかにも、背景の紫陽花にフィルター「ガウスぼかし」をかけるなど、ライティングを細かく調整して遠近感を生み出す。

紫陽花をくわえた表情が可愛らしい、牡丹柄の着物をまとう龍の子。夏のきらめきと涼をとじこめたような作品の完成！　完成作品ではキャンバス一面に画用紙のようなテクスチャを乗せて、アナログのような手触りの質感を加えています。なかだ絵眞さんのメイキングを参考に、和服のイラストに挑戦してみてくださいね！

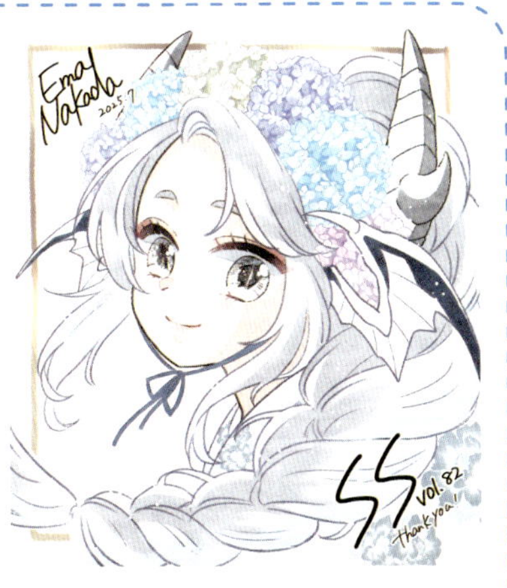

紫陽花の入ったガラス玉を描く

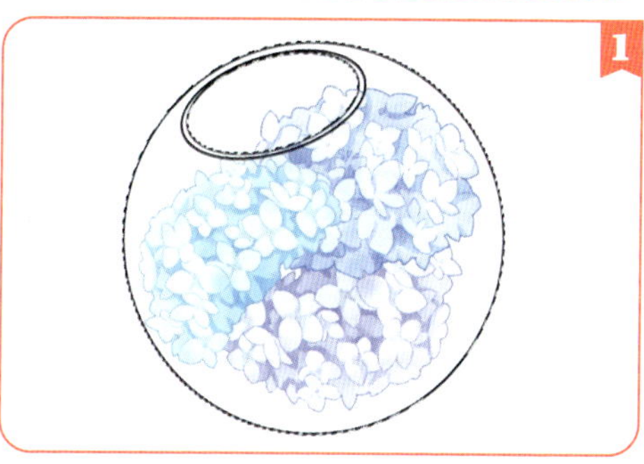

「ガラス玉」の参考資料を見ながら、サブツール[図形]の「楕円」で「ガラス玉」のりんかくを作成する。「ガラス玉」の中に「紫陽花」の素材を配置して全体像をつくる。

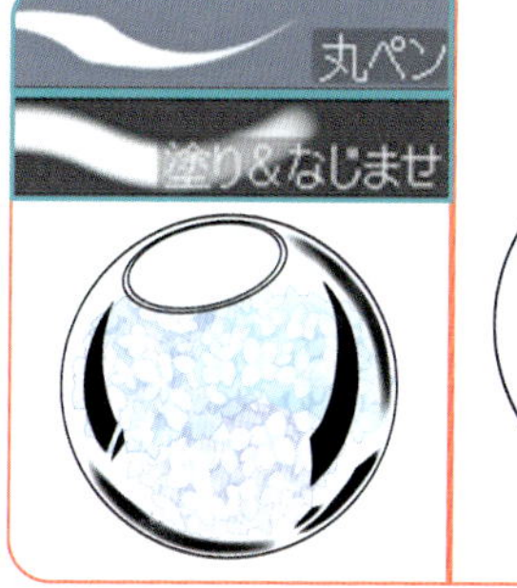

薄い紫色で「ガラス玉」全体を塗りつぶし、不透明度41%に下げて透明感を表現。また、黒色の「丸ペン」や「塗り&なじませ」で、ガラスの光沢を描いた。黒色にすることで目視がしやすい。

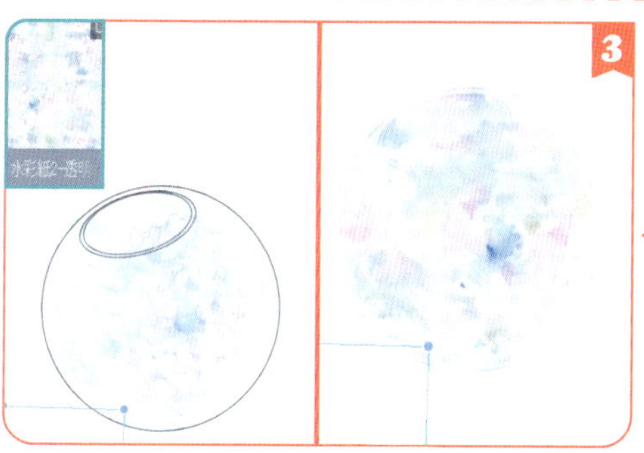

②で描いた黒色の光沢を白色に変更。さらに、有色の水彩紙のテクスチャを「オーバーレイ」(不透明度39%)で重ね、淡い色合いを加える。テクスチャを入れ華やかな印象になった。

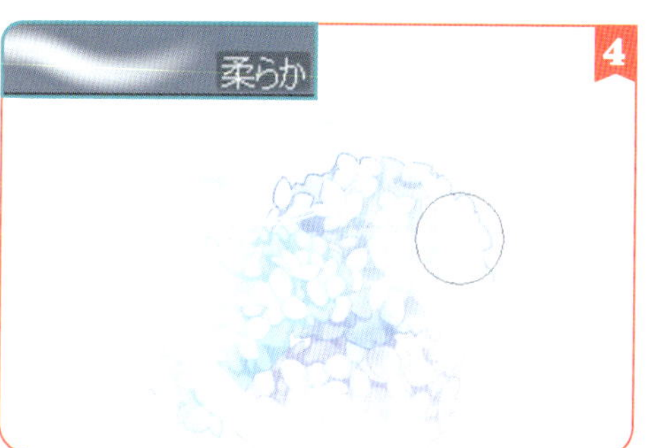

線画を灰色に変更。ガラスの表面にエアブラシ「柔らか」で白色を乗せて透け感を表現する。

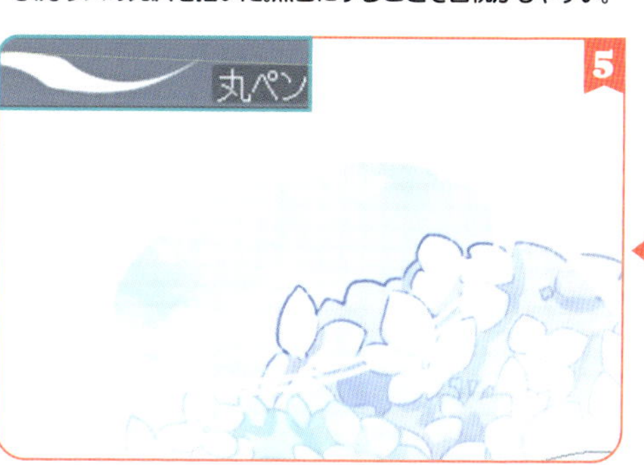

「乗算」レイヤーを新規作成。水色の「丸ペン」で、穴が空いて見えている「ガラス玉」の内側を塗って暗くする。

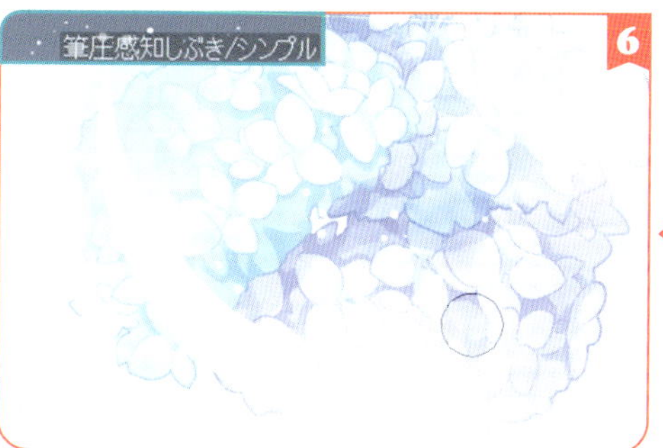

「筆圧感知しぶき/シンプル」(コンテンツID:1817149/制作者:27pt)を使い、白い粒をガラスの表面に散らす。

紫陽花・ガラス玉を配置する

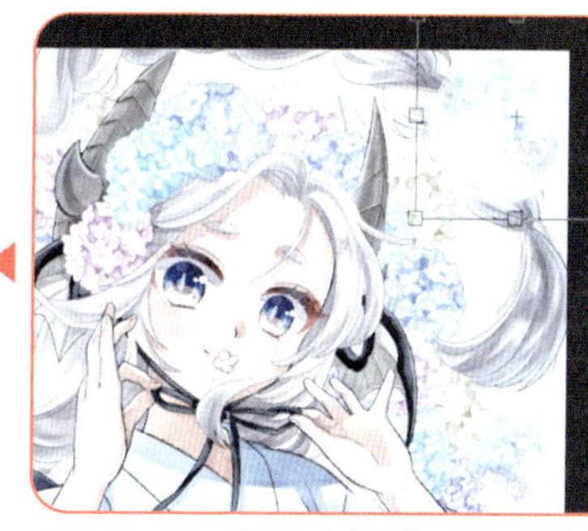
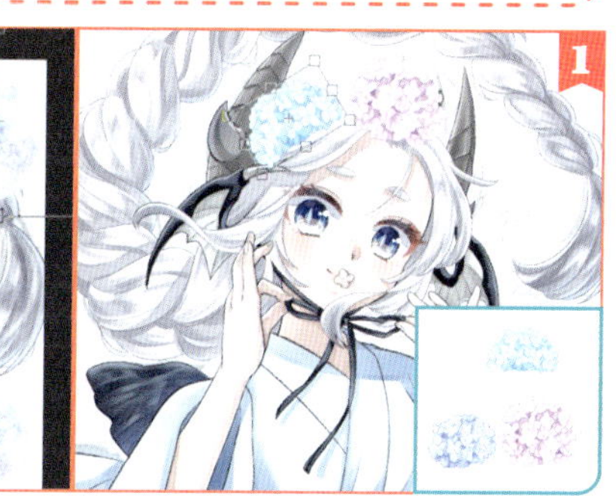

ラフのレイヤーを透かしながら、人物の頭や背後に「紫陽花」や「ガラス玉」を配置していく。人物との前後感や奥行きを考えながらサイズを微調整する。

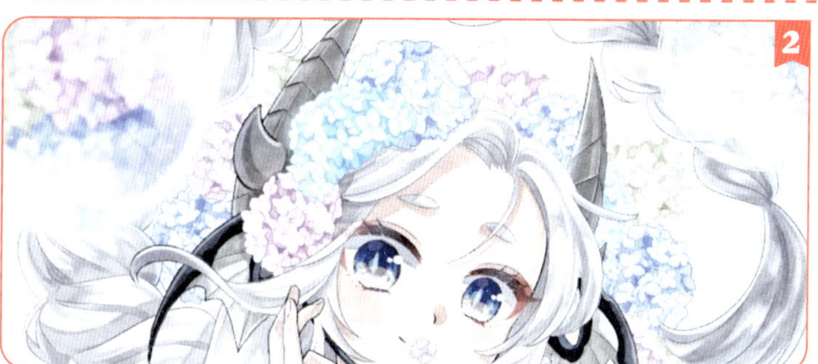

作成した「ガラス玉」は、中身の「紫陽花」の色を変えながら配置するのがコツ。手前や奥にある素材はフィルターの「ガウスぼかし」をかけ、人物に注目させる効果を加える。

着物の柄を描く

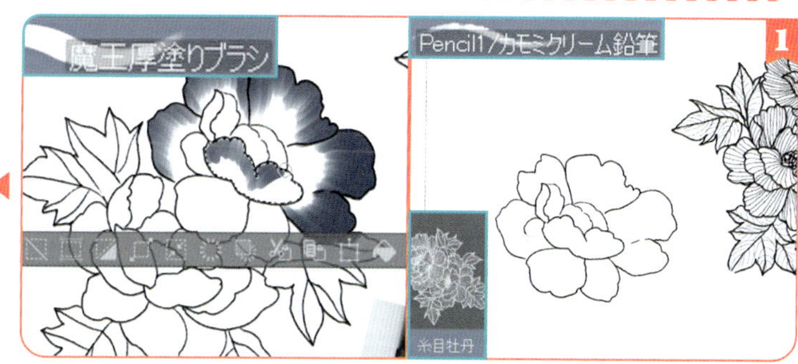

「糸目牡丹」の素材や着物の資料を見ながら、「Pencil1/カモミクリーム鉛筆」で牡丹柄の線画を描く。線画の内側を自動選択して、紺色やくすんだ水色で「魔王厚塗りブラシ」を使い塗る。花弁を花開く方向に沿うことを意識するとリアリティが増す。

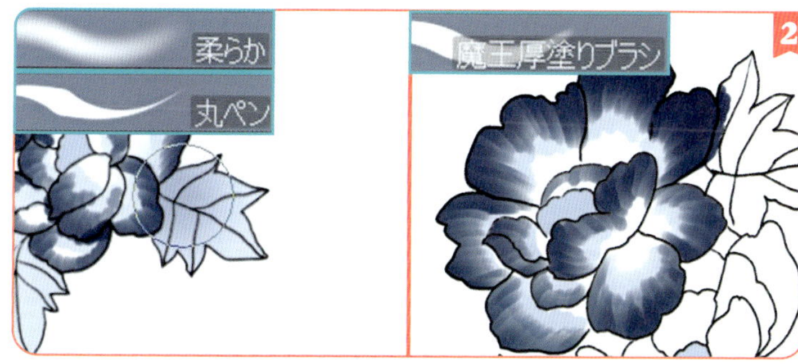

①で塗った花弁の境目に、「魔王厚塗りブラシ」を使いくすんだ水色を塗る。また、「丸ペン」を使い葉っぱを淡い灰色で塗りつぶす。くすんだ水色のエアブラシ「柔らか」を使って、ふんわりとしたタッチを加える。

＼なかだ絵員さんに聞く／
「和風を描くポイント」

Q&A

今回の作品で和をどのように取り入れましたか？

なかだ絵眞　今回のイラストのテーマは「※花手水」です。紫陽花、龍、浴衣など全体的に日本の夏の雰囲気が出るといいなぁと思いながら描きました。

（※神社やお寺にある、心身を清める場所「手水舎」の手水鉢に花を浮かべたもの）

和の部分を描くときに気を付けたことを聞かせてください！

なかだ絵眞　着物の柄はそれぞれ意味があるので何の柄にしようか悩みました。イラストのテーマが「花手水」なので、「幸福」などの意味を持つ牡丹にしました。古典的な柄で私もよく描くのですが、今回は浴衣なので涼し気なカラーにしました。

和のテイストを描いた感想として、その魅力や面白いところを聞かせてください。

なかだ絵眞　昔から着物を描くのが好きでよく描いていました。着物は柄を考えたり描くのがしんどいこともありますが、出来上がると一気に華やかなイラストになります。その瞬間が気持ちいいです。着物といっても洋装を少し取り入れたり、アレンジもたくさんできるのでコーデを考えるのも楽しいですよね。これからも飽きず描いていくと思います。

完成線画

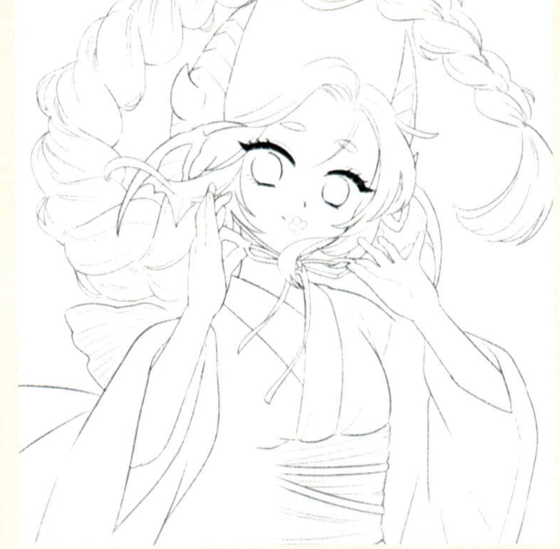

パーツごとにレイヤーを分けながら、ざらっとしたテクスチャが特徴の「Pencil1/カモミクリーム鉛筆」（ブラシサイズは3.0～10.0）でラフに沿って線画を描く。髪や着物のシワはサッと引いた線のストロークが活かされている。

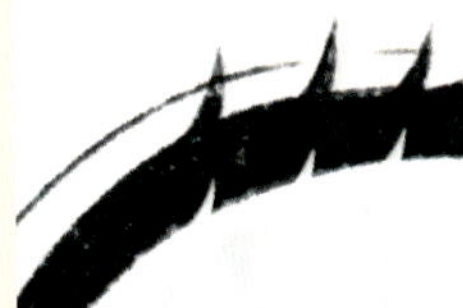

まつ毛の流れに合わせて白抜きした状態。ぱっちりとした印象になっている。

キャンバスを反転して描きやすい方向から線を引き、人体のバランスを取る。

ラフ　大ラフ

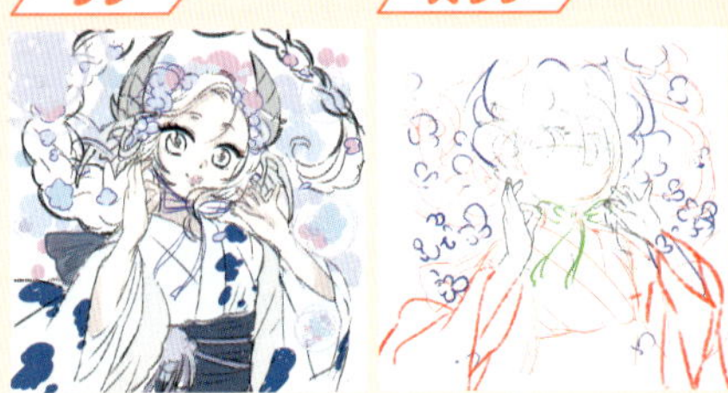

大ラフでは、パーツごとに色を変えながら大まかなポーズや画面の流れを意識して配置を決めている。また、リボンをつまんでいる複雑な手の表情は、この段階でしっかりと描き込まれている。ラフでは、キャラクターのシルエットだけでなく色味も具体的にイメージされており、線画や塗りの作業をスムーズにしている。

下塗り

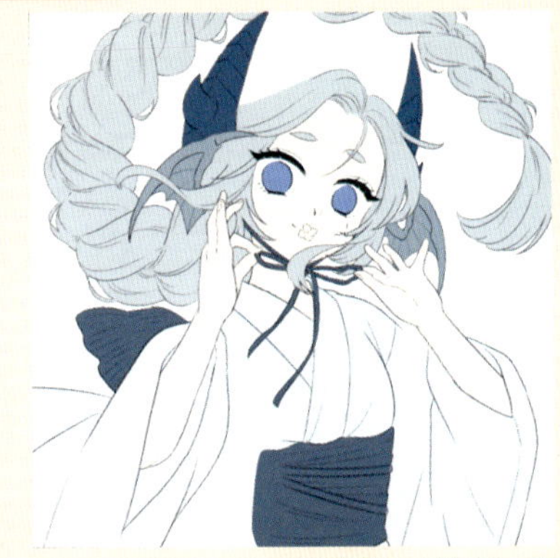

「Gペン」などのペンツールや「塗りつぶし」ツールを使って色をベタ塗りした状態。色分けをベースに塗り進める。

瞳を塗る

1

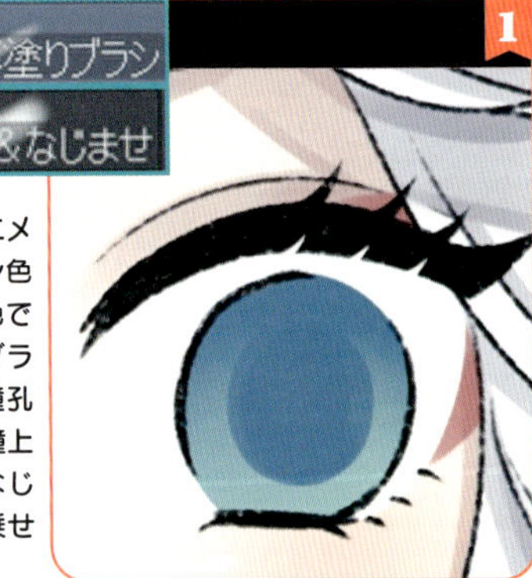

瞳の下塗りをエメラルドグリーン色に変更。浅葱（あさぎ）色で「魔王厚塗りブラシ」をつかい瞳孔を描く。また、瞳上部に「塗り＆なじませ」で色を乗せぼかす。

2

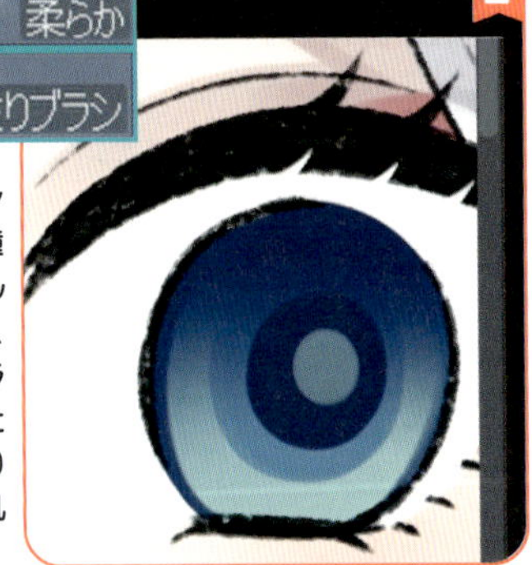

紺色のエアブラシ「柔らか」を使い瞳上部に紺色をふんわりと塗る。また、下地と同じエメラルドグリーン色と紺色で「魔王厚塗りブラシ」を使い瞳孔の色数を増やす。

3

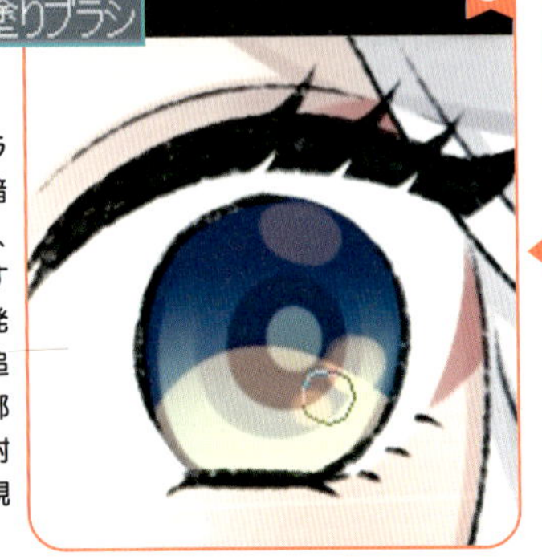

「魔王厚塗りブラシ」で瞳上部に暗い紫色を置き、潤った印象にする。また、「加算（発光）」レイヤーを追加。茶色で瞳下部に色を置き、反射光や虹彩を表現する。

4

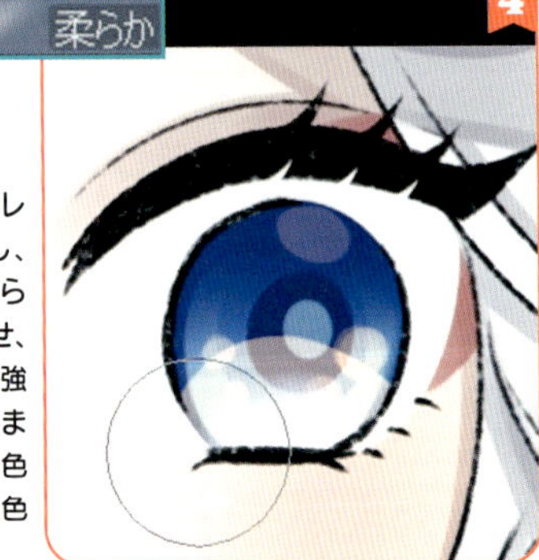

「オーバーレイ」レイヤーを追加し、エアブラシ「柔らか」で白色を乗せ、瞳の下部により強い光を加える。また、瞳全体に水色をベタ塗りして色味を変更した。

5

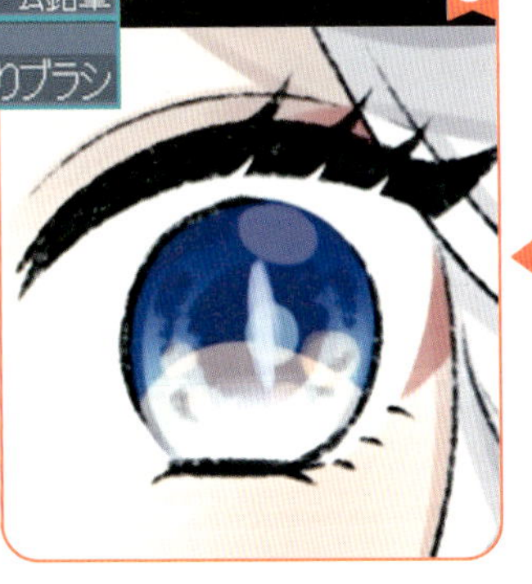

「pencil1/カモミクリーム鉛筆」で瞳孔のフチをぼかし、暗い虹彩を描いた。さらに淡い青色で「魔王厚塗りブラシ」を使い、龍の瞳孔のようなタテの線を描く。

6

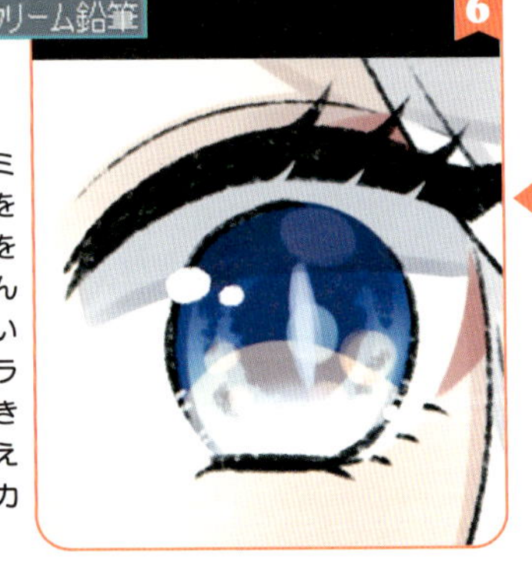

「Pencil1/カモミクリーム鉛筆」を使いハイライトを描く。また瞳のりんかくの下部に白い点を置き、キャラクターに生き生きとした表情を与える。また、白目のカゲも描いた。

キラキラした瞳を持つ、チャーミングな女の子たちを描くなかだ絵眞さん。今回のメイキングでは特集テーマ「和」に合わせて、『神社の花手水』をイメージしたイラストを「CLIP STUDIO PAINT」で描き下ろしていただきました。大きなツノやとぐろを巻くような三つ編みの龍の子がとても魅力的です。美しい瞳の描き方や夏にぴったりの涼しげなガラス玉の表現、着物の柄の描き方や置き方などたっぷりとお届けします！

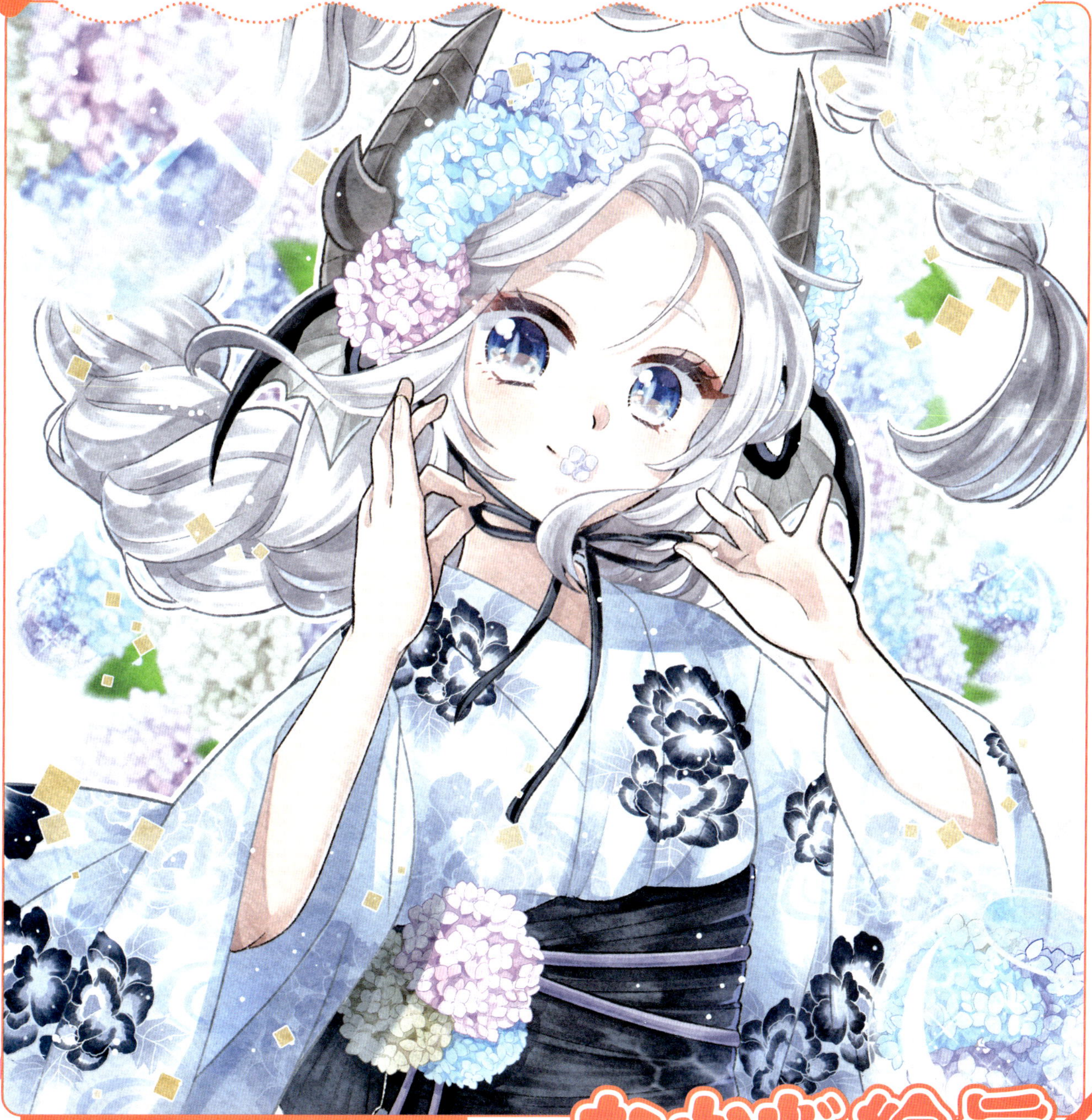

なかだ絵眞（えま）

画材
描画ソフト：CLIP STUDIO PAINT
ペンタブレット：Wacom One

X @ema_ema_me
Instagram emae_mame

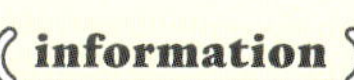

メイキングでなかだ絵眞さんが使用しているブラシを一部紹介！

切箔ブラシ

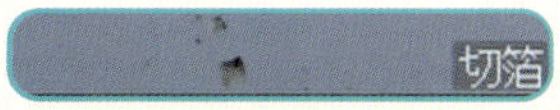

仕上げで使用しているブラシ。筆圧を感知して、大小様々な金箔を散らすことができる。金箔を加えると和の印象がグッと増す。

コンテンツID:1559560
制作者:静

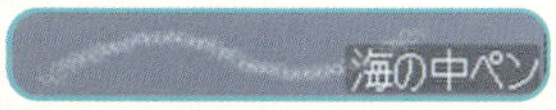

海の中ペン

仕上げで使用しているブラシ。水面に光があたりゆらめく様子を表現できる。今回の作品では「花手水」のイメージを表現している。

コンテンツID:2078755
制作者: でんぱ女

魔王厚塗りブラシ

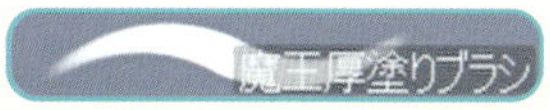

着彩で使用している。なめらかで色なじみの良いブラシ。筆圧によって濃淡がつくので、きれいなグラデーションをつくりやすい。

コンテンツID:1902311
制作者:ディープブリザード

Pencil1/カモミクリーム鉛筆

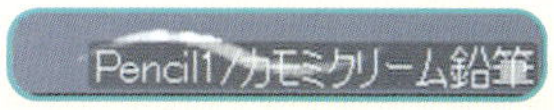

線画に使用している。ややざらっとしているアナログのような質感。やわらかい線を引くことができる。

コンテンツID:1773995
制作者:鴨見カモミ

実際に描かれた絵を見てみよう 浮世絵に見る和モチーフ

江戸時代に誕生した「浮世絵」。美人画や風景画、物語の挿絵、風刺画、子ども向けのおもちゃなどとして描かれたもので、一枚絵として見せる感覚はイラストとも近いかもしれません。きものの着こなしや柄の組み合わせ、色づかいなど、和風のイラストを描くときに取り入れてみたくなるタッチに着目しながら紹介します。たくさんの資料が公開されているので、ぜひ参考にしてみてください。

写真協力：国立国会図書館デジタルコレクション

著者：楊洲周延『江戸風俗十二ケ月の内　三月　潮干狩の図』,出版者：横山良八,出版年月日：明治23年
国立国会図書館デジタルコレクション

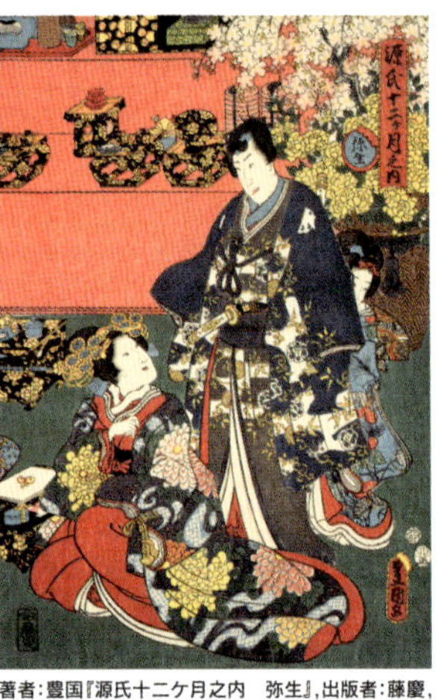

著者：豊国『源氏十二ケ月之内　弥生』,出版者：藤慶,出版年月日：安政2年
国立国会図書館デジタルコレクション

同じ季節を描いてもモチーフで印象が変わる

いろんな作家が1年分の祭事や風俗をひと月ごとに描くシリーズを手がけていますが、タッチや構図から着物や小物の描きわけまで、その見せ方は様々です。上図2点はどちらも3月（弥生）をテーマにしたもの。右図は大きな赤いひな壇が描かれて着物も華やか。左図は裸足で潮干狩りをする親子に生活感が感じられます。自分が描くならどんな場面にしようか、と想像も膨らみます。

著者：英泉,渓斎英泉『花見帰り隅田の渡し』,出版者：川口宇兵衛　国立国会図書館デジタルコレクション

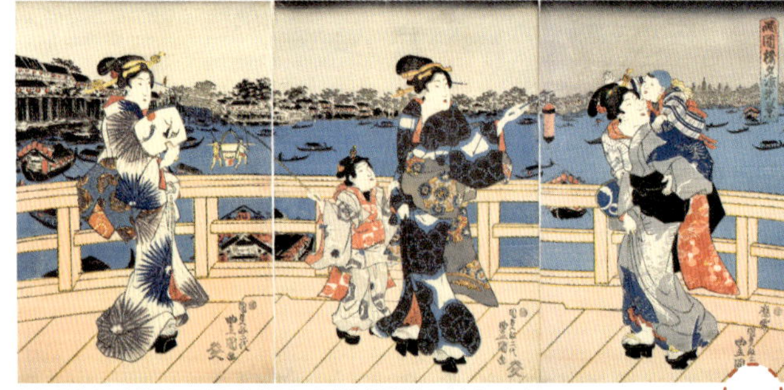

著者：国貞改二代豊国『両国橋夕涼光景』　国立国会図書館デジタルコレクション

配色から伝わる季節感

複数の絵をつなげて1点に見せる「続絵」。一枚でも成立する構図で考えられているところにも注目です。上図が春、下図は夏の情景が描かれたもの。パッと見ただけで季節を感じられる和モチーフがたくさん入っています。春はパステル調のカラーリングで、夏は青が映えるキリッとした配色です。

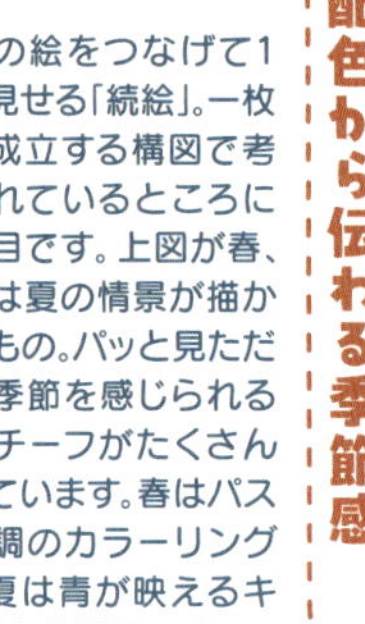

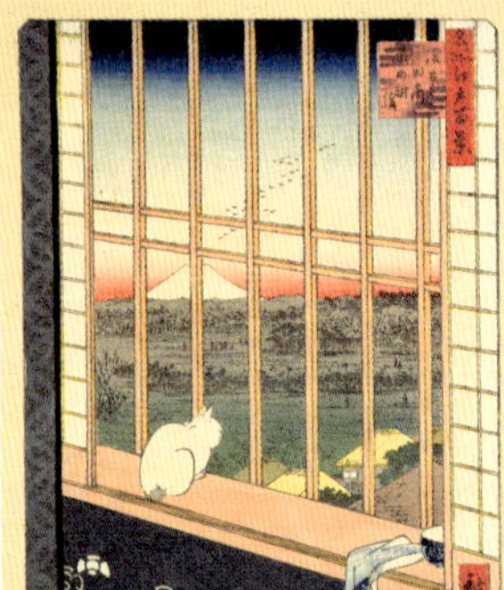

著者：広重『名所江戸百景　浅草田甫酉の町詣』
国立国会図書館デジタルコレクション

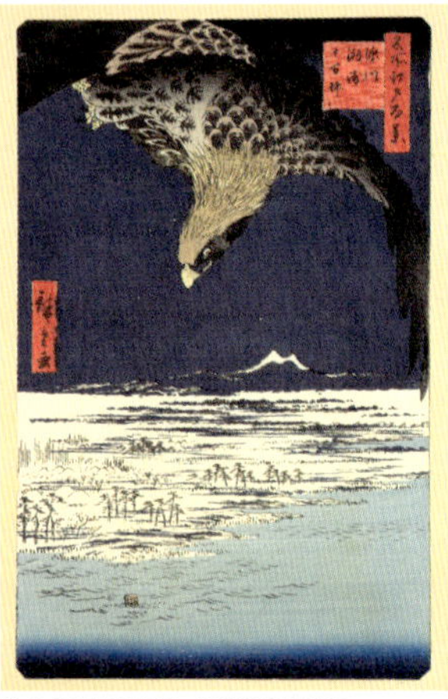

著者：『名所江戸百景　深川洲崎十万坪』
出版者：魚栄,出版年月日：安政4年
国立国会図書館デジタルコレクション

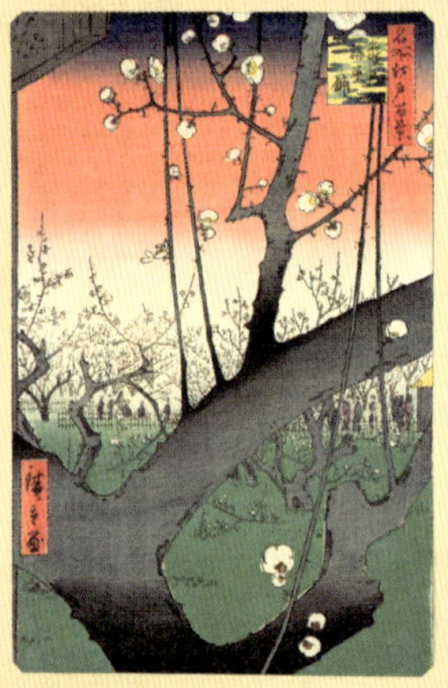

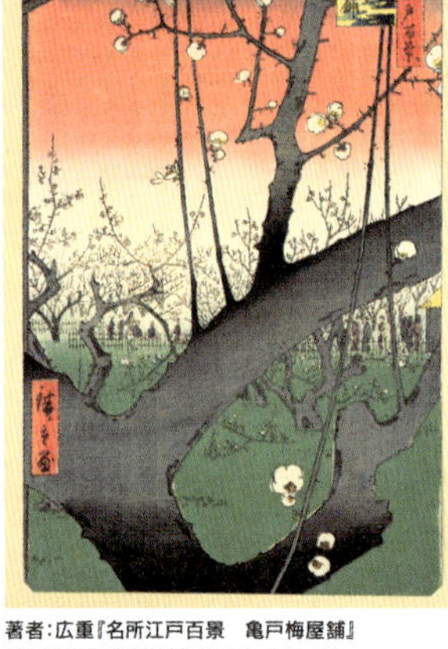

著者：広重『名所江戸百景　亀戸梅屋舗』
国立国会図書館デジタルコレクション

描いてみたくなる構図

線を生かしたタッチとあわせて、構図のカッコよさにも心惹かれます。ダイナミックなトリミングやメリハリのある配置、デフォルメされた描写など、描いてみたくなる刺激的な見せ方や発見がたくさん詰まっています。

柄の組み合わせに注目！

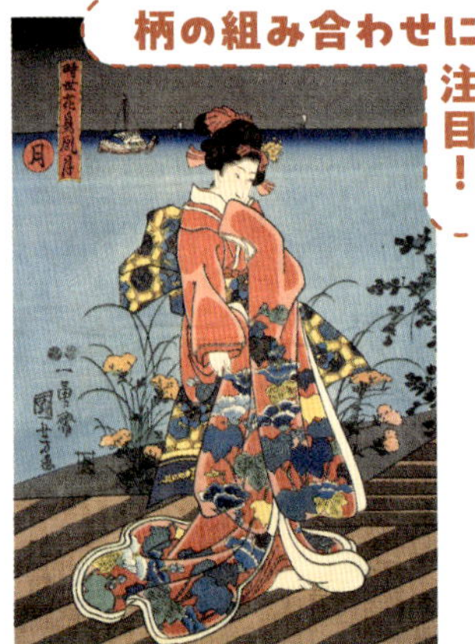

1 著者：一勇斎国芳『時世花鳥風月　月』,出版者：有田屋
国立国会図書館デジタルコレクション

2 著者：広重『両国の花火』,出版者：佐野喜
国立国会図書館デジタルコレクション

3 著者：豊国『春遊十二時　戌ノ刻』,出版者：ト山口,出版年月日：安政3年
国立国会図書館デジタルコレクション

4 著者：香蝶楼国貞『流行美人合　〔望楼廓下の三婦女〕』,出版者：蔦屋吉蔵
国立国会図書館デジタルコレクション

きものの着こなしや図柄、配色のバリエーションが豊かで華やか。①は帯の黄色と茶色の亀甲柄がひまわりのように見えて面白い。②はドットの麻の葉柄が涼しげ。③はギンガムチェックのような青い弁慶格子柄と朱色の子持縞柄の組み合わせが素敵です。④は相撲取りや虚無僧がデフォルメされた柄とガス灯のようなパターンの帯との組み合わせが印象的です。新鮮な驚きや発見があります。

●「和風イラストを描く」特集ならではの和モチーフ資料、いかがでしたか？　SS（スモールエス）で絵の資料をまとめる記事は初でした。絵の資料で見てみたいテーマやまとめてほしいモチーフなどがあれば、リクエストを聞きたいです！　資料をきっかけに和風イラストに挑戦してみてください。

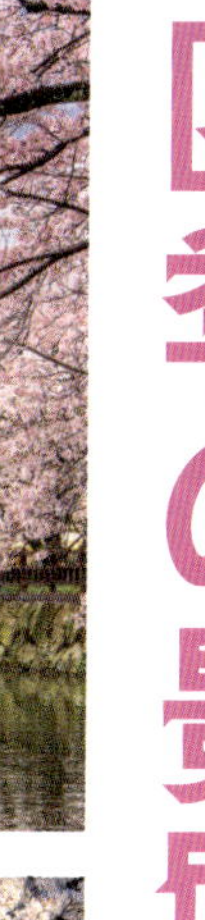

和を感じる情景にも注目してみよう 四季の景色

小物や色だけでなく、背景にも和のエッセンスを入れることができます。和装とセットで描くと世界観に深みがでますし、洋装のキャラクターを、和の情緒を感じる背景の中に配することで、思わぬ物語が生まれることもあります。和モチーフ同様、季節ごとに色合いや特徴が異なるので、そこも意識して描いてみたくなる場所を探してみましょう。

【注意事項】他ページも含め、編集部で紹介する写真資料は雑誌掲載用に借りているものです。イラストを描くときにトレースすることはNGです。参考として見ながら描くか、自分で撮影した写真をもとに描きましょう。

明月院（あじさい寺）の石段の両脇に咲く紫陽花｜神奈川県

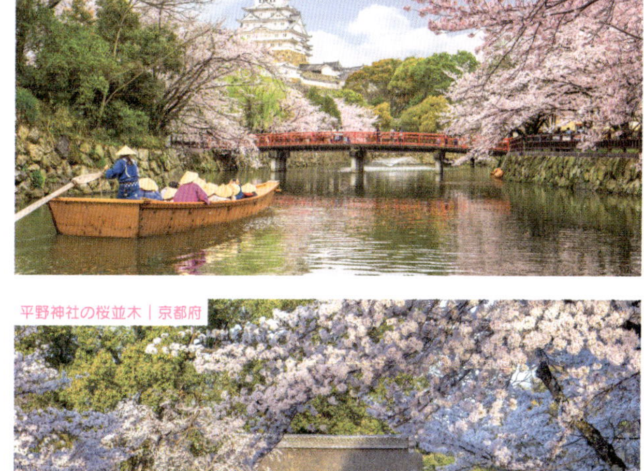

姫路城を運航する和船（わせん）と水面に映る桜｜兵庫県

武家屋敷跡 野村家の縁側と庭園｜石川県

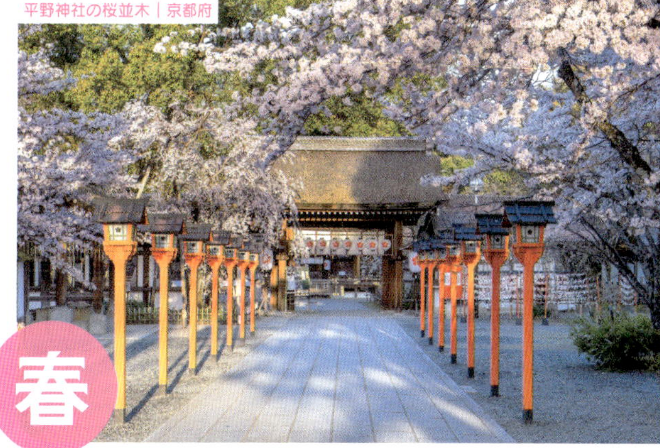

平野神社の桜並木｜京都府

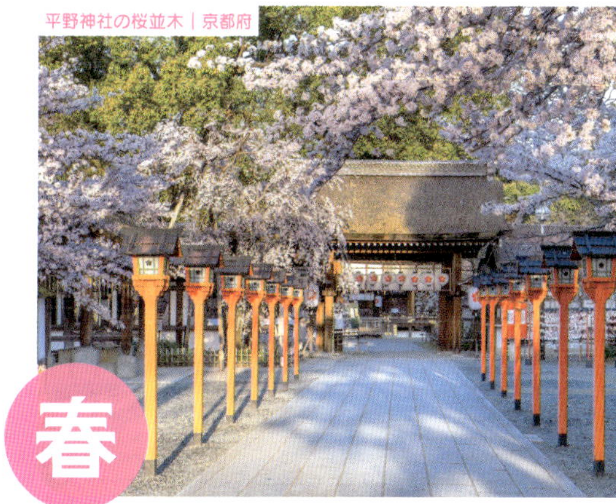

夏 春 冬 秋

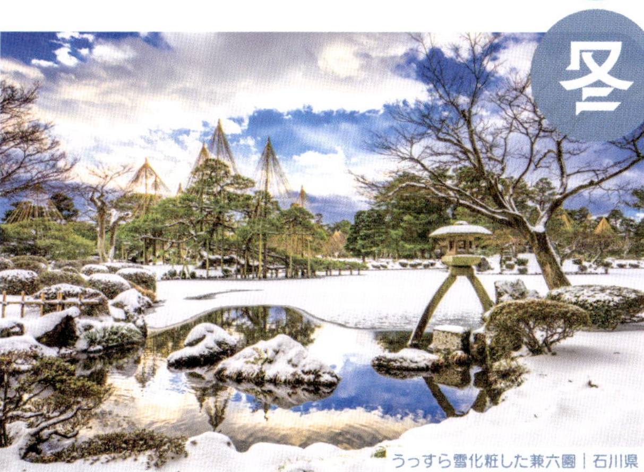

うっすら雪化粧した兼六園｜石川県

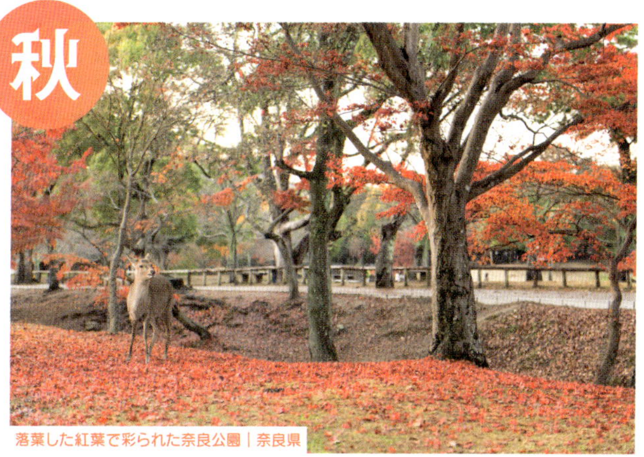

落葉した紅葉で彩られた奈良公園｜奈良県

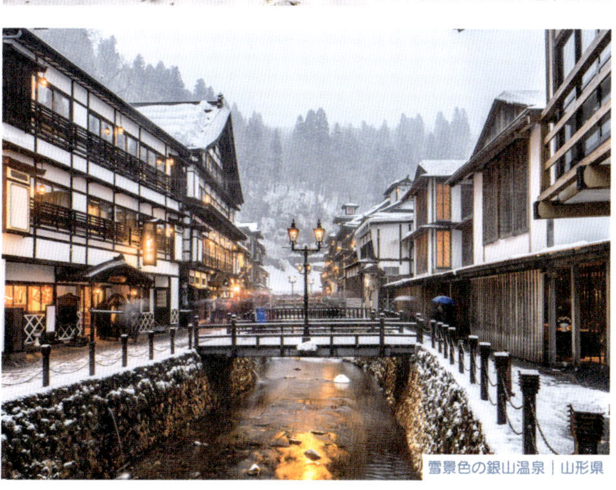

雪景色の銀山温泉｜山形県

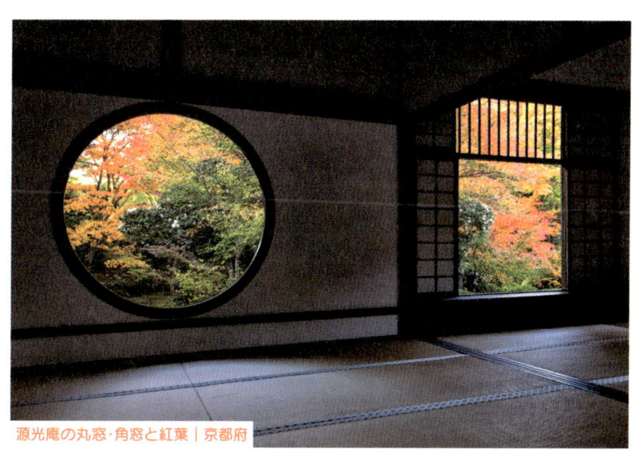

源光庵の丸窓・角窓と紅葉｜京都府

写真協力：Shutterstock.com

季節の和モチーフ・冬

主な祭事

12月22日ころ(冬至)
12月31日(大みそか)
1月1日(元日)
1月7日(七草の節句)
1月11日(鏡開き)
2月3日(節分)
・初詣
・雪まつり …など

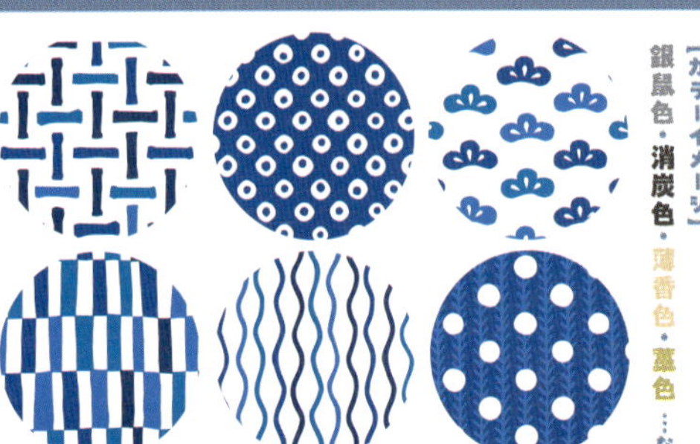

【カラーイメージ】銀鼠色・消炭色・薄香色・墓色 …など

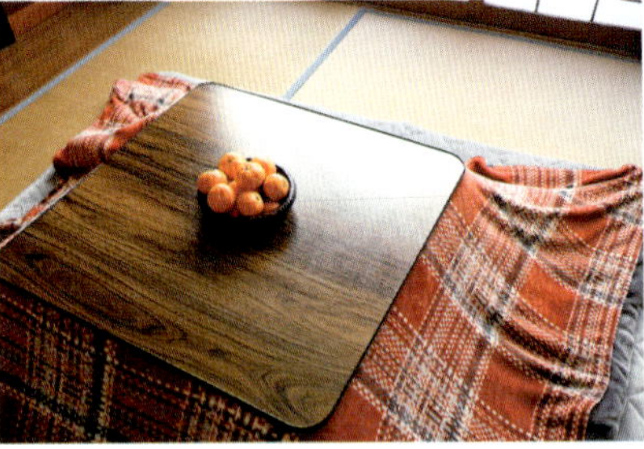

こたつ

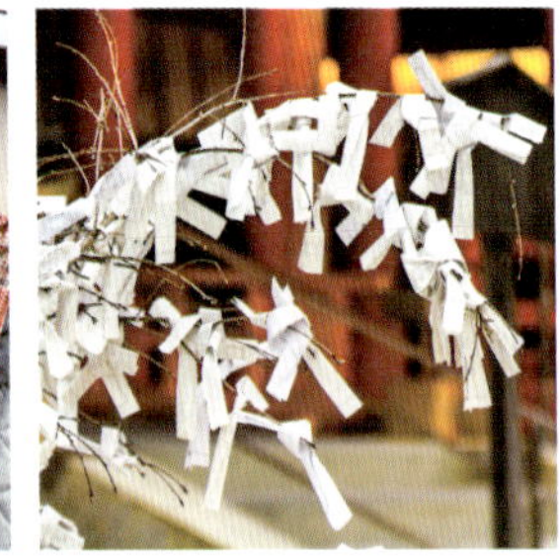

おみくじ

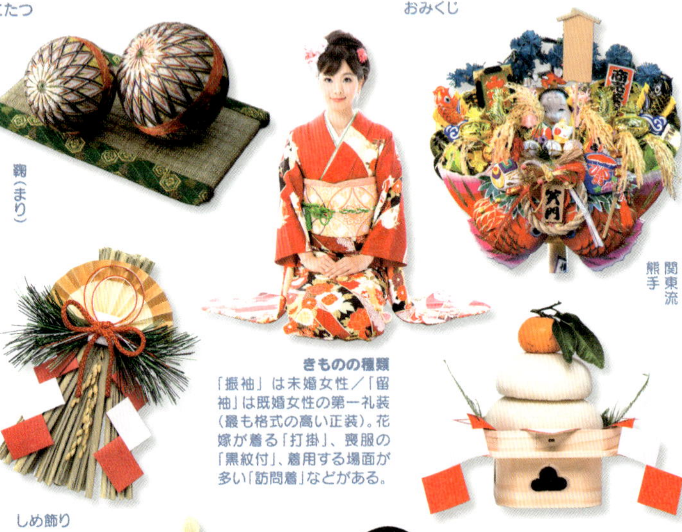

鞠(まり)

関東流熊手

しめ飾り

きものの種類
「振袖」は未婚女性/「留袖」は既婚女性の第一礼装(最も格式の高い正装)。花嫁が着る「打掛」、喪服の「黒紋付」、着用する場面が多い「訪問着」などがある。

鏡餅
鏡餅の下には四方紅(しほうべに)、裏白(うらじろ)、譲り葉(ゆずりは)が敷かれている。

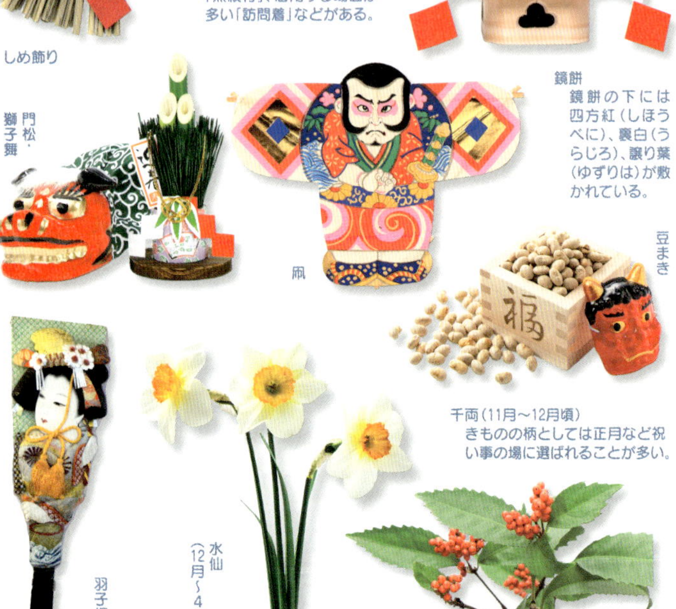

門松・獅子舞

凧

豆まき

羽子板

水仙(12月〜4月頃)

千両(11月〜12月頃)
きものの柄としては正月など祝い事の場に選ばれることが多い。

写真協力:Shutterstock.com

季節の和モチーフ・秋

主な祭事

9月9日(菊の節句)
9月23日ころ(秋分)
9月〜10月(十五夜)
※旧暦8月15日にあたる日
10月〜11月(十三夜)
※旧暦9月13日にあたる日
11月7日ころ(立冬)
11月15日(七五三)
・お月見
・秋祭り …など

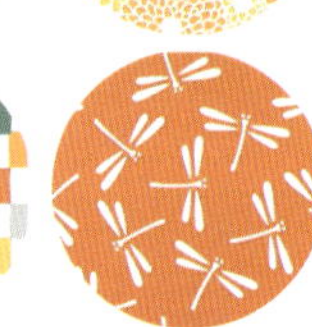

【カラーイメージ】茜色・栗皮色・柿色・竜胆色 …など

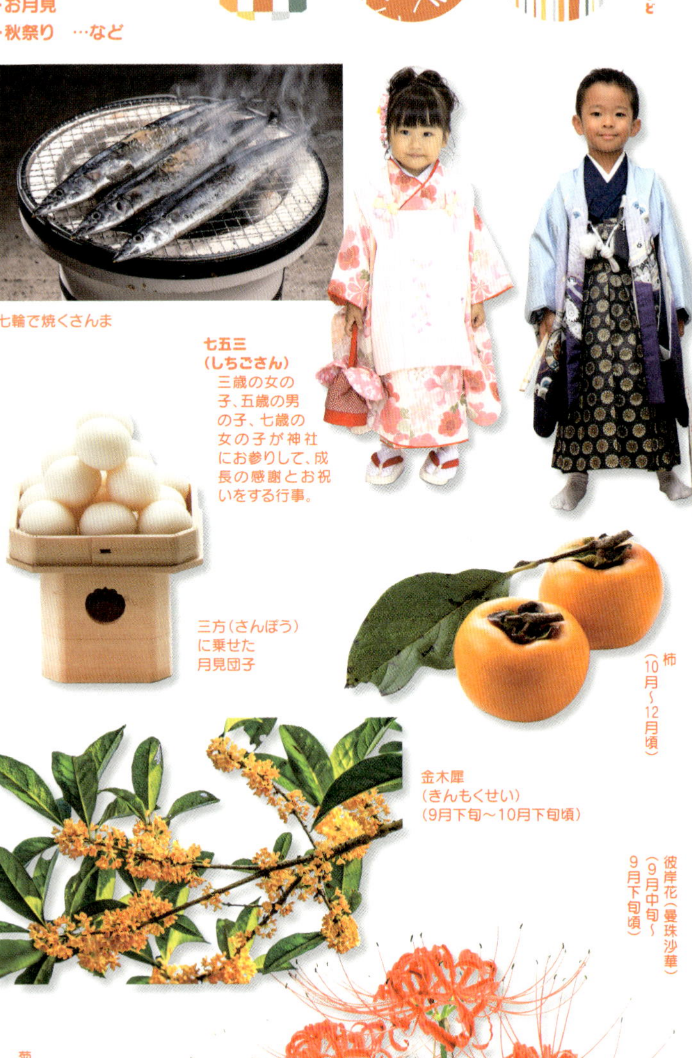

七輪で焼くさんま

七五三(しちごさん)
三歳の女の子、五歳の男の子、七歳の女の子が神社にお参りして、成長の感謝とお祝いをする行事。

三方(さんぼう)に乗せた月見団子

柿(10月〜12月頃)

金木犀(きんもくせい)(9月下旬〜10月下旬頃)

彼岸花(曼珠沙華)(9月中旬〜9月下旬頃)

菊
(品種によって異なる。10月〜11月頃に作のは秋菊)
きものの菊柄は季節を問わず着用できる。

桔梗(ききょう)(6月〜9月頃)
旬は夏頃だが、秋の七草のひとつなので、きものの柄としては秋となる。

季節の和モチーフ・夏

主な祭事

6月21日ころ(夏至)
7月7日(七夕)
8月7日ころ(立秋)
8月13日～16日(お盆)
・花火大会
・夏祭り　…など

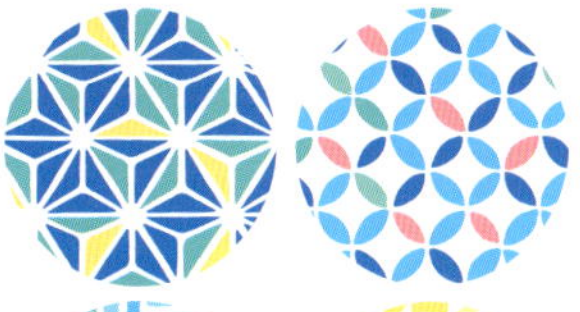
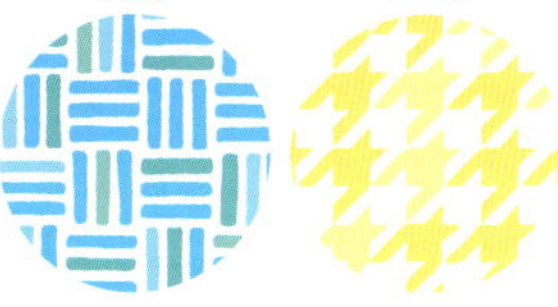
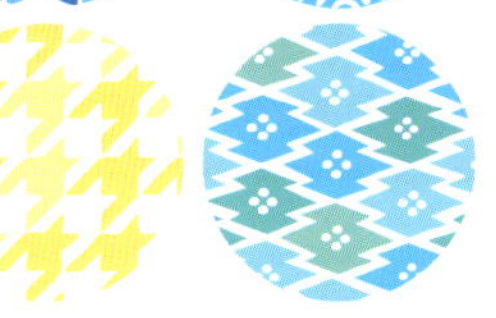

【カラーイメージ】
薄浅葱色・露草色・若竹色・小鴨色…など

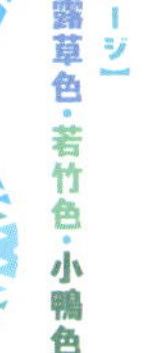
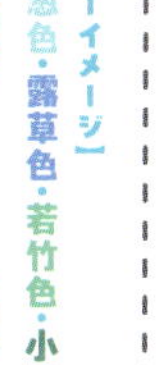
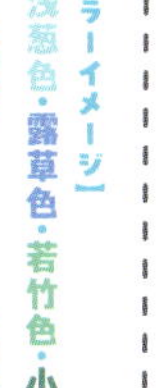
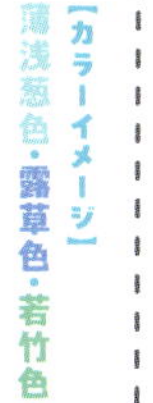
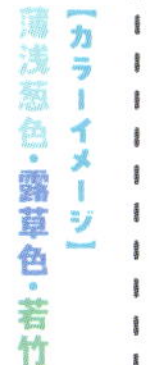
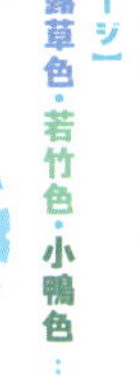

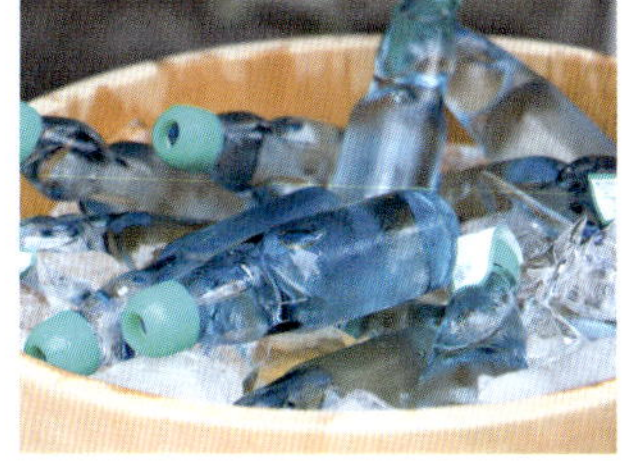
瓶ラムネ

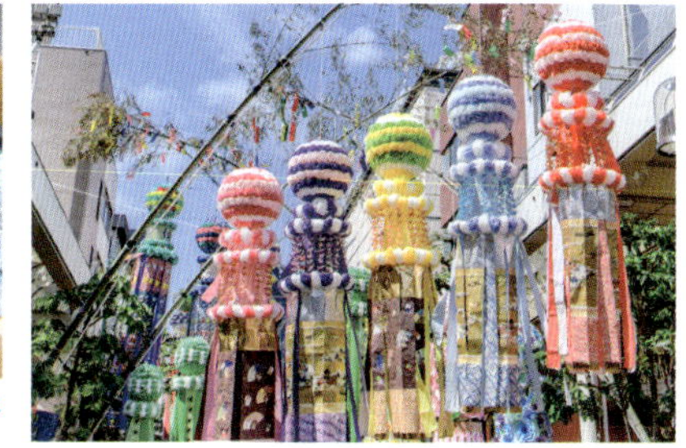
七夕祭り

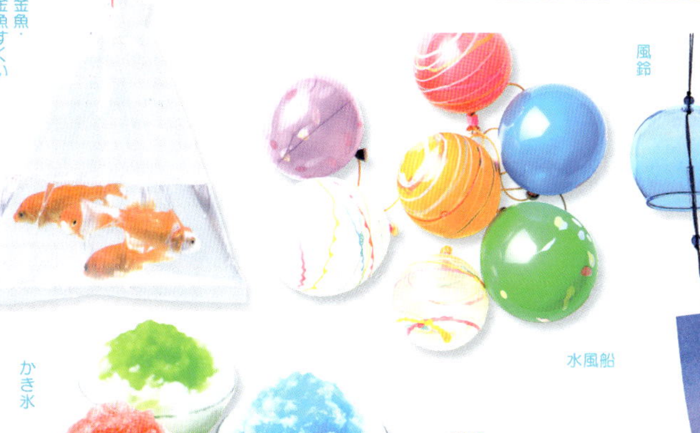
金魚・金魚すくい

風鈴

水風船

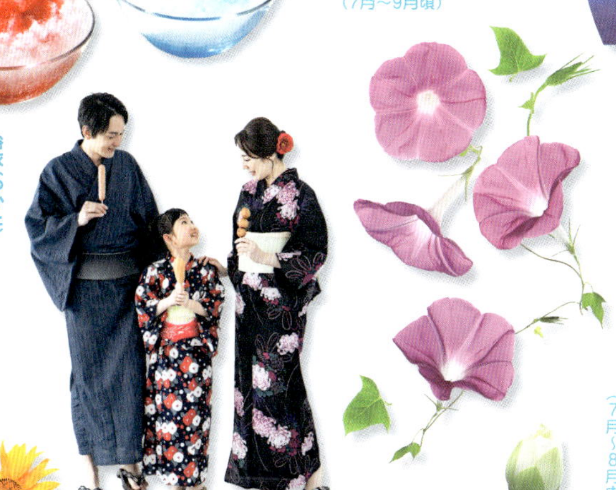
かき氷

朝顔
(7月～9月頃)

浴衣(ゆかた)
きものとは素材や装う場面が異なる。浴衣はもともと寝まきや湯上がり後のきものなので、フォーマルな場面では着用しない。吸水性の高い綿や麻の薄い生地で、着丈もきものより短め。

蓮の花
(7月～8月中旬頃)

ひまわり
(7月～9月頃)

鬼灯(ほおずき)
(7月～8月頃)

季節の和モチーフ・春

主な祭事

3月3日(桃の節句)
3月21日ころ(春分)
4月8日(花祭り)
5月5日(菖蒲の節句)
5月5日ころ(立夏)
・お花見
・卒業式
・入学式　…など

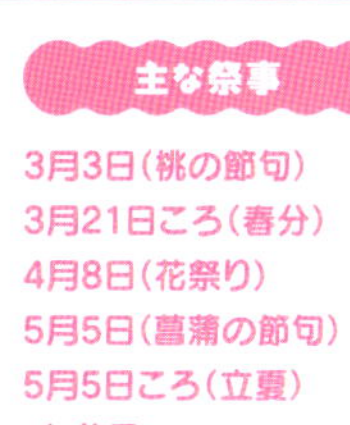
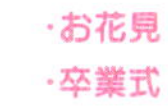
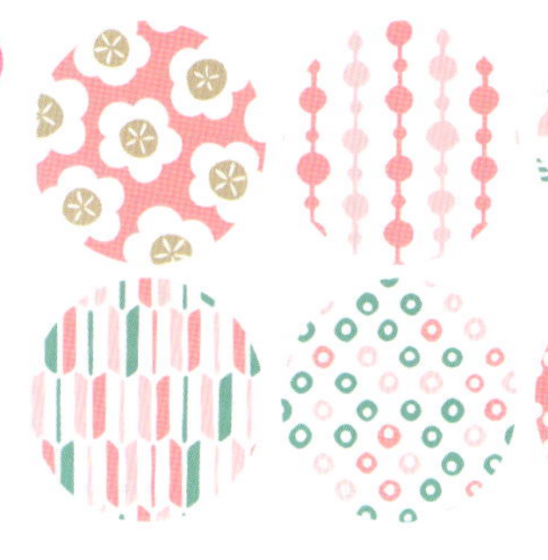
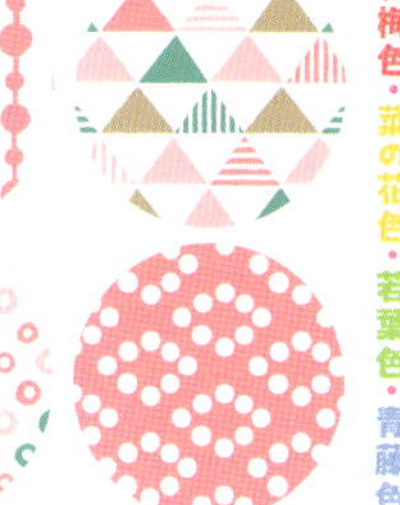
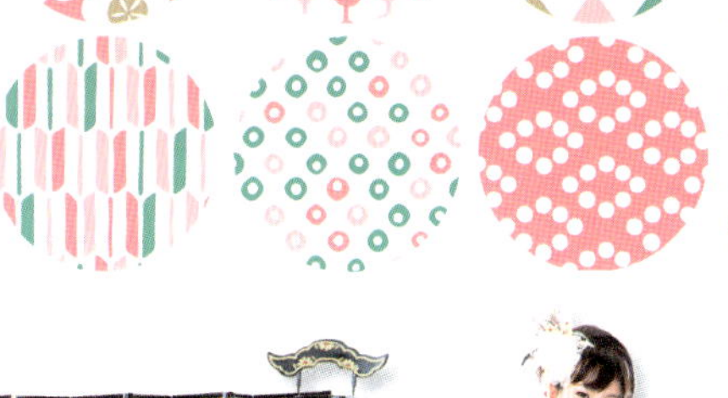

【カラーイメージ】
紅梅色・菜の花色・若葉色・青藤色…など

ひな人形

袴(はかま)
写真は二尺袖袴。長めの振袖袴もある。

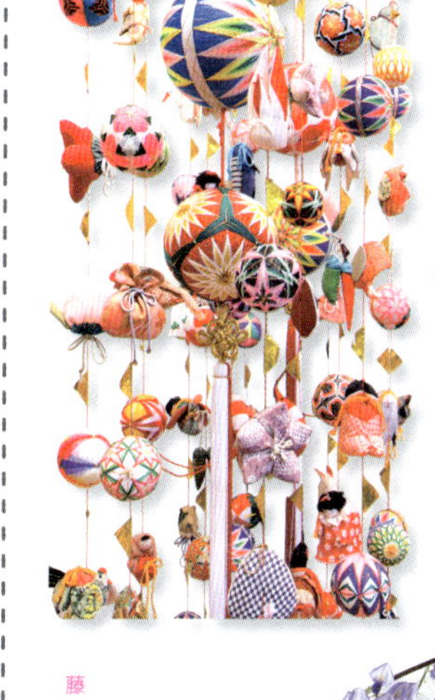
つるし雛

ちらし寿司

桜餅
(道明寺)

藤
(4月末～5月上旬頃)

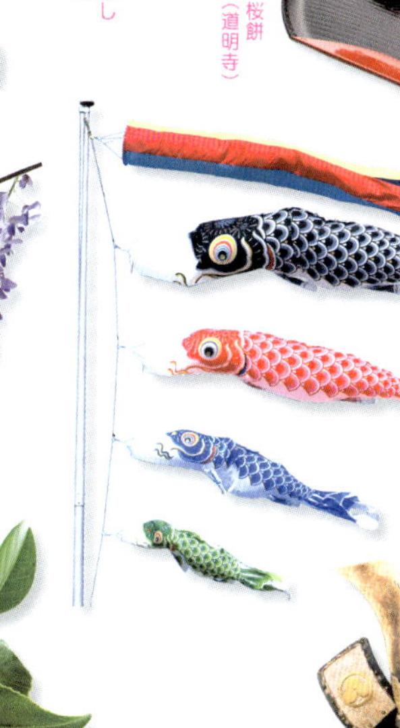
鯉のぼり

兜(かぶと)

椿
(12月～4月頃)

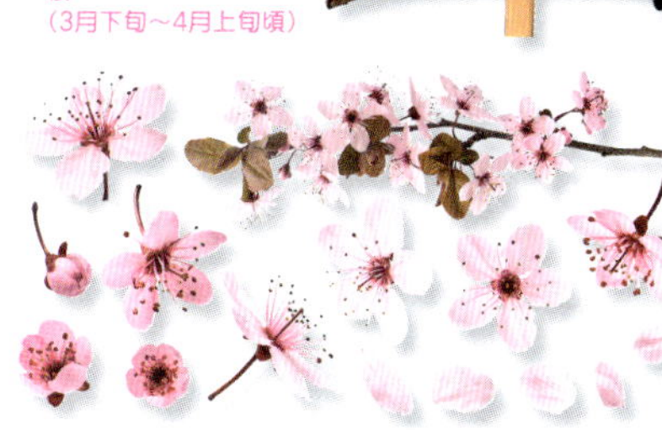
桜
(3月下旬～4月上旬頃)

杜若(かきつばた)
(5月中旬～6月上旬頃)

和モチーフ資料

工芸品・和小物・和菓子

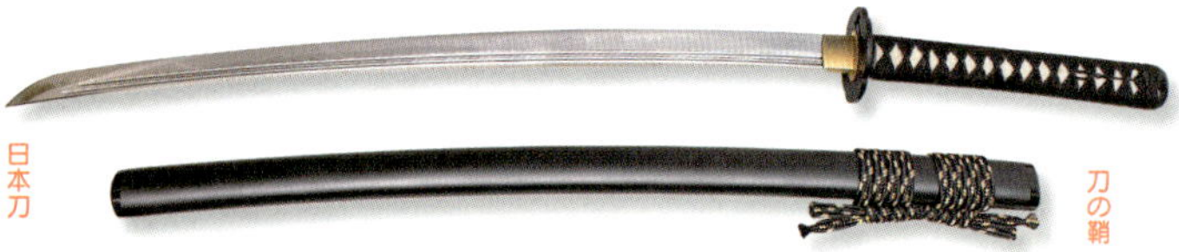

日本刀

刀の鞘

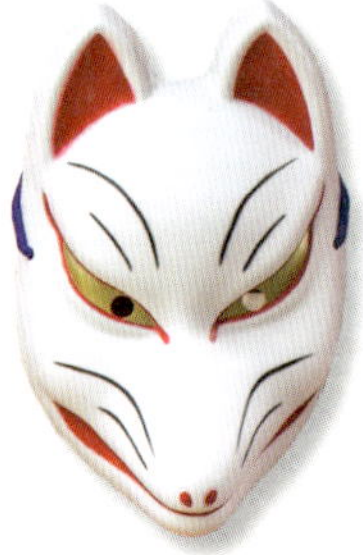

扇・扇子

狐面

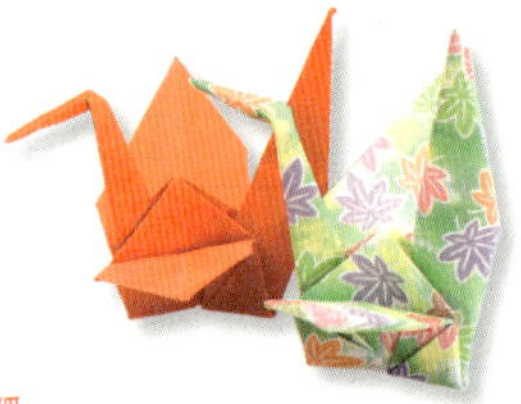

折り鶴

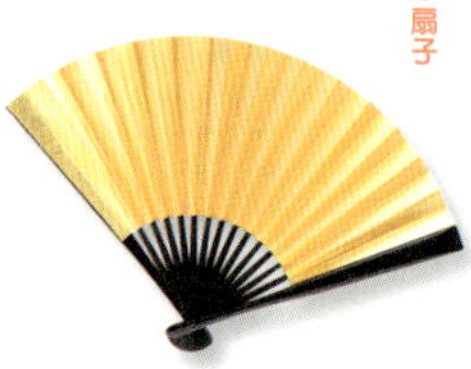

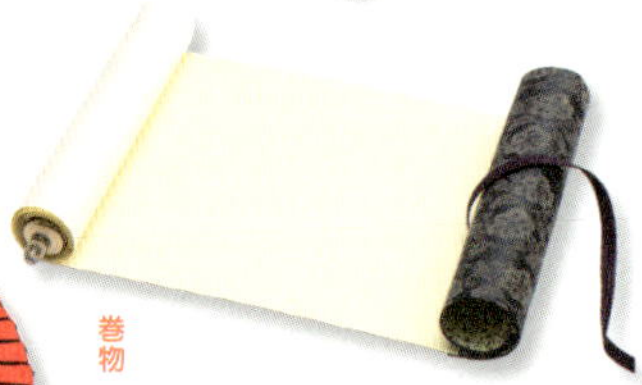

巻物

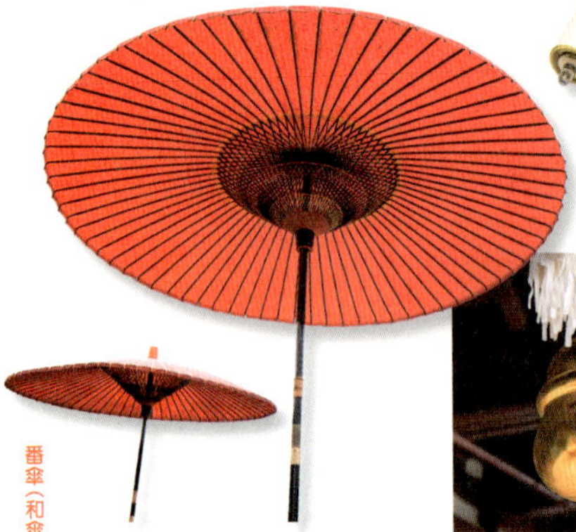

番傘（和傘）

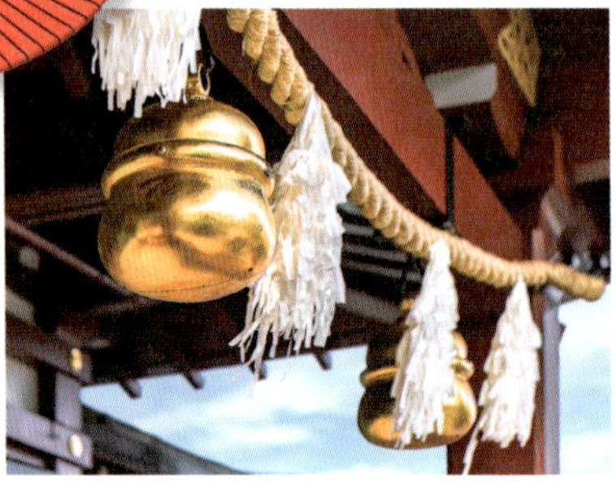

鈴・しめ縄

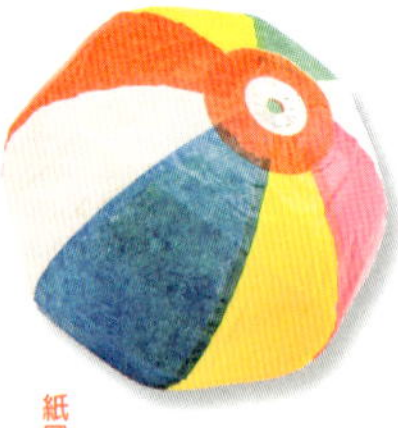

紙風船

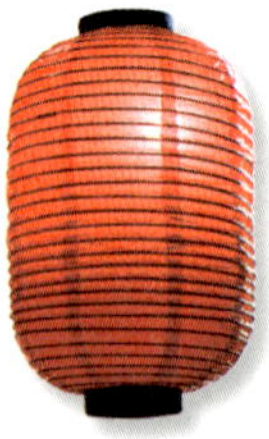

提灯（ちょうちん）

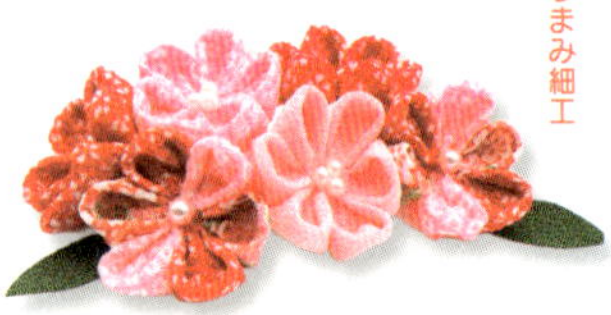

つまみ細工

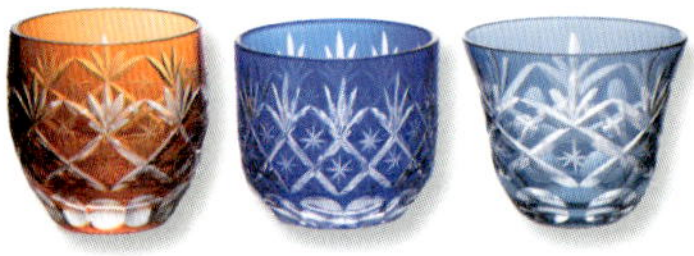

切子硝子

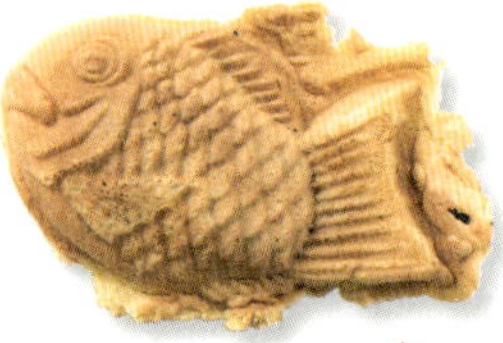

たい焼き

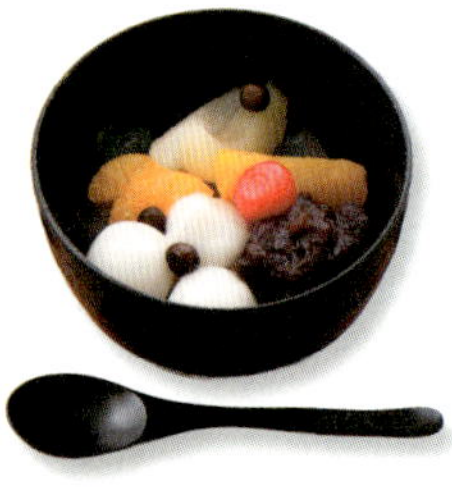

フルーツあんみつ

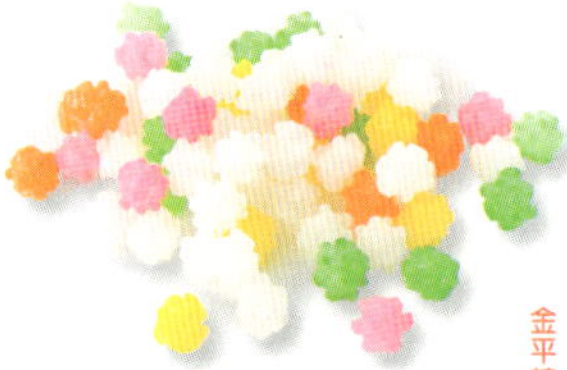

金平糖

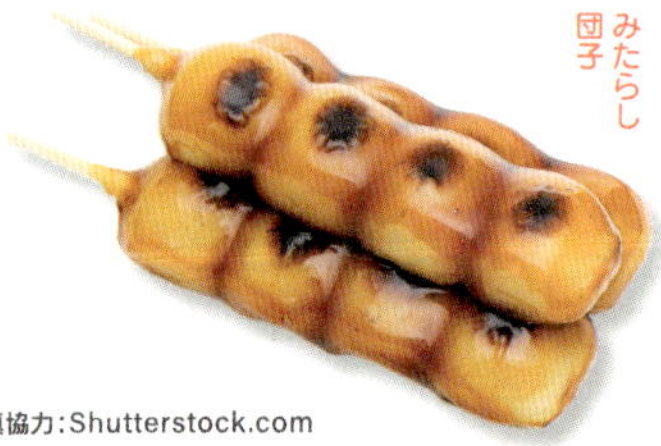

みたらし団子

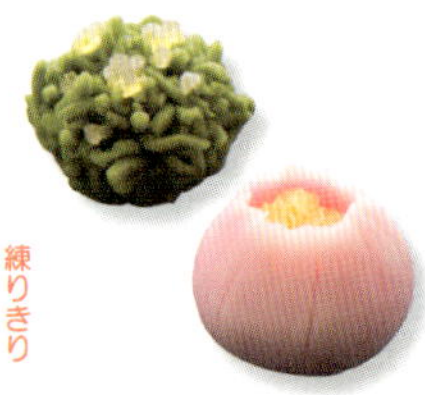

練りきり

写真協力：Shutterstock.com

民芸品・郷土玩具・縁起物

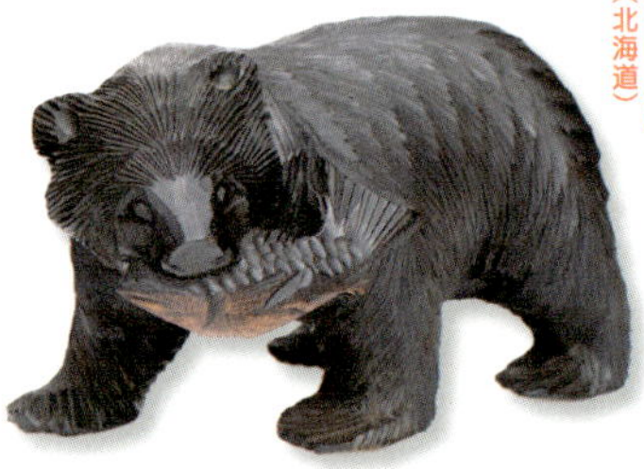

木彫りの熊（北海道）

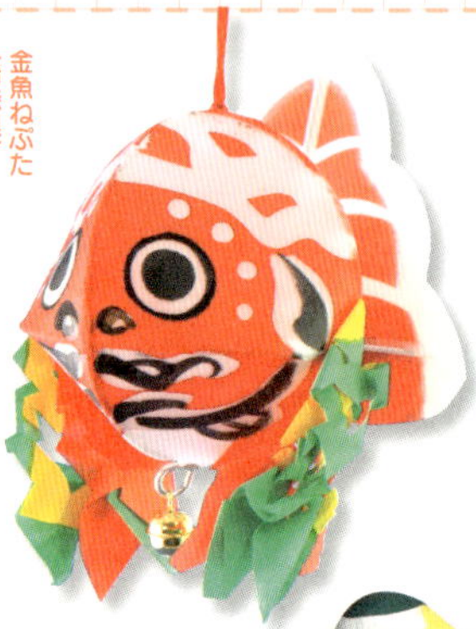

金魚ねぶた（青森県）

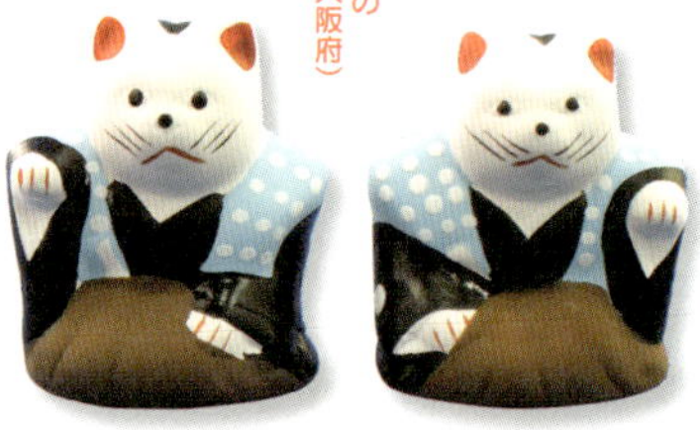

住吉大社の招き猫（大阪府）

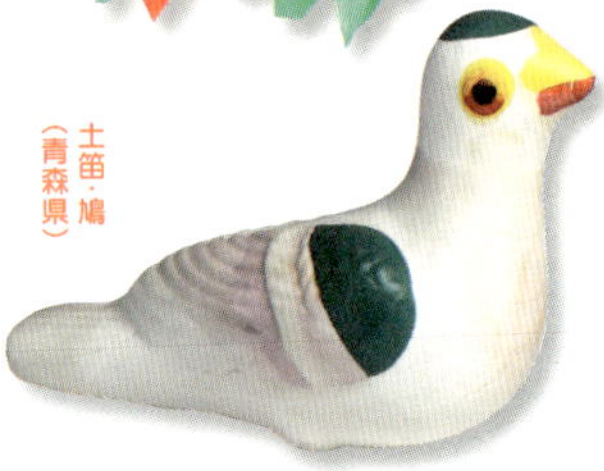

土笛・鳩（青森県）

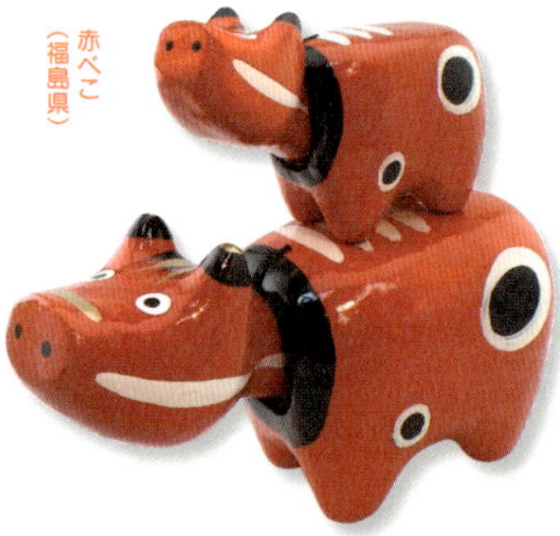

赤べこ（福島県）

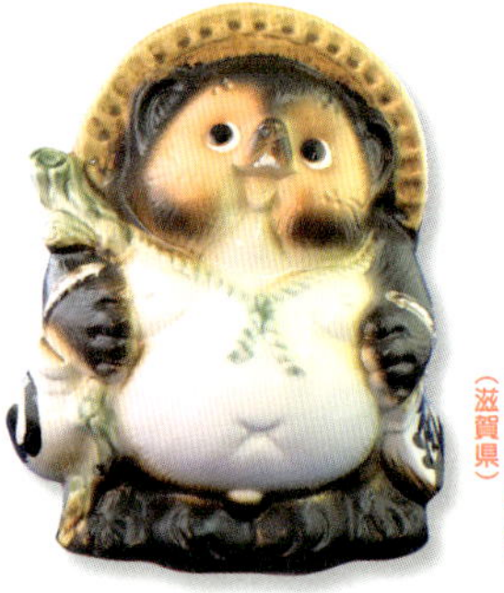

信楽焼のたぬき（滋賀県）

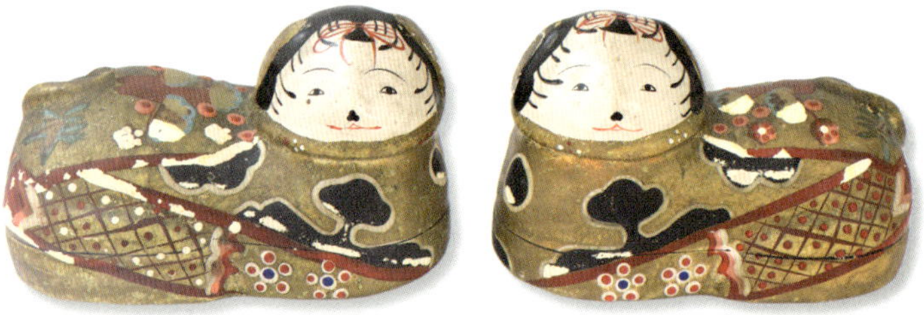

犬筥（いぬばこ）
左右一対の犬をかたどった張子の箱。子供の健やかな成長を祈り、雛段にも飾られていた。

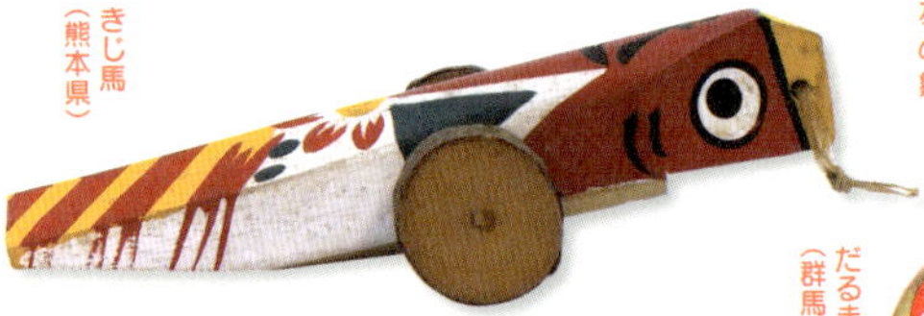

きじ馬（熊本県）

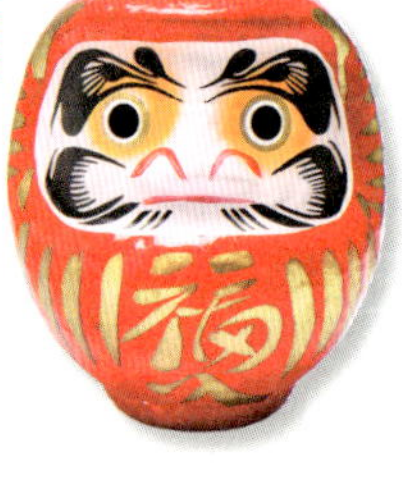

だるま（群馬県ほか）

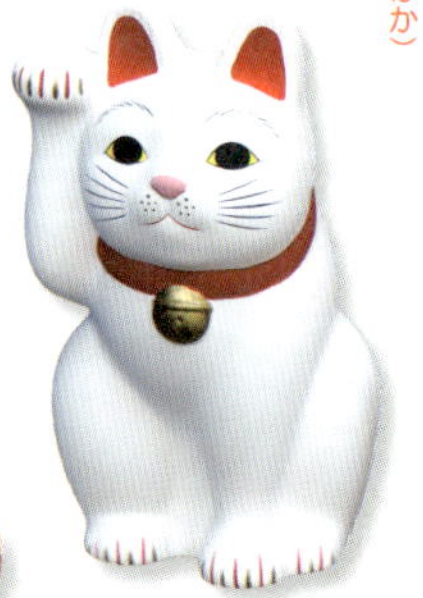

豪徳寺の招き猫（東京都）

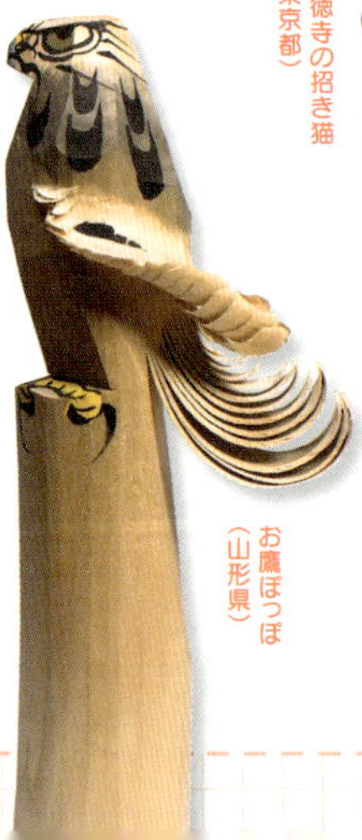

お鷹ぽっぽ（山形県）

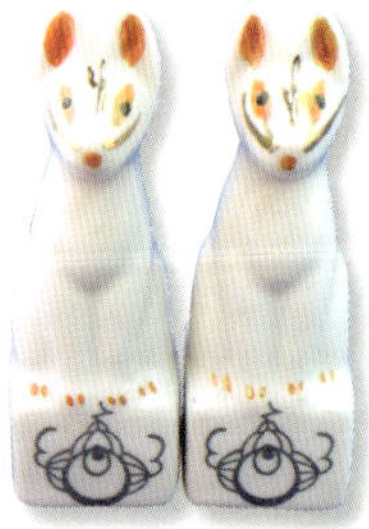

伏見稲荷大社の縁起物（京都府）

伝統文様

和モチーフ資料

和風のモチーフを描いてみよう！

「和風＝きもの」のイメージが強いと思いますが、もっと気軽なところから「和」のエッセンスをイラストに加えてみてはいかがでしょうか。ここでは、和のイメージに繋がるいろんなビジュアルを紹介します。例えば、普段描く衣装の一部に和柄を入れてみたり、和小物を背景に配してみたりするだけでも、いつもと違う雰囲気に仕上がりますよ。そのアイデアの幅を広げる和モチーフを紹介します！　取り上げるのはほんの一部ですが、普段何気なく目にする文様の意味から装飾を考えてみたり、季節の祭事や旬の草花を意識して構想をふくらませてみてはいかがでしょうか。

市松(いちまつ)/石畳(いしだたみ)

敷石が由来とされる、碁盤目状の正方形を交互に敷き詰めた文様。上下左右に途切れず続く縁起の良さから、様々な場所で使用される。

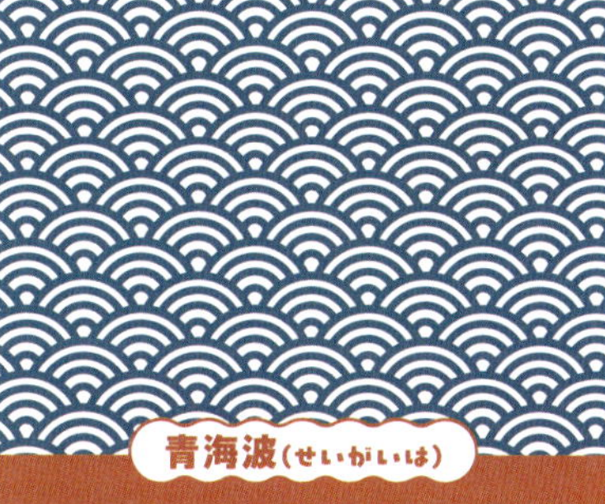

青海波(せいがいは)

半円形が扇状に重なる文様。穏やかな波が無限に続いていく、未来永劫に平穏な暮らしや子孫繁栄の願いが込められた縁起の良い柄。

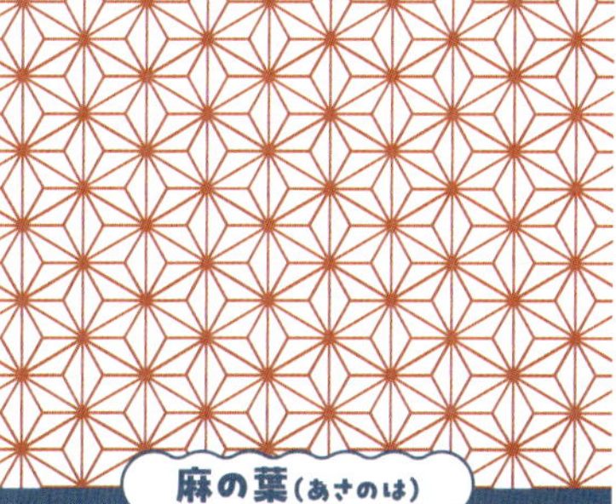

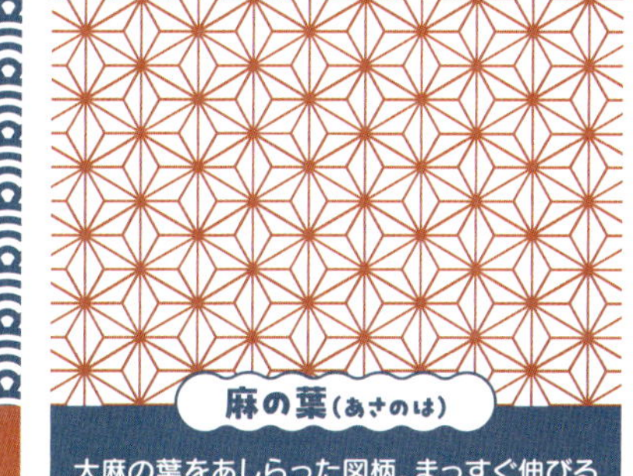

麻の葉(あさのは)

大麻の葉をあしらった図柄。まっすぐ伸びる様子から、健康と成長を願う吉祥文様として幼児の産着からインテリアまで使用される。

籠目/篭目(かごめ)

竹籠を元にした文様。組んだ様子が六芒星に見え、網目にたくさんの「目」があることから、邪気を遠ざける魔除けや厄除けの意味がある。

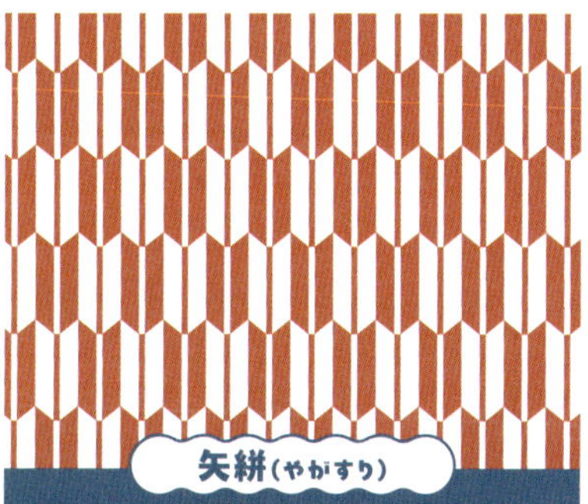

矢絣(やがすり)

袴と相性が良い図柄。矢羽根が縁起物の破魔矢を連想させ、射る矢が前に飛ぶことから魔除け効果も。立身出世の願いや祝い事にも。

七宝(しっぽう)

「七宝」は仏教の経典に登場する7種の宝。円形の文様が永遠に連鎖することから、円満・調和や縁が七宝同等の価値だと示している。

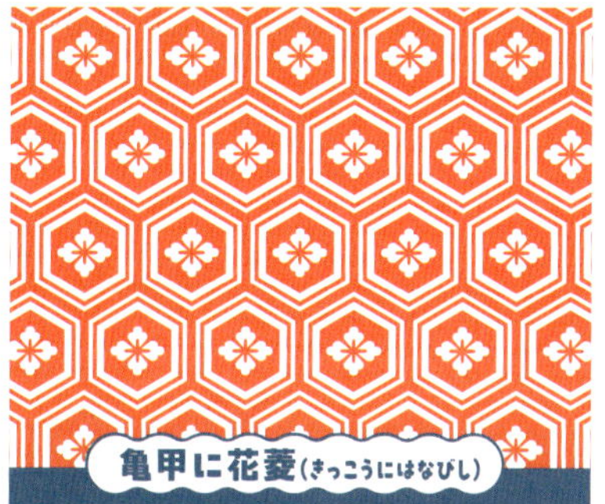

亀甲に花菱(きっこうにはなびし)

六角形の亀甲が長寿の吉祥を示している。さらに4枚の花びらを菱形のなかに描く花菱紋を添えたもの。染織や家具などに用いられる。

立涌(たてわく)

水蒸気や雲が立ち上がる様子に縁起の良さを含めた図案。向かい合わせの規則的な曲線が繰り返される。雲立涌や藤立涌などもある。

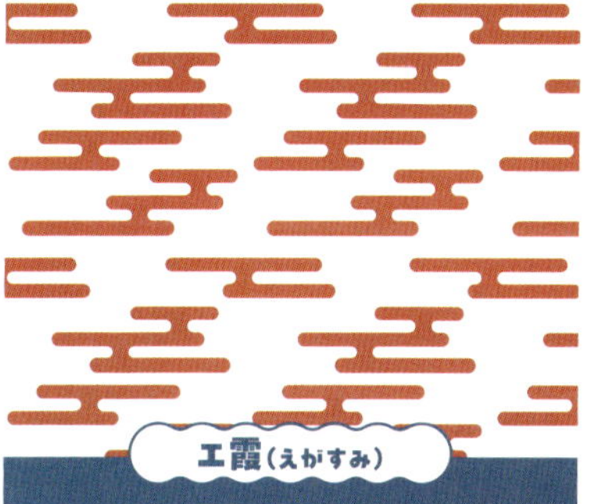

工霞(えがすみ)

現れては消える霞に「永遠」の意味を持たせた吉祥文様。「工」を図案にしたものを工霞文という。遠近感や時間の移り変わりの表現に使用。

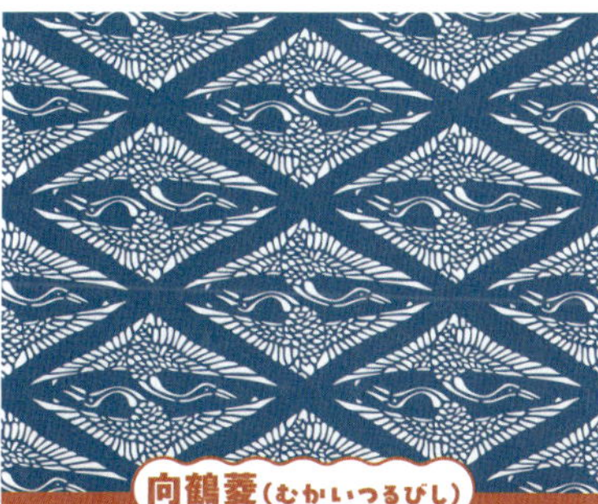

向鶴菱(むかいつるびし)

図像を組み合わせて菱形を作っている。二羽の鶴の口元を見ると「阿・吽」になっていて、息の合う仲睦まじい番（つがい）を示すことから、夫婦の長寿不老を願う象徴とされる。菱文様にも子孫繁栄や無病息災の意味もある。

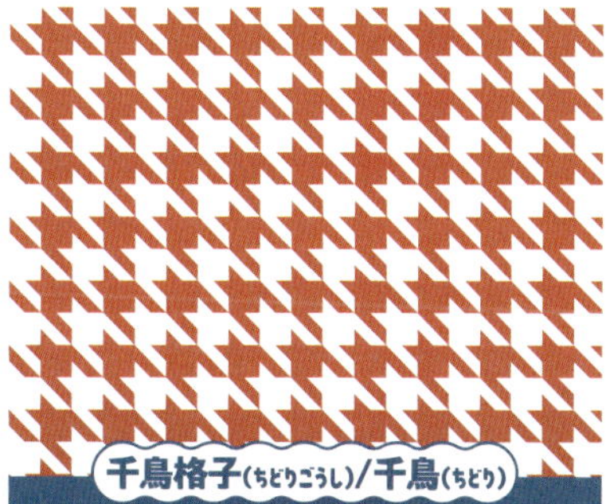

千鳥格子(ちどりごうし)/千鳥(ちどり)

千鳥が群れで飛ぶ姿を図案化。千鳥格子は簡略化して配したもの。「千取り」の語呂合わせから勝運祈願や目標達成の意味がある。国内外でアレンジされる人気の柄。

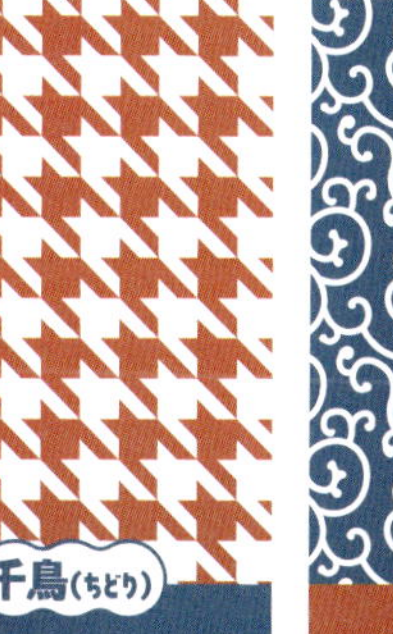

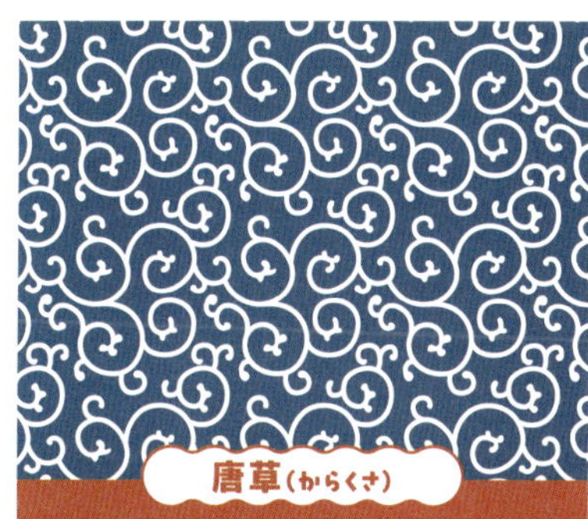

唐草(からくさ)

シルクロードから伝わった文様。「唐草」という種の植物はなく、つる草の茎や葉が絡まる様子を図案にしている。繁栄・長寿の意味があり、縁起がよいことから風呂敷の所有率が高かった。泥棒のイメージに繋がる。

一部写真協力:Shutterstock.com

和の細工のストローボンネットを塗る

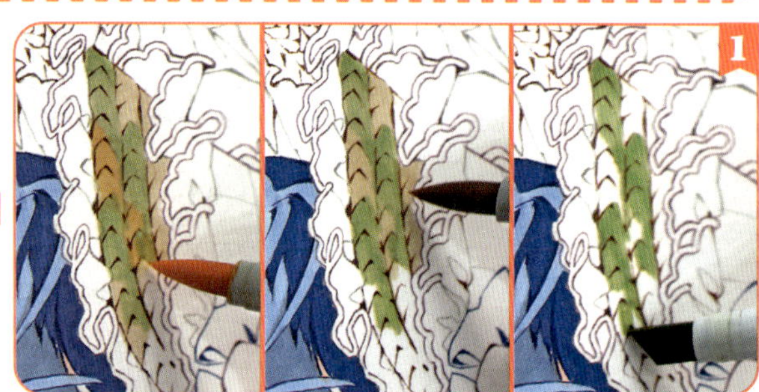

1 ストロー素材を塗る。YG93(グレイッシュ・イエロー)で隙間をあけながら塗り(右)、上からE42(サンド・ホワイト)を重ねてなじませる(中央)。色のくすみが気になったため、Y23(イエロウィッシュ・ベージュ)を重ねて彩度を上げた(左)。

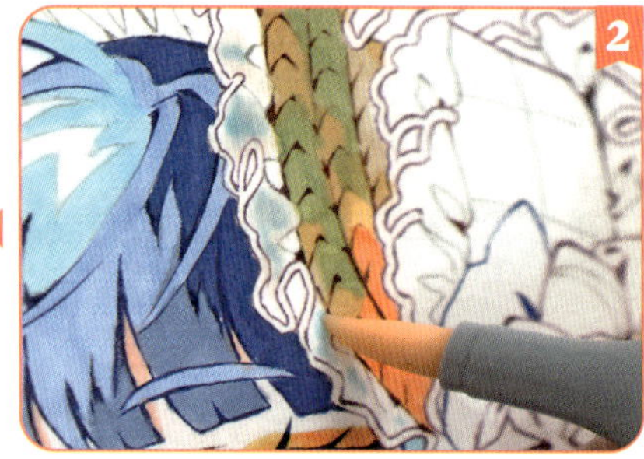

2 白いフリルを塗る。髪の映り込みをB00(フロスト・ブルー)で表現。浮かないよう、R0000(ピンク・ベリル)を重ねて薄める。

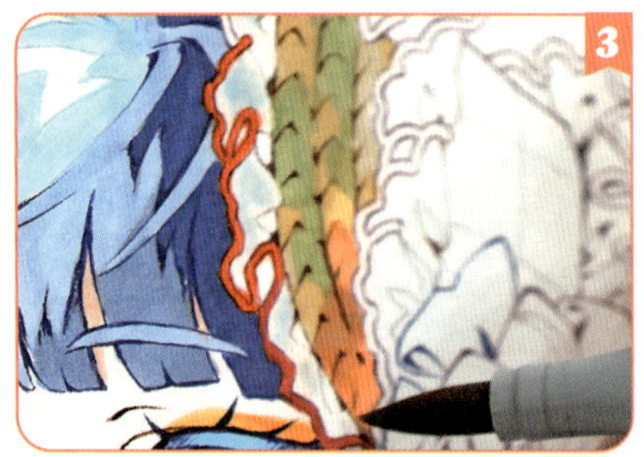

3 パイピングはR05(サーモン・レッド)+コピックアクレアのトマトレッドで塗る。ストローの下部はYR61(スプリング・オレンジ)だけだと明るすぎたので、E70(アッシュ・ローズ)を混色。

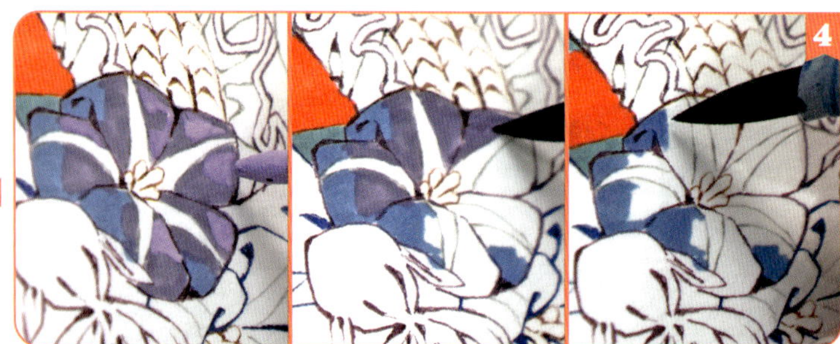

4 アサガオのつまみ細工を塗る。まずはB95(ライト・グレイッシュ・コバルト)を外側に広げていく(右)。続いてV25(ペール・ブラックベリー)を塗り残した部分に広げる(中央)。最後にコピックアクレアのライラックで調子をつける(左)。

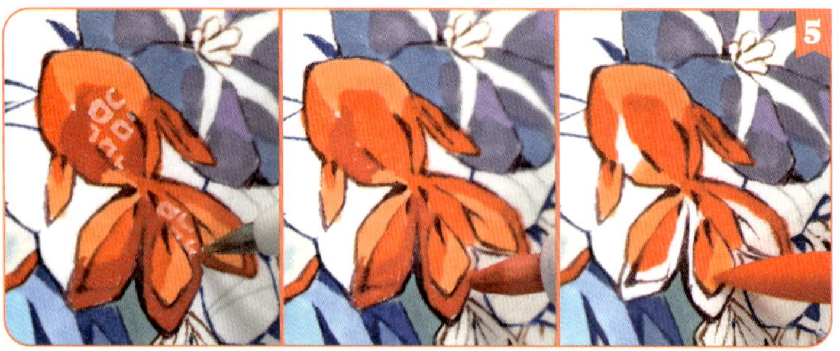

5 金魚のちりめん細工を塗る。まずはR05(サーモン・レッド)で濃い所、YR61(スプリング・オレンジ)で明るい所を塗り(右)、さらにコピックアクレアのトマトレッドをポイント的に塗る(中央)。最後にタチカワピュアホワイトで鹿の子柄を入れる(左)。

ラムネを塗る

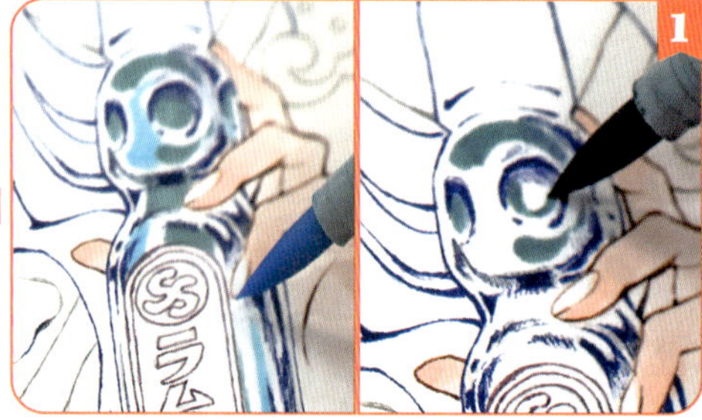

1 ラムネの瓶を塗る。あらかじめ線画で形をつくっておき、その線画に沿って、BG72(アイス・オーシャン)、続いてB01(ミント・ブルー)を塗って、立体感をつくっていく。

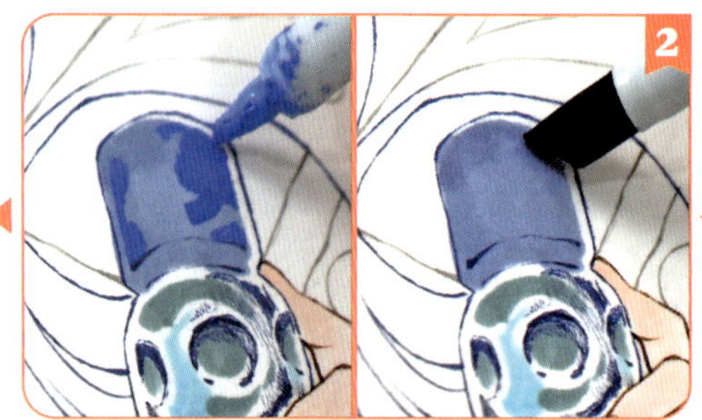

2 ラムネのふたを塗る。B95(ライト・グレイッシュ・コバルト)で全体をベタ塗りしつつ、立体感を出すために端は細く塗り残す。コピックアクレアのスカイブルーでカゲを入れる。

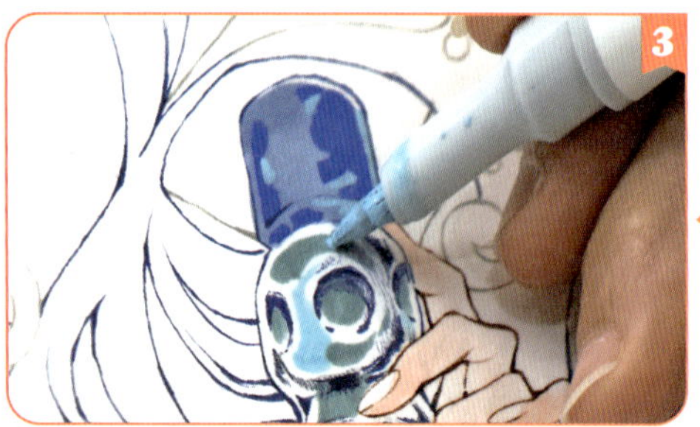

3 コピックアクレアのターコイズブルーでカゲのフチに色みをちょっと足していく。鮮やかな水色がアクセントになって可愛さが増す。

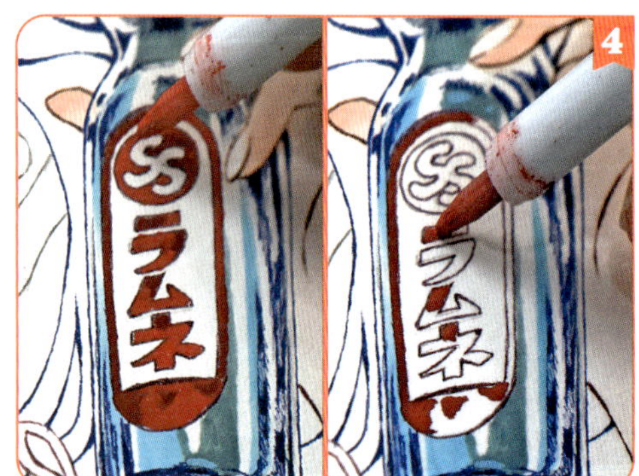

4 ラベルを塗る。しっかりと濃く発色させたいので不透明なコピックアクレアを使用。先にレッドビーンをポイント的にのせておき、トマトレッドでその隙間を埋めるように塗りつぶす。

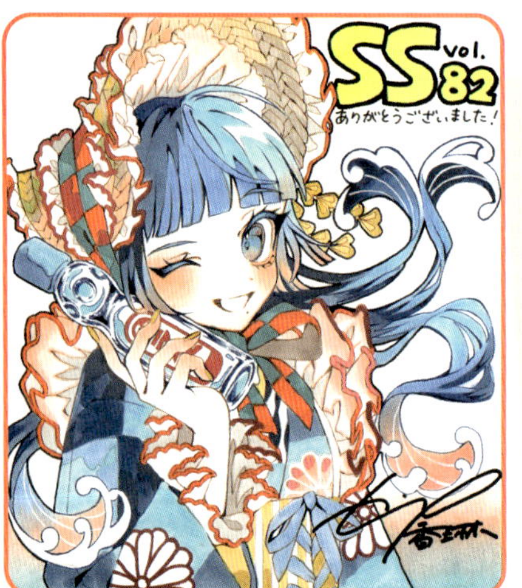

完成!

華やかな和柄の数々に、金魚からラムネまで和風なアイテムも盛りだくさんの和レトロなメイドさんのイラストが完成! コピックを使った香琳さんらしいポップな着彩で、モチーフにあわせてベタ塗り、混色、グラデーションを使い分けながら、完成まで進めてくれました。金魚のウロコや菊の刺繍など、不透明インクならではのコピックアクレアの使い方も参考になったのではないでしょうか? ぜひ、みなさんも参考にして、色々塗り試してみてくださいね!

サイン色紙プレゼント

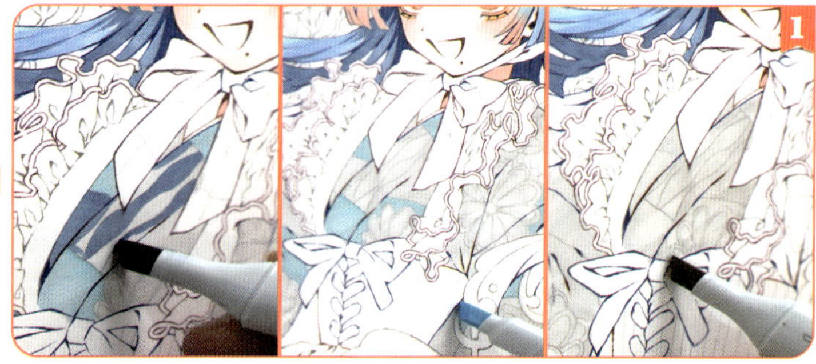

着物の市松文様を塗る。まずは下塗りとして全体にT1(トナーグレイ No.1)をベタ塗り。こうすることで後からいろんな色を重ねても統一感がた保たれる(右)。続いて市松文様の明るいほうの色としてB00(フロスト・ブルー)を塗る(中央)。暗いほうの色にはB95(ライト・グレイッシュ・コバルト)を塗り、そのまま立涌文様も塗る(左)。

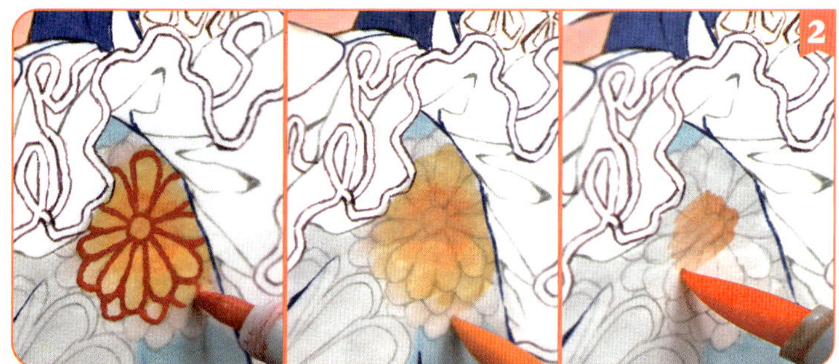

着物の菊柄を塗る。菊の中心にYR61(スプリング・オレンジ)を広げ(右)、Y23(イエロウィッシュ・ベージュ)、R00(ピンキッシュ・ホワイト)で外側に向かって、ぼかしながら塗り伸ばす(中央)。最後にコピックアクレアのトマトレッドで線画を描く(左)。

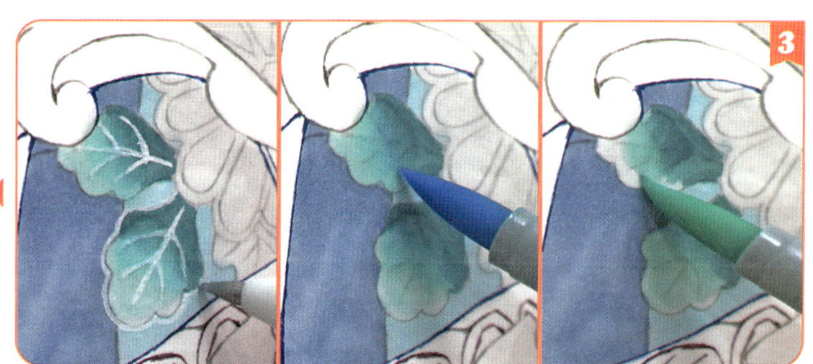

菊の葉を塗る。葉の中心のほうにBG57(ジャスパー)を塗り、先端に向かってBG11(ムーン・ホワイト)でぼかしながら伸ばす(右)。色の境目が浮かないように、B01(ミント・ブルー)でなじませる(中央)。最後にタチカワピュアホワイトで葉脈を描く(左)。

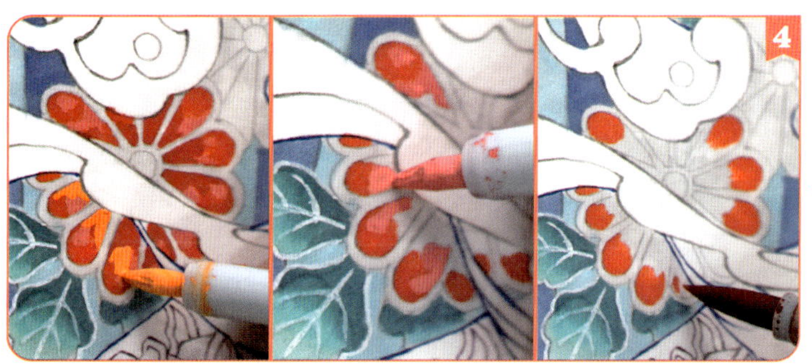

②とは違うデザインの菊柄を塗る。R05(サーモン・レッド)で花びらの先端のほうを塗り(右)、コピックアクレアのコーラルピンクを内側に伸ばしてグラデーションに(中央)。最後にコピックアクレアのマンダリオンオレンジを部分的に追加(左)。不透明なインクで塗りつぶすことで、刺繍をしたような質感になる。

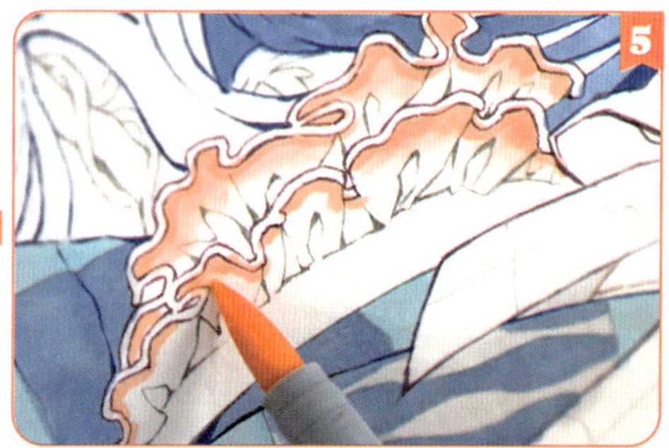

金魚をイメージした、エプロンのフリルを塗る。R12(ライト・ティー・ローズ)でパイピングの下をなぞり、R00(ピンキッシュ・ホワイト)で下にぼかし広げる。

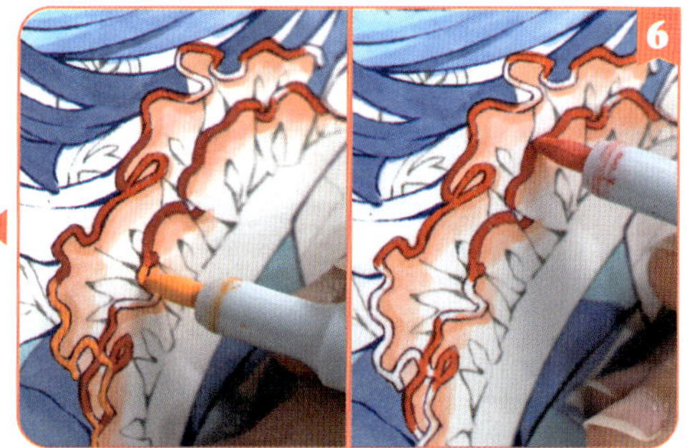

パイピングを塗る。単調にならないよう複数色使用。まずはR05(サーモン・レッド)を隙間をあけて塗り、コピックアクレアのトマトレッド、マンダリンオレンジで隙間を埋める。

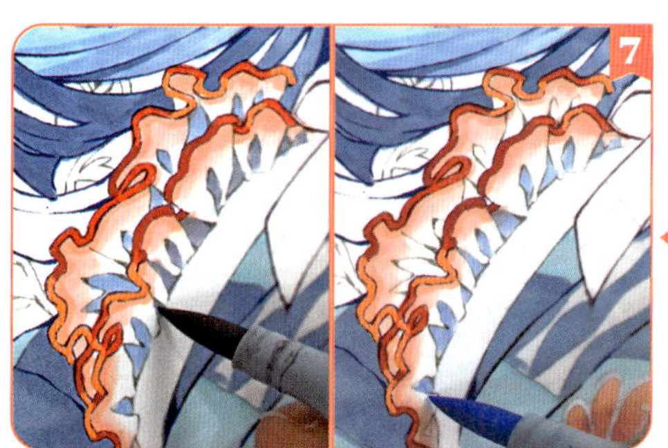

フリルのシワのカゲを塗る。まずはB21(ベイビー・ブルー)を塗り、上からV93(アーリー・グレープ)を重ねて、混色。落ち着いた青紫色になった。

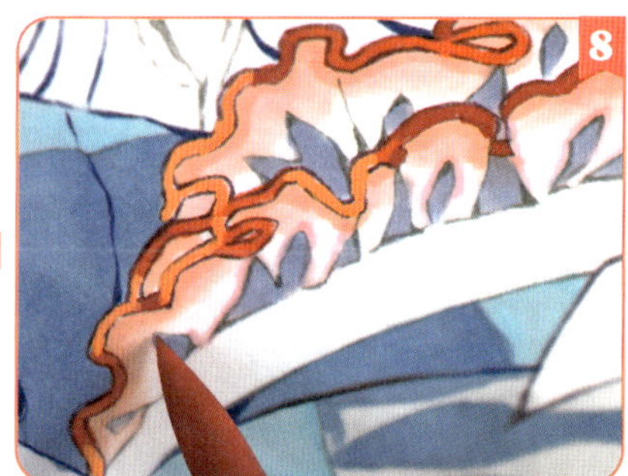

最後にフリルのカゲのフチをRV11(ピンク)でふちどる。こうすることで、より立体感を出すことができる。

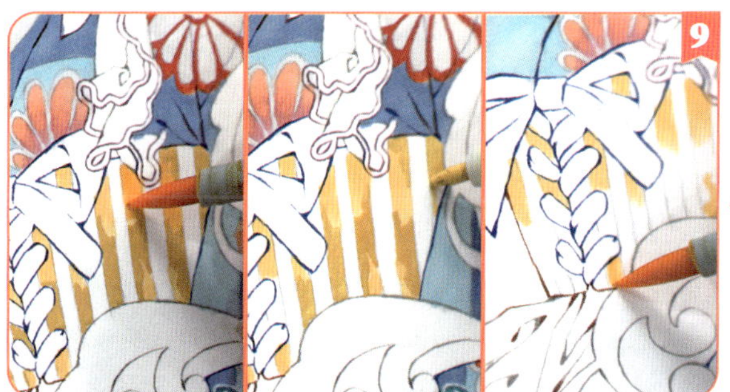

黄色い縞文様の帯を塗る。フリルのパイピングと同じで、単調にならないよう複数色使用。Y23(イエロウィッシュ・ベージュ)で主に真ん中を残して塗り(右)、塗り残した部分にコピックアクレアのマスタードイエローを重ね(中央)、YR61(スプリング・オレンジ)で微調整(左)。

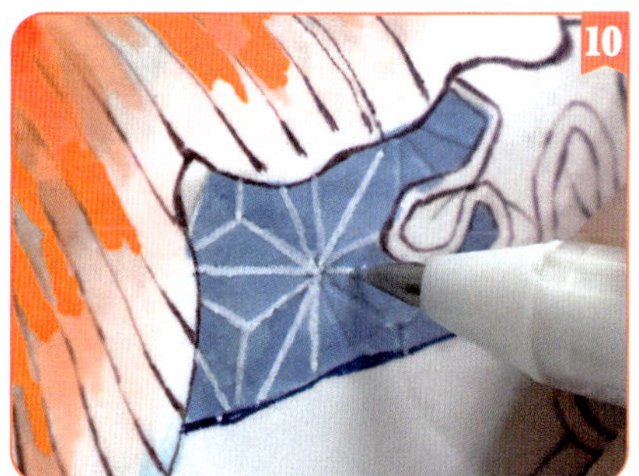

袖に麻の葉文様を入れる。あらかじめガイド線を入れておき、着彩のあとタチカワピュアホワイトで清書する。

Q&A 香琳さんに聞く「和風を描くポイント」

今回の作品で和をどのように取り入れましたか？

香琳　着物、柄、和の細工などです。着物の柄は季節に関係なくよく描かれる菊モチーフを複数のデザインで入れ、他にも古典柄の立涌文様、麻の葉文様などを入れました。またボンネットにはアサガオのつまみ細工と金魚のちりめん細工を入れ、金魚には鹿の子柄も入れました。

取り入れた和の部分を描くときに気を付けたことを聞かせてください！

香琳　柄の中でグラデーションをつくったり、細い線を引く際には色がはみ出て和柄がつぶれないよう、慎重に筆先を置くことを意識しました。

和のテイストを描いた感想として、その魅力や面白いところを聞かせてください！

香琳　古くから受け継がれてきた和柄はただ絵を華やかに彩ってくれるだけでなく、柄一つ一つに縁起の良い意味が込められているので、意味を調べながら作品に取り入れる柄を考えてみるのも楽しいです。

浮世絵風・波アレンジの髪を塗る

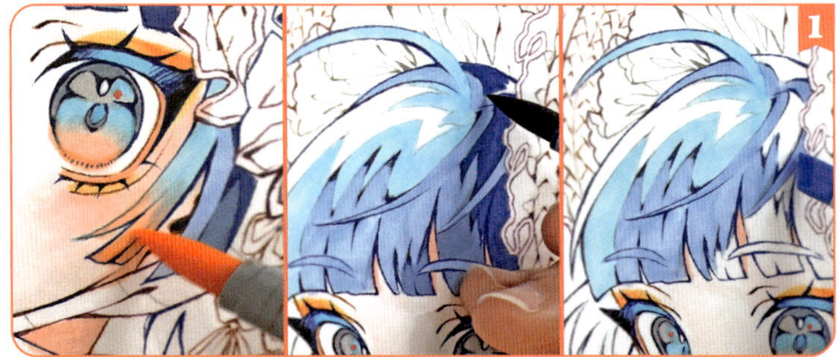

1 髪の毛は青のグラデーションにする。向かって左側が光源なので、まずはハイライトを除いた一番明るい所をB00（フロスト・ブルー）、次に明るい所をB21（ベイビー・ブルー）で塗る。薄く均一に塗るため、ブラシはブロード側を使用（右）。続いてB95（ライト・グレイッシュ・コバルト）、B37（アントワープ・ブルー）の順に徐々に暗い色を置いていき（中央）、毛先はR30（ペール・イエロウィッシュ・ピンク）で差し色を入れる（左）。

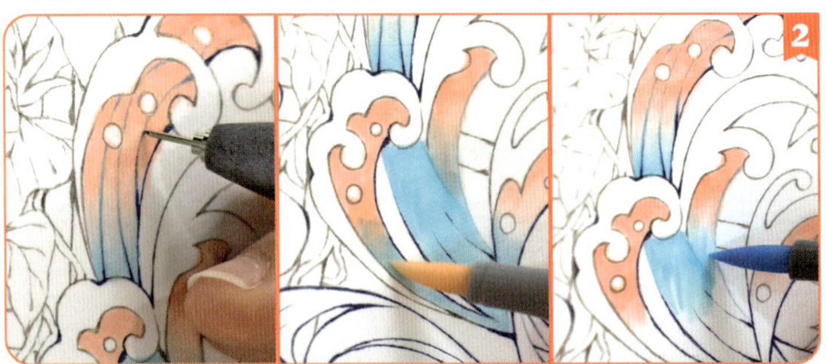

2 ①で使った色でどんどん塗り進めていく。波部分は先端をR30（ペール・イエロウィッシュ・ピンク）で塗り、中心から先端に向かって、B00（フロスト・ブルー）で払うように塗る（右）。そして、色の境目や全体がなじむよう、上からR0000（ピンク・ベリル）を重ねる（中央）。色を塗り進めるうちに線画の印象が弱くなるので、マルチライナーのウォームグレー0.05で濃くする。タチカワピュアホワイトで泡も塗りつぶした（左）。

金魚を塗る

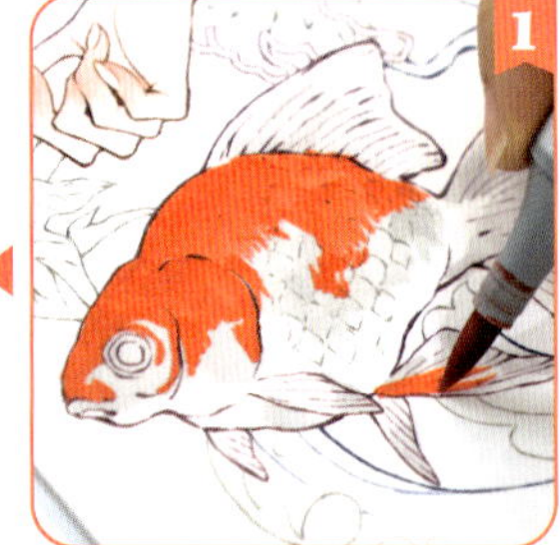

1 T1（トナーグレイ No.1）で下塗りしたら、R05（サーモン・レッド）で赤く塗る。ともに質感、立体感を意識しながら。

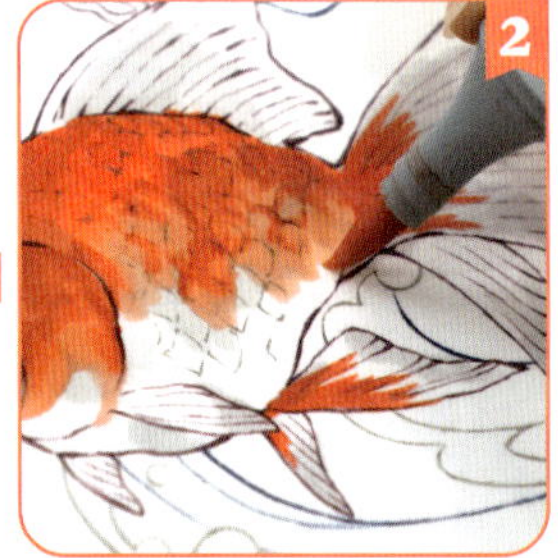

2 R12（ライト・ティー・ローズ）でR05（サーモン・レッド）をなじませつつ、質感、立体感を意識しながら、全体に塗り広げていく。

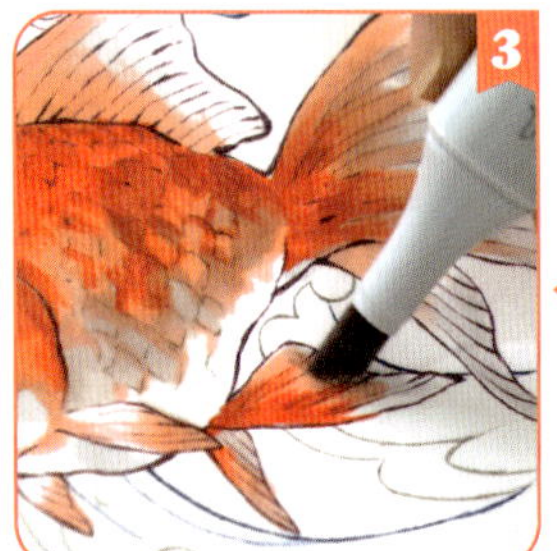

3 E70（アッシュ・ローズ）で下側や尾ヒレなどにカゲを入れる。ブラシはブロード側を使用。

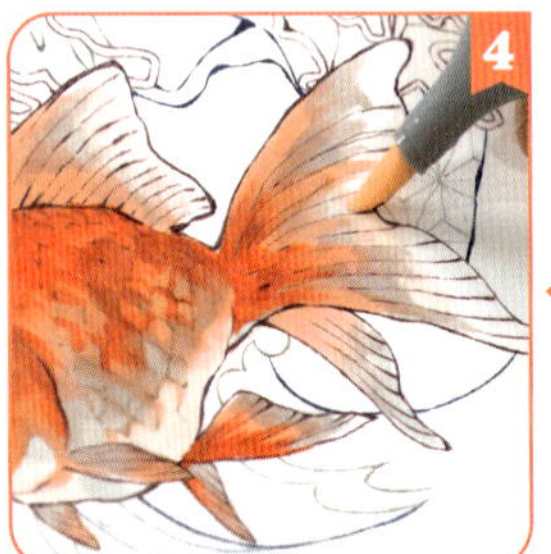

4 バランスを見ながらR0000（ピンク・ベリル）を重ねて、全体をなじませたり、彩度を上げたり。

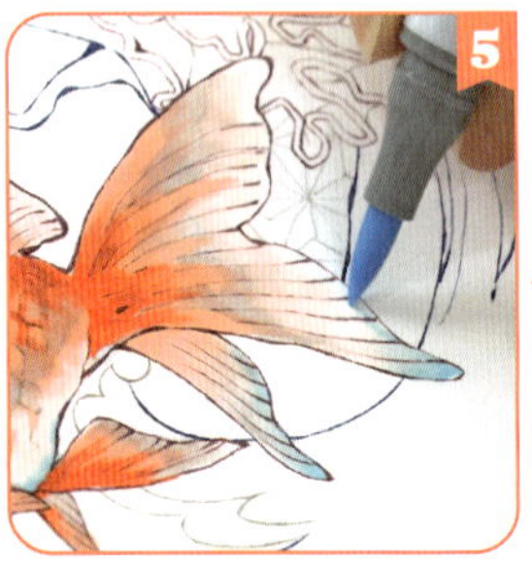

5 お腹やヒレにB00（フロスト・ブルー）で差し色を入れる。

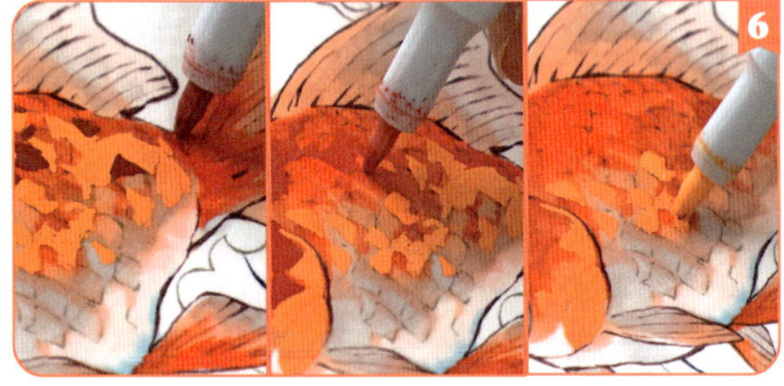

6 コピックアクレアでウロコを描く。マンダリンオレンジ→トマトレッド→レッドビーンの順番に少しずつ濃い色を塗っていく。浮いていると感じたら、R12（ライト・ティー・ローズ）で伸ばしたり、なじませたりする。

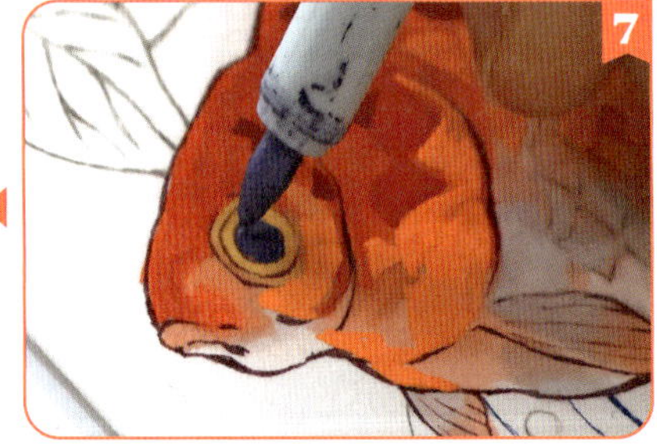

7 目を塗る。全体をY23（イエロウィッシュ・ベージュ）で塗りつぶし、黒目にはコピックアクレアのインディゴブルーを重ねる。

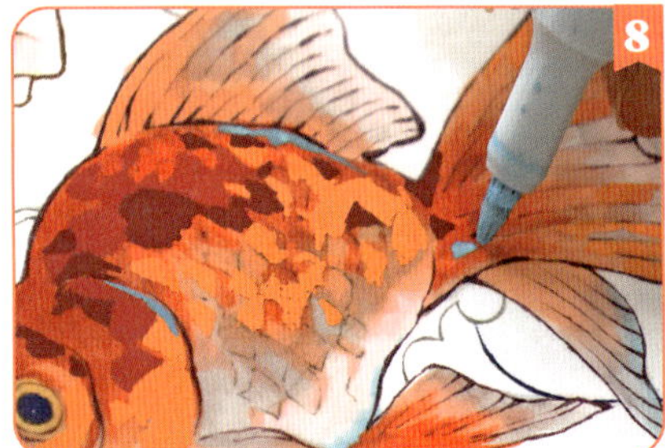

8 最後にコピックアクレアのターコイズブルーを差し色としてポイント的に入れる。

肌を塗る

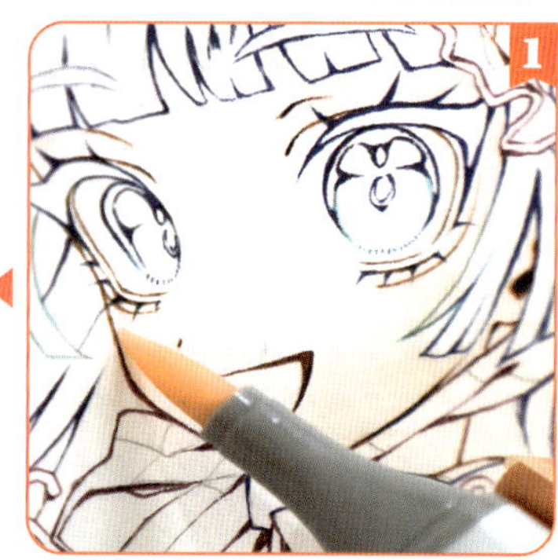

R0000(ピンク・ベリル)で顔、手など肌全体を塗っていく。顔は立体感を意識して、中心部分が明るくなるように塗る。

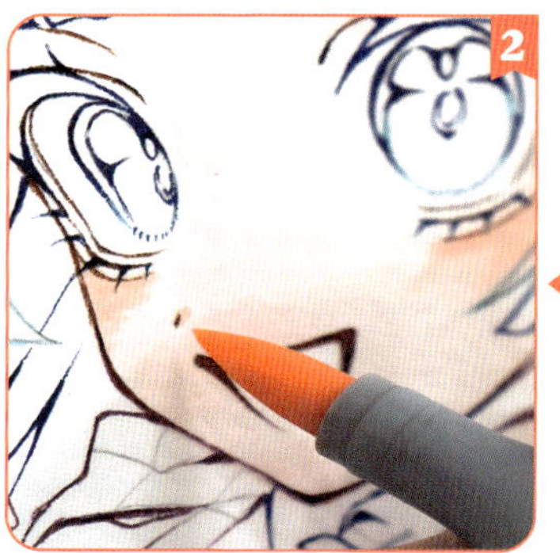

肌に赤みを入れる。R00(ピンキッシュ・ホワイト)で目の周り、鼻、指先などを塗る。

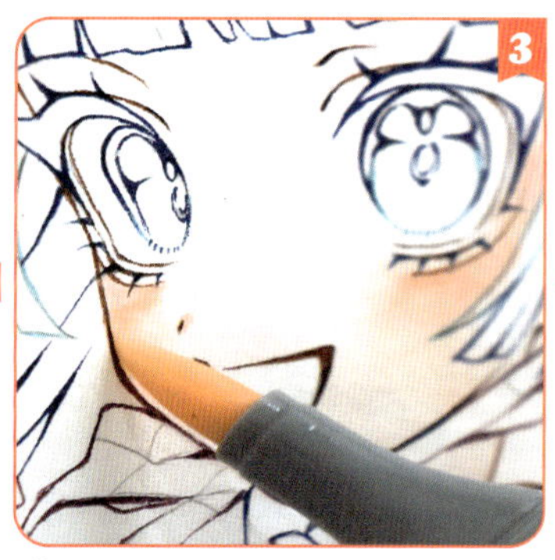

①で肌のベースに使ったR0000(ピンク・ベリル)を、②で赤みを入れた部分に重ねて、肌の色から浮かないようなじませる。

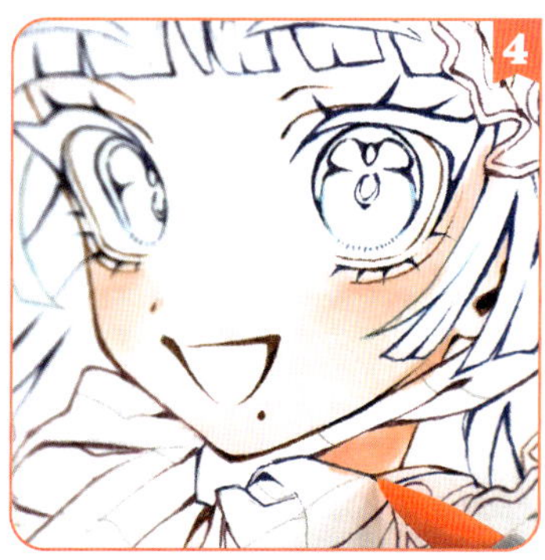

R30(ペール・イエロウィッシュ・ピンク)でカゲを入れる。首、指先、前髪の下など。肌の塗りはこれで完成。

目元を塗る

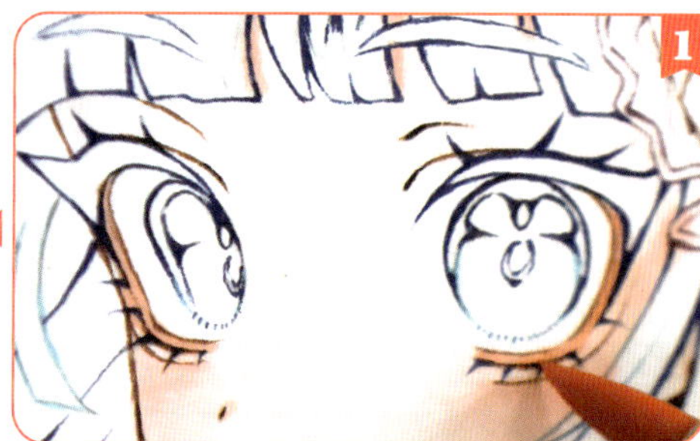

R12(ライト・ティー・ローズ)で目の粘膜を塗る。

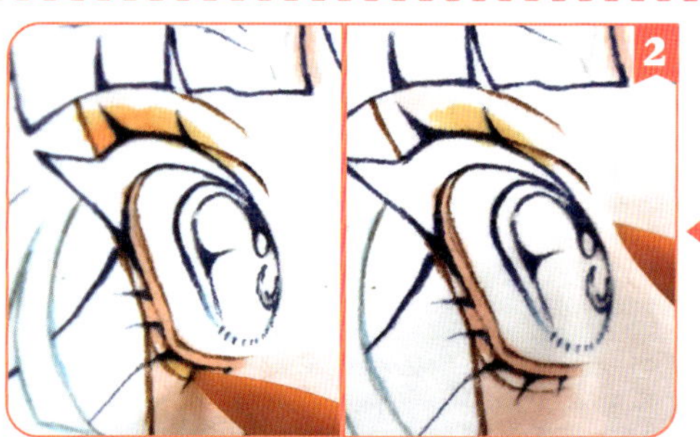

アイシャドウを塗る。Y23(イエロウィッシュ・ベージュ)で目頭側、YR61(スプリング・オレンジ)で目尻側を塗り、黄色からオレンジ色のグラデーションをつくる。涙袋にもY23を少し重ねる。

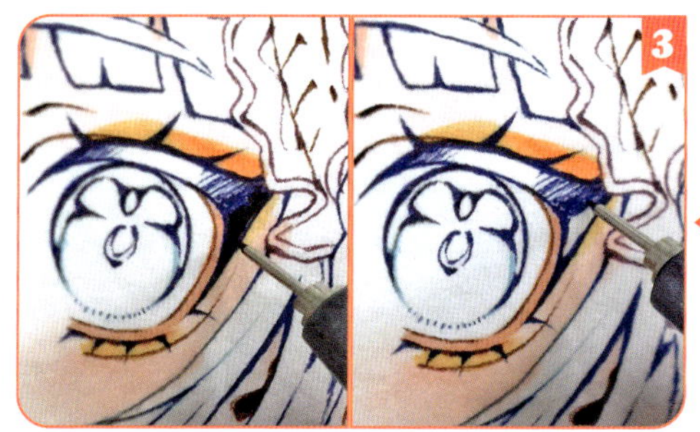

まつげを塗る。コピックマルチライナーのコバルト0.05でまつげの両サイドを斜線で濃くし、さらにマルチライナーのブラック0.1で目尻を塗りつぶして濃くする。

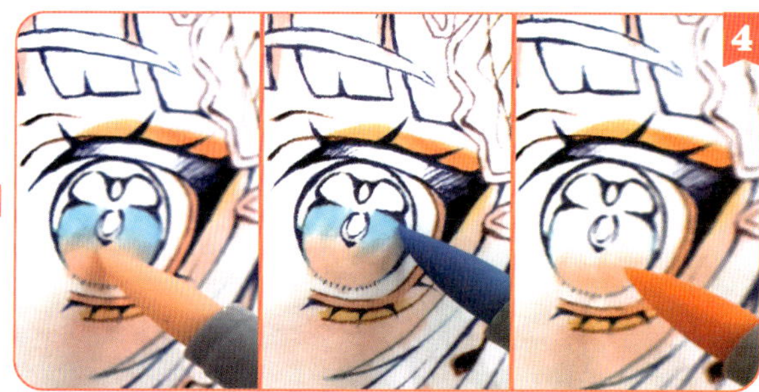

瞳の中を塗る。まずはR00(ピンキッシュ・ホワイト)で、瞳の下部を下から上に払うように塗る。続いてB01(ミント・ブルー)で、上部を上から下に払うように塗る。2色の境目をB00(フロスト・ブルー)でぼかし、さらに全体をR0000(ピンク・ベリル)でなじませる。

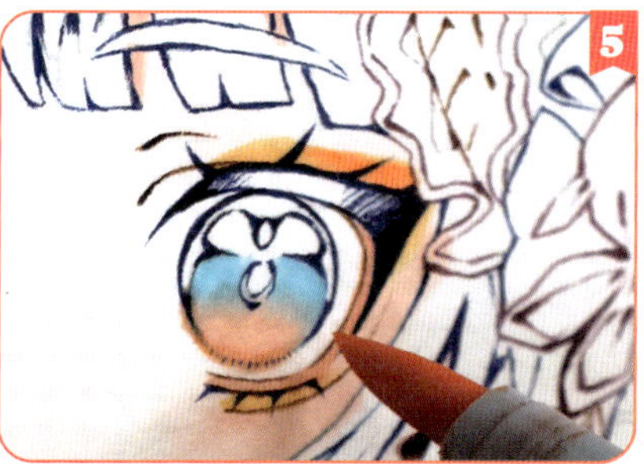

R12(ライト・ティー・ローズ)で瞳の下側の輪郭線をなぞると、目元にふんわりとした雰囲気が出る。

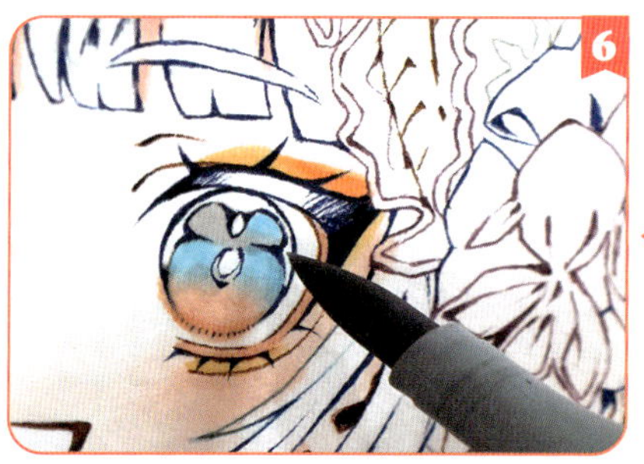

瞳の最上部はグレーに。先にB00(フロスト・ブルー)を少しだけ塗ると、瞳の透明感が増す。その上からT1(トナーグレイ No.1)を重ねる。

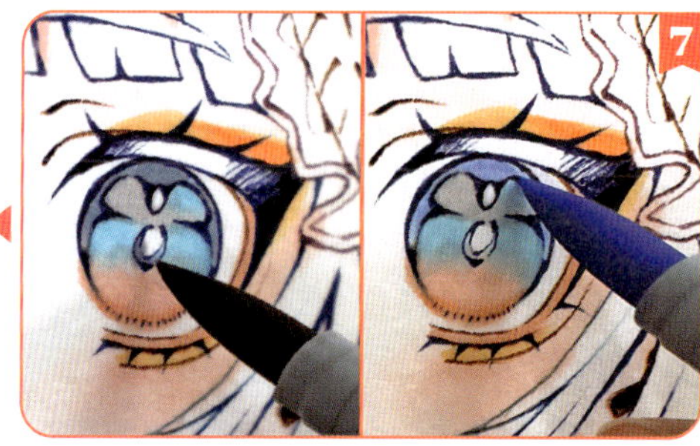

瞳の一番外側と瞳孔の周りを塗る。まずはB21(ベイビー・ブルー)を塗ったあと、E71(シャンパン)を重ね、紙の上で混色してくすませる。

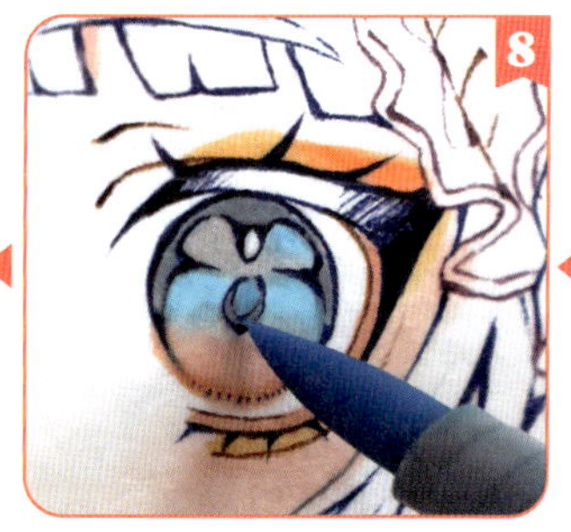

B01(ミント・ブルー)で、瞳孔を塗りつぶす。

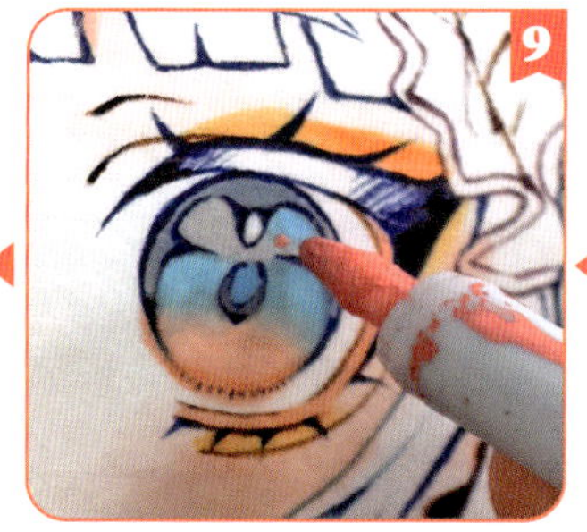

コピックアクレアのコーラルピンクでハイライトを入れる。水色にマットなピンクが映える。

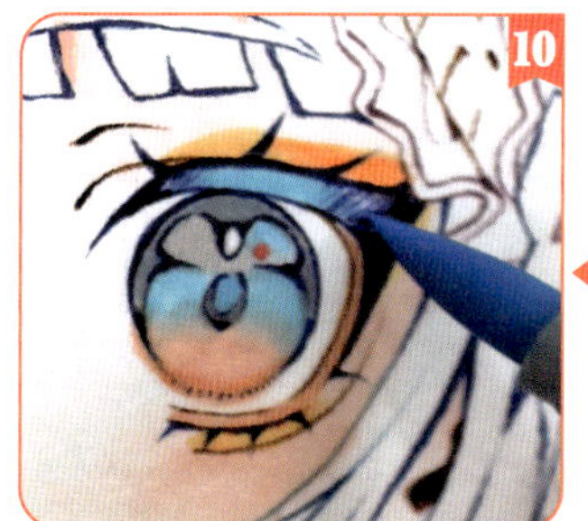

③で塗り残していたまつげの中央部分をB01(ミント・ブルー)で塗りつぶす。これで目元は完成!

the making of コピック

coverillustration making

スモールエス vol.82 表紙イラストメイキング

香琳 かりん

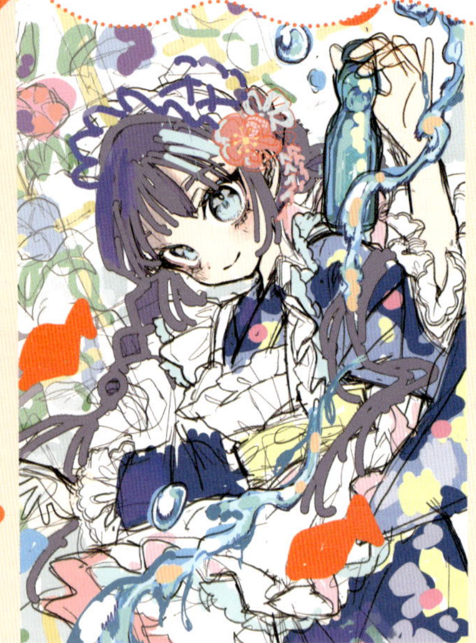

ラフを描く

「和風イラストを描く」というテーマに寄せて描かれた香琳さんのラフ。最初は和と夏から「水芸をイメージした涼しげな寒色系イラスト」を考えていたそうだが、「暖色も入れてカラフルに」と要望したところ、アサガオ・着物エプロンがポイントの和レトロなメイドさんのラフが送られてきた。実は左手にはラムネでなく、お盆+ケーキで、金魚もいない別のラフ案もあったが、掲載されたこちらが決定稿に!

今号の「スモールエス」の表紙は、香琳さんによる和レトロなメイドさんのイラストです。涼しげなブルーに、金魚、菊、ラムネのロゴやフリルの赤が鮮やかに映える華やかな仕上がりとなりました。「和」がテーマということで、着物の柄として季節問わずメジャーな菊をいろんなデザインで描いてくれたり、髪に浮世絵風の波のアレンジを加えたり、あるいは和の細工、菊以外にも着物には古典的な柄を多数取り入れ、見どころ満載の表紙が完成しました。ここからは、コピックとコピックアクレアによる、和風アイテム満載の表紙メイキングをお届けします!

画材 コピック、コピックアクレア、コピックマルチライナー、タチカワピュアホワイト、シャープペンシル　用紙 ウォーターフォード水彩紙(細目・300g)

 @11karin23　  11karin23

ラフ～線画

下絵と色ラフ

初期ラフをもとに詳細な下絵と色ラフを作成。エプロンとボンネットが金魚風のデザインになり、髪にも浮世絵風の波アレンジが加えられる。使う色もここで大まかに決めた。イメージを掴むために、SSのロゴまで描いてくれた。

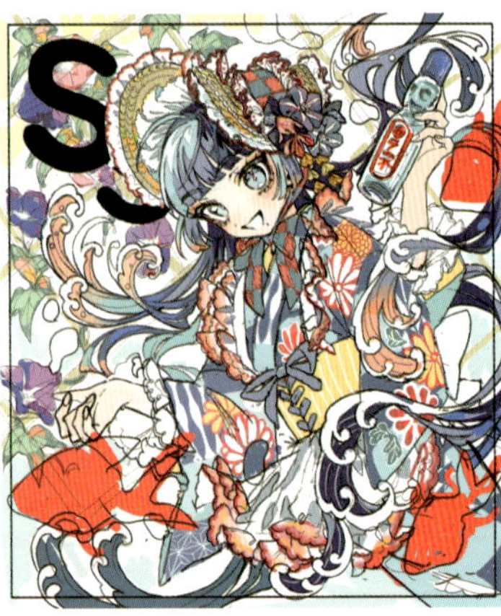

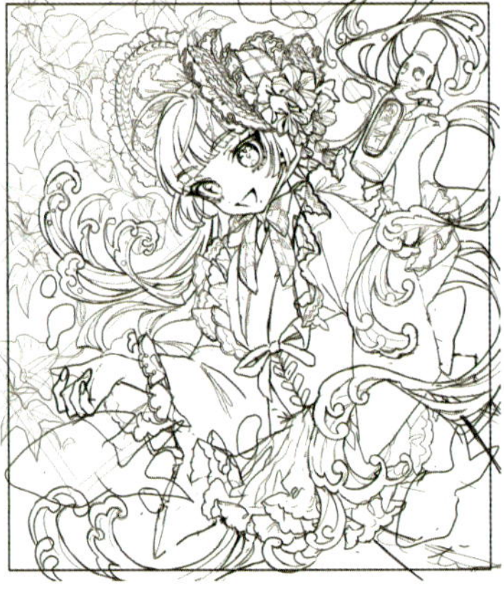

色見本

線画をコピーして実際に試し塗りしながら色見本をつくる。この見本を横に置いて、着彩をする。

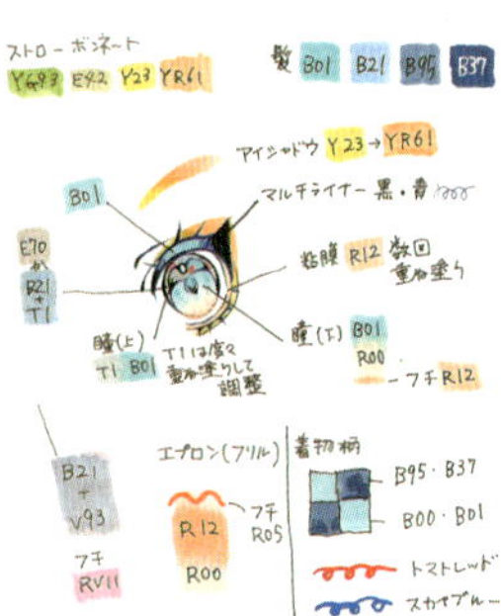

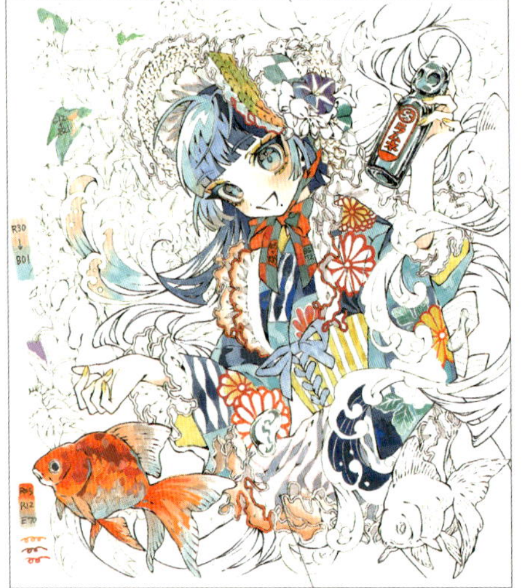

線画を描く

線画は主にコピックマルチライナーで描く。髪の毛や着物はコバルトの0.05、その他のモチーフはセピアの0.05を使用。塗りだけで表現したい、線画を目立たせたくないところはシャープペンシルで描く。

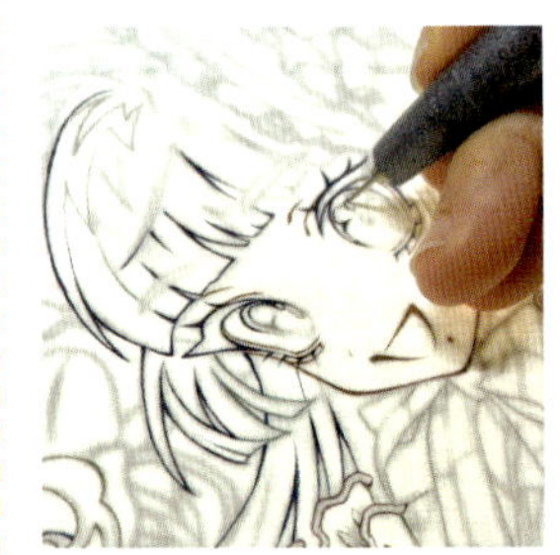

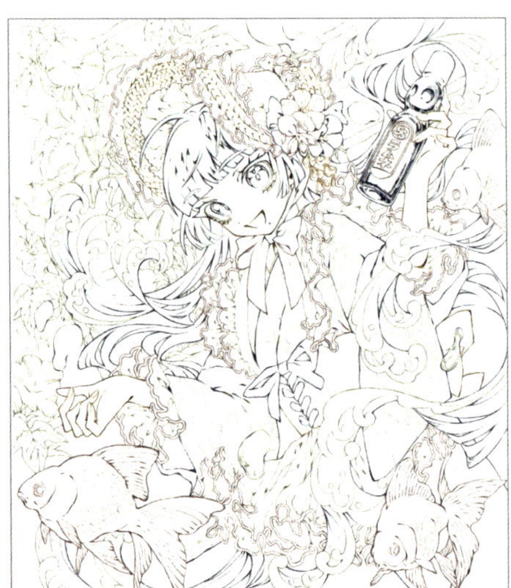

チったので。まずは単語を覚える、ですかね。単語がわかると、文法はわからなくても単語から推測して何となく相手の話していることがわかるんですよね。なので、まずは単語を増やしましょう。

香琳 なるほど、単語。

健屋 私が受験をガチっていた頃は、耳から覚えるタイプだったので、単語帳に付いてくるリスニングCDをiPodに入れて、通学中に聴いていました。それから、寝る前十五分の筋トレ中にも聴いていましたね。人間の脳は寝ている間に整理されるので、暗記系は寝る前に復習するのが一番効率の良いサイクルだと思います。

香琳 なるほど〜。そう考えると睡眠学習とかも実は理にかなってるんですね。めちゃくちゃ有益な情報いただいちゃったな。どうしよう頭がよくなっちゃったら！

健屋 文法の勉強は『Next Stage』という教本がすごく良くて。私は受験の時にすごく重宝しました。単語帳は色々あるけど周りがやっていたのは『システム英単語』ってやつ。簡単なものから始めたいなら、『システム英単語Basic』がオススメです。私が受験の時に使っていた単語帳は『ドラゴン・イングリッシュ必修英単語1000』というものなんですけど、これは語源が書いてあるので、語源から覚えられるのが私には合っていました。ただ、ちょっと難しい英単語も載っているので、基本的なところからやりたいんだったら『システム英単語』かな。でも英語ができなくて悔しかったから、英語をやりたいと思えるなんて、すごいと思います。素晴らしい！

香琳 でも頑張りたいと思って、そのまま一ヶ月経ってるので。

健屋 でもここで相談できたことで道が開けたわけですから！（笑）

香琳 この機会をいただけてよかった！ 私だけ得をしてしまった！

健屋 そんなことないですよ！ 私も香琳さんとお話できて得をしました。

香琳 うれしい！ すみません、ありがとうございます！

——ここで編集部からも質問なのですが、若い読者のなかには、VTuberと仕事をしたくて絵を描いている子もたくさんいて。健屋さんのようなVTuberの方とお仕事をするためのアドバイスがあれば教えていただけますか？

健屋 私はXのおすすめで流れてきたイラストで、いいなと思ったり、ファンアートを見て素敵だなと思ったら、リストに入れちゃうんですよ。「いつか頼みたい絵師さんリスト」みたいな感じで。それで、そのリストを見て依頼したりしていますね。基本的にはXで絵を見て頼んでいます。あとはVTuberってファンアートタグがあると思うので、ファンアートタグをつけて投稿してもらえると目に留まりやすいのかなと思います。

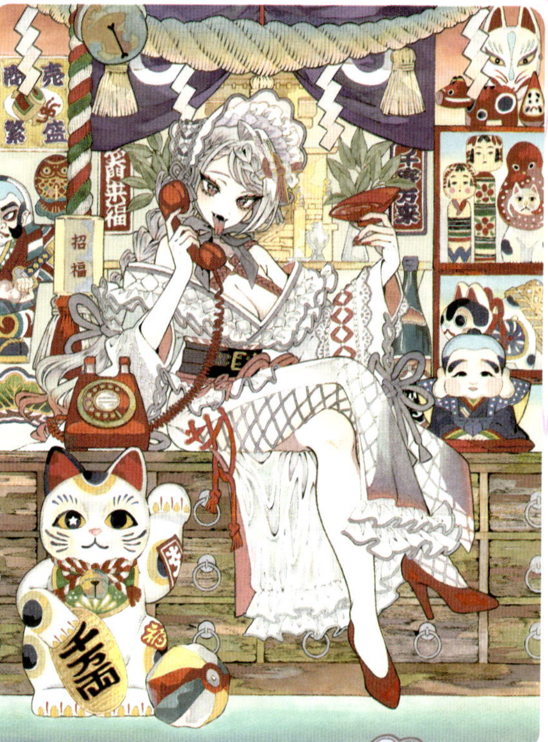

香琳個展「賑やかな神棚」メインビジュアル（2025年）

2025年4月20日〜5月11日に、京都のアートギャラリー百継で個展を開催した香琳さん。そのメインビジュアルは、「賑やかな神棚」のタイトルにふさわしく、セクシーな洋風着物に身を包み、盃を傾ける妖狐を、リアルに描写された、たくさんの縁起物が彩る。

香琳 めちゃめちゃ必読の情報ですね、これは。

健屋 やっぱり、どんなに素敵なイラストを描いていても私が知らないことには頼めないので。ぜひ、たくさんXにあげてもらって！ 他の事務所さんはわからないですけど、健屋に関しては「こんな絵が描けるよ」と見せていただくのが一番かなと思います。

——ありがとうございます。とても有益なお話をしていただきました。

健屋 いえいえ！ 選ぶ立場みたいな感じで、めっちゃ生意気ですみません。私も本当に絵は挫折もしたし、思い通り描けずに悔しかったこともあるし、なんだかんだ諦めたと言うには自分でいまだに待ち受けも描いたりしているし、本当に絵って素晴らしい表現方法だと思っているんです。だから香琳さんがXをやっていて、今でも活動してらっしゃることを知ったときには本当にうれしかったんですよね。あの頃、憧れだった絵師さんがまだ活動してらっしゃる！ と思って。絵を描き続ける上で、すごく大変なこと、辛いことはたくさんあると思うんですけど、挫けずに描いていてくださったことが本当にうれしくて。すごく励みになったし、この人に頼みたいって思ったし、そういうところから縁って生まれるのかなって思います。

香琳 どうしよう。すごく心に沁みて……ありがとうございましたってZoomを閉じた瞬間ひとりで泣いちゃいそう。

健屋 泣かないで〜！

香琳 いや、本当に描いてきて良かったです。うれしいホロリです。

健屋 こちらこそ描いていてくれてありがとうございます。私の信念的に諦めなければ叶うは嘘だと思っているんですけど、諦めたら夢が叶わないは本当だと思っていて。だから筆を置く期間や、ちょっと絵から離れる期間はあっても、またいつか帰ってくれば、お仕事のチャンスが巡ってくることはあるかもしれないし、みんな諦めずに描き続けてくれたら、うれしいなと思いますね。それとファンアートって、やっぱりすごく励みになるんですよ。たぶん、みなさんが思っている以上にうれしいんですよね。私は配信のエンドカードに全部ファンアートを使わせてもらっているんですけど、すごく力になります。ありがとうございますしか言えないです。

——絵を描いている人たち、みんなが励みになる言葉だと思います。今後それぞれにやってみたいことってありますか？

香琳 アナログで健屋さんの「歌ってみた」を描きたいです！

健屋 先に言われてしまった！

香琳 コピックでここまでできるぞ！ を見せたい。差分とか、おめめパチパチとかも頑張りたいです！

健屋 うれしい〜！ 絶対お願いしよう!! 私は香琳さんのイラストで健屋のグッズを出したいです！

香琳 本当ですか？ ぜひとも、ぜひとも！

健屋 アナログならではの美しさがあると思うので、それでアクスタとかアクキーとか出せたらいいなと思います。夢が膨らむ〜！

香琳 わぁ、うれしい〜！ まだ何も決まってないのに！（笑） 今日は色々お話できた感動で、このあと腑抜けそうです…。

健屋 私も憧れの人と話せて嬉しかったです！

香琳 もうすでにポーッとしてきた…。今日はありがとうございました！ またお仕事できますように！

健屋 こちらこそ！

制服姿で英語の勉強法を伝授してくれる健屋さん。

の『ハイガクラ』という漫画が大好きで。私にも、めっちゃ面白いから読んで！ と言うので読んだらまんまとハマって自分で全巻買いしたという。だからVTuberになって高山しのぶ先生と相互フォローになった時にうれしすぎて、勢いで新衣装を頼んだんです。

香琳 めちゃめちゃ可愛かった！ 見た瞬間にファンアート描きたい！ と思いました。

健屋 え～！ ぜひお願いします～！ あ、これ、めちゃくちゃお聞きしたいんですけど、香琳さんが健屋に新衣装を仕立てるならどんな衣装を仕立てたいと思いますか？

香琳 それこそ、和テイストの衣装ってあまり着ているイメージがないので、機会をいただけるなら和テイストで仕立てたいですね。しかもゴテゴテにフリルとか入れたい。

健屋 え～！ 香琳さんが描く健屋の和服見てみたい～！

――実現することを楽しみにしています！ ところで、そもそも健屋さんはどういう経緯でVTuberになろうと思われたんですか？

健屋 VTuberになろうと思ったのには二つ理由がありまして。医療従事者としてお仕事をしていたんですけど、「手洗いうがいをしてくださいね」と患者さん一人一人に言っていくよりも、VTuberになって配信で「手洗いうがいしようぜ！」とやっていくほうが多くの人に届くなと思って。人を笑顔にする、健康にすることって病院内じゃなくてもできるなと思ったことが理由の一つとしてあります。もう一つは、もともとお芝居が好きで、大学生の頃からお芝居の養成所だったり、演劇サークルだったり、小劇場と呼ばれる演劇のジャンルだったり色々やっていて、プロになりたかったわけなんですけど、まあ、どこの事務所にも引っかからなくて。次はどこを受けようかなと思っていた時に、仲の良い高校の同期が「私の好きな事務所がオーディションをやってるから受けてみない？」と言ってきたんですよ。応募要項を見たら、そのオーディションの開始日が明日で（笑）。明日か～と。その友達が言うには、これはVTuberの事務所なんだけど、VTuberから歌手になった人がいると。だからまだ先は見えない業界だけど、VTuberから声優になる人もいるかもしれないし、それはお前かもしれない。だからやってみたらいいんじゃないかと言われて。それで、なるほど、と思って受けてみたんですね。でも、さすがに前日だったので、帰ってそのまま音声を録って、私は動画を作れないからお前が作ってくれと。すると、その友達もその日のうちに動画を仕上げてくれて、オーディション開始日に送ったら、次の日に一次審査合格ですと連絡が来て。だからその当時、私は全然にじさんじのことを知らなかったんです。むしろ、こんなに返事が早いなんて、絶対に怪しい事務所だ！ と思いながら二次審査の通話面談も受けて。そしたら三次審査に進んじゃって（笑）。当時、私は京都に住んでいたんですけど、三次審査は東京でやるから受けに来てくださいと言われたんです。でも三次審査の次の日に大きい仕事があって、その準備をしなきゃいけなかったから、さすがに断るかと。そう思っていたら職場の同僚がトコトコ私のところにやってきて、「俺の好きな事務所がオーディションをやってるんだけど受けてみない？」と。「なんてところ？」と聞いたら「にじさんじ」って（笑）。

香琳 （笑）

健屋 お？ 今受けてて…？ 三次審査があって…？ みたいな（笑）。でも明後日の準備があるからやばいよね？ と言ったら、「それはフットワークの軽さをアピールするべきだから絶対に行け！」と言われて。親には勉強会の準備をしてくると嘘をついて、パソコン持って東京に行きました。

――フットワーク軽い…！

香琳 すごい…！

健屋 そんなこんなで気がついたら合格をいただいて。この話をちょっといい話にするエピソードがあって、一番最初にオーディションを勧めてくれた高校の同期が結婚したんですよ。その披露宴で新婦からの手紙を読む時に、サプライズで私のオリジナル曲をBGMとして流してくれて。さすがに感動しましたね。これは死ぬときの走馬灯に入る瞬間なんだろうなって。その高校同期と、もう一人別の高校同期の三人グループで今も仲が良いんですけど、私がVTuberを始めて一周年の時に、今、漫画家をやっている、大学時代のリアルなバイト友達に内緒で健屋の描き下ろしイラストを発注してくれて。そのイラストを使ったオルゴールを送ってくれたんですね。そのオルゴールの曲が、私が初めて出した「歌ってみた」の『インタビュア』だったんですよ！ オルゴールが小物入れになっていて、蓋を開けるとメッセージに一言「やるやん」と書いてあって（笑）。マジでいい友達です！

香琳 良すぎる!! 良すぎて謎の夢心地感が……！

健屋 友達には恵まれているので、そこは自分のラッキーなところだなと思います。って、すみません、私ばっかり話して。

香琳 いや、なんかもう配信観てる気分になって恍惚としていました（笑）。実は今日はもう一つ健屋さんにお聞きしたいことがあって。今年四～五月に京都で個展をしたんですけど、ギャラリーの周りに観光スポットが多かったこともあって、海外観光客の方もけっこう来てくださったんですよ。ただ私が英語がてんでダメで。すごく良かったとおっしゃってくれたようなんですが、私からは捻り出してサンキューしか言えなかったのが本当に心残りで。だからファンの方々も来てくれてすごく嬉しかった反面、英語がしゃべれたら海外の方とも交流ができたのかなと思うと悔いも残って。それで英語をちゃんと勉強したいな、という気持ちになったんですよ。ただ、勉強ってどう手を付ければいいんだったっけ？ って。健屋さんの雑談配信を観ていると、勉強の話題もよく挙がるじゃないですか。それで勉強のコツを…何から始めればいいんでしょうか？

健屋 英語ですよね。私、英語は受験勉強でガ

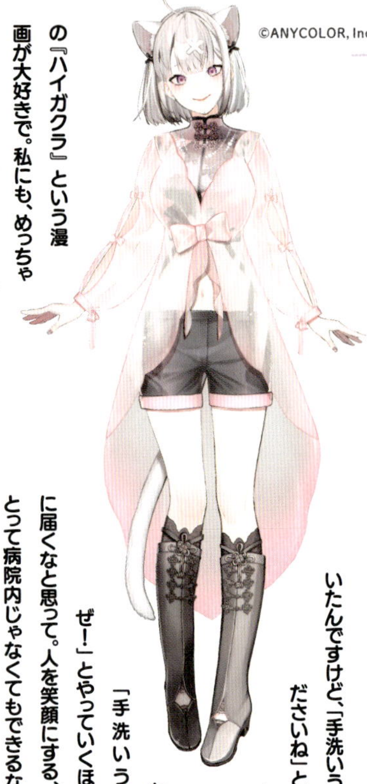

今年5月に発表された、高山しのぶさんが仕立てた新衣装はスイートからスパイシーまで、とびきり可愛いチャイナファンタジー衣装、なんと3着！ 「歌ってみた」のMVイラストも高山しのぶさんが手がけており、右側の衣装が『チャイナアドバイス』左側が『曼珠沙華』、下図は『RTRT』で着用。

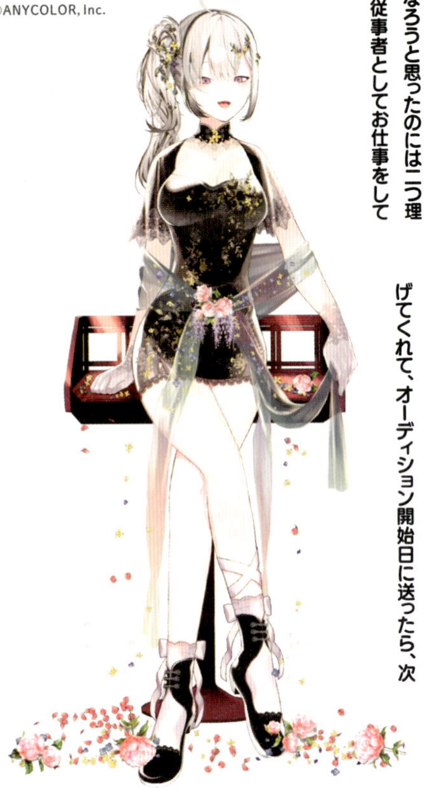

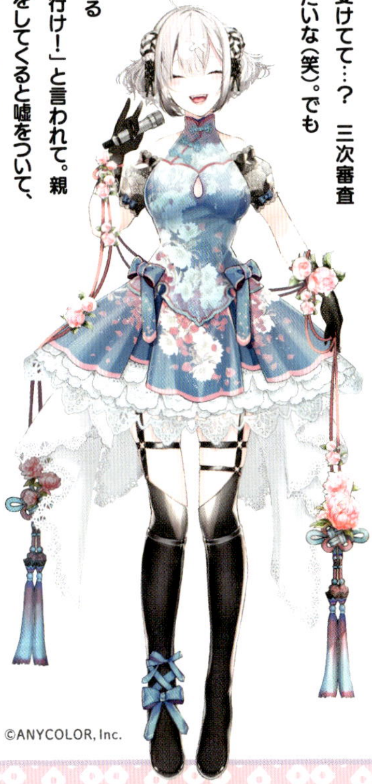

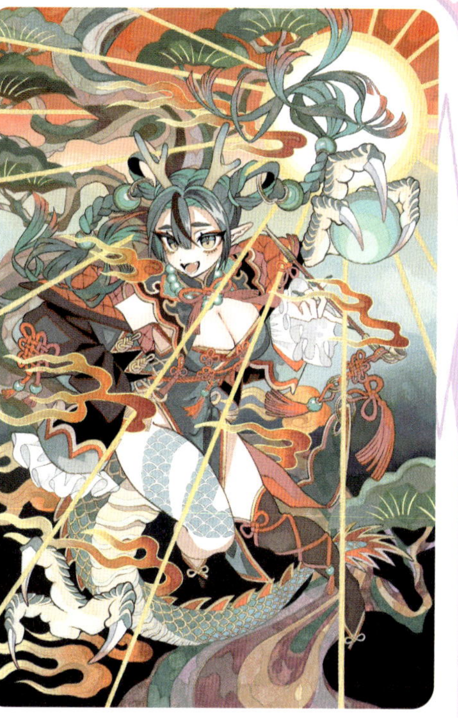

オリジナルイラスト「龍と日輪」（2024年）

肉感的に描かれた龍神と、日本画のような平面で表現された松と太陽のコントラストが見事な一作。赤黄緑の配色も華やかで、めでたく神々しい、近年の香琳さんらしい作品。

緒にお絵描きしていましたね。

健屋　私も『家庭教師ヒットマンREBORN！』好きでした！　あの頃、コピックとか揃えるのも楽しかったんですよね。SSを見て、この人は肌の色にYR00番を使ってる、よし買いに行こう！　みたいな感じで、おこづかい握りしめて、アニメイトの画材コーナーに行ったりして。

香琳　コピックって中高生が集めるにはお値段がするから、私は貯めたおこづかいを下ろしたり、お年玉をもらった時に一気に買っていました。

――香琳さんは物心がついた頃からずっと絵を描いている感じですか？

香琳　そうですね。うちは家庭環境的にも、もともと両親が漫画の専門学校で知り合っているので、親も絵を描いていたし画材も家に揃っていて。絵を描くのが当たり前の家でした。ただコピックだけは家になかったので、SSを小学校高学年の時に初めて読んで「こんな画材があるの？」と知って、母と一緒に画材屋さんに買いに行きましたね。

――健屋さんは周りのお友達の影響で絵に興味を持った感じですか。

健屋　そうですね。小学校の頃は漫画を描くのが流行ったりもして。でも幼稚園の頃にも絵画教室には通っていましたよ。よく覚えているのが、子供が口に入れても大丈夫なように飲める絵具があったこと。この絵具は飲めるんだ！　と思って恐る恐る飲んだら、あんまり美味しくなかった記憶があります（笑）。

香琳　飲んでも問題ないだけで美味しくはないという（笑）。

――小学校の頃、健屋さんも漫画を描いていたんですか？

健屋　私は漫画じゃなくて夢小説を書いていましたね。『星のカービィ』が好きで、メタナイト卿の夢小説を書いていたんですよ。挿絵みたいなイメージで絵も付けて。

香琳　私も漫画は描いてなかったですね。漫画は好きで読んだり、模写したりはしてたんですけど、コマの割り方がわからなくてイラストしか描いてなかったかも。

健屋　イラストと漫画ってぜんぜん違いますよね。

――確かに。おふたりはそれぞれジャンルは違うものの、自分の力で表現活動をするという点では共通していると思います。香琳さんは絵を描くこと、健屋さんはVTuberとして歌ったり、踊ったり、演じたり、おしゃべりすることを続けていますが、表現活動をしていくことに関して、どう考えているのかなって。先日、香琳さんも健屋さんの表現活動のスタンスが気になるとお話していたんですよ。

香琳　そうなんです。お聞きしたいなと思って。

健屋　高校生の時に、悲しいことや辛いことがあると、ノートの端とかに辛い気持ちを吐き出すように絵を描いていたんですけど、それが今は歌や踊りやお芝居に変わったのかなという気がします。だから根本にあるものは高校生の時と同じで、自分の気持ちを何かに出力したいという想いは変わっていないというか。それを、例えば絵で表現できたらよかったけど、私は技能が足りなくてできなかったから、「歌ってみた」を歌うことでこの気持ちを消化できるみたいな感じで、今の表現を選んでいるんだと思います。

香琳　逆に私は絵しか自分の気持ちを乗せられるものがなかったから、いろんな選択肢を作り出していける健屋さんはすごいと思います。個人的に気になっていたのが、VTuberさんって、例えば雑談配信でリスナーさんとたくさんお話をされたり、同業の方とのコラボで、いろんな人たちと関わったり、コミュニケーション能力も会話術もすごいじゃないですか。絵の制作って孤独なので、個人差はあれど内向的だったり、人付き合いに苦手意識のある絵描きは少なくないと思うんです。私自身も根が人見知りなこともあり、コミュニケーションについて悩むことが多かったなと。SS読者でも同じ悩みを持つ方がいると思うので、この機会にたくさんの方と接している健屋さんに何かアドバイスを伺えたらうれしいなと思って。

健屋　でも、私もそんなにコミュニケーションが得意なほうではなくて、なんか、けっこう…陰の者だったりします。

香琳　そうなんですか!?

健屋　そうなんですよ。コラボを誘うのもいつも緊張するし、なかなか気軽に声をかけられなかったりします。でも一つだけ気をつけていることがあって。それは好きなものを好きと言うこと。今回もそうですけど、SSを読んで香琳さんのファンになって依頼しました！　とつぶやいたら、この対談が叶ったみたいなところはあるので、「この人のこういうところが好き！」と感じたら、それを素直に言葉に出していくのは大事だと思うんです。だからイラストを描く方も、お友達のイラストに好きなところを見つけたら、ぜひ、それをお友達に伝えてほしい。やっぱり、自分で自分の良いところってわからないじゃないですか。そういうところを他の人に見つけてもらえるために、まずは自分が人の良いところを見つけて、素直に伝えるのがいいかなって思います。

――大変良いお話をしていただいて…！

香琳　ありがとうございます。

健屋　いえいえ。私もそうしようと頑張っているだけで、まだ、できているかはわからないんですけどね。

香琳　好きなことは発信しないと相手には伝わらないですもんね。

――おっしゃる通りですね。ちなみに「歌ってみた」のイラストも、もちろん健屋さんが描いてほしい方に依頼されているんですよね？

健屋　そうです！

――『ロウワー』の「歌ってみた」のイラストを描いている赤倉さんには、SSでも表紙を描いていただいたことがあります。それから最近だと、高山しのぶさんがチャイナファンタジー衣装を三着も仕立ててらっしゃいますが、高山さんの漫画がお好きだったんですか？

健屋　そうです！　それこそ高校生の頃に友達と夢小説のサイトを運営していて、その掲示板コーナーにちょっとイラストを載せてもらったりしていたんですけど、その友達が高山しのぶ先生

オリジナルイラスト「笑う門には」（2025年）

SS学園の生徒である古紺團八を個展「賑やかな神棚」のために描き下ろした一作。縁起物たちもニコニコ笑顔で、團八らしい楽しく賑やかな仕上がりに。

から、私のなかで健屋さんって結構セクシーなイメージもあって。

健屋 エロ可愛いを目指しております。

香琳 そうなんです（笑）。そういうイメージもあるから、逆にちょっとロリータちっくなフリフリなものを着ていただきたいなと思ったんですよ。

健屋 もうブン投げだったんで。「何かイメージとかありますか？」と聞かれても「甘い感じでお願いします！」くらいのすごく雑な投げ方でした。でも基本的にはクリエイターさんにお任せしたほうが、お洋服なんかも絶対に私のセンスよりいいものができるので。

香琳 いつもお任せが多いんですか？

健屋 かなりお任せが多いです。めちゃくちゃイメージが固まっている時もあって、そういう時は具体的に要望を出したりもするんですけど、大体はほぼお任せですね。

香琳 「お任せです」と言われて、いいのか本当に…？ とドキドキしていました（笑）。

健屋 でもめちゃくちゃ可愛く仕立てていただいて。香琳さんの絵柄で健屋を描いてもらえたことが、すごくうれしかったですね。宝物です！

香琳 ありがとうございます。

健屋 もともと香琳さんは健屋に対して、どういうイメージがありました？ さっきセクシーとおっしゃってましたけど、例えば「この衣装が健屋！」みたいなのってあります？

香琳 衣装だとナース服はもちろんのこと、私服が可愛くて印象的です。健屋さん自体のイメージは、まず配信を観ていても……愛の重さがすごい！

健屋 （笑）でも、香琳さんの壁紙イラストも愛が重そうですよ！

香琳 これはバレンタインがテーマだったので、健屋さんからリスナーへ向けた愛をテーマに描きました。愛は目に見えないものだけれど赤い糸でリスナーと繋がっているよ、という。一見甘くて可愛いけれど、束縛感や重い愛も見え隠れする絵になっていたら嬉しいです。 あとはイメージや衣装から話が逸れるんですけど、個人的に健屋さんの運動動画にすごくお世話になってまして。絵に熱中すると長時間同じ体勢のことも多く、年末年始に運動不足がたたって体を痛めてしまったんです。それで健屋さんの運動動画を一緒にやるようになったら、だいぶ楽になったんですよ。運動の動画には大変お世話になってます！（笑）

健屋 うれしいです！ リスナーさんでも、すごい人だと七〇〇日連続でやってくれたりして。

香琳 そうですよね。コメントを見ると、みなさん続けていらして、結果も出されているから励みになります。

健屋 健屋もコメント欄を見ると元気が出ます！

――健屋さんから見て香琳さんはどんなイメージでしたか？

健屋 いろんなモチーフを描かれるイメージがあるんですけど、ちょっと和だったりレトロだったり、そういうエッセンスを混ぜるのがお上手だなと思って。ツノとかケモ耳のイメージもめっちゃあります。描いてますよね？

香琳 描いてますね。そして今回の表紙もドンピシャで「和」がテーマですね。

健屋 早く見た～い！ でも着物って難しいですよね。「和」って、ちょっとハードル高めのテーマだと思うので、すごく参考になりそうですよね！

香琳 確かに、柄を描くのもコストがかかりますもんね。

――どこまでリアルにいくのか、あるいはデフォルメでどう可愛く描くのかとかもありますよね。

健屋 私はそんな細かく描けないので、デフォルメで描いちゃうんですけど、今から読むのが楽しみです！ そういえば私、中高一貫校で、同じ部活にイラストレーター志望で美大を目指している子がいたんですけど、中学一年生の時は一緒に絵を描いていたその子が、練習を重ねてどんどん上手くなって。昔は一緒に描いていたのに、もうこんなに上手くなってる！ すごい！ みたいに思っていたのを思い出しました。そういうのを横目で見ながら、ここまで上手くならなくてもいいから、なんとなく絵を描けるようになりたいな、と思いながらSSを眺めたりしていましたね。

――本当にずっとイラストには興味があったんですね。香琳さんは中高生の頃はどうでしたか？

香琳 私の周りは漫画好きだけど絵は描かないタイプの友達が多かったので、リクエストされたものを私が描いたりする感じでした。でも友達のうちで一人、私も好きな『（家庭教師ヒットマン）REBORN!』にハマってから、自分も天野先生みたいな絵が描けるようになりたい！ と練習を始めた子がいて。もともとは絵を描くことが苦手だった子なんですけど、トレスや模写から始めて、ぐんぐん絵が上達していたのがとても印象的でした。愛の力ってすごい。その子とはけっこう一

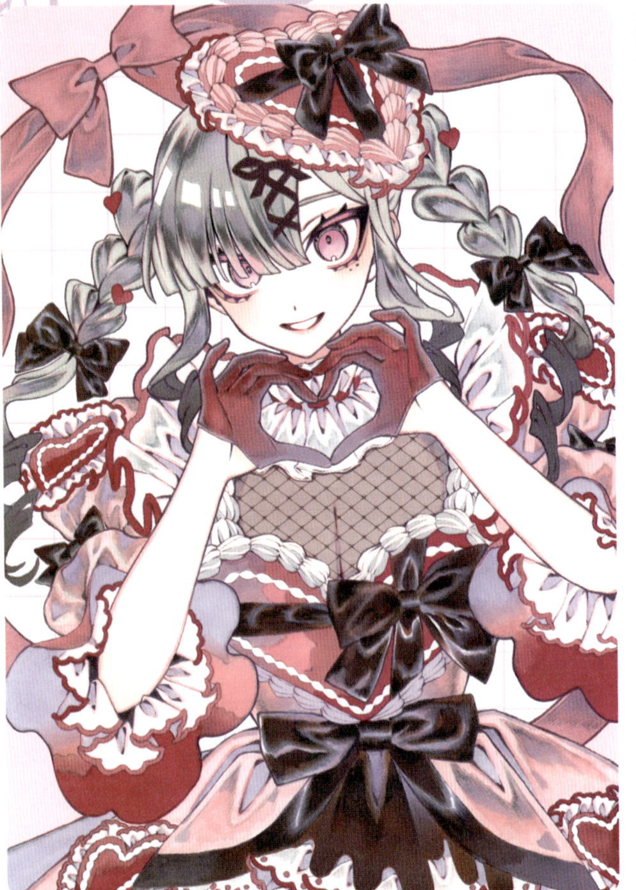

香琳さんが健屋花那さんの2月メンバーシップ限定壁紙を手がけたご縁から今回の対談は実現した。こちらは、その撮影で仕立てた衣装で、香琳さんが描いたファンアート（2025年）。バレンタインをテーマに、健屋さんの愛をたっぷり詰め込んだということで、衣装もとにかくスイート！

香琳個展「おとぎ話の少女たち」メインビジュアル（2023年）

鏡あわせのようなアリスとハートの女王を中心に、チェシャ猫、三月ウサギ、さまざまなモチーフがぐるりとちりばめられた一作。可愛く妖しく美味しそう。

Special Talks

にじさんじ 健屋花那×香琳 スペシャル対談

小学生の頃にはSSの読者となり、高校生になるとイラスト投稿もしてくれるようになった香琳さん。そこからSSではメイキング、描き下ろし、SS学園の古紺園八など、たくさんのイラストを描き続けてくれました。そして、この度ついに表紙に登場！　これを記念して、今をときめくVTuber健屋花那さんとの対談が実現！　実は健屋さんも、かつてSSで香琳さんの作品を見て憧れていた、イラストを愛する者のひとり。今や、それぞれに異なる道をゆく表現者ふたりのスペシャルトークをお届けします！

健屋花那（すこやかな）

にじさんじ所属のVTuber。病院で働く女の子。彼女の笑顔で健康になった人は多い。世界中の人々を元気付けようと、ライバー活動を始めた。不器用で、採血は苦手。

X【@sukosuko_sukoya】　YouTube【@SukoyaKana】

香琳（かりん）

大阪出身在住のイラストレーター。コピックをはじめとするアナログ画材で作品を制作し、SNSや展示をメインに創作活動を行う。和や縁起物、フリルや童話などをモチーフとして取り入れた作品を多く描く。6月26日発売『コピック×色紙のきほん』にて「デビューセット全色で描く」メイキングを担当。

X【@11karin23】　Instagram【11karin23】　pixiv id【8978534】

健屋花那さんの基本衣装となるナース服はイラストレーター・かやはらさんによるデザイン。

——今号は「和」をテーマに、香琳さんが素敵な表紙を描き下ろしてくれました！　そして、ここではVTuberの健屋花那さん（にじさんじ）をお招きして、スペシャル対談をお届けしたいと思います！　おふたりは今年二月の健屋花那さんメンバーシップ限定壁紙を、香琳さんが描き下ろしたというご縁があるんですよね。しかも健屋さんが「香琳先生スモールエスでめちゃくちゃファンだった」とXでつぶやかれているのをお見かけしまして。健屋さんはいつ頃、スモールエス（以降、SSと表記）を読んでくれていたのでしょう？

健屋　10年前くらいですね。たまたま店頭で見かけて、こんなに綺麗な絵を描ける人たちがいるんだ！　と手に取ったのが最初です。

——健屋さんも当時からイラストを描いていたんですか？

健屋　そんなに上手くはないんですけど、お絵描きには興味がありました。SSってイラストのメイキング記事がたくさん載ってるじゃないですか。自分では描けなくても、メイキングを眺めるのは好きで。描けない人からしたら魔法みたいですよね。それと当時、模写の上手い友達が線画を描いてくれたので、よく塗り絵をしていたんですよ。自分でコピックも買って、こっそり授業中にも塗ったりして。それでコピックの塗り方を知りたくて、SSを買っていました。

香琳　10年前だとちょうど私は高校生くらいだと思います。

健屋　え！　高校生であんな絵が描けるんですか!?

香琳　私もまさに読者としてSSを見ながら、せっせと投稿をしていた時期ですね。

健屋　そうなんですね！　あの頃は香琳さんと壱太助丸さんが特に好きで見ていました。

——なんと！　壱太助丸さんは、この対談が載る号にアクリル絵具のメイキング記事が掲載されますよ。

健屋　絶対買います！

——いえいえ、もちろんお送りします（笑）。

香琳　（笑）

健屋　でも本当に、私からしたら香琳さんは憧れの方だったので、今も活動してらっしゃるのをXでお見かけして、ぜひ壁紙をお願いしたい!!　と思ったんですけど、まさか本当に描いていただけるとは……！

香琳　私は私でリスナーなので、いつも見ている方だ！　という感じでした…（大恐縮）。

健屋　光栄です！　しかも原画までいただいて!!　部屋に飾ってるんですよ。本当に嬉しくて、友達が遊びにくるたびに「見て！」と自慢しています。原画が届いた時に、まだコピックの匂いが原画の入ったクリアファイルの中からしてきて……大興奮でした！　めっちゃクンクン嗅ぎました（笑）。

香琳　まだ、そんなに匂いが残っていたんですね（笑）。

健屋　そうなんですよ。テンション上がりましたね！　メンバー限定壁紙は、ファンの人に喜んでもらうのはもちろんですけど、健屋の好きな絵師さんに描いてもらう、というところも大きくて。だから香琳さんにお願いできて本当にうれしかったですね。

香琳　私もすごく、うれしかったです！　私自身は、もともとそこまでVTuberに詳しいわけではなくて、（壱百満天原）サロメさんをきっかけに、VTuberやにじさんじに興味を持って追うようになった新参者なんです。そこから、にじさんじ好きの友人にもオススメのライバーや動画を聞いたりするなかで、よく健屋さんのお名前も挙がっていたんですよ。それから健屋さんが出ている「にじクイ」なども観ていて。だから、壁紙のお話をいただいて、すごく驚きました。

健屋　うれしい。

香琳　確か年始にお声がけいただいて。もう、家族は祭りでしたね（笑）。

健屋　祭り起こしちゃったか〜。

——香琳さんは、二月の壁紙を描くにあたってどんなことを意識しましたか？

香琳　まず、二月と言えば節分かバレンタインだなと思って。でも節分だと二月三日に終わっちゃうので、じゃあバレンタインにしようと。それ

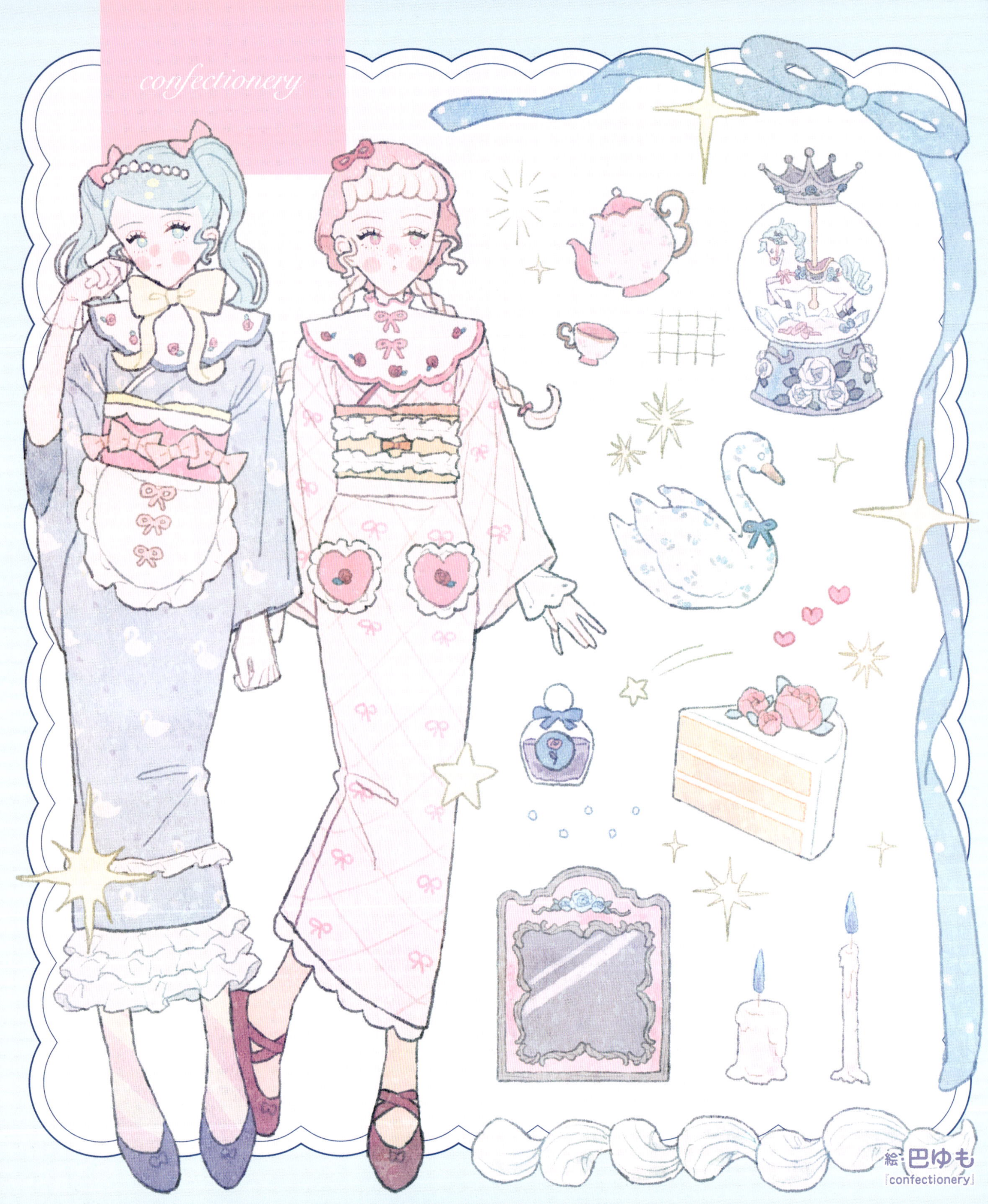
confectionery
絵：巴ゆも
「confectionery」

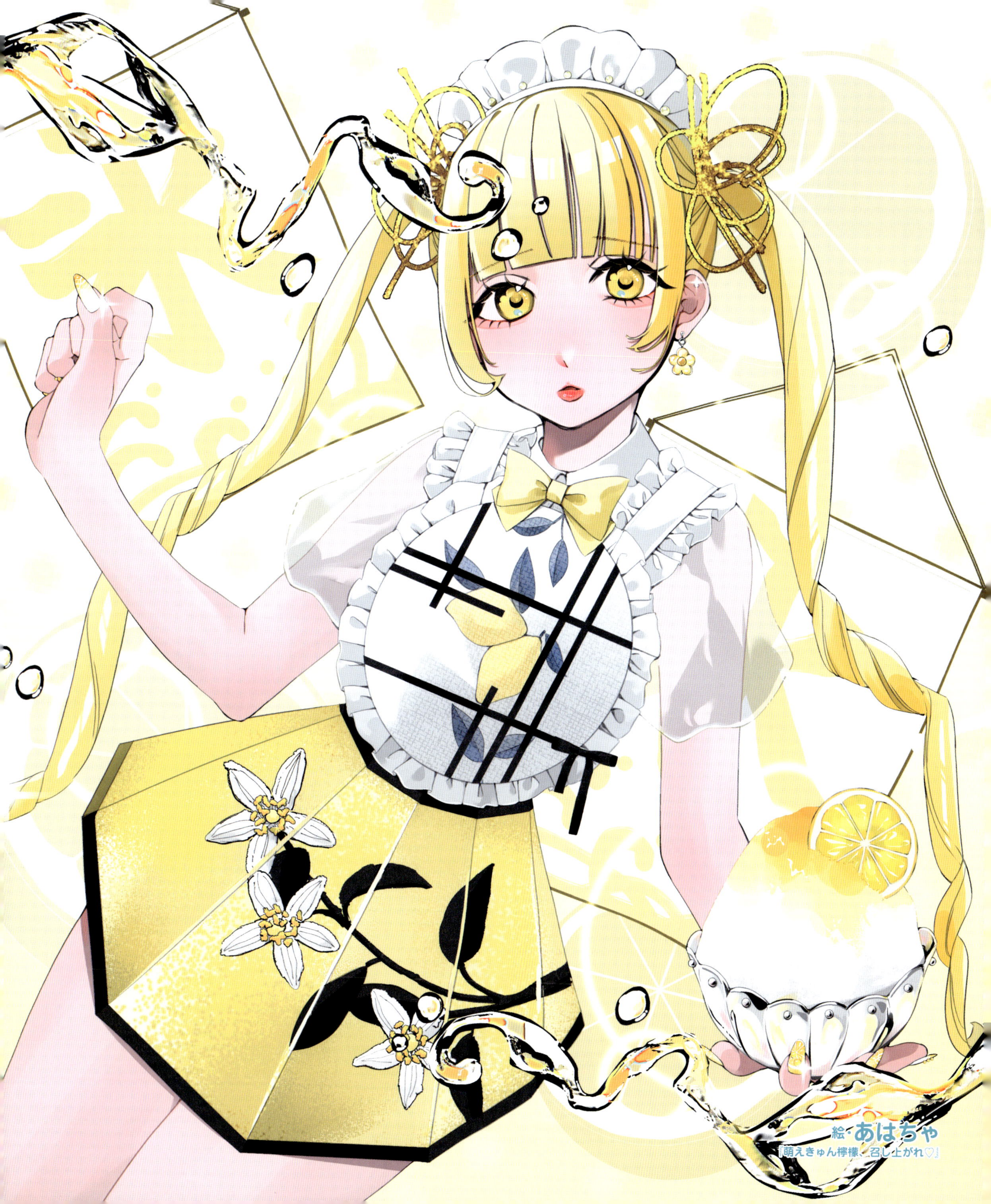

絵・あはちゃ
『萌えきゅん檸檬、召し上がれ♡』

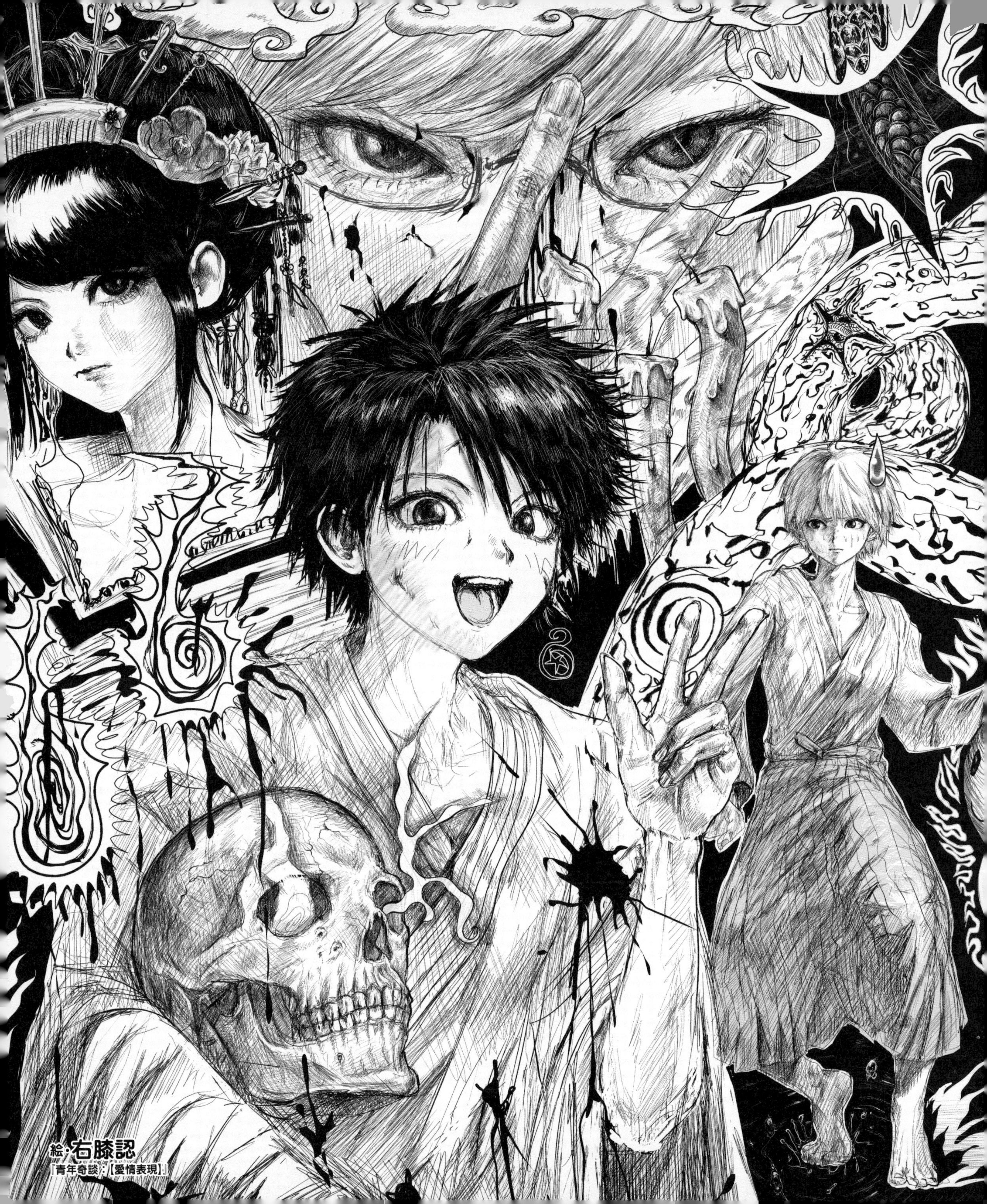

絵・右藤認
『青年奇談：【愛情表現】』

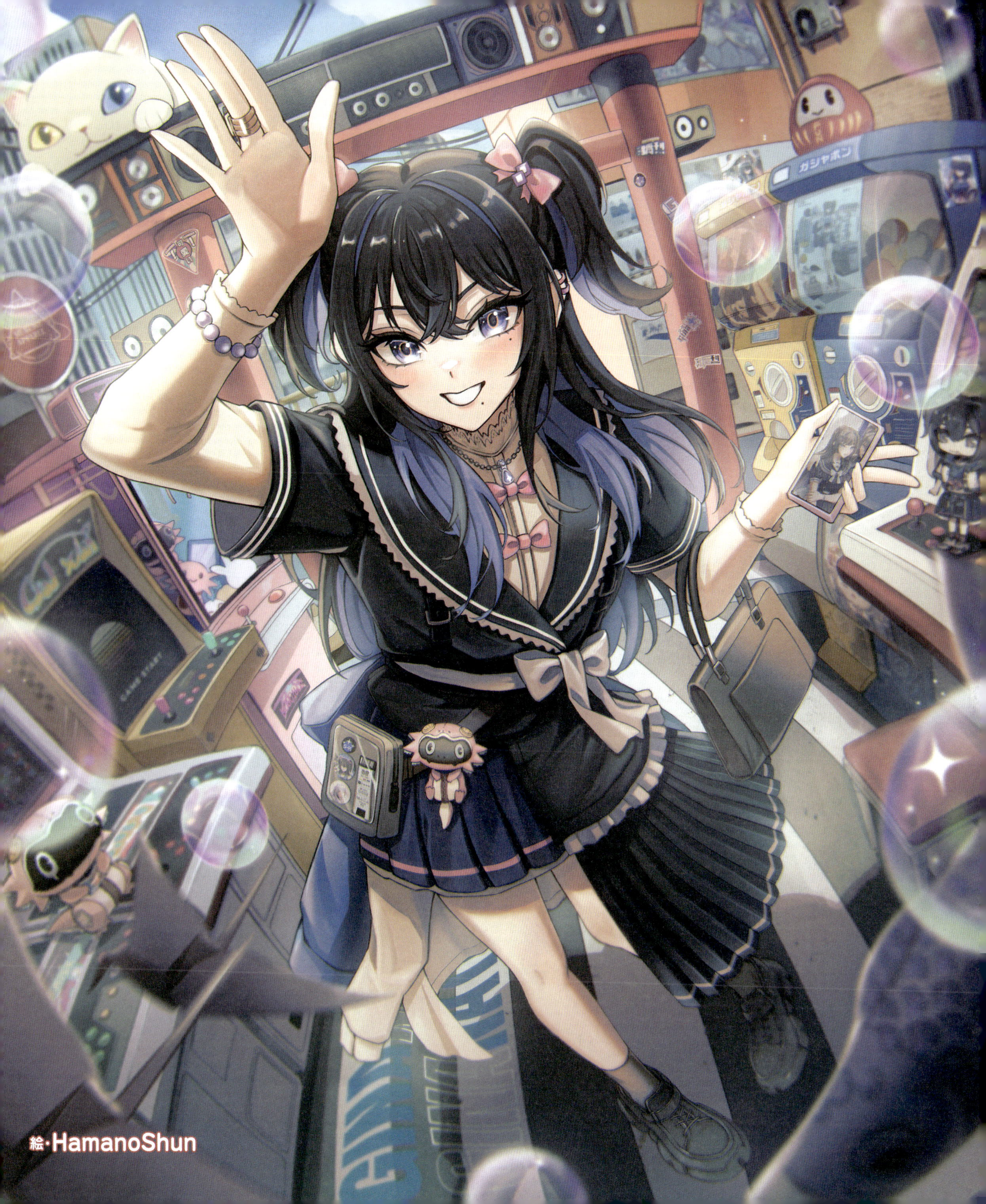
ガシャポン
絵・HamanoShun

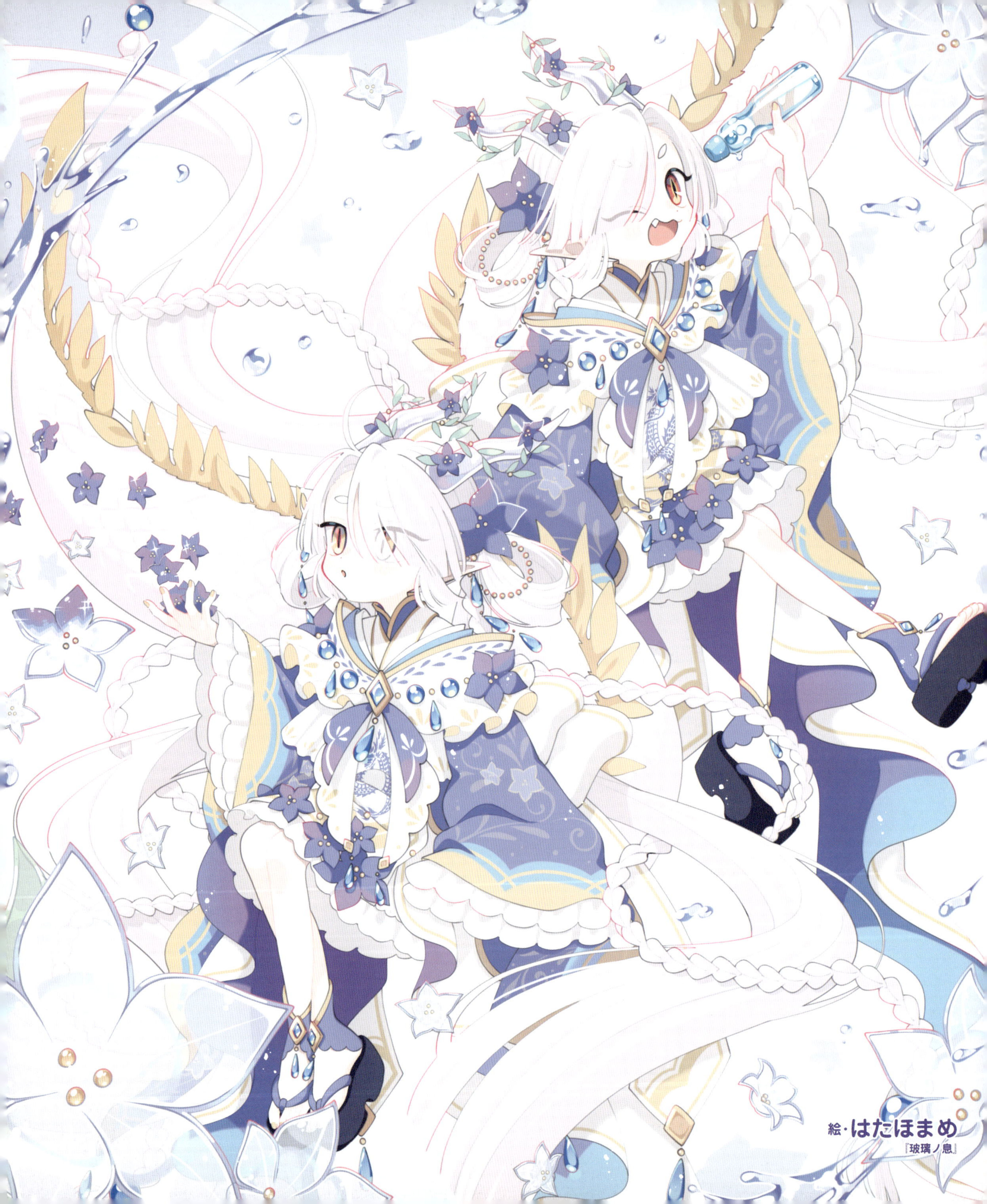

絵・はたほまめ
『玻璃ノ息』

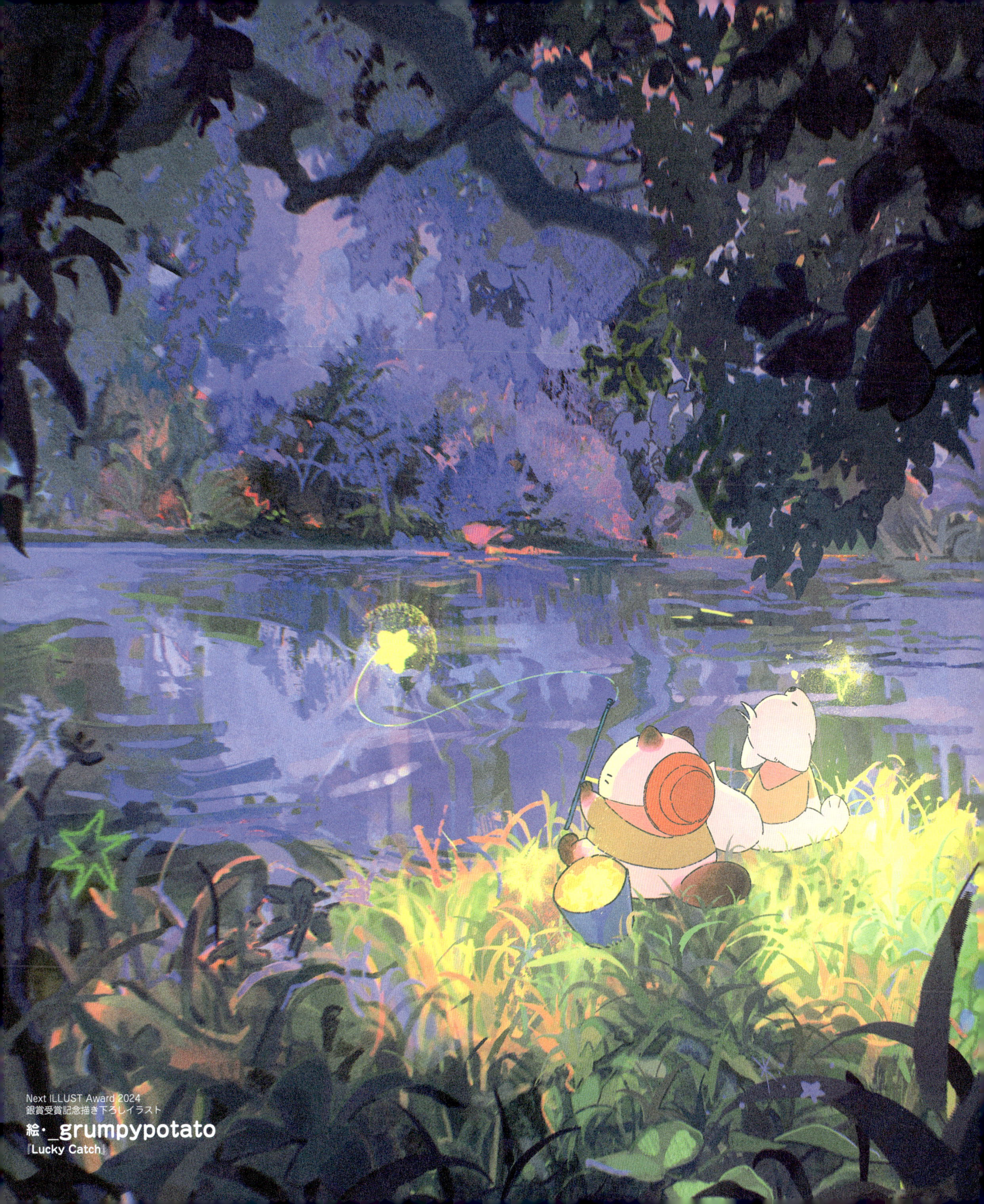

Next ILLUST Award 2024
銀賞受賞記念描き下ろしイラスト
絵・_grumpypotato
『Lucky Catch』

SS -mono Software Hardware Materials etc

水彩画や色鉛筆などにオススメの コットン100%国産水彩紙!!

Doアートペーパー/Beアートペーパー

コットン100%ペーパー209g/㎡・中性紙 ナチュラルホワイト色

(各紙共通)
パッド:
サイズ、価格、天糊・15枚入
A3規格:2,970円(税込)
A4規格:1,650円(税込)
B5規格:1,100円(税込)
シート:サイズ、価格
4/6判(1,091mm×788mm)
Y目 726円(税込)

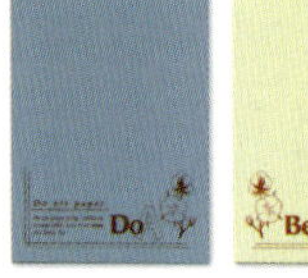

Do art paper [ドゥーアートペーパー] (左)
適度なザラつきのある紙肌と柔軟性を持った風合いある表面が特徴で、自然な水彩表現が可能です。

Be art paper [ビィーアートペーパー] (右)
滑らかな紙肌(細目)と柔軟性を持った表面が特徴で、絵具も適度に吸い込み、発色に優れます。

ミューズ
オンラインショップ

● 株式会社ミューズ ☎03-3877-0123(代)
● www.muse-paper.co.jp

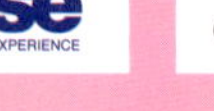

「Wacom One ペンタブレット small / medium」新発売!

デジタルクリエイティブに挑戦したい人に向けた新しい「Wacom Oneシリーズ」が登場。
購入してから開封、使い始め、さらにスキルを磨くところまで、Wacom Oneが寄り添ってサポート。
多彩なチュートリアルやサービスが付いた、初心者にぴったりのモデルです。

■製品情報
- 製品名:Wacom One ペンタブレット small / medium
- 型番:CTC4110WL / CTC6110WL
- 外形寸法 (L×W×H):
  188 x 141 x 8 mm / 252 x 181 x 8 mm
- 筆圧レベル:4096 レベル
- 接続方法:USB Type-C もしくは Bluetooth
- 価格:オープン価格
- 対応システム
  Windows® 10 以降 (最新の SP 適用 /64bit のみ)
  macOS 11 以降
  最新バージョンの Chrome™ * に対応したデバイス
  Android™ OS バージョン 8.0 以降

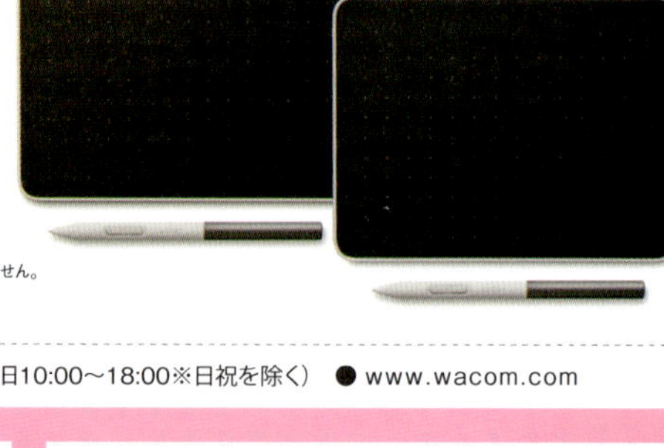

*1 コンピュータに標準装備されたUSBポート以外での動作は保証していません。
*2 専用ペンによる入力が可能なタブレットPCなどのコンピュータでの動作は保証していません。
*3 電子マニュアルのダウンロードにインターネット接続が必要です。
*4 Chrome™ OSは特定の地域または国では使用できない場合があります。

●株式会社ワコム ☎0120-056-814(平日9:00〜20:00/土曜日10:00〜18:00※日祝を除く) ● www.wacom.com

特殊水性顔料「マルチインク」採用 大切な作品、もう色褪せない、ブラッシュペン

ステッドラー ピグメント ブラッシュペン

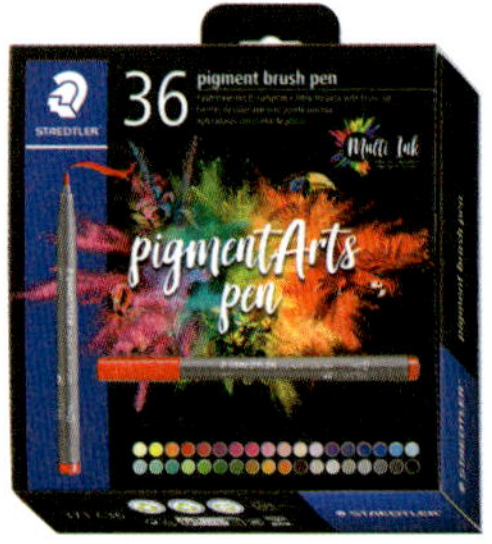

卓越した耐光性、速乾性、耐水性を兼ね備え、描いた作品も永くお楽しみいただける「マルチインク」は、APマークに準拠し、身体にも安全な無臭で長時間でも安心して描いていただける「特殊水性顔料インク」です。

色数:単色全36色 1本 価格:330円(税込)/12色セット 価格:3,960円(税込)
24色セット 価格:7,920円(税込)/36色セット 価格:11,880円(税込) *ドイツ製

● ステッドラー日本株式会社
● https://www.staedtler.jp

線描きペンと 水彩画用筆、 顔彩耽美3色入り

ZIG ILLUSTRATION WATERCOLOR SET/顔彩セット

線描きペン、水彩画用筆、顔彩耽美3色が入った線描きから着彩までができるセットです。
顔彩は、分離色が楽しめる2色と、国内未発売のSUMI COLORが入ったセットです。

価格:1,980円(税込)

● 株式会社 呉竹 ☎0742-50-2050
● https://www.kuretake.co.jp/

スマホ・タブレット パソコンで描ける

CLIP STUDIO PAINT PRO

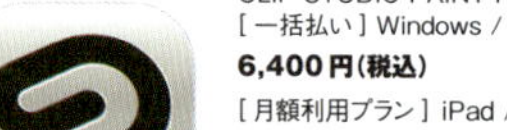

クリップスタジオペイント プロ

デジタルでお絵描きするなら
みんなが使っている安心定番のペイントアプリ!

[iPad / Android / Windows / macOS / iPhone / Android Phone]

CLIP STUDIO PAINT PRO
[一括払い] Windows / macOS
6,400円(税込)
[月額利用プラン] iPad / Android / Windows / macOS / iPhone / Android Phone
初回申込み時最大3ヶ月無料
年間契約で最大7ヶ月分お得
100円/月(税込)〜

| リアルで自然、思い通りの描き味
| ペンも UI も自由自在にカスタマイズ
| 無限に追加される数万点のブラシ・素材
| スマホなら毎月30時間まで無料体験!

[CLIP STUDIO PAINT 公式サイト] www.clipstudio.net/

● 株式会社セルシス ● www.celsys.com/

夢をかなえる色

アムステルダムアクリリックカラー

優れた品質とリーズナブルな価格により、プロからアマチュアまで多くのアクリル絵具ユーザーにご愛用頂いている「アムステルダムアクリリックカラー」に12色の新色が加わりました。

メタリック
6色セット
20ml チューブ
価格:2,200円(税込)

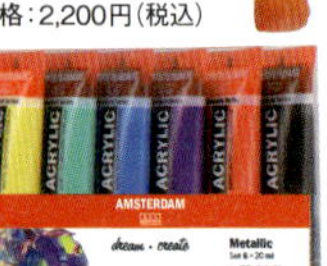

パステル
6色セット
20ml チューブ
価格:1,800円(税込)

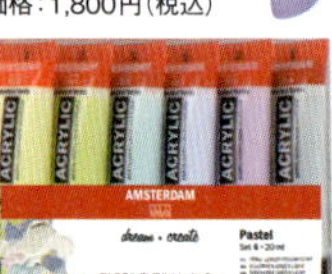

金属のような光沢感のメタリック色、優しく可愛らしいパステル色と、どの色も個性にあふれ、作品の魅力をより一層高めてくれるラインナップです。

● 株式会社ターレンスジャパン ● www.talens.co.jp/
X @talensjapan @talens_japan

同人誌からオリジナルグッズまで 高品質・格安印刷でお届けします!

同人誌印刷・同人グッズ制作ならコミグラ

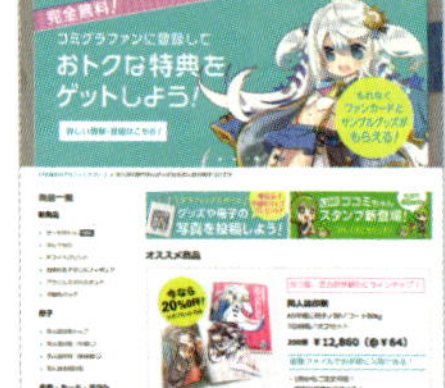

同人誌やイラスト集はもちろん、高画質で滑らかな仕上がりが特徴の各種アクリルグッズや、定番のシール・ステッカーなど、様々なグッズが作れます。イベントでも数多くのクリエイター様にご支持いただいておりますす当社自慢のフルカラー印刷で、あなたの創作活動を応援します!

24時間いつでも
注文・入稿受付 OK

[コミグラ] www.graphic.jp/comic/

新規会員登録ですぐに使える500円分のポイントをプレゼント! さらに初回ご注文納品時のアンケートに回答して500ポイント!

● 株式会社グラフィック
● www.graphic.jp/

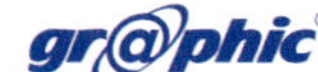

小部屋を取って、組みかえて、 カスタマイズできる水彩パレット

ホルベイン 小部屋が取り外せる水彩パレット

※画像は RP-30

小部屋(シャーレ)が取り外せるので色を並べかえることができる、まったく新しい水彩パレットが登場! たとえば同系色でまとめてみたり、制作内容によって色の並び順を変えてみたり…制作が捗ります! シャーレをすべて外して洗えるのでお手入れもカンタン!

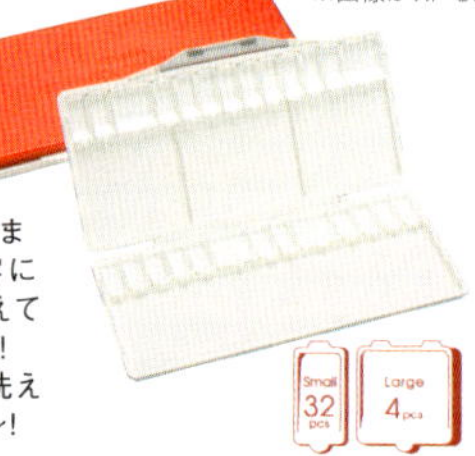

サイズは2種類、シャーレも大・小の2種類をご用意
RP-24 24 仕切(シャーレ 小:26ヶ、大:4ヶ) 3,080 円(税込)
RP-30 30 仕切(シャーレ 小:32ヶ、大:4ヶ) 3,630 円(税込)

● ホルベイン カスタマーセンター 0120-941-423
● 受付時間:平日 10:00〜16:00(土日祝日・お盆・年末年始を除く)
● https://www.holbein.co.jp/

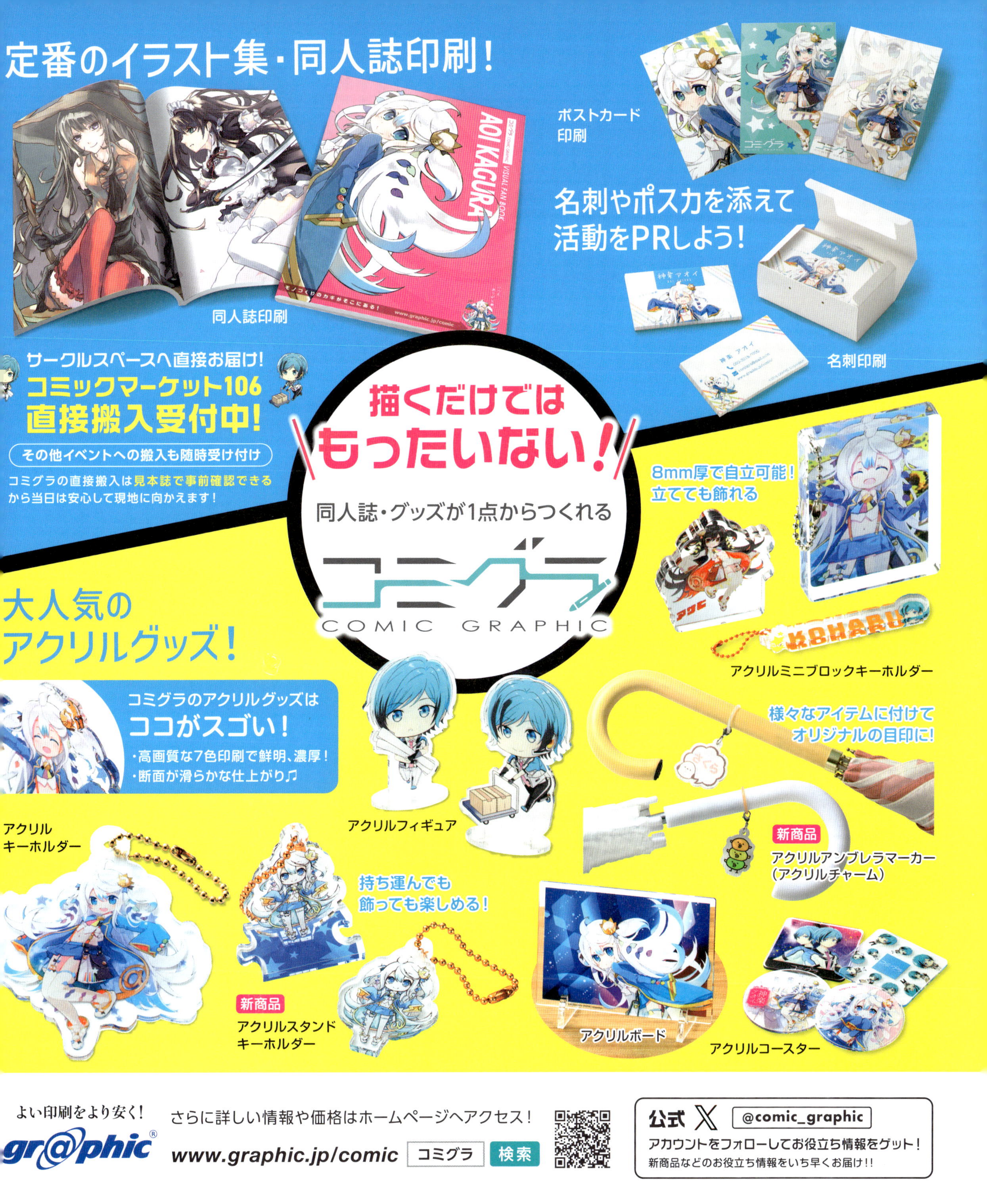

ジョン平 一年生の頃は正しく、かっこよく可愛く描くことを目標に制作をしますが、二年生の「一枚絵中級」ではテーマやコンセプトを大切にします。それらを伝えるために効果的な方法や伝え方を考えながら絵を描くのが「一枚絵中級」の授業です。

──芥子さんはいかがでしょうか?

私は一年生の頃から大好きなアナログ絵を学ぶ授業を選択しています。いまは、作品展示をする「展示強化」に加え、いろいろな画材をつかいこなせるようになる授業やアナログ絵のクオリティアップを目指す授業を受けています。「展示強化」の授業は、生徒たちで展示企画を考えて、最終的に「ぎゃらりぃあと」さんでグループ展を開催します。まず授業を選択している生徒たちでテーマを考えて持ち寄り、プレゼン用紙に企画内容を書いて提出します。私は「娯楽の誘惑」というタイトルで現実逃避がテーマの企画展を考えました。現実逃避は一見ネガティブにも聞こえる言葉ですが、それをポジティブに表現する展示をしたいと思ったんです。ですが、今年はみんなで相談して「人狼ゲーム」をテーマに展示することになりました。いまは一〇月の展示会に向けて、作品のサイズや展示方法を考えています。

──ほかにはどういった選択授業がありますか?

Live2Dは好評です。また、動画の技術を学んでMVをつくりたいという子も多いように感じますね。ほかにはグッズ販売をする授業もあります。いまはSNSが発達したことで気軽に絵を発表する場所が増えましたが、一方で誰かから直接評価をしてもらえる場所が必要なのではないかと思い、リアルなイベントに出たり展示をしたりする機会を積極的に授業として設けています。

◎今後について

──それでは最後に今後の目標について教えてください。

いまは就活中です。目標としてはゲーム会社へ就職して、自分が携わった作品をたくさんの方へ届けられたら嬉しいです。また、私は機械とフリルが好きなので、機械とフリルを描くことがあれば「はねだに任せたい」と言ってもらえるような作家になりたいです。それと、最近は食べ物を描くのが楽しいです。今後も描けるものを増やして様々な仕事をしてみたいです。

私はアナログ作家として、展示やグッズ制作をしていきたいです。自分が過去にできなかったことや消化不良になっていることを作品として昇華して、世の中に発表していきたいと考えています。ネガティブをポジティブに変換することを作品のテーマとして制作し続け、私の描いた絵が一枚でも見た人の記憶に残ったら嬉しいです。

──素晴らしいですね。先生たちからも大阪総合へ入学したいと考えている子へ一言お願いします。

イラストを描きたい、と言っても何になりたいのかは個々で異なると思います。漫画を描きたいのか、アニメを描きたいのか、イラストを描きたいのか…。イラストレーションの何になりたいかは多岐に分かれている。それぞれなりたいものがある人たちが一堂に集まっているところが、大阪総合のいい所でもあります。個性豊かな生徒たちがより満足できるように、これからも要望を聞きながら選択授業の内容も増やしていけたらと考えていますので、ガツガツ学びたい人はぜひ大阪総合へ来ていただけたら嬉しいです。

大阪総合には最初からやりたいことが決まっている子もいれば、入学してから自分の進路や将来を決めていく子もいます。選択授業は個々の目的に合わせて、スキル構成ができる、ということです。目標は同じでも、目標に対するアプローチは人それぞれだと思います。逆を言えば、目標がバラバラの子が入ってきても対応できるだけの授業の種類がこの学校にはあります。さらに言えば目標が同じ人でも、どんなスキルをアップさせたいのかを自分なりに構成できるのが大阪総合の選択授業なので、何を学びたいか迷っている人でも、ぜひ飛び込んできて欲しいなと思います。

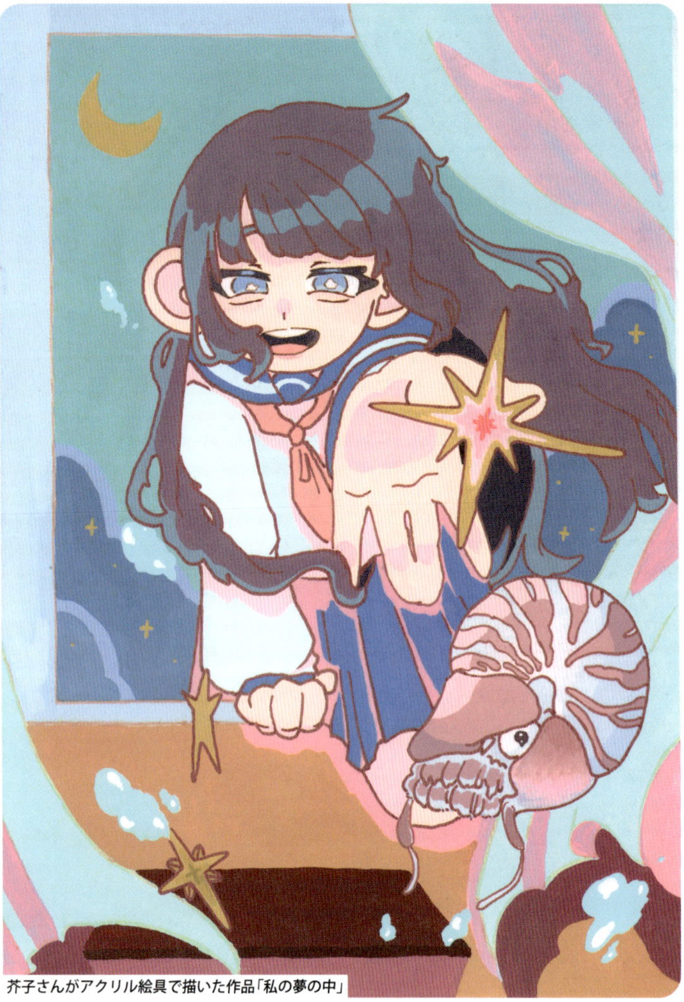

芥子さんがアクリル絵具で描いた作品「私の夢の中」

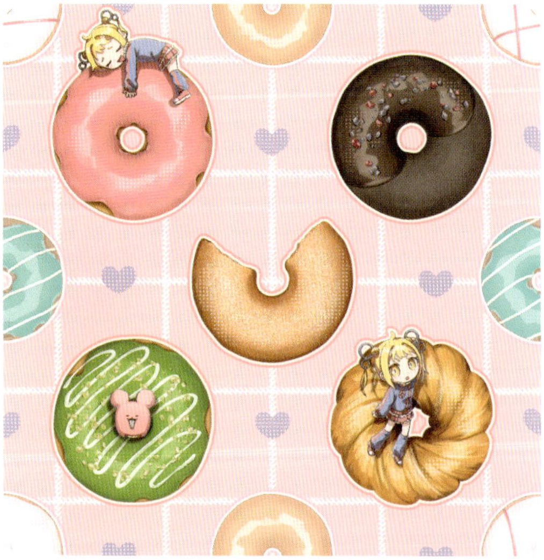

はねだちゅらさんの作品

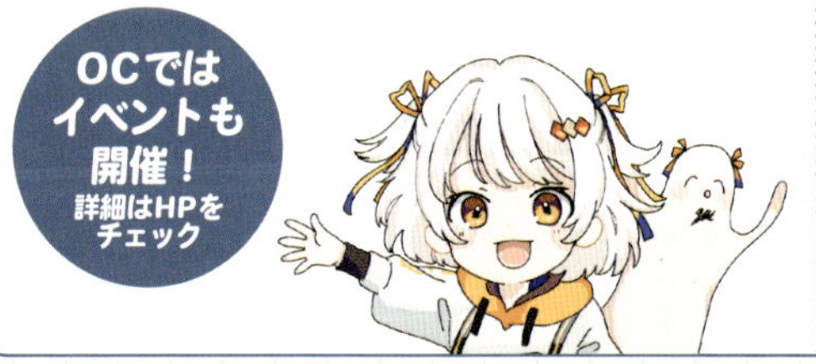

大阪総合デザイン専門学校
漫画・アニメーション学科 コミックアートコース 2年制
在校生×先生インタビュー！

はねだちゅらさんの作品「車上の勝者」

漫画・アニメーション学科 コミックアートコースは『1枚絵』の創作力の底力と技術やスキルの特化で、それぞれの学生が「自分独自の武器」を持てる存在になれるように、独自の領域の強みをつくるコースです。今回は漫画・アニメーション学科 コミックアートコースの2年生である、はねだちゅらさん、芥子さんをお呼びし、落夏先生、ジョン平先生と共に、大阪総合へ入学したキッカケから、大阪総合ならではの選択授業についてのお話をしていただきました。

在学生
はねだちゅら

島根県出身
漫画・アニメーション学科
コミックアートコース 2年生
【X】@nobbr_ix4

在学生
芥子（からし）

兵庫県出身
漫画・アニメーション学科
コミックアートコース 2年生
【X/Instagram】@karashi_303

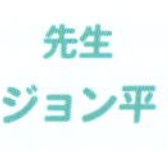

先生
ジョン平

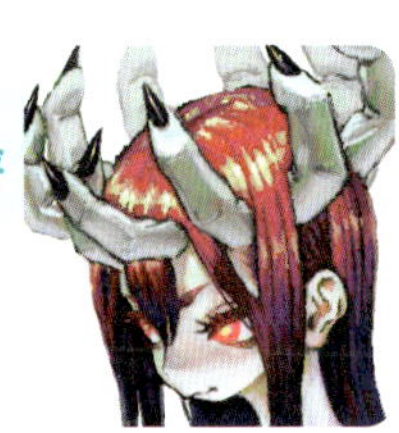

漫画・アニメーション学科
コミックアートコース
【X】@jonpei
主にデジタルをつかい重厚感のある塗りで、悪魔や人外の女の子、獰猛な人物を描き出す。

先生
落夏

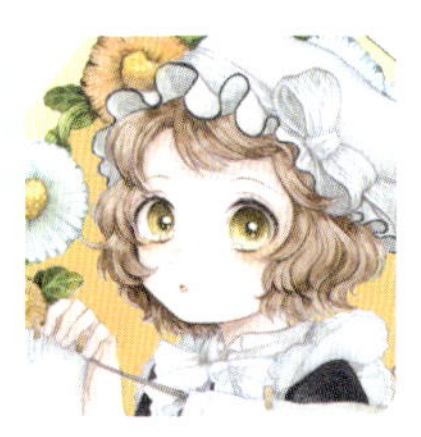

漫画・アニメーション学科
コミックアートコース
【X】@Rakka_08
主に透明水彩やアクリル絵具をつかって、儚げで麗しい少年少女を描く。

◎入学のキッカケ

――まず、大阪総合デザイン専門学校（以下、大阪総合と表記）へ入学を決めた経緯について教えてください。はねだちゅらさんは地元の島根県を離れて生活をされていますが、芥子さんは兵庫県から学校へ通われていると伺っております。

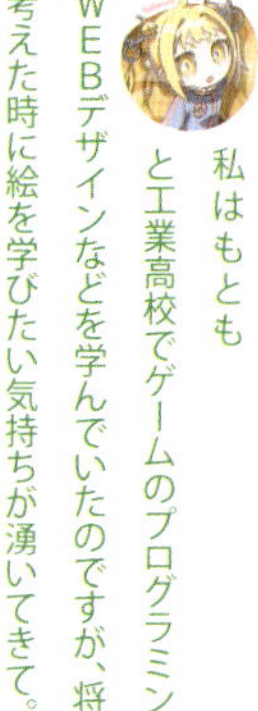

はねだ 私はもともと工業高校でゲームのプログラミングやWEBデザインなどを学んでいたのですが、将来を考えた時に絵を学びたい気持ちが湧いてきて。知り合いにこの学校の卒業生がいたこともあり、大阪総合に興味を持ちました。オープンスクールで授業の様子を見てみると、集中して制作をしている時間と、みんなで楽しそうに話をしている時間がしっかりと分かれていたのが印象的でした。また、先生に質問しやすい空気感も伝わってきて良いなと思い、この学校へ入学しようと思いました。

芥子 私は高校生の頃からイラストを学べる専門学校へ行きたいと思っていました。そんな時、「スモールエス」の裏表紙で大阪総合の名前を見たのがきっかけで、この学校を知りました。体験入学へ行くとアクリルガッシュで制作や展示活動をされている交久瀬ノア先生が教員をされていると知り、意欲的に活動をし続けている方から絵を学べるのがいいなと思いました。また、在学生の方との交流を通して、この学校でなら楽しく生活できそうだなと思ったのも決め手のひとつです。

◎より専門的に学ぶことができる授業

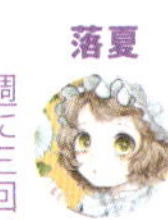

落夏 大阪総合では一年生の後期から選択授業が週に二回あります。二年生にあがると週に三回に増えます。選択授業では自分の将来の目標や作家性に合わせて絵の技術を高める以外にも、さまざまな授業をパズルのように組み合わせて学ぶことができます。例えば、ゲーム会社を目指している子でも一枚絵のスキルアップを目指すだけでなく、3DやLive2Dなどの技術を身につけることができます。

――なるほど。はねだちゅらさんはどんな授業を選択しているのでしょうか？

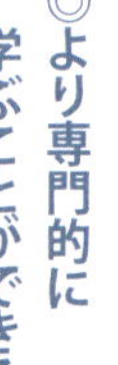

はねだ 一年生の頃は、ソーシャルゲームのキャラデザと動画編集を学ぶ授業を選択していました。いまは、ジョン平先生の「一枚絵中級」、質感表現を学ぶ「コンセプトアート」、商業依頼を受けるための技術向上を目指す「商業授業」を受けています。「一枚絵中級」では、課題で描いた絵をみんなで見て、よく描けたところと反省点を話して先生がフィードバックをしてくれる合評の時間があります。ジョン平先生の授業を受けるまでは、背景はモチーフをたくさん詰め込んだ方が見応えがあるのではないかと思っていたのですが、ただ描くのではなくある程度、リアルを考える必要性があることを教えてくださいました。ジョン平先生が客観的な目で見て指導してくださるので心強いです。

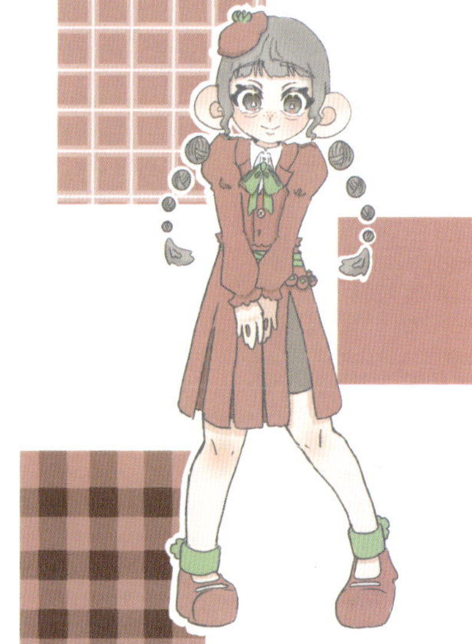

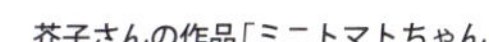
芥子さんの作品「ミニトマトちゃん」

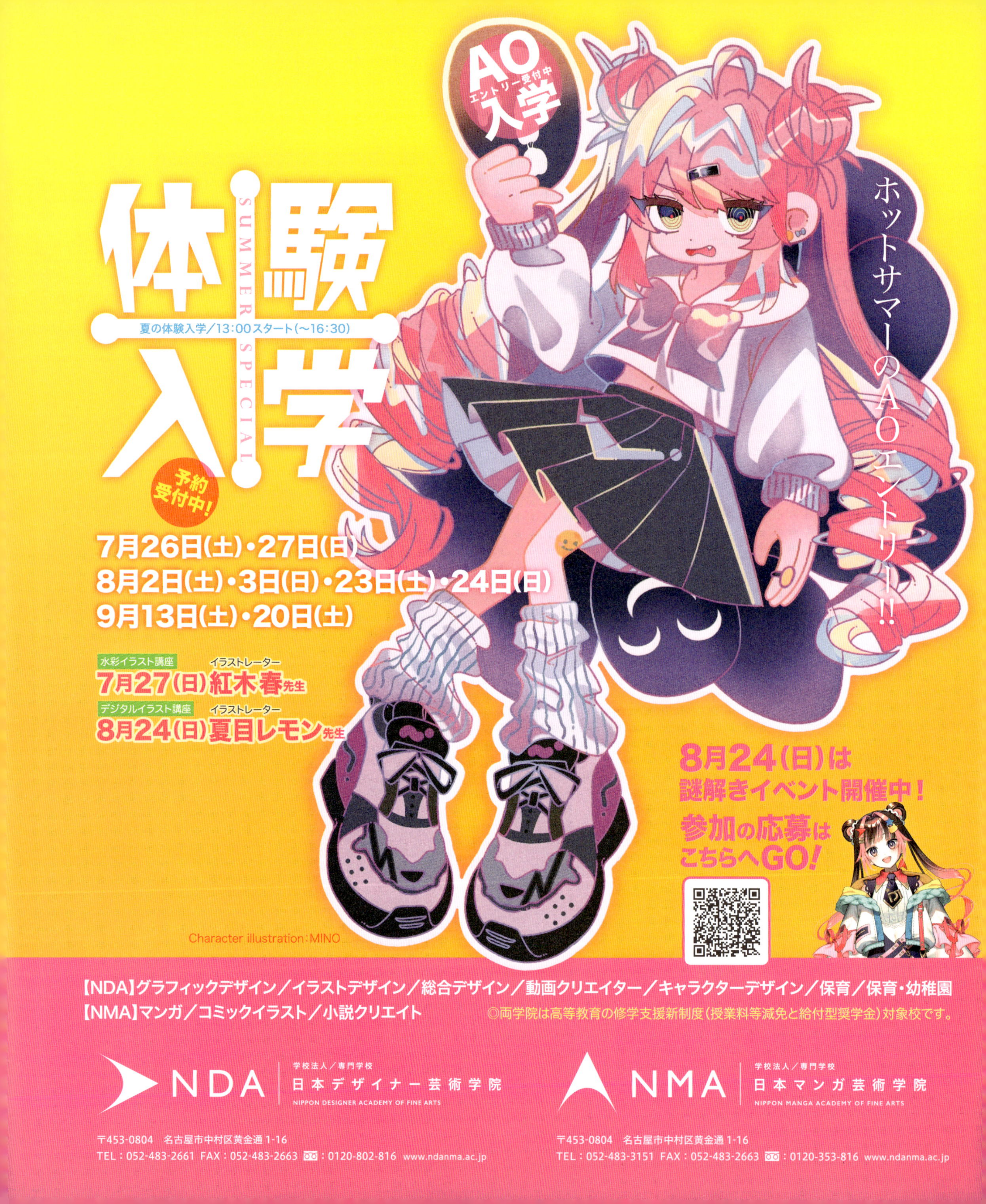

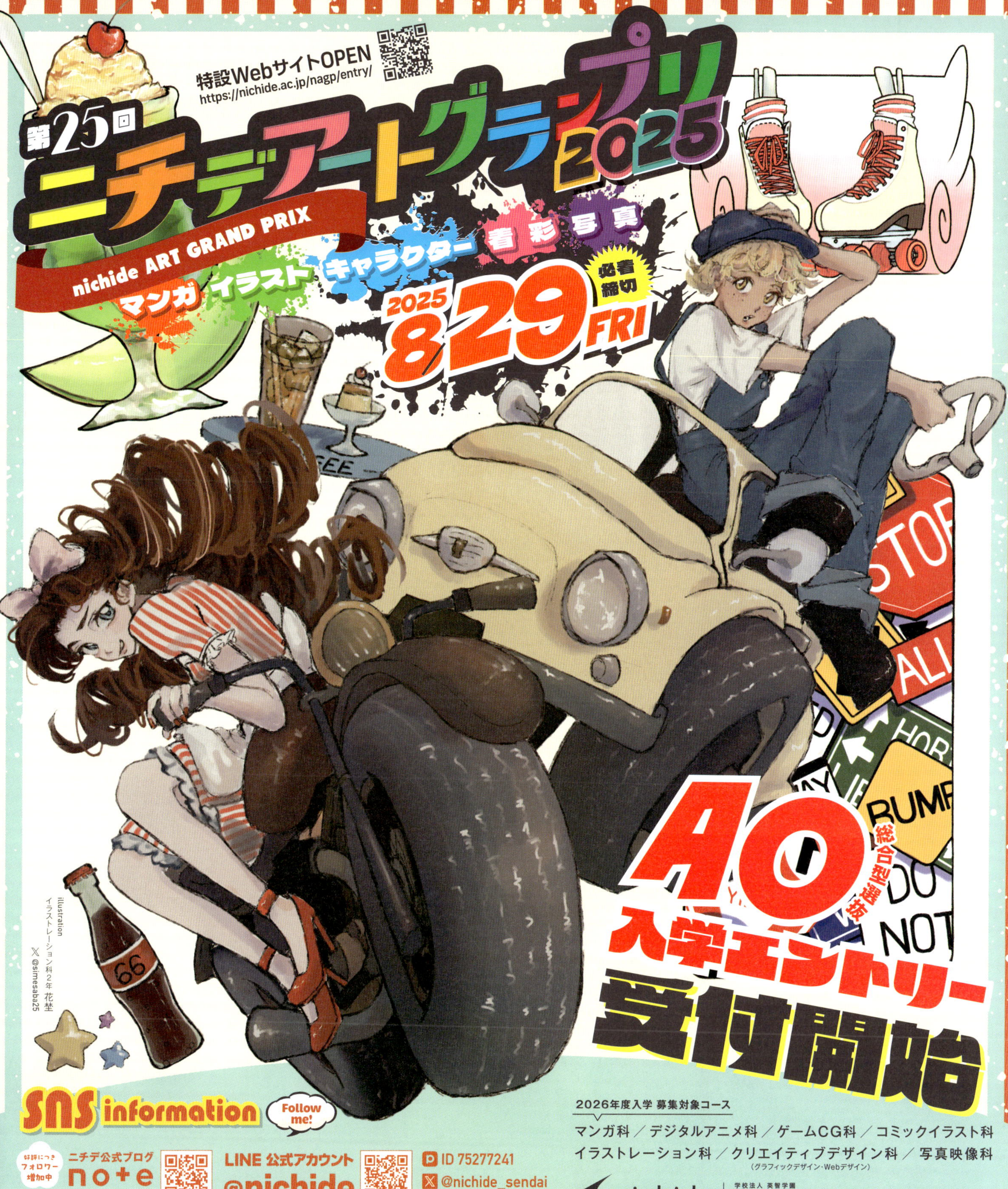
特設WebサイトOPEN
https://nichide.ac.jp/nagp/entry/
第25回
ニチデアートグランプリ2025
nichide ART GRAND PRIX
マンガ
イラスト
キャラクター
着彩
写真
2025
8/29 FRI
必着締切
Illustration
イラストレーション科2年 花埜
@simesaba25
AO入学エントリー
総合型選抜
受付開始
SNS information
Follow me!
好評につきフォロワー増加中
ニチデ公式ブログ
note
https://note.com/nichide
普段の授業やイベントの様子など、学生とスタッフが描くニチデのリアルな日常を週1回更新中
LINE 公式アカウント
@nichide
イベント・キャンペーン情報／1:1トーク／作品添削 ＊オリジナル作品のみ
ID 75277241
@nichide_sendai
@nichide_s
nichide
専門学校日本デザイナー芸術学院 仙台
2026年度入学 募集対象コース
マンガ科／デジタルアニメ科／ゲームCG科／コミックイラスト科
イラストレーション科／クリエイティブデザイン科／写真映像科
（グラフィックデザイン・Webデザイン）
nichide
学校法人 英智学園
専門学校 日本デザイナー芸術学院 仙台
〒984-0051 宮城県仙台市若林区新寺3-2-1 TEL:022-299-1641
※OPEN CAMPUS及び学校説明会に参加することで、2026年度入学予定の方にAO入学エントリー・出願資格が付与されます。

イラストが好き？マンガが描き

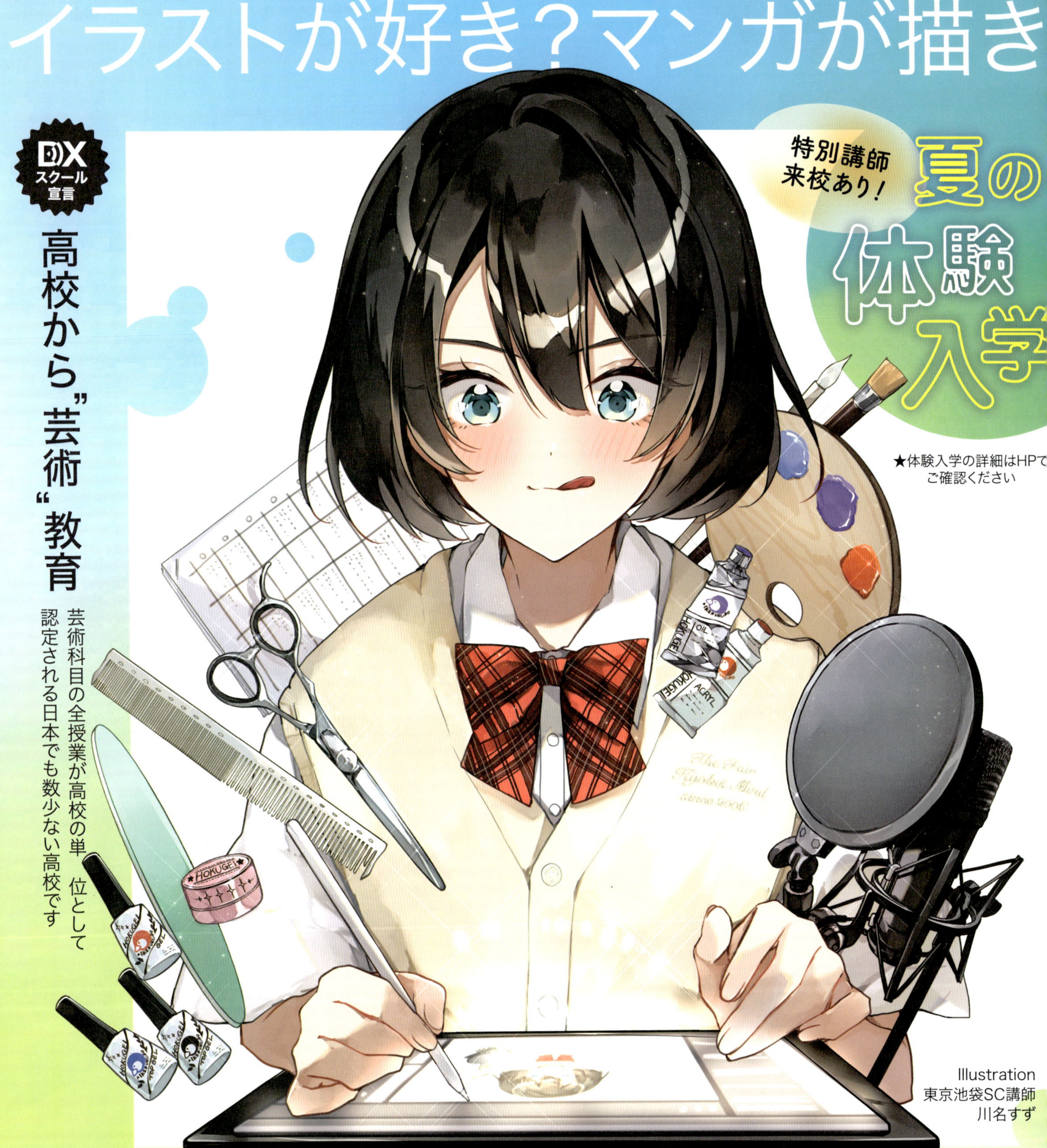

マンガ家デビュー、イラストレーター
芸術系大学進学者 多数輩出！

●マンガ・イラストコース ●美術コース

●声優コース ●ファッション・ビューティーコース ●美容師コース ●ミュージック

たい？それなら3年間しっかり学んでみませんか？

夏ならではのイベントも！お友達や保護者と気軽に来校してね！

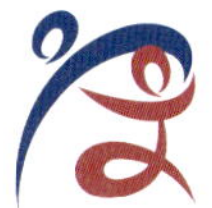

学校法人恭敬学園 【広域通信制・単位制】
北海道芸術高等学校
札幌サテライトキャンパス

〒060-0042 札幌市中央区大通西19丁目1-27
kyokei.ac.jp
0120-154550

7月 19土・20日・26土・27日 8月 2土・23土 9月 28日

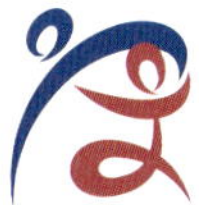

学校法人恭敬学園 【広域通信制・単位制】
北海道芸術高等学校
東京池袋サテライトキャンパス

〒171-0014 東京都豊島区池袋4丁目1-12
kyokei.ac.jp
0120-150296

7月 19土・20日・26土・27日 8月 2土・23土 9月 13土

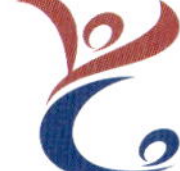

学校法人恭敬学園
東北芸術高等専修学校

〒983-0852 仙台市宮城野区榴岡4丁目6-20
togei.kyokei.ac.jp
0120-105370

7月 19土・20日・26土 8月 2土・23土 9月 27土・28日

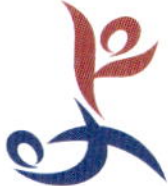

学校法人恭敬学園
横浜芸術高等専修学校

〒222-0032 横浜市港北区大豆戸町608番地3
yokogei.kyokei.ac.jp
0120-196026

7月 19土・20日・26土 8月 2土・23土 9月 27土・28日

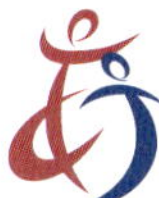

学校法人恭敬学園
愛知芸術高等専修学校

〒462-0810 名古屋市北区山田2丁目2-33
aigei.kyokei.ac.jp
0120-758158

7月 19土・20日・26土 8月 3日・30土

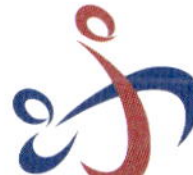

学校法人恭敬学園 【狭域通信制・単位制】
福岡芸術高等学校

〒812-0011 福岡市博多区博多駅前3丁目11-10
fukugei.kyokei.ac.jp
0120-290154

7月 19土・20日・26土 8月 2土・23土 9月 27土・28日

9月以降の体験入学も実施します！詳しくは各校のHPをご覧ください。

コース ●ミュージッククリエイターコース（愛知芸術高等専修学校のみ） ●ダンスコース ●ダンス&ボーカルコース ●eスポーツコース

イラストが大好き! 描いてみたい! という人たちに送る メイキング&投稿マガジン

創刊20周年特大号!

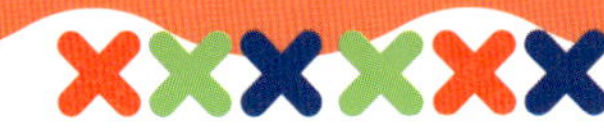

スモールエス 2025 Vol.82
SS第82号／2025年9月1日発行 年4回発行(1,4,7,10月発売)

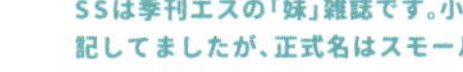

SSは季刊エスの「妹」雑誌です。小さなSでスモールエス。1号目はSS(エスエス)と表記してましたが、正式名はスモールエス。通称はこれまで通りSS(エスエス)です。よろしくお願いします〜。

イラストメイキング

和モチーフ資料

イラスト講座

SS82号もくじ

メイキング特集「和風イラストを描く」

巻頭イラスト

18 _grumpypotato(使用画材:iPad Pro・Procreate)
19 はたほまめ(使用画材:CLIP STUDIO PAINT)
20 HamanoShun(使用画材:Photoshop)
21 右膝認(使用画材:CLIP STUDIO PAINT)
22 あはちゃ(使用画材:ibisPaint)
23 巴ゆも(使用画材:CLIP STUDIO PAINT・Procreate・Illustrator)

スペシャル対談

24 健屋花那(にじさんじ)×香琳

いろんな画材でイラストを描いてみよう!

29 「香琳」表紙イラストメイキング／画材:コピック
34 「和モチーフ資料」和小物や季節ごとの和モチーフ、着物のビジュアルを紹介!
40 「なかだ絵眞」CLIP STUDIO PAINT
44 「相楽ちと」ステッドラー ピグメントブラッシュペン
48 「夏目レモンの色んな画材をつかってみよう!」顔彩耽美・グラニュレーティングカラーズ2 編
52 「壱太助丸」どんどん描こう! つくろう! 楽しいアクリル絵具 vol.01 カラーとガッシュの違い
56 「真田しろ」アイシースクリーンデジタルメイキング
60 「葉月透・ミナミミオ」CLIP STUDIO PAINT初心者講座
装飾的な衣装を描く・前編
64 DTM講座ー音楽制作をはじめよう!

SS学園

68 SS学園通信・描き下ろし | ひらき・IZUMO
72 「SS学園」投稿コーナー

イラスト連載・描き下ろしイラスト

76 友風子『夢で見た景色 vol.1』
77 七神マナ『あなたの可哀想なおんなのこ 26人目』
78 あおれもん
80 「初音ミク」×「スモールエス」イラスト・オンガクコンテスト開催のおしらせ

カラーイラスト投稿コーナー

81 SkySフリー
132 Kunstkammer SS(クンストカマーSS)「テーマ・けもの耳キャラ」

モノクロイラスト投稿コーナー

144 Sea S Sense
152 Kunstkammer SS(クンストカマーSS)B&W「テーマ・けもの耳キャラ」
158 Sea S Story
161 Sea S Stage
164 Sea S Something
166 Sea S Say
172 うちのこ倶楽部
176 男子部「メンヘラ男子」ナビゲーター:のりあき
179 女子部「メンヘラ女子」ナビゲーター:白恋ももこ
182 恋愛部
184 SS投稿の次号応募要項
185 アンケートハガキ

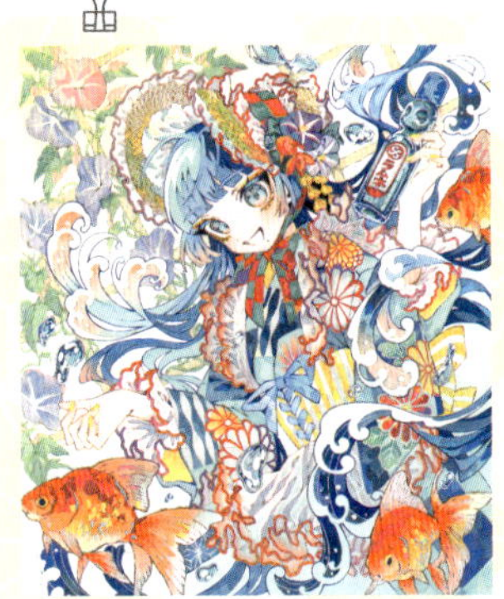

表紙イラスト

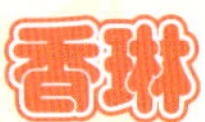

涼しげなラムネと、金魚をイメージしたエプロンに、華やかな菊柄が印象的な着物をまとった、夏らしいレトロな和風メイドさんの描き下ろし!

SSの背表紙に掲載されるえす丸は投稿イラストのなかから採用しています!
今号は【神奈川県・のさん】さんが描いてくださった、豪華な20年周年デコレーションのアイスクリームを食べるえす丸です。夏の暑さを乗り切れそうな大きさで美味しそう★ 引き続き20周年のお祝い背表紙もまってます!

今号のえす丸背表紙

《STAFF》

Editor-in-Chief
天野昌直

Editor
高橋祐美
水谷文香
草野友美加
中村穂乃香

Design
佐々木弥生

Support Staff
斉藤真子 紺野恵未
今井野乃歌 大城麻優見
新井日和 斎藤真帆
石黒陽南 吹野文要
夢島好美 大倉唯

Public Relations
杉本歩美

Publisher
三芳寛要

Printing Director
加藤弘貴(広済堂ネクスト)

●発売=株式会社 パイ インターナショナル
〒170-0005
東京都豊島区南大塚2-32-4
TEL:03-3944-3981(代表)

●制作=株式会社 パイ インターナショナル エス編集部
〒150-0041
東京都渋谷区神南1-13-3アーク神南ビル2F
TEL:03-6455-0223(編集部直通電話)

●印刷=株式会社広済堂ネクスト

PIE International Inc.
2-32-4 Minami-Otsuka, Toshima-ku, Tokyo 170-0005
email international@pie.co.jp
www.pie.co.jp/english

Printed in Japan

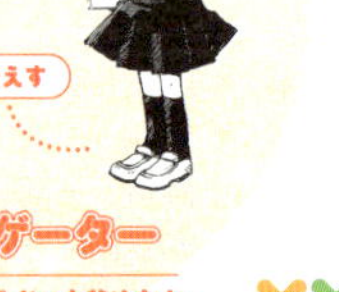

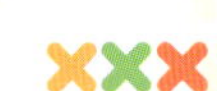

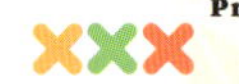

キャラクターデザイン:水谷ゆたか

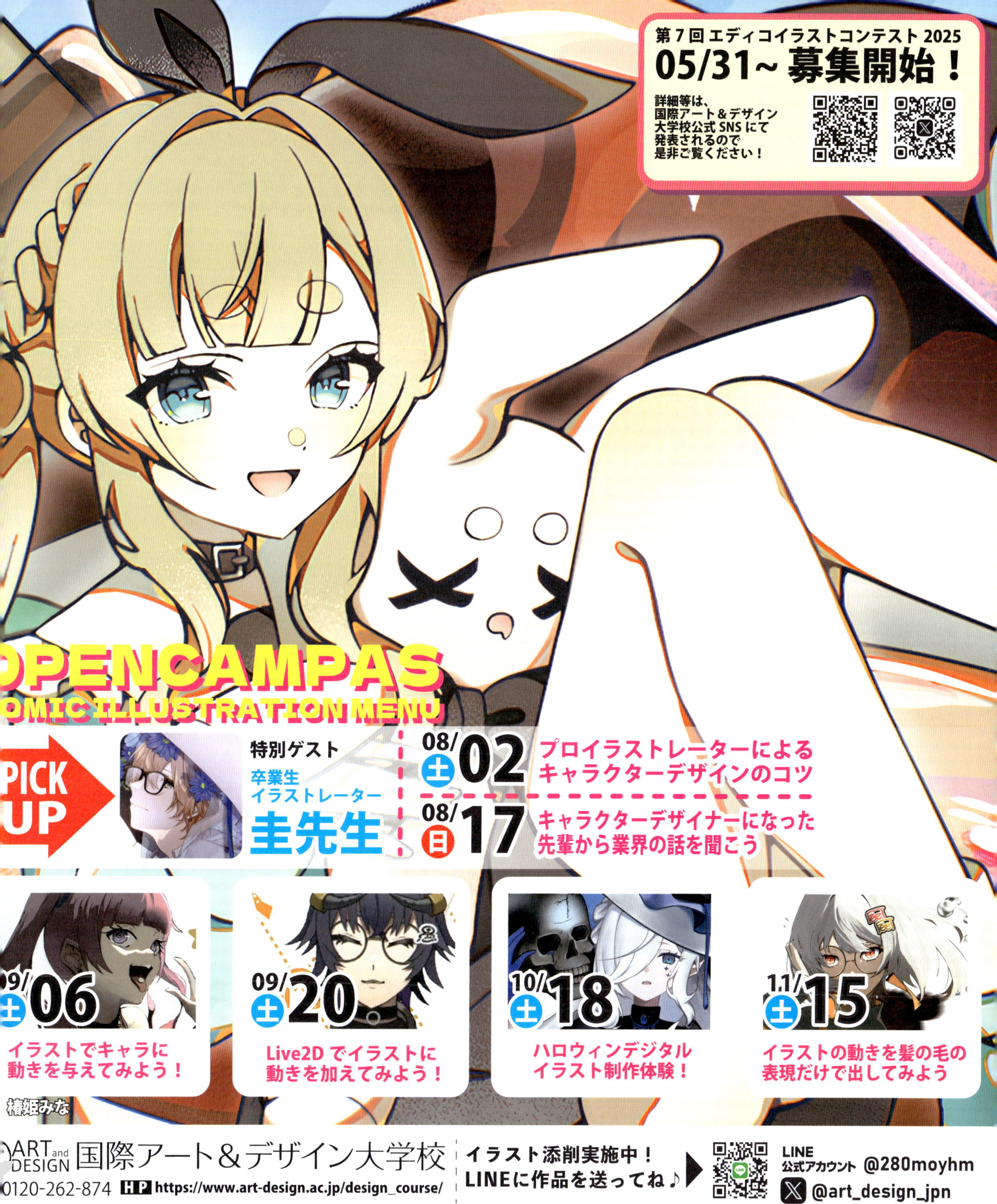

第7回 エディコイラストコンテスト 2025
05/31~ 募集開始！
詳細等は、
国際アート＆デザイン
大学校公式 SNS にて
発表されるので
是非ご覧ください！
OPENCAMPAS
OMIC ILLUSTRATION MENU
PICK UP
特別ゲスト
卒業生
イラストレーター
圭先生
08/ 土 02
プロイラストレーターによる
キャラクターデザインのコツ
08/ 日 17
キャラクターデザイナーになった
先輩から業界の話を聞こう
09/ 土 06
イラストでキャラに
動きを与えてみよう！
09/ 土 20
Live2D でイラストに
動きを加えてみよう！
10/ 土 18
ハロウィンデジタル
イラスト制作体験！
11/ 土 15
イラストの動きを髪の毛の
表現だけで出してみよう
椿姫みな
ART and DESIGN 国際アート＆デザイン大学校
0120-262-874 HP https://www.art-design.ac.jp/design_course/
イラスト添削実施中！
LINEに作品を送ってね♪
LINE 公式アカウント @280moyhm
@art_design_jpn

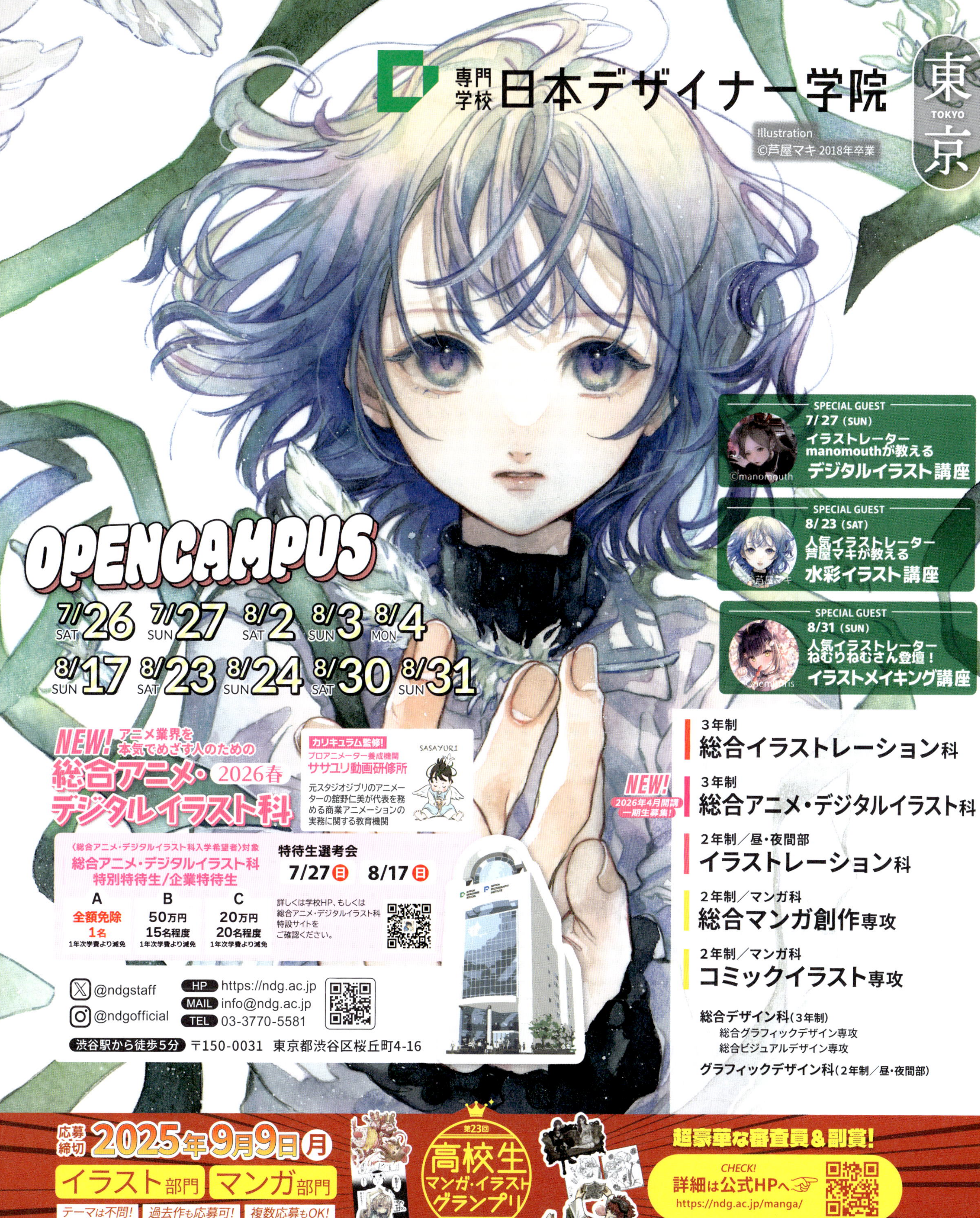

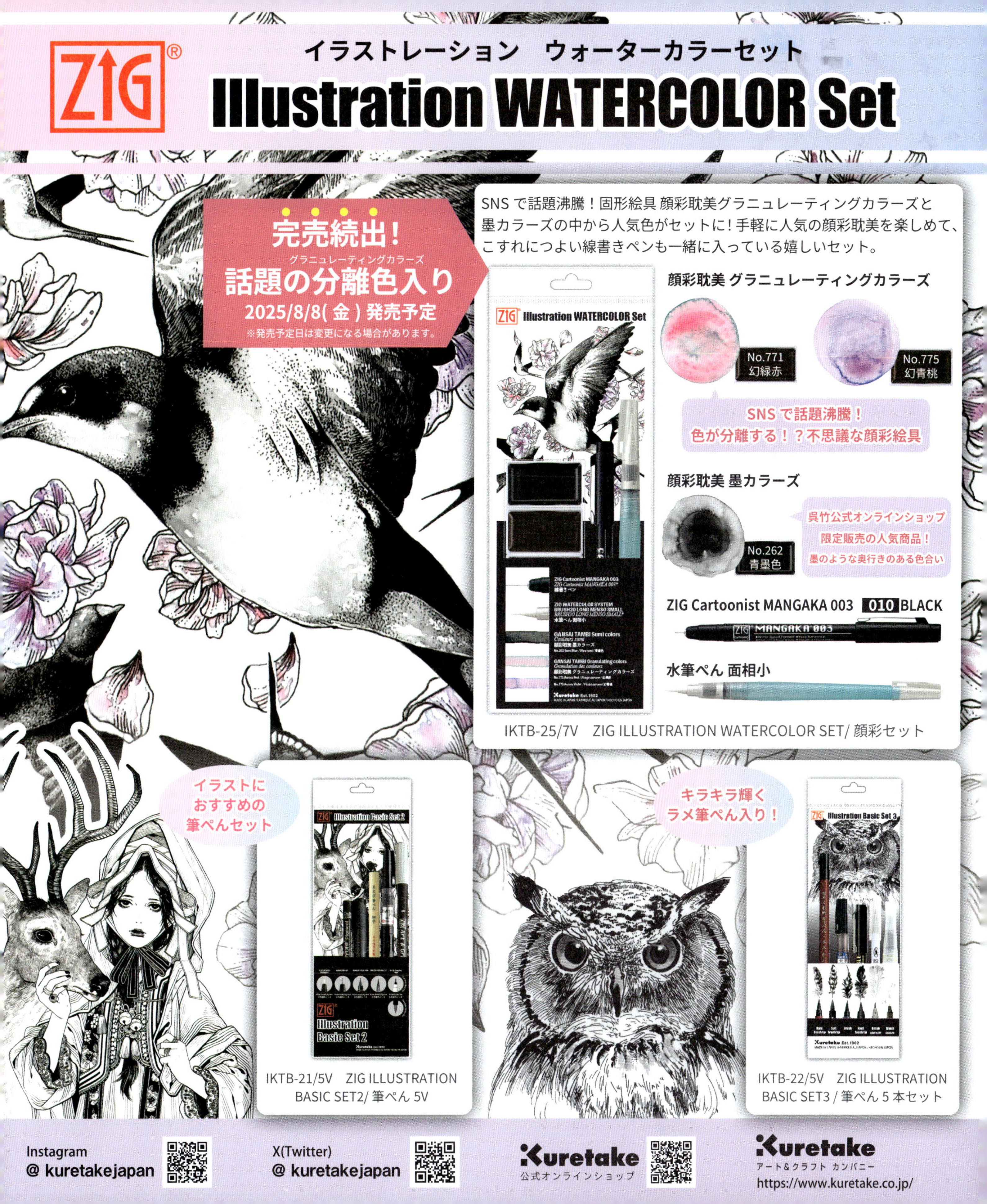

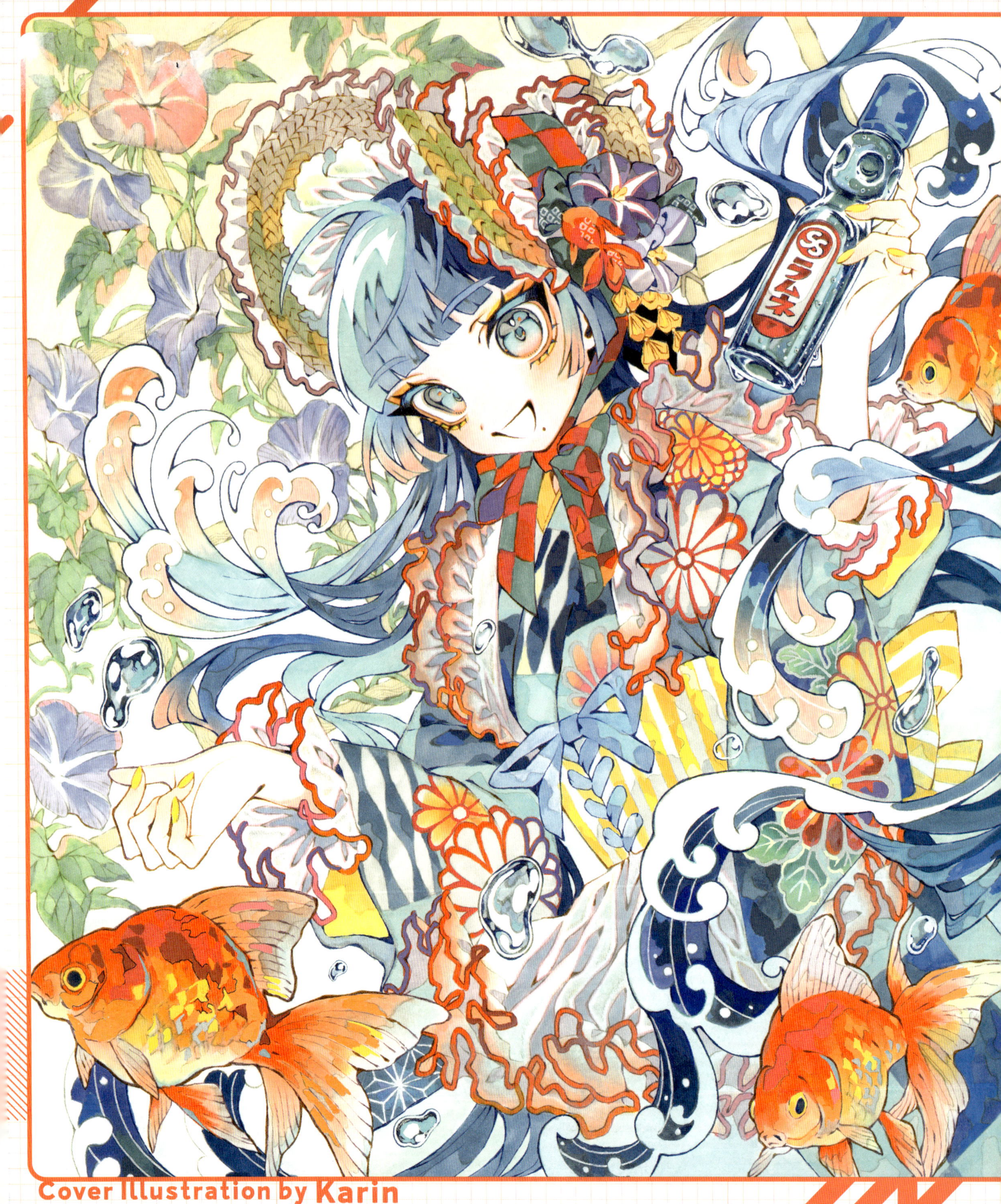

Cover Illustration by Karin